KB075449

바로 쓰는 오라클 클라우드

마이크로서비스, 데이터 분석,
머신러닝 클라우드 네이티브 개발자를 위한 길잡이

바로 쓰는 오라클 클라우드

정영균 · 유정훈 지음

에이콘

에이콘출판의 기틀을 마련하신 故 정완재 선생님 (1935-2004)

| 추천사 |

“IT 분야에서 ‘클라우드’라는 용어는 이제 더 이상 낯설지 않습니다. 현재 우리는 IT 서비스를 개발할 때 더욱 유연하고 확장이 가능하며 빠르게 변화하는 시장의 요구 사항에 대응할 수 있는 ‘클라우드 네이티브 애플리케이션’을 가장 먼저 고려하고 있습니다. 이런 IT 기술 환경의 빠른 변화 속에서 클라우드 기술 또한 계속해서 진화하고 발전하고 있습니다.

과거에는 한 곳에서 모든 IT 서비스 스택을 제공하는 ‘단일 벤더 클라우드’가 주류였지만 현재는 다양한 벤더가 제공하는 최고 수준의 기술 서비스를 선택하는 ‘멀티 클라우드’로 시장이 진화했습니다. 더불어 ‘하이브리드 클라우드’, ‘퍼블릭 클라우드’, ‘전용 클라우드’를 아우르는 ‘분산형 클라우드Distributed Cloud’가 주요 주제 중 하나로 떠오르고 있습니다. 이는 단순히 트렌드를 따라가는 것이 아니라 고객의 현재 업무 요구 사항을 고려하고, 각 시스템 구성 요소에 맞게 배치해서 최적의 IT 서비스를 제공하기 위한 변화를 나타냅니다. 결국 가장 중요한 것은 트렌드가 아니라 고객의 업무 요건이라는 것입니다.

이런 변화와 함께 오라클 클라우드는 고객의 요구 사항 충족을 위해 단순히 IaaS, SaaS, PaaS 서비스를 제공하는 것뿐만 아니라 퍼블릭 클라우드, 전용 클라우드, 하이브리드 클라우드, 멀티 클라우드와 같이 다양한 환경에 맞춘 서비스를 제공하도록 발전해 왔습니다. 이를 반영해서 2019년부터 마이크로소프트 Azure와 협업 관계를 구축해 두 벤더 간의 고속 통신망을 통해 데이터를 주고받습니다. 또한 마이크로소프트 Azure에서 오라클 데이터 센터 내에 오라클 데이터베이스 서비스를 배포하기도 하고, 최근에는 마이크로소프트 Azure에서 오라클 데이터베이스를 Azure 데이터 센터에서 배포해서 사용할 수도 있게 됐습니다.

오라클은 ‘Generation2 클라우드’라고 하는 100개 이상의 인프라 및 플랫폼 서비스를 통해 최고의 성능과 안정성을 제공하는 퍼블릭 클라우드 서비스를 제공합니다. 또한 온프레미스와 퍼블릭 클라우드를 연결하는 하이브리드 클라우드를 제공합니다. 이뿐만 아니라 알로이Alloy를 통해 SI(시스템 통합) 업체는 물론 통신 및 금융 기업들도 오라클을 이용해서 클라우드 비즈니스를 수행할 수 있습니다. 현재 IT 시장에서 가능한 모든 비즈니스를 지원하는, 전체 IT 스택을 갖춘 클라우드 제공 업체는 오라클이 유일합니다. 특히 오라클은 전통적으로 데이터베이스의 최강자입니다. 오라클 데이터베이스 사용자라면 오라클 클라우드 환경으로 더욱 쉽게 전환할 수 있습니다.

이 책은 분산 클라우드 전략을 구현하기 위한 출발점으로 오라클 클라우드가 어떤 서비스를 제공하며, 사용자가 최신 트렌드의 서비스를 얼마나 쉽게 만들고 활용할 수 있는지를 보여줍니다. 오라클 클라우드만의 Generation2 인프라, RAC 데이터베이스, 인-데이터베이스 AutoML까지 다루고 있는 이 책은 클라우드 경험자에게는 오라클 기술의 핵심을, 입문자에게는 클라우드와 오픈소스 기술 습득의 장이 될 것입니다. 또한 클라우드와 오픈소스 기술을 설명과 예제를 통해 보여주고 있어 클라우드 엔지니어로서의 자신감을 향상시킬 것으로 기대합니다.

이 책을 통해 오라클 클라우드 기술을 즐기고 적극적으로 활용해 보기를 바랍니다."

– 탐 송Tom Song, 한국 오라클 사장

"이 책은 독자들이 오라클 클라우드를 이해하고 경험하게끔 하기 위한 지식들을 담고 있습니다. 1장에서는 간단한 웹 애플리케이션의 개발을 통해 오라클 클라우드 서비스를 개괄적으로 소개하고, 2장에서는 최근 서비스 개발의 기본 아키텍처로 자리매김한 마이크로서비스 기반 개발을 위한 과정과 방법을 조목조목 안내하고 있습니다. 전통적인 웹 애플리케이션이 마이크로서비스의 형태로 전환된 이후를 다루는 3장에서는 서버리스 애플리케이션으로 또다시 전환되는 과정을 통해 독자들이 오라클 클라우드에 대한 활용 방법뿐만 아니라 최신 애플리케이션 개발 방법론 또한 가늠할 수 있을 것이라고 생각합니다. 4장에서는 최근 가장 각광받는 분야이며, 지속적으로 뜨거운 관심을 끌 데이터 분석과 머신러닝을 활용해서 효과적으로 데이터를 활용하고 클라우드 자원을 분석하며 예측하는 방법을 안내하고 있습니다. 저자는 각 장의 시작부에서 친절한 사전 지식의 제공을 통해 서로 다른 배경을 가진 독자들을 배려하고 있습니다."

– 박성득, 삼성전자 수석

"저자는 필드에서의 오랜 기술 지원 경험과 제품에 대한 깊이 있는 이해를 바탕으로 잘 짜인 예제를 통해 오라클 클라우드 서비스를 쉽게 설명해 주고 있습니다. 수능에 비유하자면 기능 설명은 문제 해결을 위한 개념 설명, 데모 아키텍처는 기출 문제에 해당할 것입니다. 기능 설명과 데모 아키텍처를 반복해서 읽어보고 실행해 보면 오라클 클라우드가 문제를 해결하는 방식을 깨닫게 되고 실무적인 응용도 가볍게 해낼 수 있을 것으로 판단합니다.

배우고 익히는 데 왕도는 없지만 이 책의 기능 설명과 데모 아키텍처는 클라우드로 가는 가장 짧은 길을 제시하고 있습니다. 많은 사람이 이 책을 통해 이해하기 쉽고 체계적으로 배울 수 있는 오라클 클라우드를 접하게 되기를 기대합니다. 국내외 금융환경에서 보여준 고도의 신뢰성을 동반하는 오라클 클라우드를 선택한 것은 엔지니어로서도 미래를 내다보는 훌륭한 선택이었고, 사용자로서도 최상의 선택이었음을 알게 될 것입니다."

– 김병호, SK C&C 부장

"이제는 '클라우드 환경을 적용할 것인가, 말 것인가?'를 고민하는 시대가 아니라 '우리에게 최적인 클라우드 환경은 무엇인가, 더 나은 대안이 있는가?'를 고민하는 시대입니다. 심지어 여러 클라우드 서비스를 목적에 맞게 혼용하는 시대가 도래했습니다.

기존의 오라클 클라우드에 대한 서적은 데이터베이스 영역에 집중해서 강조하는 것이 일반적이지만 이 책은 오라클 데이터베이스를 시작으로 마이크로서비스 구축 및 운영에 필요한 플랫폼 준비, 생성되는 데이터의 통합을 위한 데이터 레이크 및 이를 기반으로 한 다양한 분석까지 전체 라이프사이클을 다루고 있으며, 각 단계별로 오라클 클라우드의 핵심적인 기능들을 빠르게 접해볼 수 있도록 소개하고 있습니다.

'우리에게 적합한 클라우드 플랫폼은 무엇인가, 더 나은 대안이 있는가?'를 고민하는 수많은 IT 업계 담당자에게 오라클 클라우드 인프라가 또 하나의 대안이 될 수 있음을 알려주는 훌륭한 안내서가 될 것입니다."

– 김효인, G마켓 팀장

"AWS 환경만을 사용하다 보면 멀티 클라우드 환경을 한번쯤 고민해 보곤 합니다. 특히 강력한 오라클 데이터베이스를 활용하고자 오라클 클라우드를 생각해 보지만, 안타깝게도 국내 시장에서 사용 사례를 정리한 책이나 오라클 클라우드 서비스 전체를 다루는 책은 전무했습니다. 그러던 중에 반갑게도 현직 한국 오라클 엔지니어가 직접 오라클 클라우드의 주요 서비스를 자세한 실습을 통해 익힐 수 있도록 한 책을 발간하게 돼 독자들보다 먼저 책을 접할 수 있게 됐습니다.

이 책은 영리하게도 오라클 클라우드의 많은 서비스를 소개하는 대신에 실제 클라우드 환경에서 사용되는 핵심 서비스를 기반으로 웹 애플리케이션 시스템으로 구축하고, 이를 마이크로서비스 아키텍처로 전환해 신규 서비스를 개발하는 과정을 소개합니다. 이 과정에서 도커와 쿠버네티스를 다루면서 기본적인 개념과 실습도 제공합니다. 또한 최신 데이터 플랫폼인 서버리스 데이터 레이크하우스 구축으로 아키텍처를 확장해서 실습을 제공하면서 핵심적인 오라클 클라우드를 모두 경험해 볼 수 있게 했습니다. 그리고 오라클 클라우드의 머신러닝에 대한 간단한 소개로 책을 마무리합니다.

이처럼 오라클 클라우드의 기본적인 개념과 실습을 한 권에서 모두 할 수 있는 책이기 때문에 오라클 클라우드 서비스 도입을 검토 중인 사람이나, 오라클 클라우드를 공부하려는 엔지니어와 학생들에게 최고의 책임을 자신 있게 추천합니다."

– 이성수, 쿠팡 수석

지은이 소개

정영균

삼성 SDI에서 직장 생활을 시작한 후 LG CNS와 SK C&C에서 10년 동안 공공, 금융, 제조 등 다양한 분야의 시스템 통합 프로젝트를 진행했다. 이후 알티베이스Altibase에서 3년 동안 데이터베이스 기술 컨설팅을 수행한 후 현재는 한국 오라클에서 11년째 근무 중이다. 한국 오라클에서는 주요 클라우드 고객을 대상으로 클라우드 아키텍처 제안 및 기술 컨설팅 그리고 데이터베이스 기술 컨설팅을 수행하고 있다. 최근에는 고객의 업무 환경에 적합하게 클라우드와 오픈소스 기술을 최적화해서 배치하는 작업에 주력하고 있다.

유정훈

전산을 전공했던 학창 시절에 데이터와 리눅스 코어에 매력을 느껴 본격적으로 정보기술 분야에 진입했다. LG CNS에서 국내외 다양한 도메인의 프로젝트 구축과 운영을 수행했고, 현재 한국 오라클에서 솔루션 엔지니어로서 기업 고객이 필요로 하는 풀스택 수준의 컨설팅을 제공하고 있다. DAData Architect 엔지니어 경험을 베이스로 국내 클라우드 초창기부터 현장에서 고객의 다양한 IT 솔루션 문제를 다뤄 왔고, 국내 주요 그룹사, 미드 마켓 고객에게 최적의 엔터프라이즈 솔루션 컨설팅을 제공하기 위해 엔터프라이즈 아키텍처는 물론이고 클라우드 네이티브까지 전 영역에 관심이 많다.

지은이의 말

이 책은 한국어로 작성된 오라클 클라우드 도서가 부족하고, 이를 구현하는 사례 중심의 도서가 없다는 문제 의식에서 출발했습니다. 또한 오라클 클라우드가 제공하는 기능과 성능이 한국의 IT 시장에서 온전하게 평가받지 못하고 있다는 점도 출간의 계기가 됐습니다. 이에 오라클 클라우드뿐만 아니라 오픈소스 기술을 쉽게 따라 하면서 배울 수 있는 도서를 기획하게 됐습니다.

오라클 클라우드가 제공하고 있는 수많은 서비스와 기능들을 빠짐없이 설명하는 책은 아닙니다. 대신에 실제 클라우드 환경에서 많이 활용되는 서비스를 함께 구현해 봄으로써 오라클 클라우드를 활용하는 방법을 익히는 데 초점을 뒀습니다. 그리고 독자들이 보다 정교한 업무 요건에 따른 시스템을 구성할 때 도움이 될 수 있도록 작성했습니다. 물론 데모 아키텍처를 구현하는 데 필요한 기술에 대한 설명은 실습에 앞서 최대한 축약된 형태로 정리할 것입니다.

우리는 간단한 웹 애플리케이션에서부터 쿠버네티스 기반의 마이크로서비스, 서버리스 애플리케이션, 데이터 레이크하우스 그리고 머신러닝 시스템까지 실제 업무에서 구축하고 있는 다양한 서비스를 클라우드상에서 함께 구현해 볼 것입니다. 이 과정을 통해 클라우드를 처음 접하는 독자들도 입문자 수준을 넘어 중급자 수준으로 스스로 발전할 수 있기를 희망합니다. 또한 이 책이 독자들의 클라우드와 오픈소스 기술 여정의 시작점이 되기를 기대합니다.

감사의 글

이 책을 집필하는 데 도움을 주신 분들께 감사 인사를 드리고 싶습니다.

먼저 클라우드 시장에서는 아직 생소할 수 있는 오라클 클라우드라는 주제의 도서를 흔쾌히 출간해 주신 에이콘출판사에 깊은 감사의 말씀을 드립니다. 머지않은 미래에 오라클 클라우드가 한국의 클라우드 시장에서 메이저 플레이어가 됐을 때 에이콘출판사의 빛나는 혜안이 드러날 것이라고 확신합니다. 진심 어린 감사 인사를 전합니다.

오라클 소속 직원으로서 개인 시간을 할애해서 집필하는 데 어려움이 많았습니다. 이 과정에서 길고 복잡한 본사 출간 승인 프로세스도 마땅히 거쳐야 했습니다. 힘들었던 집필과 승인 프로세스 과정에서 전폭적인 지원을 해주신 한국 오라클 홍기현 상무님께 마음 깊이 감사의 말씀을 드립니다. 또한 본사 승인 과정에서 정체가 생길 때마다 이를 단번에 해결해 주셨던 이경희 전무님께도 머리 숙여 감사 인사를 드리고 싶습니다. 검수 인력 지원 등의 많은 도움을 주셨던 나정옥 전무님께도 지면을 빌어 감사의 말씀 드립니다.

책을 집필하는 과정에서 끊임없는 검토 요구에도 기꺼이 그리고 꼼꼼히 초안을 검토해 주신 정다혜 부장님 감사합니다. 마지막으로 원고를 전문가의 눈으로 자세히 최종 검토해 주신 오라클 클라우드 팀의 김태완 상무님, 김동후 부장님께도 감사 말씀드립니다.

이처럼 많은 분들의 헌신적이고 프로페셔널한 지원이 없었다면 이 책은 출간되지 못했을 것입니다. 감사합니다.

차례

| 들어가며 |

2000년도 중반에 클라우드 컴퓨팅이 등장한 이후 클라우드가 IT 시장의 주류 트렌드로 자리잡은 지 어언 10년이 넘었다. 그동안 아마존 웹 서비스Amazon Web Service, AWS, 마이크로소프트 애저Microsoft Azure, 구글 클라우드 플랫폼Google Cloud Platform, GCP 등 세 벤더가 시장을 주도해 왔지만 최근 몇 년간 해외를 중심으로 클라우드 시장에서 눈에 띄는 변화가 일어나고 있다. 이제는 오라클, 알리바바뿐만 아니라 국내 KT, 네이버 등 다양한 클라우드 벤더가 등장해서 클라우드 시장에서의 선택의 폭이 더욱 확장되고 있다.

멀티 클라우드로의 IT 시장 변화

하나의 클라우드 벤더가 모든 IT 서비스 영역에서 최고의 품질을 보여준다는 것은 사실상 어려운 일이다. 각 벤더가 내부 · 외부 기술 요건 및 시장 상황에 따라 주력으로 삼았던 비즈니스를 바탕으로 클라우드 서비스를 제공해 왔기 때문에 상대적인 우위와 약점을 가질 수밖에 없다.

최근에는 엔터프라이즈 고객들이 다양한 클라우드 벤더들이 갖는 장단점을 인식하고, 각 벤더가 제공하는 최적의 서비스를 조합해서 시스템의 완성도를 높이기 위한 멀티 클라우드Multi Cloud 전략을 시도하고 있다.

예를 들어 웹 애플리케이션 서버는 마이크로소프트 애저 서비스를 사용하는 반면에 데이터베이스는 오라클 클라우드의 RACReal Application Cluster 데이터베이스를 사용하기도 하고, 머신러닝 시스템은 구글의 GCP 서비스를 사용하는 등 고객들은 다양한 벤더의 서비스를 혼합해서 사용하고 있다. 이런 고객 요구 사항의 변화를 반영해서 오라클과 마이크로소프트 애저는 두 벤더를 고속 네트워크로 연결한 통합 서비스Oracle Interconnect for Azure를 제공하거나 서로의 데이터 센터에서 오라클 데이터베이스를 서비스하는 등 벤더 간 서비스 결합이 계속 강화되고 있다.

벤더 락인 문제에 대한 해결책으로서의 멀티 클라우드

엔터프라이즈 고객들이 자신들의 IT 시스템 구성 요소를 선택하는 과정에서 두려워하는 부분 중 하나는 벤더 락인Lock-in 문제이다. 이는 클라우드 환경뿐만 아니라 온프레미스On-Premise 환경에서도 해당된다.

한 벤더로 시스템 전체를 구성하는 경우에는 분명한 장점이 있다. 시스템의 각 모듈과 서비스 간의 연계를 일관성 있게 유지할 수 있고, 고객 기술 서포트 측면에서도 하나의 벤더만 접촉하면 되기 때문이다. 그러나 특정 벤더의 제품과 서비스만으로 IT 시스템을 구성할 경우 해당 벤더의 기술적인 문제가 고객의 IT 시스템의 문제로 번질 수 있고, 흔히 말하는 갑을 관계가 역전되는 상황이 올 수도 있다.

멀티 클라우드는 시스템의 각 요소에 최고의 장점을 가진 서비스와 제품으로 구성한다. 이는 특정 벤더에 IT 시스템이 종속되는 문제를 해결할 수 있는 전략이 될 수 있다.

오라클 클라우드를 이용한 멀티 클라우드 구현

특히 최근 미국 시장에서 주목받고 있는 오라클 클라우드는 이미 상당한 시간 동안 서비스를 제공해 오고 있다. 2012년에 IaaSInfrastructure-as-a-Service, PaaSPlatform-as-a-Service, SaaSSoftware-as-a-Service로 서비스를 시작한 이후 2018년에는 2세대라고 할 수 있는 현재의 오라클 클라우드로 발전해서 네트워크, 보안, 컴퓨팅 자원 등에서 이전 세대 클라우드에 비해 획기적으로 개선된 서비스를 제공하고 있다. 오라클 데이터베이스는 기존의 온프레미스 시장에서 엔터프라이즈 데이터베이스의 최강자로 알려져 있으며, 이를 기반으로 데이터베이스 서비스에서 클라우드 기술의 강점을 갖고 있다. 또한 IaaS, PaaS, 데이터 분석 측면에서도 상당한 성능과 강점을 보여주고 있으므로 멀티 클라우드 주자로서 손색이 없다. 이제 오라클 클라우드의 이야기를 시작해 보자.

책 구성

이 책은 총 4장으로 구성돼 있다. 각 장은 해당 장에서 다룰 기술들의 이론과 개념을 먼저 설명한 후 그것을 기반으로 실제 실습을 진행하며, 마지막에 학습한 내용을 정리하는 구조로 이뤄져 있다.

1장에서는 오라클 클라우드의 기본 사용 방법을 학습한다. 전형적인 웹 시스템으로 구성된 애플리케이션 서버와 데이터베이스를 오라클 클라우드의 자원을 활용해서 구축하는 방법을 다룬다.

2장에서는 개발한 애플리케이션을 마이크로서비스 아키텍처로 전환하고, 신규 서비스를 개발하는 과정을 다룬다. 또한 도커와 쿠버네티스 환경에서 이를 배포하는 방법과 함께 마이크로서비스의 개발 및 배포 자동화 과정을 다루고 서비스 메시 아키텍처를 구성하는 방법까지 학습한다.

3장에서는 마이크로서비스를 서버리스 애플리케이션으로 확장한다. 애플리케이션에서 생산된 데이터의 메타 정보를 분석하고, ETL을 통해 데이터 레이크하우스에 적재해서 BI 도구로 분석하는 과정을 다룬다. 또한 클라우드 서비스가 만들어 내는 로그를 오픈소스 기술을 활용해서 분석한다.

4장에서는 인프라 자원의 사용률 분석과 예측에 머신러닝 기법을 활용하는 방법을 학습한다. 오라클 클라우드 서비스가 제공하는 머신러닝 기능을 활용해서 데이터를 분석하고 예측한다.

이 책에서 다루는 실습 스크립트 및 데이터 파일은 아래의 깃허브 저장소에 업로드돼 있다. 이 실습 예제들은 쉽고 간단하게 구성돼 있어서 따라 하면서 학습할 수 있도록 만들어졌다. 이 책의 실습을 통해 오라클 클라우드와 오픈소스 기술에 한 걸음 더 다가갈 수 있기를 바란다.

동일한 파일을 에이콘출판사 홈페이지(http://www.acornpub.co.kr/book/oracle-cloud)에서도 다운로드할 수 있다.

실습 파일 깃허브 URL: https://github.com/ociexplained/how-to-use-OCI

이 책이 다루는 내용

- 국내 최초의 한국어로 된 오라클 클라우드 기술 활용서로, 실무에서 바로 활용

가능한 내용을 제공한다.

- 전반적인 클라우드 기반 기술과 오픈소스 기술에 대한 핵심 개념을 간결하게 설명한다.
- 120여 개의 도해와 그림을 포함해 복잡한 시스템 구성도를 한눈에 이해하며 쉽게 따라 할 수 있다.
- 3-Tier 웹 애플리케이션을 구현하는 과정을 통해 컴퓨트 인스턴스에서부터 오토 스케일링까지 오라클 클라우드의 사용법을 쉽게 설명한다.
- 쿠버네티스 환경에서 모놀리식 애플리케이션을 마이크로서비스로 변환하고 CI/CD 구축부터 서비스 메시까지 구현하는 방법을 안내한다.
- 서버리스 기술로 저장된 애플리케이션 데이터를 데이터 카탈로그와 ETL 프로세스를 활용해서 데이터 레이크하우스를 구축하고, 오픈서치 기술 활용법을 제시한다.
- 파이썬 기반의 머신러닝부터 오라클 데이터베이스 내장 알고리듬을 활용한 머신러닝 분석에 이르기까지 다양한 주제를 경험한다.

이 책의 대상 독자

- 클라우드와 오픈소스 기술을 처음 접하는 학생이나 기초를 쌓고자 하는 독자
- 오라클 클라우드의 전체 기술 스택을 이해하고자 하는 클라우드 사용자
- 클라우드 자격증을 준비하며 클라우드 관련 지식을 쌓으려는 독자

문의

이 책의 정오표는 에이콘출판사의 도서정보 페이지(http://www.acornpub.co.kr/book/oracle-cloud)에서 확인할 수 있다. 기술적인 내용에 관한 의견이나 문의는 에이콘출판사 편집 팀(editor@acornpub.co.kr)이나 지은이의 이메일(ociexplained@gmail.com)로 연락 주길 바란다.

CHAPTER 01

오라클 클라우드로 구현해 보는 웹 애플리케이션

오라클 클라우드의 정식 명칭은 Oracle Cloud Infrastructure^{OCI}이며, 보통 오라클 클라우드라고 한다. OCI를 처음 배우는 경우 실습을 통해 단계별로 간단한 예제를 직접 실행해 보는 것이 오라클 클라우드의 기능과 개념을 빠르게 이해하는 데 도움이 된다.

처음 클라우드를 접할 때 가장 많이 언급되면서 동시에 클라우드 기술의 진입 장벽을 느끼게 하는 부분은 아마도 가상 네트워크와 관련된 부분일 것이다. 하지만 다행스럽게도 네트워크 전문가가 다뤄야 하는 네트워크 기술의 깊이와 클라우드 사용자가 다뤄야 하는 네트워크 기술의 깊이가 다르다. 클라우드 사용자가 네트워크 전문가 정도의 기술 수준을 갖고 있으면 더할 나위 없이 좋겠지만 꼭 그렇지 않아도 된다. 이 책에서 언급되는 네트워크에 대한 기본적인 이해만 있어도 클라우드 기술을 활용해서 업무에 구현하는 데는 충분하다.

1장에서는 간단한 웹 애플리케이션을 구현하면서 오라클 클라우드의 기본적인 사용법을 단계별로 익히고, 가상 클라우드 네트워크에 대해 중점적으로 다룰 것이다. 가상 클라우드 네트워크에 대한 이해만 있으면 가상 머신 생성, 오토스케일링을 통한 시스템의 유연한 확장, 로드밸런서를 이용한 부하 분산, OCI CLI를 이용한 오라클 클라우드 자원의 조작과 같은 개념과 기능 등은 그리 어렵게 느껴지지 않을 것이다. 1장에서의 목표는 오라클 클라우드 기본 기능들을 학습하는 것이다.

1.1 사전 지식

먼저 함께 실습을 진행하기 전에 오라클 클라우드에서 사용하는 몇 가지 용어와 개념에 대한 정리가 필요하다. 오라클 클라우드의 핵심 용어에 대해 간략히 소개한다.

리전

OCI에서 리전Region은 오라클 클라우드 서비스를 제공하는 물리적인 인프라의 위치로서 지리적인 개념이다. 예를 들어 서울, 춘천, 도쿄 등과 같이 오라클 클라우드를 서비스하는 물리적인 지역을 의미한다. 2023년 10월 기준으로 오라클 클라우드는 22개 국가에서 46개 클라우드 리전을 통해 서비스를 제공하고 있으며, 마이크로소프트 애저와 상호 연결된 리전은 12개이다. 한국에서는 서울과 춘천의 2개 리전을 통해 오라클 클라우드가 서비스되고 있다.

가용 도메인, 장애 도메인

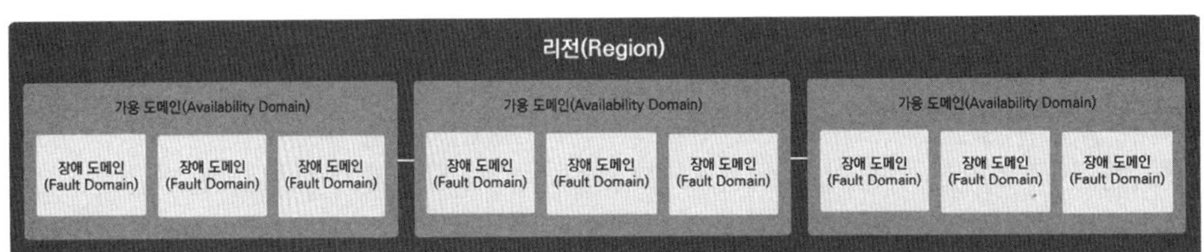

그림 1-1 가용 도메인, 장애 도메인

가용 도메인Availability Domain은 리전 내에 있는 데이터 센터 또는 데이터 센터들이다. 하나의 리전 내에서 자연재해 같은 상황에서도 가용성 확보를 위해 여러 개의 데이터 센터를 두겠다는 의미이다.

리전에 따라서는 가용 도메인, 즉 데이터 센터를 1개만 갖고 있는 곳도 있지만 미국의 애슈번Ashburn, 영국의 런던처럼 그림 1-1과 같이 3개의 가용 도메인을 갖고 있는 곳도 있다. 한국의 경우 서울 리전은 가용 도메인이 1개이다. 하지만 춘천 리전과 고속 네트워크로 연결돼 있기 때문에 지진과 같은 자연재해 상황에 대비할 수 있다.

가상 네트워크 레이어를 통해 이런 리전과 가용 도메인 위에 클라우드 서비스를 제공하게 된다. 필요에 따라 리전과 온프레미스 데이터 센터를 연결할 수 있으며, 다양한 조직이 클라우드 자원을 분리하거나 공유할 수 있는 구조로 구성돼 있다.

실습을 진행하면서 이해할 수 있겠지만 오라클 클라우드에서 생성되는 클라우드 자원은 두 가지 유형이 있다. 첫째, 가용 도메인 내에서 생성되는 자원이 있다. 둘째, 리전 레벨에서 정의돼서 여러 가용 도메인에 걸쳐 생성되는 자원이 있다. 컴퓨트 인스턴스는 첫 번째 유형에 해당하고 가상 클라우드 네트워크는 두 번째 유형에 해당한다.

또 하나 짚고 넘어갈 용어는 장애 도메인Fault Domain이다. 장애 도메인은 가용 도메인 내에서도 데이터 센터 화재와 같은 예상치 못한 상황에서 영향을 받는 인프라 계층의 영향을 최소화하기 위해 구성된 하드웨어 그룹을 의미한다. 그림 1-1과 같이 모든 가용 도메인은 3개의 장애 도메인으로 구성돼 있다. 사용자가 컴퓨트 인스턴스 등을 생성할 때 가용 도메인과 마찬가지로 장애 도메인을 직접 지정할 수 있으며, 지정하지 않으면 오라클이 자동으로 설정한다.

테넌시, 컴파트먼트

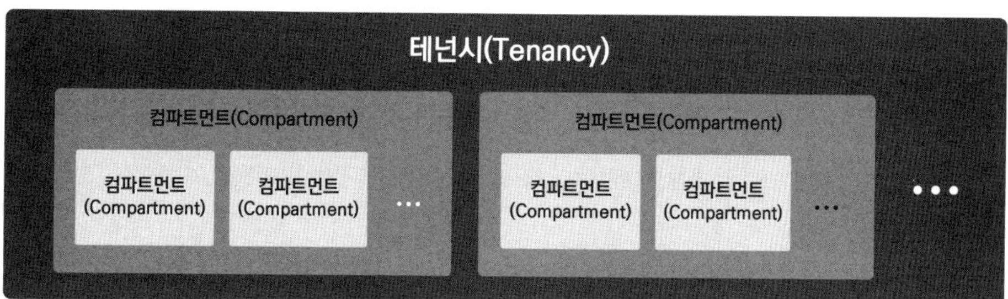

그림 1-2 테넌시, 컴파트먼트

테넌시Tenancy는 오라클 클라우드 계정을 만들 경우 그 계정에 할당되는 클라우드 자원 관리 공간이다. 이 테넌시 내에서 사용자가 컴퓨트 인스턴스, 네트워크, 스토리지, 데이터베이스 등의 여러 클라우드 자원을 만들고 관리하게 된다. 테넌시 내에서 오라클 클라우드가 제공하는 모든 리전 중 원하는 리전을 선택해서 이용하면 된다. 보통 회사가 테넌시 단위가 되는데 테넌시 내에서 사용자를 만들고, 이들을 그룹화해서 각 그룹이 클라우드 자원을 어떻게 사용할지에 대한 정책을 만들어 사용하게 된다.

컴파트먼트Compartment는 오라클 클라우드의 편리한 기능 중 하나라고 할 수 있다. 그림 1-2와 같이 테넌시 내에서 클라우드 자원을 다시 논리적인 그룹으로 나눠서 사용할 수 있는데 이를 컴파트먼트라고 한다. 여기서 자원의 그룹이란 가상 네트워크, 인스턴스, 스토리지 볼륨 등 거의 모든 오라클 클라우드 자원을 의미한다. 회사(테넌시) 내 업무 구분이나 조직에 따라 별도의 컴파트먼트로 클라우드 자원을 묶어서 정책을 통해 이를 관리한다는 개념이다. 사용자는 테넌시 내 여러 개의 컴파트먼트를 가질 수 있으며, 컴파트먼트를 계층 구조로 구성할 수 있다. 최상위 컴파트먼트를 root 컴파트먼트라고 한다.

예를 들어 A_COMPANY라는 오라클 클라우드 계정 내에서는 테넌시Tenancy 내에 여러 개의 Compartment를 생성해서 클라우드 자원을 논리적으로 분리하고 필요한 권한을 각각 설정할 수 있다. 이렇게 구성함으로써 사용자에게 개별적인 권한과 접근을 부여하고 클라우드 자원을 조직화해서 관리할 수 있는 것이다.

컴파트먼트를 개발 조직용 컴파트먼트와 운영 조직용 컴파트먼트로 나누는 것은 리소스를 역할 및 기능에 따라 분류해서 정리하는 방법이다. 각 컴파트먼트는 자체적인 권한 부여 단위가 되며, 특정 사용자나 그룹에게 컴파트먼트마다 다른 수준의 권한을 할당할 수 있다.

예를 들어 개발 조직용 컴파트먼트에는 특정 사용자가 읽기 및 쓰기 권한을 갖도록 설정하고, 운영 조직용 컴파트먼트에는 해당 사용자가 읽기만 가능하도록 권한을 할당할 수 있다. 이로써 자원에 대한 접근과 관리를 조직 내의 역할 및 책임에 맞게 분리해서 보다 안전하고 효율적인 운영이 가능해진다.

리전, 가용 도메인, 장애 도메인, 테넌시, 컴파트먼트 한 줄 정리

용어	설명
리전	오라클 클라우드 서비스를 제공하는 물리적인 인프라의 위치(예시: 서울, 도쿄 리전)
가용 도메인	리전 내 데이터 센터 또는 고가용성을 위한 여러 데이터 센터
장애 도메인	가용 도메인 내 장애 상황을 대비한 하드웨어 그룹
테넌시	오라클 클라우드 계정에 할당되는 클라우드 자원 관리 공간
컴파트먼트	테넌시 내 클라우드 자원을 논리적인 그룹으로 나눠서 관리하는 공간

표 1-1 오라클 클라우드 용어

1.2 실습

1장에서는 IT 환경에서 가장 흔하게 접할 수 있는, 데이터베이스와 연결하는 웹 애플리케이션을 오라클 클라우드 자원과 기능을 이용해서 간단하게 구축해 볼 것이다. 우선 실습 진행 과정에 필요한 오라클 클라우드 용어와 개념에 대한 설명이 나오고, 이를 이용해서 실습이 진행될 것이다.

그림 1-3과 같은 아키텍처의 파이썬Python 웹 애플리케이션 시스템을 IaaS 기반으로 함께 구현해 볼 예정이다. 샘플 애플리케이션은 모놀리식 애플리케이션Monolithic Application 아키텍처를 축약해서 보여준다. 즉, 모든 기능과 서비스가 하나의 코드로 구성되고 단일 실행 프로세스로 실행된다. 1장에서 구현한 모놀리식 애플리케이션이 2장에서는 마이크로서비스로 진화할 것이다.

1장에서 구현하는 샘플 시스템은 데이터베이스로 MySQL을 사용하고, 파이썬 Flask 프레임워크를 이용해서 애플리케이션을 작성할 것이다. 애플리케이션 서버 앞단에 위치한 로드밸런서가 클라이언트로부터 들어오는 워크로드를 분산시킬 것이다.

실제 운영 환경에서는 별도의 WEB/WAS 서버를 구축하고 데이터베이스도 이중화하는 등 구성이 좀 더 복잡해진다. 하지만 1장에서는 오라클 클라우드 기능을 익히는 것이 목적이므로 가능한 한 아키텍처를 단순화했다. 2장부터는 샘플 아키텍처가 좀 더 복잡해질 것이다.

특히 샘플 애플리케이션에서는 시스템에 접속하는 사용자가 늘어나는 것을 동적으로 반영하기 위해 애플리케이션 서버에 대해 오토스케일링Autoscaling을 적용할 것이다.

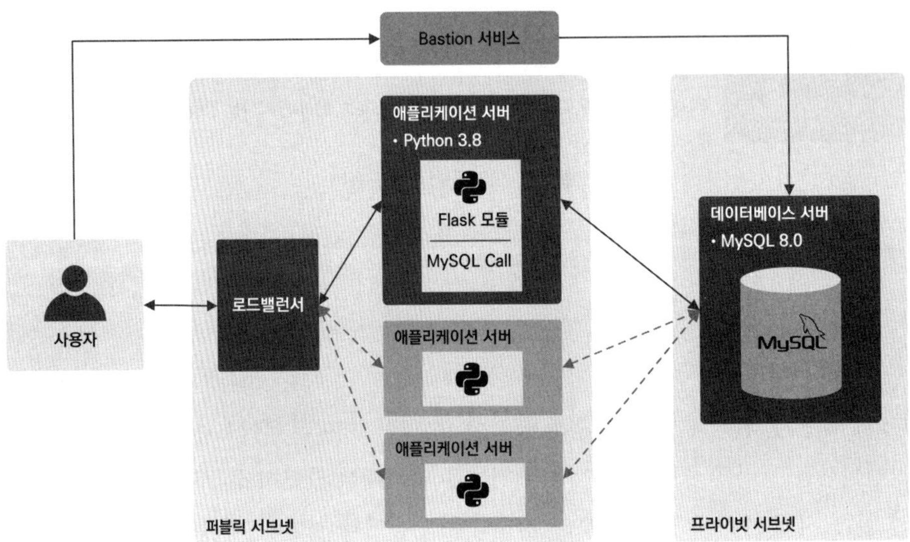

그림 1-3 구현할 샘플 아키텍처

실습 사전 준비

이 책의 실습을 위해 가장 먼저 할 일은 오라클 클라우드 계정을 준비하는 것이다. 오라클 클라우드 계정이 없는 독자는 다음 URL로 접속해서 그림 1-4와 같이 오라클 클라우드 Free Tier 계정을 신청할 수 있다. 계정 신청 절차는 책 말미에 있는 부록 [Oracle Cloud Free Tier 생성]을 참조한다.

- https://www.oracle.com/kr/cloud/free/

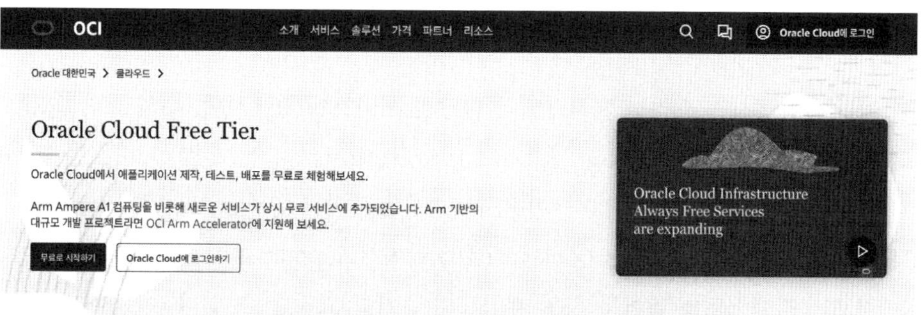

그림 1-4 오라클 클라우드 Free Tier 계정 신청

오라클 클라우드 Free Tier는 다음과 같은 두 가지 옵션을 제공하는데 처음 Free Tier 계정을 신청하면 두 가지 옵션을 모두 사용할 수 있다. 그러나 "Always Free 서비스"는 항상 무료로 사용할 수 있지만, "30-Day Free Trial" 옵션은 계정을 생성한 후 30일이 지나거나 300달러를 모두 소진하면 더 이상 사용할 수 없게 된다.

Always Free 서비스

- 오라클 APEX 및 SQL Developer와 같은 도구가 포함된 Autonomous 데이터베이스 2개
- AMD 컴퓨팅 가상 머신 2개
- ARM 기반 Ampere A1 컴퓨트 인스턴스 최대 4개 지원
- 블록 스토리지, 오브젝트 스토리지, 아카이브 스토리지, 로드밸런서 및 데이터 송신, Monitoring 및 Notifications

30-Day Free Trial

- 데이터베이스, 분석, 컴퓨팅 및 Container Engine for Kubernetes를 포함한 30일 동안 다양한 오라클 클라우드 서비스에 액세스
- 사용이 가능한 모든 서비스에서 최대 8개의 인스턴스

- 최대 5TB 스토리지

이 책의 실습에서는 오라클 클라우드의 다양한 서비스를 활용하며, 특히 오라클 RAC 데이터베이스, Data Catalog 및 Data Integration과 같은 일부 서비스는 Free Tier로는 생성되지 않을 수 있다. 이 경우 OCI 웹 콘솔(Governance & Administration → Tenancy Management → Limits, Quotas and Usage)에서 Support 아이콘을 클릭하면 나오는 서포트 리퀘스트를 열어서 자원 제한량의 증가를 요청할 수 있다. 이 책에서 이런 비용이 발생하는 자원을 사용하는 이유는 오라클 클라우드의 다양한 자원을 활용해서 실습자에게 더 다양한 경험을 제공하기 위함이다.

실습 컴파트먼트, 그룹, 유저 생성

클라우드 계정이 준비됐다면 실습용 컴파트먼트, 그룹, 유저를 생성한다. 해당 클라우드 자원들을 생성하기 전에 오라클 클라우드에서의 권한 관리를 간략히 살펴본다. 컴파트먼트, 그룹, 유저 그리고 정책은 그림 1-5와 같은 구조로 이뤄져 있다.

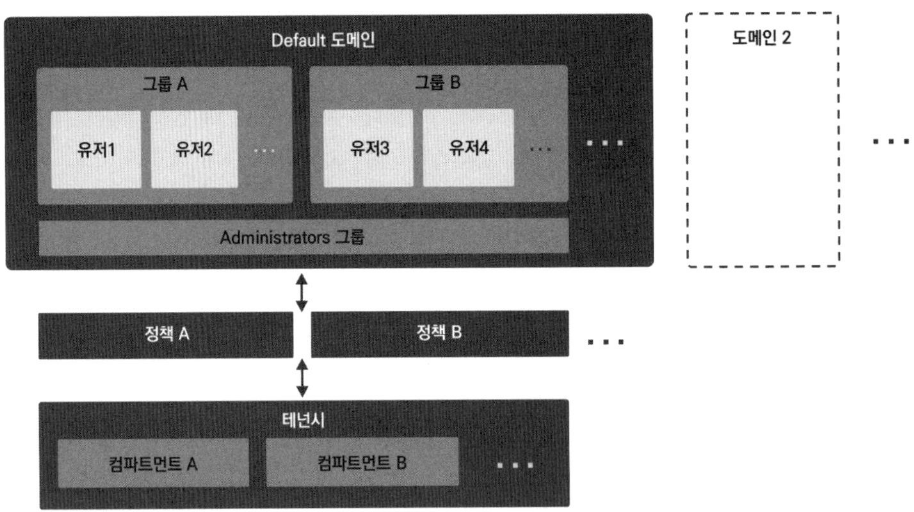

그림 1-5 오라클 클라우드의 도메인, 그룹, 유저, 정책, 컴파트먼트의 구조

오라클 클라우드에서의 권한 관리는 기본적으로 다음과 같은 방식으로 이뤄진다. 유저User를 업무 요건에 따라 그룹Group으로 묶고, 해당 그룹에 정책Policy을 통해 권한을

부여한다. 권한을 부여할 때는 특정 범위를 지정할 수 있는데 이는 특정 컴파트먼트 또는 테넌시로 범위를 특정할 수 있다.

예를 들어 NetworkAdmins 그룹을 생성하고 이 그룹에 네트워크 관리 유저를 추가한다. 그리고 다음과 같은 정책을 만들어 NetworkAdmins 그룹에 테넌시 내 가상 네트워크 자원을 관리할 수 있는 권한을 부여한다. 이렇게 하면 그룹의 구성원은 해당 정책에 따라 네트워크 관련 작업을 수행할 수 있게 된다.

```
Allow group NetworkAdmins to manage virtual-network-family in tenancy
```

또한 유저와 그룹은 도메인Domain이라고 하는 더 포괄적인 클라우드 자원으로 묶어서 관리된다. 도메인은 효과적인 자원의 관리를 위해 유저, 그룹, Oracle SSOSingle Sign-On 구성 그리고 뒤에서 설명할 다이내믹 그룹Dynamic Group 등과 같은 권한 관리 자원들을 담는 그릇으로 생각할 수 있다. 최초로 클라우드 계정이 설정될 때 디폴트Default 도메인이 자동으로 생성되며, 업무 요구에 따라 추가 도메인을 만들어서 관리할 수 있다.

예를 들어 운영 관리용 도메인에 특정 유저와 그룹 체계를 만들고, 이와 동일한 구조의 유저, 그룹 관리 체계를 개발 도메인에 만들 수 있다. 이렇게 하면 두 도메인 간의 권한 체계를 동일하게 유지하면서 관리 자원은 서로 다르게 구성할 수 있다.

이제 가장 먼저 이번 실습에 사용할 클라우드 자원의 격리 단위라고 할 수 있는 컴파트먼트를 생성한다.

OCI 웹 콘솔의 [Identity & Security → Identity → Compartments] 화면에서 Create Compartment를 클릭한다. 그림 1-6과 같이 다음 정보를 입력하고 하단의 Create Compartment를 클릭한다.

- Name: ociexplained
- Description: ociexplained
- Parent Compartment: 〈root 컴파트먼트〉 선택(예시: demo (root))

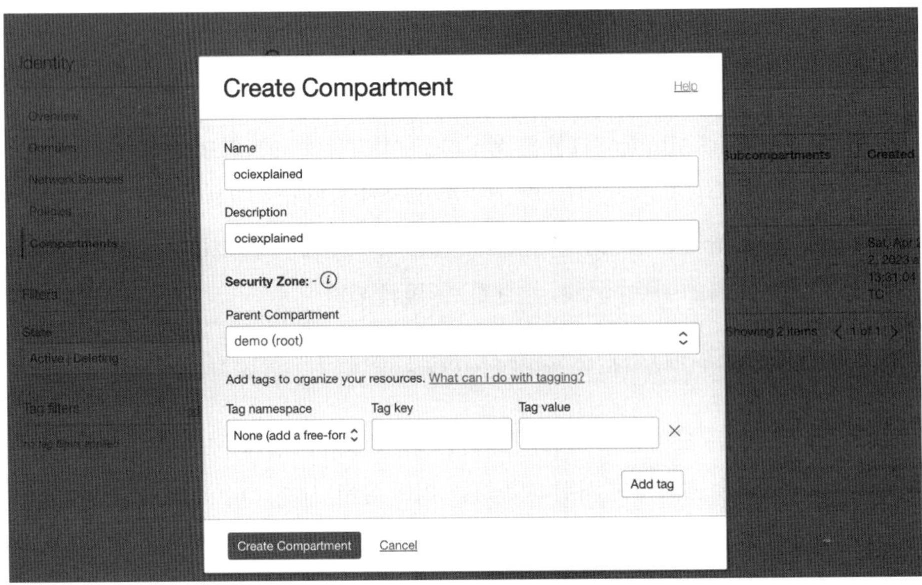

그림 1-6 컴파트먼트 생성

그런 다음 디폴트 도메인에 실습용 그룹을 생성한다. 이 책에서는 별도 실습용 도메인을 만들지 않고 디폴트 도메인에 실습 유저와 그룹 등을 생성해서 실습을 진행할 것이다.

OCI 웹 콘솔의 [Identity & Security → Identity → Domains] 화면에서 "Default" 도메인을 선택한다. 이동한 화면의 왼쪽 Identity domain 메뉴에서 Groups를 선택해서 IAM 그룹을 생성하고 그림 1-7과 같이 다음 정보를 입력한 후 하단의 Create를 클릭한다.

- Name: demo-group

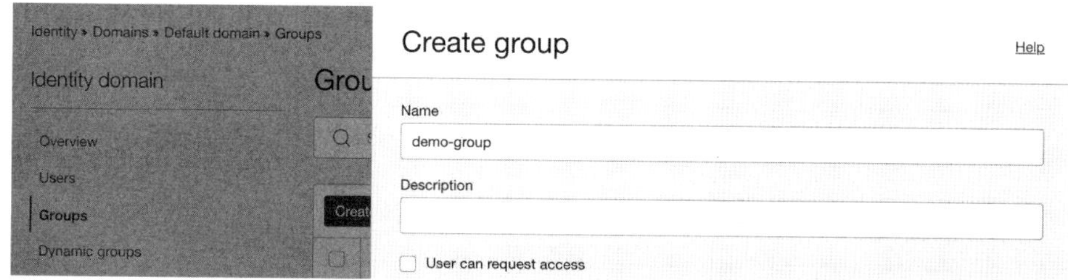

그림 1-7 IAM 그룹 생성

그룹을 생성하고 난 후 생성된 그룹에 소속돼서 실습을 진행하는 데 사용할 유저를 생성한다.

OCI 웹 콘솔의 [Identity & Security → Identity → Domains] 화면에서 "Default" 도메인을 선택한다. 이동한 화면의 왼쪽 Identity domain 메뉴에서 Users를 선택해서 IAM 유저를 생성하고 그림 1-8과 같이 다음 정보를 입력한 후 하단의 Create를 클릭한다.

- Use the email address as the username 항목의 체크를 해제한다.
- Last name: ociexplained
- Username: ociexplained
- Email: 독자 이메일 입력
- [Groups] 섹션에서 앞서 생성한 demo-group을 선택하고, 이를 통해 유저를 생성하면서 해당 유저가 소속될 그룹을 지정할 수 있다.

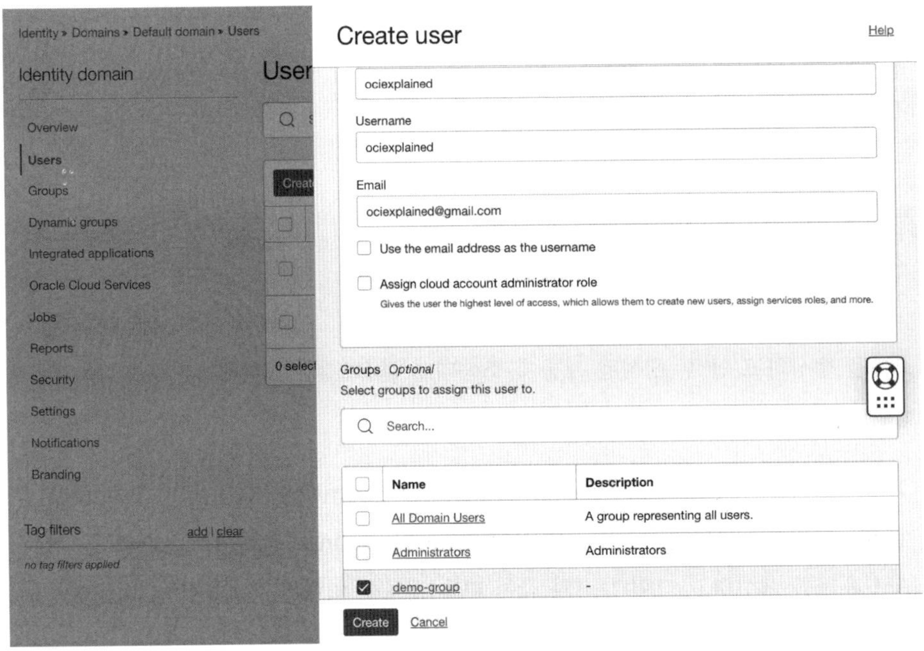

그림 1-8 IAM 유저 생성

디폴트 도메인 내 "demo-group"에 소속된 "ociexplained" 유저가 만들어졌다. 이제 생성된 유저로 원활한 실습이 진행될 수 있도록 소속 그룹에 오라클 클라우드 자원을 제어할 수 있는 권한을 부여할 차례이다.

권한 정책 생성 및 권한 추가

오라클 클라우드에서 클라우드 자원을 활용하려면 해당 자원에 대한 권한이 사전에 부여돼야 한다. 예를 들어 가상 클라우드 네트워크를 생성할 때도 권한 정책을 통해 어떤 유형의 자원을 다룰 것인지, 어느 범위까지 조작이 가능한지를 자세하게 설정해야 한다. 이런 절차는 실제 업무 환경에서 강화된 보안을 구현하는 데 반드시 필요한 조치이다.

이 책에서 다루는 실습은 오라클 클라우드의 다양한 자원을 다루므로 다양한 권한이 필요하다. 그러나 각 서비스나 자원을 다룰 때마다 권한을 부여하는 것은 실습을 복잡하게 만들고 핵심 내용에 집중하는 데 방해가 될 수 있다고 판단했다. 따라서 이 책의 실습에서는 실습 유저에게 테넌시 내의 모든 자원을 제어할 수 있는 권한을 부여해서 각 단계에서 서비스 사용 시 권한을 개별적으로 부여하는 작업을 최소화하고자 한다. 나중에 추가 권한이 필요한 서비스의 경우에만 별도로 설정을 진행하게 된다. 모든 자원을 제어할 수 있는, 즉 Administrator 그룹이 아닌 유저로 실습하는 경우 필요한 권한을 각 실습마다 명시적으로 안내할 것이다.

실습 오라클 클라우드 유저가 속한 그룹에 테넌시 내 모든 자원을 제어할 수 있는 권한을 부여하려면 정책을 생성해야 한다. 다음에 나올 예제 구문을 사용해서 정책을 신규 생성하고, 유저가 속한 그룹에 테넌시 내 모든 자원을 제어할 수 있는 권한을 추가한다.

OCI 웹 콘솔의 [Identity & Security → Identity → Policies] 화면으로 이동한 후 Create Policy를 클릭해서 정책을 생성한다. 정책은 테넌시 레벨로 정의되는 자원이므로 화면 왼쪽에서 선택하는 컴파트먼트는 그림 1-9와 같이 root 컴파트먼트를 선택한다.

그림 1-9 IAM 정책 생성

정책을 생성할 때 Policy Builder를 이용해서 UI로 정책의 종류, 템플릿, 정책 적용 대상, 컴파트먼트 등을 선택해서 만들 수 있다. 또는 정책 적용 명령어를 직접 입력할 수도 있다. 이번 예시에서는 그림 1-10과 같이 직접 입력 방식을 선택했는데 권한 부여 구문에 날짜 조건을 설정해서 특정 기간 동안만 해당 권한이 유효하도록 할 수 있다. 실습에서는 날짜 조건을 추가하도록 한다.

다음 내용을 입력한 후 Create를 클릭하면 정책이 생성된다.

- Name: oci-demo-policy

- Description: oci demo policy
- Compartment: 〈root 컴파트먼트〉 선택
- Policy Builder에서 "Show manual editor"를 체크한 후 그림 1-10과 같이 다음 값을 입력한다. 다음의 구문은 "demo-group" 그룹에게 9월과 10월 동안에만 "all-resources"를 제어할 수 있는 권한을 부여했으므로 그룹 이름과 월 지정 값은 독자의 환경과 실습 기간에 맞춰 수정한다.

```
allow group demo-group to manage all-resources in tenancy where ANY {request.
utc-timestamp.month-of-year in ('9', '10')}
```

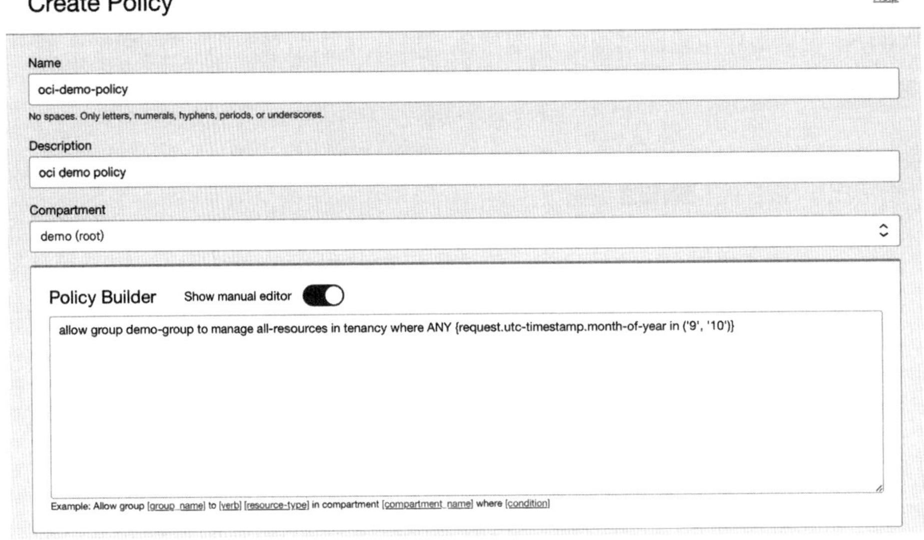

그림 1-10 IAM 정책에 권한 추가

컴파트먼트, 그룹, 유저 생성 및 권한 부여 작업은 완료됐다. 이제 새로 생성한 유저로 로그인하려면 해당 사용자의 로그인 패스워드를 재설정해야 한다.

OCI 웹 콘솔의 [Identity & Security → Identity → Domains] 화면에서 Default 도메인을 선택한 후 왼쪽 Identity 도메인 메뉴에서 Users를 선택한다. 목록에서 앞서 생성한 실습용 유저 "ociexplained"를 찾아서 선택하고, 그림 1-11과 같이 사용자 상세

정보 화면으로 이동한다. 여기서 Reset password를 클릭해서 패스워드를 재설정한다. 재설정이 성공적으로 완료되면 확인 메시지가 표시된다.

마지막으로 오른쪽 상단의 사용자 아이콘을 클릭하고 맨 아래에 있는 Sign Out을 클릭해서 세션을 종료한다.

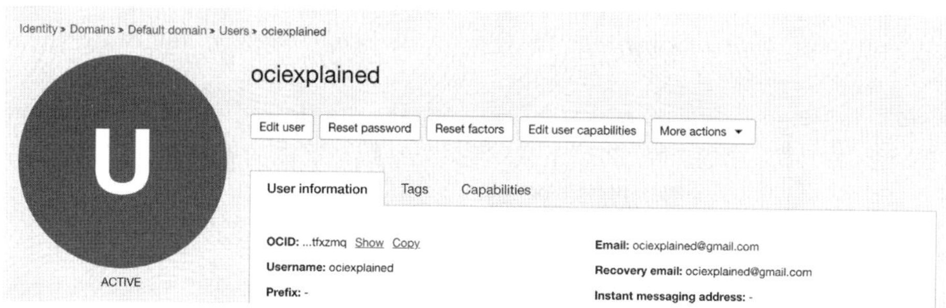

그림 1-11 IAM 유저 상세 화면

Reset password를 클릭하면 사용자를 생성할 때 지정한 이메일로 "Please Reset Your Password for Your domain Default in demo account"와 같은 제목의 패스워드 재설정 이메일이 발송된다. 이 이메일을 열고 Reset password 링크를 클릭해서 패스워드를 재설정한다.

패스워드 재설정 후 기존 브라우저는 닫고, 새로 브라우저를 열어 https://cloud.oracle.com 주소로 접속해서 그림 1-12와 같이 앞서 생성한 "ociexplained" 유저로 로그인한다. 이 과정에서 모바일 앱 등을 활용한 2단계 인증[2 Factor Authentication] 설정을 진행하게 된다.

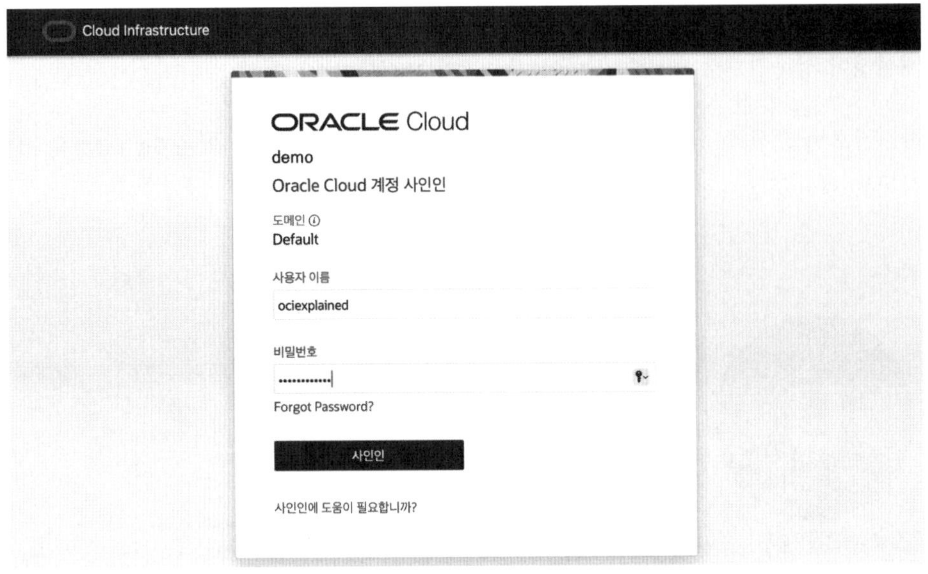

그림 1-12 OCI 웹 콘솔에 실습용 유저로 로그인

실습을 위한 사전 준비가 완료됐다. 이제 실제 실습을 진행하면 된다. 1장에서 제시한 샘플 웹 애플리케이션 구성은 그림 1-13과 같은 절차로 진행된다.

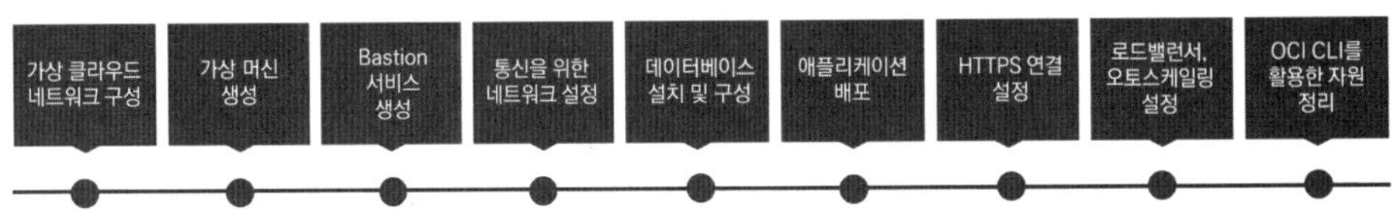

그림 1-13 1장 실습 단계

1.2.1 가상 클라우드 네트워크 구성

샘플 아키텍처 구현을 위해 가장 먼저 해야 할 일은 애플리케이션 서버와 데이터베이스 서버, 로드밸런서 등이 배치돼서 서로 통신할 가상 클라우드 네트워크Virtual Cloud Network, VCN를 만드는 것이다. 가상 클라우드 네트워크인 VCN에 대해 간략히 살펴보고 실습으로 넘어가도록 한다. 용어나 개념들을 지금 100% 이해하지 못해도 상관없다. 실습을 통해 이 개념들이 명확해질 것이다.

1.2.1.1 가상 클라우드 네트워크

오라클 클라우드의 가상 클라우드 네트워크Virtual Cloud Network, VCN는 그림 1-14와 같이 기존의 전통적인 물리 네트워크의 가상화된 버전으로 생각할 수 있다. VCN은 소프트웨어적으로 정의된 네트워크인 소프트웨어 정의 네트워크Software-Defined Network, SDN로 구현되며, 서브넷, 라우트 테이블, 게이트웨이 등의 네트워크 장치들도 물리적인 네트워크 장비가 아니라 소프트웨어적으로 정의된 형태로 구성된다.

사용자는 오라클 클라우드 데이터 센터 내에서 방화벽이나 게이트웨이와 같은 요소들을 갖춘 가상화된 사설 네트워크를 VCN 위에 구성할 수 있다.

VCN은 리전 레벨의 자원으로 리전 내에서 여러 개의 가용 도메인에 걸쳐 구성된다. 복수의 가용 도메인(데이터 센터)을 가진 리전에서 VCN을 생성하면 해당 리전 내의 모든 가용 도메인을 사용하는 VCN이 만들어진다. 이를 통해 가용 도메인 간의 고가용성 및 이중화를 구현할 수 있다.

또한 VCN 내에서 네트워크를 더 잘게 나누는 단위인 서브넷Subnet을 생성해서 사용할 수 있다. 이때 서브넷은 특정 가용 도메인을 지정해서 만들 수도 있고, 리전 내의 여러 가용 도메인에 걸쳐 만들 수도 있다. 후자의 경우 해당 서브넷을 리전 서브넷Regional Subnet이라고 부른다. 리전 서브넷은 특정 가용 도메인에 제한되지 않고 리전 내의 가용 도메인 중에서 자동으로 선택되는 서브넷 유형이다.

이런 VCN 위에서 인터넷 게이트웨이를 생성해서 인터넷과의 통신이 필요한 오라클 클라우드 자원이 퍼블릭 트래픽을 처리하도록 구성할 수 있다. 이를 통해 클라우드 자원은 외부 인터넷과의 통신이 가능하게 된다. 또한 로드밸런서를 사용해서 부하 분산을 처리할 수도 있다. 로드밸런서는 클라우드 내의 여러 자원 사이에서 트래픽을 분산해서 성능을 최적화하는 역할을 한다. VCN은 온프레미스 데이터 센터와 IPSec VPN(가상 사설망) 또는 전용 고속 사설망을 통해 연결할 수 있다.

VCN 내에서는 내부적으로 사용되는 169.254.0.0/16 주소 범위를 제외한 다른 주소 범위를 사용할 수 있다. 다만 오라클은 10.0.0.0/16, 172.16.0.0/16, 192.168.0.0/16 체계의 프라이빗 IP 주소 사용을 권고한다.

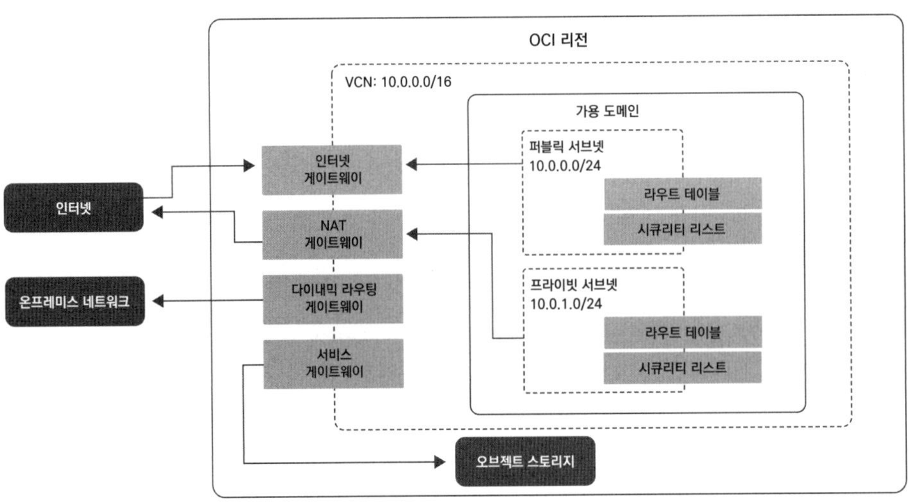

그림 1-14 가상 클라우드 네트워크

VCN에서 사용되는 주요 오라클 클라우드 자원을 정리해 보자. 이 외에도 몇 가지 더 있으나 이후 실습 진행을 위해 필요한 자원들만 설명한다.

서브넷

서브넷Subnet은 VCN을 더 작게 분할한 하위 네트워크 자원을 나타낸다. 예를 들어 VCN이 10.0.0.0/16으로 정의됐다면 10.0.0.0/24, 10.0.1.0/24와 같이 VCN을 더 잘게 나눈 네트워크 영역을 말한다. 각 서브넷은 다른 CIDR 블록 범위(IP 주소 범위)를 가지며 겹치지 않도록 구성된다.

서브넷은 네트워크 트래픽을 어디로 라우팅Routing할지 결정하는 라우트 규칙Route Rule과 보안 규칙을 설정하는 시큐리티 리스트가 할당되는 단위이다. 이를 통해 서브넷 내의 네트워크 트래픽 경로와 VCN 레벨의 방화벽 규칙을 설정할 수 있다.

오라클 클라우드 자원들은 자신이 속한 서브넷에서 프라이빗 IP 주소와 네트워크 설정 정보를 받아온다. 각 자원은 해당 서브넷 내에서 동작하는데 서브넷의 특성에 따라 퍼블릭 IP 주소를 가질 수 있는 퍼블릭 서브넷Public Subnet과 퍼블릭 IP 주소를 가질 수 없는 프라이빗 서브넷Private Subnet으로 구분된다. 퍼블릭 서브넷은 외부 인터넷과 통신이 가능하며, 프라이빗 서브넷은 보안을 강화하고 내부 네트워크 트래픽을 분리해서 관리할 수 있다.

라우트 테이블

라우트 테이블Route Table은 VCN 내에서 IP 패킷의 전달 경로를 결정하는 데 사용되는 자원이다. 특히 서브넷에서 VCN 외부로, 즉 인터넷이나 온프레미스 서버 등으로 네트워크 트래픽을 보내려면 라우트 테이블이 필요하다. 라우트 테이블 내에는 라우트 규칙을 설정하게 되는데 이는 트래픽을 어떤 타깃으로, 어떤 CIDR 블록으로 보낼지를 정의한다.

같은 VCN 내에서 트래픽을 전달하는 경우에는 별도의 라우트 테이블 규칙을 설정할 필요가 없다. VCN 내에서의 트래픽 전달은 기본적으로 라우트 테이블에 의해 관리되며, 서브넷 내의 자원들이 서로 통신할 수 있도록 설정된다. 하지만 VCN 외부로의 트래픽을 관리하려면 해당 서브넷에 적절한 라우트 테이블 규칙을 설정해야 한다.

시큐리티 리스트

시큐리티 리스트Security List는 VCN 내에서 Ingress(수신) 및 Egress(송신) 트래픽에 대한 보안 규칙을 정의하는 자원이다. 오라클 클라우드에서는 인바운드 및 아웃바운드라는 용어 대신에 Ingress와 Egress라는 용어를 사용하며, 각각 트래픽의 수신과 송신을 나타낸다.

시큐리티 리스트는 서브넷 레벨로 설정되며, 해당 서브넷에 속한 모든 인스턴스는 동일한 보안 규칙을 준수하게 된다. 시큐리티 리스트의 보안 규칙은 크게 Stateful 규칙과 Stateless 규칙으로 나뉜다.

- **Stateful 규칙**: 이 규칙은 트래픽을 수신한 후 응답을 추적하므로 수신 규칙과 관계없이 트래픽이 자동으로 원래 호스트로 돌아갈 수 있다. 예를 들어 특정 포트로 들어오는 트래픽에 대한 응답을 허용하는 경우 응답이 원래 요청을 보낸 호스트로 돌아갈 수 있도록 Stateful 규칙을 설정하면 된다.
- **Stateless 규칙**: 이 규칙은 트래픽의 응답을 추적하지 않으므로 별도의 송신 규칙을 지정해야 한다. 트래픽의 수신과 송신 간의 관련성이 없는 경우에 사용된다.

예를 들어 특정 포트로 들어오는 트래픽에 대해 응답을 차단하는 경우 수신 규칙만으로는 응답을 차단할 수 없으므로 송신 규칙을 별도로 정의해야 한다.

인터넷 게이트웨이

OCI 네트워크에는 여러 유형의 라우팅 게이트웨이가 존재하며, 그중 첫 번째로 인터넷 게이트웨이Internet Gateway가 있다. 인터넷 게이트웨이는 VCN 내의 인스턴스가 인터넷과 통신하는 입구 역할을 한다.

인터넷 게이트웨이는 주로 퍼블릭 서브넷 내의 자원들이 인터넷의 퍼블릭 엔드포인트에 직접 접근할 수 있도록 해준다. 이를 위해서는 해당 퍼블릭 서브넷 내의 자원들이 퍼블릭 IP 주소를 가져야 한다.

NAT 게이트웨이

오라클 클라우드에서 무료로 제공되는 NATNetwork Address Translation 게이트웨이는 퍼블릭 IP 주소가 없는 클라우드 자원이 인터넷으로부터의 Ingress 연결을 제한하면서도 인터넷으로 나가는 접근을 가능하게 하는 가상 라우터이다. 이런 게이트웨이는 프라이빗 서브넷 내에 위치한 자원들이 인터넷 접속이 필요한 경우 사용된다.

예를 들어 프라이빗 서브넷에 속한 데이터베이스 서버가 소프트웨어 업데이트 등을 위해 인터넷 접속이 필요할 수 있다. 이때 인터넷에서 들어오는 트래픽은 보안상 차단돼야 하지만 데이터베이스 서버는 외부에서 필요한 패키지를 다운로드하려면 인터넷에 접속해야 한다. 이런 경우 NAT 게이트웨이를 사용하게 되는데 데이터베이스 서버가 인터넷으로 나가는 트래픽을 NAT 게이트웨이를 통해 퍼블릭 IP 주소로 변환돼서 나가게 하고, 반대로 인터넷에서 들어오는 트래픽은 차단한다.

서비스 게이트웨이

서비스 게이트웨이Service Gateway는 OCI 내의 다양한 오라클 클라우드 서비스에 대한 프라이빗 접근을 제공하는 게이트웨이다. 이는 데이터를 인터넷 게이트웨이나 NAT 게이트웨이에 노출시키지 않고도 VCN 내의 자원들이 특정 오라클 클라우드 서비스에 안전하게 비공개 접근할 수 있게 한다.

서비스 게이트웨이는 VCN 내에서 오라클 클라우드 서비스와의 통신에 사용된다. VCN 내의 자원들은 오라클 클라우드의 다양한 서비스에 대한 프라이빗 연결을 설정할 수 있으며, 온프레미스에서 오라클 클라우드 서비스에 접근하려는 경우에도 사용된다.

다이내믹 라우팅 게이트웨이

다이내믹 라우팅 게이트웨이Dynamic Routing Gateway, DRG는 이 책의 실습에서는 사용되지 않지만 오라클 클라우드에서 많이 사용하는 네트워크 자원으로 오라클 클라우드 환경에서 여러 리전의 VCN을 연결하거나 온프레미스 네트워크를 프라이빗 네트워크로 연결할 때 사용되는 가상 라우터이다.

DRG를 사용해서 서로 다른 리전의 VCN을 연결하는 경우 원격 VCN 피어링Remote VCN Peering을 추가적으로 설정해야 한다. VCN 피어링은 VCN을 연결하는 기능으로 리전 내에서 수행되는 로컬 피어링Local Peering과 다른 리전 간에 수행되는 원격 피어링Remote Peering이 있다.

1.2.1.2 가상 클라우드 네트워크 한 줄 정리

가상 클라우드 네트워크	기존 전통적인 물리 네트워크의 가상화된 버전
서브넷	VCN을 잘게 나눈 하위 네트워크 자원
라우트 테이블	VCN 밖으로 IP 패킷을 전달하는 자원
시큐리티 리스트	서브넷의 인바운드 및 아웃바운드 트래픽에 대한 보안 규칙 정의
인터넷 게이트웨이	VCN에서 인터넷 통신을 위한 가상 라우터
NAT 게이트웨이	프라이빗 네트워크 자원의 인터넷 인바운드 연결은 제한하면서 인터넷으로 아웃바운드 접근은 가능하도록 하는 가상 라우터

서비스 게이트웨이	OCI 내의 여러 오라클 클라우드 서비스에 대한 프라이빗 접근을 위한 가상 라우터
다이내믹 라우팅 게이트웨이	VCN끼리 또는 VCN과 온프레미스 네트워크를 프라이빗 네트워크로 연결할 때 사용하는 가상 라우터

표 1-2 VCN 주요 구성 항목

이제 직접 실습으로 가상 클라우드 네트워크와 해당 구성 요소 자원을 생성해 본다. 첫 번째 단계는 그림 1-15와 같이 가상 클라우드 네트워크를 생성하는 것이다.

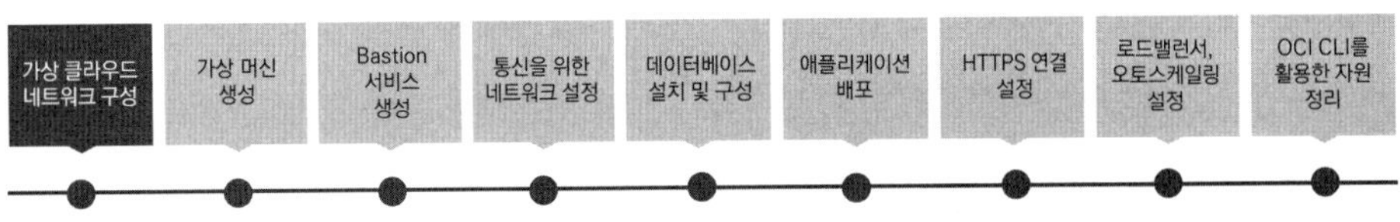

그림 1-15 1장 실습 단계 - 가상 클라우드 네트워크 구성

지금부터 생성할 VCN은 다음과 같은 요건을 만족하도록 구성한다.

- 인터넷과 통신할 수 있는 퍼블릭 서브넷이 필요하다.
- VCN 내에서만 통신이 가능한 프라이빗 서브넷 역시 필요하다.
- 퍼블릭 서브넷에 위치할 애플리케이션 서버는 로컬 컴퓨터에서 SSH[Secure SHell] 접속이 가능해야 하므로 인터넷 게이트웨이가 필요하다.
- 데이터베이스 서버에서 인터넷을 통한 데이터베이스 소프트웨어 설치 등을 위해 NAT 게이트웨이가 필요하다. 이때 인터넷으로부터의 수신 트래픽은 차단돼야 하고, 인터넷으로 나가는 Egress 트래픽은 허용돼야 한다.
- 각 서브넷의 성격에 따라 라우트 테이블과 시큐리티 리스트를 별도로 설정한다.

앞서 언급한 요구 사항을 충족하려면 VCN, 서브넷, 라우트 테이블 규칙, 시큐리티 리스트 보안 규칙 등을 하나씩 요구에 맞게 설정하는 방법을 사용할 수 있다. 그러나 이번 실습에서는 개별 네트워크 자원의 설정 과정을 거치지 않고, 오라클이 기본적으로 정의한 설정을 활용해서 VCN을 생성하는 VCN Wizard를 사용하는 방법을 선택할 것이다.

1.2.1.3 실습 - 가상 클라우드 네트워크 생성

가상 클라우드 네트워크를 생성하기 전에 "all-resources" 권한을 부여받지 못한 유저의 경우 OCI 웹 콘솔의 [Identity & Security → Identity → Policies] 화면에서 다음과 같은 권한 구문을 "oci-demo-policy" 정책에 추가해야 한다. 하지만 앞선 정책 생성 및 권한 부여 실습에서 "allow group demo-group to manage all-resources in tenancy ..." 권한 구문을 정책에 추가했다면 아래 구문을 추가하지 않아도 된다.

```
Allow group <YOUR_GROUP_NAME> to manage virtual-network-family in
compartment <YOUR_COMPARTMENT_NAME>
Allow group <YOUR_GROUP_NAME> to manage load-balancers in compartment
<YOUR_COMPARTMENT_NAME>
```

이제 다음 정보로 가상 클라우드 네트워크를 생성한다. OCI 웹 콘솔의 [Networking → Virtual cloud networks] 화면으로 이동해서 Start VCN Wizard를 클릭한다. VCN Wizard를 시작하면 인터넷만 연결할 것인지, VPN까지 설정할 것인지를 선택할 수 있다. 이 중에서 Create a VCN with internet connectivity를 선택하고 하단의 Start VCN Wizard를 클릭해서 VCN을 생성한다. VCN Wizard로 VCN을 생성할 때는 VCN 이름만 입력하면 된다.

- VCN name: OCI_DEMO
- Compartment: ociexplained(자원을 배포하려는 컴파트먼트 선택. 독자가 현재 실습에 사용 중인 컴파트먼트를 선택한다.)

그림 1-16과 같이 컴파트먼트를 선택하고 IPv4 CIDR 블록을 정의한다. 별도로 지정하지 않을 경우 `10.0.0.0/16`으로 기본 설정돼 있는 상태 그대로 VCN을 간단히 생성할 수 있다. 물론 사용자가 CIDR 블록이나 서브넷 범위를 지정할 수도 있다. 이후 Next를

클릭한다.

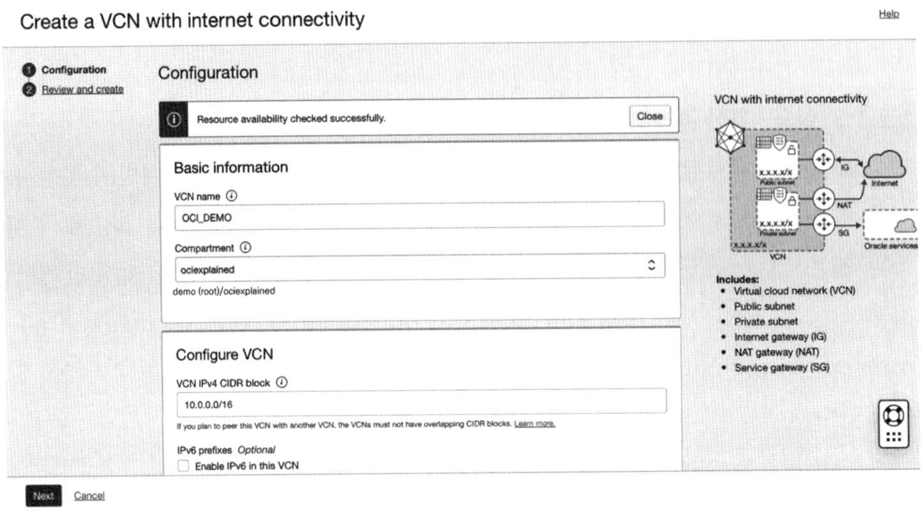

그림 1-16 VCN 생성

다음 나타나는 "Review and Create" 화면에서 앞서 설정한 내용을 확인한 후 Create를 클릭하면 VCN이 생성된다. VCN Wizard로 VCN을 생성한 후에는 다음과 같은 클라우드 네트워크 자원이 생성된다.

- 퍼블릭 서브넷(10.0.0.0/24)
- 프라이빗 서브넷(10.0.1.0/24)
- 인터넷 게이트웨이
- NAT 게이트웨이
- 서비스 게이트웨이

VCN이 생성된 후 OCI 웹 콘솔의 [Networking → Virtual cloud networks] 화면으로 이동해서 확인해 보면 각 서브넷에 연결된 라우트 테이블 규칙과 시큐리티 리스트가 함께 추가된 것을 확인할 수 있다. 예를 들어 퍼블릭 서브넷의 경우 "Default security list for OCI_DEMO"라는 이름의 시큐리티 리스트가 연결돼 있다. 해당 시큐리티 리스트에는 그림 1-17과 같이 SSH 22번 포트 통신과 ping 명령 수행을 위한 ICMP 통신이 가능하도록 방화벽 규칙도 추가된 것을 확인할 수 있다. 인터넷으로 나가는 Egress 규칙은 모든 트래픽을 허용하고 있다.

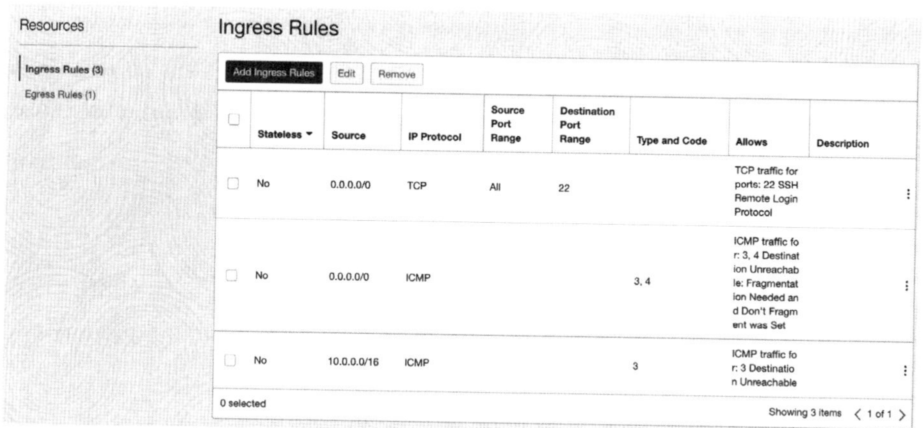

그림 1-17 VCN Wizard로 생성한 퍼블릭 서브넷의 시큐리티 리스트 내용

1.2.2 가상 머신 생성

애플리케이션과 데이터베이스를 담을 가상 머신Virtual Machine, VM을 생성하기 전에 몇 가지 용어와 개념을 이해하고 가는 것이 도움이 될 것이다.

1.2.2.1 이미지

이미지Image는 가상 머신 인스턴스의 운영체제와 함께 설치되는 소프트웨어를 정의하는 가상 하드 드라이브 템플릿이다. 이미지를 이용해서 가상 머신을 생성할 때 어떤 운영체제와 버전을 사용할지, 어떤 소프트웨어가 미리 설치돼 있는지를 결정하게 된다. 이미지는 해당 인스턴스의 초기 상태를 정의하며, 여러 인스턴스에서 동일한 환경을 재현하고 효율적으로 관리하는 데 사용된다.

오라클 클라우드에서는 이미지를 기반으로 가상 머신 인스턴스를 생성할 수 있으며, 이미지는 다양한 종류와 운영체제 버전을 제공하고 있다. 이미지의 종류에는 기본 플랫폼 이미지와 사용자 정의 이미지가 있다.

기본 플랫폼 이미지Platform Image는 오라클이 제공하는 이미지로 여러 운영체제와 버전에 대한 이미지가 미리 구성돼 있다. 이런 이미지를 사용해서 빠르게 인스턴스를 생성할 수 있다.

사용자 정의 이미지Custom Image는 사용자가 필요에 따라 소프트웨어와 설정을 추가 또는 수정한 후 저장한 이미지이다. 이렇게 사용자 정의 이미지를 생성하면 자주 사용하는 환경을 재사용할 수 있으며, 특정 소프트웨어나 설정이 이미 포함된 이미지를 사용할 수 있다.

2023년 10월 기준으로 오라클 클라우드에서는 가상 머신을 생성할 때 사용할 수 있는 이미지로 표 1-3과 같은 플랫폼 이미지들이 제공된다. 레드햇 RHEL(RHEL 7, 8, 9)도 BYOIBring Your Own Image 방식으로 2023년 1월부터 사용이 가능하다.

• Oracle Autonomous Linux 7.x • Oracle Autonomous Linux 8.x • Oracle Linux 6.x • Oracle Linux 7.x • Oracle Linux 8.x • Oracle Linux 9.x • Oracle Linux Cloud Developer 8.x	• Windows Server 2012 R2 • Windows Server 2016 • Windows Server 2019 • Windows Server 2022
• Ubuntu 18.04 • Ubuntu 20.04 • Ubuntu 22.04	• AlmaLinux OS 8 • AlmaLinux OS 9
• CentOS 7.x • CentOS Stream 8.x	• Rocky Linux 8.7 • Rocky Linux 9.1

표 1-3 오라클 클라우드 지원 이미지

1.2.2.2 Shape

"Shape"는 OCI 서비스에 따라 조금씩 다른 의미로 사용되지만 기본적으로는 OCI 서비스에 할당되는 자원의 단위로 이해할 수 있다. 이는 각 서비스에서 이용할 수 있는 자원의 양과 성능을 결정하는 역할을 하므로 Shape의 선택에 따라 가격도 달라진다.

특히 가상 머신 인스턴스의 경우 하이퍼바이저 가상화 기반 위에서 제공되는 가상 머신 Shape 외에도 "Flexible Shape", "베어 메탈Bare Metal Shape" 등이 있다. "Flexible Shape"는 가상 머신을 배포할 때 사용자가 OCPU 개수와 메모리 크기를 조정할 수 있는 유연한 형태의 Shape이다. "베어 메탈 Shape"는 물리 서버를 직접 제공해서 하이퍼바이저 OS 없이 물리 서버를 활용하는 Shape으로 더 높은 성능이 필요한 워크로드에 적합하다. 제공되는 OCPU 개수가 상대적으로 크다.

[OCPU]

"OCPU"는 오라클에서 정의하는 컴퓨팅 단위인 "Oracle Compute Unit"의 약어이다. 1OCPU는 하이퍼스레딩Hyper-Threading이 활성화된 인텔 제온 프로세서의 물리 코어 하나와 동등한 컴퓨팅 자원을 나타낸다. 오라클 클라우드에서 가상 머신 인스턴스의 성능을 측정하고 가격을 책정하는 기준이 된다.

1.2.2.3 부트 볼륨

부트 볼륨Boot Volume을 설명하기에 앞서 블록 볼륨Block Volume에 대한 설명이 필요하다.

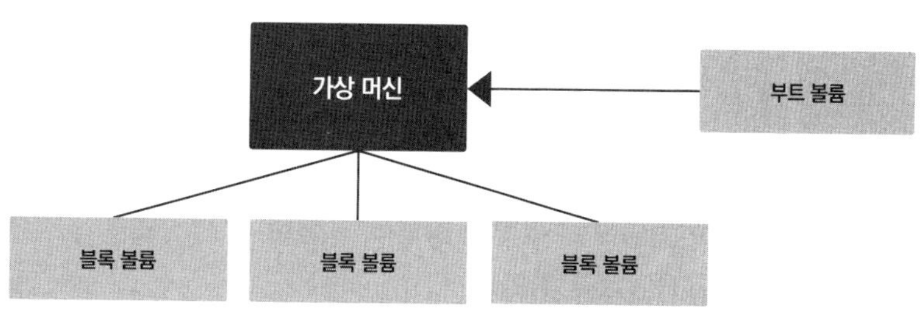

그림 1-18 블록 볼륨과 부트 볼륨

블록 볼륨은 그림 1-18과 같이 OCI 인스턴스에 데이터와 애플리케이션을 저장하기 위한 가상 디스크로 물리 디스크와 유사한 방식으로 사용된다. 블록 볼륨은 특정 가상 머신 인스턴스에 연결돼 있으며, 필요에 따라 해당 볼륨을 분리detach해서 다른 가상 머신 인스턴스에 연결attach할 수 있다. 이를 통해 블록 볼륨의 재사용과 이동이 용이해지는데 분리와 연결 과정은 데이터 손실 없이 이뤄진다.

인스턴스와 블록 볼륨 간의 연결은 iSCSIInternet Small Computer System Interface 프로토콜을 사용한다. iSCSI를 통해 블록 볼륨은 가상 머신 인스턴스에 마치 물리적인 디스크로 연결된 것처럼 사용된다. 따라서 인스턴스에서 블록 볼륨을 마운트하고 파일 시스템을 생성해서 데이터를 읽고 쓸 수 있다.

OCI에서는 하나의 가상 머신 인스턴스에 여러 개의 블록 볼륨을 연결해서 사용할 수 있다. 이렇게 함으로써 용도에 따라 데이터를 분리해서 저장하거나 필요에 따라 추가 스토리지를 동적으로 연결해서 용량을 확장할 수 있다.

[iSCSI 프로토콜]

iSCSI 프로토콜은 TCP/IP 네트워크를 사용해서 스토리지와 호스트 시스템 간에 SCSI 명령을 전송하는 프로토콜이다. FCFibre Channel나 SASSerial Attached SCSI와 같은 스토리지 연결 방식은 스토리지와 호스트 시스템을 직접 연결하는 방식이지만, iSCSI는 TCP/IP 네트워크를 이용해서 스토리지 자원에 접근할 수 있도록 한다.

부트 볼륨은 컴퓨트 인스턴스의 부팅 이미지를 저장하는 블록 스토리지 디바이스이다. 인스턴스를 생성할 때 플랫폼 이미지(예시: Oracle Linux, Ubuntu, Windows 등)나 사용자가 만든 사용자 정의 이미지를 기반으로 생성하면 해당 인스턴스와 동일한 컴파트먼트 내에 부트 볼륨이 자동으로 생성된다.

부트 볼륨은 가상 머신 인스턴스와 연결된 상태로 유지되며, 인스턴스가 실행 중이든 종료된 상태이든 상관없이 계속해서 보존된다. 인스턴스가 종료돼도 부트 볼륨은 보존되므로 다른 인스턴스를 생성할 때 재사용할 수 있다. 이를 통해 비슷한 설정을 가진 인스턴스를 빠르게 생성할 수 있다. 또한 인스턴스의 Shape를 변경할 때도 기존의 부트 볼륨을 사용할 수 있다. 인스턴스 크기를 확장하거나 축소할 때도 기존 부트 볼륨을 재사용해서 인스턴스의 크기를 조정할 수 있다.

1.2.2.4 SSH 키 인증

오라클 클라우드에서 리눅스 인스턴스는 인증을 위해 기본적으로 암호 대신 SSH 키 페어SSH Key Pair를 사용해서 원격 사용자를 인증한다. 그림 1-19와 같이 프라이빗 키는 로컬 컴퓨터에 보관하고, 퍼블릭 키는 인스턴스 생성 시 제공해서 인증을 하는 방식이다. 퍼블릭 및 프라이빗 키 파일이 정확히 일치해야 OCI로의 접속이 가능하다.

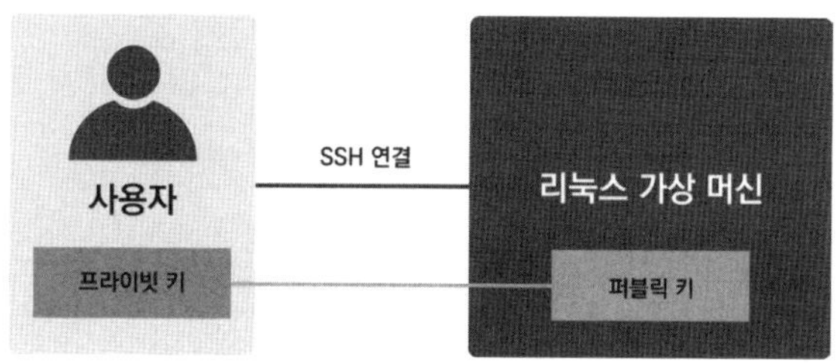

그림 1-19 인스턴스 SSH 키 페어 인증

OCI에서는 목적에 따라 두 가지 유형의 키 페어를 사용한다.

- **인스턴스 SSH 키 페어**: 인스턴스에 SSH 연결을 할 때 사용되는 키 페어이다. 오라클에서 제공하는 가상 머신 이미지에서는 다양한 암호화 알고리듬을 지원한다.
  - ✓ RSA
  - ✓ DSA
  - ✓ DSS
  - ✓ ECDSA
  - ✓ Ed25519
- **API 키 페어**: API 요청을 할 때 인증을 위해 사용되는 키 페어이다. OCI 자원에 접속하는 데 필요한 키로 프로그래밍 방식으로 OCI 리소스에 접근하거나 자동화된 작업을 수행하는 데 사용된다. 이 키 페어는 PEMPrivacy Enhanced Mail 형식으로 제공되며, 이 키를 사용해서 API 호출 시 인증 및 권한 확인을 수행한다.

이제 그림 1-20에 나온 단계에 따라 가상 머신을 만들어 보자.

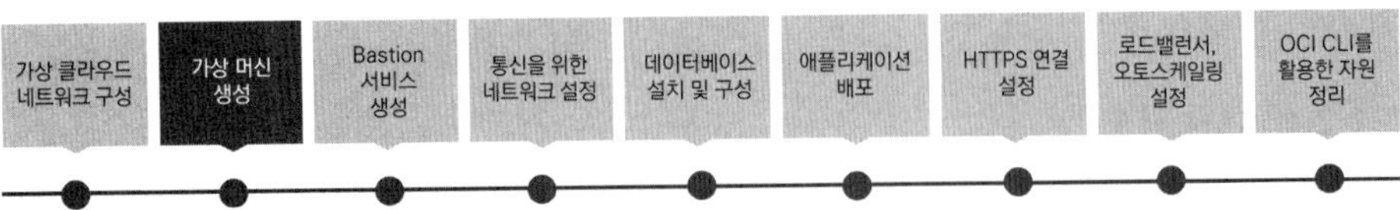

그림 1-20 1장 실습 단계 – 가상 머신 생성

다음과 같은 단계로 실습을 진행한다.

- SSH 키 페어 생성
- 애플리케이션 서버용 가상 머신 생성
- 데이터베이스 서버용 가상 머신 생성

1.2.2.5 실습 - SSH 키 페어 생성

가상 머신을 생성하기 전에 먼저 가상 머신 인증에 사용할 SSH 키 페어를 생성한다. SSH 키 페어를 생성할 때는 가상 머신 생성 화면에서 "Generate a key pair for me" 옵션을 선택해서 오라클 클라우드에서 생성한 SSH 프라이빗 키와 퍼블릭 키를 사용할 수도 있다. 그러나 이 경우 생성된 프라이빗 키를 다른 사용자가 읽지 못하도록 권한을 변경해야 하며, 키 이름에 날짜가 포함되는 점도 고려해야 한다. 이번 실습에서는 로컬 컴퓨터의 터미널을 사용해서 SSH 키 페어를 생성하고, 이를 가상 머신 생성 시에 사용할 예정이다.

로컬 컴퓨터의 터미널을 열고 ssh-keygen 명령을 사용해서 SSH 키 페어를 생성한다. 이 명령은 리눅스와 윈도우 10 이상 버전에서 사용할 수 있다. 윈도우 10 미만 버전에서는 PuTTY를 사용해서 키 페어를 생성해야 한다. 다음 예시에서 ssh-keygen 명령의 -t 옵션은 생성할 키 알고리듬, -b 옵션은 암호화 비트 수를 나타낸다. 암호화 비트 수의 경우 최소 2048 비트 이상을 권장한다.

```
% ssh-keygen -t rsa -b 2048
Generating public/private rsa key pair.
Enter file in which to save the key (/Users/ociexplained/.ssh/id_rsa): <엔터 키>
Enter passphrase (empty for no passphrase): <엔터 키>
Enter same passphrase again: <엔터 키>
Your identification has been saved in /Users/ociexplained/.ssh/id_rsa
Your public key has been saved in /Users/ociexplained/.ssh/id_rsa.pub
The key fingerprint is:
SHA256:Mz2giwPvw1aG0Q+F1V3WFb8ErIFasKnZnH2yc3gjWXU ociexplained@ociexplained.local
The key's randomart image is:
+---[RSA 2048]----+
|       +o....ooo+|
|      . +o...o. o|
|     . ++   o. E.|
|    . Booo .. o .|
| .  =.*Sooo   . |
|  o..o..oB.      |
|  .+o.  * +      |
|  .+.    = .     |
|  ...            |
+----[SHA256]-----+
```

다음과 같이 사용자의 홈 디렉토리 아래에 .ssh라는 디렉토리가 있고, 그 안에 id_rsa.pub이라는 이름의 퍼블릭 키와 id_rsa라는 이름의 프라이빗 키가 생성됐다.

```
% ls -l ~/.ssh
total 16
-rw-------  1 ociexplained   staff  1843  4 30 16:16 id_rsa
-rw-r--r--  1 ociexplained   staff   416  4 30 16:16 id_rsa.pub
```

1.2.2.6 실습 - 가상 머신 생성

가상 머신을 생성하기 전에 "all-resources" 권한을 부여받지 못한 유저의 경우 다음과 같은 권한 구문을 "oci-demo-policy" 정책에 추가해야 한다.

```
Allow group <YOUR_GROUP_NAME> to manage instance-family in compartment
<YOUR_COMPARTMENT_NAME>
Allow group <YOUR_GROUP_NAME> to manage volume-family in compartment <YOUR_
COMPARTMENT_NAME>
```

앞서 SSH 키 페어를 생성했다. 이제 해당 SSH 키를 사용해서 다음과 같이 애플리케이션 서버용 가상 머신을 생성한다. 이 가상 머신은 인터넷 연결이 가능하도록 퍼블릭 서브넷에 생성할 것이다.

OCI 웹 콘솔의 [Compute → Instances] 화면으로 이동해서 다음 정보를 입력한 후 하단의 Create를 클릭한다.

- Name: oci-demo-app
- Create in Compartment: 〈자원을 배포하려는 컴파트먼트 선택〉
- [Image and shape] 섹션: 기본값으로 선택되는 Oracle Linux 8, VM.Standard.E4.Flex(1 core OCPU, 16 GB memory)를 사용했다. VM.Standard.E4.Flex Shape는 Flexible Shape으로 OCPU와 메모리 크기를 조정할 수 있다.
- [Primary VNIC information] 섹션: 앞서 생성한 VCN과 서브넷 선택 항목이 "public subnet- OCI_DEMO (regional)"로 설정돼 있는지 확인한다. 프라이빗 IP 주소는 기본값으로 오라클이 자동으로 할당한다. 만일 특정 프라이빗 IP 주소를 사용하려면 [Primary VNIC IP addresses] 섹션의 Private IPv4 address 항목에서 Manually assign private IPv4 address를 체크하고 서브넷 IP 범위 내에서 프라이빗 IP 주소를 직접 지정할 수 있다.
- [Add SSH keys] 섹션: 그림 1-21과 같이 Upload public key files (.pub)을 선택하고 앞서 생성한 .pub 확장자의 SSH 퍼블릭 키를 업로드한다.

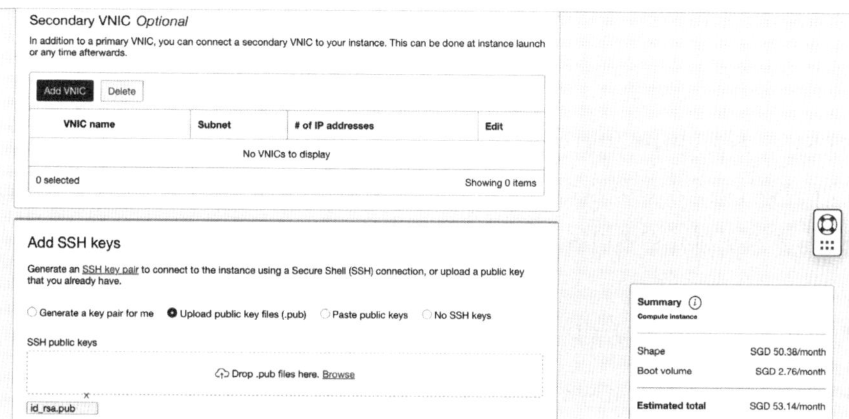

그림 1-21 가상 머신(컴퓨트 인스턴스) 생성 - SSH 키 설정

부트 볼륨의 크기를 별도로 지정하지 않을 경우에는 46.6GB 부트 볼륨 크기의 가상 머신 인스턴스가 생성된다. SSH 키를 업로드했다면 하단의 Create를 클릭해서 애플리케이션 서버용 가상 머신을 생성한다.

애플리케이션 서버용 가상 머신 인스턴스의 생성이 완료된 후에는 해당 인스턴스 화면에서 인스턴스의 상세 상태 정보를 확인할 수 있다. 퍼블릭 IP 주소가 할당됐는지 확인한다.

[퍼블릭 IP 주소]

오라클 클라우드에서는 퍼블릭 IP 주소를 OCI가 관리하는 주소 풀Pool에서 할당한다. 다음과 같이 두 가지 유형의 퍼블릭 IP 주소가 있다.

- Ephemeral 퍼블릭 IP 주소: 이 유형의 퍼블릭 IP 주소는 인스턴스에 연결된 후 해당 인스턴스가 삭제되면 함께 삭제된다. 즉, 인스턴스와 생명주기가 결합돼 있어 인스턴스가 삭제되면 퍼블릭 IP 주소도 삭제된다.

- Reserved 퍼블릭 IP 주소: 이 유형의 퍼블릭 IP 주소는 특정 인스턴스와 관계없이 계속 유지된다. 인스턴스와 독립적으로 관리되므로 특정 인스턴스에서 연결을 해제한 후에도 해당 퍼블릭 IP 주소는 유지된다. 따라서 이 주소를 다른 인스턴스에 할당하거나 재사용할 수 있다.

이제 데이터베이스 서버용 가상 머신 인스턴스를 생성할 차례이다. 이미지와 Shape는 이전에 애플리케이션 서버 가상 머신 인스턴스를 생성할 때와 같은 내용으로 설정한다.

이 인스턴스는 프라이빗 서브넷에 생성할 것이다. [Primary VNIC information] 섹션에서 그림 1-22와 같이 프라이빗 서브넷을 선택한다. 다음 내용을 선택한 후 **Create Instance**를 클릭해서 인스턴스를 생성한다.

- Name: oci-demo-db
- [Primary VNIC information] 섹션 Subnet: private subnet-OCI_DEMO (regional)

Create compute instance

Primary VNIC information | Collapse

A virtual network interface card (VNIC) connects your instance to a virtual cloud network (VCN) and endpoints in and outside the VCN. Having a public IP address is required to make this instance accessible from the internet.

VNIC name *Optional*

Primary network
Select existing virtual cloud network | Create new virtual cloud network | Enter subnet OCID

VCN in **ociexplained** (Change compartment)
OCI_DEMO

Subnet
An IP address from a public subnet and an internet gateway on the VCN are required to make this instance accessible from the internet.
Select existing subnet | Create new public subnet

Subnet in **ociexplained** (Change compartment)
private subnet-OCI_DEMO (regional)

Summary
Compute instance

Shape	SGD 50.38/month
Boot volume	SGD 2.76/month
Estimated total	SGD 53.14/month

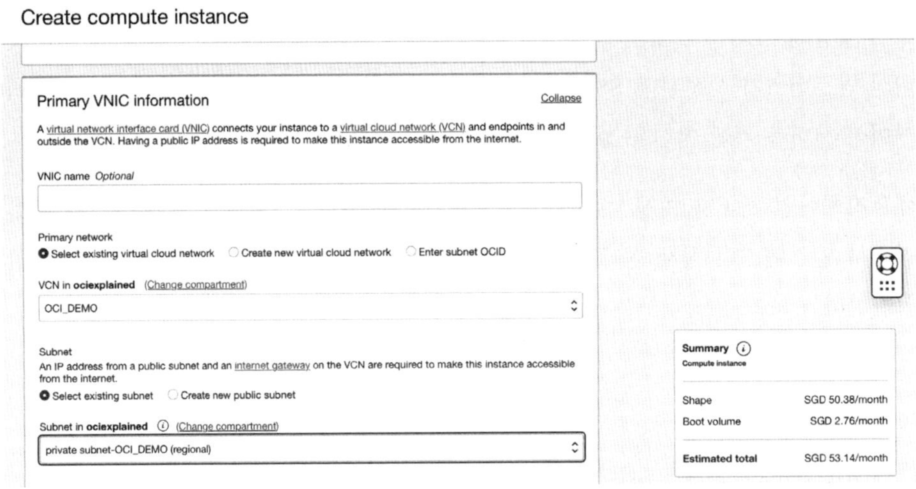

그림 1-22 가상 머신(컴퓨트 인스턴스) 생성 - 네트워크 설정

[Add SSH keys] 섹션에서는 이전에 애플리케이션 서버 가상 머신을 만들 때와 동일하게 **Upload public key files (.pub)**을 클릭해서 퍼블릭 키를 업로드한다. 애플리케이션과 데이터베이스 가상 머신 인스턴스 배포가 완료되면 그림 1-23과 같은 화면을 볼 수 있다.

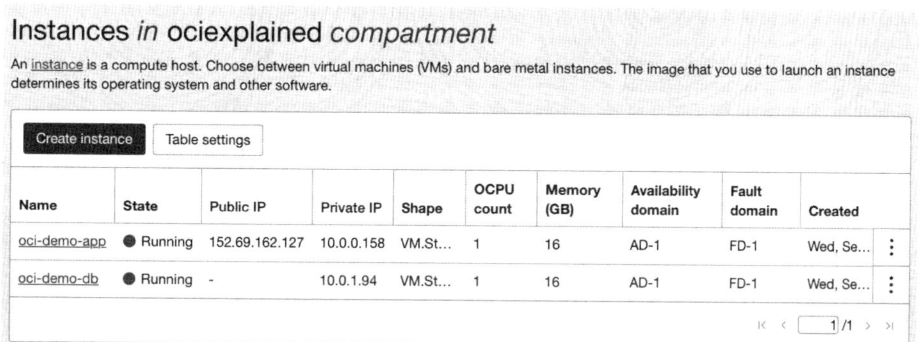

그림 1-23 배포된 가상 머신 인스턴스 목록

1.2.3 Bastion 서비스 생성

앞서 설명한 대로 오라클 클라우드는 VCN(가상 클라우드 네트워크) 내에서 퍼블릭 및 프라이빗 두 가지 유형의 네트워크 서브넷을 제공해서 안전한 네트워크 관리 체계를 구성할 수 있다. 퍼블릭 서브넷은 인터넷과 연결된 서비스를 배치하는 데 사용되고, 프라이빗 서브넷은 데이터베이스나 백엔드 서비스와 같은 내부 서비스를 배치하는 데 사용된다.

일반적으로 IT 관리자는 프라이빗 서브넷에 접근할 때 Bastion 서버나 점프 호스트를 사용한다. Bastion 서버는 보안을 강화하는 데 사용되는 중간 서버로 외부 인터넷과 내부 네트워크 사이에 위치해서 내부 IT 자원에 안전하게 접근할 수 있도록 하고, 외부 인터넷에서 내부 서버에 접속하기 위한 출입구 역할을 하며, 외부 네트워크와 내부 네트워크 사이에 위치해서 두 네트워크를 분리하는 역할을 한다. 또한 내부 서버에 접근하는 사용자들의 인증 및 권한을 관리해서 보안을 강화하는 데 사용된다.

그러나 OCI에서는 무료로 제공되는 Bastion 서비스를 통해 별도의 Bastion 가상 머신을 구성하지 않고도 프라이빗 서브넷에 접근할 수 있다. 이번 실습에서는 OCI Bastion 서비스를 이용해서 보다 편리하게 프라이빗 서브넷에 접근할 것이다.

이제 그림 1-24와 같이 프라이빗 서브넷에 배포된 데이터베이스 서버에 접속하기 위한 Bastion 서비스를 만들어 보자.

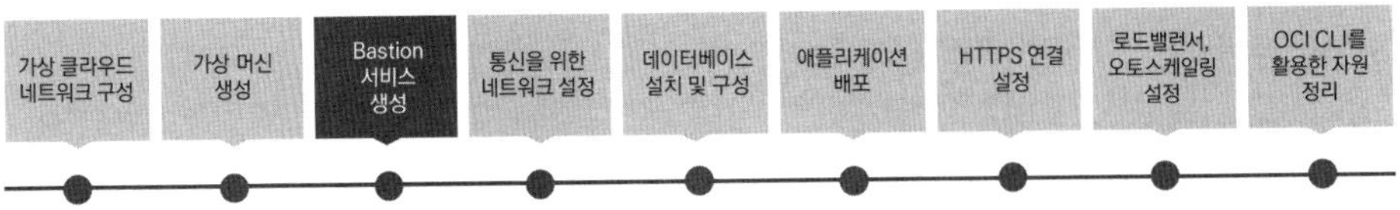

가상 클라우드 네트워크 구성 | 가상 머신 생성 | Bastion 서비스 생성 | 통신을 위한 네트워크 설정 | 데이터베이스 설치 및 구성 | 애플리케이션 배포 | HTTPS 연결 설정 | 로드밸런서, 오토스케일링 설정 | OCI CLI를 활용한 자원 정리

그림 1-24 1장 실습 단계 - Bastion 서비스 생성

1.2.3.1 실습 - Bastion 서비스 생성

Bastion 서비스를 생성하기 전에 "all-resources" 권한을 부여받지 못한 유저의 경우 다음과 같은 권한 구문을 "oci-demo-policy" 정책에 추가해야 한다.

```
Allow group <YOUR_GROUP_NAME> to manage bastion-family in compartment
<YOUR_COMPARTMENT_NAME>
Allow group <YOUR_GROUP_NAME> to manage instance-agent-family in compartment
<YOUR_COMPARTMENT_NAME>
Allow group <YOUR_GROUP_NAME> to manage work-requests in compartment <YOUR_
COMPARTMENT_NAME>
```

OCI 웹 콘솔의 [Identity & Security → Bastion] 화면에 접속해서 Bastion 서비스를 생성한다. 자신의 컴파트먼트에서 Create bastion을 클릭한다. 그림 1-25와 같이 타깃 서브넷이 생성할 Bastion 서비스를 프라이빗 서브넷에 연결할 것이므로 VCN의 프라이빗 서브넷을 지정한다. 허용할 CIDR 목록(CIDR block allowlist)은 로컬 컴퓨터에서 인터넷을 통해 연결할 것이기 때문에 `0.0.0.0/0`을 입력한 후 엔터 키를 누른다. 다음 정보를 모두 설정한 후 하단의 Create bastion을 클릭한다.

- Bastion Name: ocidemobastion
- Target virtual cloud network: OCI_DEMO
- Target subnet: private subnet-OCI_DEMO
- CIDR block allowlist: 0.0.0.0/0

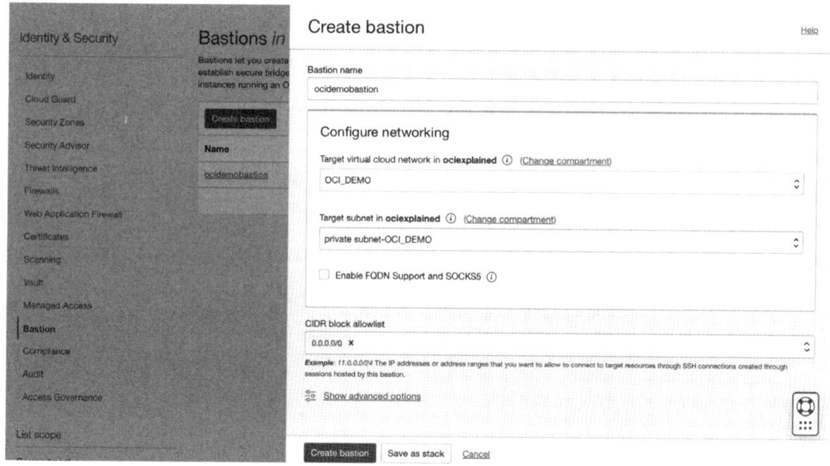

그림 1-25 Bastion 서비스 생성

프라이빗 서비스의 인스턴스와의 통신을 위한 Bastion 서비스가 생성되면 Bastion 서비스를 통해 프라이빗 서비스 내의 인스턴스에 안전하게 접속할 수 있다.

1.2.4 통신을 위한 네트워크 설정

지금까지 VCN^Virtual Cloud Network, 애플리케이션 및 데이터베이스 서버 가상 머신, 데이터베이스 서버의 SSH 접속을 위한 Bastion 서비스까지 구성해 봤다. 이번에는 그림 1-26과 같이 SSH 접속뿐만 아니라 애플리케이션과 데이터베이스가 사용하는 포트를 통해 접근할 수 있도록 네트워크 설정을 진행할 예정이다.

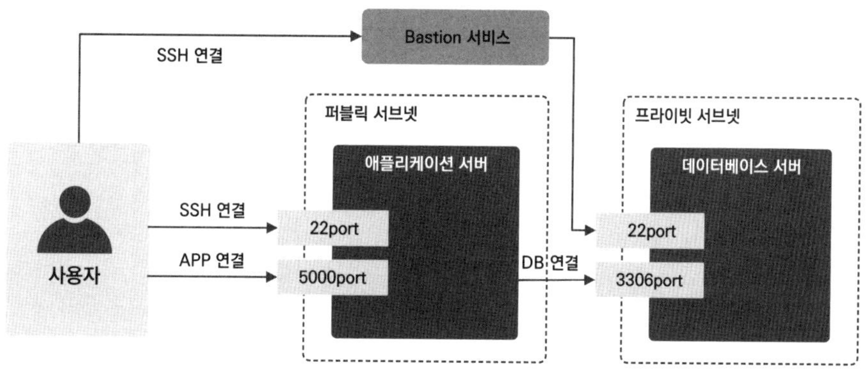

그림 1-26 샘플 아키텍처 방화벽 포트 개방 구성

그림 1-27과 같이 애플리케이션 서버와 데이터베이스 서버로의 통신 허용을 위해 네트워크 설정을 하고, 각 가상 머신에 SSH 접속을 수행한다.

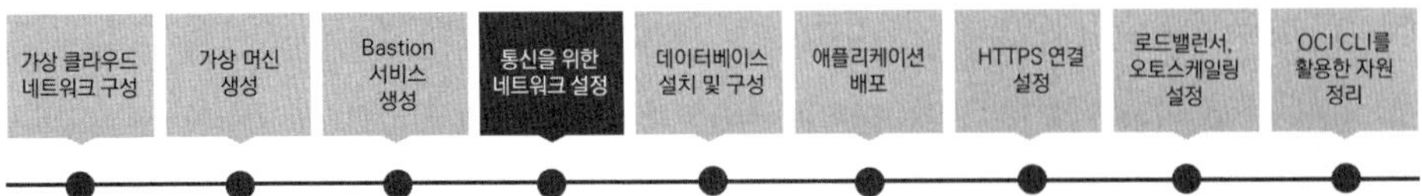

그림 1-27 1장 실습 단계 – 통신을 위한 네트워크 설정

다음과 같은 단계로 실습을 진행한다.

- 애플리케이션, 데이터베이스 서버 사용 시큐리티 리스트 규칙 추가
- Bastion 서비스 세션 추가
- 애플리케이션 및 데이터베이스 서버 접속
- 애플리케이션, 데이터베이스 통신 포트 개방 설정

1.2.4.1 실습 - 시큐리티 리스트 규칙 추가

현재 애플리케이션 서버는 퍼블릭 IP 주소와 프라이빗 IP 주소를 모두 받았지만 데이터베이스 서버는 프라이빗 IP 주소만을 부여받았다. 또한 화이트리스트 기반의 방화벽 관리가 동작돼서 기본적인 SSH 접속을 제외한 모든 프로토콜이 차단돼 있다. 이번 작업에서는 파이썬 Flask 애플리케이션이 사용하는 퍼블릭 서브넷의 5000번 포트와 MySQL이 사용하는 프라이빗 서브넷의 3306번 포트를 개방하는 시큐리티 리스트 규칙을 추가한다.

[화이트리스트 기반 관리]

화이트리스트Whitelist 기반 관리는 보통 모든 프로토콜을 차단하고 지정된 대상만을 허용 목록(화이트리스트)에 등록해서 해당 목록에 포함된 대상만을 접근이 가능하게 하는 접근 제어 방식이다. 예를 들어 네트워크 방화벽은 특정 IP 주소나 포트 번호를 화이트리스트에 등록해서 해당 IP 주소나 포트 번호로부터 오는 트래픽만을 허용하고, 나머지는 차단하는 방식으로 네트워크 보호를 강화할 수 있다. 이를 통해 불필요한 트래픽 및 악성 공격을 차단하고 시스템 보안성을 향상시킬 수 있다.

애플리케이션 서버가 위치한 퍼블릭 서브넷에서 5000번 포트를 개방하려면 다음 단계를 따른다.

OCI 웹 콘솔에서 [Networking → Virtual cloud networks] 화면으로 이동한 후 OCI_DEMO 상세 화면을 찾아 선택한다. 해당 화면에서 public subnet-OCI_DEMO를 클릭한다.

[Security List] 섹션에서 "Default security list for OCI_DEMO"라는 이름의 시큐리티 리스트가 이미 적용돼 있는 것을 확인할 수 있다. 이를 클릭하면 현재 수신 규칙 목록에서 인터넷으로부터의 (0.0.0.0/0) SSH와 ICMP 프로토콜 통신 그리고 서브넷 내 (10.0.0.0/16) ICMP 프로토콜 통신 포트가 이미 열려 있는 것을 알 수 있다.

그림 1-28과 같이 Add Ingress Rules를 클릭해서 인터넷으로부터 5000번 포트를 열기 위한 규칙을 추가한다. 규칙 추가 후 하단의 Add Ingress Rules를 클릭한다.

- Source CIDR: 0.0.0.0/0
- Destination Port Range: 5000

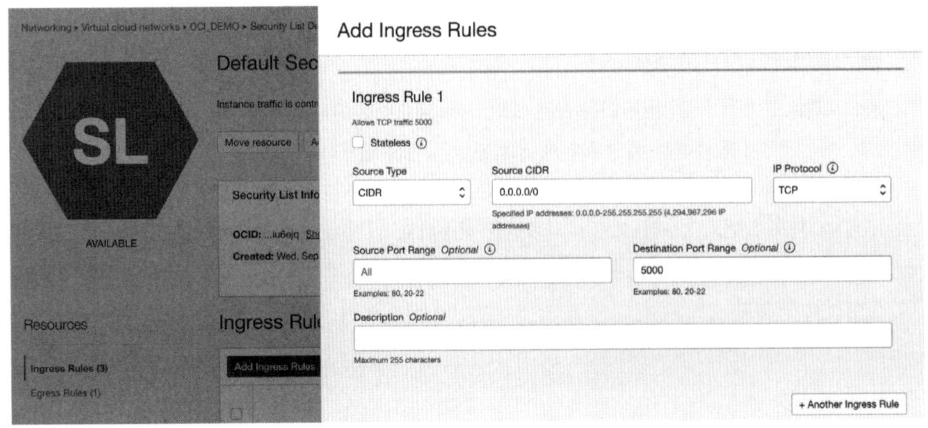

그림 1-28 애플리케이션 서버 접속을 위한 시큐리티 리스트 규칙 설정

이제 데이터베이스 서버가 위치한 프라이빗 서브넷에서 3306번 포트를 열기 위한 작업을 다음과 같이 수행한다.

OCI 웹 콘솔에서 [Networking → Virtual cloud networks] 화면으로 이동한 후 OCI_DEMO VCN 상세 화면을 찾아서 private subnet-OCI_DEMO를 클릭한다. 해당 화면에서 security list for private subnet-OCI_DEMO를 클릭한다.

현재 VCN 내에서 SSH와 ICMP 통신 그리고 인터넷으로부터의 ICMP 통신만이 허용돼 있는 것을 확인할 수 있다.

Add Ingress Rules를 클릭해서 규칙을 추가한다. 애플리케이션 서버의 서브넷(10.0.0.0/24)에서 들어오는 3306번 포트 트래픽을 열기 위한 방화벽 규칙을 다음 내용으로 추가한다.

- Source CIDR: 10.0.0.0/24
- Destination Port Range: 3306

1.2.4.2 실습 - Bastion 서비스 세션 추가

앞서 Bastion 서비스를 생성했지만 실제 사용자가 이를 이용해서 접속하려면 세션을 생성해야 한다. Bastion 서비스에서 데이터베이스 서버에 접속할 세션을 생성해 보자.

OCI 웹 콘솔의 [Identity & Security → Bastion] 화면에서 앞서 만든 Bastion 서비스를 선택한다. [Sessions] 섹션에서 Create session을 클릭해서 그림 1-29와 같이 다음 정보를 입력한 후 하단의 Create session을 클릭한다.

- Session Type: SSH port forwarding session
- Session Name: session-oci-demo-db
- Connect to the target host by using: Instance name
- Compute Instance: oci-demo-db(해당 인스턴스가 "Running" 상태여야 한다.)
- Port: 22
- Add SSH key: Choose SSH key file을 선택하고, SSH 퍼블릭 키를 업로드한다.

Bastion 서비스의 세션 유효 시간은 기본적으로 최대 설정값인 180분으로 설정돼 있다. 이 값을 변경하려면 Show advanced options를 선택해서 나타나는 "Maximum session time-to-live" 값을 조정하면 된다.

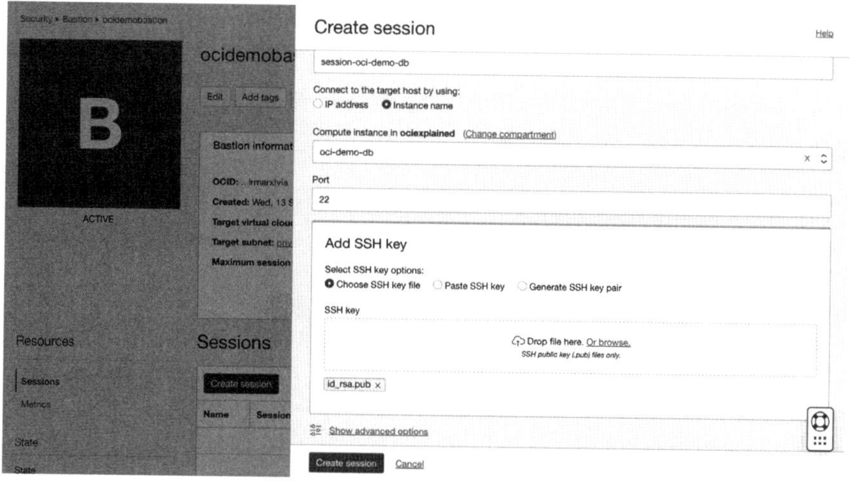

그림 1-29 Bastion 서비스 세션 생성

[SSH 포트 포워딩]

SSH 포트 포워딩Port Forwarding 또는 SSH 터널링SSH Tunneling은 SSH 연결을 통해 암호화된 데이터를 전송하는 방법을 말한다. 이를 통해 로컬 포트(즉, 자신의 데스크톱에 있는 포트)와 원격 시스템 간에 보안 채널을 생성해서 데이터를 안전하게 전달할 수 있다. 이 기술은 인터넷 접근이 가능한 Bastion 호스트나 서비스를 통해 프라이빗 네트워크에 있는 자원에 접근할 때 사용되는 방법 중 하나이다.

1.2.4.3 실습 - 애플리케이션 및 데이터베이스 서버 접속

이제 지금까지 설정한 네트워크 설정이 정상적으로 수행되는지 확인해 보자. 먼저 로컬 컴퓨터에서 애플리케이션 서버로 SSH 접속을 해본다. 터미널을 열어서 다음과 같이 -i 옵션으로 SSH 프라이빗 키 파일을 지정하고 애플리케이션 서버 가상 머신의 퍼블릭 IP 주소로 접속한다. 퍼블릭 IP 주소는 OCI 웹 콘솔의 [Compute → Instances] 화면에서 확인할 수 있다. 가상 머신 접속 유저는 "opc"이다.

다음과 같은 형식으로 SSH 접속을 수행한다. 〈프라이빗 키 파일〉 부분은 독자의 프라이빗 키 파일의 이름과 경로로 대체돼야 하며, "접속 대상 호스트"는 애플리케이션 서버의 실제 퍼블릭 IP 주소로 대체돼야 한다.

```
ssh -i <프라이빗 키 파일> opc@접속 대상 호스트
```

퍼블릭 IP 주소로 애플리케이션 서버에 SSH 접속을 확인해 본다. 다음 SSH 접속 명령에서 "-i ~/.ssh/id_rsa"는 기본값으로 생략이 가능하다.

```
% ssh -i ~/.ssh/id_rsa opc@152.69.162.127
The authenticity of host '152.69.162.127 (152.69.162.127)' can't be
established.
ED25519 key fingerprint is SHA256:hkMWv2q8Z9NlDImBWY/
Zb+glcQGjoP1HSp6th9Ajd+M.
This key is not known by any other names
Are you sure you want to continue connecting (yes/no/[fingerprint])? yes
Warning: Permanently added '152.69.162.127' (ED25519) to the list of known
hosts.
Activate the web console with: systemctl enable --now cockpit.socket
```

```
[opc@oci-demo-app ~]$ hostname
oci-demo-app
[opc@oci-demo-app ~]$ exit
```

[OCI 패스워드 인증 방법]

OCI 리눅스 인스턴스는 기본적으로 SSH 키 페어 인증 방식을 사용하며, 패스워드 인증 방식은 특정 상황에서만 필요할 수 있다. 이런 경우에는 먼저 프라이빗 키로 로그인한 후에 패스워드 인증 방식으로 변경해야 한다. 우선 OCI의 기본 사용자인 opc 유저로 로그인해서 패스워드를 변경한다. 이 예시에서는 opc 유저의 인증 방식을 변경하고 있지만 필요한 경우 새로운 사용자를 생성해서 패스워드 인증 방식을 사용할 수도 있다.

하지만 패스워드 인증 방식은 키 페어 인증 방식에 비해 일반적으로 보안상 취약할 수 있으므로 가능하면 SSH 키 페어 인증 방식을 사용하는 것이 권장된다. 패스워드 인증 방식은 보안 위험을 감안해서 필요한 경우에만 사용하는 것이 좋다.

```
[opc@inst-demo ~]$ sudo passwd opc
Changing password for user opc.
New password:
Retype new password:
passwd: all authentication tokens updated successfully.
```

/etc/ssh/sshd_config 파일을 열어서 "no"로 세팅돼 있는 PasswordAuthentication 값을 "yes"로 변경한다.

```
# To disable tunneled clear text passwords, change to no here!
#PasswordAuthentication yes
#PermitEmptyPasswords no
PasswordAuthentication yes
```

"/sbin/sshd -t" 명령으로 SSHD 설정 파일 변경에 따른 에러는 없는지 체크한 후 SSHD 서비스를 Restart한다.

```
[opc@inst-demo ~]$ sudo /sbin/sshd -t
[opc@inst-demo ~]$ sudo systemctl restart sshd
[opc@inst-demo ~]$ sudo systemctl status sshd
● sshd.service - OpenSSH server daemon
   Loaded: loaded (/usr/lib/systemd/system/sshd.service; enabled; vendor
preset: enabled)
   Active: active (running) ...
... 생략 ...
```

이번에는 프라이빗 서브넷에 위치한 데이터베이스 서버로 Bastion 서비스를 활용해서 SSH 접속을 실행해 본다. Bastion 서비스를 통해 데이터베이스 서버 가상 머신에 SSH 접속하는 명령어는 Bastion 서비스의 [Sessions] 섹션에서 확인할 수 있다. 그림 1-30과 같이 생성된 세션의 맨 오른쪽 햄버거 메뉴를 클릭한 후 Copy SSH command를 선택해서 데이터베이스 서버 가상 머신에 접속하는 커맨드를 복사할 수 있다.

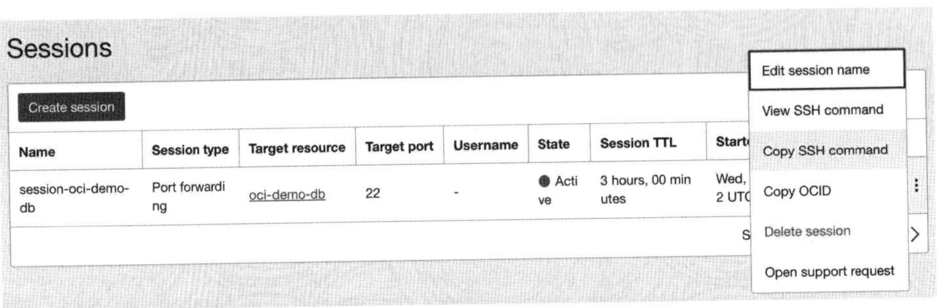

그림 1-30 Bastion 서비스 접속 명령 확인

복사한 SSH 명령어는 다음과 같은 형태를 갖고 있다. 명령을 실행할 때 〈private Key〉 부분을 로컬 컴퓨터에 저장된 프라이빗 키의 경로와 파일명으로 변경하고, 〈localPort〉를 Bastion에 연결하려는 로컬 포트로 변경하면 된다. 이번 실습에서는 "22222"를 로컬 포트로 지정했다.

```
ssh -i <privateKey> -N -L <localPort>:10.0.1.96:22 -p 22 ocid1.
bastionsession.oc1.ap-chuncheon-1.amaaaaaavsea7yia7d2cgbydp67jwzn6iponjwed5y
q3wosvkwy7fzvm77ha@host.bastion.ap-chuncheon-1.oci.oraclecloud.com
```

[SSH config]

로컬 컴퓨터가 OpenSSH 9 버전 이상을 사용하면 Bastion 서비스를 통해 프라이빗 서브넷의 호스트에 접근 시 "no matching host key type found"와 같은 RSA 키 인증 오류가 발생할 수 있다. 이 경우 다음과 같이 인증 알고리듬을 지정하는 내용의 config 파일을 로컬 컴퓨터의 .ssh 디렉토리에 생성해서 해결할 수 있다.

```
% ssh -V
OpenSSH_9.0p1, LibreSSL 3.3.6
% sudo vi ./.ssh/config
Host *
HostkeyAlgorithms +ssh-rsa
PubkeyAcceptedAlgorithms +ssh-rsa
```

Bastion 서비스 세션의 SSH 접속 명령을 로컬 컴퓨터에서 실행한다. 명령을 실행하면 먼저 Bastion 서비스로 연결이 되고, RSA key fingerprint가 내부 Bastion 호스트에 등록되는 과정을 거친다. 현재의 접속 창을 그대로 둔 채 터미널 창을 하나 더 연다.

```
% ssh -i ~/.ssh/id_rsa -N -L 22222:10.0.1.94:22 -p 22 ocid1.bastionsession.
oc1.ap-chuncheon-1.amaaaaaavsea7yiavewubx3kfindwecybaaidn5tj72qj564gjzws5ah
vqta@host.bastion.ap-chuncheon-1.oci.oraclecloud.com
The authenticity of host 'host.bastion.ap-chuncheon-1.oci.oraclecloud.com
(192.29.152.154)' can't be established.
ED25519 key fingerprint is SHA256:4QSQ8ScLyFeKPCNXHUS3aUkaQIjYB1wtV119BVcd
gak.
This key is not known by any other names
Are you sure you want to continue connecting (yes/no/[fingerprint])? yes
Warning: Permanently added 'host.bastion.ap-chuncheon-1.oci.oraclecloud.
com' (ED25519) to the list of known hosts.
```

로컬 컴퓨터의 별도의 터미널 창에서 로컬 포트를 통해 데이터베이스 서버로 접속한다. 앞서 지정한 로컬 포트 번호를 사용해서 SSH 접속을 확인한다. 이전에 아래 명령으로 SSH 접속을 수행한 적이 있다면 "Someone could be eavesdropping on you right now (man-in-the-middle attack)!"과 같은 메시지와 함께 접속에 실패할 수 있다. 이 경우 로컬 컴퓨터 .ssh 디렉토리 아래에 "known_hosts" 파일을 삭제하고 다시 수행하면 된다.

```
% ssh -i ~/.ssh/id_rsa -p 22222 opc@localhost
The authenticity of host '[localhost]:22222 ([::1]:22222)' can't be
established.
ED25519 key fingerprint is SHA256:8fi2Jcn+8FQpzyquIjgJRPOt5T6GjOpbW4WhhxBG
aTo.
This key is not known by any other names
Are you sure you want to continue connecting (yes/no/[fingerprint])? yes
Warning: Permanently added '[localhost]:22222' (ED25519) to the list of
known hosts.
Activate the web console with: systemctl enable --now cockpit.socket

[opc@oci-demo-db ~]$ hostname
oci-demo-db
```

1.2.4.4 실습 - 애플리케이션, 데이터베이스 통신 포트 개방 설정

지금까지 애플리케이션, 데이터베이스 서버로 SSH 접속을 테스트했고, 이제는 애플리케이션과 데이터베이스 서버 간의 포트 통신을 설정하려고 한다.

앞선 실습에서 이미 OCI 웹 콘솔에서 시큐리티 리스트에 5000번 포트와 3306번 포트의 Ingress Stateful 규칙을 추가했다. 그러나 실제 네트워크 통신을 위해서는 추가 작업이 필요하다.

SSH 22번 포트를 제외하고는 가상 머신 호스트 레벨에서 모든 통신이 차단돼 있기 때문에 그림 1-31과 같이 5000번 포트와 3306번 포트에 대한 호스트 레벨의 방화벽 개방 작업도 필요하다. 다음 단계를 따라 진행해야 한다.

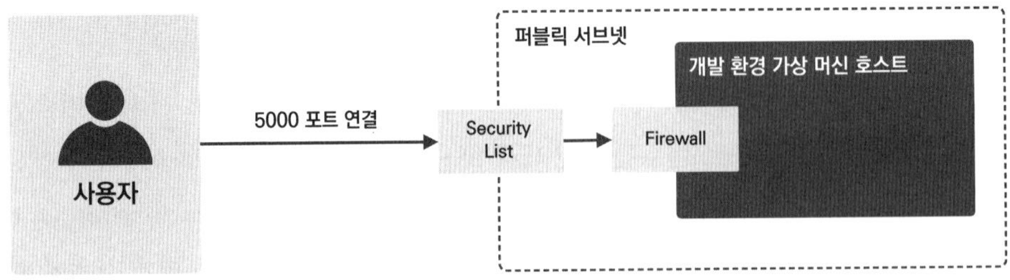

그림 1-31 시큐리티 리스트 레벨과 호스트 레벨 방화벽 개방

애플리케이션 서버 가상 머신에 SSH로 접속한 후 다음과 같이 "firewall-cmd" 명령을 사용하거나 "iptables" 명령을 사용해서 5000번 포트를 개방한다. 포트를 개방한 후에는 "firewall-cmd --list-all" 명령을 통해 5000번 포트가 정상적으로 등록됐는지 확인할 수 있다.

```
% ssh -i ~/.ssh/id_rsa opc@152.69.162.127
... 생략 ...
[opc@oci-demo-app ~]$ hostname
oci-demo-app
[opc@oci-demo-app ~]$ sudo firewall-cmd --permanent --zone=public --add-
port=5000/tcp
success
[opc@oci-demo-app ~]$ sudo firewall-cmd --reload
success
[opc@oci-demo-app ~]$ sudo firewall-cmd --list-all
public (active)
  target: default
  icmp-block-inversion: no
  interfaces: ens3
  sources:
  services: dhcpv6-client ssh
  ports: 5000/tcp
  protocols:
... 생략 ...
[opc@oci-demo-app ~]$ exit
logout
Connection to localhost closed.
```

이번에는 다음 예시와 같이 데이터베이스 가상 머신에 SSH로 접속한 후 애플리케이션 서버에서 수행한 작업과 동일하게 3306번 포트를 개방한다.

```
[opc@oci-demo-db ~]$ hostname
oci-demo-db
[opc@oci-demo-db ~]$ sudo firewall-cmd --permanent --zone=public --add-
port=3306/tcp
success
[opc@oci-demo-db ~]$ sudo firewall-cmd --reload
success
```

1.2.5 데이터베이스 설치 및 구성

1장에서 구현하는 샘플 웹 애플리케이션은 다양한 클라우드 벤더들이 데이터베이스 서비스 형태로 제공하고 있는 MySQL 데이터베이스를 사용한다.

현재 MySQL은 공식 홈페이지(https://www.mysql.com)에서 네 가지 주요 형태로 제공되고 있다. 최근에 출시된 HeatWave라는 인메모리 쿼리 가속기가 내장된 클라우드 서비스부터 상용 버전인 엔터프라이즈 에디션, 분산 데이터베이스 시스템인 MySQL Cluster 그리고 무료 오픈소스인 커뮤니티 에디션 등이다. 이번 실습에서는 MySQL 커뮤니티 에디션을 활용하며, 테스트 환경에서 고가용성High Availability 구성은 수행하지 않는다.

그림 1-32와 같은 실습 단계에 따라 샘플 웹 시스템 구성을 위해 MySQL 8.0 커뮤니티 서버를 설치한다.

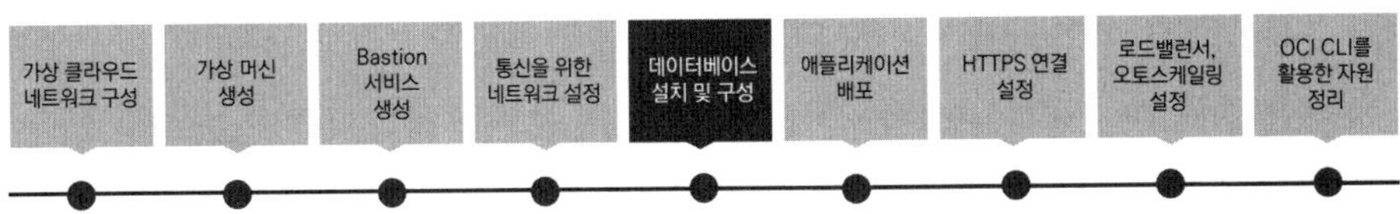

그림 1-32 1장 실습 단계 – 데이터베이스 설치 및 구성

1.2.5.1 실습 - MySQL 데이터베이스 설치와 구성

데이터베이스 서버에 MySQL을 설치할 경우 YUM 명령을 사용한다. 이를 위해 데이터베이스 서버 가상 머신에 접속해서 먼저 MySQL용 YUM 리포지터리를 다운로드해야 한다.

```
[opc@oci-demo-db ~]$ hostname
oci-demo-db
[opc@oci-demo-db ~]$ sudo rpm -ivh https://dev.mysql.com/get/mysql80-
community-release-el8-3.noarch.rpm
Retrieving https://dev.mysql.com/get/mysql80-community-release-el8-3.
noarch.rpm
warning: /var/tmp/rpm-tmp.VXZftl: Header V4 RSA/SHA256 Signature, key ID
3a79bd29: NOKEY
Verifying...                          #################################
```

```
[100%]
Preparing...                          ####################################
[100%]
Updating / installing...
   1:mysql80-community-release-el8-3  ####################################
[100%]
```

"glib-langpack-en" 및 "glib-langpack-ko" 언어 팩을 설치한다. 이는 YUM 리포지터리를 활성화하거나 MySQL을 설치할 때 발생할 수 있는 언어 설정 관련 에러 "Failed to set locale, defaulting to C.UTF-8" 오류를 방지하기 위함이다. 언어 팩을 설치한 후 "yum-config-manager" 명령으로 다운로드한 YUM 리포지터리를 활성화한다.

```
[opc@oci-demo-db ~]$ sudo yum install glibc-langpack-en glibc-langpack-ko
-y
... 생략 ...
Complete!
[opc@oci-demo-db ~]$ sudo yum-config-manager --enable mysql80-community
```

MySQL을 최신 리포지터리로 설치하려면 오라클 리눅스에 기본적으로 설정된 기존 MySQL 모듈을 비활성화해야 한다. 기본으로 설정된 mysql 모듈을 비활성화한다.

```
[opc@oci-demo-db ~]$ sudo yum module disable mysql -y
... 생략 ...
완료됐습니다!
```

다음과 같이 YUM 명령으로 MySQL 커뮤니티 서버를 설치한다.

```
[opc@oci-demo-db ~]$ sudo yum install -y mysql-community-server -y
... 생략 ...
완료됐습니다!
```

이제 MySQL을 기동한다. 그리고 서버를 다시 시작할 때 자동으로 MySQL이 시작되도록 MySQL을 서비스로 등록한다.

```
[opc@oci-demo-db ~]$ sudo systemctl start mysqld
[opc@oci-demo-db ~]$ sudo systemctl enable mysqld
[opc@oci-demo-db ~]$ sudo systemctl status mysqld
● mysqld.service - MySQL Server
   Loaded: loaded (/usr/lib/systemd/system/mysqld.service; enabled; vendor
preset: disabled)
   Active: active (running) ...
     Docs: man:mysqld(8)
           http://dev.mysql.com/doc/refman/en/using-systemd.html
... 생략 ...
```

MySQL 설치와 기동이 완료됐다. 이제 MySQL에 접속해서 root 패스워드를 설정한다. 설정 전에 최초 root 패스워드는 /var/log/mysqld.log 파일에서 확인할 수 있다. 이를 최초 접속에 사용한다.

```
[opc@oci-demo-db ~]$ sudo grep 'temporary password' /var/log/mysqld.log
2023-09-13T07:56:07.201188Z 6 [Note] [MY-010454] [Server] A temporary
password is generated for root@localhost: pHo!wsaSF7U*

[opc@oci-demo-db ~]$ mysql -uroot -p
Enter password:
Welcome to the MySQL monitor.  Commands end with ; or \g.
Your MySQL connection id is 8
Server version: 8.0.34
... 생략 ...

mysql> ALTER USER 'root'@'localhost' IDENTIFIED BY 'xxxxxxxxxx';
Query OK, 0 rows affected (0.00 sec)
```

로컬 MySQL root 패스워드를 변경한 후에 "test"라는 이름의 실습 데이터베이스를 만든다.

```
mysql> create database test;
Query OK, 1 row affected (0.00 sec)
```

기본적으로 MySQL은 최초 설치했을 때 로컬 호스트 내에서만 접속이 허용된다. 로컬 호스트 외부에서 접속하려면 별도의 root 유저를 생성해서 외부 접속 권한을 부여하고, 이를 데이터베이스에 적용해야 한다. 다음은 이 과정을 수행하는 방법이다.

```
mysql> create user 'root'@'%' identified by 'xxxxxxxxxx';
Query OK, 0 rows affected (0.00 sec)

mysql> grant all privileges on *.* to 'root'@'%' with grant option;
Query OK, 0 rows affected (0.00 sec)

mysql> flush privileges;
Query OK, 0 rows affected (0.00 sec)

mysql> exit
Bye
```

1.2.6 애플리케이션 배포

이번 단계에서는 그림 1-33과 같은 구성으로 간단한 웹 애플리케이션을 배포하는 작업을 수행한다. 다음과 같은 내용으로 진행한다.

- 샘플 애플리케이션은 데이터베이스에서 샘플 데이터를 가져와서 출력하는 기능을 갖고 있다. 이를 위해 애플리케이션 서버에 MySQL 클라이언트를 설치할 것이다.
- 파이썬 Flask 모듈을 사용해서 테스트용 웹 서버를 만들어 웹 응용 프로그램을 개발한다.
- 파이썬 샘플 웹 애플리케이션에서는 MySQL 데이터베이스에 연결하는 데 pymysql 모듈을 사용하며, 샘플 데이터 생성을 위해 faker 모듈을 사용한다.

그림 1-33 파이썬 애플리케이션과 데이터베이스 연동

그림 1-34와 같이 이번 실습은 파이썬 샘플 애플리케이션을 배포하는 단계의 실습이다.

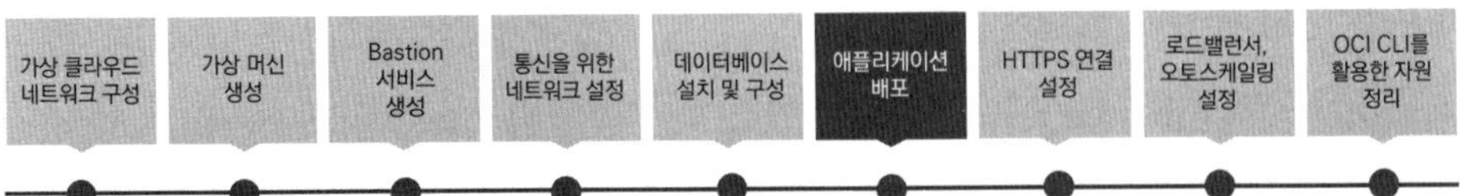

그림 1-34 1장 실습 단계 – 애플리케이션 배포

다음과 같은 단계로 실습을 진행한다.

- MySQL 클라이언트 설치
- 파이썬 가상 환경 구성
- 샘플 애플리케이션 배포 및 실행

1.2.6.1 실습 - MySQL 클라이언트 설치

애플리케이션 서버에서 데이터베이스에 접속하려고 할 때 MySQL 클라이언트를 설치하는 방법은 데이터베이스 서버에서 수행했던 MySQL 커뮤니티 서버 설치 방법과 유사하다. 다음과 같은 방법으로 MySQL 클라이언트를 설치한다.

```
[opc@oci-demo-app ~]$ hostname
oci-demo-app
[opc@oci-demo-app ~]$ sudo rpm -ivh https://dev.mysql.com/get/mysql80-
community-release-el8-3.noarch.rpm
... 생략 ...
[opc@oci-demo-db ~]$ sudo yum install glibc-langpack-en glibc-langpack-ko
-y
... 생략 ...
Complete!
[opc@oci-demo-app ~]$ sudo yum-config-manager --enable mysql80-community
... 생략 ...
[opc@oci-demo-app ~]$ sudo yum module disable mysql -y
... 생략 ...
[opc@oci-demo-app ~]$ sudo yum install mysql -y
```

```
... 생략 ...
완료됐습니다!
```

1.2.6.2 실습 - 파이썬 가상 환경 구성

이제 파이썬 애플리케이션 배포를 위한 준비 작업을 할 차례이다.

현재 사용 중인 Oracle Linux 8 이미지에는 파이썬 3 버전이 기본적으로 설치돼 있다.

```
[opc@oci-demo-app ~]$ python --version
Python 3.6.8
```

우선 파이썬 가상 환경Virtual Environment을 설정한다. 파이썬 가상 환경은 파이썬 프로젝트를 독립적으로 관리하는 데 사용되며, 각 환경은 다른 파이썬 버전과 라이브러리를 사용할 수 있어 하나의 시스템에서 여러 프로젝트를 동시에 다룰 수 있다.

다음은 터미널 명령어를 사용해서 파이썬 가상 환경을 설정하고 활성화하는 과정이다.

먼저 다음과 같이 명령을 실행해서 venvs 디렉토리를 생성하고 해당 디렉토리로 이동한다. "ocisampleweb"이라는 이름의 가상 환경을 생성한 후에는 해당 가상 환경을 활성화한다. 가상 환경이 활성화되면 터미널 프롬프트 앞에 가상 환경 이름이 나타난다. 이제 활성화된 가상 환경 내에서 작업할 수 있다.

```
[opc@oci-demo-app ~]$ mkdir venvs
[opc@oci-demo-app ~]$ cd venvs
[opc@oci-demo-app venvs]$ python -m venv ocisampleweb
[opc@oci-demo-app venvs]$ cd ocisampleweb/bin
[opc@oci-demo-app bin]$ source activate
(ocisampleweb) [opc@oci-demo-app bin]$
```

파이썬 가상 환경 활성화를 위한 alias를 정의하면 이후에도 쉽게 해당 가상 환경을 활성화할 수 있다.

```
(ocisampleweb) [opc@oci-demo-app bin]$ echo "alias ocisampleweb='cd /home/
opc/venvs/ocisampleweb;source /home/opc/venvs/ocisampleweb/bin/activate'"
>> ~/.bash_profile
(ocisampleweb) [opc@oci-demo-app bin]$ deactivate
```

```
[opc@oci-demo-app bin]$ . ~/.bash_profile
[opc@oci-demo-app bin]$ ocisampleweb
(ocisampleweb) [opc@oci-demo-app ocisampleweb]$
```

추가로 VIM 설정 파일인 '~/.vimrc'를 수정하고, 인코딩 설정을 추가해서 한글이 깨지는 문제를 처리한다.

```
(ocisampleweb) [opc@oci-demo-app ocisampleweb]$ vi ~/.vimrc
set encoding=utf-8
set fileencodings=utf-8,cp949
(ocisampleweb) [opc@oci-demo-app ocisampleweb]$ . ~/.vimrc
```

이제 실습에 필요한 Flask, pymysql, faker 모듈을 설치하기 전에 먼저 pip를 업그레이드하는 과정을 진행한다. 파이썬의 pip^Package Installer for Python^는 패키지를 관리하는 도구로 패키지의 설치, 업그레이드, 제거 등을 처리한다. pip를 통해 파이썬 패키지 인덱스(PyPI)에서 다양한 공개 패키지를 설치할 수 있다.

다음 명령을 사용해서 pip를 최신 버전으로 업그레이드한다.

```
(ocisampleweb) [opc@oci-demo-app bin]$ pip install --upgrade pip
Collecting pip
... 생략 ...
Successfully installed pip-21.3.1
You are using pip version 21.3.1, however version 23.2.1 is available.
You should consider upgrading via the 'pip install --upgrade pip' command.
```

파이썬 샘플 애플리케이션에서 사용할 Flask, pymysql, faker 모듈을 pip 명령으로 다음과 같이 설치한다.

```
(ocisampleweb) [opc@oci-demo-app ocisampleweb]$ pip install flask
... 생략 ...
(ocisampleweb) [opc@oci-demo-app ocisampleweb]$ pip install pymysql
... 생략 ...
(ocisampleweb) [opc@oci-demo-app ocisampleweb]$ pip install faker
... 생략 ...
```

1.2.6.3 실습 - 샘플 애플리케이션 배포 및 실행

샘플 애플리케이션을 배포하기에 앞서 Flask 프레임워크가 정상적으로 동작하는지 확인한다. 이를 위해 hello.py라는 이름으로 코드를 작성한다.

```
GitHub Script: https://github.com/ociexplained/how-to-use-OCI/chapter1/hello.py
```

```
(ocisampleweb) [opc@oci-demo-app ocisampleweb]$ vi hello.py
from flask import Flask
app = Flask(__name__)

@app.route('/')
def hello_oci():
    return 'Hello, OCI!'
```

Flask 파이썬 애플리케이션의 이름을 지정한 후 Flask를 실행해서 Hello World 애플리케이션을 실행한다. 애플리케이션을 종료하려면 "Ctrl+C"를 사용한다.

```
(ocisampleweb) [opc@oci-demo-app ocisampleweb]$ export FLASK_APP=hello
(ocisampleweb) [opc@oci-demo-app ocisampleweb]$ flask run --host=0.0.0.0
 * Serving Flask app 'hello' (lazy loading)
 * Environment: production
   WARNING: This is a development server. Do not use it in a production
deployment.
   Use a production WSGI server instead.
 * Debug mode: off
 * Running on all addresses.
   WARNING: This is a development server. Do not use it in a production
deployment.
 * Running on http://10.0.0.156:5000/ (Press CTRL+C to quit)
```

앞서 OCI 레벨에서 Flask가 사용하는 5000번 포트에 대한 시큐리티 리스트 규칙을 추가하고, 호스트 레벨에서 해당 포트에 대한 방화벽도 이미 열어놨다. 이제 인터넷 브라우저를 열어 다음 URL을 통해 Hello World 애플리케이션을 호출해 본다. 그림 1-35와 유사한 화면을 확인할 수 있을 것이다.

- http://〈애플리케이션 서버 퍼블릭 IP 주소〉:5000

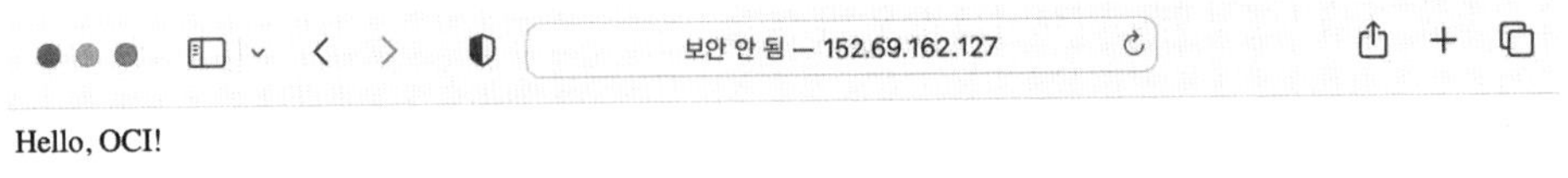

보안 안 됨 — 152.69.162.127

Hello, OCI!

그림 1-35 샘플 애플리케이션 실행 - Hello 샘플 코드

애플리케이션 서버 가상 머신에 접속하는 터미널을 하나 더 열어서 netstat 명령으로 네트워크 통신을 확인해 본다. 다음과 같이 5000번 포트가 인터넷으로 서비스되는 것을 확인할 수 있다.

```
[opc@oci-demo-app ~]$ netstat -tunlp
(Not all processes could be identified, non-owned process info
 will not be shown, you would have to be root to see it all.)
Active Internet connections (only servers)
Proto Recv-Q Send-Q Local Address           Foreign Address         State
PID/Program name
tcp        0      0 0.0.0.0:22              0.0.0.0:*               LISTEN
-
tcp        0      0 0.0.0.0:111             0.0.0.0:*               LISTEN
-
tcp        0      0 127.0.0.1:9003          0.0.0.0:*               LISTEN
-
tcp        0      0 127.0.0.1:44321         0.0.0.0:*               LISTEN
-
tcp        0      0 0.0.0.0:5000            0.0.0.0:*               LISTEN
1553/python
... 생략 ...
```

다음 실습을 위해 Flask 실행 화면에서 "Ctrl+C"를 사용해서 hello 애플리케이션을 종료한다.

이제 데이터베이스를 사용하는 파이썬 애플리케이션을 만들어 보자. 다음은 2개의 파이썬 함수로 구성된 샘플 파이썬 코드이다.

- 첫 번째 함수는 MySQL에 접속해서 "users" 테이블에 유저의 접속 기록을 남기고, 최신 10건의 이력을 조회해서 HTTP 응답을 하는 간단한 웹 서비스이다. faker 라이브러리를 사용해서 테스트 데이터를 생성하고 있다.

- 두 번째 함수는 "Hello, OCI!" 텍스트를 출력하는 서비스이다.

첫 번째 함수는 "http://〈퍼블릭 IP 주소〉:5000/" URI로 서비스되고, 두 번째 함수는 "http://〈퍼블릭 IP 주소〉:5000/hello" URI로 서비스된다.

애플리케이션 서버에 접속해서 "sample-monolith.py"라는 이름으로 파이썬 코드를 생성한다.

다음 코드에서 사용한 변수 "mysql_db_host_ip"는 데이터베이스 서버의 프라이빗 IP 주소이다. 자신의 환경에 맞는 프라이빗 IP 주소로 수정해야 한다. OCI 웹 콘솔의 [Compute → Instances] 화면의 인스턴스 목록에서 해당 가상 머신 인스턴스의 프라이빗 IP 주소를 확인할 수 있다. 또는 데이터베이스 서버에 접속해서 `ifconfig` 명령으로 확인할 수도 있다.

"mysql_db_passwd"는 MySQL 패스워드로 설정한 값으로 변경해야 한다.

```
GitHub Script: https://github.com/ociexplained/how-to-use-OCI/chapter1/
sample-monolith.py
```

```
[opc@oci-demo-app ~]$ ocisampleweb
(ocisampleweb) [opc@oci-demo-app ocisampleweb]$ vi sample-monolith.py
import logging, pymysql, json
from datetime import datetime
from flask import Flask
from faker import Faker

app = Flask(__name__)

logger = logging.getLogger()
logger.setLevel(logging.INFO)

fake = Faker()

mysql_db_host_ip = '10.0.1.94'
mysql_db_user_name = 'root'
mysql_db_passwd = 'xxxxxxxxxx'
mysql_db_name = 'test'

@app.route('/', methods=['GET'])
def index():
```

```
    try:
        mysql_conn = pymysql.connect(host=mysql_db_host_ip, user=mysql_db_
user_name, password=mysql_db_passwd, db=mysql_db_name)
        mysql_cursor = mysql_conn.cursor()
        mysql_sql = "insert into users(user_name,job,client_ip,last_conn_
date) values (%s,%s,%s,current_timestamp)"
        mysql_sql_val = (fake.name(),fake.job(),fake.ipv4_private())
        mysql_cursor.execute(mysql_sql,mysql_sql_val)
        mysql_sql = "select user_name, job, client_ip, DATE_FORMAT(last_
conn_date, '%Y-%m-%d %T.%f') from users order by last_conn_date desc limit
10"
        mysql_cursor.execute(mysql_sql)
        mysql_results = mysql_cursor.fetchall()
        mysql_result = json.dumps(mysql_results, default=str)
        mysql_conn.commit()
        mysql_conn.close()

    except Exception as e:
        logger.error("mysql error : could not fecth data")
        logger.error(e)

    logger.info("success : querying data succeeded.")

    return mysql_result

@app.route('/hello', methods=['GET'])
def hello():
    return 'Hello, OCI!'
```

MySQL 데이터베이스에 파이썬의 faker 모듈을 사용해서 생성한 샘플 데이터를 저장할 테이블 생성 스크립트를 작성한다. 다음은 "mysql_schema.sql"이라는 이름의 스크립트 내용이다. 마지막으로 스크립트 실행 명령에서 사용한 IP는 데이터베이스 서버 가상 머신의 프라이빗 IP이다.

```
GitHub Script: https://github.com/ociexplained/how-to-use-OCI/chapter1/
mysql_schema.sql
```

```
(ocisampleweb) [opc@oci-demo-app ocisampleweb]$ vi mysql_schema.sql
CREATE TABLE users
(
        user_id int,
        user_name VARCHAR(100),
```

```
        country VARCHAR(100),
        job VARCHAR(100),
        email VARCHAR(100),
        client_ip VARCHAR(100),
        last_conn_date timestamp
);

(ocisampleweb) [opc@oci-demo-app ocisampleweb]$ mysql --host 10.0.1.94 test
-u root -p < mysql_schema.sql
Enter password:
```

이제 애플리케이션 실행을 확인해 본다. 앞서 hello.py 코드를 실행했을 때와 마찬가지 방식으로 flask run 명령을 실행한다.

```
(ocisampleweb) [opc@oci-demo-app ocisampleweb]$ export FLASK_APP=sample-
monolith
(ocisampleweb) [opc@oci-demo-app ocisampleweb]$ flask run --host=0.0.0.0
 * Serving Flask app 'sample-monolith' (lazy loading)
 * Environment: production
   WARNING: This is a development server. Do not use it in a production
deployment.
   Use a production WSGI server instead.
 * Debug mode: off
 * Running on all addresses.
   WARNING: This is a development server. Do not use it in a production
deployment.
 * Running on http://10.0.0.156:5000/ (Press CTRL+C to quit)
```

웹 브라우저를 열어 다음 URL로 sample-monolith 애플리케이션을 호출한다. 그림 1-36과 같은 결과를 확인할 수 있을 것이다.

- http://〈애플리케이션 서버 퍼블릭 IP 주소〉:5000

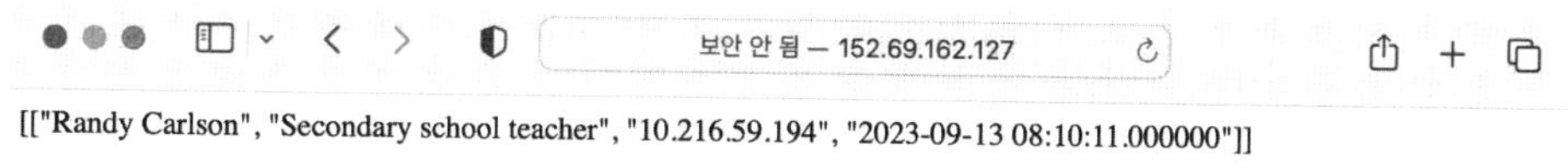

그림 1-36 샘플 애플리케이션 실행 - 데이터베이스 접속 코드

다음 실습을 위해 Flask 실행 화면에서 "Ctrl+C"를 사용해서 샘플 애플리케이션을 종료한다.

"sample-monolith.service"라는 이름으로 서비스 설정 파일을 만들어서 oci-demo-app 인스턴스가 기동될 때 샘플 애플리케이션이 자동 실행되도록 할 수 있다. 별도 터미널에서 다음 내용으로 파일을 생성한다.

```
GitHub Script: https://github.com/ociexplained/how-to-use-OCI/chapter1/
sample-monolith.service

[opc@oci-demo-app ~]$ sudo vi /etc/systemd/system/sample-monolith.service
[Unit]
Description=Demo APP Service to serve flask web-app.
After=network.target

[Service]
User=opc
Group=opc
WorkingDirectory=/home/opc/venvs/ocisampleweb
Environment="FLASK_APP=sample-monolith"
ExecStart=/bin/bash -c "cd /home/opc/venvs/ocisampleweb; source /home/opc/
venvs/ocisampleweb/bin/activate ; flask run --host=0.0.0.0"

[Install]
WantedBy=multi-user.target
```

앞 내용의 서비스를 애플리케이션 서버에 등록하고 기동한다.

```
(ocisampleweb) [opc@oci-demo-app ocisampleweb]$ sudo systemctl enable
sample-monolith.service
Created symlink /etc/systemd/system/multi-user.target.wants/sample-
monolith.service → /etc/systemd/system/sample-monolith.service.
(ocisampleweb) [opc@oci-demo-app ocisampleweb]$ sudo systemctl start
sample-monolith.service
(ocisampleweb) [opc@oci-demo-app ocisampleweb]$ sudo systemctl status
sample-monolith.service
● sample-monolith.service - Demo APP Service to serve flask web-app.
   Loaded: loaded (/etc/systemd/system/sample-monolith.service; enabled;
vendor preset: disabled)
   Active: active (running) ...
 Main PID: 46610 (bash)
    Tasks: 2 (limit: 99832)
```

```
    Memory: 30.1M
    CGroup: /system.slice/sample-monolith.service
            ├─46610 /bin/bash -c cd /home/opc/venvs/ocisampleweb; source /
home/opc/venvs/ocisampleweb/bin/activate ; flask run --host=0.0.0.0
            └─46611 /home/opc/venvs/ocisampleweb/bin/python /home/opc/venvs/
ocisampleweb/bin/flask run --host=0.0.0.0
```

1장에서는 Flask 프레임워크 애플리케이션으로 실습을 진행하고 있다. Flask와 같은 웹 프레임워크를 사용해서 개발한 애플리케이션을 운영 환경에 배포할 때는 별도의 웹 서버나 애플리케이션 서버(WAS)와 함께 구성하는 것이 일반적이다.

1.2.7 HTTPS 연결 설정

앞의 실습에서는 웹 브라우저를 사용해서 샘플 애플리케이션을 서비스할 때 HTTP[Hypertext Transfer Protocol] 프로토콜을 사용해서 "http://〈애플리케이션 서버 퍼블릭 IP 주소〉:5000"과 같은 형식으로 접속했다. 그러나 브라우저와 서버 간의 데이터 통신을 더 안전하게 보호하려면 HTTPS[Hypertext Transfer Protocol Secure] 프로토콜을 사용하는 것이 바람직하다.

HTTPS는 데이터를 암호화해서 보호된 연결을 제공하는 프로토콜로 SSL[Secure Sockets Layer]과 TLS[Transport Layer Security] 프로토콜을 활용한다. SSL은 TLS의 이전 버전이고, TLS는 SSL의 후속 버전이다. TLS는 보안 측면에서 더 강화된 통신을 제공하는 것으로 이해할 수 있다.

HTTPS 통신을 위해서는 서버에서 클라이언트로 제공하는 공개 키 인증서, 즉 HTTP 인증서가 필요하다. 이 인증서는 인증 기관[Certificate Authority, CA]에 의해 발급되며, 브라우저와 서버 간의 데이터 암호화와 복호화에 사용된다. HTTP 인증서는 발급 주체가 해당 인증서의 공개 키 소유자임을 확인하는 디지털 문서로 볼 수 있다. 이를 통해 데이터의 기밀성과 무결성을 유지할 수 있다.

HTTPS가 동작하는 절차는 다음과 같다.

- **HTTP 인증서 설치:** 인증 기관에서 발급받은 HTTP 인증서를 서버에 설치한다. 이

인증서는 서버의 공개 키와 서버 정보를 포함한다.

- **클라이언트 연결**: 클라이언트가 https:// 형식으로 서버에 접속을 시도한다.
- **서버의 인증서 제공**: 서버는 클라이언트에게 자체 인증서를 전송한다. 이 인증서에는 서버의 공개 키와 서명 정보가 포함돼 있다.
- **클라이언트의 신뢰 확인**: 클라이언트는 서버의 인증서가 신뢰할 수 있는 인증 기관에서 발급된 것인지 확인한다. 이를 통해 클라이언트는 서버의 신원을 확인할 수 있다.
- **대칭 암호화 개인 키 생성**: 클라이언트는 대칭 암호화에 사용할 개인 키를 생성한다. 대칭 암호화는 데이터를 암호화하고 복호화하는 데 사용되며, 개인 키는 클라이언트만 알고 있다.
- **데이터 암호화 및 전송**: 클라이언트는 생성한 개인 키와 서버의 공개 키를 사용해서 데이터를 암호화하고 서버로 전송한다. 서버는 자신의 개인 키와 클라이언트의 공개 키를 사용해서 데이터를 복호화한다.

HTTP 인증서 발급에는 대체로 비용이 들지만 Let's Encrypt와 같은 기관은 무료로 인증서를 발급해 주기도 한다. 하지만 Let's Encrypt의 경우 발생한 손해에 대한 배상 책임은 지지 않는다.

오라클 클라우드에서도 이런 TLS 인증서를 생성하고 관리하는 인증서 서비스를 제공하고 있다. 즉, 테넌시 내부에서 사용할 수 있는 내부 인증서를 발급할 수도 있고, 다른 인증 기관에서 발급한 인증서를 임포트해서 사용할 수도 있다. 내부 인증서의 경우 이에 대한 별도 비용은 없다.

이번 실습에서는 오라클 클라우드가 제공하는 내부 TLS 인증서를 신규로 생성하고, 이를 이용해서 HTTPS 통신을 수행해 보도록 한다. 그림 1-37의 단계에 해당된다.

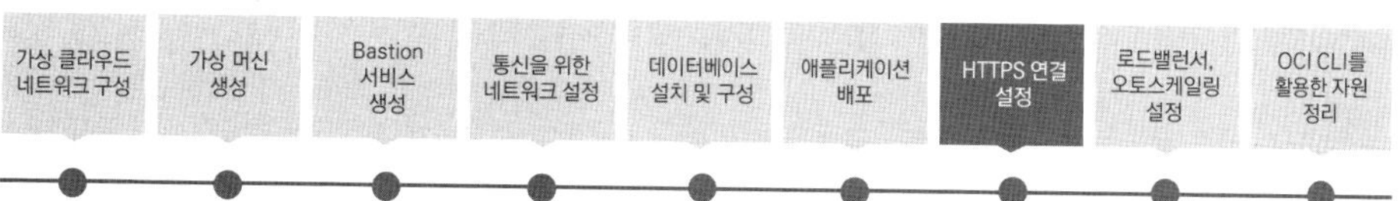

그림 1-37 1장 실습 단계 – HTTPS 연결 설정

1.2.7.1 실습 - OCI TLS 인증서 설정

오라클 클라우드가 제공하는 내부 TLS 인증서를 설정하려면 그림 1-38과 같은 과정이 필요하다.

그림 1-38 내부 TLS 인증서 생성 절차

오라클 클라우드에서 TLS 인증서를 생성할 때는 인증서를 발급한 인증 기관CA을 명시해야 한다. 따라서 내부 인증서를 생성하는 경우 먼저 OCI 내부에서 사용할 수 있는 인증 기관을 생성해야 한다. 외부 인증서를 임포트하는 경우에는 해당 인증서 체인, 개인 키 등의 인증서 정보가 필요하다.

이런 인증서는 사용자의 개인 키로 직접 접근하거나 복사본을 만들 수 없도록 별도의 마스터 암호화 키로 보호된다. 이 마스터 암호화 키는 OCI Vault 서비스를 통해 관리되고 보관된다.

따라서 TLS 내부 인증서를 설정하려면 다음과 같은 단계를 거친다.

- 그림 1-38과 같이 먼저 키 관리를 위한 OCI Vault를 생성한다.
- 생성한 Vault 내에서 마스터 암호화 키Master Encryption Key를 생성한다.
- 생성한 Vault와 마스터 암호화 키 정보를 사용해서 내부 CA를 생성한다.

- 생성한 내부 CA를 사용해서 인증서를 생성하는 과정을 수행한다.

이렇게 함으로써 오라클 클라우드에서 TLS 내부 인증서를 설정하고 사용할 수 있다.

실습 - OCI Vault 생성

Vault 서비스를 생성하기 전에 "all-resources" 권한을 부여받지 못한 유저의 경우 다음과 같은 권한 구문을 "oci-demo-policy" 정책에 추가해야 한다.

```
Allow group <YOUR_GROUP_NAME> to manage key-family in compartment <YOUR_
COMPARTMENT_NAME>
Allow group <YOUR_GROUP_NAME> to manage secret-family in compartment <YOUR_
COMPARTMENT_NAME>
```

OCI TLS 인증서 설정의 첫 번째 단계로 OCI Vault를 생성한다. OCI 웹 콘솔의 [Identity & Security → Vault] 화면으로 이동해서 Create Vault를 클릭한다. 해당 화면에서 그림 1-39와 같이 다음의 Vault 이름을 입력하고 하단의 Create Vault를 클릭한다.

- Name: oci-demo-vault

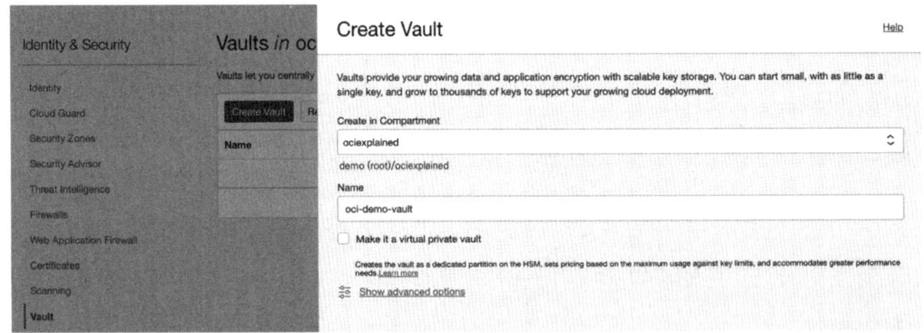

그림 1-39 Vault 생성

실습 - RSA 마스터 암호화 키 생성

Vault가 생성되면 Vault 내에 마스터 암호화 키를 생성해야 한다. Vault 상세 화면의 [Master Encryption keys] 섹션에서 Create key를 클릭해서 그림 1-40과 같이 다음 정보를 입력한 후 하단의 Create key를 클릭한다.

- Protection Mode: HSM
- Name: oci-demo-ms-key
- Key Shape: Algorithm: RSA (Asymmetric key used for Encrypt, Decrypt and Verify)를 선택한다. 이후에 내부 CA를 생성할 때 마스터 암호화 키를 입력한다. 이때 비대칭 키만 허용되기 때문에 RSA 또는 ECDSA 알고리듬 중 하나를 선택해야 한다.

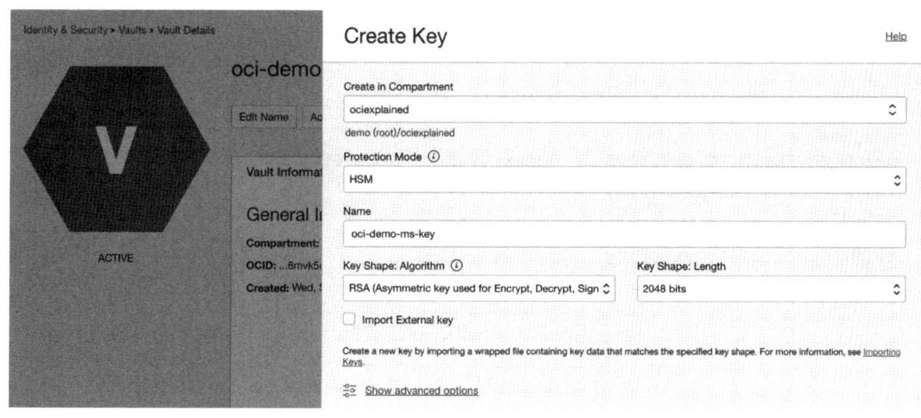

그림 1-40 암호화 키 생성

[마스터 암호화 키 보호 모드]

마스터 암호화 키를 생성할 때 보호 모드로 HSM(Hardware Security Module, 하드웨어 보안 모듈) 또는 Software를 선택할 수 있다. 이는 마스터 암호화 키의 생성 및 암호화 처리를 HSM에서 할지, 아니면 서버의 소프트웨어에서 할지 결정하는 옵션이다.

HSM 모드는 암호화 키를 생성, 저장 및 관리하며 안전한 암호화 작업을 수행하는 데 사용되는 별도의 물리적 장치이다. HSM은 키 및 암호화 작업을 호스트 시스템에서 격리해서 중요한 데이터 및 암호화 작업에 대한 높은 수준의 보안과 보호를 제공하는 데 사용된다. HSM은 물리적으로 격리돼 있고 하드웨어 수준의 보안을 제공하므로 안전한 키 관리와 암호화 작업을 할 수 있다.

반면에 Software 모드는 서버의 소프트웨어에서 암호화 키 생성 및 관리를 처리한다. 이 경우 HSM과 비교해서 물리적 보안 수준은 낮을 수 있지만 키 관리 및 암호화 작업을 간편하게 소프트웨어로 처리할 수 있다.

실습 – CA 생성

이제 CA(인증 기관)를 생성할 차례이다. CA를 생성하기 전에 먼저 권한 설정 작업이 필요하다. 앞서 만든 정책 "oci-demo-policy"에 테넌시 내 사용자가 CA를 사용할 수 있도록 다음과 같은 2개의 권한을 추가해야 한다. 테넌시 내 "all-resources"를 제어할 수 있는 유저라고 할지라도 CA를 생성하려면 다음 권한이 필요하다.

OCI 웹 콘솔의 [Identity & Security → Policies] 화면으로 이동해서 root 컴파트먼트에 생성된 oci-demo-policy를 클릭한다. Edit Policy Statements를 클릭해서 다음 2개의 권한 설정 구문을 추가한다. 해당 화면에서 +Another Statement를 클릭해서 구문을 하나씩 추가하고 하단의 Save Changes를 클릭해서 권한 변경을 반영한다.

```
Allow any-user to use keys in tenancy where request.principal.
type='certificateauthority'
Allow any-user to manage objects in tenancy where request.principal.
type='certificateauthority'
```

CA 생성은 OCI 웹 콘솔의 [Identity & Security → Certificates → Certificate Authorities] 화면에서 실행한다. 해당 화면에서 Create Certificate Authority를 클릭한다.

먼저 Basic Information 화면에서 그림 1-41과 같이 다음 정보를 입력하고 Next를 클릭한다.

- Certificate Authority Type: Root Certificate Authority 선택
- Name: oci-demo-int-cert-auth

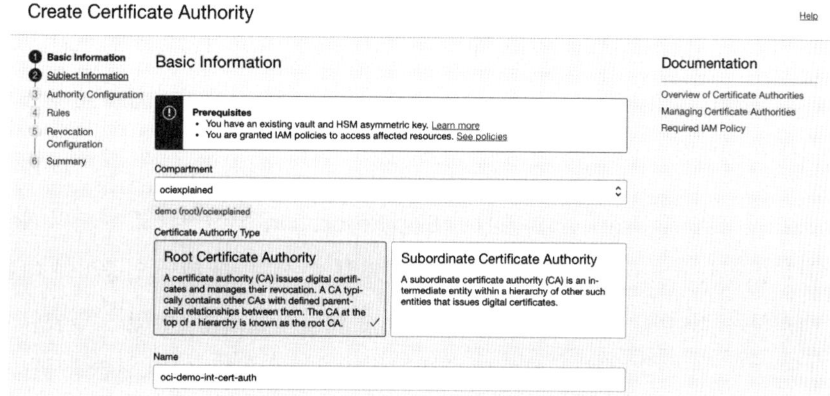

그림 1-41 CA 생성 - Basic Information 설정

Subject Information 화면에서 다음과 같이 CA 소유자를 식별하기 위한 Common Name을 입력하고 **Next**를 클릭한다.

- Common Name: oci-demo-int-cert-auth

Authority Configuration 화면에서 앞서 생성한 Vault와 마스터 암호화 키 정보가 그림 1-42와 같이 정상적으로 로드되는지 확인하고 **Next**를 클릭해서 진행한다. "Not Valid Before" 필드는 CA의 적용 시작 시점을 설정하는 필드로 필요한 경우 값을 입력해서 설정할 수 있다. 값이 입력되지 않으면 즉시 적용된다. 입력하지 않고 현재의 비어 있는 상태를 유지한다. "Not Valid After" 필드는 CA의 만료 시점을 설정하는 필드로 기본값은 1년이지만 필요에 따라 변경할 수 있다.

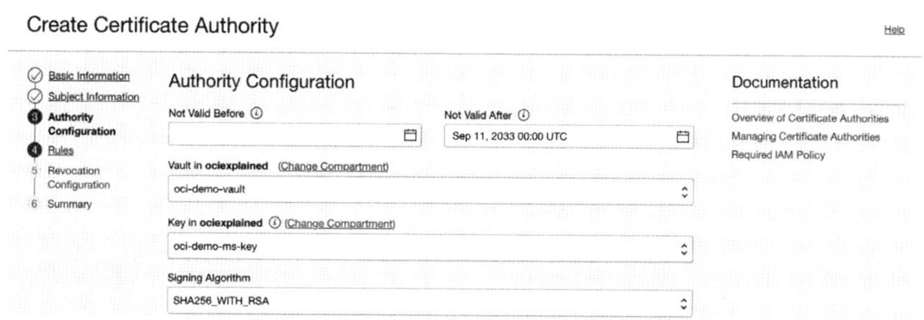

그림 1-42 CA 생성 - Vault, 키 설정

Rules 화면은 앞서 설정한 CA 적용 시점을 기준으로 CA 적용 기간을 설정하는 단계이다. "Maximum Validity Duration for Certificates (Days)"와 "Maximum Validity Duration for Subordinate CA (Days)"는 현재 상태로 그대로 두고 Next를 클릭해서 진행한다.

Revocation Configuration 화면에서 Skip Revocation을 선택하고 하단의 Next를 클릭한다. Revocation은 인증서가 더 이상 신뢰할 수 없을 때 해당 인증서에 대한 해지를 설정하는 것이다. 이를 위해 CA 생성, 해지 이력이라고 할 수 있는 인증서 해지 목록[Certificate Revocation List, CRL]을 어디에 저장할지 지정해야 한다. 이번 실습에서는 해지 관련 설정을 하지 않는다.

- Skip Revocation 선택

마지막으로 Summary 화면에서 지금까지 설정된 내용을 확인하고 Create Certificate Authority를 클릭하면 CA가 생성된다.

실습 - 인증서 발급

CA를 생성한 후에 해당 CA의 상세 화면에서 인증서를 발급한다. 인증서 상세 화면의 [Certificates] 섹션에서 Issue Certificate를 클릭해서 인증서 발급 절차를 시작한다.

Basic Information 화면에서 그림 1-43과 같이 다음의 인증서 유형과 이름을 선택 및 입력하고 Next를 클릭한다.

- Certificate Type: Issued by internal CA
- Name: oci-demo-certificate

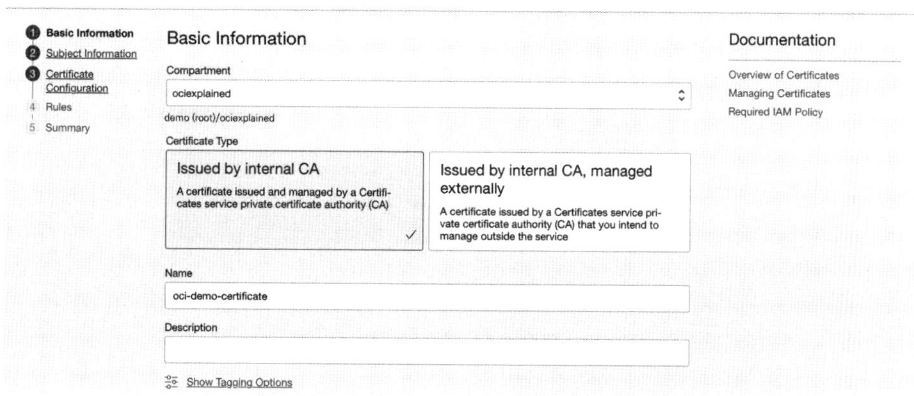

그림 1-43 인증서 생성 - Basic Information 설정

Subject Information 화면에서 다음과 같이 인증서의 소유자를 식별하기 위한 Common Name을 입력하고 Next를 클릭한다.

- Common Name: oci-demo-certificate

Create Configuration 화면은 기본 설정 상태로 유지하고 하단의 Next를 클릭한다. Certificate Profile Type 설정은 인증서 용도에 따른 프로파일을 미리 정의해 놓은 것이다. 네 가지 프로파일 중에서 그림 1-44와 같이 기본값인 TLS Server or Client를 선택한다.

- Certificate Profile Type: TLS Server or Client
- Not Valid Before: 값이 입력되지 않으면 즉시 적용된다. 입력하지 않고 현재의 비어 있는 상태를 유지한다.
- Not Valid After: 기본값으로 설정된 날짜보다 하루 더 빠르게 지정한다. 예를 들어 최초 기본값이 "Dec. 13 ..."이라면 "Dec.12 ..."로 변경한다. 이는 인증서 생성 시 최종 단계에서 나타날 수 있는 "The validity period 7839114782 exceeds the maximum validity period allowed 7776000000."이라는 에러 메시지를 피하기 위함이다.

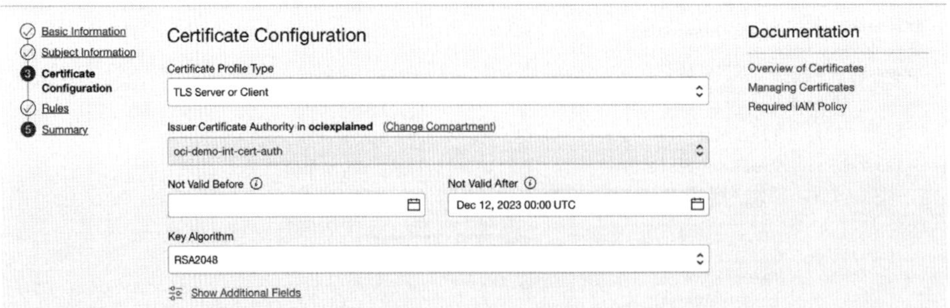

그림 1-44 인증서 설정

Rules 화면에서는 인증서의 만료를 피할 수 있도록 인증서의 자동 갱신 설정을 조정할 수 있다.

- Renewal Interval: 이 옵션은 얼마나 자주 인증서를 갱신할지를 지정한다.
- Advanced Renewal Period: 이 옵션은 인증서 만료 전에 얼마나 오랜 기간 전에 인증서 갱신을 발생시킬지를 설정한다.

기본값으로 설정된 현재 설정을 그대로 유지하고 Next를 클릭해서 다음 단계로 진행한다.

마지막으로 Summary 화면에서 지금까지 설정한 내용을 확인하고 Create Certificate를 클릭하면 인증서가 생성된다.

1.2.8 로드밸런서, 오토스케일링 설정

지금까지 데이터베이스를 구성하고, 파이썬 애플리케이션을 통해 데이터를 데이터베이스에 저장했다. 그리고 저장된 데이터를 웹 브라우저로 확인하는 과정을 거쳤다. 이제는 애플리케이션에 접속하는 사용자 수가 증가하면서 애플리케이션 서버를 동적으로 확장해야 하는 상황을 가정하고 이에 따라 오토스케일링 기능을 설정한다. 또한 이 오토스케일링이 동작하는 상황에서 부하 분산을 하기 위한 로드밸런서를 구성한다.

1.2.8.1 오토스케일링

오라클 클라우드의 오토스케일링은 인스턴스 풀Instance Pool에 원하는 인스턴스 수를 정의하고, 그림 1-45와 같이 시스템 자원 상황에 따라 CPU, 메모리 등의 사용률 지표를 기반으로 자동으로 인스턴스 수를 조정하는 기능이다. 이를 통해 사용자에게는 지속적인 성능을 제공하면서도 수요가 낮은 기간 동안 비용을 절감할 수 있게 해준다.

여기서 인스턴스 풀이란 한 리전 내에서 구성되는 여러 컴퓨트 인스턴스의 그룹을 의미한다. 이런 인스턴스들은 풀에 묶인 후 성능 지표나 일정에 따라 인스턴스 풀의 인스턴스 수를 자동으로 조정할 수 있다. 더불어 오토스케일링 설정은 별도로 구성해야 한다.

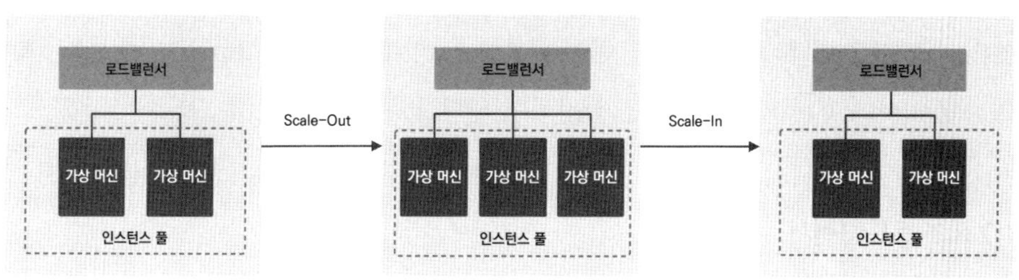

그림 1-45 오토스케일링

오라클 클라우드의 오토스케일링은 메트릭Metric 기반과 스케줄Schedule 기반의 두 가지 유형을 제공한다.

- **메트릭 기반 오토스케일링**: 사용자가 정한 시스템 자원이 임계치에 도달하면 오토스케일링이 자동으로 활성화된다. 시스템 성능 메트릭은 1분 간격으로 수집되며, 인스턴스 풀 내의 모든 인스턴스들의 자원 사용률 평균이 사용자가 설정한 임계치를 세 번 연속으로 충족하면 오토스케일링이 자동으로 동작한다. 한 번에 하나의 메트릭을 기반으로 한 오토스케일링 정책을 설정할 수 있다.
- **스케줄 기반 오토스케일링**: 사용자는 cron 표현식을 활용해서 오토스케일링 일정을 정의할 수 있다. 이를 통해 지정한 일정에 따라 오토스케일링을 자동으로 활성화시킬 수 있다. 특정 오토스케일링 설정 내에서 최대 50개의 메트릭 기반 오

토스케일링 정책을 추가할 수 있다.

1.2.8.2 Instance Configuration

오라클 클라우드에서 오토스케일링을 설정하려면 먼저 Instance Configuration을 구성해야 한다. Instance Configuration에서는 오토스케일링에 활용할 인스턴스 풀의 인스턴스 설정을 정의한다. 사용자는 이미 사용 중인 인스턴스를 템플릿으로 지정하거나 필요에 따라 새로운 인스턴스를 추가로 설정해서 사용할 수 있다.

기존의 인스턴스를 템플릿으로 지정할 때는 애플리케이션 또는 바이너리와 같은 내용은 포함되지 않는다. 따라서 먼저 해당 인스턴스에서 사용자 지정 사용자 정의 이미지 Custom Image를 생성해야 한다. 이후 이 사용자 정의 이미지를 활용해서 새로운 인스턴스를 생성하게 된다. 마지막으로 사용자 정의 이미지로부터 생성한 인스턴스를 기반으로 Instance Configuration을 설정하면 된다.

1.2.8.3 로드밸런서

로드밸런서 Load Balancer는 일반적으로 네트워크 트래픽을 여러 대의 가상 머신이나 서버에 균등하게 분산시켜 주는 장치나 프로그램을 의미한다. 이를 통해 트래픽이 특정 서버로 집중되는 것을 방지해서 부하를 고르게 분산시켜 서버의 안정성과 가용성을 향상시킨다.

오라클 클라우드의 로드밸런서 역시 그림 1-46과 같이 네트워크 트래픽을 하나의 진입점에서 받아들여서 VCN 내의 여러 서버로 자동으로 분산시키는 역할을 한다. OCI 로드밸런서는 현재 사용이 가능한 인스턴스를 인식하고, Health Check를 통해 미리 설정한 정책에 따라 상태가 좋은 인스턴스로 네트워크 트래픽을 전달해서 성능과 가용성을 최적화한다.

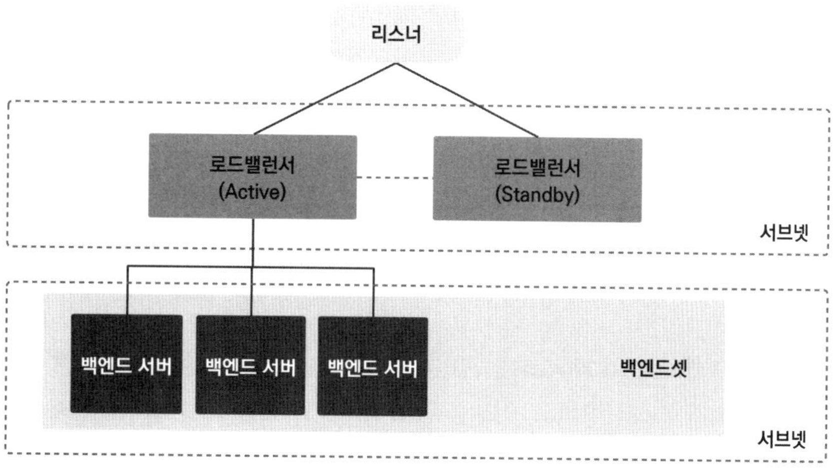

그림 1-46 OCI 로드밸런서

OCI에서는 퍼블릭 로드밸런서와 프라이빗 로드밸런서의 두 가지 유형의 구성을 선택할 수 있다.

- **퍼블릭 로드밸런서**Public Load Balancer: 이 유형의 로드밸런서는 인터넷을 통해 접근이 가능한 퍼블릭 IP 주소를 가지며, 외부에서도 접근할 수 있다.
- **프라이빗 로드밸런서**Private Load Balancer: 이 유형의 로드밸런서는 VCN 내에서만 접근이 가능한 프라이빗 IP 주소가 할당되며, VCN 내부에서만 사용된다.

이 두 유형의 로드밸런서는 모두 VCN 내의 로드 밸런싱 대상 서버로 데이터 트래픽을 분산한다. 로드밸런서의 IP 주소로 들어온 트래픽은 로드밸런서로 전송되고, 이후 리스너Listener라는 논리 객체를 통해 로드밸런서로 전달된다. 리스너에서는 TCP, HTTP/1.0, HTTP/1.1 등의 네트워크 프로토콜, 포트, SSL 등의 설정을 구성할 수 있다.

OCI 로드밸런서에서는 로드 밸런싱 대상이 되는 서버를 백엔드 서버Backend Server라고 부르며, 이런 백엔드 서버들을 묶은 논리적인 개념을 백엔드셋Backend Set이라고 한다. 로드 밸런싱 정책은 백엔드셋 단위로 설정된다.

OCI 로드밸런서에서는 클라이언트에서 발생하는 모든 요청을 최초 백엔드 웹 서버로 보내는 세션 지속성Session Persistence 기능을 지원하며, 이 기능은 주로 HTTP 트래픽에서 동작한다. 세션 지속성은 클라이언트의 요청이 항상 같은 백엔드 서버로 전달되도록 하는 기능으로 이를 위해 쿠키Cookie를 사용한다.

OCI 로드밸런서를 생성할 때 세션 지속성을 활성화하려면 두 가지 중 하나의 옵션을 선택할 수 있다.

- **애플리케이션 쿠키 stickiness**: 이 옵션을 선택하면 로드밸런서가 쿠키의 해시 값을 계산해서 클라이언트에 보내고, 클라이언트는 이를 저장해서 추후에 해당 백엔드 서버로의 요청에 사용한다. 만일 서버에서 쿠키 값이 변경되면 로드밸런서는 클라이언트로 다시 쿠키 값을 전송한다.
- **로드밸런서 stickiness**: 이 옵션은 로드밸런서가 클라이언트로 보내는 응답에 쿠키를 넣어서 사용한다. 이 방식은 애플리케이션이나 백엔드 서버가 쿠키를 생성하지 못하는 환경에서 사용할 수 있다.

오토스케일링과 관련해서 로드밸런서는 컴퓨트 인스턴스들의 엔트리 포인트 역할을 수행한다. 따라서 오토스케일링 정책에 의해 인스턴스의 수가 증가하거나 감소하게 되면 로드밸런서는 자동으로 해당 인스턴스와의 연결을 설정하거나 해제한다.

오토스케일링이 동작해서 새로운 인스턴스가 생성되면 로드밸런서는 새로운 인스턴스를 포함해서 트래픽을 여러 인스턴스로 균등하게 분산하고, 인스턴스가 감소하면 해당 인스턴스와의 연결을 자동으로 끊고 남은 인스턴스들로 트래픽을 분산시킨다.

로드밸런서와 오토스케일링의 구성 실습은 그림 1-47의 단계에 해당된다.

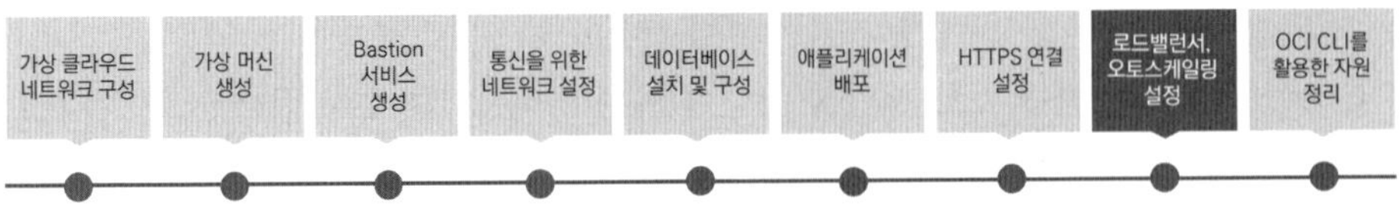

그림 1-47 1장 실습 단계 - 로드밸런서, 오토스케일링 설정

다음과 같은 단계로 실습을 진행한다.

- 다이내믹 그룹 생성, 권한 정책 추가
- 오토스케일링을 위한 사용자 정의 이미지 생성
- 로드밸런서 구성
- Instance Configuration 구성
- 인스턴스 풀 구성
- 오토스케일링 설정 및 부하 테스트

1.2.8.4 실습 - 다이내믹 그룹 생성, 권한 정책 추가

우선 오토스케일링 설정을 위해 사용하는 다이내믹 그룹에 대한 설명이 필요하다.

앞서 오라클 클라우드에서는 권한 관리를 업무 요건에 따라 사용자를 그룹으로 묶고, 해당 그룹에 권한을 부여하는 방식을 기본적으로 사용한다고 했다. 하지만 때에 따라서는 컴퓨트 인스턴스 자체에 권한을 부여하는 것이 더 편리할 수도 있다.

컴퓨트 인스턴스를 권한 주체(actor)로 지정하고, 해당 인스턴스가 다른 오라클 클라우드 자원을 사용할 수 있도록 하는 것이다. 이를 통해 컴퓨트 인스턴스는 API 호출로 자신이 필요로 하는 자원에 접근할 수 있다. 이런 방식에 사용되는 컴퓨트 인스턴스는 개별적으로 지정되거나 여러 개가 그룹으로 묶일 수 있다. 이를 "다이내믹 그룹Dynamic Group"이라고 한다.

다음의 예시와 같이 인스턴스 하나 또는 여러 개를 "oci-demo-admin"이라는 이름의 다이내믹 그룹으로 묶고, 해당 그룹에게 테넌시 내 모든 네트워크 자원을 관리할 수 있는 권한을 부여할 수 있다. 이런 방식으로 중앙에서 컴퓨트 인스턴스에 필요한 권한을 효율적으로 관리할 수 있다.

```
Allow dynamic-group oci-demo-admin to manage virtual-network-family in
tenancy
```

이번 단계에서 진행할 실습은 오토스케일링을 활용하는 것이다. 이를 위해서는 컴파트먼트 내의 인스턴스를 다이내믹 그룹으로 묶고, 해당 다이내믹 그룹이 오토스케일링과 관련된 자원을 제어할 수 있어야 한다. 따라서 현재 사용 중인 컴파트먼트 내의 모든 인스턴스를 대상으로 하는 다이내믹 그룹을 생성할 것이다. 먼저 해당 컴파트먼트의 OCID가 필요하다. 이 OCID는 미리 확인해서 복사해 둬야 한다.

컴파트먼트 OCID를 확인하는 방법은 OCI 웹 콘솔에서 다음 단계를 따라 수행한다.

- OCI 웹 콘솔의 [Identity & Security → Identity → Compartments] 화면으로 이동한다.
- 사용 중인 컴파트먼트를 클릭해서 해당 컴파트먼트의 상세 화면을 연다.
- 화면 내에서 OCID 값을 찾아서 복사해 둔다.

이렇게 얻은 컴파트먼트 OCID를 사용해서 해당 컴파트먼트 내의 모든 인스턴스를 대상으로 하는 다이내믹 그룹을 생성할 수 있다.

[OCID]

오라클 클라우드의 모든 자원들은 오라클이 할당한 고유한 ID를 가지며, 이를 "OCID^Oracle Cloud ID^"라고 한다. OCID는 해당 클라우드 자원의 식별을 위해 사용되며, 각 자원의 고유한 특성과 위치 정보를 포함하고 있다. 따라서 OCID를 통해 각 자원를 식별하고 추적할 수 있다.

다이내믹 그룹을 생성해 보자. OCI 웹 콘솔의 [Identity & Security → Identity → Domains → Default Domain 선택 → Dynamic Groups] 화면으로 이동해서 Create Dynamic Group을 클릭한다. 그림 1-48과 같이 다음 값을 입력하고 Create를 클릭한다. 컴파트먼트 OCID는 앞서 복사해 둔 정보를 사용한다.

- Name: oci-demo-dyngroup
- Description: oci demo dynamic group

- Rule 1: All {instance.compartment.id = 'ocid1.compartment.oc1..aaaaaaaa6cq7mawvxnv2be542zwvlukehzsj3qqlx4kx2ee74nyijmgh3yka'}

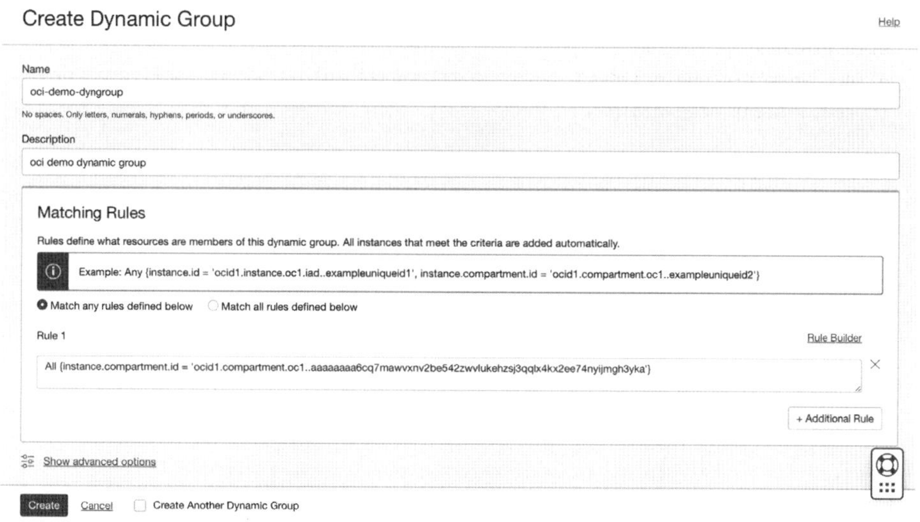

그림 1-48 다이내믹 그룹 생성

다이내믹 그룹이 생성됐다면 오토스케일링과 관련한 자원 정책 구문을 추가해야 한다. OCI 웹 콘솔의 [Identity & Security → Identity → Policies] 화면으로 이동해서 이전에 생성한 oci-demo-policy를 클릭한다. 해당 정책은 root 컴파트먼트에 위치하고 있다. Edit Policy Statements를 클릭해서 정책 구문 편집 화면으로 이동한 후 다음과 같은 형식의 정책 구문을 추가해야 한다.

```
Allow dynamic-group <YOUR_DYNAMIC_GROUP_NAME> to manage compute-management-
family in compartment <YOUR_COMPARTMENT_NAME>
Allow dynamic-group <YOUR_DYNAMIC_GROUP_NAME> to manage object-family in
compartment <YOUR_COMPARTMENT_NAME>
Allow dynamic-group <YOUR_DYNAMIC_GROUP_NAME> to manage auto-scaling-
configurations in compartment <YOUR_COMPARTMENT_NAME>
```

정책 구문의 추가는 + Another Statement를 클릭해서 하나씩 추가할 수도 있고, 그림 1-49의 예시처럼 Advanced 옵션을 선택해서 한꺼번에 정책 구문을 추가할 수 있다. 다음 내용의 정책 구문을 추가하고 하단의 Save Changes를 클릭한다.

• Policy Builder: Advanced

```
Allow dynamic-group oci-demo-dyngroup to manage compute-management-family
in compartment ociexplained
Allow dynamic-group oci-demo-dyngroup to manage object-family in compartment
ociexplained
Allow dynamic-group oci-demo-dyngroup to manage auto-scaling-configurations
in compartment ociexplained
```

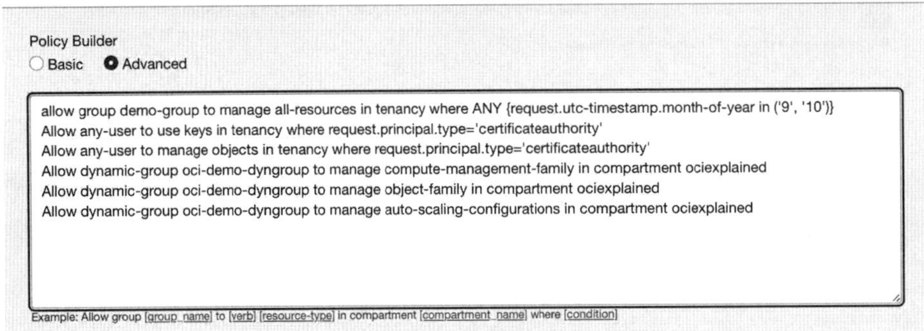

그림 1-49 다이내믹 그룹에 권한 부여 정책 추가

이제 오토스케일링을 위한 사전 준비 작업을 마쳤다. 지금부터는 오토스케일링을 위한 사용자 정의 이미지 생성을 비롯한 오토스케일링 설정 작업을 진행한다.

1.2.8.5 실습 - 오토스케일링을 위한 사용자 정의 이미지 생성

애플리케이션 서버의 인스턴스를 부하에 따라 자동으로 확장하거나 축소하려면 먼저 해당 애플리케이션 서버의 사용자 정의 이미지를 생성해야 한다. 이 이미지는 현재 운영 중인 애플리케이션 서버 상태와 동일한 인스턴스를 오토스케일링에 사용하는 데 필요하다.

OCI 웹 콘솔의 [Compute → Instances] 화면에서 대상 애플리케이션 서버 oci-demo-app을 선택해서 Instance Details 화면으로 이동한다. 상단의 드롭다운 메뉴에서 그림 1-50과 같이 [More actions → Create custom image]를 선택한다. 이어서 나오는 팝업 창에서 사용자 정의 이미지의 이름을 입력하고 Create custom image를 클릭한다. 이 과정에서 가상 머신이 일시적으로 중지되는데 사용자 정의 이미지 생성이 완료되면 다시 가동된다.

- Create in Compartment: ociexplained(자원을 배포하려는 컴파트먼트 선택)
- Name: oci-demo-app

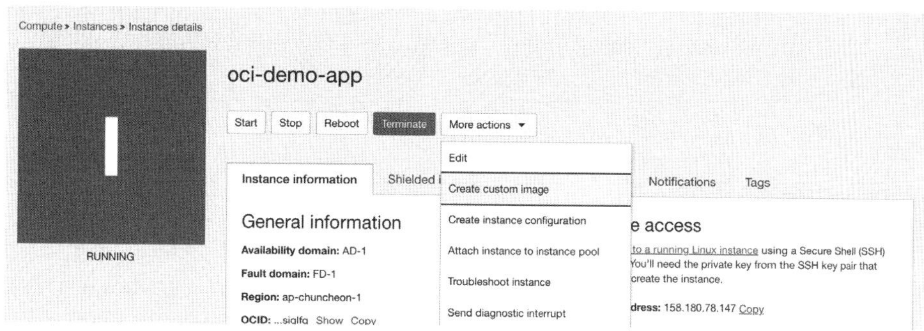

그림 1-50 사용자 정의 이미지 생성

1.2.8.6 실습 - 로드밸런서 구성

부하에 따라 자동으로 증감된 인스턴스들의 네트워크 트래픽을 관리하려면 로드밸런서를 구성해야 한다. 로드밸런서는 클라이언트 요청을 여러 인스턴스로 분산해서 부하를 균등하게 분산시켜 주는 역할을 한다.

OCI 웹 콘솔의 [Networking → Load balancers → Load balancer] 화면에서 Create load balancer를 클릭한다. 그런 다음 Load balancer와 Network Load balancer 중 Load balancer를 선택한다.

[로드밸런서 vs. 네트워크 로드밸런서]

OCI 로드밸런서

- OSI 모델Open Systems Interconnection Reference Model에서 HTTP와 같은 레이어 7(애플리케이션 레이어)의 트래픽에 적용이 가능한 로드밸런서이다.
- OSI 모델의 애플리케이션 레이어에서 동작하며, 메시지의 실제 콘텐츠를 분석하고 들어오는 헤더를 분석해서 결정을 내릴 수 있다. 이 기능은 HTTP뿐만 아니라 더 복잡한 프로토콜에서도 사용이 가능하며, Session Persistence 또는 Sticky Session 기능과 같이 클라이언트가 연결된 서버를 유지하는 기능을 제공한다. 이를 통해 사용자 세션을 특정 타깃 서버에 바인딩해서 백엔드 서버의 부하를 효과적으로 분산시킬 수 있다.
- 최대 8000Mbps까지 대역폭 설정이 가능하다.

OCI 네트워크 로드밸런서

- OSI 모델의 레이어 3(네트워크 레이어) 및 레이어 4(TCP/UDP/ICMP) 워크로드에 적용이 가능한 로드밸런서이다.
- 레이어 4 로드밸런서는 패킷의 내용을 검사하지 않고, 업스트림 서버로 네트워크 패킷을 전달한다. 이때는 패킷의 내용을 해석하거나 변경할 필요 없이 간단히 패킷을 전달하는 작업만 수행한다.
- 대역폭 설정에 제한이 없으므로 상황에 맞게 필요한 대역폭을 설정할 수 있다.

Add details 화면에서 그림 1-51과 같이 다음 값을 입력하고 하단의 **Next**를 클릭해서 진행한다. 로드밸런서를 인터넷에 노출시킬 것이므로 Choose visibility type은 기본값으로 설정된 Public으로 둔다. 또한 별도의 Reserved IP를 사용하지 않을 것이므로 Ephemeral IP address를 선택한다. Bandwidth 역시 테스트 용도이므로 기본값으로 설정된 최소 Shape, Bandwidth를 사용한다.

- Load balancer name: oci-demo-lb
- Choose visibility type: Public 선택
- Assign a public IP address: Ephemeral IP address 선택
- [Choose networking] 섹션 Virtual cloud network: OCI_DEMO

- [Choose networking] 섹션 subnet: public-subnet-OCI_DEMO (regional)

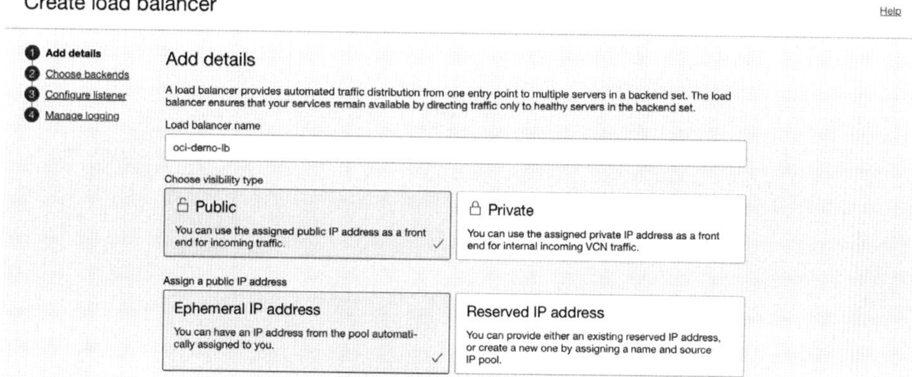

그림 1-51 로드밸런서 설정

Choose backends 화면에서 로드 밸런싱 타입은 기본값인 Weighted round robin을 선택한다.

[Select backend servers] 섹션에서 Add backends를 클릭해서 백엔드 서버를 설정한다. 해당 화면에서 oci-demo-app을 선택하고 Add selected backends를 클릭하면 백엔드 서버가 추가된다. 그런 다음 그림 1-52와 같이 로드밸런서와 백엔드 서버가 통신할 다음의 포트 정보를 추가로 입력한다.

- Port: 5000

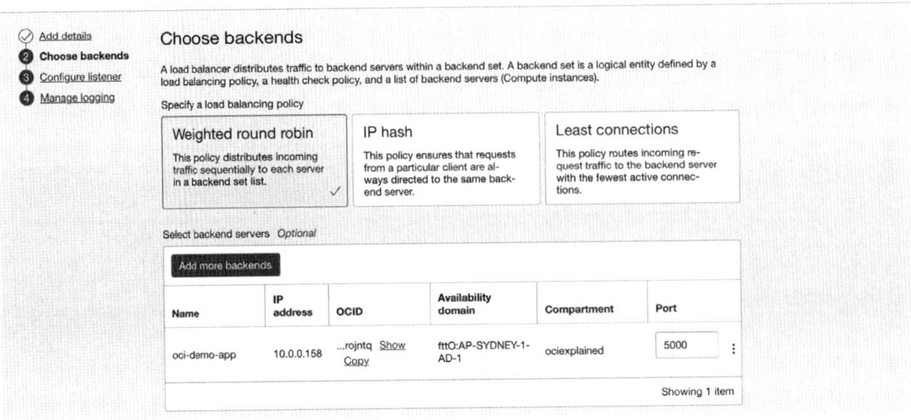

그림 1-52 로드밸런서 백엔드 설정

[로드밸런서 정책]

OCI 로드밸런서의 부하를 분산시키는 정책은 Round Robin, IP Hash, Least Connections의 세 가지로 설정할 수 있다.

- **Round Robin**: 백엔드셋 목록에 있는 서버를 순서대로 차례차례 트래픽을 분산시키는 방식이다. 모든 서버에 동등한 부하를 분산시키는 간단한 방법으로 서버들이 비슷한 성능을 가졌을 때 유용하다. 그러나 서버의 성능 차이가 큰 경우에는 공정한 분배가 어려울 수 있다.
- **IP Hash**: 네트워크 트래픽 소스의 IP 주소를 해싱 키Hashing Key로 사용해서 트래픽을 특정 백엔드 서버로 라우팅하는 방식이다. 같은 클라이언트의 요청은 계속해서 해당 클라이언트의 IP 주소와 연결된 백엔드 서버로 트래픽이 전달돼 세션 일관성을 유지한다. 클라이언트마다 일정한 백엔드 서버에 연결되는 장점이 있지만 일부 서버에 부하가 집중될 수 있다.
- **Least Connections**: 현재 활성화된 연결 수가 가장 적은 백엔드 서버로 트래픽을 분산시키는 방식이다. 연결 개수에 따라 부하를 분산하기 때문에 연결이 많은 서버에는 상대적으로 적은 부하가 가해진다. 연결 수를 기준으로 부하 분산이 이뤄지기 때문에 연결 수가 많이 변동하는 상황에서 유용하다.

같은 화면 하단의 [Specify health check policy] 섹션에서 그림 1-53과 같이 다음 값을 입력한 후 하단의 Next를 클릭해서 다음 단계로 진행한다. 헬스 체크에서는 백엔드 서버의 가용성을 어떻게, 어떤 간격으로 할지 설정한다. 샘플 애플리케이션의 hello 페이지를 5000번 포트로 호출해서 헬스 체크를 수행한다.

- port: 5000
- URL path (URI): /hello

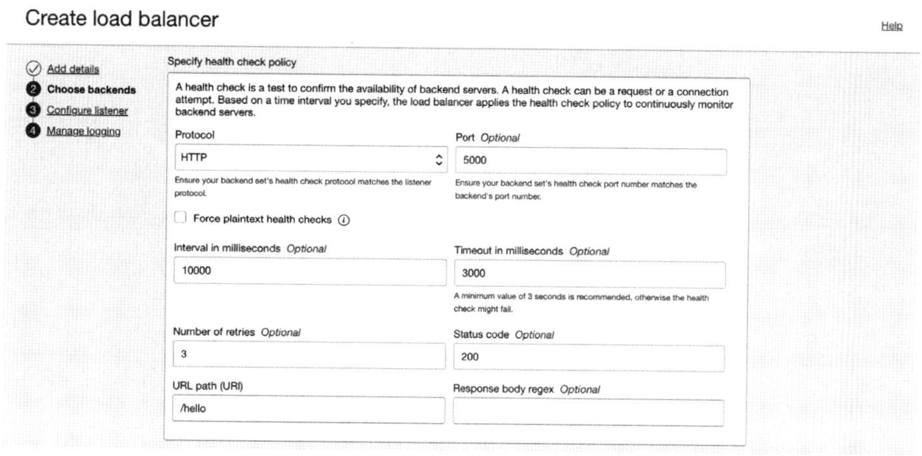

그림 1-53 로드밸런서 헬스 체크 설정

그림 1-54와 같이 Configure listener 화면에서 다음 값을 입력하고 하단의 Next를 클릭해서 다음 단계로 진행한다.

- Listener name: oci-demo-lb-listener
- specify the type of traffic: HTTPS
- [SSL certificate] 섹션의 Certificate resource에서는 Certificate service managed certificate를 선택한다. 그 아래 Certificate에서는 앞서 HTTPS 설정 단계에서 생성한 인증서 oci-demo-certificate를 선택한다.

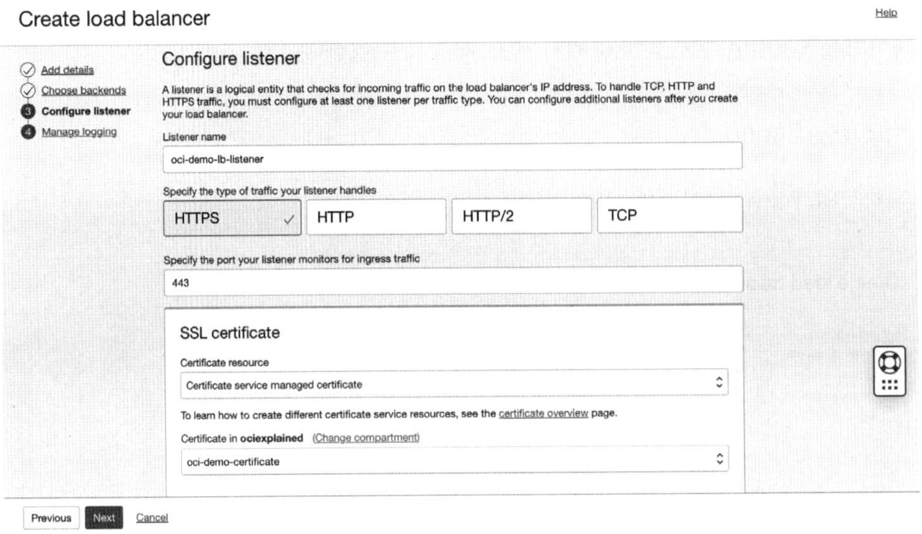

그림 1-54 로드밸런서 리스너 설정

[SSL Termination]

HTTPS 통신에서 웹 서버가 클라이언트의 요청을 받아들이고 SSL 연결을 설정해서 데이터를 암호화 및 해독하는 과정은 서버 자원이 소비되므로 성능에 영향을 줄 수 있다. 특히 부하가 많은 웹 사이트나 애플리케이션의 경우에는 이런 처리가 병목 현상을 초래할 수 있다.

이를 위해 SSL Termination이 사용된다. SSL Termination은 프록시 서버나 로드밸런서와 같은 중간 장치가 SSL 연결을 해제하고 복호화해서 클라이언트와의 통신을 처리한 후에 백엔드 서버와는 암호화되지 않은 HTTP 요청으로 통신하는 방식이다. 이처럼 로드밸런서나 프록시 서버가 SSL 연산을 처리하므로 백엔드 서버의 부하를 줄일 수 있다.

OCI 로드밸런서에서 SSL Termination을 구성하려면 다음 단계를 수행해야 한다.

- 로드밸런서의 리스너 구성에서 포트 443과 같은 포트로 리스너를 생성한다.
- 업로드된 인증서 번들을 리스너와 연결해서 SSL Termination을 설정한다.

이후에 로드밸런서는 클라이언트와의 SSL 연결을 처리하고, 백엔드 서버와는 암호화되지 않은 데이터로 통신하게 된다.

Managing logging 화면에서 에러 로그에 대해 설정한다. 하단의 액세스 로그가 활성화되지 않았으므로 로그 이름을 다음과 같이 입력하고 하단의 Submit을 클릭한다.

- Log name: oci-demo-log-lb-error

잠시 후에는 로드밸런서가 생성돼 있을 것이다. 로드밸런서의 상태가 "OK"가 될 때까지 기다린다. 로드밸런서가 생성될 때 백엔드 서버와의 통신을 위해 여기서는 5000번 포트를 설정했다. 이 포트는 로드밸런서가 사용하는 서브넷 내에서 통신할 수 있도록 Stateful Ingress 규칙으로 시큐리티 리스트에 자동으로 추가된다.

시큐리티 리스트 설정과 관련해서 해야 할 일이 하나 있다. 로드밸런서 리스너가 인터넷과의 통신을 위해 443번 포트를 사용하도록 설정한 경우 이 포트에 대한 통신 허용을 위해 시큐리티 리스트에 규칙을 추가해야 한다.

OCI 웹 콘솔의 [Networking → Virtual cloud networks] 화면에서 OCI_DEMO를 선택한 후 화면 왼쪽 Resource 메뉴에서 Seurity List를 클릭해서 해당 화면으로 이동한다. 퍼블릭 서브넷의 시큐리티 리스트인 "Default security list for OCI_DEMO"에서 Add Ingress Rules를 클릭해서 다음 내용으로 443 TCP 포트의 개방 규칙을 추가한다.

- Source CIDR: 0.0.0.0/0
- Destination Port Range: 443

로드밸런서 설정이 완료됐다. 로드밸런서를 통해 샘플 애플리케이션을 호출해 본다. [Networking → Load balancers → Load balancer details] 화면의 로드밸런서 정보 중에서 퍼블릭 IP 주소를 확인할 수 있다. 웹 브라우저를 열어서 다음 HTTPS URL로 샘플 애플리케이션에 접속해 본다.

- https://〈로드밸런서 퍼블릭 IP 주소〉/

이번 실습에서 사용한 HTTPS 연결용 인증서는 오라클 클라우드에서 제공한 내부 인증서로 외부 인증 기관에 의해 인증되지 않았으므로 최초 접속 시 그림 1-55와 같이 "연결된 네트워크가 비공개가 아님"이라는 메시지가 표시될 것이다. 이 메시지는 브라우저에 따라 약간 다를 수 있다.

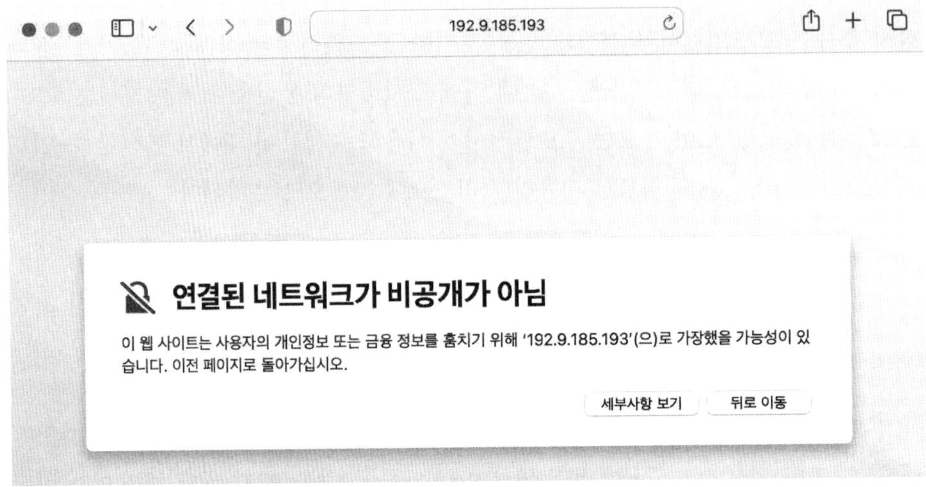

그림 1-55 로드밸런서를 통한 HTTPS 접속

크롬 브라우저의 경우 **세부사항 보기**를 클릭한 후 **이 웹 사이트에 방문**을 클릭한다. 웹 페이지에서 그림 1-56과 같이 데이터를 정상적으로 가져오는지 확인한다.

그림 1-56 샘플 애플리케이션 실행 - 로드밸런서를 통한 접속

1.2.8.7 실습 - Instance Configuration 구성

오토스케일링 설정을 위해 사용자 정의 이미지와 로드밸런서까지 만들었으므로 이제 Instance Configuration을 구성한다.

OCI 웹 콘솔에서 [Compute → Instance configurations] 화면으로 이동한 후 Create instance configuration을 클릭한다. 다음 정보를 입력한 후 하단의 Create를 클릭한다. VCN은 기본값으로 제공되는 퍼블릭 서브넷 설정을 유지한다.

- Name: oci-demo-instance-config
- [Image and shape] 섹션에서 Change image를 클릭한 후 그림 1-57과 같이 My Images를 선택한다. 여기서 앞서 생성했던 Custom images를 선택한 후 Select image를 클릭한다.
- [Primary VNIC information] 섹션에서 서브넷이 퍼블릭 서브넷으로 선택돼 있는지 확인한다.
- [Add SSH keys] 섹션에서 Upload public key files (.pub)을 선택하고, oci-demo-app 인스턴스 생성 시 만들었던 SSH 퍼블릭 키를 업로드한다.

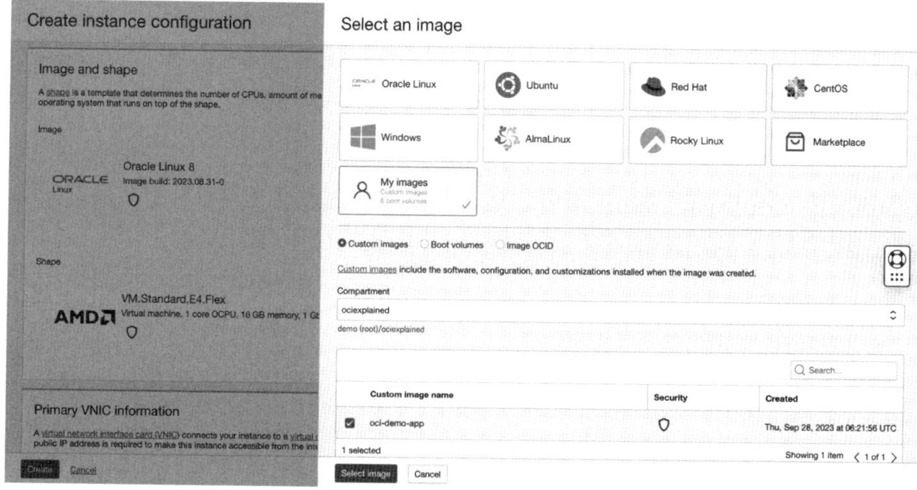

그림 1-57 Instance Configuration 설정

1.2.8.8 실습 - 인스턴스 풀 구성

이제 사용자 정의 이미지와 로드밸런서, Instance Configuration을 한데 묶을 인스턴스 풀을 구성할 차례이다. OCI 웹 콘솔에서 [Compute → Instance Pools] 화면으로

이동한 후 Create instance pool을 선택한다.

먼저 Add basic details 화면에서 그림 1-58과 같이 다음 값을 입력 또는 목록에서 선택한 후 Next를 클릭한다.

- Name: oci-demo-app-instance-pool
- Instance Configuration: 앞서 생성한 "oci-demo-app-instance-config" 선택
- Number of Instances: 1

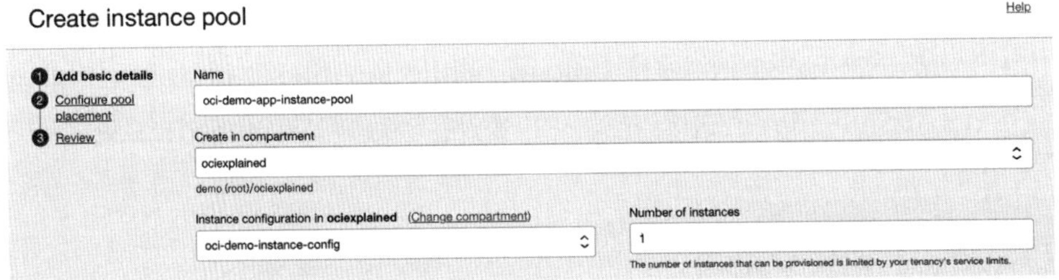

그림 1-58 인스턴스 풀 생성

Configure pool placement 화면의 [Availability domains] 섹션에서 인스턴스 풀의 인스턴스가 위치하게 될 VCN과 서브넷을 지정한다.

- Primary VNIC: OCI_DEMO
- subnet: public-subnet-OCI_DEMO (regional)

같은 화면 하단에서 Attach a load balancer를 체크하고 그림 1-59와 같이 다음 로드밸런서 정보를 설정한 후 Next를 클릭한다.

- Load balancer: oci-demo-lb
- Backend set: 〈로드밸런서가 라우팅할 백엔드셋 이름 선택-자동 생성값〉
- Port: 5000

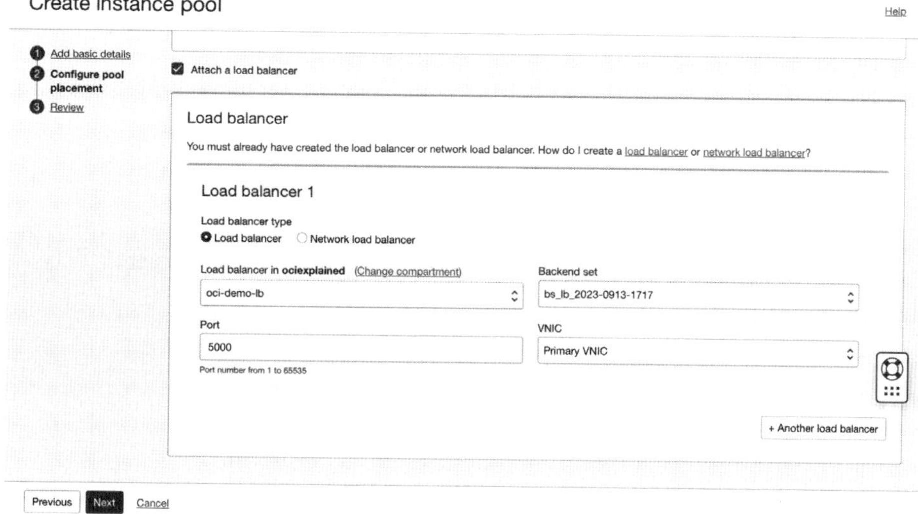

그림 1-59 인스턴스 풀 설정

Review 화면에서 지금까지 입력한 내용을 확인한 후 Create를 클릭한다.

인스턴스 풀이 성공적으로 생성되면 앞서 설정한 "Number of Instances" 값에 따라 OCI 가상 머신 인스턴스가 자동으로 생성된다. OCI 웹 콘솔의 [Compute → Instances] 화면에서 확인하면 새로운 가상 머신 인스턴스가 생성된 것을 알 수 있다.

1.2.8.9 실습 - 오토스케일링 설정 및 부하 테스트

다음 단계는 오토스케일링 구성에 대한 설정이다.

OCI 웹 콘솔에서 [Compute → Autoscaling Configurations] 화면으로 이동한 후 Create autoscaling configurations를 클릭한다.

Add basic details 화면에서 다음 값을 입력한 후 Next를 클릭한다.

- Name: oci-demo-autoscale-config
- Instance pool: 앞서 생성한 oci-demo-app-instance-pool 선택

Configure autoscaling policy 화면에서 오토스케일링 방식을 설정한다. 기본값으로 설정된 메트릭 기반 오토스케일링을 그대로 유지하고, 인스턴스 풀의 평균 CPU 사용률이 40%가 넘으면 스케일 아웃, 20% 아래로 떨어지면 스케일 인이 발생하도록 설정한다. 단, 이번 예제에서는 스케일 아웃을 통해 추가로 늘어나는 최대 인스턴스가 2개를 넘지 않도록 설정한다.

그림 1-60과 같이 [Configure autoscaling policy] 섹션에서 다음 내용을 입력한 후 Next를 클릭한다.

- Metric-based autoscaling 선택
- Autoscaling policy name: oci-demo-autoscale-policy
- Performance metric: CPU utilization 선택
- Scale-out rule 항목의 Threshold percentage: 40
- Scale-in rule 항목의 Threshold percentage: 20
- Scaling limits:
  - ✓ Minimum number of instances: 1(인스턴스 풀을 줄일 수 있는 최소 인스턴스 수)
  - ✓ Maximum number of instances: 2(인스턴스 풀을 늘릴 수 있는 최대 인스턴스 수)
  - ✓ Initial number of instances: 1(오토스케일링이 활성화된 후 즉시 인스턴스 풀에서 시작할 인스턴스 수)

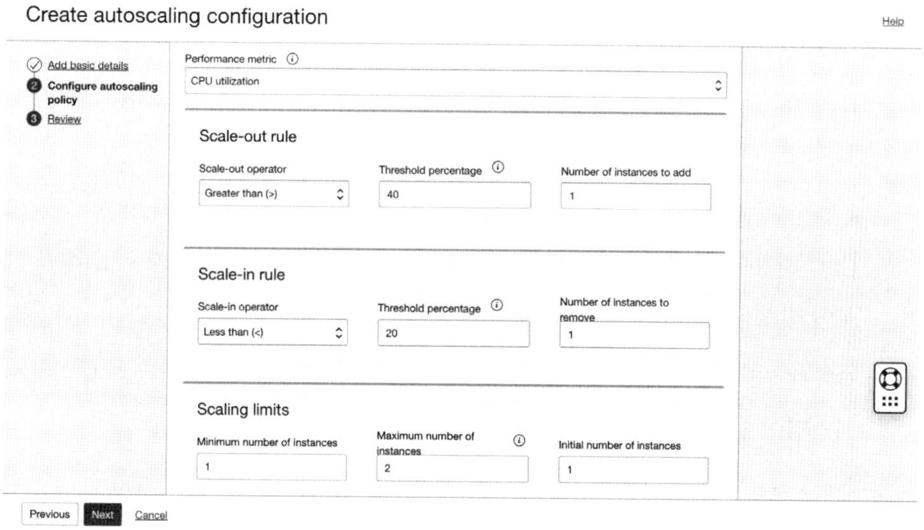

그림 1-60 오토스케일링 설정

Review 화면에서 지금까지 설정한 내용을 확인하고 Create를 클릭한다.

이제부터는 지금까지 설정한 오토스케일링이 실제로 부하 상황에 따라 인스턴스 수를 늘리거나 줄이는지 확인한다. 이를 위해 부하 테스트용 유틸리티로 stress-ng와 locust를 사용한다. stress-ng는 리눅스 운영체제 커널에서 동작하는 로드 테스트 도구이고, locust는 파이썬으로 구현된 HTTP 요청을 수행할 수 있는 로드 테스트 도구이다. 두 도구를 사용하는 이유는 충분한 부하를 발생시켜 오토스케일링이 동작하는지 확인하기 위함이다.

부하 테스트를 수행하는 방식은 다음과 같다.

- **인스턴스 풀에 생성된 가상 머신에 stress-ng 설치**: 가상 머신의 CPU 자원 사용을 위해 stress-ng 도구를 설치하고, CPU 스레드 하나를 활용해서 CPU 사용률을 50%로 유지한다.
- **애플리케이션 서버에 locust 설치**: 부하 테스트 실행을 위해 locust를 설치하고 설정한다.

- **애플리케이션 서버 및 인스턴스 풀의 인스턴스에 locust HTTPS 요청 수행**: 로드밸런서를 통해 애플리케이션 서버와 인스턴스 풀의 가상 머신에 locust를 사용해서 HTTPS 요청을 반복해서 보낸다. 이로써 가상 머신의 CPU 사용률을 높일 수 있다.
- **오토스케일링 스케일 아웃Scale-out 발생 여부 확인**: 부하가 증가하면서 가상 머신의 CPU 사용률이 상승하면 설정한 오토스케일링 정책에 따라 자동으로 스케일 아웃이 발생하는지 확인할 수 있다.
- **부하 테스트 종료 후 일정 시간 대기**: 부하 테스트가 끝나면 일정 시간을 대기해서 시스템이 안정화되도록 한다.
- **오토스케일링 스케일 인Scale-in 발생 여부 확인**: 일정 시간이 지난 후 부하가 감소되면 설정한 오토스케일링 정책에 따라 자동으로 스케일 인이 발생하는지 확인할 수 있다.

1장에서는 부하 테스트를 단순화하고 오토스케일링 검증을 용이하게 하려고 별도로 분리된 부하 테스트 서버 없이 진행했다. 실제 운영 환경에서는 부하 테스트를 위해 별도의 서버 또는 테스트 환경을 구성하는 것이 보편적이다. 이렇게 하면 실제 운영 서버와 분리돼 부하 테스트를 수행함으로써 운영 환경에 영향을 주지 않으면서 부하를 시뮬레이션하고 오토스케일링 기능을 검증할 수 있다.

인스턴스 풀에 신규로 생성된 가상 머신에 SSH 접속을 해서 stress-ng를 설치한다. 다음 SSH 명령에서 가상 머신의 퍼플릭 IP 주소는 OCI 웹 콘솔의 [Compute → Instances] 화면에서 확인할 수 있다.

```
% ssh -i ~/.ssh/id_rsa opc@192.9.187.160
The authenticity of host '192.9.187.160 (192.9.187.160)' can't be
established.
ED25519 key fingerprint is SHA256:gNGNz3qoqnhIKkkbwnKXGvHNrl94KLVg28lWKLoB
68o.
This key is not known by any other names
Are you sure you want to continue connecting (yes/no/[fingerprint])? yes
... 생략 ...
[opc@inst-vuyg6-oci-demo-app-instance-pool ~]$ hostname
```

```
inst-vuyg6-oci-demo-app-instance-pool
[opc@inst-vuyg6-oci-demo-app-instance-pool ~]$ sudo yum install stress-ng
-y
... 생략 ...
완료됐습니다!
```

인스턴스 풀의 가상 머신에 설치된 stress-ng 명령을 실행해서 CPU 사용률을 50%로 유지하도록 1개의 CPU 스레드를 사용하고, 1,800초 동안 부하를 발생시켰다.

```
[opc@inst-4anfe-oci-demo-app-instance-pool ~]$ stress-ng --cpu 1 --timeout
1800s
stress-ng: info:  [4934] setting to a 1800 second (30 mins, 0.00 secs) run
per stressor
stress-ng: info:  [4934] dispatching hogs: 1 cpu
```

이제 별도 터미널에서 애플리케이션 서버에 접속한 후 파이썬 locust 모듈을 설치한다.

```
[opc@oci-demo-app ~]$ hostname
oci-demo-app
[opc@oci-demo-app ~]$ ocisampleweb
(ocisampleweb) [opc@oci-demo-app ocisampleweb]$ pip install locust
... 생략 ...
```

테스트에서 사용한 샘플 애플리케이션인 hello_oci 서비스를 호출하는 테스트 스크립트를 작성한다. 부하 테스트 시 HTTPS 프로토콜을 사용해서 서비스를 호출하는 경우 로드밸런서에 연결된 인증서가 오라클 클라우드 내부 TLS 인증서이기 때문에 관련된 인증서 에러가 발생할 수 있다. 이의 방지를 위해 다음 예시에서는 SSL 인증서 검증 과정을 건너뛰는 verify=False 옵션을 사용하고, 경고 메시지 출력의 비활성화를 위해 warnings 모듈을 활용했다.

```
GitHub Script: https://github.com/ociexplained/how-to-use-OCI/chapter1/
locustfile.py
```

```
(ocisampleweb) [opc@oci-demo-app ocisampleweb]$ vi locustfile.py
from locust import HttpUser, task
import warnings

warnings.filterwarnings("ignore")
```

```
class User(HttpUser):
    @task
    def index(self):
        self.client.get("/hello", verify=False)
```

로드밸런서의 퍼블릭 IP 주소로 443번 포트를 사용해서 500명의 사용자로부터 1초마다 HTTP GET 요청을 발생시키는 부하 테스트를 수행한다.

```
(ocisampleweb) [opc@oci-demo-app ocisampleweb]$ locust --headless -u 500 -r 1 -H https://192.9.185.193:443
... 생략 ...
```

OCI 웹 콘솔의 [Compute → Instance Pools] 화면에서 oci-demo-app-instance-pool을 선택하면 그림 1-61과 유사한 자원 사용률 차트를 확인할 수 있다. 그림 1-61에서는 CPU 사용률이 오토스케일링 임계치로 설정된 40%를 초과한 것을 확인할 수 있다. 이때 CPU 사용률은 인스턴스 풀 내 가상 머신들의 평균 CPU 사용률을 나타낸다.

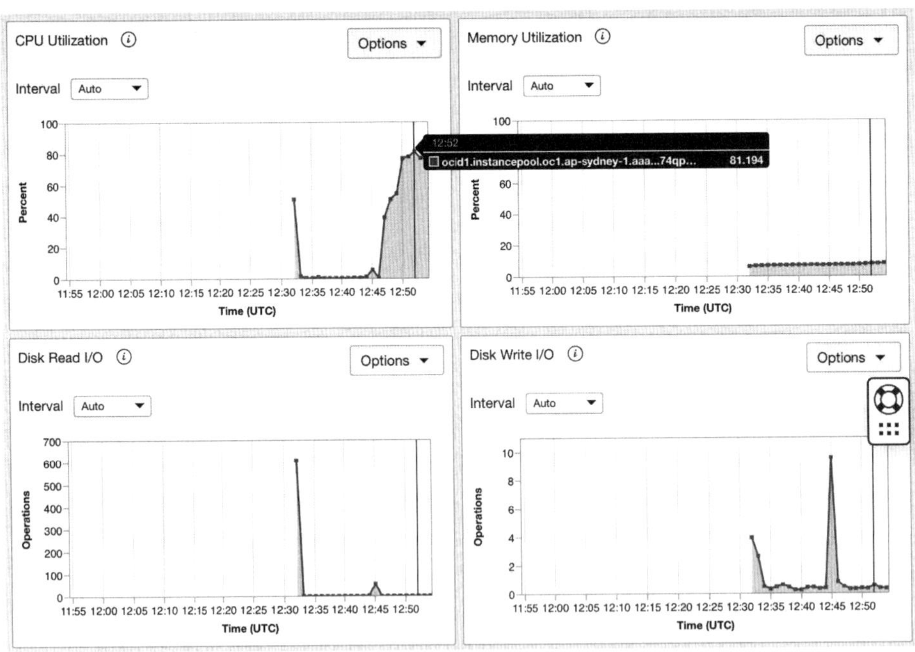

그림 1-61 오토스케일링을 위한 부하 발생 시 자원 상황

스케일 아웃이 발생하면 그림 1-62와 같이 인스턴스 풀의 상태가 "Running"에서 "Scaling"으로 바뀐다.

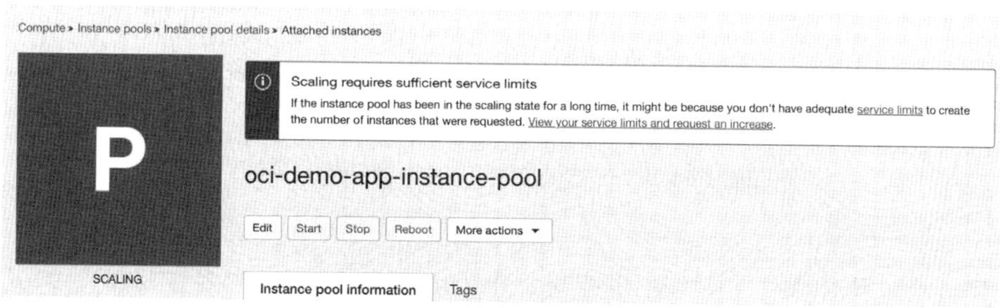

그림 1-62 오토스케일링 동작

OCI 웹 콘솔의 [Compute → Instances] 화면에서 인스턴스 목록을 확인하면 오토스케일링 정책에 따라 그림 1-63과 유사하게 인스턴스가 추가로 생성된 것을 확인할 수 있다.

Compute

Overview
Instances
Dedicated Virtual Machine Hosts
Instance Configurations
Instance Pools
Cluster Networks
Compute Clusters
Autoscaling Configurations
Capacity Reservations
Custom Images

Instances *in* ociexplained *compartment*

An instance is a compute host. Choose between virtual machines (VMs) and bare metal instances. The image that you use to launch an instance determines its operating system and other software.

Create instance | Table settings

Name	State	Public IP	Private IP	Shape	OCPU count	Memory (GB)	Availability domain
oci-demo-app	Running	152.69.162.127	10.0.0.158	VM.St...	1	16	AD-1
oci-demo-db	Running	-	10.0.1.94	VM.St...	1	16	AD-1
inst-vuyg6-oci-demo-app-instance-pool	Running	192.9.187.160	10.0.0.192	VM.St...	1	16	AD-1
inst-wgfv7-oci-demo-app-instance-pool	Running	152.67.127.28	10.0.0.220	VM.St...	1	16	AD-1

1/1

그림 1-63 오토스케일링 스케일 아웃 현황 - 가상 머신 인스턴스

로드밸런서가 서비스하는 백엔드셋의 백엔드 서버도 그림 1-64와 같이 자동으로 3개로 늘어난 것을 확인할 수 있다. 이를 확인하려면 OCI 웹 콘솔에서 [Networking → Load balancers → Load balancer details → Backend sets → Backend set details → Backends] 화면으로 이동하면 된다.

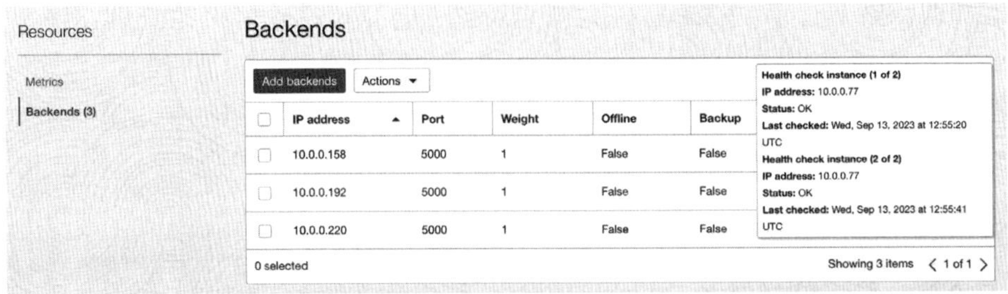

그림 1-64 오토스케일링 스케일 아웃 현황 - 백엔드 서버

stress-ng와 locust를 실행한 명령 창에서 "Ctrl+C"를 눌러서 부하를 중지한 후 일정 시간 동안 기다리면 그림 1-65와 유사하게 인스턴스 풀이 다시 1개로 줄어드는 것을 확인할 수 있다.

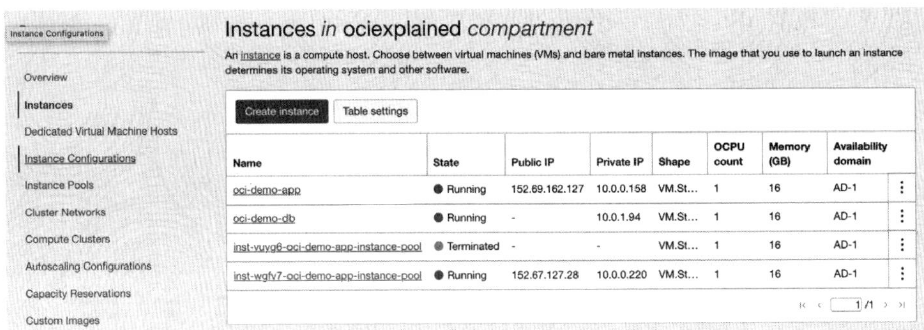

그림 1-65 오토스케일링 스케일 인 현황 - 가상 머신 인스턴스

지금까지 부하 상황에 따라 가상 머신 인스턴스가 자동으로 늘어나고 줄어드는 오토스케일링 동작을 확인했다.

1.2.9 OCI CLI를 활용한 자원 정리

이번 단계에서는 2장의 실습을 위해 이전 테스트에 사용했던 오라클 클라우드 자원을 VCN을 제외하고 모두 삭제하는 작업을 수행한다. 삭제 작업은 OCI 웹 콘솔에서 각 자원의 관리 화면에 들어가서 수동으로 삭제할 수도 있지만 오라클 클라우드에서 제공하는 명령 줄 인터페이스를 활용해서 수행한다.

1.2.9.1 OCI CLI

OCI 관리 작업은 대개 웹 콘솔을 통해 수행되지만 명령 줄 인터페이스Command Line Interface, CLI를 사용해서도 작업할 수 있다. OCI CLI를 사용하면 셸 스크립트, crontab 등과 함께 활용해서 OCI 자원을 자동화하거나, 정기적인 작업을 쉽게 실행할 수 있다. 예를 들어 업무 시간 종료 후 개발 인스턴스를 종료하고 다음 날 아침에 다시 시작하거나 월말이나 연말에 결산 등의 작업으로 CPU 할당량을 조정해서 인스턴스를 확장하는 등의 작업을 명령어를 통해 자동화할 수 있다. 물론 OCI CLI뿐만 아니라 프로그래밍 언어를 사용해서도 오라클 클라우드 자원을 제어할 수 있다.

OCI에서는 다양한 프로그래밍 언어를 활용해서 클라우드 자원을 제어하기 위한 소프트웨어 개발 키트Software Development Kit, SDK를 제공한다. 자바, 파이썬, 자바 스크립트, .Net, Go, Ruby 등을 포함하고 있다.

OCI CLI를 사용하는 방법에는 두 가지가 있다. 하나는 MacOS, 리눅스, 윈도우 등의 운영체제 환경에 OCI CLI를 설치해서 사용하는 방법이다. 이 경우 테넌시 OCID와 사용자 OCID 그리고 사용할 리전 이름을 사용해서 클라우드 환경과 연결 설정을 수행해야 한다. 또한 RSA 인증 API 키 등록도 필요하다. OCI CLI 설치 과정은 2장에서 쿠버네티스 접속 환경을 구성할 때 실습할 예정이다. 다른 하나는 OCI Cloud Shell을 활용하는 방법이다.

1.2.9.2 OCI Cloud Shell

OCI Cloud Shell을 사용하면 OCI CLI를 설치 및 설정하고, 별도 인증 과정을 거치는 과정 없이도 오라클 클라우드 자원을 쉽게 제어할 수 있다. OCI Cloud Shell은 OCI 웹 콘솔에서 접근이 가능한 웹 브라우저 기반 터미널 환경으로 OCI CLI뿐만 아니라 Ansible, Terraform, SQL*Plus와 같은 다양한 개발자 도구가 미리 설치돼 있다. 2023년 10월 기준으로 리눅스 7.9가 설치돼 있으며, 홈 디렉토리에 5GB의 저장 공간이 할당돼 있다. 이를 통해 별도의 환경 구성 없이도 빠르고 간편하게 클라우드 자원을 제어할 수 있다.

그림 1-66과 같이 1장에서는 OCI CLI와 OCI Cloud Shell을 활용해서 자원 정리 실습을 수행할 차례이다.

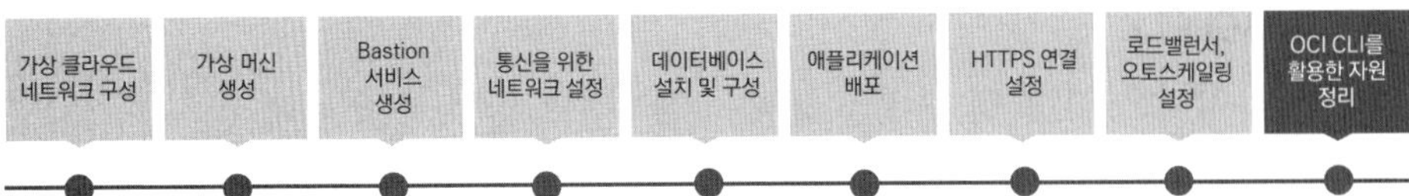

그림 1-66 1장 실습 단계 - OCI CLI를 활용한 자원 정리

OCI 웹 콘솔의 오른쪽 상단에 "Developer Tools" 옵션이 있다. 이를 클릭한 후 Cloud Shell을 선택하면 그림 1-67과 유사한 화면에서 Cloud Shell을 실행할 수 있다. 최초로 Cloud Shell을 실행할 때 튜토리얼을 수행할지 물어보는데 이때 N을 선택한다.

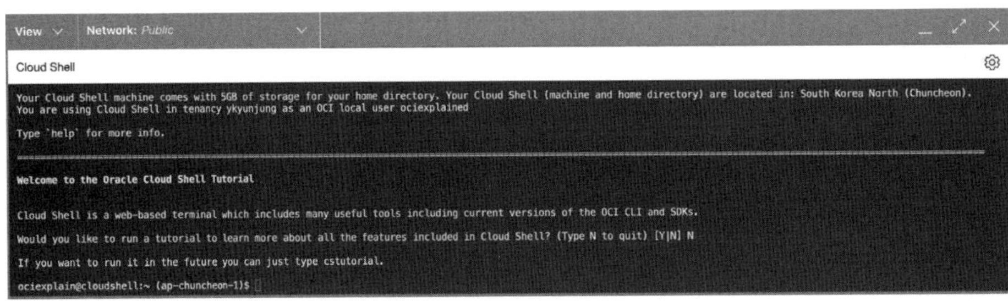

그림 1-67 OCI Cloud Shell

[Cloud Shell 환경 초기화]

Cloud Shell 환경은 csreset -a, csreset -b 명령어를 통해 초기화가 가능하다. "csreset -a" 명령어는 사용자 홈 디렉토리와 프로파일 설정을 초기화한다. 즉, 사용자 데이터와 설정을 모두 제거하고 처음 상태로 돌린다. "csreset -b" 명령어는 브라우저 세션과 관련된 데이터를 초기화한다.

먼저 자신의 컴파트먼트에 있는 컴퓨트 인스턴스 목록을 컴파트먼트 OCID 값을 파라미터로 해서 조회해 본다. 현재 사용 중인 컴파트먼트 OCID는 [Identity & Security → Identity → Compartments] 화면에서 확인할 수 있다.

```
$ oci compute instance list -c ocid1.compartment.oc1..aaaaaaaa6cq7mawvxnv2b
```

```
e542zwvlukehzsj3qqlx4kx2ee74nyijmgh3yka | grep -ie availability-domain -ie
shape -ie display-name
      "availability-domain": "fttO:AP-CHUNCHEON-1-AD-1",
      "display-name": "oci-demo-app",
      "shape": "VM.Standard.E4.Flex",
      "shape-config": {
      "availability-domain": "fttO:AP-CHUNCHEON-1-AD-1",
      "display-name": "oci-demo-app",
      "shape": "VM.Standard.E4.Flex",
      "shape-config": {
... 생략 ...
```

다음과 같은 명령으로 테넌시 내 컴파트먼트 목록을 파일로 생성할 수도 있다.

```
$ oci iam compartment list --compartment-id-in-subtree true --all > comp.
txt
$ ls
comp.txt
```

지금부터는 1장에서 생성한 클라우드 자원들을 OCI CLI 명령을 사용해서 삭제한다. 자원은 생성한 순서의 역순으로 삭제하면 된다. 삭제해야 할 자원은 Autoscaling Configuration, 인스턴스 풀, Instance Configuration, 로드밸런서, 가상 머신 이미지, 가상 머신, Bastion 서비스이다. 이 중 인증서, CA와 마스터 암호화 키 그리고 Vault와 같이 즉시 삭제되지 않고 최소 일주일 이상의 삭제 대기 기간이 필요한 자원은 OCI 웹 콘솔을 통해 삭제한다. CA의 경우 인증서가 삭제된 이후에 삭제가 가능하다.

먼저 삭제할 자원이 소속한 컴파트먼트 OCID를 환경 변수로 지정한다.

```
$ export
COMP_ID="ocid1.compartment.oc1..aaaaaaaa6cq7mawvxnv2be542zwvlukehzsj3qqlx4k
x2ee74nyijmgh3yka"
```

Autoscaling Configuration을 삭제한다. 삭제할 Autoscaling Configuration의 OCID를 조회해서 OCID 값을 얻은 후 이 값을 파라미터로 활용해서 Autoscaling Configuration을 삭제한다. 다음과 같이 '--force' 옵션을 사용하면 확인 메시지 없이 삭제 작업이 수행된다.

```
$ oci autoscaling configuration list -c $COMP_ID --query 'data[*].
{name:"name", id:"id"}' --output table
... 생략 ...
$ oci autoscaling configuration delete --force --auto-scaling-
configuration-id "ocid1.autoscalingconfiguration.oc1.ap-chuncheon-1.aaaaaaa
avyay22tyqvdhiyocdgs5o4t6k5dini2skavk7npwk4irfzh326va"
```

인스턴스 풀을 삭제한다. 삭제할 인스턴스 풀의 OCID를 조회해서 OCID 값을 얻은 후 이 값을 파라미터로 활용해서 인스턴스 풀을 삭제한다.

```
$ oci compute-management instance-pool list -c $COMP_ID --query 'data[*].
{name:"display-name", id:"id"}' --output table
... 생략 ...
$ oci compute-management instance-pool terminate --force --instance-pool-id
"ocid1.instancepool.oc1.ap-chuncheon-1.aaaaaaaawrecqo24t7icj3aoiowmlrqdced3
nbckaoyduvosed4kbaxgtf3q"
```

Instance Configuration을 삭제한다. 삭제할 Instance Configuration의 OCID를 조회해서 OCID 값을 얻은 후 이 값을 파라미터로 활용해서 Instance Configuration을 삭제한다.

```
$ oci compute-management instance-configuration list -c $COMP_ID --query
'data[*].{name:"display-name", id:"id"}' --output table
... 생략 ...
$ oci compute-management instance-configuration delete --force --instance-
configuration-id "ocid1.instanceconfiguration.oc1.ap-chuncheon-1.aaaaaaaajq
b3uoarpskqvkd2npepfnnaeohduzcuei7frpaihdy6ocdbln7a"
```

로드밸런서를 삭제한다. 삭제할 로드밸런서의 OCID를 조회해서 OCID 값을 얻은 후 이 값을 파라미터로 활용해서 로드밸런서를 삭제한다.

```
$ oci lb load-balancer list -c $COMP_ID --query 'data[*].{name:"display-
name", id:"id"}' --output table
... 생략 ...
$ oci lb load-balancer delete --force --load-balancer-id "ocid1.
loadbalancer.oc1.ap-chuncheon-1.aaaaaaaacq6bredsp33o7pouynmva46tuc2w3bzgcsg
x7fmcoz6daqbfvp7q"
{
  "opc-work-request-id": "ocid1.loadbalancerworkrequest.oc1.ap-chuncheon-1.
aaaaaaaa4afkpzcjes7esaxe2i22w2akpw5g34dy33zlsulwyguyr3bxv6aa"
```

```
}
```

가상 머신을 삭제한다. 삭제할 가상 머신의 OCID를 조회해서 OCID 값을 얻은 후 이 값을 파라미터로 활용해서 가상 머신을 삭제한다. 삭제할 가상 머신은 총 2개이며, 다음 예시에서는 그중 하나를 삭제한 상황이다. 나머지 가상 머신도 동일한 방법으로 삭제한다.

```
$ oci compute instance list -c $COMP_ID --query 'data[*].{name:"display-name", id:"id"}' --output table
... 생략 ...
$ oci compute instance terminate --force --instance-id "ocid1.instance.oc1.ap-chuncheon-1.an4w4ljrvsea7yicsdq335wi6yu2n2xcp55scgzxgbou7ltnpdhsyrijgrxa" --force
... 생략 ...
```

마지막으로 Bastion 서비스를 삭제한다. 삭제할 Bastion 서비스의 OCID를 조회해서 OCID 값을 얻은 후 이 값을 파라미터로 활용해서 Bastion 서비스를 삭제한다.

```
$ oci bastion bastion list -c $COMP_ID --query 'data[*].{name:"name", id:"id"}' --output table --all
... 생략 ...
$ oci bastion bastion delete --force --bastion-id "ocid1.bastion.oc1.ap-chuncheon-1.amaaaaaavsea7yia6y4xywj3nxv6j72a776xwdalmtbdndepzagggcmjpwxa"
{
  "opc-work-request-id": "ocid1.bastionworkrequest.oc1.ap-chuncheon-1.amaaaaaavsea7yiatgtjeacsns34xpwizckfqe3e24bac3h5pize4jfsvzdq"
}
```

1.3 요약

1장에서는 오라클 클라우드의 IaaS 기반 위에 샘플 애플리케이션을 구성하면서 오라클 클라우드의 기본 개념과 사용 방법을 다뤘다. 주요 내용은 다음과 같다.

- OCI는 가상 네트워크 관리를 위해 VCN Virtual Cloud Network을 사용한다. VCN은 업무 용도와 보안 요건에 따라 퍼블릭 서브넷과 프라이빗 서브넷으로 분리해서 사

용된다. 네트워크 보안은 시큐리티 리스트를 통해 관리되며, 다양한 게이트웨이를 사용해서 VCN 외부와 통신한다.

- 컴퓨트 인스턴스를 생성할 때 다양한 OS와 Shape를 선택해서 구성할 수 있다. 이때 부팅 이미지가 포함된 부트 볼륨이 생성된다. 이 볼륨은 인스턴스의 생명주기와 별도로 유지되며, 나중에 스케일 업, 스케일 다운, 백업 및 복구에 사용할 수 있다.
- OCI에서는 무료로 제공되는 Bastion 서비스를 통해 프라이빗 서브넷에 접근할 때 Bastion 서버나 점프 호스트 없이도 접근할 수 있다.
- OCI의 가상 네트워크 관리는 기본적으로 SSH 연결을 위한 TCP 22번 포트를 제외한 모든 프로토콜을 차단하며, 사용자가 필요한 포트만 개방하는 화이트리스트 방식을 사용한다. 특정 포트를 사용하려면 VCN 레벨에서 규칙을 추가하고 호스트 레벨에서 방화벽을 설정해야 한다.
- 프라이빗 서브넷에 있는 데이터베이스 서버는 인터넷과의 통신을 위해 NAT 게이트웨이를 사용하며, 이를 통해 데이터베이스 설치 파일 다운로드 및 업데이트가 가능하다.
- 애플리케이션 배포와 실행을 위해 파이썬 샘플 코드를 사용해서 데이터베이스에 접속하는 방법을 학습했다.
- HTTPS 통신에 대한 기본 개념을 이해하고, OCI에서 제공하는 내부 TLS 인증서를 설정하는 과정을 학습했다. 이 과정에서 Vault, 암호화 마스터 키, CA 생성 방법을 실습했다.
- OSI 모델의 L7 레이어부터 L3, L4 레이어까지 동작하는 로드밸런서에 대해 학습하고, HTTP 로드밸런서를 생성해서 백엔드 서버로 워크로드 분산 과정을 확인했다. 또한 시스템 자원에 따라 자동으로 서버 개수를 조정하는 오토스케일링을 애플리케이션 아키텍처에 적용해서 실습했다.
- Cloud Shell 환경의 OCI CLI를 사용해서 명령어로 오라클 클라우드 자원을 조작하는 방법을 학습했다.

CHAPTER 02

오라클 클라우드로 구현해 보는 마이크로서비스

1장에서는 간단한 웹 애플리케이션을 오라클 클라우드에서 구현하고, 이를 통해 오라클 클라우드의 주요 개념과 기능을 소개했다. 2장에서는 1장에서 학습한 내용을 기반으로 오라클 클라우드에서 마이크로서비스 시스템을 구축해 볼 것이다. 이는 오라클 클라우드와 도커, 쿠버네티스 등의 오픈소스 기술을 좀 더 깊이 이해하고 활용하는 데 도움이 된다.

클라우드 환경에서 마이크로서비스 아키텍처를 구현하는 것은 매우 일반적이다. 오라클을 비롯한 여러 클라우드 벤더들도 마이크로서비스 아키텍처를 지원하며, 컨테이너와 이를 관리할 오케스트레이션 도구를 제공해서 마이크로서비스 구현을 쉽게 할 수 있도록 한다.

마이크로서비스 아키텍처를 구현하는 대표적인 방법은 컨테이너 기술을 사용하는 것이다. 컨테이너는 애플리케이션을 쉽게 패키징할 수 있어서 이식성을 높여주며, 클라우드 환경에서도 쉽게 실행할 수 있다. 여기에 쿠버네티스와 같은 컨테이너 오케스트레이션 도구를 함께 사용하면 배포, 스케일링, 로드 밸런싱, 컨테이너의 오토스케일링 등의 일련의 작업을 자동화할 수 있다.

좀 더 나아가 서비스 메시 아키텍처를 구현할 수 있는 이스티오와 같은 오픈소스 도구 패키지를 활용하면 마이크로서비스의 트래픽 관리와 보안, 모니터링 등을 더욱 쉽게 구현할 수 있다.

2장에서는 1장과 마찬가지로 마이크로서비스 시스템을 구축하는 데 필요한 기술들을 먼저 개략적으로 살펴보고 실습을 진행한다. 실습은 크게 오라클 클라우드의 쿠버네티스 환경에서 마이크로서비스를 구축하고 CI/CD 프로세스에 따라 마이크로서비스의 배포를 자동화하는 부분과 이스티오를 활용해서 마이크로서비스의 배포 관리, 모니터링을 수행하는 부분으로 이뤄진다. 또한 쿠버네티스 환경 내에서의 오토스케일링도 다룰 예정이다.

2.1 사전 지식

실습을 시작하기 전에 도커부터 이스티오 기술까지 대략적으로 살펴본다.

도커, 쿠버네티스, 마이크로서비스, CI/CD, 서비스 메시, 이스티오 등의 기술들은 개별적으로 다루기에는 그 범위가 매우 넓다. 따라서 2장에서는 이런 기술들을 개별적으로 깊이 있게 다루지 않고, 마이크로서비스 시스템 구축 실습에 필요한 내용과 오라클 클라우드에 익숙해지는 데 필요한 사전 지식을 얻는 정도로만 다룰 것이다. 이미 해당 기술들에 익숙한 독자라면 사전 지식 부분을 건너뛰고 바로 실습을 진행해도 된다. 여기서 언급된 기술들에 대해 더 깊은 이해를 원하는 독자는 부록의 참고 도서 목록을 참조하도록 한다.

2.1.1 도커

도커Docker에 대해 알아보기 전에 그 기반 기술인 컨테이너Container에 대해 알아볼 필요가 있다. 컨테이너란 애플리케이션 실행에 필요한 코드와 모든 종속 항목을 패키징한 소프트웨어 패키지를 말한다. 컨테이너 기술을 이용해서 애플리케이션을 빠르게 다른 환경으로 이식할 수 있는데 컨테이너화된 애플리케이션의 가장 큰 장점은 인프라에 관계없이 동일하게 실행된다는 점이다. 즉, 환경으로부터 분리돼 균일하게 동작하도록 만들어진다.

오픈소스 플랫폼인 도커는 이런 컨테이너 기술을 기반으로 한다. 컨테이너 관리를 위해서는 컨테이너를 다운로드하고 공유하며 실행할 수 있게 도와주는 컨테이너 런타임Container Runtime이 필요하다. 현재 IT 시장에서 가장 널리 사용되는 컨테이너 런타임은 도커이다. 도커 외에도 LXCLinux Container, Sandboxie, CRI-O, Containerd, Virtuozzo, Podman, Mirantis 등이 있다.

도커는 리눅스 및 윈도우 기반 애플리케이션에서 사용할 수 있으며, 도커를 이용하면 애플리케이션의 개발, 배포, 실행을 더 쉽게 할 수 있다. 이는 도커 컨테이너 이미지가 코드, 런타임, 시스템 도구, 시스템 라이브러리, 설정 등 개발에 필요한 모든 것을 담고 있어서 그 자체가 독립적으로 실행할 수 있는 소프트웨어 패키지이기 때문이다. 도커는 운영체제 및 하드웨어에 상관없이 이식할 수 있으며, 컨테이너의 실행 환경이 같다면 어디서든지 동일하게 실행된다.

또한 도커는 그림 2-1의 컨테이너 아키텍처에서 드러나는 것처럼 경량화된 가상화 기술을 사용하기 때문에 가상 머신과 비교해서 보다 빠르게 컨테이너를 생성하고 시작할 수 있다.

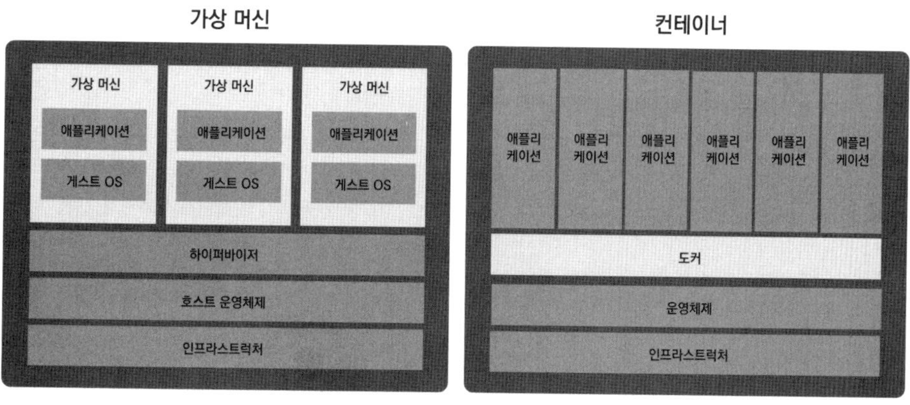

그림 2-1 가상 머신과 컨테이너

현재도 많이 사용되고 있는 가상 머신과 컨테이너의 차이점을 잠시 살펴보자. 먼저 컨테이너와 가상 머신Virtual Machine은 공통적으로 자원 분리 및 할당의 장점이 있다. 하지만 아키텍처 측면에서 표 2-1과 같이 서로 다른 부분이 존재한다.

가상 머신의 경우에는 하이퍼바이저를 통해 하드웨어를 에뮬레이션하고 그 위에 운영체제를 올리고 프로세스를 실행한다. 이에 반해 컨테이너/도커의 경우에는 하드웨어 에뮬레이션 없이 OS 커널을 공유해서 바로 프로세스를 실행한다. 또한 호스트 운영체제를 그대로 사용하되, 호스트 운영체제와 컨테이너 운영체제의 다른 부분만 컨테이너 내에 패키징된다. 따라서 가상 머신에 비해 훨씬 가볍고 빠른 애플리케이션 개발, 배포, 실행이 가능해진다.

예를 들어 호스트 운영체제가 오라클 리눅스Oracle Linux이고, 컨테이너 운영체제가 우분투Ubuntu일 경우 컨테이너에는 호스트 운영체제와 우분투에서 차이가 있는 부분만 패키징된다. 컨테이너 내에서 명령어를 수행하면 실제로는 호스트 운영체제에서 그 명령어가 실행된다.

가상 머신	컨테이너/도커
• 하나의 서버를 여러 대의 서버로 추상화한다. • 하이퍼바이저를 통해 하나의 머신에서 여러 개의 가상 머신을 실행한다. • 각 가상 머신은 운영체제, 애플리케이션, 필요한 바이너리 및 라이브러리의 전체 복사본을 포함하고 있으며, 많은 용량을 차지하므로 부팅 속도가 느릴 수 있다.	• 애플리케이션 계층의 추상화를 통해 코드와 종속 항목을 함께 패키징한다. • 동일한 시스템에서 여러 컨테이너가 실행되고, OS 커널을 공유해서 각 컨테이너는 격리된 프로세스로 실행된다. • 컨테이너 이미지는 일반적으로 수십~수백 MB 크기이므로 가상 머신보다 상대적으로 적은 공간을 차지하며, 더 많은 애플리케이션을 처리한다. 따라서 더 적은 수의 가상 머신과 운영체제가 필요하게 된다.

표 2-1 가상 머신 vs. 컨테이너/도커

2.1.2 쿠버네티스

오픈소스 플랫폼인 쿠버네티스Kubernetes는 컨테이너화된 애플리케이션을 배포, 스케일링하고 관리하는 데 사용되는 기술이다. 보통 이런 작업을 지칭할 때 컨테이너 오케스트레이션Orchestration이라는 용어를 사용한다. 쿠버네티스는 컨테이너 런타임을 통해 컨테이너를 오케스트레이션하는 도구라고 할 수 있다.

쿠버네티스의 주요 기능에는 대표적으로 애플리케이션의 배포, 확장, 복제, 로드 밸런싱, 롤링 업데이트 등이 있다. 쿠버네티스를 사용해서 애플리케이션을 효율적으로 관리하고 확장성을 높이며 고가용성을 확보하는 등의 다양한 장점을 얻을 수 있기 때문에 대부분의 클라우드 벤더들이 쿠버네티스를 관리형 서비스Managed Service 형태로 제공하고 있다.

이러한 컨테이너의 오케스트레이션 기능을 제공하는 기술이 쿠버네티스에만 있는 것이 아니다. 도커 스웜Swarm, 컴포즈Compose, 스택Stack 등에도 있다. 그러나 쿠버네티스는 스웜보다 더 많은 기능을 갖추고 있고 도커를 비롯한 다양한 컨테이너 런타임을 다룰 수 있다. 또한 스웜, 컴포즈, 스택의 기능을 통합해서 더 높은 수준의 관리 기능을 제공한다. 따라서 사실상 쿠버네티스가 컨테이너 오케스트레이션 도구의 사실상 시장 표준이 됐다.

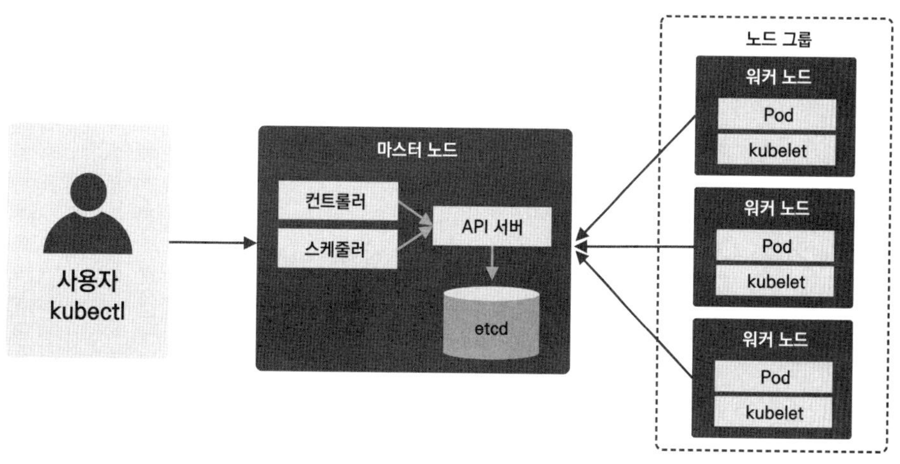

그림 2-2 쿠버네티스 아키텍처

쿠버네티스의 아키텍처는 그림 2-2와 같이 클러스터로 구성돼 있다. 클러스터는 쿠버네티스에서 관리하는 여러 자원들을 효율적으로 배치, 관리하기 위한 집합체로 마스터 노드Control Plane와 노드 그룹Node Group으로 구성된다. 노드 그룹은 여러 개의 워커 노드Worker Node로 이뤄져 있으며, 이런 노드 그룹을 여러 개 운영할 수도 있다. 마스터 노드는 클러스터 전체를 관리하고, 워커 노드는 컨테이너 실행을 위해 필요한 하드웨어 자원을 제공한다.

쿠버네티스 주요 컴포넌트들을 알아보기 전에 쿠버네티스의 도커 지원에 대해 짚고 넘어갈 부분이 있다.

지금까지 쿠버네티스와 도커는 컨테이너 관리 기술로 함께 사용돼 왔으며, 현재도 그런 상황이 유지되고 있다. 그러나 최근 컨테이너 환경에 변화가 생겼다. 2020년에 쿠버네티스는 도커 지원 중단을 발표했다. 이 결정은 쿠버네티스가 컨테이너 런타임과의 상호작용을 위해 CRIContainer Runtime Interface라는 표준 인터페이스 API를 사용하는데 도커가 이를 완전히 지원하지 않았기 때문이다. 이 문제를 해결해 보려고 도커심Dockershim이라는 도구를 도입했지만 이를 통한 오케스트레이션은 성능 측면에서 문제가 있었다. 그래서 쿠버네티스는 2020년에 도커 지원 중단을 결정하기에 이르렀다.

그러나 지원 중단이란 쿠버네티스 내에서 도커를 컨테이너 런타임으로 사용하지 않는다는 의미일 뿐, 여전히 도커 컨테이너에서 생성한 이미지를 쿠버네티스에 배포하고 실행하는 데는 문제가 없다. 따라서 2장의 실습에서도 현재 시장에서 여전히 널리 사용되고 있는 도커와 쿠버네티스를 활용해서 실습을 진행할 것이다.

2.1.2.1 쿠버네티스 주요 컴포넌트

쿠버네티스를 구성하는 주요 컴포넌트는 다음과 같다.

kube-apiserver

쿠버네티스는 클러스터를 관리, 생성, 구성할 때 인터페이스로 API를 사용한다.

클러스터 내부 자원 관리나 클라이언트로부터 오는 요청이 모두 API를 통해 이뤄진다. 쿠버네티스 API 서버kube-apiserver가 하는 역할은 kubectl로부터 API 요청을 받아서 클러스터 자원을 관리하는 것이다.

kubectl은 쿠버네티스를 관리할 때 사용하는 커맨드 라인 인터페이스이다. 쿠버네티스 클러스터를 관리할 경우 웹 UI에서도 할 수 있지만 주로 kubectl을 많이 사용한다. kubectl은 마스터 노드 API 서버에게 쿠버네티스 API 규약에 맞게 작성된 YAML 또는 JSON 형식의 매니페스트Manifest, 목표 상태 선언서를 전송해서 자원을 생성하거나 변경 또는 삭제한다.

etcd

분산 키-값 저장소로 쿠버네티스 클러스터의 모든 관리 데이터를 저장한다. 쿠버네티스 클러스터 내부의 정보를 저장하고 공유하는 역할을 하며, 쿠버네티스의 서비스 디스커버리Discovery와 같은 기능에 사용된다. etcd는 쿠버네티스 마스터 노드에 위치하며, 클러스터의 상태 정보, 설정 데이터, 구성 정보 등을 저장한다. 이는 모든 쿠버네티스 노드에 복제돼 일관성과 가용성을 보장하게 된다.

kube-scheduler

여기서 말하는 스케줄링은 파드를 실행할 노드를 결정하는 과정을 의미한다. 스케줄러는 노드를 모니터링하며 컨테이너(파드, Pod)를 배치할 최적의 노드를 선택하는 역할을 한다. 쿠버네티스에는 기본 스케줄러와 사용자가 직접 개발할 수 있는 커스텀 스케줄러가 있다. 기본 스케줄러는 파드를 배치할 때 노드의 자원 사용량과 파드 요구사항을 고려해서 최적의 노드를 선택하고, 노드에 장애가 발생했을 때 자동으로 파드를 다른 노드에 재배치하는 기능도 제공한다.

kube-controller-manager

쿠버네티스 클러스터의 컨트롤러를 실행하는 프로세스로 노드 컨트롤러, 레플리케이션 컨트롤러, 엔드포인트 컨트롤러, 서비스 컨트롤러 등 다양한 컨트롤러들을 실행한다. 각 컨트롤러들은 클러스터의 상태를 모니터링하고, 클러스터의 원하는 상태를 유지하는 데 필요한 작업들을 수행한다. 예를 들어 레플리케이션 컨트롤러는 레플리카셋의 목표 상태와 현재 상태를 비교해서 파드의 개수를 늘리거나 줄여서 목표 상태를 유지하는 역할을 한다.

kubelet

클러스터의 각 노드에서 실행되는 에이전트이다. 각 노드에서 실행되는 컨테이너를 관리하고 파드와 노드의 상태를 API 서버에 보고하는 역할을 수행한다.

2.1.2.2 쿠버네티스 주요 자원

쿠버네티스에서는 컨테이너화된 애플리케이션 실행을 위해 여러 가지 자원을 사용한다. 이런 자원들은 쿠버네티스 클러스터의 다양한 레벨에서 정의된다. 일반적으로 사용되는 자원은 다음과 같다. 여기서 설명하는 자원 이외에도 많은 종류의 자원이 있으며, 쿠버네티스는 이런 자원을 조합해서 다양한 애플리케이션을 구성한다.

네임스페이스

네임스페이스[Namespace]는 쿠버네티스 클러스터 내의 가상 클러스터로 쿠버네티스 클러스터 내에서 자원을 구분하고 격리하는 방법이다. 즉, 클러스터 내에 가상 클러스터를 또다시 만들 수 있는 것이다. 각각의 네임스페이스는 고유한 이름을 가지며, 그 안에 파드, 서비스, 볼륨 등 다양한 자원들을 포함한다. 네임스페이스를 사용함으로써 하나의 클러스터 내에서 여러 개의 프로젝트 또는 팀 간에 격리된 자원을 관리할 수 있고, 클러스터 내에서 자원의 이름이 충돌하는 것을 방지할 수 있다. 또한 각각의 네임스페이스마다 자원 사용 제한을 설정해서 클러스터 전체에서 사용이 가능한 자원의 양을 제어할 수 있다.

파드

쿠버네티스에서는 컨테이너를 직접 실행하지 않고, 동일한 노드에서 실행되는 하나 이상의 컨테이너를 포함하는 파드[Pod] 단위로 실행한다. 예를 들어 하나 이상의 컨테이너로 애플리케이션을 구축하다 보면 Nginx 컨테이너와 파이썬 애플리케이션 컨테이너처럼 서로 강한 결합을 유지하는 쪽이 나은 경우가 있다. 쿠버네티스에서는 이렇게 결합이 강한 컨테이너를 파드로 묶어 일괄 배포한다. 컨테이너가 하나인 경우도 파드로 배포된다. 파드를 생성하거나 배포할 때 kubectl만 사용해도 되지만 버전 관리 관점에서 주로 YAML 형식의 매니페스트 파일로 정의해서 사용한다.

파드는 컨테이너를 논리적으로 그룹화해서 관리하며, 하나의 파드 내에 있는 컨테이너는 네트워크와 파일 시스템을 공유한다. 파드는 다른 파드와 구분되는 고유한 IP 주소를 가지며, 이를 통해 파드 간에 통신이 가능하다.

레플리카셋

쿠버네티스에서는 같은 스펙을 갖는 파드를 여러 개 묶어서 생성하고 관리해서 가용성을 확보한다. 이를 위해 레플리카셋ReplicaSet이라는 파드를 실행하는 객체를 사용한다. 레플리카셋은 지정된 수의 파드를 유지하도록 설계돼 있으며, 레플리카 수를 관리하고 파드를 생성, 업데이트, 삭제하는 역할을 담당한다. 레플리카셋은 파드 템플릿을 기반으로 생성되는데 레플리카 수가 증가하거나 감소함에 따라 파드가 생성 또는 삭제된다. 또한 파드 수를 검사해서 현재 파드 수가 목표 레플리카 수와 다른 경우 필요한 동작을 수행해서 파드의 수를 일치시킨다.

디플로이먼트

그림 2-3 쿠버네티스 디플로이먼트

디플로이먼트Deployment는 쿠버네티스에서 애플리케이션 배포의 기본 단위이다. 이를 통해 파드의 원하는 상태를 지정하고, 해당 상태를 유지할 수 있도록 파드를 생성하며 관리한다. 파드가 생성된 이후에도 계속해서 파드의 상태를 모니터링하고, 필요한 조치를 취해서 파드를 원하는 상태로 유지한다. 디플로이먼트는 롤링 업데이트와 롤백을 지원해서 애플리케이션 버전의 업데이트와 이전 버전으로의 복구를 쉽게 수행할 수 있게 해준다. 디플로이먼트는 그림 2-3과 같이 레플리카셋과 파드를 정의하는 매니페스트 파일을 이용해서 정의된다.

서비스

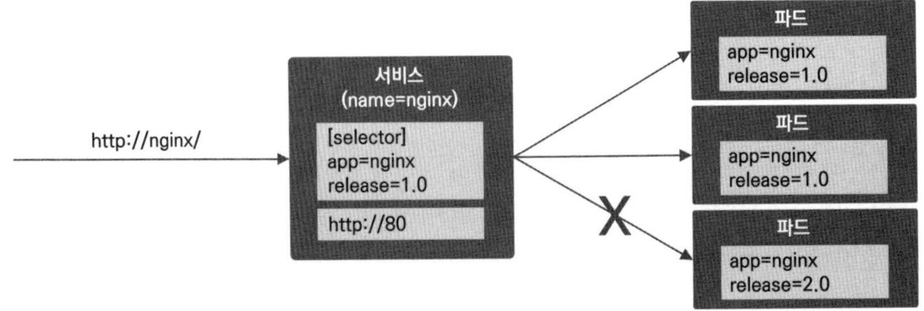

그림 2-4 쿠버네티스 서비스

쿠버네티스에서의 서비스Service는 파드 집합에 대한 네트워크 엔드포인트를 제공하는 자원이다. 논리적인 IP 주소와 포트를 갖고 있어서 클러스터 내부 또는 외부에서 파드 집합에 접근할 수 있는 방법을 제공한다. 서비스는 그림 2-4와 같이 일반적으로 레이블 셀렉터Label Selector를 사용해서 파드를 선택하고, 선택된 파드에 대한 요청을 로드 밸런싱해서 분산 처리한다. 서비스는 클러스터 내부뿐만 아니라 클러스터 외부에서도 파드에 접근할 수 있는 방법을 제공하는데 ClusterIP, NodePort, LoadBalancer, ExternalName 등의 서비스 타입을 제공한다. 각각의 서비스 타입은 다양한 네트워크 접근 방식을 제공하며, 이 부분은 뒤에서 자세히 설명한다.

인그레스

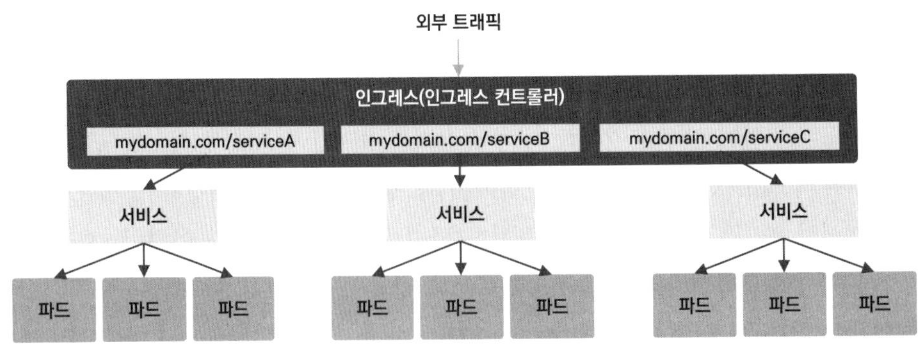

그림 2-5 쿠버네티스 인그레스

인그레스Ingress는 클러스터 외부에서 클러스터 내부로 접근하는 HTTP(S) 요청을 관리하는 자원이다. 인그레스는 HTTP(S) 요청에 대해 그림 2-5와 같이 적절한 백엔드 서비스로 라우팅하는 규칙이 정의돼 있고, 이를 통해 클러스터 외부에서 들어오는 요청을 받아 적절한 서비스로 전달하는 역할을 한다.

인그레스는 네트워크 레이어에서 동작하며, 로드 밸런싱, SSL 암호화, 세션 어피니티Session Affinity, 가상 호스트 등과 같은 기능을 제공한다. 인그레스 컨트롤러Ingress Controller와 함께 사용되는데 인그레스 컨트롤러는 인그레스 자원를 해석하고 요청을 적절한 백엔드 서비스로 라우팅하는 역할을 담당한다.

서비스와 인그레스는 그 기능이 서로 비슷하지만 차이점이 있다. 서비스는 파드 집합에 대한 네트워크 엔드포인트를 제공하는 데 사용되고, 논리적인 IP 주소와 포트를 갖고 있다. 또한 서비스는 클러스터 내부 또는 외부에서 파드 집합에 접근할 수 있는 방법을 제공하고, 로드 밸런싱과 같은 분산 처리 기능을 제공한다. 반면에 인그레스는 클러스터 외부에서 들어오는 요청을 관리하고, 인그레스 컨트롤러와 함께 사용돼 HTTP(S) 요청을 적절한 백엔드 서비스로 라우팅하는 역할을 한다. 즉, 서비스 범위에서 차이가 있다.

컨피그맵

컨피그맵ConfigMap은 애플리케이션 구성 정보를 저장하는 자원이다. 즉, 애플리케이션의 설정 정보를 쿠버네티스에서 분리해서 관리할 수 있게 해주는 자원이다. 컨피그맵은 애플리케이션을 배포할 때 필요한 환경 변수, 설정값, 구성 파일 등과 같은 설정 정보들을 저장하는 데 사용된다. 예를 들어 컨트롤러에서 컨피그맵을 사용하면 여러 파드에 대한 설정을 일괄적으로 관리할 수 있다. 또한 파드에서 컨피그맵을 사용하면 파드가 실행될 때 애플리케이션에 필요한 설정 정보를 주입할 수 있다.

키-값 쌍으로 구성돼 있으며, 애플리케이션에서 필요한 설정 정보를 키-값 형태로 정의해서 저장한다. 이렇게 저장된 설정 정보들은 파드와 같은 쿠버네티스 오브젝트에서 참조해서 사용할 수 있다.

시크릿

쿠버네티스에서 시크릿Secret은 애플리케이션에서 사용할 비밀 정보, 예를 들어 인증 토큰, API 키, 데이터베이스 비밀번호 등을 안전하게 저장하는 자원이다. 시크릿은 키-값 쌍으로 구성된 암호, 토큰 또는 키와 같은 소량의 중요한 데이터를 포함하는 오브젝트이다. 시크릿을 사용하지 않을 경우 중요한 인증 정보가 파드 명세나 컨테이너 이미지에 포함될 수 있다. 반면에 시크릿을 사용함으로써 사용자의 기밀 데이터를 애플리케이션 코드에 넣을 필요가 없게 된다. 시크릿은 이를 사용하는 파드와 독립적으로 생성될 수 있기 때문에 파드를 생성하고 확인하고 수정하는 워크플로 동안 시크릿이 노출되는 위험을 제거할 수 있다.

시크릿은 컨피그맵과 마찬가지로 YAML 파일로 정의하고, kubectl apply 명령을 사용해서 클러스터에 적용할 수 있다.

2.1.2.3 쿠버네티스 클러스터 서비스 통신

파드에 부여된 클러스터 네트워크는 노드 간 통신을 위한 내부 네트워크이다. 생성된 파드의 컨테이너에 클러스터 밖에서 접근하기 위해서는 서비스를 이용해야 한다.

파드의 경우 상태가 없기Stateless 때문에 IP 주소가 랜덤하게 지정되고 재시작할 때마다 변경된다. 따라서 서비스는 파드를 직접 IP 주소로 호출하는 것이 아니라 논리적인 서비스 엔드포인트를 생성해서 파드 그룹에 접근하는 방법을 사용한다. 이렇게 하면 파드의 IP 주소가 변경되거나 스케일링이 변경되더라도 서비스가 유지되고 안정적으로 동작할 수 있다.

또한 파드 간 로드 밸런싱이 필요할 수 있는데 서비스가 로드밸런서 역할을 수행한다. 여러 파드의 트래픽을 균등하게 분산해서 부하 분산을 제공한다.

서비스는 지정된 IP 주소로도 생성할 수도 있지만 고유한 DNS 이름을 가질 수도 있다. 서비스를 통해 파드 그룹에 접근할 때 DNS를 사용해서 파드의 IP 주소를 간단한 도메인 이름으로 참조할 수 있다.

서비스의 유형에는 ClusterIP, NodePort, LoadBalancer, ExternalName 등이 있다.

ClusterIP

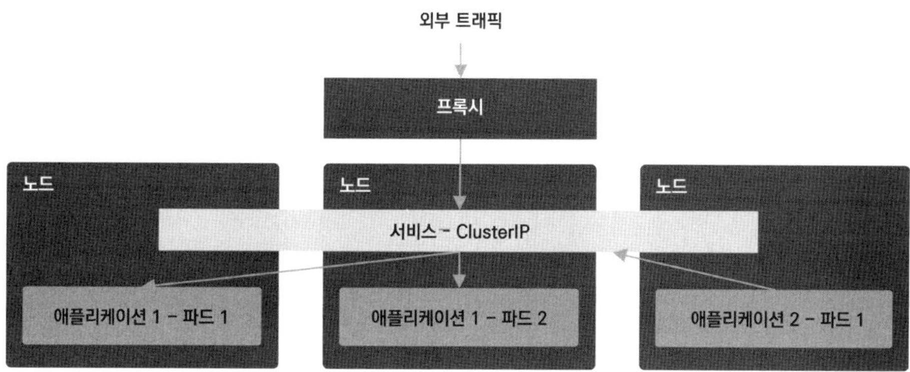

그림 2-6 쿠버네티스 서비스 - ClusterIP

- 쿠버네티스 클러스터 내부에서만 접근이 가능한 가상 IP 주소를 할당하는 서비스 유형이다. 이 서비스 유형은 클러스터 내부에서 서비스를 노출하고 다른 파드들이 서비스를 호출하는 데 사용된다. 서비스를 생성할 때 별도로 지정하지 않으면 ClusterIP 타입으로 설정된다.
- 클러스터 내부 파드에서는 서비스의 DNS 이름으로 접근할 수 있으나 클러스터 외부에서는 퍼블릭 IP 주소를 할당받지 못했기 때문에 접근이 불가하다.
- 다만 프록시를 사용해서 클러스터 외부에서도 ClusterIP 서비스에 접근할 수 있도록 설정할 수 있다. 대표적으로 그림 2-6과 같이 쿠버네티스 클러스터 외부에 위치한 리버스 프록시나 로드밸런서를 통해 클러스터 내부의 ClusterIP 서비스로 트래픽을 전달한다.
- 프록시를 사용한 ClusterIP 타입의 서비스에 대한 접근은 "kubectl proxy --port 8080"과 같은 명령으로 프록시를 만든 후 kubectl 로컬 환경에서 http://localhost:8080/api/v1/proxy/namespaces/〈NAMESPACE〉/services/〈SERVICE-NAME〉:〈PORT-NAME〉/와 같은 URL로 ClusterIP 서비스에 접근할 수 있다.
- 프록시 등을 사용하지 않고 클러스터 외부에 서비스를 노출하려면 NodePort,

LoadBalancer 또는 인그레스와 같은 다른 서비스 유형을 사용해야 한다.

- 클러스터 내부 통신의 경우 그림 2-6과 같이 파드 1, 파드 2로 이뤄진 애플리케이션 1은 ClusterIP 타입의 서비스로 접근이 가능하다. 애플리케이션 2 역시 ClusterIP를 통해 애플리케이션 1과 통신할 수 있다.
- 주로 로컬 PC에서 디버깅을 하거나 클러스터 내부 네트워크로 대시보드 등을 만들 때 이용된다.

NodePort

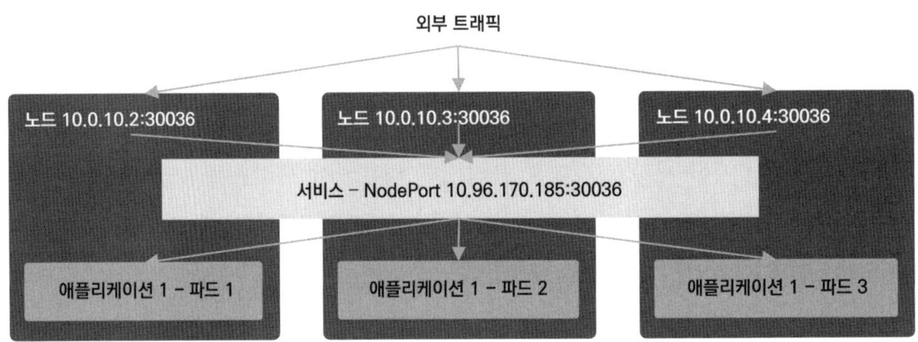

그림 2-7 쿠버네티스 서비스 - NodePort

- 쿠버네티스 클러스터 내의 모든 노드의 특정 포트에 서비스를 노출시키는 방법이다. 이를 통해 외부 클라이언트나 다른 클러스터에서 클러스터 내부의 서비스에 접근할 수 있다.
- 노드 포트는 30000~32767 범위 내에서 지정할 수 있으며, 예약된 포트는 사용할 수 없다.
- 그림 2-7과 같이 클러스터의 모든 노드에 지정한 포트가 개방되고, 각 노드로 들어온 요청은 서비스를 통해 대상 파드들로 분산 전송된다. "Worker Node IP:nodePort"와 같은 형식으로 파드에 접근할 수 있다. 노드로 들어온 트래픽은 서비스를 경유해서 설정된 파드의 포트와 타깃 포트를 통해 해당 파드로 포

워딩된다.

- 특정 노드를 지정해서 접속한 상황에서 해당 노드가 셧다운되면 서비스를 이용할 수 없다. 따라서 운영 환경에서의 사용은 추천되지 않는다.

LoadBalancer

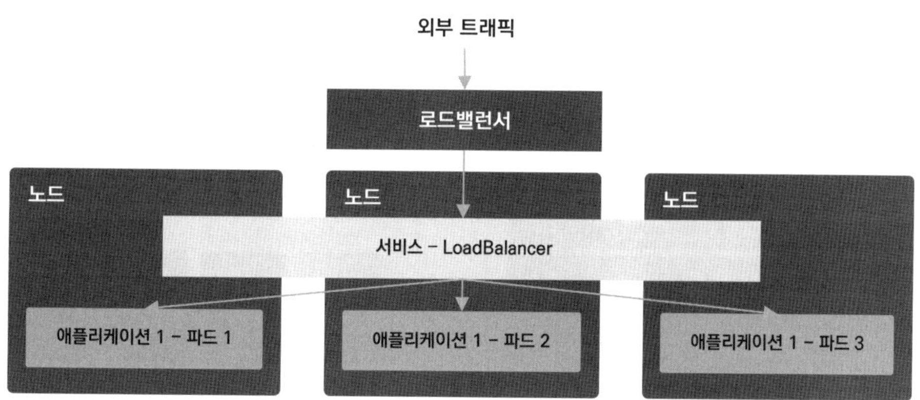

그림 2-8 쿠버네티스 서비스 - LoadBalancer

- 그림 2-8과 같이 퍼블릭 IP 주소를 가진 로드밸런서와 연동해서 파드의 애플리케이션을 외부에 공개한다. 지정한 포트에 대해 모든 트래픽은 서비스로 포워딩되며 HTTP, TCP, UDP, Websocket, gRPC 등 거의 모든 트래픽을 로드밸런서 서비스로 보낼 수 있다.
- 클라우드 제공 업체가 제공하는 로드 밸런싱 기능을 사용해서 쿠버네티스 서비스를 외부에 노출하는 방법이라고 이해할 수 있다. 이를 통해 클러스터 외부에서 서비스에 접근할 수 있으며, 클라우드 제공 업체가 제공하는 로드밸런서를 이용해서 요청을 파드로 분산시킨다.
- 클러스터 내 파드에서 클러스터 외부 엔드포인트에 접속할 수 있게 해준다. NAT와 같은 별도 설정 없이 파드에서 외부 IP 주소에 서비스 이름으로 접근이 가능하게 한다.

2.1.3 마이크로서비스

마이크로서비스는 각각의 기능을 개별적인 서비스로 분리하고, 이런 서비스들을 API를 통해 결합시킴으로써 느슨한 결합Loose Coupling 구조를 형성하는 아키텍처이다. 즉, 큰 애플리케이션을 작고 독립적인 기능 단위로 쪼개서 개발하고 배포하는 아키텍처 방식이라고 할 수 있다. 각 마이크로서비스는 특정 비즈니스 기능을 수행하며, 서로 다른 마이크로서비스 간에는 주로 API를 이용해서 통신한다.

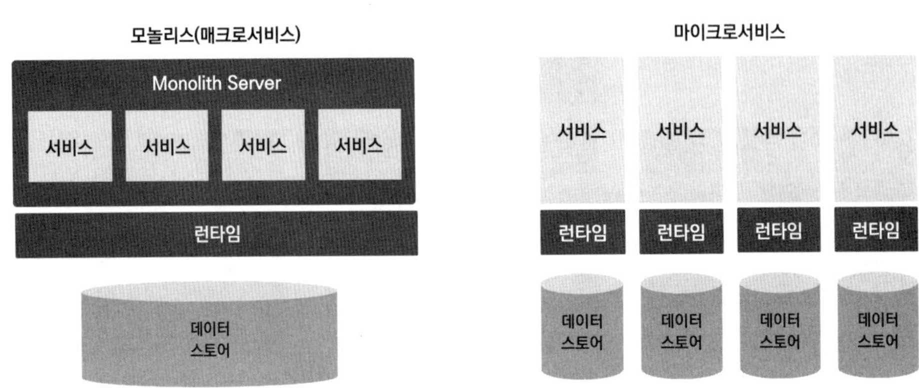

그림 2-9 모놀리스 서비스 vs. 마이크로서비스

마이크로서비스 아키텍처의 장점 중 하나는 RESTful API나 gRPC와 같은 인터페이스 사양이 결정돼 있다면 서비스 프로그래밍 언어나 프레임워크 등의 기술을 자유롭게 선택할 수 있다는 것이다. 서비스 간에 느슨한 결합을 유지하기 때문에 서비스 규모나 성능을 확장할 수 있으며, 서비스별로 독립적인 업데이트가 가능하다. 이로 인해 배포 사이클이 단축되고 장애 영향 범위를 해당 서비스에 한정시킬 수 있게 된다. 또한 서로 다른 마이크로서비스들은 서로 다른 언어, 프레임워크, 데이터베이스 등의 기술 스택을 사용할 수 있어서 유연한 개발 환경 구성을 가능하게 한다.

이런 마이크로서비스 아키텍처는 클라우드, 컨테이너, 쿠버네티스와 같은 오케스트레이션 도구, CI/CD(지속적 통합 및 지속적 배포) 등의 기술과 함께 사용돼 오던 애플리케이션 개발과 운영에 널리 사용된다. 이 아키텍처는 개발자와 운영 팀 간의 협력을 개선하고, 소프트웨어 시스템의 유연성과 확장성을 향상시킨다.

하지만 모놀리스 아키텍처가 엔터프라이즈 환경에서 더 이상 적절하지 않은 구시대적인 아키텍처라는 의미는 아니다. 그림 2-9와 같이 모놀리스 아키텍처는 단일 데이터 스토어를 사용하기 때문에 데이터 정합성을 유지하기 용이하며, 무엇보다 성능상의 이점을 갖고 있기 때문에 많은 엔터프라이즈 시스템에서 현재도 유지되고 있다. 또한 아키텍처가 비교적 이해하기 쉽고 단순하다는 장점도 있다.

반면에 마이크로서비스 아키텍처는 개발의 유연성, 민첩성, 확장성에서 그 장점을 발휘한다. 다만 데이터 정합성을 맞출 때 애플리케이션 아키텍처가 복잡해지고 성능이 모놀리스 아키텍처에 비해 떨어지는 것은 널리 알려진 사실이다. 특히 데이터 일관성 처리를 위해 2단계 커밋Two-phase Commit과 같은 분산 트랜잭션 기법을 사용하는데 각각 다른 서비스를 하나의 트랜잭션으로 묶다 보면 각 서비스의 독립성도 침해되고, 2단계 커밋을 지원하지 않는 경우도 있다. 그래서 마이크로서비스는 데이터 일관성 문제 해결을 위해 두 서비스를 단일 트랜잭션으로 묶지 않고 비동기 이벤트 처리를 하기도 한다. 이를 가리켜 궁극적 일관성Eventual Consistency이라는 용어를 사용한다.

정리하면 모놀리스 아키텍처와 마이크로서비스 아키텍처는 옳고 그름의 문제가 아니라 업무 요건에 따라 선택해야 하는 문제이다.

마이크로서비스 아키텍처와 서비스 중심의 SOAService Oriented Architecture는 비슷하지만 서로 다른 특징을 갖고 있다.

서비스별 저장소 분리 및 캡슐화

마이크로서비스 아키텍처는 각각의 서비스별로 저장소를 분리하고, 다른 서비스가 직접적으로 해당 서비스의 저장소에 접근하지 못하도록 캡슐화한다. 다른 서비스에서 해당 서비스로의 데이터 접근은 API를 통해 이뤄진다. 반면에 SOA는 서비스를 모듈화하되, 저장소는 여전히 중앙 집중형으로 관리한다.

RESTful API와 같은 개방형 표준 사용

마이크로서비스 아키텍처는 RESTful API와 같은 개방형 표준을 사용해서 각각의 서비스가 느슨하게 연계되고 누구나 쉽게 사용할 수 있도록 한다. 반면에 SOA는 표준이 정해져 있지 않아 각각의 업체에서 다양한 방식으로 구현할 수 있다.

2.1.3.1 마이크로서비스 구현상의 문제

마이크로서비스 아키텍처는 앞서 살펴본 바와 같이 애플리케이션이 여러 개의 작은 서비스들로 구성된다. 이로 인해 서비스 간의 통신과 네트워킹 로직이 복잡해지고, 네트워크 트래픽의 증가로 디버깅과 모니터링이 어려워지는 문제가 발생했다.

또 다른 문제로는 서비스 간의 통신을 간단한 REST API 또는 RPC 호출을 통해 처리했으나 이는 서비스 간의 장애와 타임아웃 처리, 요청의 재시도 등을 직접 구현해야 하는 불편함이 있었다.

정리하면 기존 모놀리스 아키텍처를 여러 조각의 마이크로서비스로 분할할 때 추적, 모니터링, 로깅, 인증, 탐색, 유연성, 탄력성 등의 여러 문제점이 발생할 수 있는 부분을 감안해야 한다는 것이다. 이런 문제들을 초기 마이크로서비스에서는 오픈소스 소프트웨어나 특히 수평 확장이 필요한 요소를 클라우드 서비스를 통해 해결했다.

하지만 이런 초기 마이크로서비스의 접근 방식은 각각의 운영 관리를 위한 API 게이트웨이, 서비스 레지스트리, 컨피그 서비스와 같은 여러 기반 서비스를 만들어야 한다는 점과 그림 2-10과 같이 업무 처리 마이크로서비스에 라이브러리를 비즈니스 로직과 함께 탑재해야 하는 과제를 남겼다. 또한 언어에 따라 지원하지 않는 기능도 문제가 됐다.

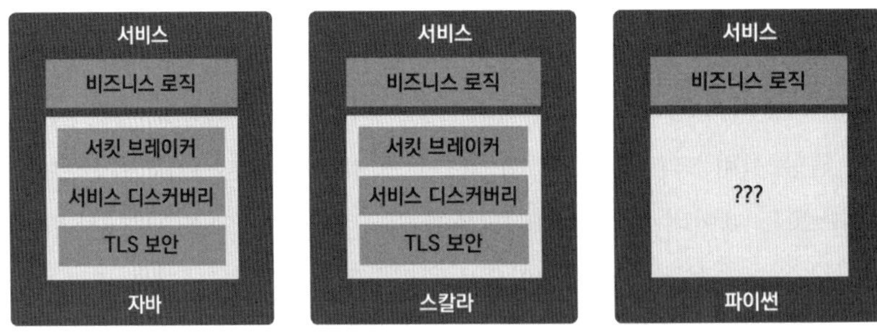

그림 2-10 마이크로서비스 구현상의 문제

이후 쿠버네티스나 오픈시프트Openshift와 같은 제품들이 출시되면서 이전에는 여러 개의 오픈소스 기반 서비스들로 해결해야 했던 문제들을 하나의 기술로 통합할 수 있게 됐다. 하지만 서킷 브레이커나 카나리 배포 테스트 구현과 같은 문제들은 쿠버네티스

만으로 해결이 다소 번거롭다는 문제가 있다. 또한 마이크로서비스 간의 의존 관계 파악 및 마이크로서비스 간의 트래픽 레이턴시나 에러를 모니터링하는 것은 여전히 쉽지 않은 과제이다.

2.1.4 서비스 메시, 이스티오

서비스 메시Service Mesh가 등장하게 된 배경은 앞서 설명한 현대적인 애플리케이션의 복잡성과 확장성이 증가함에 따라 애플리케이션을 관리하는 데 발생하는 일련의 문제들을 해결하기 위함이다.

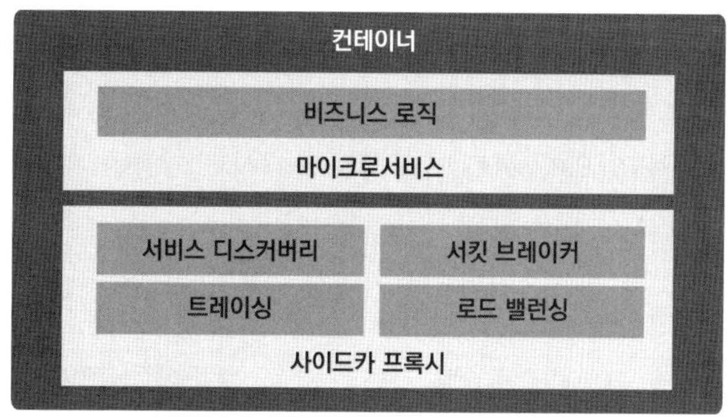

그림 2-11 서비스 메시 아키텍처

서비스 메시는 분산 시스템과 마이크로서비스 아키텍처를 지원하기 위한 네트워크 인프라 계층이라고 할 수 있다. 서비스 메시는 애플리케이션의 서비스 간 통신, 보안, 모니터링, 트래픽 관리 등을 투명하게 처리하고 제어하는 기능을 제공한다. 이를 통해 개발자와 운영 팀은 애플리케이션 로직에만 집중할 수 있으며, 네트워크와 관련된 복잡한 로직들을 서비스 메시가 자동으로 처리한다.

서비스 메시는 그림 2-11과 같이 애플리케이션 배포 컨테이너와는 완전히 격리된 사이드카Sidecar 패턴을 적용해서 서비스 디스커버리, 라우팅, 로드 밸런싱, 로깅, 모니터링, 보안, 트레이싱 등의 기능을 제공한다. 서비스 메시는 마이크로서비스 간의 그물망Mesh 형태의 통신과 경로를 사이드카 패턴을 통해 제어하는 개념으로 초기 마이크로서비스에서 발생했던 문제점들을 보다 쉽게 해결할 수 있게 했다. 서비스 디스커버리,

서킷 브레이커, 트레이싱, 로드 밸런싱 등과 같은 네트워크 인프라 계층에서 수행되는 기능들은 비즈니스 로직과 분리해서 서비스 메시를 통해 해결할 수 있다.

이런 서비스 메시를 구현하는 데 사용되는 오픈소스 소프트웨어에는 이스티오Istio, 링커드Linkerd, Consul 등이 있다. 이들은 파드 간 통신 경로에 프록시를 놓고 트래픽 모니터링과 제어를 수행한다. 특히 이스티오는 쿠버네티스 클러스터 내에서 서비스 메시를 구현할 수 있을 뿐만 아니라 클러스터 외부의 가상 머신이나 물리 서버에서도 확장해서 사용할 수 있다.

이스티오는 트래픽 라우팅과 부하 분산 기능을 제공해서 요청을 적절한 서비스로 전달하고, 트래픽을 여러 서비스 인스턴스로 분산시킨다. 또한 서비스 간의 통신을 안전하게 유지할 수 있도록 통신을 암호화하고 인증 및 권한 부여 기능을 제공한다. 이스티오는 각 서비스 간의 요청과 응답을 추적하고, 모니터링을 통해 애플리케이션의 성능과 문제를 식별할 수 있으며, 서킷 브레이킹과 재시도 기능을 제공해서 서비스 간의 통신에서 장애를 처리하고 안정성을 확보할 수 있다.

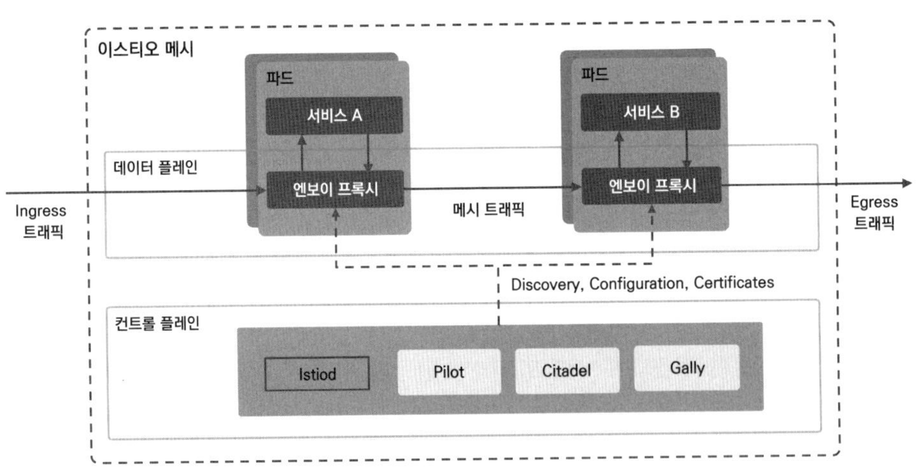

그림 2-12 쿠버네티스 이스티오 아키텍처(https://istio.io/latest/docs/)

이스티오를 구성하는 아키텍처는 그림 2-12와 같으며, 각 구성 요소는 다음과 같다.

- 데이터 플레인Data Plane: 사이드카로 배포된 프록시(Envoy)들로 구성된다. 엔보이 프록시는 마이크로서비스 간의 모든 네트워크 통신을 중재 및 제어하며 모든 메시 트래픽에 대한 측정값을 수집 및 리포트한다.
- 컨트롤 플레인Control Plane: 프록시를 관리하고 설정하며, 트래픽을 라우팅한다.
- 엔보이Envoy: 이스티오는 오픈소스 프록시인 엔보이 프록시의 확장 버전을 이용한다. 서비스 메시 내 모든 서비스들에 대한 인바운드, 아웃바운드 트래픽을 중재하는 역할을 한다. C++ 언어로 개발된 프록시로 서비스 디스커버리, 로드 밸런싱, TLS Termination, 서킷 브레이커, 헬스 체크, 장애 주입Fault Injection 등을 수행한다.
- Istiod: 서비스 디스커버리, 이스티오 설정, 인증서 관리 등을 담당한다.

그림 2-13에서 볼 수 있듯이 마이크로서비스 간 통신은 엔보이 프록시를 반드시 통과하게 돼 있으므로 메트릭을 수집하고 트래픽을 제어할 수 있게 된다. 그림 2-13의 이스티오 아키텍처를 기준으로 살펴보면 트래픽의 흐름은 다음과 같다.

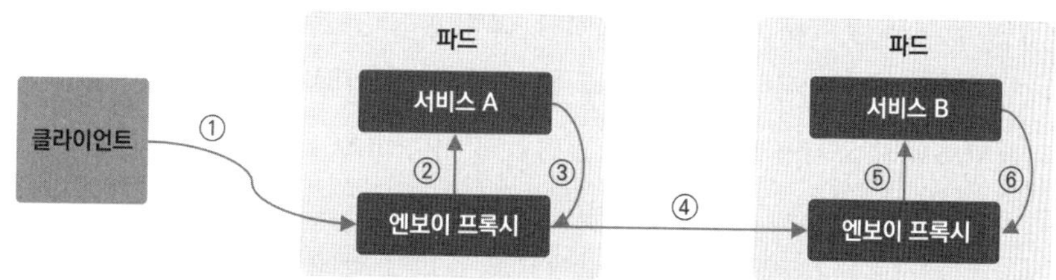

그림 2-13 엔보이 프록시를 통한 서비스 통신

- 클라이언트
- 엔보이(서비스 A가 속한 파드)
- 서비스 A
- 엔보이(서비스 A가 속한 파드)

- 엔보이(서비스 B가 속한 파드)
- 서비스 B
- 엔보이(서비스 B가 속한 파드)

2.2 실습

2장에서의 실습은 지금까지 설명했던 컨테이너와 오케스트레이션 도구, 서비스 메시 등의 기술을 활용해서 오라클 클라우드 위에서 마이크로서비스 시스템을 구축해 보는 것이다. 1장에서 모놀리스 아키텍처로 애플리케이션을 개발하고 배포해 봤다면 2장에서는 기존의 모놀리스 애플리케이션을 마이크로서비스로 진화시키는 것이다. 이 과정에서 도커, 쿠버네티스와 이스티오를 활용하는 방법을 살펴볼 것이다. 덧붙여 애플리케이션 배포의 자동화와 서비스 메시 구현의 모든 과정은 오라클 클라우드로 구현된다.

2장에서 구현할 전체 물리 아키텍처는 그림 2-14와 같다.

우선 개발 환경을 구성하고, 마이크로서비스에 적합한 기술인 도커에 대해 기본적인 사용 방법과 배포 방법을 실습해 볼 것이다. 그리고 오라클 클라우드의 강점이라고 할 수 있는 데이터베이스 서비스를 배포해 본다. RAC 데이터베이스로 배포해서 오라클 데이터베이스만의 고가용 아키텍처를 경험할 것이다. RAC로 배포된 오라클 데이터베이스는 도커와 마찬가지로 마이크로서비스에 적합한 기술인 멀티테넌트 아키텍처로 개별 데이터베이스를 구성한다. 개발 환경에는 오라클 데이터베이스로의 연결을 위해 오라클 데이터베이스 클라이언트가 설치된다.

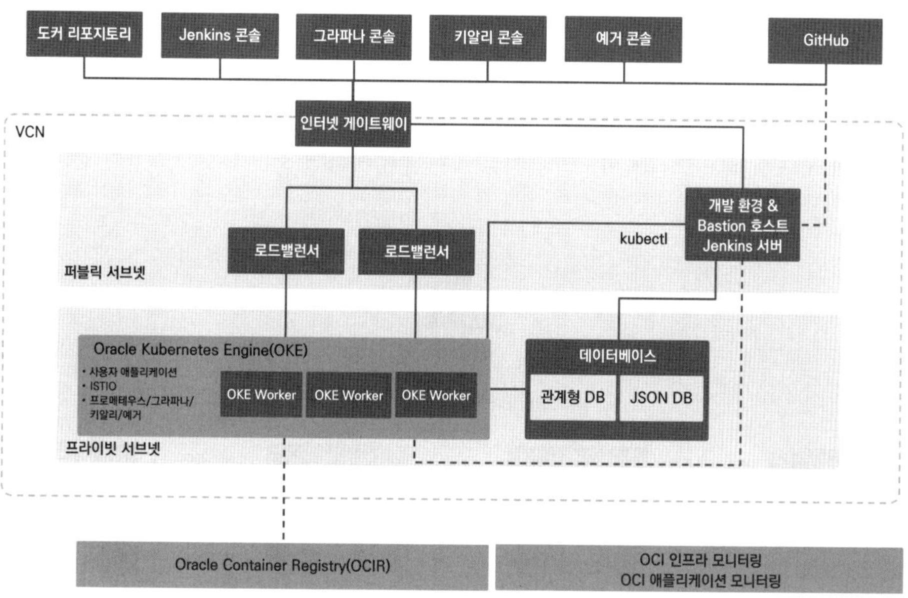

그림 2-14 2장에서 구현할 마이크로서비스 물리 아키텍처

개발 환경에서 파이썬 코드로 2개의 마이크로서비스 애플리케이션을 만들어 보고, 이를 컨테이너화해서 오라클 클라우드 쿠버네티스 환경에 배포함으로써 마이크로서비스 시스템에 좀 더 가까이 갈 것이다. kubectl, kubeconfig 등 쿠버네티스 시스템의 관리 설정 역시 개발 환경에 구성한다. 개발 환경은 Bastion 호스트의 역할까지 할 것이다.

컨테이너 이미지로 빌드된 마이크로서비스를 외부로 노출시키기 위해 쿠버네티스 서비스 유형 중 로드밸런서를 이용할 것이다. 이 과정에서 OCI 로드밸런서의 활용 방법도 살펴본다.

CI/CD 프로세스를 통해 애플리케이션 빌드에서부터 배포와 테스트를 자동화하는 실습을 진행하고, 이스티오를 활용한 서비스 메시 아키텍처도 구현해 보면 서비스 메시의 개념이 좀 더 명확해질 것이다. 또한 서비스 메시를 통해 마이크로서비스의 카나리 배포, 장애 주입 테스트, 모니터링 등을 구현하는 실습도 진행해 볼 것이다. 그림 2-14의 아키텍처에는 2개의 로드밸런서로 마이크로서비스의 서비스를 제공하는 것으로 나와 있으나 이스티오를 사용하게 되면 하나의 로드밸런서로 서비스가 묶이게 된다. 이스티오 실습 단계에서 보다 상세한 설명이 제공될 것이다.

마지막으로는 쿠버네티스 파드의 오토스케일링까지 구현해 본다.

2장에서 구현해 볼 마이크로서비스 애플리케이션의 논리 구조는 그림 2-15와 같다.

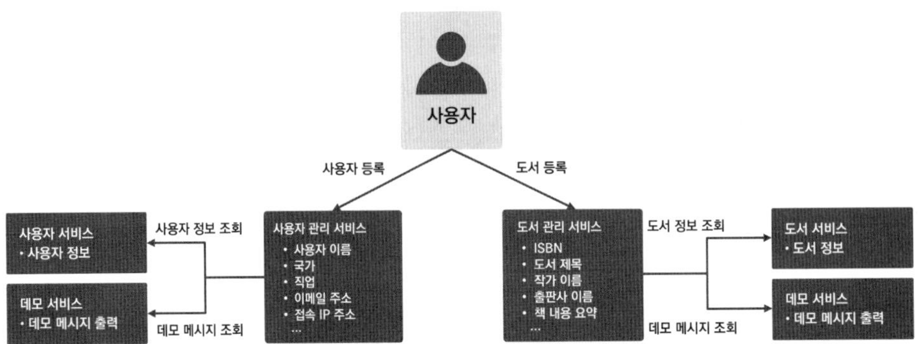

그림 2-15 2장에서 구현할 마이크로서비스 논리 아키텍처

사용자 관리 마이크로서비스와 도서 관리 마이크로서비스를 컨테이너 기반으로 개발할 것이다. 사용자 관리 마이크로서비스는 사용자 등록 및 조회를 담당하는 사용자 서비스와 "Hello OCI!" 메시지 출력을 담당하는 데모 서비스로 구성된다. 도서 관리 마이크로서비스는 도서 등록 및 조회를 담당하는 도서 서비스와 "Hello OCI!" 메시지 출력을 담당하는 데모 서비스로 구성된다.

개발한 2개의 마이크로서비스는 쿠버네티스에 배포한 후 서비스를 외부에 노출시켜 애플리케이션의 실행을 확인할 것이다. 이후 서비스 메시 아키텍처로 전환해서 각 서비스의 배포와 모니터링을 메시 아키텍처 내에서 처리할 것이다.

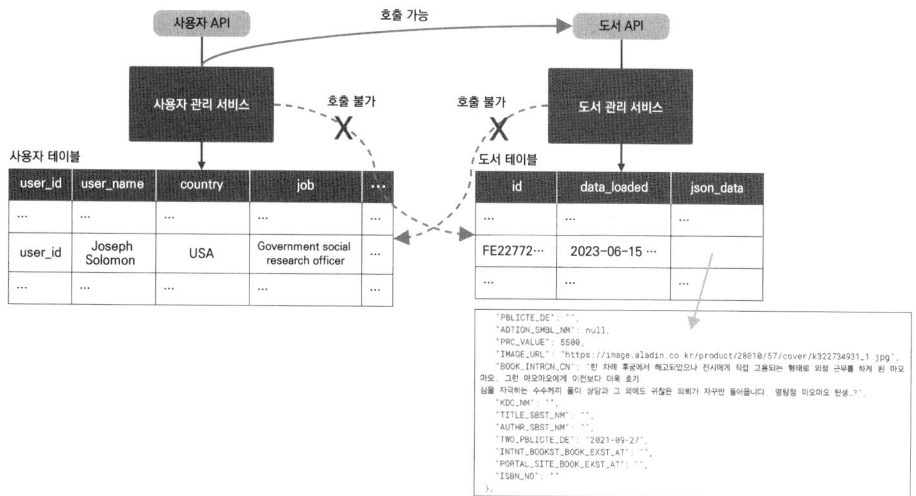

그림 2-16 마이크로서비스 저장소 설계

2장에서 개발할 애플리케이션 아키텍처는 마이크로서비스 아키텍처이다. 마이크로서비스 아키텍처에서는 저장소를 분리해서 서비스를 확장할 때 저장소 공유로 인한 확장의 제약 사항을 극복하고 민첩한 개발/배포라는 장점을 가진다. 그림 2-16과 같이 업무를 마이크로서비스로 분리할 예정이다.

사용자 관리 마이크로서비스와 도서 관리 마이크로서비스는 API를 통해 서로 통신하며, 다른 업무의 저장소를 직접 호출하지 않는다. 또한 각 저장소는 관계형 데이터와 JSON 데이터라는 서로 다른 유형의 데이터를 처리할 것이다.

실습 마이크로서비스 아키텍처를 구성하려면 도커부터 이스티오까지 여러 가지 배경 지식과 핸즈온 스킬이 필요하다. 따라서 그림 2-17과 같이 차근차근 각 단계별로 기술 설명과 실습을 진행할 것이다.

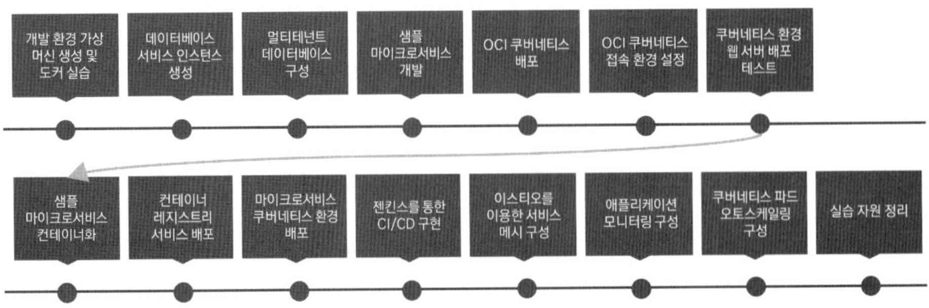

그림 2-17 2장 실습 단계

네트워크 구성에 있어서 1장에서 만든 퍼블릭 서브넷 1개와 프라이빗 서브넷 1개로 구성된 VCN을 그대로 활용한다. 운영 환경에서는 보다 정교한 서브넷 구성을 갖게 되지만 단순한 실습 환경 구성을 위해 1장에서 사용한 VCN을 그대로 유지한다.

2.2.1 개발 환경 가상 머신 생성 및 도커 실습

먼저 쉬운 것부터 시작해 보자. 그림 2-18과 같이 개발 환경 가상 머신을 만들고, 몇 가지 예제를 통해 도커의 사용 방법을 실습해 본다.

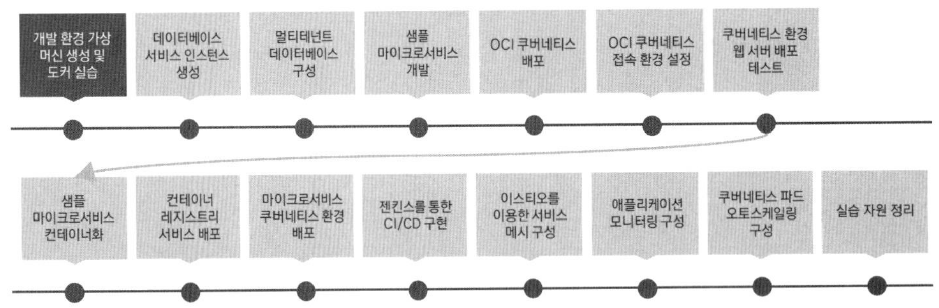

그림 2-18 2장 실습 단계 - 개발 환경 가상 머신 생성 및 도커 실습

다음과 같은 단계로 실습을 진행한다. 이후 마이크로서비스 개발과 컨테이너 빌드, 쿠버네티스 접속 환경 설정 등도 모두 지금 생성할 가상 머신에서 이뤄질 것이다.

- 개발 환경 가상 머신 생성

- 도커 설치 및 사용 방법 확인

2.2.1.1 실습 - 개발 환경 가상 머신 생성

OCI 웹 콘솔의 [Compute → Instances] 화면으로 이동해서 Create Instance를 선택한다. 다음과 같은 내용으로 가상 머신을 생성한다. 다음 내용을 제외한 항목에 대해서는 기본값 구성을 유지한다. 그림 2-19를 참조해서 다음 내용을 입력하고 Create를 클릭해서 가상 머신을 생성한다.

- Name: oci-demo-appdev
- [Primary VNIC information] 섹션 VCN: OCI_DEMO
- [Primary VNIC information] 섹션 Subnet: public subnet-OCI_DEMO (regional)
- [Add SSH keys] 섹션에서 Upload public key files (.pub)을 선택하고, 1장에서 만들었던 Public Key를 업로드한다.

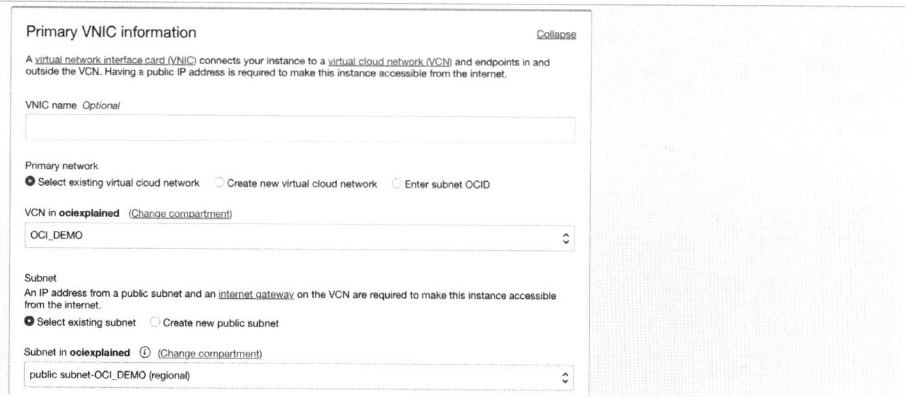

그림 2-19 개발 환경 가상 머신 생성

2.2.1.2 실습 - 도커 설치 및 사용 방법 확인

지금부터는 앞서 만든 개발 환경 가상 머신에서 도커를 설치하고 간단한 도커 사용 방법을 테스트해 보자. OCI 웹 콘솔에서 확인한 개발 환경 가상 머신의 퍼블릭 IP 주소를 확인해서 터미널을 열고 SSH 접속을 실행한다.

```
% ssh -i ~/.ssh/id_rsa opc@129.154.58.194
... 생략 ...
Are you sure you want to continue connecting (yes/no/[fingerprint])? yes
Warning: Permanently added '129.154.58.194' (ED25519) to the list of known
hosts.
Activate the web console with: systemctl enable --now cockpit.socket
```

먼저 도커를 설치한다. YUM으로 도커를 설치하려면 먼저 애드온addons 리포지터리를 다운로드받는다.

```
[opc@oci-demo-appdev ~]$ sudo yum-config-manager --add-repo https://
download.docker.com/linux/centos/docker-ce.repo
Adding repo from: https://download.docker.com/linux/centos/docker-ce.repo
```

YUM 명령으로 도커 커뮤니티 에디션과 CLI를 설치한다.

```
[opc@oci-demo-appdev ~]$ sudo yum install -y docker-ce docker-ce-cli
containerd.io
Docker CE Stable - x86_64
... 생략 ...
Complete!
```

[도커 제품 종류]

리눅스용 도커에는 오픈소스인 커뮤니티 에디션과 보안, 클러스터링, 관리, 모니터링 등의 기능이 추가된 상용 버전인 엔터프라이즈 에디션이 있었다. 하지만 2019년 엔터프라이즈 에디션이 Mirantis로 인수되면서 2020년 12월부터 도커 허브에서 엔터프라이즈 에디션을 다운로드받을 수 없게 됐다. 하지만 커뮤니티 에디션은 계속 무료로 사용할 수 있다.

Docker for Desktop 제품의 경우 구독 방식으로 제공되며 무료인 Personal 플랜 그리고 유료인 Pro, Team, Business 플랜 등이 있다.

설치 완료 후 시스템을 부팅할 때 도커도 함께 시작되도록 서비스로 등록한다.

```
[opc@oci-demo-appdev ~]$ sudo systemctl start docker
[opc@oci-demo-appdev ~]$ sudo systemctl enable docker
Created symlink /etc/systemd/system/multi-user.target.wants/docker.service
→ /usr/lib/systemd/system/docker.service.
[opc@oci-demo-appdev ~]$ sudo systemctl status docker
● docker.service - Docker Application Container Engine
   Loaded: loaded (/usr/lib/systemd/system/docker.service; enabled; vendor
preset: disabled)
   Active: active (running) ...
     Docs: https://docs.docker.com
... 생략 ...
```

이제 도커 클라이언트, 서버가 정상적으로 설치됐는지 확인해 본다.

```
[opc@oci-demo-appdev ~]$ sudo docker version
Client: Docker Engine - Community
 Version:           24.0.6
... 생략 ...

Server: Docker Engine - Community
 Engine:
  Version:          24.0.6
... 생략 ...
```

opc 유저로 도커 명령을 수행할 때 매번 sudo를 앞에 붙여야 한다. root 외의 다른 유저가 권한 오류 없이 도커를 사용할 수 있도록 다음과 같이 docker 그룹에 opc 유저를 추가하면 도커를 사용하는 데 편리하다. opc 유저에 대한 그룹을 설정하고 도커를 재시작한다. 그리고 로그아웃을 한 후 다시 로그인을 하면 opc 유저로도 sudo 명령 없이 도커 명령을 실행할 수 있게 된다.

```
[opc@oci-demo-appdev ~]$ sudo usermod -aG docker opc
[opc@oci-demo-appdev ~]$ sudo systemctl restart docker
[opc@oci-demo-appdev ~]$ exit
logout
... 생략 ...
[opc@oci-demo-appdev ~]$ docker version
Client: Docker Engine - Community
 Version:           24.0.6
... 생략 ...
```

도커에서 제공하는 이미지 호스팅 서비스인 도커 허브(https://hub.docker.com/)에 로그인을 해보고, 오라클 리눅스 이미지를 검색해 본다. 도커 허브에 계정이 없다면 계정 생성 후에 다음 명령을 실행한다. Username, Password는 독자의 도커 허브 계정 정보를 사용한다.

```
[opc@oci-demo-appdev ~]$ docker login
Login with your Docker ID to push and pull images from Docker Hub. If you
don't have a Docker ID, head over to https://hub.docker.com to create one.
Username: ociexplained
Password: xxxxxxxxxx
WARNING! Your password will be stored unencrypted in /home/opc/.docker/
config.json.
Configure a credential helper to remove this warning. See
https://docs.docker.com/engine/reference/commandline/login/#credentials-
store

Login Succeeded
[opc@oci-demo-appdev ~]$ docker search oraclelinux
NAME                                    DESCRIPTION
STARS     OFFICIAL   AUTOMATED
oraclelinux                             Official Docker builds of
Oracle Linux.       1016       [OK]
... 생략 ...
```

이번에는 도커 이미지를 이용해서 Nginx 웹 서버를 실행해 보자. 다음과 같이 "docker run" 명령으로 컨테이너를 생성한다. "docker run" 명령을 수행할 때 사용한 옵션들의 의미는 다음과 같다.

- -i: interactive. 사용자가 입출력을 할 수 있도록 해준다.
- -t: Pseudo-tty. 가상 터미널 환경을 에뮬레이션한다. -i, -t 옵션을 함께 사용하면 컨테이너 내에서 터미널을 실행할 수 있게 된다.
- --rm: 컨테이너 내의 프로세스가 종료되면 컨테이너를 자동으로 삭제한다.
- -d: Detached. 컨테이너를 백그라운드에서 실행하려면 -d 옵션을 사용해야 한다. 이 옵션을 사용하지 않으면 기본값인 Foreground 모드로 실행된다. Foreground 모드로 실행될 경우 docker run 명령을 실행한 콘솔에서 컨테이

너의 표준 입출력과 에러를 볼 수 있지만 명령 프롬프트에 접근할 수 없게 된다. 따라서 컨테이너 실행 도중에는 명령을 실행할 수 없다.

- -p: 포트 포워딩Port Forwarding 옵션. 호스트와 컨테이너 간의 포트 배포 및 바인드를 명시하는 방법은 "호스트_포트:컨테이너_포트" 형식을 사용한다. 이를 통해 호스트 머신의 특정 포트를 컨테이너의 포트와 연결해서 컨테이너 외부에서 온 트래픽을 컨테이너 내부의 포트로 전달할 수 있다. 컨테이너 포트를 호스트 머신의 포트로 노출시켜 컨테이너 외부에서도 해당 포트를 이용할 수 있게 된다.
- --name: 컨테이너 이름을 지정한다. 뒤에 이미지 이름도 설정할 수 있으며, 지정하지 않을 경우 도커가 자동으로 이름을 생성한다.

```
[opc@oci-demo-appdev ~]$ docker run -it --rm -d -p 8080:80 --name web nginx
Unable to find image 'nginx:latest' locally
latest: Pulling from library/nginx
360eba32fa65: Pull complete
c5903f3678a7: Pull complete
27e923fb52d3: Pull complete
72de7d1ce3a4: Pull complete
94f34d60e454: Pull complete
e42dcfe1730b: Pull complete
907d1bb4e931: Pull complete
Digest: sha256:6926dd802f40e5e7257fded83e0d8030039642e4e10c4a98a6478e9c
6fe06153
Status: Downloaded newer image for nginx:latest
e90f3b76aa9f79fa884dbdb11cb11572c78ab5d0b0e3dad81e7bed72f21f16d5
```

"docker images"와 "docker ps" 명령으로 도커 이미지와 컨테이너가 생성된 것을 확인할 수 있다. "docker images" 명령은 도커 호스트에 저장된 이미지 목록을 조회하는 명령이고, "docker ps"는 현재 실행 중인 도커 컨테이너 목록을 보여주는 명령이다. -a 옵션은 모든 컨테이너를 보여주는 옵션으로 -a 옵션을 사용하지 않으면 실행 중인 컨테이너만 보여준다.

```
[opc@oci-demo-appdev ~]$ docker images
REPOSITORY   TAG       IMAGE ID       CREATED       SIZE
nginx        latest    f5a6b296b8a2   7 days ago    187MB
[opc@oci-demo-appdev ~]$ docker ps -a
CONTAINER ID   IMAGE     COMMAND                  CREATED
```

```
STATUS                PORTS                                    NAMES
e90f3b76aa9f   nginx     "/docker-entrypoint.…"   About a minute ago   Up
About a minute   0.0.0.0:8080->80/tcp, :::8080->80/tcp   web
```

생성된 컨테이너의 상세한 정보는 다음의 "docker inspect" 명령으로 확인할 수 있다. "docker inspect" 명령은 도커 컨테이너, 이미지, 네트워크, 볼륨 등의 객체에 대한 자세한 정보를 가져오는 데 사용되는 도커 명령이다. 이 명령은 도커 API를 통해 객체의 구성과 상태에 대해 JSON 형식으로 정보를 출력한다.

```
[opc@oci-demo-appdev ~]$ docker inspect web
[
    {
        "Id": "e90f3b76aa9f79fa884dbdb11cb11572c78ab5d0b0e3dad81e7bed72f21f
16d5",
        "Created": "2023-09-15T05:43:43.761930646Z",
        "Path": "/docker-entrypoint.sh",
        "Args": [
            "nginx",
            "-g",
            "daemon off;"
        ],
        "State": {
            "Status": "running",
... 생략 ...
```

다음과 같이 "docker exec" 명령으로 도커 호스트에서 컨테이너 내에 셸로 접근하거나 컨테이너 밖에서 명령을 실행할 수도 있다. "docker exec -w" 옵션은 "docker exec" 명령을 사용할 때 실행 중인 컨테이너의 작업 디렉토리를 변경하는 데 사용된다.

```
[opc@oci-demo-appdev ~]$ docker exec -it web /bin/bash
root@e6e8a7c7e837:/# hostname
e90f3b76aa9f
root@e6e8a7c7e837:/# ls
bin   dev                  docker-entrypoint.sh  home  lib32  libx32  mnt
proc  run   srv  tmp  var
boot  docker-entrypoint.d  etc                   lib   lib64  media   opt
root  sbin  sys  usr
root@e6e8a7c7e837:/# exit
```

```
exit
[opc@oci-demo-appdev ~]$ docker exec -it web whoami
root
[opc@oci-demo-appdev ~]$ docker exec -w /var/log web cat dpkg.log
2023-09-07 14:40:27 startup archives unpack
2023-09-07 14:40:27 install readline-common:all <none> 8.2-1.3
2023-09-07 14:40:27 status half-installed readline-common:all 8.2-1.3
... 생략 ...
```

앞서 "docker run" 명령으로 컨테이너를 생성했다. 이제 HTTP 8080번 포트로 웹 브라우저를 통해 접속하면 Nginx 웰컴 페이지를 볼 수 있게 된다.

웹 브라우저로 Nginx 실행 여부를 확인하기 전에 먼저 네트워크 설정을 확인해야 한다. 이를 위해 VCN에서 8080번 포트로 접근을 허용하기 위한 포트 개방 규칙 등록이 필요하다. 개발 환경 가상 머신이 속한 퍼블릭 서브넷의 시큐리티 리스트인 "Default security list for OCI_DEMO"에 8080번 포트에 대한 Stateful Ingress 규칙을 그림 2-20과 같이 추가한다. 해당 시큐리티 리스트에서 Add Ingress Rules를 클릭해서 다음 내용으로 설정한다.

- Source CIDR: 0.0.0.0/0
- Destination Port Range: 8080

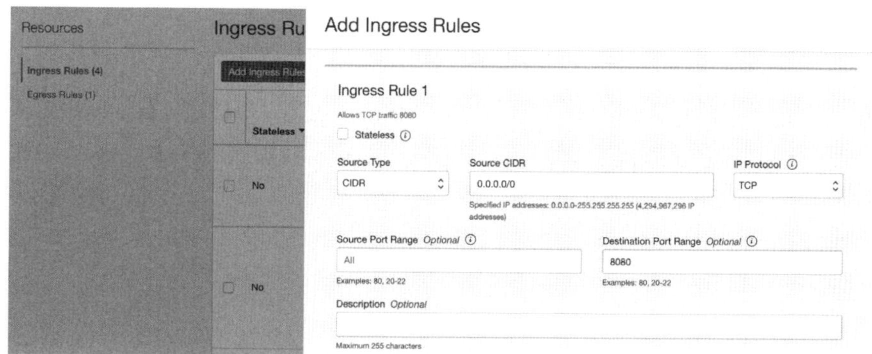

그림 2-20 Nginx 사용 포트 개방을 위한 시큐리티 리스트 규칙 추가

개발 환경 가상 머신 호스트에서도 8080번 포트를 개방한다.

```
[opc@oci-demo-appdev ~]$ sudo firewall-cmd --permanent --zone=public --add-
port=8080/tcp
success
[opc@oci-demo-appdev ~]$ sudo firewall-cmd --reload
success
```

개발 환경 가상 머신의 퍼블릭 IP 주소는 OCI 웹 콘솔에서 확인할 수도 있고, cURL 명령으로 확인할 수도 있다. ifconfig.co 서비스는 HTTP 요청을 통해 호출한 클라이언트의 IP 주소를 반환하는 기능으로 다음 "curl ifconfig.co" 명령을 통해 현재 시스템의 퍼블릭 IP 주소를 검색할 수 있다.

```
[opc@oci-demo-appdev ~]$ curl ifconfig.co
129.154.58.194
```

[cURL]

Client URL[cURL]은 데이터 전송 및 연결 문제 해결에 널리 사용되는 명령어 라인 인터페이스로 동작하는 리눅스 도구이다. 이 도구는 무료 URL 전송 라이브러리인 libcurl에 의해 구동되며, HTTP, HTTPS, FTP 등의 프로토콜을 사용해서 서버와 통신하고 데이터를 송수신하는 데 사용된다. 사용 방법은 "curl [옵션] [URL]"과 같이 curl 명령어를 사용하며, 예를 들어 "curl -I http://www.google.com"과 같이 사용할 수 있다.

http://〈개발 환경 가상 머신 퍼블릭 IP 주소〉:8080으로 웹 브라우저를 통해 접속하면 그림 2-21과 같이 Nginx 웰컴 페이지를 볼 수 있게 된다.

보안 안 됨 — 129.154.58.194

Welcome to nginx!

If you see this page, the nginx web server is successfully installed and working. Further configuration is required.

For online documentation and support please refer to nginx.org.
Commercial support is available at nginx.com.

Thank you for using nginx.

그림 2-21 Nginx 초기 웰컴 페이지 출력

테스트 중인 컨테이너의 로그는 다음과 같이 확인한다. "docker logs" 명령은 컨테이너가 생성한 로그 메시지를 표시하며, 컨테이너의 표준 출력stdout 및 표준 오류stderr에 기록된 내용을 확인할 수 있다.

```
[opc@oci-demo-appdev ~]$ docker logs web
/docker-entrypoint.sh: /docker-entrypoint.d/ is not empty, will attempt to
perform configuration
/docker-entrypoint.sh: Looking for shell scripts in /docker-entrypoint.d/
/docker-entrypoint.sh: Launching /docker-entrypoint.d/10-listen-on-ipv6-by-
default.sh
... 생략 ...
```

도커에서 컨테이너 통신이 어떻게 이뤄지는지에 대해 잠시 살펴보자. 처음 도커 엔진을 설치하면 다음과 같이 자동으로 3개의 디폴트 네트워크가 생성된다.

- bridge: 호스트와 컨테이너 간의 통신을 담당한다.
- host: 호스트의 네트워크 환경을 컨테이너에서 사용하려고 할 때 적용한다. 네트워크 환경을 호스트에서 컨테이너로 공유하는 방법은 "docker run" 명령에서 "--net host" 옵션을 사용하는 것이다. 예를 들어 "docker run -it --name network_host --net host nginx:1.0"과 같이 사용할 수 있다. 이렇게 호스트 네트워크를 적용한 후에 컨테이너 내부에서 "ifconfig" 명령을 실행하면 호스트의 네트워크 설정과 동일한 결과를 확인할 수 있다.
- none(null): 해당 컨테이너에 대해 모든 네트워크를 비활성시킬 때 사용한다.

```
[opc@oci-demo-appdev ~]$ docker network ls
NETWORK ID      NAME      DRIVER    SCOPE
655fa1bbd4a7    bridge    bridge    local
19158bfbdb89    host      host      local
8bf49080134e    none      null      local
```

도커 컨테이너를 실행한 후 호스트에서 "ifconfig" 또는 "ip addr" 명령을 통해 확인하면 "docker0"이라는 네트워크 인터페이스가 추가돼 있음을 알 수 있다. "docker0"은 도커 브릿지 네트워크에서 사용하는 인터페이스이다.

일반적으로 가상화 환경에서는 소프트웨어 스위치가 구성되는데 도커 네트워크에서는 브릿지가 그 역할을 담당한다. 브릿지별로 네트워크가 설정되며, 같은 브릿지를 사용하는 컨테이너는 서로 통신이 가능하다. 그러나 브릿지가 다르면 별도의 추가 설정이 필요하다. 도커의 기본 네트워크는 브릿지 네트워크로 별도로 지정하지 않으면 컨테이너는 브릿지 네트워크를 사용하도록 설정돼 있다.

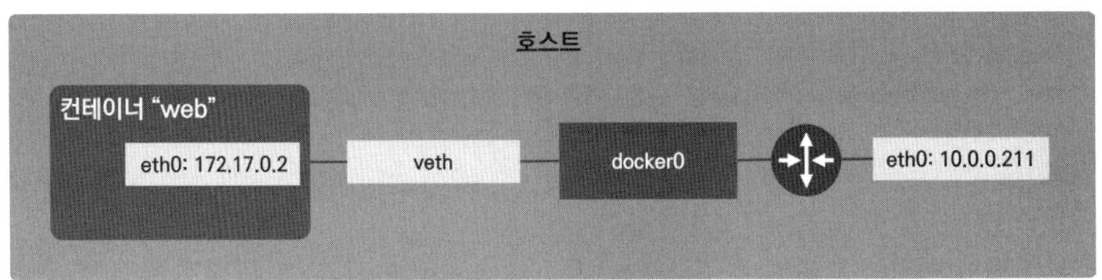

그림 2-22 호스트와 도커 컨테이너 간 통신

호스트와 컨테이너 간 통신은 그림 2-22와 같은 구조로 이뤄진다. 컨테이너가 생성되면 도커 컨테이너 내의 eth0 네트워크 인터페이스는 veth와 연결되고, 이는 다시 docker0이라는 브릿지 네트워크에 연결된다. docker0은 호스트의 eth0 네트워크 인터페이스와 연결된다.

컨테이너를 생성한 후 호스트에서 확인해 보면 "veth..."라는 Virtual Ethernet 네트워크 인터페이스가 추가돼 있다. 이는 컨테이너가 생성될 때 자동으로 함께 만들어진 것이다.

```
[opc@oci-demo-appdev ~]$ ifconfig
docker0: flags=4163<UP,BROADCAST,RUNNING,MULTICAST>  mtu 1500
        inet 172.17.0.1  netmask 255.255.0.0  broadcast 172.17.255.255
        inet6 fe80::42:49ff:fe5c:4b6b  prefixlen 64  scopeid 0x20<link>
        ether 02:42:49:5c:4b:6b  txqueuelen 0  (Ethernet)
... 생략 ...
ens3: flags=4163<UP,BROADCAST,RUNNING,MULTICAST>  mtu 9000
        inet 10.0.0.159  netmask 255.255.255.0  broadcast 10.0.0.255
        inet6 fe80::17ff:fe00:9911  prefixlen 64  scopeid 0x20<link>
        ether 02:00:17:00:99:11  txqueuelen 1000  (Ethernet)
... 생략 ...
veth6bdce2d: flags=4163<UP,BROADCAST,RUNNING,MULTICAST>  mtu 1500
        inet6 fe80::6489:feff:fee2:df3f  prefixlen 64  scopeid 0x20<link>
        ether 66:89:fe:e2:df:3f  txqueuelen 0  (Ethernet)
... 생략 ...
```

다음의 "docker inspect" 명령으로 컨테이너 상세 정보를 조회해 보면 앞서 만든 컨테이너가 172.17.0.2 IP 주소로 브릿지 네트워크에 바인딩돼 있는 것을 알 수 있다. 이는 브릿지의 상세 정보를 확인하는 "docker network inspect bridge" 명령으로도 확인할 수 있다.

```
[opc@oci-demo-appdev ~]$ docker inspect web | grep IPAddress
            "SecondaryIPAddresses": null,
            "IPAddress": "172.17.0.2",
            "IPAddress": "172.17.0.2",
```

이제 도커 사용 방법의 마지막 테스트로 Nginx 초기 웰컴 화면을 수정해 본다. 먼저 컨테이너를 종료한다.

```
[opc@oci-demo-appdev ~]$ docker stop web
web
[opc@oci-demo-appdev ~]$ docker ps -a
CONTAINER ID   IMAGE     COMMAND   CREATED   STATUS    PORTS     NAMES
```

Nginx는 별도 설정을 하지 않으면 컨테이너 내에서 정적 웹 페이지의 위치로 "/usr/share/nginx/html" 디렉토리를 참조한다. Nginx 초기 웰컴 화면 수정을 위해 직접 컨테이너의 "/usr/share/nginx/html" 디렉토리 내의 index.html 파일을 수정하고 컨테이너를 시작해도 되지만 마운트 볼륨을 이용하는 방법도 있다. 즉, 호스트 머신의 디렉토리를 실행 중인 컨테이너에 매핑할 수 있다. 이를 바인드 마운트Bind Mount라고 한다.

먼저 다음과 같은 내용으로 사용자 정의 html 페이지를 만든다. 다음과 같이 호스트 머신에 임의의 디렉토리를 만들고 그 안에 사용자 정의 index.html 페이지를 만든다.

```
GitHub Script: https://github.com/ociexplained/how-to-use-OCI/chapter2/
index.html
---------------------------------------------------------------------------
[opc@oci-demo-appdev ~]$ mkdir ~/demo-content
[opc@oci-demo-appdev ~]$ vi ~/demo-content/index.html
<!doctype html>
<html lang="en">
<head>
  <meta charset="utf-8">
  <title>Docker Nginx</title>
</head>
<body>
  <h2>This is modified welcome page of Nginx</h2>
</body>
</html>
```

바인드 마운트 볼륨을 생성하는 "-v" 옵션으로 docker run을 수행한다.

```
[opc@oci-demo-appdev ~]$ docker run -it --rm -d -p 8080:80 --name web -v ~/
demo-content:/usr/share/nginx/html nginx
413c0c63ad88fc65859c03a01aa9bdde32c7629467669274f7a4fd3393f401b2
[opc@oci-demo-appdev ~]$ docker ps -a
CONTAINER ID   IMAGE     COMMAND                  CREATED          STATUS
PORTS                                   NAMES
413c0c63ad88   nginx     "/docker-entrypoint.…"   10 seconds ago   Up 9
seconds   0.0.0.0:8080->80/tcp, :::8080->80/tcp   web
```

이제 http://〈개발 환경 가상 머신 퍼블릭 IP 주소〉:8080으로 웹 브라우저를 통해 접속해 보면 그림 2-23과 같이 Nginx 웰컴 페이지가 호스트의 index.html 파일 내용으로 변경된 것을 확인할 수 있다. 만일 기존 웰컴 페이지가 보인다면 웹 브라우저의 캐시를 삭제하고 페이지를 다시 로드하면 된다.

보안 안 됨 — 129.154.58.194

This is modified welcome page of Nginx

그림 2-23 도커 바인드 마운트로 변경한 Nginx 초기 웰컴 페이지 출력

다음 실습을 위해 컨테이너를 종료한다.

```
[opc@oci-demo-appdev ~]$ docker stop web
web
```

이번에는 앞서 수정한 사용자 정의 index.html 파일을 담고 있는 Nginx 사용자 정의 이미지를 도커로 빌드한다. 이를 위해 도커파일Dockerfile을 작성하고, 해당 파일을 사용해서 도커 이미지를 빌드한다.

도커파일은 컨테이너 이미지를 생성하는 데 사용되는 텍스트 파일이다. 이 파일은 도커 엔진에게 어떤 기본 이미지를 사용할지, 추가적으로 필요한 파일과 명령어를 어떻게 구성할지를 지시한다.

실습에서 사용되는 다음 도커파일에는 호스트에 있는 커스텀 html 파일을 컨테이너 내의 html 파일로 복사하도록 명시하고 있다. 도커파일에서 사용된 키워드의 내용은 다음과 같다.

- FROM: 새 빌드 단계를 초기화하고 후속 명령어를 위한 기본 이미지를 설정한다. 다음 예시에서는 nginx:latest 이미지를 로컬 머신에 가져와서 이 위에 사용자 정의 이미지를 빌드하겠다는 의미이다.
- COPY: 호스트 머신의 파일이나 디렉토리를 도커 컨테이너 내로 복사한다. 다음 예시에서는 로컬의 index.html 파일을 컨테이너 내부의 /usr/share/nginx/html 디렉토리로 복사해서 nginx:latest 이미지가 제공하는 기본 index.html 파일을 덮어썼다.

```
[opc@oci-demo-appdev ~]$ vi Dockerfile
FROM nginx:latest
COPY ./demo-content/index.html /usr/share/nginx/html/index.html
```

도커 빌드는 다음 명령으로 수행한다. "docker build" 명령은 도커 이미지를 생성하는 데 사용되는 명령이다. 도커파일이라는 텍스트 형식의 매니페스트 파일을 사용해서 이미지의 빌드 과정을 정의하고 "docker build" 명령을 실행하면 도커 엔진이 해당 도커파일을 기반으로 이미지를 빌드한다.

빌드 명령을 수행할 때 출력되는 내용을 보면 도커파일에 기술했던 명령어가 순차적으로 수행되는 것을 알 수 있다. Nginx 기본 이미지가 로컬 호스트에 없을 경우 도커 허브 등의 리포지터리에서 이미지를 가져오는 과정을 거치게 된다. 하지만 여기서는 해당 이미지가 로컬에 있기 때문에 이 과정이 생략됐다. 빌드가 완료되고 나면 "docker images" 명령으로 확인했을 때 "webserver"라는 이름의 이미지가 새로 생성됐음을 확인할 수 있다.

- -t: tag를 지정한다. 〈저장소 이름〉/〈이미지 이름〉:〈태그〉 형식으로 사용한다. 예를 들어 exampleuser/hello:0.1 또는 hello 등과 같이 사용할 수 있다. build 명령 끝에는 도커파일이 저장된 경로를 입력한다. 여기서는 명령어를 수행하는 현재 위치에 도커파일이 있으므로 "."을 입력했다.

```
[opc@oci-demo-appdev ~]$ docker build -t webserver .
=> [internal] load build definition from Dockerfile                     0.0s
 => => transferring dockerfile: 179B                                     0.0s
 => [internal] load .dockerignore                                        0.0s
 => => transferring context: 2B                                          0.0s
 => [internal] load metadata for docker.io/library/nginx:latest          0.0s
 => [internal] load build context                                        0.0s
 => => transferring context: 389B                                        0.0s
 => [1/2] FROM docker.io/library/nginx:latest                            0.1s
 => [2/2] COPY ./demo-content/index.html /usr/share/nginx/html/index.html
0.0s
 => exporting to image                                                   0.2s
 => => exporting layers                                                  0.2s
 => => writing image sha256:ddfdc0b250453f6ceaba22c18881c7ba1faa49e3580ced3
ebf308b30c9dab3b2 0.0s
 => => naming to docker.io/library/webserver                             0.0s
```

```
[opc@oci-demo-appdev ~]$ docker images
REPOSITORY   TAG      IMAGE ID       CREATED          SIZE
webserver    latest   ddfdc0b25045   17 seconds ago   187MB
nginx        latest   f5a6b296b8a2   7 days ago       187MB
```

빌드한 사용자 정의 이미지로 컨테이너를 다음과 같이 생성하고 결과를 확인해 본다.

```
[opc@oci-demo-appdev ~]$ docker run -it --rm -d -p 8080:80 --name web
webserver
5477262bbd215ed15f892055a542841fde31029424da56ee7f62208de71cd073
[opc@oci-demo-appdev ~]$ docker ps -a
CONTAINER ID   IMAGE       COMMAND                  CREATED          STATUS
PORTS                                   NAMES
5477262bbd21   webserver   "/docker-entrypoint.…"   11 seconds ago   Up 10
seconds   0.0.0.0:8080->80/tcp, :::8080->80/tcp   web
```

이번에는 빌드한 사용자 정의 이미지를 협업을 위해 도커 리포지터리에 공유해 보자. 빌드한 사용자 정의 이미지를 도커 리포지터리에 공유하는 과정은 다음과 같다.

- 도커 리포지터리에 로그인한다: docker login
- 빌드한 사용자 정의 이미지에 새로운 태그를 추가한다. "docker tag" 명령어를 사용한다. 예시: "docker tag webserver ociexplained/webserver:1.0"의 명령은 webserver 이미지를 ociexplained/webserver:1.0 태그로 생성한다.
- 이미지를 리포지터리에 업로드한다. "docker push" 명령어를 사용한다. 예시: "docker push ociexplained/webserver:1.0"의 명령은 ociexplained/webserver:1.0 이미지를 도커 리포지터리에 업로드한다.

이렇게 하면 사용자 정의 이미지가 도커 리포지터리에 공유되며, 동료들과 협업해서 해당 이미지를 사용할 수 있게 된다. 쿠버네티스 환경에서 테스트할 때도 유사한 방식으로 도커 리포지터리나 별도 리포지터리 서버를 사용해서 이미지를 업로드하고 관리할 수 있다.

"docker push" 명령도 "docker tag" 명령과 같은 형식이며, 이미지에 등록된 태그 내용대로 리포지터리에 업로드된다.

```
[opc@oci-demo-appdev ~]$ docker login
... 생략 ...
Login Succeeded
[opc@oci-demo-appdev ~]$ docker images
REPOSITORY   TAG      IMAGE ID       CREATED         SIZE
webserver    latest   ddfdc0b25045   3 minutes ago   187MB
nginx        latest   f5a6b296b8a2   7 days ago      187MB
[opc@oci-demo-appdev ~]$ docker tag webserver ociexplained/webserver:1.0
[opc@oci-demo-appdev ~]$ docker push ociexplained/webserver:1.0
The push refers to repository [docker.io/ociexplained/webserver]
b991ec70f7e8: Pushed
... 생략 ...
1.0: digest: sha256:f40963c802d282fa6a2455dbe77135296978ffe8293625ae6bfc549
6236acbb1 size: 1985
```

이제 다음 도커 허브 URL에 접속해서 로그인을 하면 앞서 업로드한 사용자 정의 이미지를 그림 2-24와 같이 확인할 수 있다.

- https://hub.docker.com/

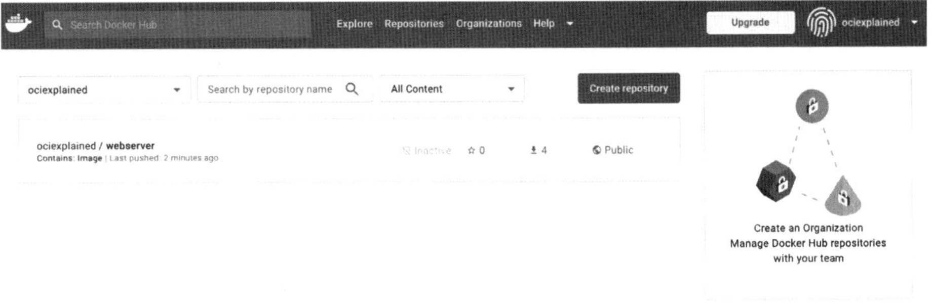

그림 2-24 Docker Hub에 업로드된 이미지 확인

해당 이미지를 클릭하면 태그 정보 등 이미지에 대한 상세 정보를 그림 2-25와 같이 확인할 수 있다.

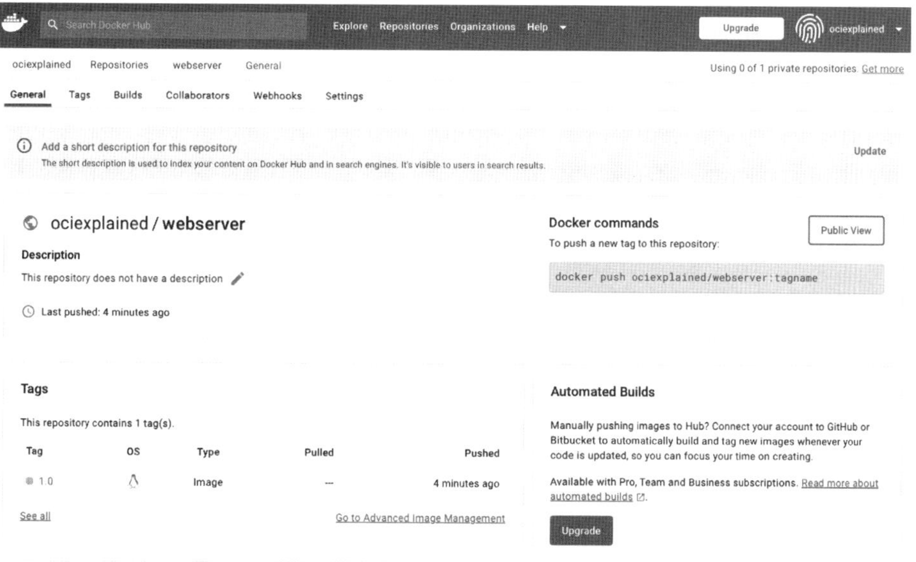

그림 2-25 Docker Hub에 업로드된 이미지 상세 정보

개발 환경에서 "docker images" 명령을 실행하면 〈도커 허브 리포지터리/이미지〉와 같은 형식으로 도커 허브에 업로드된 것을 터미널에서도 확인할 수 있다.

```
[opc@oci-demo-appdev ~]$ docker images
REPOSITORY               TAG      IMAGE ID       CREATED         SIZE
webserver                latest   ddfdc0b25045   8 minutes ago   187MB
ociexplained/webserver   1.0      ddfdc0b25045   8 minutes ago   187MB
nginx                    latest   f5a6b296b8a2   7 days ago      187MB
```

2.2.2 데이터베이스 서비스 인스턴스 생성

1장 샘플 애플리케이션에서 데이터베이스를 구성할 때는 IaaS 기반으로 가상 머신 인스턴스 위에 MySQL 데이터베이스를 구성했다. 2장에서는 환경 구성이 편리한 PaaS 기반으로 오라클 데이터베이스 서비스Database as a Service, DBaaS를 배포해서 사용하고, 오라클 데이터베이스의 고가용성 아키텍처인 RACReal Application Cluster로 데이터베이스를 구성해서 RAC 데이터베이스 사용을 경험해 볼 것이다. 만일 비용이나 테넌시 용량 제한 등의 이유로 RAC 데이터베이스 배포가 여의치 않을 경우에는 단일 인스턴스 데이터베이스를 배포해서 실습을 진행해도 무방하다. 사용 방법은 서로 거의 유사하다.

우선 오라클 RAC 데이터베이스와 멀티테넌트 개념에 대해 간략히 살펴보고 실습을 진행한다. 이 책에서 다루는 여타 기술과 마찬가지로 오라클 데이터베이스 역시 몇 페이지로 정리하기에는 방대한 기술 범위를 가진 제품이다. 따라서 여기서는 실습을 진행하기 위한 최소한의 사전 지식 정도만 살펴보려고 한다.

2.2.2.1 오라클 RAC 데이터베이스

오라클 RAC(Real Application Cluster) 데이터베이스는 장애에 대비하기 위한 구조로 그림 2-26과 같이 2개 이상의 Active 인스턴스로 데이터베이스 요청을 처리한다. 공유 디스크, 공유 캐시 구조의 Active-Active 데이터베이스 클러스터로서 모든 노드가 Active-Active 상태로 각 노드로 요청되는 트랜잭션을 처리한다. 따라서 한쪽 노드에 장애가 발생해도 또 다른 노드에서 계속해서 서비스를 수행할 수 있는 데이터베이스 아키텍처이다.

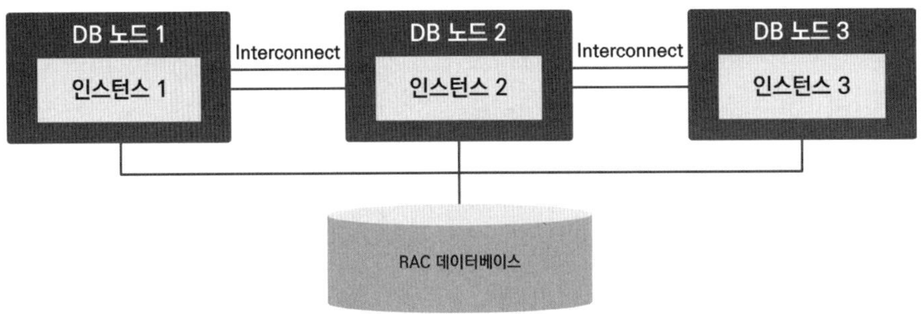

그림 2-26 오라클 RAC 데이터베이스

이는 현재 IT 시장에 나와 있는 관계형 데이터베이스들의 고가용 아키텍처가 대부분 Active-Standby 구조라는 부분과의 차별점이라고 할 수 있다. 물론 MariaDB Galera Cluster와 같은 오픈소스 데이터베이스에서도 Active-Active 고가용 아키텍처를 제공하기도 한다. 다만 클러스터 노드 간 동기화 측면에서 RAC의 경우 각 노드의 메모리 구조 사이에서 이뤄지는 반면에 MariaDB Galera Cluster는 디스크를 경유하는 동기화 구조를 갖고 있다는 점에서 서로 다르다.

오라클 RAC 데이터베이스는 노드 증설이 쉬운 아키텍처라 확장성 측면에서도 강점을 갖고 있다. 이런 고가용성과 확장성 측면의 장점 때문에 엔터프라이즈 환경의 중요한 업무에서 많이 사용된다.

RAC에서는 클러스터 내 각 노드 간 캐시 데이터를 주고받을 때 인터커넥트Interconnect라는 전용 네트워크를 사용한다. 인터커넥트를 통해 모든 노드가 메모리에 캐싱된 블록을 공유하기 때문에 디스크 I/O를 최소화하는 효과가 있다. 따라서 MPPMassively Parallel Processing 데이터베이스 아키텍처에서처럼 데이터를 여러 노드에 걸쳐 분할되도록 설계할 필요가 없다.

[Cache Fusion]

Cache Fusion은 오라클 RAC 아키텍처에서 사용되는 기술이다. 이 기술은 RAC 클러스터의 여러 노드에서 실행되는 데이터베이스 인스턴스 간에 데이터를 공유하는 방법으로 사용된다.

Cache Fusion은 데이터베이스의 데이터 버퍼 캐시를 물리적으로 공유 메모리로 유지함으로써 노드 간의 데이터 공유와 빠른 데이터 액세스를 가능하게 한다. 이를 통해 클러스터의 여러 노드에서 실행 중인 데이터베이스 인스턴스가 동일한 데이터 블록에 접근해서 데이터를 처리하거나 수정할 수 있다.

Cache Fusion은 효율적인 데이터 공유와 분산 데이터베이스 처리를 가능하게 하며, RAC 데이터베이스의 성능과 확장성을 향상시키는 중요한 요소 중 하나이다.

2023년 10월 기준으로 클라우드 환경에서 오라클의 기술 지원이 가능한 RAC 서비스는 오라클 클라우드에서만 가능하다.

2.2.2.2 오라클 데이터베이스 RAC 환경에서의 멀티테넌트

오라클 데이터베이스는 12c부터 멀티테넌트Multitenant 아키텍처를 적용하고 있다. 멀티테넌트 아키텍처는 그림 2-27과 같이 하나의 컨테이너 데이터베이스Container Database, CDB 위에 다수의 Pluggable 데이터베이스PDB를 마치 전원에 플러그를 넣고 빼는 방식으로 쉽게 배포할 수 있는 아키텍처이다. 여기서 CDB는 Pluggable 데이터베이스를 담을 수 있는 컨테이너 역할을 하며, 사용자의 데이터는 Pluggable 데이터베이스에 저장된다. 각 Pluggable 데이터베이스에는 업무 용도에 맞는 서로 다른 워크로드를 담을 수 있다. 이런 오라클 데이터베이스 아키텍처를 CDB 아키텍처라고 하고, 기존의 아키텍처는 보통 Non-CDB 아키텍처라고 한다.

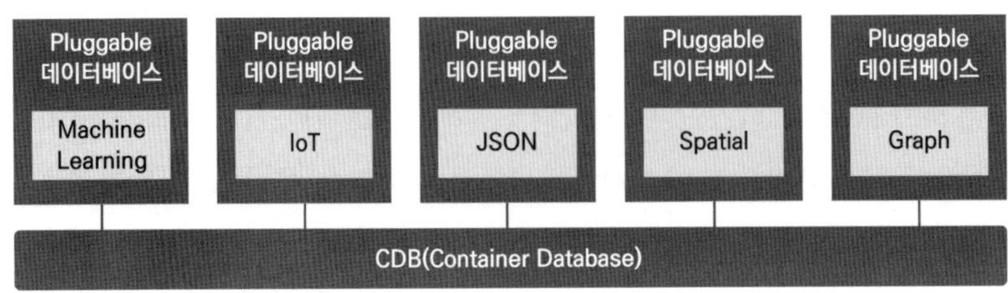

그림 2-27 오라클 데이터베이스 멀티테넌트 아키텍처

멀티테넌트 아키텍처는 백업, 패치 등을 CDB 단위로 받을 수 있어서 데이터베이스의 관리 부담을 줄일 수 있다. 물론 개별 Pluggable 데이터베이스 단위로도 데이터베이스를 관리할 수 있다. 또한 새로운 데이터베이스 복제나 신규 생성도 명령어 하나로 가능하다.

멀티테넌트 아키텍처는 데이터베이스를 업무 단위로 쉽게 배포하고 자원을 확장할 수 있는 측면에서 마이크로서비스에 적합한 데이터베이스 아키텍처라고 할 수 있다. 이런 개념은 오라클 데이터베이스의 개발 방향으로 나아가고 있는데 2023년에 출시된 오라클 23c 데이터베이스부터는 기존의 Non-CDB 아키텍처를 더 이상 지원하지 않고, CDB 아키텍처만 지원하게 된다.

RAC 환경에서의 멀티테넌트 아키텍처는 그림 2-28과 같이 멀티 인스턴스에 각 Pluggable 데이터베이스 인스턴스가 이중화된 구조를 가진다. 이후 진행될 실습에서는 사용자 관리(userpdb), 도서 관리(bookpdb)라고 하는 2개의 Pluggable 데이터베이스를 RAC 환경에서 배포할 것이다.

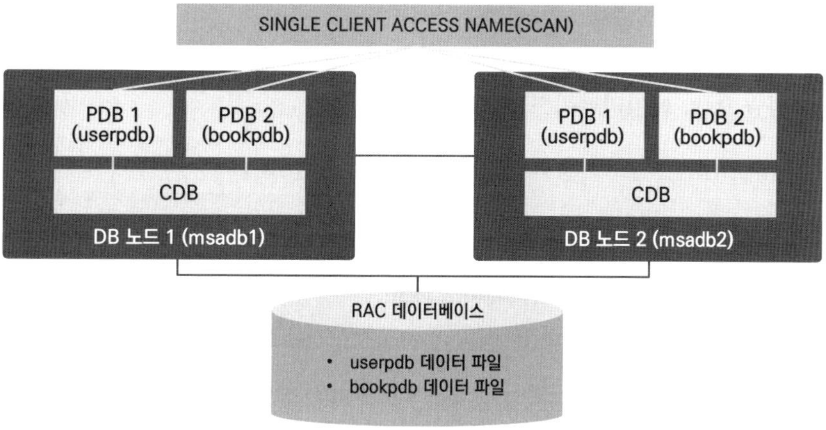

SINGLE CLIENT ACCESS NAME(SCAN)

PDB 1 (userpdb)
PDB 2 (bookpdb)
CDB
DB 노드 1 (msadb1)

PDB 1 (userpdb)
PDB 2 (bookpdb)
CDB
DB 노드 2 (msadb2)

RAC 데이터베이스
- userpdb 데이터 파일
- bookpdb 데이터 파일

그림 2-28 오라클 데이터베이스 멀티테넌트 RAC

애플리케이션 클라이언트에서 각 Pluggable 데이터베이스로의 접속은 보통 스캔 Single Client Access Name, SCAN DNS나 IP 주소를 통해 이뤄진다. 물론 각 노드의 호스트 DNS 또는 IP 주소를 통해 해당 노드에 직접 연결할 수도 있다. 스캔은 오라클 데이터베이스에 대한 단일 클라이언트 접근 지점을 제공하는 데 사용되는 가상 IP(VIP) 주소이고, 스캔 리스너는 클라이언트가 개별 클러스터 노드의 특정 주소를 알 필요 없이 데이터베이스에 연결할 수 있게 한다. 또한 클라이언트 연결뿐만 아니라 클러스터 간 로드 밸런싱을 해주는 역할도 한다. RAC뿐만 아니라 단일 인스턴스 오라클 데이터베이스도 스캔을 제공한다.

지금부터 그림 2-29의 단계와 같이 데이터베이스 서비스 인스턴스를 생성하고, 데이터베이스에 접속을 설정해 본다.

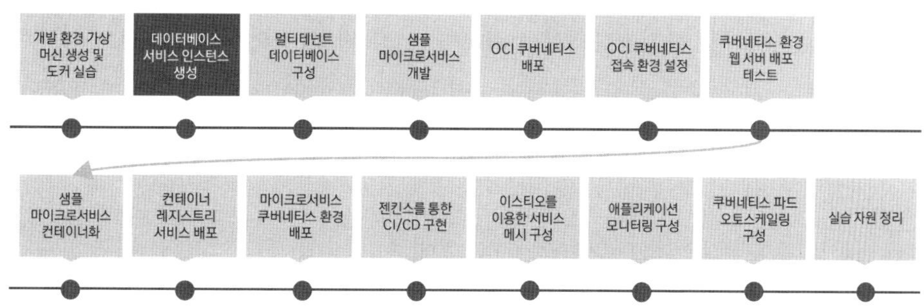

그림 2-29 2장 실습 단계 - 데이터베이스 서비스 인스턴스 생성

다음과 같은 단계로 실습을 진행한다.

- 오라클 RAC 데이터베이스 배포
- Bastion 호스트를 통한 데이터베이스 SSH 연결 설정

2.2.2.3 실습 - 오라클 RAC 데이터베이스 배포

오라클 데이터베이스 서비스를 배포하기 전에 "all-resources" 권한을 부여받지 못한 유저의 경우 다음과 같은 권한 구문을 "oci-demo-policy" 정책에 추가해야 한다.

```
Allow group <YOUR_GROUP_NAME> to manage database-family in compartment
<YOUR_COMPARTMENT_NAME>
```

여기서 실습을 유료 서비스인 오라클 RAC 데이터베이스로 진행하는 이유는 IT 시장에서 미션 크리티컬 업무에 많이 사용되는 RAC 데이터베이스를 경험하고 이해하기 위함이다. 그러나 Free Tier 계정의 자원 제약이나 비용상의 문제로 RAC 데이터베이스를 배포하기 어려운 환경이라면 단일 인스턴스 데이터베이스를 배포해도 실습을 진행하는 데 문제가 없다. 이 책에서는 독자가 RAC 대신 단일 인스턴스 데이터베이스를 배포한 경우를 고려해서 필요한 설정이 있을 때마다 별도로 언급할 것이다. 별도 언급이 없다면 RAC 데이터베이스와 단일 인스턴스 데이터베이스 간의 사용 방법은 같다고 보면 된다.

또 다른 방법은 RAC 또는 단일 인스턴스 DBCS를 사용하지 않고 별도 소프트웨어 비용이 필요 없는 오라클 데이터베이스 23c 개발자용 무료 버전을 사용하는 것이다. 이 경우에는 1장에서 실습한 바와 같이 컴퓨트 가상 머신을 배포한 후 여기에 데이터베이스 소프트웨어를 다운로드해서 설치한다. 설치 방법은 오라클 도큐먼트(https://docs.oracle.com/en/database/oracle/oracle-database/23/xeinl/index.html)를 참조한다.

오라클 데이터베이스 23c 개발자용 무료 버전의 스펙은 다음과 같다.

- 포그라운드Foreground 프로세스용 CPU 2개

- 2GB RAM(SGA 및 PGA 결합)
- 디스크의 사용자 데이터 12GB(압축률과 무관)
- 파티셔닝Partitioning, 멀티테넌트, 인메모리In-Memory 기능 사용 가능
- 병렬 쿼리, 데이터 가드Data Guard 등은 사용 불가
- Service RequestSR 불가
- 패치는 지원하지 않음

오라클 RAC 데이터베이스를 DBCS로 배포해 보자.

OCI 웹 콘솔의 [Oracle Database → Oracle Base Database] 화면으로 이동해서 Create DB system을 클릭한다.

그림 2-30과 같이 DB 시스템 정보를 입력한다.

- Name your DB system: oci-demo-msadb
- [Configure Shape] 섹션: 최소한의 자원으로 실습 진행을 위해 Change shape를 클릭해서 Shape를 변경한다. 그림 2-30과 같이 Number of OCPUsper node 항목에 2를 입력하고 Select shape를 클릭한다. 단일 인스턴스 데이터베이스를 배포할 경우에는 [Configure Shape] 섹션에서 이번 실습을 위해 별도로 설정할 내용은 없다. 기본값으로 설정된 내용을 그대로 둔다.

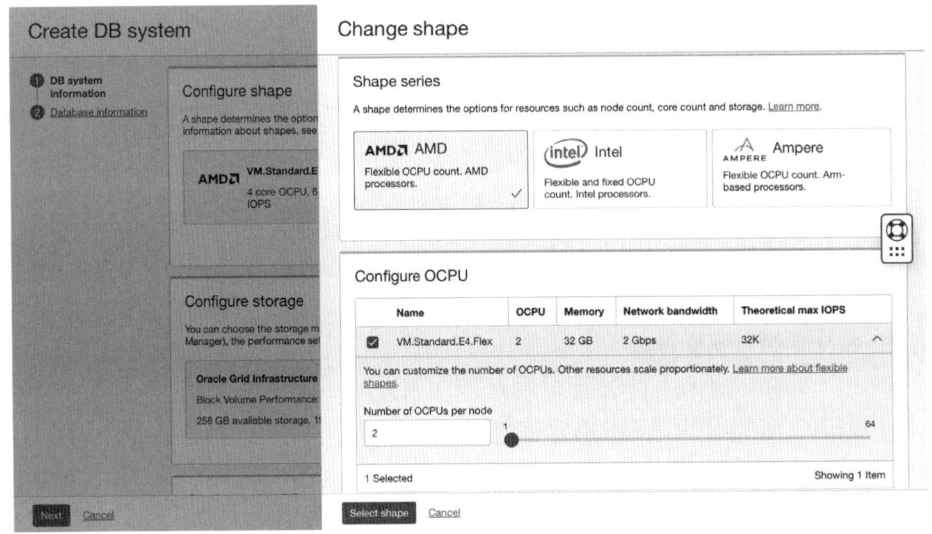

그림 2-30 DB 시스템 Shape 변경

계속 같은 화면 하단에서 그림 2-31과 같이 다음 정보를 입력하고 Next를 클릭한다.

- [Configure the DB system] 섹션: Total node count에 2를 선택한다. 2023년 기준으로 오라클 클라우드 DBCS에서는 2노드 RAC 데이터베이스만 지원한다. 단일 인스턴스 데이터베이스를 배포할 경우에는 [Configure Shape] 섹션에서 이번 실습을 위해 별도 설정할 내용은 없다. Total node count 값에 기본값으로 설정된 1을 그대로 유지한다.
- [Add SSH keys] 섹션: 데이터베이스 각 노드에 SSH 접속이 가능하도록 SSH 퍼블릭 키를 업로드한다. Upload SSH key files를 선택하고, 앞선 실습에서 생성한 SSH 퍼블릭 키를 업로드한다.
- [Choose a license type] 섹션: 서비스 구독 방식의 라이선스 정책인 License included를 선택한다. 온프레미스에서 소유하고 있는 데이터베이스 라이선스를 재활용하려고 한다면 Bring Your Own License (BYOL)을 선택한다.
- [Specify the network information] 섹션: 오라클 데이터베이스를 프라이빗 서브넷에 위치시킨다.

- Virtual cloud network: OCI_DEMO
- Client subnet: private subnet-OCI_DEMO (regional)
- Hostname prefix: oci-demo-msadb

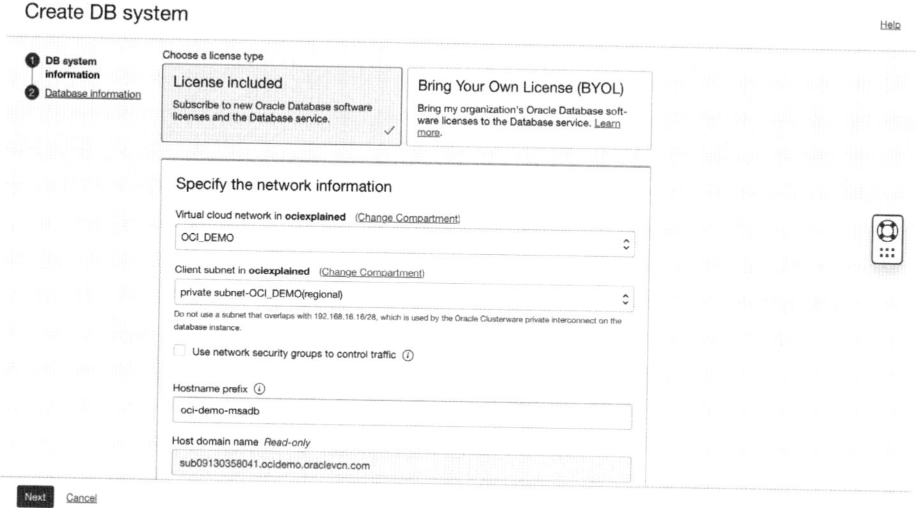

그림 2-31 DB 시스템 라이선스 타입 및 네트워크 설정 변경

DB 시스템 정보에 이어 그림 2-32와 같이 데이터베이스 정보를 입력하고 하단의 **Create DB system**을 클릭한다. 실습용 데이터베이스이므로 별도 백업 설정은 하지 않았다.

- Database name: MSADB
- Database image: Oracle Database 19c
- [Create administrator credentials] 섹션에서 데이터베이스 sys 유저에 대한 패스워드를 설정한다.

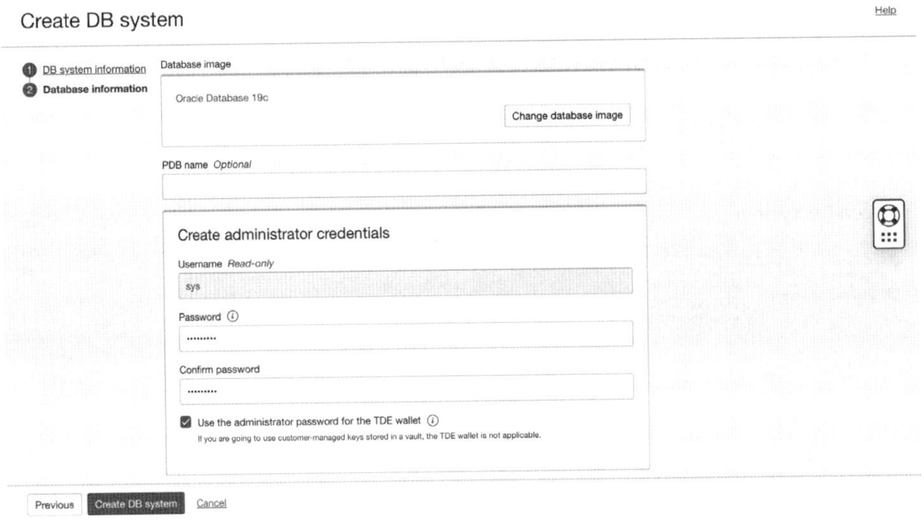

그림 2-32 데이터베이스 정보 설정

DBCS로 오라클 RAC 데이터베이스가 그림 2-33과 같이 생성됐다.

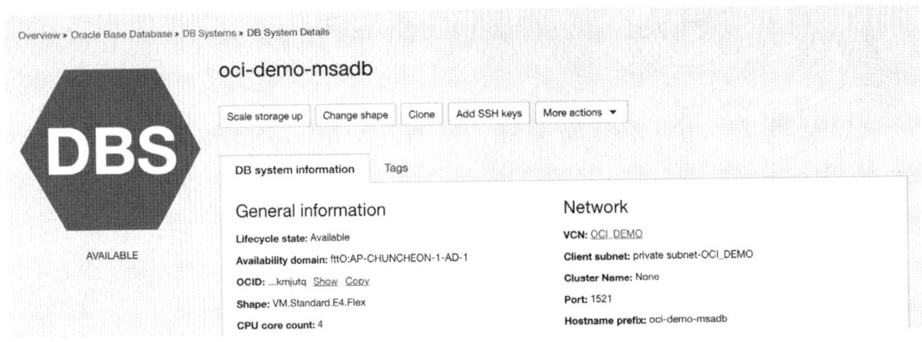

그림 2-33 오라클 데이터베이스 RAC DBCS 배포

2.2.2.4 실습 - Bastion 호스트를 통한 데이터베이스 SSH 연결 설정

오라클 데이터베이스가 배포됐지만 프라이빗 서브넷에 위치하고 있기 때문에 로컬 컴퓨터에서 데이터베이스로 직접 접속할 수 없다. 프라이빗 서브넷에 있는 가상 머신 인스턴스에 SSH 접속을 하기 위해서는 1장에서 확인한 바 있는 Bastion 서비스를 사

용하거나 Bastion 호스트를 경유해서 접속해야 한다.

1장에서 프라이빗 서브넷의 인스턴스에 접속할 때 Bastion 서비스를 사용했지만 Bastion 서비스의 경우 세션 유지 시간이 최대 3시간이기 때문에 보안 측면에서는 안전한 반면에 개발 측면에서는 다소 불편함이 따른다. 따라서 2장에서는 Bastion 서비스 대신 그림 2-34와 같이 Bastion 호스트를 이용해서 실습을 진행한다.

Bastion 호스트에는 앞서 구성했던 개발 환경 가상 머신을 활용한다. 데이터베이스 노드로의 SSH 접속의 경우 Bastion 호스트에 SSH 접속을 한 후 다시 실습에서 업로드할 SSH 프라이빗 키를 이용해서 Bastion 호스트에서 데이터베이스 노드에 접속할 것이다.

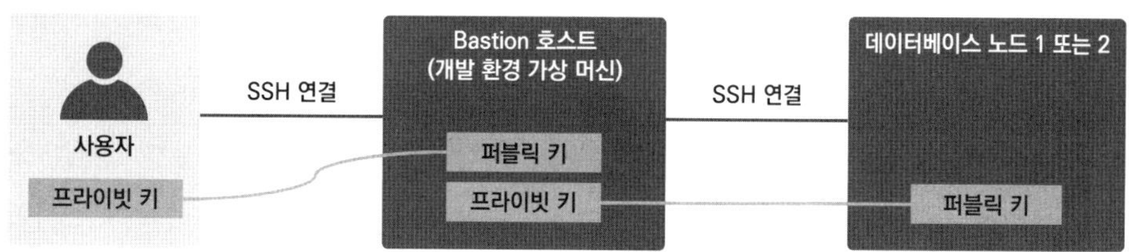

그림 2-34 Bastion 호스트를 경유한 SSH 연결

[OCI DBCS OS 계정]

오라클 클라우드에서는 데이터베이스 서비스(DBCS)의 경우 PaaS 서비스이지만 OS 계정과 이를 통한 SSH 접속을 제공한다. 사용되는 OS 유저는 IaaS 서비스와 마찬가지로 opc이다.

SSH 프라이빗 키가 위치한 로컬 컴퓨터로 이동한 후 Bastion 호스트에 sftp로 접속해서 SSH 프라이빗 키를 업로드한다. 접속에 사용되는 퍼블릭 IP 주소는 OCI 웹 콘솔의 [Compute → Instances] 화면에서 확인할 수 있다.

```
% cd ~/.ssh
% sftp -i ./id_rsa opc@129.154.58.194
Connected to 129.154.58.194.
sftp> put id_rsa
```

```
Uploading id_rsa to /home/opc/id_rsa
id_rs
a
100% 1843   252.0KB/s   00:00
sftp> quit
```

이제 다음과 같은 형식으로 로컬 컴퓨터에서 Bastion 호스트를 경유해서 데이터베이스 1번 노드에 접속해 본다. 다음 예시에서는 RAC 데이터베이스 노드의 프라이빗 IP 주소를 사용해서 접속했다. 물론 가상 IP(Floating IP)나 스캔 IP 주소로 접속을 테스트할 수도 있다. 스캔 IP 주소로 연결하면 특정 노드를 명시적으로 선택하지 않으므로 스캔 IP가 라우팅한 노드로 연결된다. 이 노드는 1번 노드일 수도 있고, 2번 노드일 수도 있다. 단일 인스턴스 데이터베이스의 경우에는 가상 IP가 별도로 할당돼 있지 않으므로 프라이빗 IP 주소로 다음 SSH 접속 명령을 이용해서 데이터베이스 호스트에 접속한다.

- ssh -i ./.ssh/id_rsa -t -o ProxyCommand="ssh -W %h:%p opc@〈Bastion 호스트 퍼블릭 IP 주소〉 -i ./id_rsa" opc@〈데이터베이스 서버 프라이빗 IP 주소〉

접속에 사용되는 데이터베이스의 프라이빗 IP 주소는 [Oracle Base Database → DB Systems → DB System Details → Nodes] 화면에서 확인할 수 있다.

```
% ssh -i ./.ssh/id_rsa -t -o ProxyCommand="ssh -W %h:%p opc@129.154.58.194
-i ./id_rsa" opc@10.0.1.9
Warning: Identity file ./.ssh/id_rsa not accessible: No such file or
directory.
The authenticity of host '10.0.1.9 (<no hostip for proxy command>)' can't
be established.
ED25519 key fingerprint is SHA256:uhT381FkUM3X0cGfs1+Eu2XEwTXcoTB2o33mitf1
q8U.
This key is not known by any other names
Are you sure you want to continue connecting (yes/no/[fingerprint])? yes
Warning: Permanently added '10.0.1.9' (ED25519) to the list of known hosts.
[opc@oci-demo-msadb1 ~]$ hostname
oci-demo-msadb1
```

[Floating IP]

오라클 RAC 데이터베이스에서는 한 노드에서 장애가 발생하면 서비스가 다른 노드로 연결돼 서비스를 계속 유지하는데 이를 Failover라고 한다. 그러나 클라이언트가 초기에 데이터베이스 노드의 물리적 IP 주소로 연결됐다면 노드 장애가 발생했을 때 TCP Timeout 에러가 발생하기까지 대기하는 상황이 발생하게 된다. 또한 연결 실패 시 TCP 설정에 명시된 횟수에 따라 재시도를 해야 하는데 이로 인해 Failover가 지연될 수 있다. 이런 이유로 클라이언트가 데이터베이스 노드의 가상 IP[Virtual IP]로 접근하도록 구성하면 Failover 시간을 최소화할 수 있다.

오라클 클라우드에서는 이런 가상 IP에 해당하는 것이 Floating IP 주소이다. Floating IP는 일반적으로 가상 머신이나 클라우드 인스턴스에 동적으로 할당되는 공용 IP 주소를 의미한다. 이를 이용해서 오라클 RAC 데이터베이스의 가상 IP 주소를 구성하고, 장애 발생 시 노드 간의 자동 Failover를 빠르게 수행할 수 있으므로 서비스의 가용성과 신뢰성을 향상시킬 수 있다.

2.2.3 멀티테넌트 데이터베이스 구성

데이터베이스 인스턴스를 배포했으니 실제 업무 데이터를 담을 데이터베이스를 구성할 차례이다.

2장의 실습 목표는 마이크로서비스 시스템 구축으로 마이크로서비스의 저장소 측면에서는 각 서비스가 사용하는 저장소를 분리해서 서비스들이 하나의 데이터베이스를 공유하면서 발생할 수 있는 업무의 확장, 변경의 어려움을 방지하는 데 있다. 따라서 각 서비스의 유연한 업무 확장이 가능하도록 마이크로서비스 저장소가 구성돼야 한다.

오라클의 멀티테넌트 아키텍처는 마이크로서비스 저장소로서의 적합한 특징을 갖고 있다. 간단한 명령 하나로 Pluggable 데이터베이스를 쉽게 배포할 수 있고, 각 Pluggable 데이터베이스는 서로 독립된 저장소로 구성돼 있다. 이런 특징으로 인해 데이터베이스 관리가 용이하며, 마이크로서비스 환경에서의 데이터베이스 배포와 관리에 유용하다.

이번 실습에서는 사용자 관리와 도서 관리의 마이크로서비스의 데이터 저장소로서 각각 Pluggable 데이터베이스를 배포해 본다. 이 실습은 그림 2-35의 단계에 해당된다.

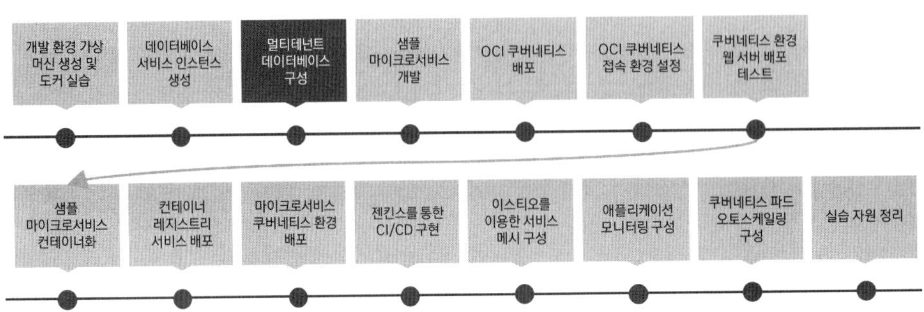

그림 2-35 2장 실습 단계 - 멀티테넌트 데이터베이스 구성

2.2.3.1 실습 - 데이터베이스 접속 및 구성

우선 오라클 데이터베이스에 SSH 접속을 해서 데이터베이스 인스턴스 정보를 확인해 본다. 오라클 클라우드 DBCS에서 오라클 데이터베이스는 "oracle" OS 유저에 설치돼 있다. SSH 접속 후 oracle 유저로 변경한 다음 sysdba 권한으로 접속해서 인스턴스의 상태 정보를 확인한다. 단일 인스턴스 데이터베이스의 경우 다음 SQL을 실행했을 때 데이터베이스 노드가 1개만 보일 것이다.

```
[opc@oci-demo-msadb1 ~]$ hostname
oci-demo-msadb1
[opc@oci-demo-msadb1 ~]$ sudo su - oracle
... 생략 ...
[oracle@oci-demo-msadb1 ~]$ sqlplus "/as sysdba"
... 생략 ...
SQL> select instance_name,status from gv$instance;

INSTANCE_NAME    STATUS
---------------- ------------
MSADB1           OPEN
MSADB2           OPEN
```

이미 2개의 Pluggable 데이터베이스가 만들어져 있는 것을 볼 수 있을 것이다. 하나는 Pluggable 데이터베이스를 배포할 때 템플릿 역할을 하는 PDB$SEED로 읽기 전용 모드의 데이터베이스이다. 다른 하나는 OCI 웹 콘솔에서 데이터베이스를 배포할 때 함께 생성된 Pluggable 데이터베이스인 "MSADB_PDB1"이다.

```
SQL> show pdbs

    CON_ID CON_NAME                       OPEN MODE  RESTRICTED
---------- ------------------------------ ---------- ----------
         2 PDB$SEED                       READ ONLY  NO
         3 MSADB_PDB1                     READ WRITE NO
```

다음과 같은 명령으로 "userpdb", "bookpdb"의 Pluggable 데이터베이스를 생성한 후 각 데이터베이스를 읽고 쓸 수 있는 상태로 변경한다. 그런 다음 데이터베이스가 재시작돼도 항상 OPEN 상태가 되도록 변경하고, "instances=all" 구문을 사용해서 모든 노드의 인스턴스에 변경 사항을 적용한다.

"create pluggable database ..." 명령을 실행할 때 관리자 유저 패스워드를 설정하게 돼 있다. 패스워드는 9글자 이상으로 각각 2개 이상의 대문자, 소문자, 특수문자, 숫자가 포함되도록 해야 한다.

```
SQL> CREATE PLUGGABLE DATABASE userpdb ADMIN USER useradm IDENTIFIED BY
xxxxxxxxxx;
Pluggable database created.

SQL> CREATE PLUGGABLE DATABASE bookpdb ADMIN USER bookadm IDENTIFIED BY
xxxxxxxxxx;
Pluggable database created.

SQL> alter pluggable database userpdb open read write instances=all;
Pluggable database altered.

SQL> alter pluggable database bookpdb open read write instances=all;
Pluggable database altered.

SQL> alter pluggable database userpdb save state instances=all;
Pluggable database altered.
```

```
SQL> alter pluggable database bookpdb save state instances=all;
Pluggable database altered.
SQL> exit
Disconnected from Oracle Database 19c EE Extreme Perf Release 19.0.0.0.0 -
Production
Version 19.20.0.0.0
```

이제 RAC 데이터베이스 1번 노드 호스트에서 SSH 접속을 한 후 Pluggable 데이터베이스에 접속을 테스트해 본다. 2번 노드에서 데이터베이스 연결을 테스트해도 무방하다.

데이터베이스 접속을 테스트하기 전에 데이터베이스 서브넷 내에서 오라클 데이터베이스가 기본값으로 사용하는 1521번 포트 통신이 가능하도록 보안 규칙을 시큐리티 리스트에 추가해야 한다. 데이터베이스가 사용 중인 시큐리티 리스트인 "security list for private subnet-OCI_DEMO"에서 다음과 같은 내용의 규칙을 추가해서 프라이빗 서브넷 내 1521번 포트로 들어오는 연결을 Stateful 설정으로 허용한다. DBCS의 경우 호스트 레벨 방화벽 규칙이 이미 설정돼 있으므로 별도의 설정은 필요하지 않다.

- Source CIDR: 10.0.0.0/24
- Destination Port Range: 1521

Pluggable 데이터베이스로 연결할 때 데이터베이스 노드의 호스트 DNS나 IP 주소로 데이터베이스에 접속할 수 있지만 다음 예시에서는 스캔으로 접속했다.

스캔SCAN으로 접속할 경우 스캔 DNS나 IP 정보는 [Oracle Database → Oracle Base Database → DB Systems → DB System Details] 화면에서 확인할 수 있다. 단일 인스턴스로 데이터베이스를 배포할 경우 OCI 웹 콘솔에서는 스캔 DNS만 제공된다.

- sqlplus 〈DB 유저 이름〉@//〈SCAN DNS 또는 IP〉:〈DB 포트〉/〈서비스 이름〉

"@//"는 데이터베이스에 URL로 접근하는 데 사용된 문법이다. 오라클 데이터베이스 포트로 기본값인 1521을 사용하는 경우 〈DB 포트〉는 생략할 수 있다.

데이터베이스에 접속할 때는 앞의 명령 양식과 같이 각 Pluggable 데이터베이스의 이름 또한 필요하다. 이를 확인하는 방법은 오라클 데이터베이스 리스너Listener 관리 유틸리티인 lsnrctl status 명령을 사용한다. 다음 예시에서 "userpdb"의 서비스 이름은 "userpdb.sub09130358041.ocidemo.oraclevcn.com"이고, "bookpdb"의 서비스 이름은 "bookpdb.sub09130358041.ocidemo.oraclevcn.com"이다.

```
[oracle@oci-demo-msadb1 ~]$ lsnrctl status
... 생략 ...
Connecting to (ADDRESS=(PROTOCOL=tcp)(HOST=)(PORT=1521))
STATUS of the LISTENER
... 생략 ...
Service "bookpdb.sub09130358041.ocidemo.oraclevcn.com" has 1 instance(s).
  Instance "MSADB1", status READY, has 1 handler(s) for this service...
... 생략 ...
Service "userpdb.sub09130358041.ocidemo.oraclevcn.com" has 1 instance(s).
  Instance "MSADB1", status READY, has 1 handler(s) for this service...
```

데이터베이스 호스트에서 "userpdb"에 스캔을 이용한 접속을 실행해 본다. 접속에 사용된 DB 유저는 system이다. 다음 명령을 실행할 때 스캔 이름과 "userpdb"의 서비스 이름은 독자의 환경에서 확인한 결과를 사용한다.

system DB 유저의 암호는 DB 시스템을 배포할 때 설정한 sys 유저 암호와 동일하다. 데이터베이스 접속 후 DB 유저 이름과 현재 접속한 Pluggable 데이터베이스 이름을 확인해 본다.

다음과 같이 오라클 데이터베이스 연결을 위한 네트워크 설정 파일인 tnsnames.ora 파일을 참조하지 않고 데이터베이스에 직접 연결하는 방식을 EZCONNECT라고 한다. 이 경우 클라이언트가 데이터베이스의 호스트 이름 외에 선택적으로 포트 및 서비스 이름 등을 사용해서 데이터베이스에 연결한다.

```
[oracle@oci-demo-msadb1 ~]$ hostname
oci-demo-msadb1
[oracle@oci-demo-msadb1 ~]$ whoami
oracle
[oracle@oci-demo-msadb1 ~]$ sqlplus system@//oci-demo-msadb-scan.
sub09130358041.ocidemo.oraclevcn.com/userpdb.sub09130358041.ocidemo.
oraclevcn.com
```

```
... 생략 ...
Enter password: <패스워드 입력>
... 생략 ...

SQL> show user
USER is "SYSTEM"
SQL> show con_name

CON_NAME
------------------------------
USERPDB
```

2.2.4 샘플 마이크로서비스 개발

지금까지의 실습에서는 개발할 마이크로서비스의 각 저장소를 "userpdb"와 "bookpdb"라는 이름으로 Pluggable 데이터베이스로 분리해서 생성했다. 이제는 그림 2-36과 같이 파이썬 코드로 사용자 관리 마이크로서비스와 도서 관리 마이크로서비스를 개발할 차례이다. 사용자 관리 마이크로서비스는 "userpdb"를 저장소로 사용하고, 도서 관리 마이크로서비스는 "bookpdb"를 저장소로 사용한다.

사용자 관리 마이크로서비스가 처리하는 데이터는 관계형 데이터이고, 도서 관리 마이크로서비스가 처리하는 데이터는 JSON 타입의 데이터이다. "userpdb"와 "bookpdb" 모두 오라클이라는 관계형 데이터베이스의 테이블 형태로 사용자 관리 및 도서 관리 마이크로서비스 데이터를 저장하지만 저장된 데이터는 각각 관계형 타입의 데이터와 JSON 타입의 데이터가 될 것이다. 테이블 생성 스크립트를 보면 저장할 칼럼의 데이터 타입이 서로 다른 것을 확인할 수 있다. 이렇게 관계형 데이터뿐만 아니라 JSON과 같은 비정형 데이터도 저장할 수 있다는 점에서 오라클 데이터베이스를 융합Converged 데이터베이스라고도 부른다.

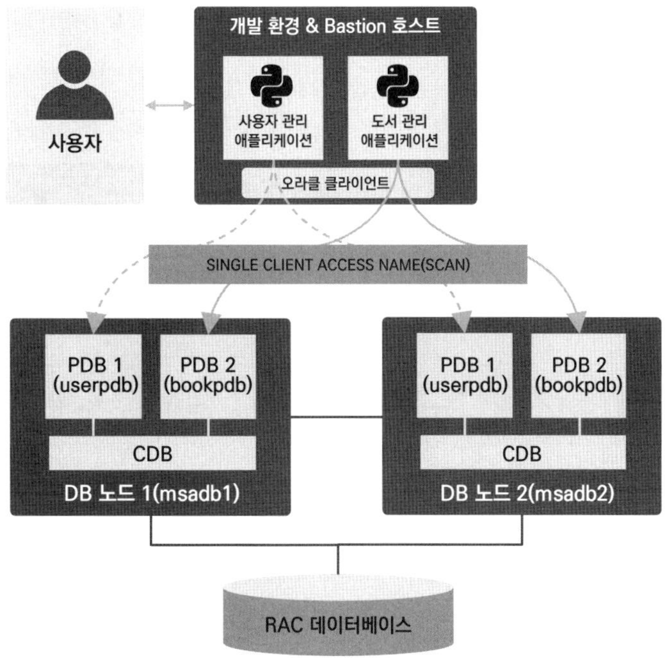

그림 2-36 샘플 애플리케이션 개발 아키텍처

각 파이썬 애플리케이션은 오라클 클라이언트를 통해 스캔으로 데이터베이스에 접근하게 되는데 개발된 애플리케이션 테스트를 위해 이번 실습에서는 API 문서를 작성하고 표현하기 위한 오픈소스 프레임워크인 스웨거Swagger를 사용한다. 스웨거 UI를 사용해서 API 형태로 개발한 파이썬 코드를 시각적으로 탐색하고 테스트할 것이다.

마이크로서비스 아키텍처는 API나 메시징을 통한 느슨한 결합Loose Coupling을 활용해서 각 서비스가 서로의 서비스 설계를 공유하는 장점을 갖는다. 이런 경우에 스웨거는 매우 유용한 도구이다. 스웨거를 통해 개발자들이 API를 쉽게 이해하고 사용할 수 있도록 API 문서를 자동으로 생성하고 시각화해 준다. 또한 API의 엔드포인트, 요청과 응답의 데이터 타입, 파라미터, 헤더, 인증 방법 등의 정보를 명세화해서 API 사용 방법을 제공하며, 이번 실습에서 사용한 파이썬뿐만 아니라 자바, 자바스크립트 등의 프로그래밍 언어도 지원한다.

실습에서는 개발할 사용자 관리와 도서 관리의 두 마이크로서비스 모두 1장과 마찬가지로 파이썬 Flask를 이용하되, REST API로 서비스를 노출시킬 것이다.

각 애플리케이션이 제공하는 서비스 구조는 다음과 같다.

서비스	서비스 유형	URI	설명
사용자 관리	GET	/v1/user/hello	Hello, OCI!를 리턴
		/v1/user	최신 10명의 접속 사용자를 조회
	POST	/v1/user	사용자 접속 이력을 한 건 생성
도서 관리	GET	/v1/book/hello	Hello, OCI!를 리턴
		/v1/book	최신 10개의 등록 도서를 조회
	POST	/v1/book	도서 등록 이력을 한 건 생성

표 2-2 샘플 애플리케이션 서비스 구조

이제 그림 2-37과 같이 사용자 관리와 도서 관리의 마이크로서비스를 개발할 차례이다.

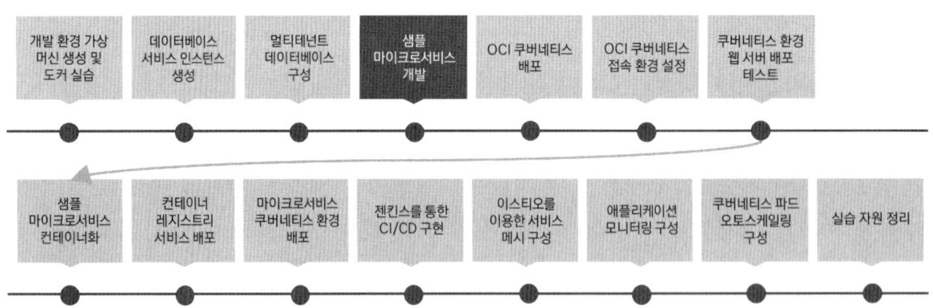

그림 2-37 2장 실습 단계 - 샘플 마이크로서비스 개발

다음과 같은 단계로 실습을 진행한다.

- 파이썬 개발 환경 구성 및 모듈 설치
- 사용자 관리 마이크로서비스 개발 및 테스트
- 도서 관리 마이크로서비스 개발 및 테스트

2.2.4.1 실습 - 파이썬 개발 환경 구성 및 모듈 설치

실습에서는 개발 환경 가상 머신을 마이크로서비스 개발 환경으로 사용할 것이다. 먼저 개발 환경 가상 머신에서 파이썬을 설치한다. 파이썬 3.8을 사용한다.

```
[opc@oci-demo-appdev ~]$ hostname
oci-demo-appdev
[opc@oci-demo-appdev ~]$ sudo yum install -y python38
... 생략 ...
Complete!
[opc@oci-demo-appdev ~]$ python3.8 -V
Python 3.8.16
```

1장에서 수행했던 같은 방식으로 다음과 같이 파이썬 가상 환경을 구성한다.

```
[opc@oci-demo-appdev ~]$ mkdir venvs
[opc@oci-demo-appdev ~]$ cd venvs
[opc@oci-demo-appdev venvs]$ python3.8 -m venv ocisamplerest
[opc@oci-demo-appdev venvs]$ source ./ocisamplerest/bin/activate
(ocisamplerest) [opc@oci-demo-appdev venvs]$
```

실습에서 사용할 샘플 마이크로서비스들이 사용할 파이썬 모듈 flask, cx_oracle, flask-restx, faker-datasets를 pip를 이용해서 설치한다.

```
(ocisamplerest) [opc@oci-demo-appdev venvs]$ pip install --upgrade pip
... 생략 ...
(ocisamplerest) [opc@oci-demo-appdev venvs]$ pip install flask==2.3.2
... 생략 ...
(ocisamplerest) [opc@oci-demo-appdev venvs]$ pip install cx_oracle
... 생략 ...
(ocisamplerest) [opc@oci-demo-appdev venvs]$ pip install flask-restx
... 생략 ...
```

```
(ocisamplerest) [opc@oci-demo-appdev venvs]$ pip install faker-datasets
```

생성한 가상 환경에 간편하게 접근하기 위해 alias를 정의하고 ~/.vimrc에 인코딩 설정을 해서 한글이 깨지는 문제를 처리한다.

```
(ocisamplerest) [opc@oci-demo-appdev venvs]$ echo "alias ocisamplerest='cd
/home/opc/venvs/ocisamplerest;source /home/opc/venvs/ocisamplerest/bin/
activate'" >> ~/.bash_profile
(ocisamplerest) [opc@oci-demo-appdev venvs]$ echo "set encoding=utf-8" >>
~/.vimrc
(ocisamplerest) [opc@oci-demo-appdev venvs]$ echo "set fileencodings=utf-
8,cp949" >> ~/.vimrc
(ocisamplerest) [opc@oci-demo-appdev venvs]$ source ~/.bash_profile
(ocisamplerest) [opc@oci-demo-appdev venvs]$ source ~/.vimrc
```

마이크로서비스의 파이썬 코드에서 cx_oracle 모듈을 이용해서 오라클 데이터베이스에 연결할 때 개발 환경 호스트에 오라클 데이터베이스 클라이언트가 필요하다. YUM으로 오라클 데이터베이스 클라이언트를 설치한다. 데이터베이스 접속 유틸리티를 이용해서 데이터베이스에 SQL도 실행할 것이므로 SQL*Plus도 설치한다.

```
(ocisamplerest) [opc@oci-demo-appdev venvs]$ sudo yum install -y oracle-
instantclient-release-el8
... 생략 ...
Complete!
(ocisamplerest) [opc@oci-demo-appdev venvs]$ sudo yum install -y oracle-
instantclient-basic
... 생략 ...
Complete!
(ocisamplerest) [opc@oci-demo-appdev venvs]$ sudo yum install -y oracle-
instantclient-sqlplus
... 생략 ...
Complete!
```

이제 개발 환경 가상 머신에서 오라클 데이터베이스로의 접속을 확인한다. 다음 예시에서는 "userpdb"에 system 데이터베이스 유저로 접속한 후 접속해 있는 데이터베이스의 정보를 확인했다.

```
(ocisamplerest) [opc@oci-demo-appdev venvs]$ sqlplus system@//oci-demo-
msadb-scan.sub09130358041.ocidemo.oraclevcn.com/userpdb.sub09130358041.
```

```
ocidemo.oraclevcn.com
... 생략 ...
Connected to:
Oracle Database 19c EE Extreme Perf Release 19.0.0.0.0 - Production
Version 19.20.0.0.0

SQL> show con_name

CON_NAME
------------------------------
USERPDB
SQL> exit
Disconnected from Oracle Database 19c EE Extreme Perf Release 19.0.0.0.0 -
Production
Version 19.20.0.0.0
```

2.2.4.2 실습 - 사용자 관리 마이크로서비스 개발 및 테스트

"userpdb"에 사용자 관리 마이크로서비스에서 입력될 사용자 데이터를 저장할 테이블을 생성한다. 이는 관계형 데이터를 저장할 테이블이다. 개발 환경 가상 머신에서 테이블 생성을 위한 스크립트 users.sql을 만든다.

```
GitHub Script: https://github.com/ociexplained/how-to-use-OCI/chapter2/
user.sql
```

```
(ocisamplerest) [opc@oci-demo-appdev venvs]$ ocisamplerest
(ocisamplerest) [opc@oci-demo-appdev ocisamplerest]$ vi user.sql
CREATE TABLE users
(
        user_id int,
        user_name VARCHAR(100),
        country VARCHAR(100),
        job VARCHAR(100),
        email VARCHAR(100),
        client_ip VARCHAR(100),
        last_conn_date timestamp
);
```

"userpdb"에 접속하고 앞서 만든 스크립트를 실행해서 다음과 같이 테이블을 생성한다.

```
(ocisamplerest) [opc@oci-demo-appdev venvs]$ sqlplus system@//oci-demo-msadb-scan.sub09130358041.ocidemo.oraclevcn.com/userpdb.sub09130358041.ocidemo.oraclevcn.com @user.sql
... 생략 ...
Enter password:
... 생략 ...
Table created.

SQL> exit
Disconnected from Oracle Database 19c EE Extreme Perf Release 19.0.0.0.0 - Production
Version 19.20.0.0.0
```

이제 Flask의 restx 모듈을 사용해서 REST API 기반의 사용자 관리 마이크로서비스 코드를 작성한다. sample-user-rest.py라는 이름으로 파이썬 코드 스크립트를 작성한다. 코드의 내용은 다음과 같다.

- Flask를 이용해서 애플리케이션을 실행한다.
- 코드 실행을 시각화하고 테스트가 용이하도록 REST API 개발 도구인 스웨거를 사용한다. Flask-RESTx를 사용해서 API 엔드포인트를 정의하고 문서화한다.
- user와 hello로 명명된 2개의 클래스로 코드가 구성된다.
- user 클래스에서는 Pluggable 데이터베이스 "userpdb"에 접속한 후 Faker 모듈을 이용해서 샘플 데이터(클라이언트 접속 정보)를 만들고, 이를 저장 및 조회한다.
- hello 클래스에는 "Hello OCI!"를 출력하는 함수가 정의돼 있다.
- 데이터베이스 연결이 필요한 작업에는 로그로 기록을 남긴다.

실습을 위해 다음 코드 내용 중 DB 접속 정보는 독자의 환경에 맞게 수정해야 한다. userpdb_host_ip, userpdb_svc_name, userpdb_passwd가 해당된다. 만일 데이터베이스 유저, 포트 등을 다음 예시와 다르게 설정했다면 그 부분도 수정해야 한다.

다음은 실습 코드 중 일부만 발췌한 내용이다. 전체 코드는 깃허브에서 내려받은 파일 중 아래 디렉토리 경로에 있는 파이썬 코드 파일을 참조한다.

```
GitHub Script: https://github.com/ociexplained/how-to-use-OCI/chapter2/
sample-user-rest.py
```

```
(ocisamplerest) [opc@oci-demo-appdev ocisamplerest]$ vi sample-user-rest.py
import logging, cx_Oracle, json
from datetime import datetime
from flask import Flask, Response
from flask_restx import Api, Resource
from faker import Faker

app = Flask(__name__)
api = Api(app, version='1.0', title='사용자 관리 API', description='사용자 등록,
조회 API입니다')
api = api.namespace('v1/user', description='사용자 등록, 조회')

logger = logging.getLogger()
logger.setLevel(logging.INFO)
fake = Faker()

userpdb_host_ip = 'oci-demo-msadb-scan.sub09130358041.ocidemo.oraclevcn.
com'
userpdb_svc_name = 'userpdb.sub09130358041.ocidemo.oraclevcn.com'
userpdb_user_name = 'system'
userpdb_passwd = 'xxxxxxxxxx'
userpdb_port = 1521
... 생략 ...
```

마이크로서비스를 실행하고, 이를 웹 브라우저에서 확인하기 전에 네트워크 설정을 한 가지 더 해야 한다.

지금 배포할 사용자 관리 마이크로서비스는 5000번 포트를 이용해서 Flask 서비스를 외부에 노출한다. 따라서 인터넷에서 5000번 포트로 접근할 수 있도록 설정해야 한다.

개발 환경 가상 머신이 사용하는 퍼블릭 서브넷의 시큐리티 리스트에서 5000번 포트를 개방하는 규칙을 추가한다. 여기서는 이미 1장 실습 시 해당 규칙을 추가했기 때문에 별도로 추가할 작업은 없지만 호스트 레벨의 방화벽에서 다음과 같이 5000번 포

트를 개방해야 한다.

개발 환경 가상 머신에 접속하는 터미널을 하나를 더 열어서 리눅스 방화벽에도 TCP 5000번 포트를 추가한다.

```
[opc@oci-demo-appdev ~]$ sudo firewall-cmd --zone=public --permanent --add-port=5000/tcp
success
[opc@oci-demo-appdev ~]$ sudo firewall-cmd --reload
success
```

네트워크 설정까지 끝났다면 Flask 파이썬 애플리케이션 이름을 지정한 후 Flask 실행을 통해 사용자 관리 마이크로서비스를 실행한다.

```
[opc@oci-demo-appdev ~]$ ocisamplerest
(ocisamplerest) [opc@oci-demo-appdev venvs]$ export FLASK_APP=sample-user-rest
(ocisamplerest) [opc@oci-demo-appdev venvs]$ flask run --host=0.0.0.0
 * Serving Flask app 'sample-user-rest'
 * Debug mode: off
WARNING: This is a development server. Do not use it in a production deployment. Use a production WSGI server instead.
 * Running on all addresses (0.0.0.0)
 * Running on http://127.0.0.1:5000
 * Running on http://10.0.0.159:5000
Press CTRL+C to quit
```

웹 브라우저를 통해 다음 URL에 접속하면 그림 2-38과 같이 스웨거를 통해 API를 확인하고 테스트도 할 수 있다.

- http://〈개발 환경 가상 머신 퍼블릭 IP 주소〉:5000/

스웨거를 통해 API 문서화를 자동으로 할 수 있고, 인터랙티브 API 콘솔을 제공하기 때문에 사용자가 API를 테스트하고 직접 호출할 수 있다.

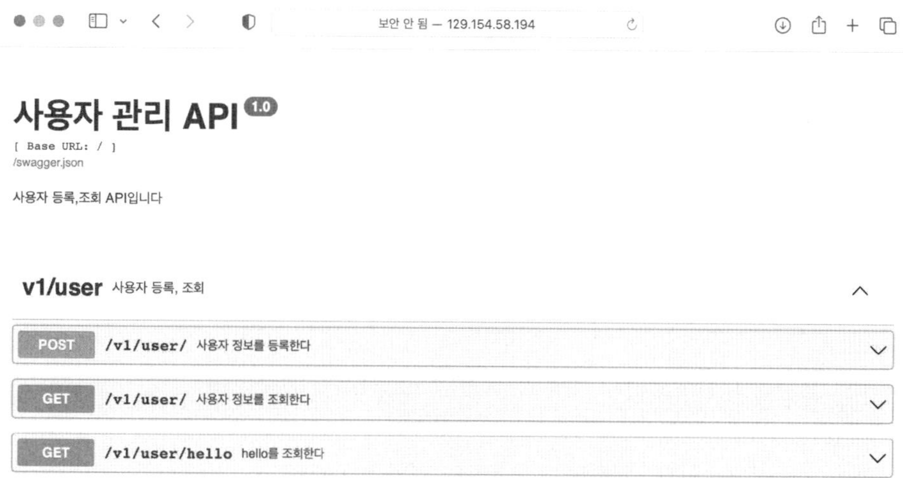

그림 2-38 스웨거 사용자 관리 API 호출

데이터를 하나 생성해 보자. POST를 클릭하면 나오는 Try it out을 클릭한다. 여기서 다시 Execute를 클릭하면 그림 2-39와 같이 POST 요청을 할 수 있는 curl 명령이 출력된다. curl 명령을 복사한다.

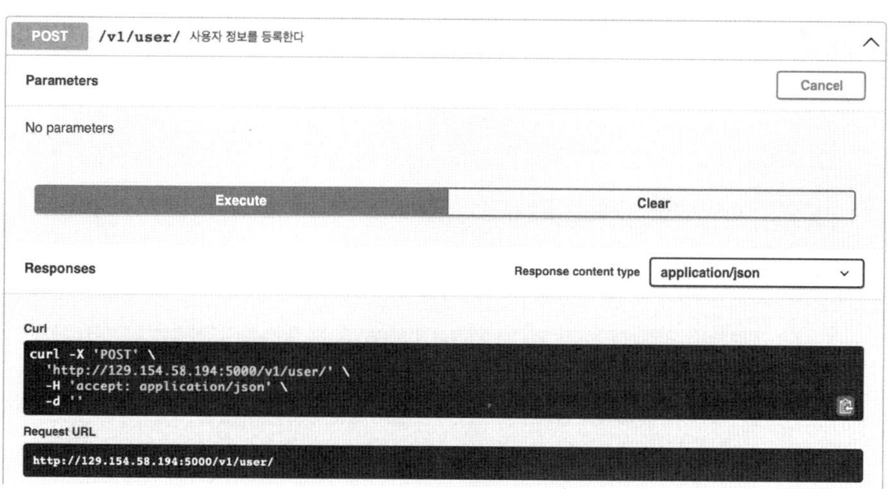

그림 2-39 스웨거 사용자 관리 POST API 호출

개발 환경 가상 머신에 접속하는 터미널 하나를 더 열어서 앞서 복사한 POST 요청 curl 명령을 붙여넣은 후 실행해 본다. 복사한 curl 명령 뒤에 "|" 문자와 함께 JSON 데이터를 처리하고 쿼리하는 명령 줄 도구인 "jq ."을 붙여서 결과의 가독성을 높인다.

```
[opc@oci-demo-appdev ~]$ curl -X 'POST' \
>   'http://129.154.58.194:5000/v1/user/' \
>   -H 'accept: application/json' \
>   -d '' | jq .
... 생략 ...
[
  "박준호",
  "생명과학 연구원",
  "10.222.183.76"
]
```

데이터가 정상적으로 데이터베이스에 저장됐는지 확인한다. 데이터베이스에 직접 접속해서 데이터를 조회해 확인할 수도 있으나 스웨거 웹 UI에서 GET을 클릭하면 Response body에서 그림 2-40과 같이 GET 콜한 결과를 확인할 수 있다. GET을 선택하면 나오는 Try it out을 클릭하고, 다시 여기서 Execute를 클릭하면 그림 2-40과 유사한 화면을 볼 수 있다.

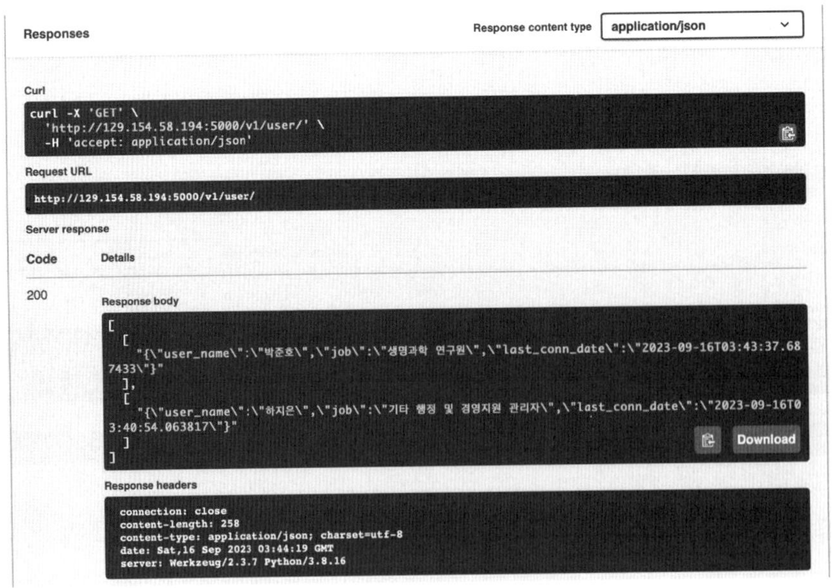

그림 2-40 스웨거 사용자 관리 GET API 호출

GET 화면에 나오는 다음과 같은 Request URL을 웹 브라우저에서 실행하면 웹 브라우저에서도 그림 2-41과 같이 그 결과를 확인할 수 있다.

- Request URL: http://〈개발 환경 가상 머신 퍼블릭 IP 주소〉:5000/v1/user/

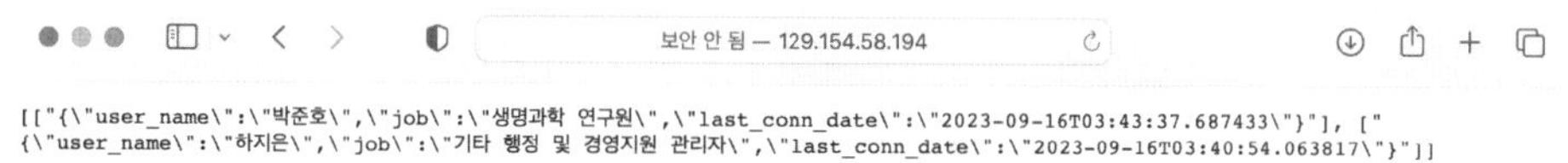

그림 2-41 사용자 관리 마이크로서비스 조회 화면

웹 브라우저를 통한 데이터 확인까지 완료되면 다음 테스트를 위해 Flask 서비스를 "Ctrl+C"를 사용해서 종료한다.

2.2.4.3 실습 - 도서 관리 마이크로서비스 개발 및 테스트

사용자 관리 마이크로서비스를 API 기반으로 만들어 봤다. 마이크로서비스에서 사용자 관리 서비스를 담당하는 개발 팀은 지속적으로 사용자 관리 서비스와 연계된 부분을 담당하게 될 것이다.

여기서 도서 상품을 담당하는 개발 팀이 신설된다고 가정해 보자. 기존 서비스와 분리된 별도 API 기반의 서비스로 개발하게 될 것이다. 실제 업무 환경에서도 사용자 관리 서비스와 도서 관리 서비스는 별도로 개발되고 운영될 것이다. 서로 참조가 필요할 때는 API를 통해 연계하거나 경우에 따라서는 메시지 큐를 사용해서 더 느슨하게 연계하게 될 것이다.

도서 관리 마이크로서비스의 경우 다양한 상품 속성 표현을 위해 사용자 관리 마이크로서비스에서 사용했던 관계형 데이터베이스가 아니라 도큐먼트 기반의 데이터 저장소를 도입할 수도 있다. 이를 가정해서 도서 관리 마이크로서비스의 데이터는 JSON 형태로 처리한다.

이제 샘플 애플리케이션에 도서 관리 서비스를 추가해 보자. 앞서 배포한 Pluggable 데이터베이스인 "bookpdb"에 JSON 데이터 기반의 스키마리스Schemaless 설계를 수행한다. 스키마리스란 데이터베이스나 저장소에 데이터에 대한 미리 정의된 스키마Schema가 없는 상태를 의미한다. 기존의 관계형 데이터베이스는 데이터를 저장하기 전에 미리 정의된 스키마를 갖고 있어야 하며, 데이터는 그 스키마에 맞게 구조화돼야 한다. 하지만 스키마리스 데이터베이스는 데이터를 저장할 때 미리 정의된 스키마 없이 자유롭게 저장할 수 있다. 스키마리스 방식은 주로 이번 실습 예제에서 사용한 JSON과 같은 비정형 데이터를 다루는 데 유용하다.

먼저 book.sql 스크립트로 "bookpdb" 데이터베이스에 담을 도서 관리 마이크로서비스 테이블을 만든다. 여기에는 JSON 형태의 데이터가 저장될 것이다. 테이블 생성 스크립트를 보면 "json_data"라는 칼럼의 데이터 속성이 JSON이라고 지정된 것을 볼 수 있다.

개발 환경 가상 머신에서 다음 스크립트를 생성하고, 이를 실행해서 테이블을 만든다.

```
GitHub Script: https://github.com/ociexplained/how-to-use-OCI/chapter2/
book.sql
```

```
[opc@oci-demo-appdev ~]$ ocisamplerest
(ocisamplerest) [opc@oci-demo-appdev ocisamplerest]$ vi book.sql
CREATE TABLE book
(
        id varchar2(32) not null primary key,
        data_loaded timestamp,
        json_data varchar2(4000)
        constraint ensure_json check (json_data is JSON)
) ;
(ocisamplerest) [opc@oci-demo-appdev ocisamplerest]$ sqlplus system@//oci-
demo-msadb-scan.sub09130358041.ocidemo.oraclevcn.com/bookpdb.
sub09130358041.ocidemo.oraclevcn.com @book.sql
... 생략 ...
Enter password:
... 생략 ...
Table created.
SQL> exit
Disconnected from Oracle Database 19c EE Extreme Perf Release 19.0.0.0.0 -
Production
Version 19.20.0.0.0
```

[오라클 데이터베이스에서 JSON 데이터 처리]

오라클 데이터베이스에서는 칼럼Column과 로Row 형태로 테이블에 저장되는 관계형 데이터뿐만 아니라 JSON 데이터를 저장하고 읽을 수 있도록 지원하고 있다. 오라클 데이터베이스 19c 이전까지는 JSON 데이터를 LOB 형태로 저장하고 해당 데이터가 JSON임을 명시하는 방식으로 JSON을 처리했다. 그리고 JSON 데이터를 다루기 위한 별도 SQL 함수, 문법을 제공했다. 21c 버전부터는 JSON이라는 별도 데이터 타입으로 네이티브 JSON을 지원하고 있으며, 23c 버전에서는 관계형 테이블에 저장된 데이터를 JSON 형식으로 읽고 저장하는 Relational Duality라는 기능도 제공하고 있다.

데이터를 담을 테이블을 생성했으니 도서 관리 마이크로서비스에서 사용할 샘플 JSON 데이터를 준비한다. 샘플 데이터로 문화 빅데이터 플랫폼에서 제공하는 무료 데이터(도서 자료)를 활용할 것이다.

이제 도서 관리 마이크로서비스 파이썬 코드 "sample-book-rest.py" 파일을 생성할 위치에 샘플 데이터 파일 books.json을 업로드한다. books.json 파일은 깃허브(https://github.com/ociexplained/how-to-use-OCI/chapter2/books.json)에서 내려받을 수 있다.

다음 예시와 같이 로컬 컴퓨터에 내려받은 books.json 파일을 개발 환경 가상 머신의 파이썬 코드가 저장될 위치에 업로드한다.

```
% cd <books.json 로컬 컴퓨터 파일 위치>
% sftp -i ~/.ssh/id_rsa opc@129.154.58.194
Connected to 158.180.64.216.
sftp> cd /home/opc/venvs/ocisamplerest
sftp> put books.json
Uploading books.json to /home/opc/venvs/ocisamplerest/books.json
books.json
100%   13MB  29.2MB/s   00:00
sftp> quit
```

개발 환경에서 도서 관리 마이크로서비스를 배포한다. 도서 관리 마이크로서비스는 앞서 배포한 사용자 관리 마이크로서비스와 그 구조가 거의 동일하다. 다른 점은 book과 hello라는 2개의 클래스로 이뤄져 있다는 것과 book 클래스는 앞서 내려받은 샘플 도서 데이터를 무작위로 뽑아서 최신 도서로 등록하고 조회하는 함수로 작성됐다는 점이다. 그 밖에는 사용자 관리 마이크로서비스의 코드 구조와 동일하다.

REST API 기반으로 도서 관리 서비스를 수행할 파이썬 코드를 작성한다. 코드 스크립트 이름은 sample-book-rest.py이다.

사용자 관리 마이크로서비스 코드를 작성할 때와 마찬가지로 bookpdb_host_ip, bookpdb_svc_name, bookpdb_passwd 부분은 독자의 환경에 맞게 수정해야 한다.

다음은 실습 코드 중 일부만 발췌한 내용이다. 전체 코드는 깃허브에서 내려받은 파일 중 디렉토리 경로에 있는 파이썬 코드 파일을 참조한다.

GitHub Script: https://github.com/ociexplained/how-to-use-OCI/chapter2/sample-book-rest.py

```
[opc@oci-demo-appdev ocisamplerest]$ vi sample-book-rest.py
import logging, cx_Oracle, json
from datetime import datetime
from flask import Flask, Response
from flask_restx import Api, Resource
from faker import Faker
from faker_datasets import Provider, add_dataset

app = Flask(__name__)
api = Api(app, version='1.0', title='도서 관리 API', description='도서 등록,조회 API입니다')
api = api.namespace('v1/book', description='도서 등록, 조회')
logger = logging.getLogger()
logger.setLevel(logging.INFO)

@add_dataset("books", "books.json", picker="book")
class Books(Provider):
    pass
fake = Faker()
fake.add_provider(Books)

bookpdb_host_ip = 'oci-demo-msadb-scan.sub09130358041.ocidemo.oraclevcn.com'
bookpdb_svc_name = 'bookpdb.sub09130358041.ocidemo.oraclevcn.com
bookpdb_user_name = 'system'
```

```
bookpdb_passwd = 'xxxxxxxxxx'
bookpdb_port = 1521
... 생략 ...
```

Flask 파이썬 애플리케이션 이름을 지정한 후 Flask를 실행해서 도서 관리 마이크로 서비스를 구동한다.

```
(ocisamplerest) [opc@oci-demo-appdev ocisamplerest]$ export FLASK_
APP=sample-book-rest
(ocisamplerest) [opc@oci-demo-appdev ocisamplerest]$ flask run
--host=0.0.0.0
 * Serving Flask app 'sample-book-rest'
 * Debug mode: off
WARNING: This is a development server. Do not use it in a production
deployment. Use a production WSGI server instead.
 * Running on all addresses (0.0.0.0)
 * Running on http://127.0.0.1:5000
 * Running on http://10.0.0.159:5000
Press CTRL+C to quit
```

웹 브라우저를 통해 http://〈개발 환경 가상 머신 퍼블릭 IP 주소〉:5000/에 접속하면 그림 2-42와 같이 스웨거를 통해 API를 확인하고 테스트도 할 수 있다.

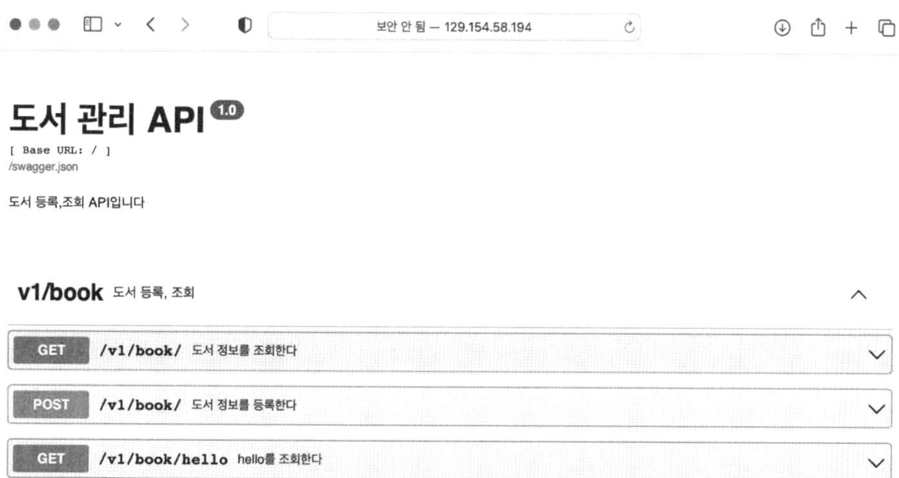

그림 2-42 스웨거 도서 관리 API 호출

데이터를 하나 생성해 보자. POST를 클릭하면 나오는 Try it out을 클릭한다. 여기서 Execute를 클릭하면 그림 2-43과 같이 POST 요청을 할 수 있는 curl 명령이 나온다. curl 명령을 복사한다.

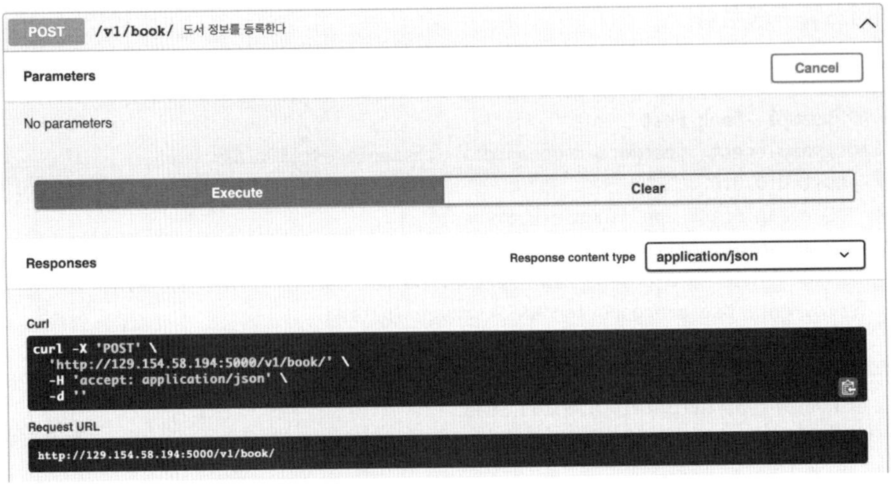

```
POST /v1/book/ 도서 정보를 등록한다

Parameters                                         Cancel
No parameters

Execute | Clear

Responses              Response content type  application/json

Curl
curl -X 'POST' \
  'http://129.154.58.194:5000/v1/book/' \
  -H 'accept: application/json' \
  -d ''

Request URL
http://129.154.58.194:5000/v1/book/
```

그림 2-43 스웨거 도서 관리 POST API 호출

앞서 복사한 POST 요청 curl 명령을 개발 환경 가상 머신에 접속하는 터미널 하나를 열어서 붙여넣어 실행한다.

```
[opc@oci-demo-appdev ~]$ curl -X 'POST' \
>   'http://129.154.58.194:5000/v1/book/' \
>   -H 'accept: application/json' \
>   -d ''
"{\"title\": \"소설로 읽는 조선왕조실록 : 나쁜남자 편\", \"author\": \"최문정 (지은이)\",
\"publisher\": \"창해\", \"price\": \"None\", \"img\": \"https://image.
aladin.co.kr/product/27235/18/cover/e772538118_1.jpg\"}"
```

데이터가 정상적으로 데이터베이스에 저장됐는지 확인한다. 데이터베이스에 직접 접속해서 데이터를 조회해 확인할 수도 있으나 스웨거 웹 UI에서 GET을 클릭하면 Response body에서 그림 2-44와 같이 GET 콜한 결과를 확인할 수 있다.

그림 2-44 GET 화면에 나오는 Request URL을 웹 브라우저에서 실행하면 웹 브라우저에서도 그 결과를 확인할 수 있다. Request URL을 복사한다.

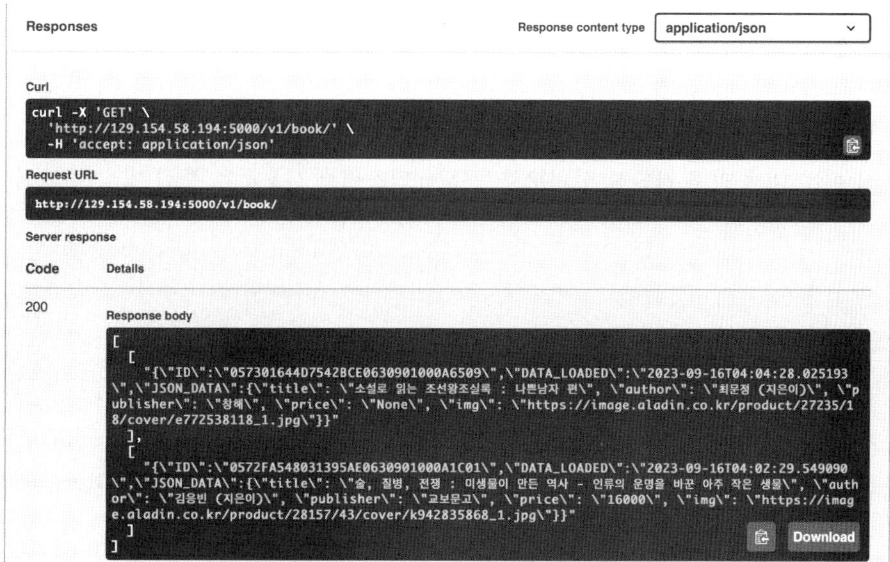

그림 2-44 스웨거 도서 관리 GET API 호출

다음과 같은 Reguest URL을 웹 브라우저에서 실행하면 웹 브라우저에서도 그림 2-45와 같이 도서 관리 마이크로서비스로 저장된 데이터를 출력해 볼 수 있다.

- Request URL: http://〈개발 환경 가상 머신 퍼블릭 IP 주소〉:5000/v1/book/

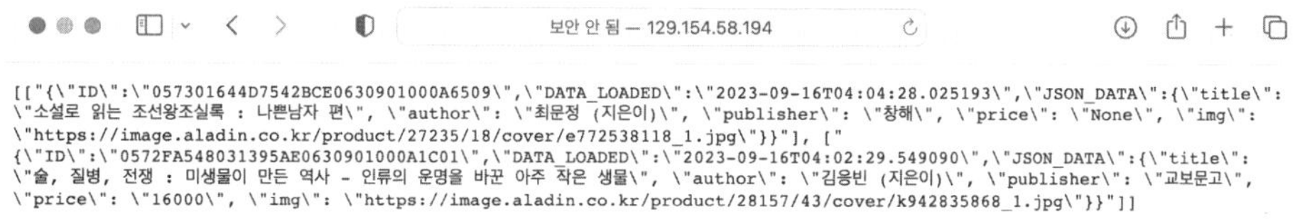

그림 2-45 웹 브라우저에서 도서 관리 마이크로서비스 실행 결과 확인

웹 브라우저를 통한 데이터 확인까지 완료되면 다음 테스트를 위해 Flask 서비스를 “Ctrl+C”를 사용해서 종료한다.

2.2.5 OCI 쿠버네티스 배포

OCI 쿠버네티스의 정식 명칭은 OCI Container Engine for Kubernetes로 일반적으로 OKE라고 부른다. 쿠버네티스 관리형 서비스인 OCI 쿠버네티스를 배포하기에 앞서 이에 대해 먼저 간단히 살펴보고, 쿠버네티스에서 사용하는 통신 방식에 대해서도 살펴볼 것이다.

2.2.5.1 OCI Container Engine for Kubernetes

OCI Container Engine for Kubernetes는 오라클이 제공하는 관리형 쿠버네티스 서비스이다. 오라클이 쿠버네티스를 자동으로 설치, 구성, 관리, 업그레이드하고 클러스터를 제공하기 때문에 사용자가 직접 쿠버네티스 클러스터를 구축하고 관리하는 번거로움을 덜어주며, 높은 가용성과 확장성을 제공한다.

현재 오라클 클라우드뿐만 아니라 시장의 주요 클라우드 벤더들도 관리형 쿠버네티스를 서비스 형태로 제공하고 있다. GCP의 GKS^Google Kubernetes Service^, AWS의 EKS^Amazon Elastic Kubernetes Service^, Azure의 AKS^Azure Kubernetes Service^ 등이 해당된다.

오라클 클라우드상에서 쿠버네티스 서비스를 사용하기 위해서는 어떤 컴퓨팅 자원을 얼마나 워커 노드에 할당할지 지정해서 쿠버네티스 컨테이너 엔진을 OCI 테넌시에 배포하면 된다. 서비스 형태로 제공되기 때문에 마스터 노드에 해당하는 클러스터 컨트롤 플레인 영역은 그림 2-46과 같이 오라클이 관리한다. 사용자는 워커 노드에서 자신들의 컨테이너 애플리케이션을 배포하고 관리하게 되며, 워커 노드를 가상 머신 또는 보다 높은 성능의 베어 메탈 인스턴스로 구성할 수 있다.

OCI 쿠버네티스 클러스터는 OCI 웹 콘솔과 REST API를 이용해서 설정을 정의하고 생성할 수 있다. 생성된 클러스터에 대해서는 쿠버네티스 명령(kubectl), 쿠버네티스 대시보드 및 쿠버네티스 API를 사용해서 액세스할 수 있다.

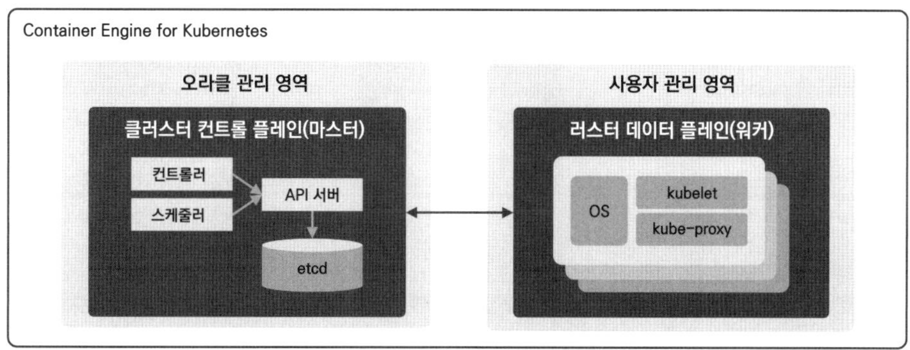

그림 2-46 OCI Container Engine for Kubernetes(OKE) 구조

오라클 쿠버네티스에서 풀Pool 형태로 제공되는 워커 노드에는 다음과 같이 두 가지 종류가 있다.

- **관리형 노드**Managed Nodes: 클러스터를 구성할 때 워커 노드 인스턴스의 Shape 종류와 크기, 인스턴스 이미지를 사용자의 필요에 따라 구성하고 관리할 수 있는 노드이다. 워커 노드 가상 머신에 대한 비용이 청구되고, 각 워커 노드를 사용자가 관리한다.
- **가상 노드**Virtual Nodes: 서버리스Serverless 쿠버네티스 환경으로 오라클이 전적으로 관리하는 방식이다. 사용자는 쿠버네티스 클러스터를 배포할 때 워커 노드 수만 설정한다. 다만 관리형 노드에서 지원하는 쿠버네티스 클러스터 Autoscaler와 VerticalPodAutoscaler는 지원하지 않는다. 또한 서비스 메시 또한 관리형 노드에서만 지원된다. 이 부분들에 대해서는 뒤에서 설명할 것이다.

2.2.5.2 OCI 쿠버네티스 파드 네트워킹

2장 서두에서 쿠버네티스의 서비스 자원을 통한 통신과 쿠버네티스가 외부와 통신하는 방식에 대해 살펴봤다. 지금부터 클러스터 내부에서 일어나는 통신, 즉 파드 내, 파드 간 통신을 간략히 살펴볼 것이다.

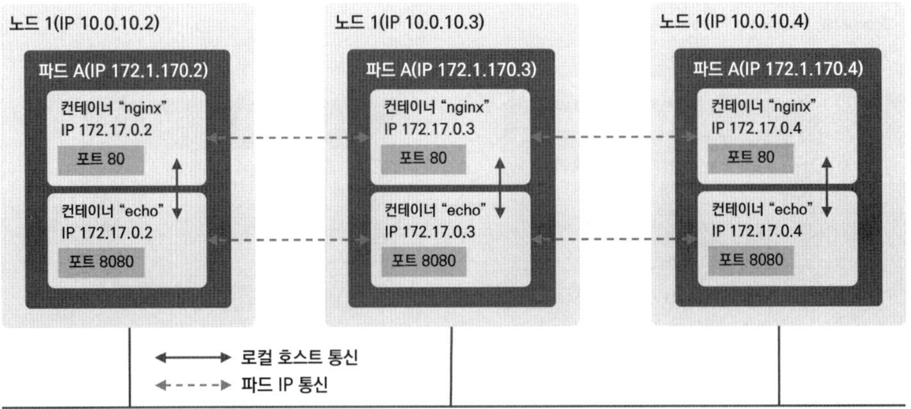

그림 2-47 쿠버네티스 파드 네트워킹

클러스터의 모든 파드는 그림 2-47과 같이 단일 플랫Flat 네트워크에 구성된다. 각 파드에는 고유의 IP 주소가 할당되고, 클러스터 내에서 라우팅된다. 그리고 해당 파드에 속하는 모든 컨테이너가 파드에 할당된 IP를 공유한다.

따라서 같은 파드 내의 모든 컨테이너의 IP 주소가 같기 때문에 로컬 호스트를 이용해서 컨테이너 간의 통신이 가능하다. 예를 들어 같은 파드 내에서 localhost:80으로 nginx 컨테이너의 80번 포트에 접근할 수 있으며, localhost:8080으로 echo 컨테이너의 8080번 포트에 접근할 수 있다.

특정 파드에서 다른 파드로 IP 주소를 통한 직접 접근도 가능하다. 파드 간 통신은 LAN 환경의 서버 간 통신과 유사하다. 예를 들어 파드 내의 통신과 마찬가지로 파드 간에도 IP 주소와 포트를 갖고 통신할 수 있다.

CNIContainer Network Interface는 이런 쿠버네티스 파드 간 통신을 위해 필요한 중요한 요소이다. 일반적으로 쿠버네티스 환경에서는 그림 2-48과 같이 Flannel이라는 CNI 플러그인을 주로 사용한다. Flannel은 노드에 할당된 IP 주소 범위를 관리하고, 각 노드에 가상 네트워크 인터페이스를 생성해서 파드 간의 통신을 중계한다. 파드는 가상 IP 주소를 할당받고, Flannel은 이 가상 IP 주소를 실제 호스트의 IP 주소로 변환해서 파드 간 통신이 가능하게 한다. 이를 통해 쿠버네티스 클러스터의 마이크로서비스들이 서로 통신할 수 있게 된다. 이런 가상화 기술을 사용해서 논리적인 네트워크를 구성하는 것을 Flannel 오버레이Overlay 가상 네트워크라고 부른다.

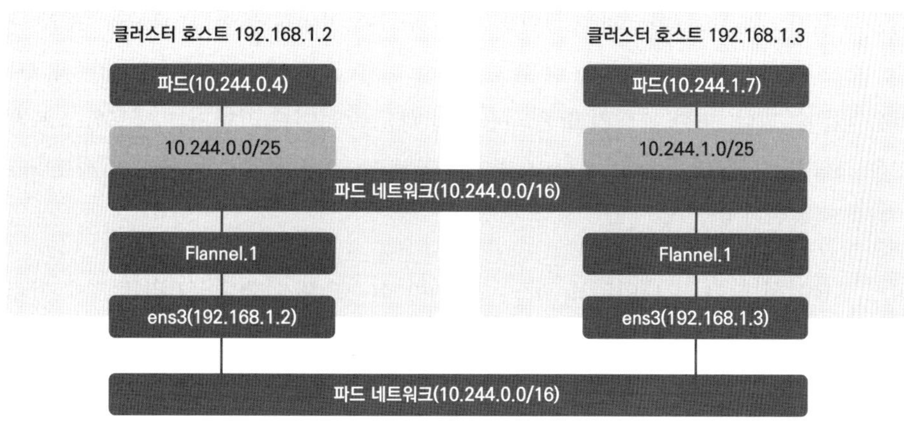

그림 2-48 Flannel 오버레이 네트워킹

오라클 클라우드의 경우 2022년 7월 이전 릴리스에서 생성된 쿠버네티스 클러스터는 Flannel CNI 플러그인만을 사용했다. 그러나 2022년 7월 이후 릴리스에서는 OCI 웹 콘솔을 사용해서 클러스터를 생성하는 경우(쿠버네티스 1.22 이상 실행) 그림 2-49와 같은 VCN 네이티브 파드 네트워킹VCN-Native Pod Networking CNI 플러그인이 기본값으로 제공되고 있다.

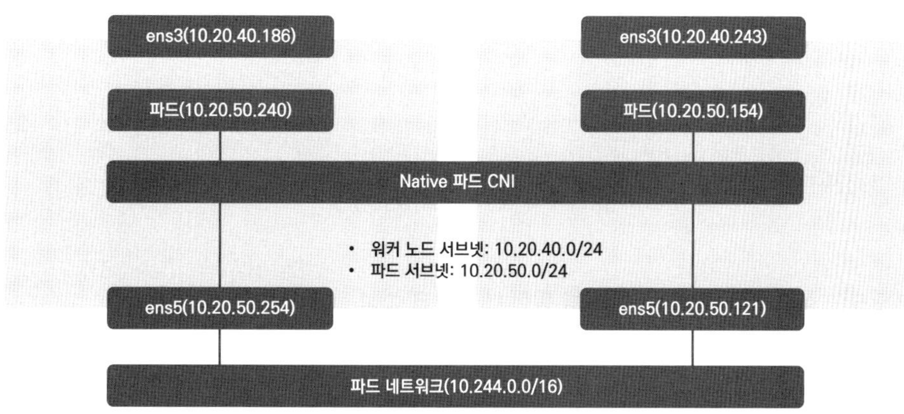

그림 2-49 네이티브 파드 네트워킹

VCN 네이티브 파드 네트워킹이란 OCI 쿠버네티스에서 관리하는 쿠버네티스 클러스터를 위한 새로운 CNI 플러그인이다. 이 CNI는 VCN CIDR의 IP 주소를 가진 파드를 제공해서 별도의 네트워크 계층 없이도 파드 통신이 이뤄지게 한다. 파드는 VCN 내부, VCN 간 그리고 FastConnect 또는 IPSec VPN을 통해 온프레미스 네트워크로 라우팅할 수 있다. 또한 파드의 IP를 사용해서 파드로 들어오고 나가는 네트워크 트래픽을 식별할 수 있으며, VCN Flow 로그를 통해 VCN을 통과하는 파드의 네트워크 트래픽을 확인할 수 있다.

이번 실습에서는 VCN 네이티브 파드 네트워킹 설정으로 그림 2-50의 단계에 따라 쿠버네티스 클러스터를 배포할 것이다.

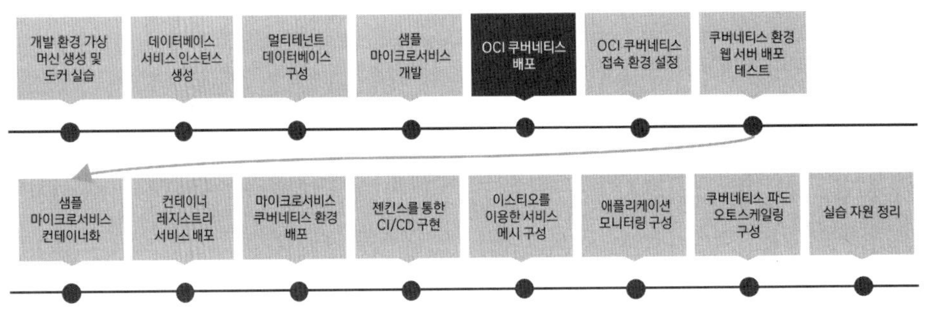

그림 2-50 2장 실습 단계 - OCI 쿠버네티스 배포

OCI 쿠버네티스를 배포해 보자. 다음과 같은 단계로 실습을 진행한다.

- 쿠버네티스 통신을 위한 네트워크 설정
- OCI 쿠버네티스 배포

2.2.5.3 실습 - 쿠버네티스 통신을 위한 네트워크 설정

OCI 쿠버네티스를 배포하기 전에 쿠버네티스 워커 노드, 컨트롤 플레인 등 각 컴포넌트들 간의 통신을 위해 네트워크 설정이 필요하다.

OCI 쿠버네티스를 배포할 때 보통 API 엔드포인트, 서비스 로드밸런서, 워커 노드 풀

Pool의 서비스 영역을 위한 서브넷을 분리해서 사용한다. 3개의 각 서브넷을 서로 다른 보안 설정으로 구성하는 것이 보다 안전한 쿠버네티스 환경 관리가 되기 때문이다.

하지만 이번 실습에서는 테스트 환경이기도 하거니와 실습을 위한 네트워크 환경을 좀 더 단순화하기 위해 1장에서 만들었던 퍼블릭 서브넷 1개, 프라이빗 서브넷 1개를 그대로 재사용할 것이다.

실습에서 OCI 쿠버네티스 클러스터는 다음과 같은 서브넷 설정으로 구성한다. 서비스 로드밸런서는 퍼블릭 서브넷에 두고, API 엔드포인트와 워커 노드 풀은 프라이빗 서브넷에 위치시킬 것이다.

- 쿠버네티스 API 엔드포인트 서브넷: 10.0.1.0/24 (프라이빗 서브넷)
- 쿠버네티스 서비스 로드밸런서 서브넷: 10.0.0.0/24 (퍼블릭 서브넷)
- 쿠버네티스 노드 풀의 Worker node: 10.0.1.0/24 (프라이빗 서브넷)

앞서 언급한 바와 같이 실제 운영 환경에서는 3개의 서브넷을 분리해 운영해서 각각 서로 다른 보안 정책을 적용할 것이 권고된다. 운영 환경에서의 네트워크 구성은 오라클 클라우드 공식 문서를 참조한다.

이제 API 엔드포인트, 서비스 로드밸런서, 워커 노드의 통신을 위해 다음과 같은 시큐리티 리스트 규칙을 추가한다. 표 2-3, 표 2-4와 같이 퍼블릭 서브넷과 프라이빗 서브넷의 각 시큐리티 리스트에 규칙을 추가한다.

실습 - 퍼블릭 서브넷에 시큐리티 리스트 규칙 추가

먼저 퍼블릭 서브넷의 시큐리티 규칙이다. 모두 Stateful 규칙으로 추가한다. OCI 웹 콘솔의 [Networking → Virtual cloud networks → Virtual cloud network details → Security llsts] 화면에서 Default security list for OCI_DEMO를 클릭한다.

[Ingress Rules] 섹션에서 Add Ingress Rules를 클릭해서 표 2-3 내용의 시큐리티 리스트 규칙을 추가한다. Egress 규칙은 시큐리티 리스트 왼쪽 Resources 아래의 [Egress Rules] 섹션에서 Add Egress Rules를 클릭해서 표 2-3 내용의 Egress 규칙을

추가한다.

정책	Source	Protocol / Destination Port	용도	규칙 추가 방법
Ingress Rule	0.0.0.0/0	TCP/6443	쿠버네티스 엔드포인트에 대한 외부 접근	
	10.0.1.0/24	TCP/6443	쿠버네티스 워커 노드와 쿠버네티스 API 엔드포인트 통신	
	10.0.1.0/24	TCP/12250	쿠버네티스 워커 노드와 컨트롤 플레인 통신	
	10.0.1.0/24	ICMP 3, 4	-	· Type: 3 입력 · Code: 4 입력
Egress Rule	All <리전 코드> Service In Oracle Services Network	TCP/443	쿠버네티스 컨트롤 플레인이 OKE와 통신	· Destination Type: Service 선택 · Destination Service: All ~ 선택
	10.0.1.0/24	TCP ALL/ALL	워커 노드에 대한 모든 아웃바운드 트래픽	
	10.0.1.0/24	ICMP 3, 4	-	· Type: 3 입력 · Code: 4 입력

표 2-3 쿠버네티스 통신을 위한 퍼블릭 서브넷 시큐리티 규칙

규칙을 추가하고 나면 퍼블릭 서브넷 시큐리티 리스트에서 그림 2-51, 2-52와 같이 Ingress, Egress 규칙이 적용된 화면을 볼 수 있다.

	No	0.0.0.0/0	TCP	All	6443		TCP traffic for ports: 6443
	No	10.0.1.0/24	TCP	All	6443		TCP traffic for ports: 6443
	No	10.0.1.0/24	TCP	All	12250		TCP traffic for ports: 12250
	No	10.0.1.0/24	ICMP			3, 4	ICMP traffic for: 3, 4 Destination Unreachable: Fragmentation Needed and Don't Fragment was Set

그림 2-51 쿠버네티스 통신을 위한 퍼블릭 서브넷 시큐리티 규칙 - Ingress Rule

	No	All YNY Services In Oracle Services Network	TCP	All	443		TCP traffic for ports: 443 HTTPS
	No	10.0.1.0/24	TCP	All	All		TCP traffic for ports: All
	No	10.0.1.0/24	ICMP			3, 4	ICMP traffic for: 3, 4 Destination Unreachable: Fragmentation Needed and Don't Fragment was Set

그림 2-52 쿠버네티스 통신을 위한 퍼블릭 서브넷 시큐리티 규칙 - Egress Rule

실습 – 프라이빗 서브넷에 시큐리티 리스트 규칙 추가

프라이빗 서브넷 시큐리티 규칙 또한 모두 Stateful 규칙으로 설정한다. OCI 웹 콘솔의 [Networking → Virtual cloud networks → Virtual cloud network details → Security lists] 화면에서 security list for private subnet-OCI_DEMO를 클릭한다. 퍼블릭 서브넷 시큐리티 리스트 규칙을 추가했을 때와 같은 방식으로 표 2-4 내용의 규칙을 추가한다.

정책	Source	Protocol / Destination Port	용도	규칙 추가 방법
Ingress Rule	10.0.1.0/24	All Protocols	서로 다른 워커 노드의 파드 간 통신	
	10.0.0.0/24	ICMP 3, 4	-	· Type: 3 입력 · Code: 4 입력
	10.0.0.0/24	TCP ALL/ALL	워커 노드에 대한 모든 트래픽	쿠버네티스 컨트롤 플레인에서 TCP 액세스

Ingress Rule	0.0.0.0/0	TCP/22	워커 노드에 대한 인바운드 SSH 트래픽	
Egress Rule	10.0.1.0/24	All Protocols	서로 다른 워커 노드의 파드 간 통신	
	10.0.0.0/24	TCP/6443	쿠버네티스 엔드포인트에 대한 접근	
	10.0.0.0/24	TCP/12250	쿠버네티스 워커 노드와 컨트롤 플레인 통신	
	10.0.0.0/24	ICMP 3, 4	-	· Type: 3 입력 · Code: 4 입력
	All <리전 코드> Service In Oracle Services Network	TCP/443	쿠버네티스 컨트롤 플레인이 OKE와 통신	· Destination Type: Service 선택 · Destination Service: All ~ 선택
	0.0.0.0/0	All Protocols	인터넷으로 아웃바운드 트래픽	
	0.0.0.0/0	ICMP 3, 4	쿠버네티스 컨트롤 플레인에서 ICMP 접근	· Type: 3 입력 · Code: 4 입력

표 2-4 쿠버네티스 통신을 위한 프라이빗 서브넷 시큐리티 규칙

규칙을 추가하고 나면 프라이빗 서브넷 시큐리티 리스트에서 그림 2-53, 2-54와 같이 Ingress, Egress 규칙이 적용된 화면을 볼 수 있다.

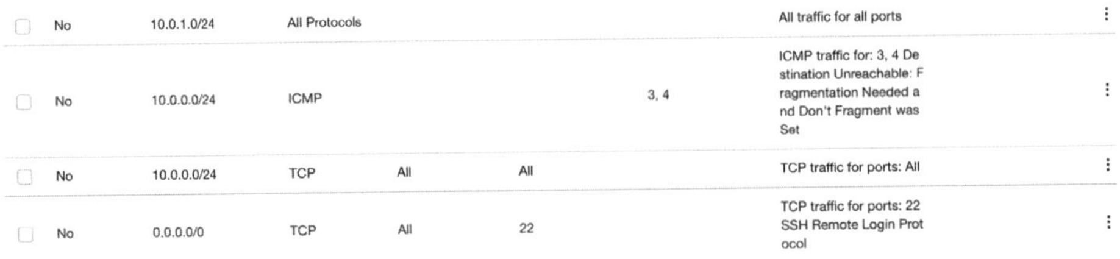

No	10.0.1.0/24	All Protocols				All traffic for all ports	⋮
No	10.0.0.0/24	ICMP			3, 4	ICMP traffic for: 3, 4 Destination Unreachable: Fragmentation Needed and Don't Fragment was Set	⋮
No	10.0.0.0/24	TCP	All	All		TCP traffic for ports: All	⋮
No	0.0.0.0/0	TCP	All	22		TCP traffic for ports: 22 SSH Remote Login Protocol	⋮

그림 2-53 쿠버네티스 통신을 위한 프라이빗 서브넷 시큐리티 규칙 - Ingress Rule

No	10.0.1.0/24	All Protocols				All traffic for all ports
No	10.0.0.0/24	TCP	All	6443		TCP traffic for ports: 6443
No	10.0.0.0/24	TCP	All	12250		TCP traffic for ports: 12250
No	10.0.0.0/24	ICMP			3, 4	ICMP traffic for: 3, 4 Destination Unreachable: Fragmentation Needed and Don't Fragment was Set
No	All YNY Services In Oracle Services Network	TCP	All	443		TCP traffic for ports: 443 HTTPS
No	0.0.0.0/0	All Protocols				All traffic for all ports
No	0.0.0.0/0	ICMP			3, 4	ICMP traffic for: 3, 4 Destination Unreachable: Fragmentation Needed and Don't Fragment was Set

그림 2-54 쿠버네티스 통신을 위한 프라이빗 서브넷 시큐리티 규칙 - Egress Rule

여기까지 네트워크 시큐리티 리스트를 설정했다면 OCI 쿠버네티스 배포 준비가 끝난 것이다.

2.2.5.4 실습 - OCI 쿠버네티스 배포

OCI 쿠버네티스 서비스를 배포하기 전에 "all-resources" 권한을 부여받지 못한 유저의 경우 다음과 같은 권한 구문을 "oci-demo-policy" 정책에 추가해야 한다.

```
Allow group <YOUR_GROUP_NAME> to manage cluster-family in compartment
<YOUR_COMPARTMENT_NAME>
Allow group <YOUR_GROUP_NAME> to manage repos in compartment <YOUR_
COMPARTMENT_NAME>
```

워커 노드의 구성에 대해서는 앞서 설명한 워커 노드 배포 방식 중에서 사용자가 제어할 수 있는 항목이 많은 "관리형 노드 방식"을 선택한다.

OCI 웹 콘솔의 [Developer Services → Kubernetes Clusters(OKE)] 화면에서 Create cluster를 클릭한다. "Quick create"와 "Custom create"의 두 가지 방식이 있다.

Quick create는 쿠버네티스 클러스터 노드뿐만 아니라 관련 네트워크 자원까지 오라클이 한꺼번에 만들어 주는 방식이다. 또한 OCI 쿠버네티스 내 통신을 위한 시큐리티 리스트 설정도 자동으로 이뤄진다. 이에 반해 Custom create는 사용자가 네트워크 구성을 지정하는 방식이다. 1장에서 구성한 VCN 환경을 그대로 사용할 것이므로

Custom create를 선택하고 Submit을 클릭한다.

Create cluster 화면에서 그림 2-55와 같이 다음 정보를 입력한 후 하단의 Next를 클릭한다.

- Name: oci-demo-msaoke
- Kubernetes version: v1.27.2(2023년 10월 현재 최신 버전)

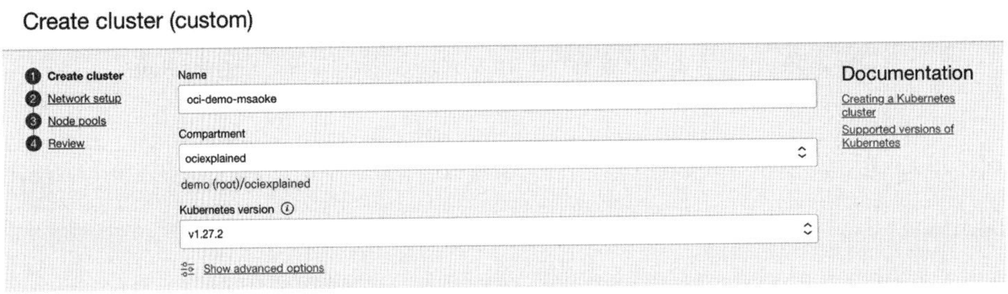

Create cluster (custom)

1 Create cluster 2 Network setup 3 Node pools 4 Review	Name: oci-demo-msaoke Compartment: ociexplained demo (root)/ociexplained Kubernetes version: v1.27.2 Show advanced options
Documentation	Creating a Kubernetes cluster Supported versions of Kubernetes

그림 2-55 OCI 쿠버네티스 배포 - Create cluster

Network setup 화면에서 그림 2-56과 같이 다음 정보를 입력한 후 하단의 Next를 클릭한다.

워커 노드로 네트워크 유형을 VCN 네이티브 파드 네트워킹을 사용한다. 서비스 로드 밸런서는 인터넷에 노출할 것이므로 퍼블릭 서브넷에 위치시켰다. API 엔드포인트는 프라이빗 서브넷에 위치한다.

- Network type: VCN-native pod networking 선택
- VCN: OCI_DEMO
- Kubernetes service LB subnets: public subnet-OCI_DEMO (Regional)
- Kubernetes API endpoint subnet: private subnet-OCI_DEMO (Regional)

이 설정은 OCI 쿠버네티스의 파드가 네이티브 파드 네트워킹을 통해 VCN 내 프라이빗 IP 주소를 할당받도록 한 것이다. 그리고 OCI 쿠버네티스의 컨테이너에 배포할 애

플리케이션 서비스는 OCI의 로드밸런서와 연계돼 인터넷 서비스를 할 것이다. OCI 쿠버네티스 API는 프라이빗 서브넷에 위치해서 VCN 내에서만 노출될 것이다.

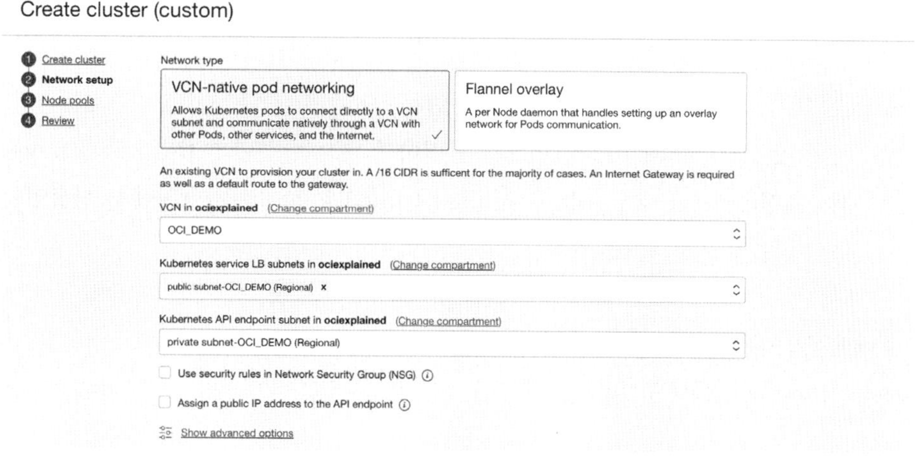

그림 2-56 OCI 쿠버네티스 배포 - Network setup

Node pools 화면에서 그림 2-57과 같이 다음 정보를 입력한 후 하단의 Next를 클릭한다.

- [Node pool] 섹션 Node type: Managed
- [Placement configuration] 섹션 Availability domain: 〈사용자가 사용하는 AD〉
- [Placement configuration] 섹션 Worker node subnet: private subnet-OCI_DEMO (Regional)
- [Shape and image] 섹션 Node shape: VM.Standard.E3.Flex 선택. 자원은 최소 자원(1 OCPU)으로 설정한다.
- [Shape and image] 섹션 Image: Change image를 클릭해서 오라클 리눅스 7.9 이미지, 이미지 빌드는 2023.07.31-1을 선택한다. Shape는 "VM.Standard.E3.Flex", 이미지는 오라클 리눅스 7.9 이미지(이미지 빌드는 "2023.07.31-1")를

선택한다. 이는 2023년 8월 현재, VCN-네이티브 파드 네트워킹을 오라클 리눅스 7.x에서만 지원하기 때문이다.

- [Node pool options] 섹션: Node count를 기본값인 3으로 유지한다.
- [Pod communication] 섹션 Subnet: private subnet-OCI_DEMO (Regional)
- 맨 아래 Show advanced options를 클릭하면 나오는 하단의 [Add SSH keys] 섹션에서 Upload a public key files (.pub)을 선택하고, 1장에서 만들었던 SSH 퍼블릭 키를 업로드한다.

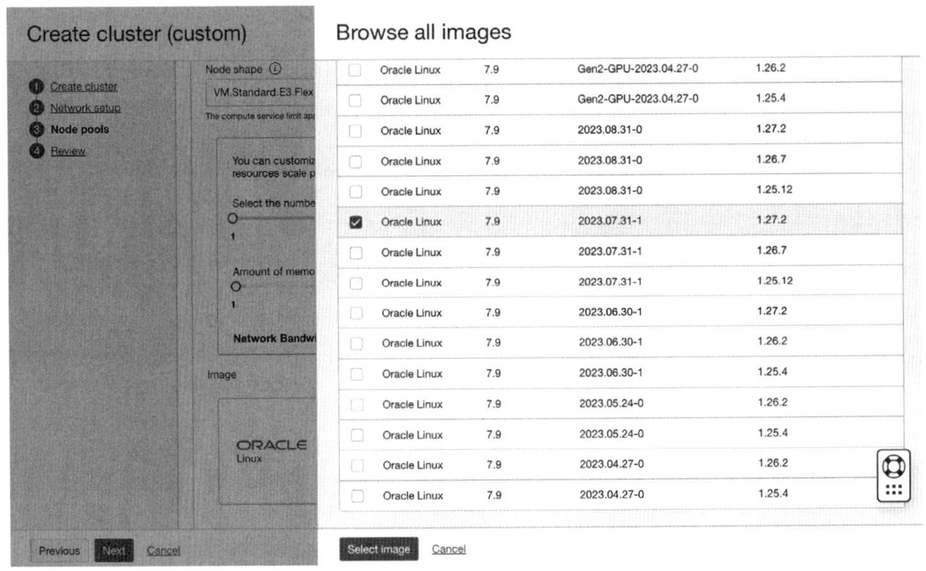

그림 2-57 OCI 쿠버네티스 배포 - Node pools

지금까지 설정한 내용을 확인하고 Create cluster를 클릭하면 OCI 쿠버네티스 배포가 실행된다. 잠시 후 그림 2-58과 같이 노드 풀까지 배포가 돼 각 노드들이 Ready 상태가 되면 OCI 쿠버네티스 배포가 정상적으로 완료된 것이다. 노드 풀의 상태는 OCI 웹 콘솔의 [Containers → Clusters → Cluster details → Node pool details] 화면에서 확인할 수 있다.

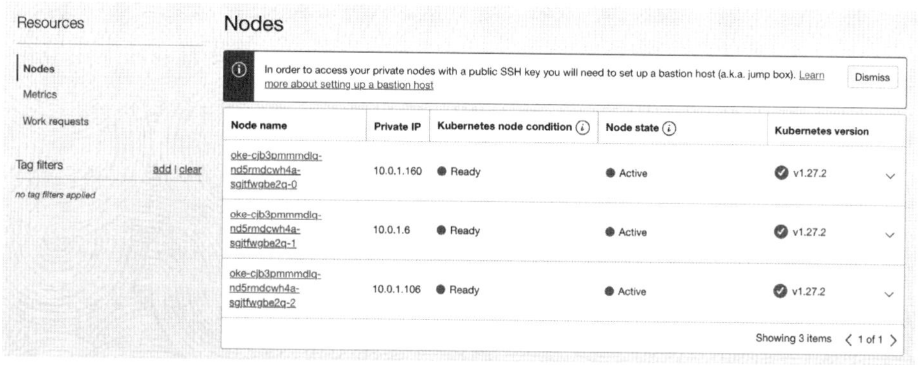

그림 2-58 OCI 쿠버네티스 노드 풀

2.2.6 OCI 쿠버네티스 접속 환경 설정

배포된 OCI 쿠버네티스에 접속해 보자.

쿠버네티스 클러스터는 앞서 기술한 바와 같이 웹 UI인 쿠버네티스 대시보드로도 관리를 할 수 있지만 주로 커맨드 라인 인터페이스인 kubectl을 많이 사용한다. kubectl을 이용해서 쿠버네티스 클러스터에 접근할 때는 그림 2-59와 같이 클러스터 정보를 담고 있는 설정 파일인 kubeconfig 파일을 참조해서 클러스터에 연결하게 된다. 따라서 생성된 클러스터에 kubectl을 이용해서 접근하려면 먼저 kubeconfig 파일을 생성해야 한다.

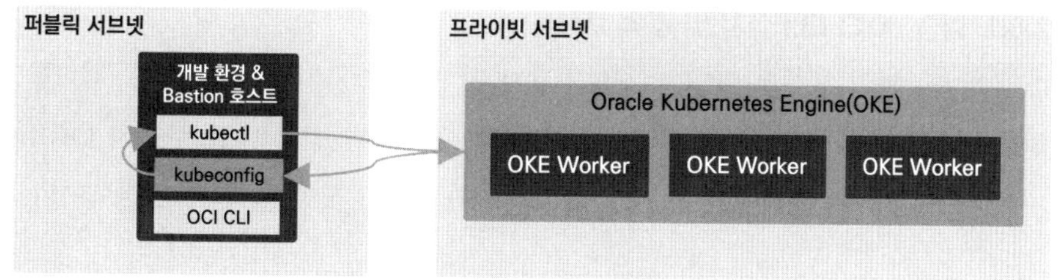

그림 2-59 쿠버네티스 접속 환경 설정

쿠버네티스 클러스터의 환경을 구성할 때 OCI CLI 실행과 마찬가지로 OCI 웹 콘솔의 Cloud Shell 환경에서도 설정할 수 있다. 또한 별도의 호스트에 kubectl 실행 환경을 구성하는 것도 가능하다. 2장에서는 개발 환경이자 Bastion 호스트로 사용하는 가상 머신에 kubectl 실행 환경을 구성한다. 그림 2-60의 단계에 따라 kubeconfig 파일을 생성해서 kubectl 실행 환경을 구성해 본다.

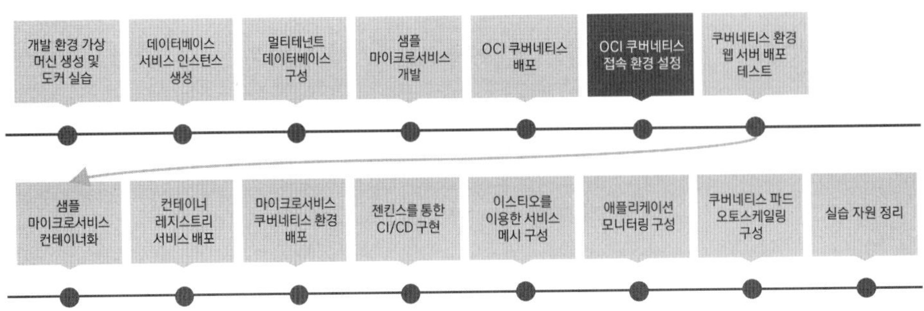

그림 2-60 2장 실습 단계 - OCI 쿠버네티스 접속 환경 설정

OCI 쿠버네티스 접속 환경 설정은 다음과 같은 단계로 실습을 진행한다.

- OCI CLI 설치 및 접속 설정
- kubectl 설치
- kubeconfig 파일 생성 및 클러스터 접속
- OCI 쿠버네티스 클러스터 구성 조회

2.2.6.1 실습 - OCI CLI 설치 및 접속 설정

kubeconfig 파일 생성은 OCI CLI 명령으로 할 수 있다. 따라서 먼저 OCI CLI를 설치하고 실행 환경을 구성해야 한다. OCI CLI를 설치하기 전에 미리 사용자 OCID와 테넌시 OCID를 확인한다. 이는 OCI CLI 실행 환경을 설정할 때 필요한 정보이다.

OCI 웹 콘솔에서 사용자의 OCID를 확인하려면 먼저 오른쪽 상단의 "Profile" 아이콘을 클릭해서 목록에서 My profile을 선택한다. 그런 다음 나타나는 "사용자 상세 정보" 화면에서 OCID를 확인하고 사용자 OCID를 복사해 둔다.

- OCID 예시: ocid1.user.oc1..aaaaaaaa3t2unn2uskdtcd6mkxnrwczvwsv xjmof5jomp... 생략 ...

테넌시 OCID도 마찬가지로 오른쪽 상단의 "Profile" 아이콘을 클릭해서 목록에서 "Tenancy: 테넌시 이름"을 선택한다. 그런 다음 나타나는 "테넌시 상세 정보" 화면에서 OCID를 확인하고 테넌시 OCID를 복사해 둔다.

- OCID 예시: ocid1.tenancy.oc1..aaaaaaaa9jd5kq3aldif82icnsdfdd02msd i5pajdtaldn... 생략 ...

개발 환경 가상 머신에 접속해서 다음 명령으로 OCI CLI를 설치한다.

```
[opc@oci-demo-appdev ~]$ hostname
oci-demo-appdev
[opc@oci-demo-appdev ~]$ sudo yum install -y python36-oci-cli
... 생략 ...
Complete!
[opc@oci-demo-appdev ~]$ oci --version
3.23.2
```

다음은 oci setup config 명령으로 OCI CLI 접속 정보를 설정할 차례이다. 이때 앞서 복사해 둔 테넌시 OCID, 사용자 OCID 정보가 필요하다. 설정 과정에서 OCI CLI를 사용할 리전 이름을 입력하도록 돼 있다. 독자는 현재 사용 중인 리전 이름을 입력해야 한다. 다음 예시에서는 춘천 리전을 사용했다.

그리고 OCI CLI를 통해 클라우드 자원을 제어할 때는 내부적으로 API 요청을 통해 이뤄지는데 API 요청을 위해서는 인증 용도로 API 키 페어API Key Pair가 필요하다. 미리 만들어져 있으면 이를 재사용해도 되지만 이번 실습에서 처음 사용되는 것이므로 oci setup config 과정에서 다음과 같이 생성했다.

```
[opc@oci-demo-appdev ~]$ oci setup config
... 생략 ...
Enter a location for your config [/home/opc/.oci/config]: <엔터 키>
Enter a user OCID: ocid1.user.oc1..aaaaaaaae3ivl7cblva3epfurxfk3jergkfm5vmy
bsualcyb...
Enter a tenancy OCID: ocid1.tenancy.oc1.aaaaaaaa9jd5kq3aldif82icnsdfdd02msd
```

```
i5pajdtaldn...
Enter a region by index or name(e.g.
1: af-johannesburg-1, 2: ap-chiyoda-1, 3: ap-chuncheon-1, 4: ap-dcc-canberra-1, 5: ap-hyderabad-1,
6: ap-ibaraki-1, 7: ap-melbourne-1, 8: ap-mumbai-1, 9: ap-osaka-1, 10: ap-seoul-1,
... 생략 ...
51: us-sanjose-1): ap-chuncheon-1
Do you want to generate a new API Signing RSA key pair? (If you decline you will be asked to supply the path to an existing key.) [Y/n]: Y
Enter a directory for your keys to be created [/home/opc/.oci]: <엔터 키>
Enter a name for your key [oci_api_key]: <엔터 키>
Public key written to: /home/opc/.oci/oci_api_key_public.pem
Enter a passphrase for your private key (empty for no passphrase): <엔터 키>
Private key written to: /home/opc/.oci/oci_api_key.pem
Fingerprint: 2f:95:a7:6c:84:a9:1e:93:94:f5:55:a6:d7:69:c6:72
Config written to /home/opc/.oci/config
... 생략 ...
```

마지막으로 oci setup config 과정에서 만들어진 API 키 페어 중에서 퍼블릭 키를 OCI 사용자 정보에 등록하면 OCI CLI로 설정한 리전의 자원을 제어할 수 있게 된다. API 퍼블릭 키 위치는 oci setup config 명령을 수행했을 때 출력되는 "Public key written to: /home/opc/.oci/oci_api_key_public.pem" 부분에서 확인할 수 있다. API 퍼블릭 키 내용을 복사한다.

```
[opc@oci-demo-appdev ~]$ cat ~/.oci/oci_api_key_public.pem
-----BEGIN PUBLIC KEY-----
MIIBIjANBgkqhkiG9w0BAQEFAAOCAQ8AMIIBCgKCAQEAxBBbFO9+HO4qSE0H7FrC
pjZoN3y6ppv92auGc9qk/YwIAgA4+BAAR9z8Brzra69DK4FRGGdp63Cf4Lj3qY1X
Wim7ZG7OkVnru7jQS3BGL+q2UrFu9Ik8YjLFWVEPnBD7bSFe+/LwLo4vISY7lWq0
... 생략 ...
-----END PUBLIC KEY-----
```

복사한 API 퍼블릭 키 내용을 OCI 사용자의 API 키에 등록한다. OCI 웹 콘솔에서 오른쪽 상단의 "Profile" 아이콘을 클릭해서 목록에서 My profile을 선택한 후 왼쪽 Resources 메뉴 아래의 API keys를 클릭한다. 그런 다음 Add API key를 클릭해서 Paste Public Key 항목을 선택한 후 그림 2-61과 같이 앞서 복사한 API 퍼블릭 키를 붙여넣는다. 그리고 하단의 Add를 클릭해서 나오는 팝업 창에서 Close를 클릭하면 API 키 등록이 끝난다.

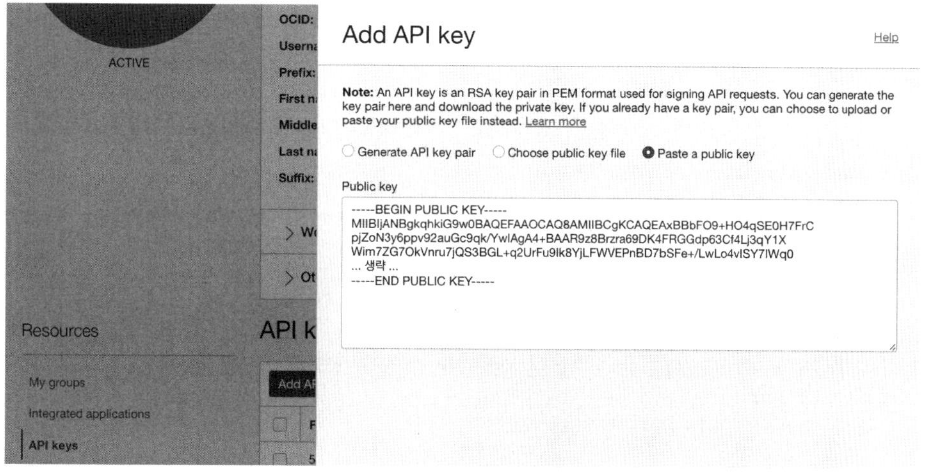

그림 2-61 OCI CLI 사용을 위한 API 키 등록

API 키 등록까지 마치면 OCI CLI 명령이 정상 동작하는지 확인한다. 다음 OCI CLI 명령으로 오브젝트 스토리지의 네임스페이스Namespace와 OCI 리전 목록을 조회해 본다.

```
[opc@oci-demo-appdev ~]$ oci os ns get
{
  "data": "demo"
}
[opc@oci-demo-appdev ~]$ oci iam region list --output table
+-----+------------------+
| key | name             |
+-----+------------------+
| AMS | eu-amsterdam-1   |
| ARN | eu-stockholm-1   |
| AUH | me-abudhabi-1    |
| BOM | ap-mumbai-1      |
... 생략 ...
```

2.2.6.2 실습 - kubectl 설치

이번에는 쿠버네티스 커맨드 라인 도구인 kubectl을 설치한다. 쿠버네티스 클러스터를 제어하기 위한 명령어 라인 인터페이스인 kubectl을 활용해서 클러스터를 관리하는 다양한 작업을 할 수 있다. 클러스터의 상태를 확인하거나 애플리케이션의 배포, 서비스, 로그의 확인, 스케일링 등의 작업이 해당된다.

curl 명령으로 kubernetes.io 공식 사이트에서 설치 바이너리를 다운로드받아 설치를 진행한다. 설치 후 kubectl 버전을 확인해 본다.

```
[opc@oci-demo-appdev ~]$ curl -LO "https://dl.k8s.io/release/$(curl -L -s
https://dl.k8s.io/release/stable.txt)/bin/linux/amd64/kubectl"
  % Total    % Received % Xferd  Average Speed   Time    Time     Time
Current
... 생략 ...
[opc@oci-demo-appdev ~]$ sudo install -o root -g root -m 0755 kubectl /usr/
local/bin/kubectl
[opc@oci-demo-appdev ~]$ kubectl version --output=yaml
clientVersion:
  buildDate: "2023-09-13T09:35:49Z"
  compiler: gc
  gitCommit: 89a4ea3e1e4ddd7f7572286090359983e0387b2f
  gitTreeState: clean
  gitVersion: v1.28.2
  goVersion: go1.20.8
  major: "1"
  minor: "28"
  platform: linux/amd64
kustomizeVersion: v5.0.4-0.20230601165947-6ce0bf390ce3
... 생략 ...
```

2.2.6.3 실습 - kubeconfig 파일 생성 및 클러스터 접속

설치된 kubectl을 통해 쿠버네티스 클러스터에 접근하려면 클러스터 정보, 인증 정보, 컨텍스트 등을 담고 있는 kubeconfig 파일을 구성해야 한다. kubeconfig 파일을 생성하는 방법은 OCI 웹 콘솔 클러스터의 상세 화면에 단계별로 나와 있다. 각 단계의 명령을 복사해서 그대로 실행하면 클러스터 상세 정보가 저장된 kubeconfig 파일이 생성된다.

[쿠버네티스 컨텍스트]

쿠버네티스 컨텍스트는 kubeconfig 파일에서 정의된 쿠버네티스 클러스터, 사용자 정보, 네임스페이스 등의 조합을 나타내는 개념이다. 각 컨텍스트는 특정 클러스터와 사용자를 지칭하며, 이를 통해 kubectl 명령을 실행할 때 어떤 클러스터와 사용자를 대상으로 작업할지를 결정한다. 쿠버네티스에서는 여러 개의 클러스터를 다루거나 다양한 사용자로 작업을 수행할 수 있기 때문에 여러 개의 컨텍스트를 kubeconfig 파일에 정의할 수 있다. 현재 활성화된 컨텍스트는 kubectl config current-context 명령으로 확인할 수 있다.

OCI 웹 콘솔의 쿠버네티스 상세 화면의 [Containers → Clusters → Cluster details]에서 Access Cluster를 클릭하면 그림 2-62와 같이 kubeconfig 구성을 위한 명령어가 제공된다.

kubeconfig 파일을 설정할 때 따라야 할 단계는 클러스터에 액세스하려는 방법에 따라 다르다. Cloud Shell에서 할 수도 있고, kubectl을 로컬 호스트에 설치해서 할 수도 있다. 로컬 설치 방식의 경우에는 앞서 수행한 바 있는 OCI CLI 설치, API 키 등록 등의 추가 작업이 필요하다.

이번 실습에서는 로컬 설치 방식을 사용한다. Access Your Cluster 창 맨 위에서 Cloud Shell Access와 Local Access 중 Local Access를 선택한다.

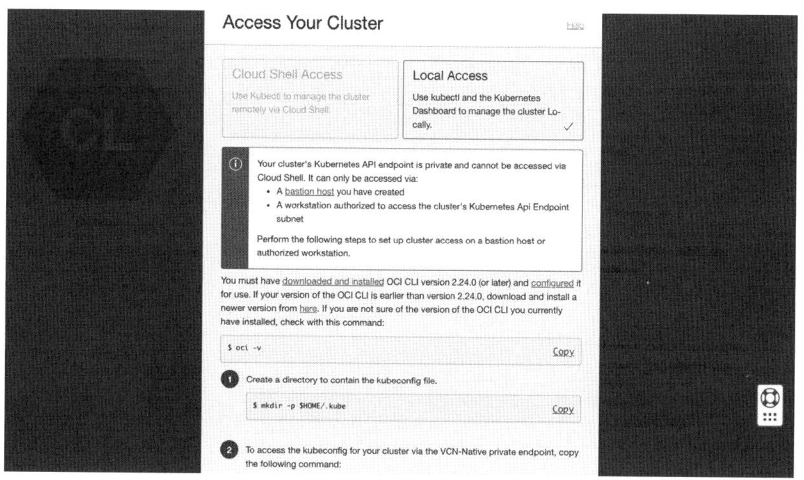

그림 2-62 OCI 쿠버네티스 클러스터 접속 설정

Local Access를 선택해서 나온 지시 내용을 그대로 복사해서 명령어 프롬프트에서 실행한다. 명령어의 내용은 다음과 같다.

kubeconfig 파일을 담을 디렉토리를 생성하고 kubeconfig 파일을 설정해서 config 파일에 저장한 후 KUBECONFIG 환경 변수를 설정한다.

KUBECONFIG 환경 변수까지 설정하면 Local Access 팝업 창 하단의 **Close**를 클릭해서 창을 닫는다.

앞으로 해당 클러스터에 계속 접근할 것이므로 opc 유저의 .bash_profile에 "export KUBECONFIG=$HOME/.kube/config" 라인을 추가해서 프로파일에 적용해 둔다.

```
[opc@oci-demo-appdev ~]$ oci -v
3.23.2
[opc@oci-demo-appdev ~]$ mkdir -p $HOME/.kube
[opc@oci-demo-appdev ~]$ oci ce cluster create-kubeconfig --cluster-id
ocid1.cluster.oc1.ap-chuncheon-1.aaaaaaaa5avh5y4lxd6gnumwsslooytjg2zir4y
wlpiyyxsydcjb3pmmmdlq --file $HOME/.kube/config --region ap-chuncheon-1
--token-version 2.0.0  --kube-endpoint PRIVATE_ENDPOINT
New config written to the Kubeconfig file /home/opc/.kube/config
[opc@oci-demo-appdev ~]$ export KUBECONFIG=$HOME/.kube/config
[opc@oci-demo-appdev ~]$ vi ~/.bash_profile
... 생략 ...
export KUBECONFIG=$HOME/.kube/config
[opc@oci-demo-appdev ~]$ source ~/.bash_profile
```

kubectl 명령 실행을 위한 설정 정보를 담고 있는 kubeconfig 파일이 생성된 것을 확인할 수 있다.

```
[opc@oci-demo-appdev ~]$ more $HOME/.kube/config
---
apiVersion: v1
kind: ""
clusters:
- name: cluster-cjb3pmmmdlq
  cluster:
    server: https://10.0.1.239:6443
... 생략 ...
```

2.2.6.4 실습 - OCI 쿠버네티스 클러스터 구성 조회

이제 클러스터에 접속하기 위한 kubectl 설정은 모두 끝났다. kubectl cluster-info 명령으로 클러스터 구성을 조회할 수 있다. 마스터 노드의 IP 주소와 내부 DNS 엔드포인트를 알 수 있다. kubectl과 마스터 노드가 통신할 수 없을 경우에는 에러가 출력된다.

```
[opc@oci-demo-appdev ~]$ kubectl cluster-info
Kubernetes control plane is running at https://10.0.1.239:6443
CoreDNS is running at https://10.0.1.239:6443/api/v1/namespaces/kube-
system/services/kube-dns:dns/proxy
... 생략 ...
```

kubectl cluster-info는 현재 kubeconfig 파일에 설정된 모든 컨텍스트와 사용자 정보를 출력하는 명령어이다. 이 명령을 실행하면 kubeconfig 파일에 저장된 정보가 JSON 형태로 나타나게 된다.

```
[opc@oci-demo-appdev .kube]$ kubectl config view
apiVersion: v1
clusters:
- cluster:
    certificate-authority-data: DATA+OMITTED
    server: https://10.0.1.239:6443
  name: cluster-cjb3pmmmdlq
contexts:
- context:
    cluster: cluster-cjb3pmmmdlq
    user: user-cjb3pmmmdlq
  name: context-cjb3pmmmdlq
current-context: context-cjb3pmmmdlq
... 생략 ...
```

"kubectl get nodes" 명령으로 쿠버네티스 클러스터 내에 등록된 노드들의 상태를 조회해 본다. 노드는 클러스터 내에서 워커 노드로서 컨테이너가 실행되는 호스트를 의미한다.

```
[opc@oci-demo-appdev .kube]$ kubectl get nodes
NAME         STATUS   ROLES   AGE   VERSION
10.0.1.106   Ready    node    20m   v1.27.2
```

```
10.0.1.160    Ready    node    20m   v1.27.2
10.0.1.6      Ready    node    20m   v1.27.2
```

kubectl 명령으로 클러스터 내 네임스페이스를 확인해 본다. 네임스페이스는 쿠버네티스 클러스터를 논리적으로 분할하는 클러스터 가상화 기능으로 네임스페이스별로 역할 기반의 접근 제어, CPU/메모리 등의 자원 제한 등을 할 수 있다. 조회된 각 네임스페이스의 용도는 다음과 같다.

- default: 디폴트 네임스페이스로 특별히 지정되지 않을 때 사용된다.
- kube-public: 모든 사용자가 읽을 수 있는 네임스페이스로 쿠버네티스 클러스터를 위해 예약된 공간이다.
- kube-system: 쿠버네티스 시스템이나 애드온이 사용하는 네임스페이스이다.
- kube-node-lease: kubelet이 하트비트Heartbeat를 보내 컨트롤 플레인이 노드 오류를 감지할 수 있다.

```
[opc@oci-demo-appdev .kube]$ kubectl get namespaces
NAME              STATUS   AGE
default           Active   23m
kube-node-lease   Active   23m
kube-public       Active   23m
kube-system       Active   23m
```

모든 노드에서 수행되는 파드 정보를 확인해 본다. OCI 쿠버네티스와 같이 클라우드 벤더에서 제공하는 관리형 쿠버네티스의 경우 마스터 노드에서 수행되고 있는 파드는 표시되지 않는다.

STATUS 칼럼의 정보는 쿠버네티스 API를 통해 가져오는 파드의 상태 정보이다. READY 칼럼의 분모는 파드에 정의된 컨테이너 수이고, 분자는 실행 상태의 컨테이너 수이다. 현재는 아직 사용자 파드를 만들지 않았으므로 쿠버네티스 시스템 관련 기능을 수행하는 kube-system 네임스페이스의 파드들만 있다.

STATUS 칼럼의 주요 상태 정보는 다음과 같다.

- Pending: 쿠버네티스 클러스터에 의해 파드 생성 요청은 받았으나 하나 이상의 컨테이너가 생성되지 않은 상태이다.
- Running: 파드 내 모든 컨테이너가 생성돼 적어도 하나의 컨테이너는 실행 중이거나 시작 또는 재시작 중인 상태이다.
- Succeeded: 파드 내 모든 컨테이너가 정상적으로 종료된 상태이다.
- Failed: 파드 내 적어도 하나의 컨테이너가 실패 상태로 종료됐을 때 출력된다.
- Unknown: 파드의 상태 정보를 획득할 수 없을 때 Unknown으로 표기된다. 보통 파드가 수행되고 있는 해당 노드와 통신 에러가 있을 때 나타난다.

RESTARTS 칼럼은 파드가 재시작한 횟수를 의미한다. 파드의 디플로이먼트는 관리 중인 파드가 종료되면 지정된 파드의 개수를 유지하려고 파드를 재기동한다. RESTARTS 칼럼의 값은 이에 대한 횟수이다.

```
[opc@oci-demo-appdev .kube]$ kubectl get pods --all-namespaces
NAMESPACE     NAME                       READY   STATUS    RESTARTS   AGE
kube-system   coredns-7548648b7d-66fdf   1/1     Running   0          18m
kube-system   coredns-7548648b7d-cm2x7   1/1     Running   0          18m
kube-system   coredns-7548648b7d-ktvwj   1/1     Running   0          18m
kube-system   csi-oci-node-789sw         1/1     Running   0          18m
kube-system   csi-oci-node-f58jk         1/1     Running   0          18m
kube-system   csi-oci-node-kjtkn         1/1     Running   0          18m
... 생략 ...
```

배포된 쿠버네티스 클러스터 내에 정의된 모든 디플로이먼트와 서비스 자원도 조회해 본다.

```
[opc@oci-demo-appdev ~]$ kubectl get deployments --all-namespaces
NAMESPACE     NAME                   READY   UP-TO-DATE   AVAILABLE   AGE
kube-system   coredns                3/3     3            3           3h35m
kube-system   kube-dns-autoscaler    1/1     1            1           3h35m
[opc@oci-demo-appdev .kube]$ kubectl get services --all-namespaces
NAMESPACE     NAME         TYPE        CLUSTER-IP   EXTERNAL-IP   PORT(S)
AGE
default       kubernetes   ClusterIP   10.96.0.1    <none>        443/
TCP,12250/TCP        3h38m
```

```
kube-system   kube-dns     ClusterIP   10.96.5.5     <none>         53/
UDP,53/TCP,9153/TCP   3h36m
```

2.2.7 쿠버네티스 환경 웹 서버 배포 테스트

본격적으로 마이크로서비스를 OCI 쿠버네티스에 배포하기 전에 간단한 배포 실습을 먼저 해보고 다음 단계 실습으로 넘어간다.

쿠버네티스 클러스터에 자원을 생성하는 방법에는 명령어Imperative 방식과 선언Declarative 방식이 있다.

명령어 방식은 kubectl 명령을 사용해서 자원을 직접 생성하거나 조작하는 방법이다. kubectl create, kubectl run, kubectl expose 등의 명령을 사용해서 자원을 생성한다. 이 방법은 간단한 작업에 유용하지만 복잡한 자원을 관리할 때는 적합하지 않다.

선언 방식은 YAML 또는 JSON 형식으로 된 매니페스트Manifest 파일을 사용해서 kubectl apply 또는 kubectl create 명령을 통해 클러스터 자원을 만드는 방식이다. 매니페스트 파일을 사용해서 자원의 상태를 정의하고, 이를 쿠버네티스 API 서버에 제출해서 자원을 생성 또는 업데이트한다. 매니페스트 파일에는 각 자원의 종류, 이름, 포트, 레플리카 수 등 자원에 대한 정보가 정의된다. 주로 운영 환경에서 사용한다.

이번 실습은 앞서 개발한 마이크로서비스를 배포하기 전에 우선 기본적인 쿠버네티스 사용 방법을 간단한 웹 서버를 배포해 보면서 확인해 본다. 실습은 그림 2-63의 단계에 해당된다.

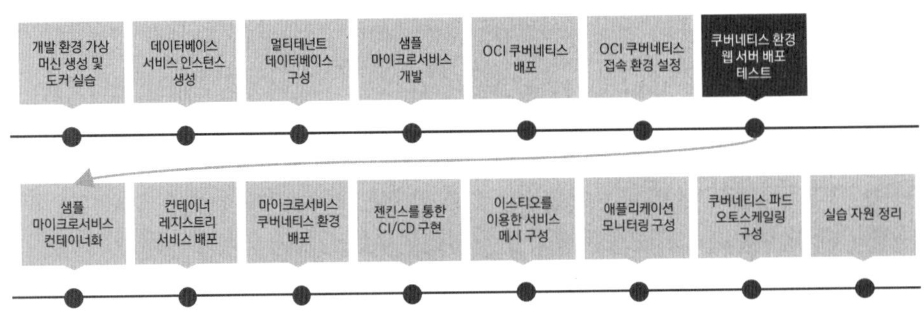

그림 2-63 2장 실습 단계 - 쿠버네티스 환경 웹 서버 배포 테스트

다음과 같은 단계로 실습을 진행한다.

- 명령어 방식 클러스터 자원 생성
- 선언 방식 클러스터 자원 생성
- 클러스터 외부에서 파드에 서비스로 접근

2.2.7.1 실습 - 명령어 방식 클러스터 자원 생성

먼저 명령어 방식으로 클러스터 자원을 만들어 볼 것이다. 클러스터 버전 1.18을 기준으로 kubectl run 명령의 동작 방식이 변경됐다. 1.18 이전 버전에서는 다음 명령을 수행했을 때 파드와 함께 디플로이먼트가 생성되고 replicas 옵션도 사용이 가능했다. 단, 일부 옵션에 대해 DEPRECATED됐다는 경고 메시지와 이에 대한 대체 방식이 함께 출력됐다.

```
$ kubectl run nginx --image=nginx --port=80 --replicas=3
kubectl run --generator=deployment/apps.v1 is DEPRECATED and will be
removed in a future version. Use kubectl run --generator=run-pod/v1 or
kubectl create instead.
deployment.apps/nginx created
```

1.18 이후 버전에서는 kubectl run 명령에 replicas 옵션을 사용할 경우 "error: unknown flag: --replicas"와 같은 메시지가 출력되면서 레플리카는 물론, 파드도 만들어지지 않는다. 그리고 kubectl run 명령으로 파드를 생성할 때도 디플로이먼트가 파드와 함께 생성되지 않는다. "kubectl run nginx --image=nginx--port=80"과 같은 명령을 실행하면 파드만 생성된다. run 명령어 기능이 지나치게 확대되는 것을 막으려고 파드 자체만을 만들 때만 run을 사용하도록 하고 있다. 설치된 클러스터 버전을 확인해 보자.

```
[opc@oci-demo-appdev ~]$ kubectl version -oyaml --client
clientVersion:
  buildDate: "2023-09-13T09:35:49Z"
  compiler: gc
  gitCommit: 89a4ea3e1e4ddd7f7572286090359983e0387b2f
  gitTreeState: clean
```

```
  gitVersion: v1.28.2
  goVersion: go1.20.8
  major: "1"
  minor: "28"
  platform: linux/amd64
kustomizeVersion: v5.0.4-0.20230601165947-6ce0bf390ce3
```

먼저 "kubectl run" 명령으로 파드를 생성해 본다.

- --image: 컨테이너 이미지를 정의한다. 리포지터리 이름이 지정되지 않은 경우 도커 허브에서 다운로드한다.

```
[opc@oci-demo-appdev ~]$ kubectl run nginx --image=nginx --port=80
pod/nginx created
```

"kubectl get pods" 명령으로 파드의 정보를 조회해 본다. 파드만 생성돼 있고 디플로이먼트는 생성되지 않았음을 알 수 있다.

- -o wide: IP 정보, 배치된 노드 등의 추가 정보를 표시한다.

```
[opc@oci-demo-appdev ~]$ kubectl get pods -o wide
NAME     READY   STATUS    RESTARTS   AGE   IP           NODE
NOMINATED NODE   READINESS GATES
nginx    1/1     Running   0          59s   10.0.1.171   10.0.1.106   <none>
<none>
[opc@oci-demo-appdev ~]$ kubectl get deployments
No resources found in default namespace.
```

쿠버네티스 클러스터 자원에 대한 상세 정보는 다음과 같이 "kubectl describe" 명령으로 확인한다. 파드의 상태, 이벤트, 설정 등에 대한 자세한 정보를 확인할 수 있다. 쿠버네티스에서 파드 배포 후 트러블 슈팅 때 많이 사용하는 명령이다.

```
[opc@oci-demo-appdev ~]$ kubectl describe pod nginx
Name:             nginx
Namespace:        default
Priority:         0
Service Account:  default
Node:             10.0.1.106/10.0.1.106
```

```
Start Time:         Sat, 16 Sep 2023 05:26:15 +0000
Labels:             run=nginx
Annotations:        <none>
Status:             Running
IP:                 10.0.1.171
IPs:
  IP:  10.0.1.171
Containers:
  nginx:
    Container ID:   cri-o://4c9f2b3c970f4c170f080a911b260dd19b0f7a4a852febe
435669de045152d73
... 생략 ...
```

이번에는 앞서 생성된 파드를 삭제하고 "kubectl create" 명령으로 디플로이먼트를 만들어 파드와 관련 자원을 생성해 보고, "--replicas" 옵션으로 레플리카도 함께 생성한다.

```
[opc@oci-demo-appdev ~]$ kubectl delete pod nginx
pod "nginx" deleted
[opc@oci-demo-appdev ~]$ kubectl create deployment nginx --image=nginx
--port=80 --replicas=3
deployment.apps/nginx created
```

파드뿐만 아니라 디플로이먼트도 함께 생성돼 있다. 이제 디플로이먼트 오브젝트 "nginx"는 레플리카셋 컨트롤러와 함께 파드를 관리해서 이미지의 버전, 파드의 개수 등이 목표 상태가 되도록 관리하게 된다.

kubectl get deployments(deploy) 명령 각 칼럼의 의미는 다음과 같다.

- READY: 현재 실행 중인 파드 수/디플로이먼트를 만들 때 설정한 파드 수
- UP-TO-DATE: 업데이트된 파드 수/컨트롤러에 의해 조정된 파드 수
- AVAILABLE: 사용이 가능한 파드 수

```
[opc@oci-demo-appdev ~]$ kubectl get pods -o wide
NAME                   READY   STATUS    RESTARTS   AGE   IP            NODE
NOMINATED NODE   READINESS GATES
nginx-55f598f8d-5nb5b   1/1     Running   0          17s   10.0.1.76
```

```
10.0.1.160   <none>          <none>
nginx-55f598f8d-d87cg   1/1     Running   0          17s   10.0.1.169
10.0.1.6     <none>          <none>
nginx-55f598f8d-t8frh   1/1     Running   0          17s   10.0.1.5
10.0.1.106   <none>          <none>
[opc@oci-demo-appdev ~]$ kubectl get deployments
NAME    READY   UP-TO-DATE   AVAILABLE   AGE
nginx   3/3     3            3           43s
```

"kubectl create" 명령으로 생성된 쿠버네티스 자원은 앞서 살펴본 파드와 디플로이먼트뿐만 아니라 서비스, 레플리카셋도 함께 생성한다. 다음 "kubectl get all" 명령으로 현재 네임스페이스의 모든 자원을 조회하면 이를 확인할 수 있다.

다음 예시에서 레플리카셋 오브젝트의 이름은 "replicaset.apps/nginx-55f598f8d"이며, 이는 디플로이먼트 오브젝트 이름 뒤에 해시 문자열을 붙여서 유일한 이름을 부여받은 것이다. 디플로이먼트와 함께 파드의 수가 지정한 개수가 되도록 제어한다.

파드 내에는 하나 또는 여러 개의 컨테이너가 실행된다. 파드의 이름은 레플리카셋 오브젝트의 이름 뒤에 추가적인 해시 문자열이 추가돼 유일한 이름을 부여받는다.

```
[opc@oci-demo-appdev ~]$ kubectl get all
NAME                        READY   STATUS    RESTARTS   AGE
pod/nginx-55f598f8d-5nb5b   1/1     Running   0          86s
pod/nginx-55f598f8d-d87cg   1/1     Running   0          86s
pod/nginx-55f598f8d-t8frh   1/1     Running   0          86s

NAME                 TYPE        CLUSTER-IP   EXTERNAL-IP   PORT(S)
AGE
service/kubernetes   ClusterIP   10.96.0.1    <none>        443/TCP,12250/
TCP   43m

NAME                    READY   UP-TO-DATE   AVAILABLE   AGE
deployment.apps/nginx   3/3     3            3           86s

NAME                              DESIRED   CURRENT   READY   AGE
replicaset.apps/nginx-55f598f8d   3         3         3       86s
```

클러스터 내에서 실행 중인 컨테이너가 생성하는 로그를 보기 위해서는 "kubectl logs 〈파드명〉" 명령을 실행한다. 파드에 여러 개의 컨테이너가 있는 경우 "kubectl logs my-pod -c my-container"와 같이 로그를 확인하려는 컨테이너의 이름을 -c 옵션과 함께 지정해서 확인할 수 있다.

```
[opc@oci-demo-appdev ~]$ kubectl logs pod/nginx-55f598f8d-5nb5b
/docker-entrypoint.sh: /docker-entrypoint.d/ is not empty, will attempt to
perform configuration
/docker-entrypoint.sh: Looking for shell scripts in /docker-entrypoint.d/
/docker-entrypoint.sh: Launching /docker-entrypoint.d/10-listen-on-ipv6-by-
default.sh
... 생략 ...
```

생성된 3개의 파드 중 하나를 삭제해 본다. 파드 하나를 삭제하게 되면 다음 예시와 같이 잠시 후 새로운 파드가 새로운 이름으로 자동으로 만들어진다.

파드는 Stateless 속성을 가진다. 이는 파드 내에 상태를 저장하지 않기 때문에 외부 서비스나 데이터베이스에 데이터를 저장하는 등의 방식으로 상태를 관리해야 함을 의미한다. 이런 파드의 Stateless 속성은 각각의 파드가 독립적으로 실행되며, 하나의 파드가 다른 파드에 영향을 미치지 않고 독립적으로 동작하도록 한다.

```
[opc@oci-demo-appdev ~]$ kubectl get pods
NAME                    READY   STATUS    RESTARTS   AGE
nginx-55f598f8d-5nb5b   1/1     Running   0          3m48s
nginx-55f598f8d-d87cg   1/1     Running   0          3m48s
nginx-55f598f8d-t8frh   1/1     Running   0          3m48s
[opc@oci-demo-appdev ~]$ kubectl delete pod nginx-55f598f8d-5nb5b
pod "nginx-55f598f8d-5nb5b" deleted
[opc@oci-demo-appdev ~]$ kubectl get deploy,pods
NAME                    READY   UP-TO-DATE   AVAILABLE   AGE
deployment.apps/nginx   3/3     3            3           4m43s

NAME                        READY   STATUS    RESTARTS   AGE
pod/nginx-55f598f8d-d87cg   1/1     Running   0          4m43s
pod/nginx-55f598f8d-kr45q   1/1     Running   0          17s
pod/nginx-55f598f8d-t8frh   1/1     Running   0          4m43s
```

디플로이먼트나 파드 정보를 조회할 때 "-o yaml" 옵션을 사용하면 해당 자원을 만들 때 사용된 매니페스트 파일 내용을 조회할 수 있다.

```
[opc@oci-demo-appdev ~]$ kubectl get deployment nginx -o yaml
apiVersion: apps/v1
kind: Deployment
metadata:
  annotations:
    deployment.kubernetes.io/revision: "1"
  creationTimestamp: "2023-09-16T05:28:46Z"
  generation: 1
  labels:
    app: nginx
  name: nginx
  namespace: default
  resourceVersion: "14097"
  uid: 38c8870b-1832-4d7c-8632-9c8d1cf6d029
... 생략 ...
```

디플로이먼트 삭제는 다음 명령으로 수행한다. 디플로이먼트를 삭제하면 소속 레플리카셋, 파드들도 함께 삭제된다.

```
[opc@oci-demo-appdev ~]$ kubectl delete deployment nginx
deployment.apps "nginx" deleted
[opc@oci-demo-appdev ~]$ kubectl get deploy,pods
No resources found in default namespace.
```

2.2.7.2 실습 - 선언 방식 클러스터 자원 생성

이번에는 YAML 형식의 매니페스트 파일을 이용한 선언 방식으로 클러스터 자원을 생성해 본다.

매니페스트는 쿠버네티스 오브젝트를 생성하기 위한 메타 정보를 YAML 또는 JSON 형식으로 기술한 파일이다. YAML이 JSON에 비해 좀 더 간결하고 가독성이 좋기 때문에 YAML을 많이 사용한다.

보통의 경우 디플로이먼트, 레플리카셋 등과 같은 컨트롤러에 대한 매니페스트를 작성하는데 이때 파드에 대한 정보를 기술하는 부분이 포함된다.

앞서 명령어 방식으로 생성했던 디플로이먼트, 파드를 선언 방식으로 생성해 본다. 먼저 다음과 같이 YAML 형식의 매니페스트 파일을 kubectl 명령을 실행하고 있는 호스트에 준비한다.

다음 예시의 YAML 파일의 의미는 다음과 같다.

- apiVersion: 오브젝트 생성을 위해 사용하고 있는 쿠버네티스 API 버전이 어떤 것인지 지정한다.
- kind: 어떤 종류의 오브젝트를 생성하고자 하는지 지정한다.
- metadata: 이름 문자열, UID, 네임스페이스 등 오브젝트를 유일하게 구분 지어 줄 데이터를 지정한다.
- spec: 오브젝트에 대해 어떤 상태를 의도하는지 지정한다. 다음 예시에서는 디플로이먼트가 템플릿에 매칭되는 3개의 파드를 실행할 것을 지시하고 있다. 템플릿에는 Nginx 최신 버전 이미지로 배포되며, 80번 포트를 사용하는 컨테이너가 명시돼 있다.
- selector: 레플리카셋이나 디플로이먼트와 같은 컨트롤러 오브젝트가 관리하는 파드를 선택한다.

```
GitHub Script: https://github.com/ociexplained/how-to-use-OCI/chapter2/
nginx-pod.yaml
```

```
[opc@oci-demo-appdev ~]$  vi ~/nginx-pod.yaml
apiVersion: apps/v1
kind: Deployment
metadata:
  name: nginx-deployment
  labels:
    app: nginx
spec:
  replicas: 3
  selector:
    matchLabels:
      app: nginx
  template:
    metadata:
      labels:
        app: nginx
```

```
spec:
  containers:
  - name: nginx
    image: nginx:latest
    ports:
    - containerPort: 80
```

매니페스트 파일을 쿠버네티스 클러스터에 전송해서 오브젝트를 만드는 것은 다음과 같이 "kubectl apply" 명령으로 수행한다. 앞서 명령어 방식의 클러스터 자원 생성 시 사용했던 "kubectl create" 명령과의 차이점은 "kubectl apply"의 경우에는 동일한 이름의 오브젝트가 있으면 매니페스트 파일의 내용에 따라 오브젝트의 스펙을 변경하지만, "kubectl create" 명령은 "Error from server (AlreadyExists): pods 'nginx' already exists"와 같은 에러를 리턴한다.

-f 옵션에는 파일명을 기술하게 되는데 URL을 지정해서 원격지 깃허브의 YAML 파일을 그대로 사용할 수도 있다.

```
[opc@oci-demo-appdev ~]$ kubectl apply -f ~/nginx-pod.yaml
deployment.apps/nginx-deployment created
```

매니페스트 파일에 기술된 대로 디플로이먼트, 서비스, 파드, 레플리카셋 등이 만들어진 것을 알 수 있다.

```
[opc@oci-demo-appdev ~]$ kubectl get all
NAME                                    READY   STATUS    RESTARTS   AGE
pod/nginx-deployment-57d84f57dc-cxfgs   1/1     Running   0          10s
pod/nginx-deployment-57d84f57dc-ngpz9   1/1     Running   0          10s
pod/nginx-deployment-57d84f57dc-v88mf   1/1     Running   0          10s

NAME                 TYPE        CLUSTER-IP   EXTERNAL-IP   PORT(S)
AGE
service/kubernetes   ClusterIP   10.96.0.1    <none>        443/TCP,12250/
TCP   51m

NAME                               READY   UP-TO-DATE   AVAILABLE   AGE
deployment.apps/nginx-deployment   3/3     3            3           10s

NAME                                          DESIRED   CURRENT   READY
```

```
AGE
replicaset.apps/nginx-deployment-57d84f57dc   3         3         3
10s
```

2.2.7.3 실습 - 클러스터 외부에서 파드에 서비스로 접근

이번 실습에서는 2장의 서두에서 설명한 쿠버네티스 서비스 타입 중 로드밸런서를 이용해서 서비스를 만들어 본다.

쿠버네티스에서 디플로이먼트로 정의한 자원을 외부로 노출시키기 위해서는 YAML 파일에 서비스를 정의하고, 서비스 타입으로 "LoadBalancer"를 지정하면 된다. 이 부분은 이후 실습을 통해 확인할 것이다. 또는 다음 예시와 같이 "kubectl expose" 명령으로 서비스 오브젝트를 생성해도 된다.

OCI 쿠버네티스 클러스터에서 디플로이먼트를 로드밸런서 서비스 타입으로 노출시키게 되면 OCI 로드밸런서가 함께 배포되는데 파드는 이 OCI 로드밸런서를 통해 인터넷으로 서비스를 하게 된다.

다음 명령은 호스트 포트는 8080, 컨테이너 포트는 80으로 연결하는 "nginx-service"라는 이름의 로드밸런서 타입 서비스로 "nginx-deployment" 디플로이먼트를 외부에 노출시킨다.

```
[opc@oci-demo-appdev ~]$ kubectl expose deployment nginx-deployment
--port=8080 --target-port=80 --type=LoadBalancer --name=nginx-service
service/nginx-service exposed
```

위 명령을 실행하고 잠시 뒤 OCI 웹 콘솔의 [Networking → Load balancers] 화면으로 이동해 보면 클러스터가 생성된 VCN에 그림 2-64와 같이 OCI 퍼블릭 로드밸런서가 배포돼 있는 것을 확인할 수 있다.

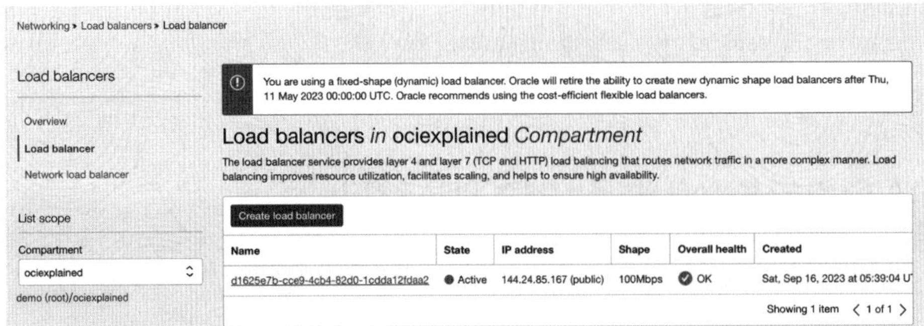

그림 2-64 OCI 쿠버네티스로 배포된 OCI 로드밸런서

로드밸런서는 앞서 OCI 쿠버네티스를 배포할 때 지정한 대로 그림 2-65와 같이 퍼블릭 서브넷에 생성돼 있다. 로드밸런서의 Backend sets health가 "OK" 상태로 변경되는 것을 확인하고, 할당된 퍼블릭 IP 주소를 복사한다.

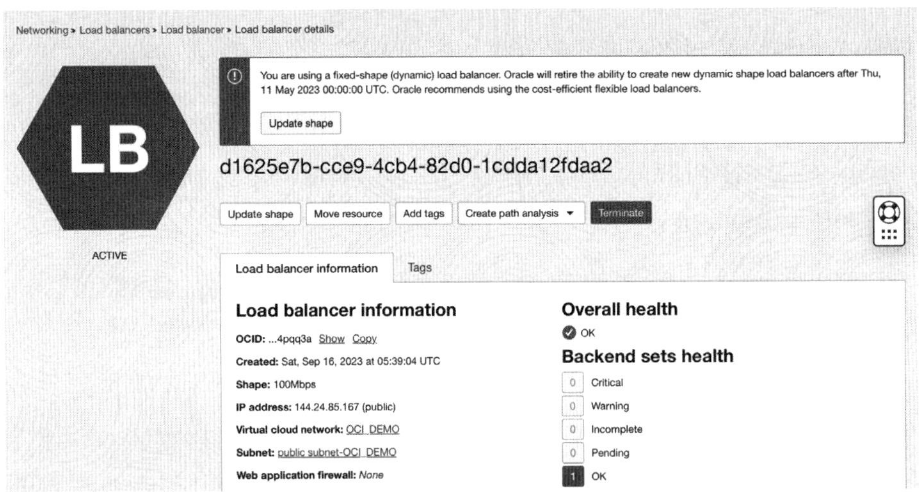

그림 2-65 쿠버네티스 지정 서비스 로드밸런서 상세 화면

웹 브라우저를 열어서 다음 URL로 로드밸런서의 퍼블릭 IP를 통해 접속해 보면 그림 2-66과 같이 Nginx의 웰컴 페이지를 볼 수 있다.

- http://〈OCI 로드밸런서 퍼블릭 IP 주소〉:8080

인터넷 통신을 위해 지정한 8080번 포트의 경우 1장에서 실습할 때 이미 시큐리티 리스트 규칙을 추가했기 때문에 별도 설정은 필요 없다.

그림 2-66 쿠버네티스 로드밸런서 타입 서비스를 활용한 Nginx 접속

생성된 서비스의 정보는 다음과 같이 확인한다. 클러스터 내부에서만 사용되는 Cluster IP뿐만 아니라 OCI 웹 콘솔에서 확인한 로드밸런서의 퍼블릭 IP 주소를 EXTERNAL-IP 칼럼에서 확인할 수 있다.

```
[opc@oci-demo-appdev ~]$ kubectl get services nginx-service
NAME            TYPE           CLUSTER-IP      EXTERNAL-IP     PORT(S)
AGE
nginx-service   LoadBalancer   10.96.134.236   144.24.85.167   8080:30933/
TCP   72m
[opc@oci-demo-appdev ~]$ kubectl describe services nginx-service
Name:                     nginx-service
Namespace:                default
Labels:                   app=nginx
Annotations:              <none>
Selector:                 app=nginx
Type:                     LoadBalancer
IP Family Policy:         SingleStack
IP Families:              IPv4
IP:                       10.96.134.236
IPs:                      10.96.134.236
LoadBalancer Ingress:     144.24.85.167
Port:                     <unset>  8080/TCP
... 생략 ...
```

다음 테스트를 위해 앞서 만든 서비스와 디플로이먼트를 삭제한다. 서비스를 삭제하면 OCI 로드밸런서도 함께 삭제된다.

```
[opc@oci-demo-appdev ~]$ kubectl delete service nginx-service
service "nginx-service" deleted
[opc@oci-demo-appdev ~]$ kubectl delete deployments nginx-deployment
deployment.apps "nginx-deployment" deleted
[opc@oci-demo-appdev ~]$ kubectl get deploy,pods
No resources found in default namespace.
```

2.2.8 샘플 마이크로서비스 컨테이너 이미지 생성

이제 Flask 기반 사용자 관리 및 도서 관리 마이크로서비스를 OCI 쿠버네티스에 배포할 단계에 왔다. 하지만 그 전에 할 일이 있다. 서비스 애플리케이션을 쿠버네티스 환경에 배포하기 위해서는 우선 컨테이너 이미지로 만들어야 한다. 이는 컨테이너 빌드라는 용어를 사용하는데 도커, Containerd, Buildah 등을 사용하는 것이 일반적이다. 이 책에서는 도커를 사용한다.

컨테이너 이미지로의 변환을 위해 도커 CLI가 필요하지만 [2.2.1 개발 환경 가상 머신 생성 및 도커 실습] 단계에서 이미 도커 CLI 환경을 개발 환경에 구성했으므로 이 부분은 하지 않아도 된다.

보통 컨테이너를 빌드하고 배포하기 전 단계까지는 그림 2-67과 같은 과정으로 이뤄진다.

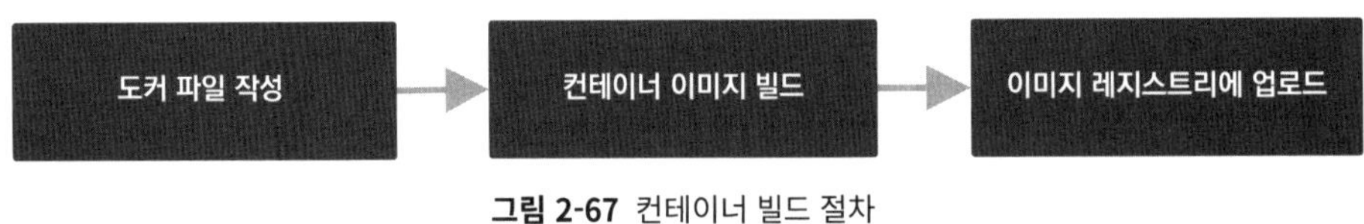

그림 2-67 컨테이너 빌드 절차

도커 CLI로 컨테이너 이미지를 만들기 위해서는 앞서 실습해 본 바와 같이 도커파일이 필요하다. 도커파일에 도커 컨테이너 이미지를 만들기 위한 빌드 프로세스를 정의할 것이다. 기본 이미지를 정의하고 필요한 소프트웨어 패키지를 설치하고 필요한 파일의 복사, 환경 변수를 설정하는 등의 작업이 포함된다.

또 개발된 샘플 마이크로서비스는 파이썬 코드로 돼 있다. 이전 실습에서는 파이썬 코드 실행을 위해 pip 명령으로 코드 실행에 필요한 모듈을 개별적으로 설치했으나 쿠버네티스 환경에서 배포할 때는 이미지 빌드 시점에 정의해 줘야 한다. 이를 위해 requirements.txt 파일을 사용할 것이다.

requirements.txt 파일은 파이썬 프로젝트에서 사용되는 의존성 패키지를 명시하는 텍스트 파일이다. 일반적으로 pip 패키지 관리자를 사용해서 파이썬 패키지를 설치할 때 requirements.txt 파일을 사용해서 한번에 여러 패키지를 설치하거나 관리할 수 있다.

이번 실습은 그림 2-68과 같이 개발한 마이크로서비스를 컨테이너 이미지로 만들어서 OCI 쿠버네티스에 배포하기 위한 전 준비 과정을 진행할 것이다.

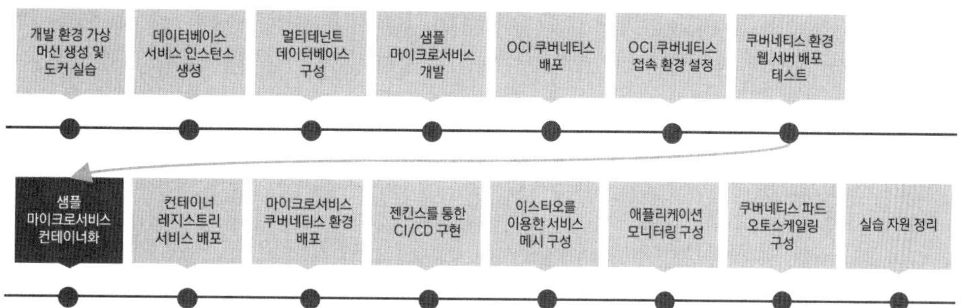

그림 2-68 2장 실습 단계 - 샘플 마이크로서비스 컨테이너화

다음과 같은 단계로 실습을 진행한다.

- 도커파일, requirements.txt 파일 준비
- 도커 컨테이너 이미지 빌드 및 테스트

2.2.8.1 실습 - 도커파일, requirements.txt 파일 준비

사용자 관리 마이크로서비스와 도서 관리 마이크로서비스 배포를 위한 각 도커파일과 requirements.txt 파일을 만든다.

먼저 개발 환경에 접속해서 파이썬 가상 환경으로 진입한 후 사용자 관리용 도커파일을 만든다. 도커파일은 다음과 같은 내용으로 구성돼 있다.

- 기본 이미지는 오라클 리눅스 8 버전으로 한다.
- 현재 위치의 호스트 파일, 디렉토리를 컨테이터 디렉토리 "app"에 복사한다.
- 작업 디렉토리는 "app"으로 명시했다.
- 샘플 마이크로서비스 실행에 필요한 파이썬과 오라클 클라이언트를 설치하고, 파이썬 코드 실행에 필요한 모듈을 설치한다. 모듈은 requirements.txt 파일에 정의돼 있다.
- 컨테이너 내에서 마이크로서비스를 노출할 포트는 5000번이다.
- 도커 컨테이너 내에서 파이썬 코드 이름을 환경 변수로 설정한다.
- 도커가 실행될 때 기본적으로 함께 실행될 명령어들을 정의한다.

```
GitHub Script: https://github.com/ociexplained/how-to-use-OCI/chapter2/
Dockerfile_user
```

```
[opc@oci-demo-appdev ~]$ ocisamplerest
(ocisamplerest) [opc@oci-demo-appdev ocisamplerest]$ vi Dockerfile_user
FROM oraclelinux:8-slim
COPY . /app
WORKDIR /app
RUN microdnf install -y yum && \
    yum install -y python38 && \
    yum install -y oracle-instantclient-release-el8 && \
    yum install -y oracle-instantclient-basic && \
    yum clean all && \
    pip3 install -r requirements.txt
EXPOSE 5000
ENV FLASK_APP=sample-user-rest
CMD ["python3", "-m", "flask", "run", "--host=0.0.0.0"]
```

도서 관리 마이크로서비스용 도커파일도 준비한다. 앞서 기술한 사용자 관리 마이크로서비스용 도커파일과 동일하며, 파일 이름과 FLASK_APP을 지정하는 부분만 다르다.

```
GitHub Script: https://github.com/ociexplained/how-to-use-OCI/chapter2/
Dockerfile_book
```

```
(ocisamplerest) [opc@oci-demo-appdev ocisamplerest]$ vi Dockerfile_book
FROM oraclelinux:8-slim
COPY . /app
WORKDIR /app
RUN microdnf install -y yum && \
    yum install -y python38 && \
    yum install -y oracle-instantclient-release-el8 && \
    yum install -y oracle-instantclient-basic && \
    yum clean all && \
    pip3 install -r requirements.txt
EXPOSE 5000
ENV FLASK_APP=sample-book-rest
CMD ["python3", "-m", "flask", "run", "--host=0.0.0.0"]
```

requirements.txt 파일의 경우 사용자 관리 마이크로서비스와 도서 관리 마이크로서비스가 같은 파이썬 모듈을 사용하기 때문에 하나만 생성해서 두 서비스가 같이 사용하도록 한다.

pip freeze 명령어를 사용하면 현재 활성화된 파이썬 가상 환경의 패키지 목록과 버전 정보를 requirements.txt 파일로 출력할 수 있다. 이를 통해 다음과 같이 requirements.txt 파일을 자동으로 생성할 수 있다. 생성된 requirements.txt 파일은 다른 환경에서 사용하거나 프로젝트를 복원하는 데 사용할 수 있다.

```
(ocisamplerest) [opc@oci-demo-appdev ocisamplerest]$ pip freeze >
requirements.txt
(ocisamplerest) [opc@oci-demo-appdev ocisamplerest]$ cat requirements.txt
aniso8601==9.0.1
attrs==23.1.0
blinker==1.6.2
click==8.1.7
cx-Oracle==8.3.0
Faker==19.6.1
faker-datasets==0.1.0
Flask==2.3.3
flask-restx==1.1.0
... 생략 ...
```

2.2.8.2 실습 - 도커 컨테이너 이미지 빌드 및 테스트

도커파일과 파이썬 코드의 requirements.txt 파일까지 준비가 됐다. 이제 "docker build" 명령으로 사용자 관리 마이크로서비스를 도커 컨테이너 이미지로 빌드한다. 맨 마지막에 "."으로 현재 위치 디렉토리의 내용을 지정하는 부분에 유의한다.

다음 예시에서 사용한 docker build 옵션 -t는 빌드된 이미지에 태그를 지정할 때 사용하는 옵션이고, -f는 다른 이름의 도커파일을 사용해서 이미지를 빌드할 때 사용하는 옵션이다. 기본적으로 Dockerfile이라는 이름의 파일을 찾지만 다른 파일을 사용하려면 -f 옵션으로 파일명을 지정해야 한다.

```
(ocisamplerest) [opc@oci-demo-appdev ocisamplerest]$ docker build -t
sample-user-rest:v1.0 -f Dockerfile_user .
[+] Building 145.2s (10/10) FINISHED
... 생략 ...
=> => writing image sha256:f84ffad8ea91cc69e3cf0f0b48c25e23bcb13a99a532fa85
3334869828be4dd0 0.0s
=> => naming to docker.io/library/sample-user-rest:v1.0                  0.0s
```

같은 방식으로 도서 관리 마이크로서비스를 도커 컨테이너 이미지로 빌드한다.

```
(ocisamplerest) [opc@oci-demo-appdev ocisamplerest]$ docker build -t
sample-book-rest:v1.0 -f Dockerfile_book .
[+] Building 1.2s (9/9) FINISHED
... 생략 ...
=> => writing image sha256:98b9cfe926e9e684a28236f482f8cf442ab3ff10495e6139
66f8b3a190099d7e 0.0s
=> => naming to docker.io/library/sample-book-rest:v1.0                  0.0s
```

사용자 관리 및 도서 관리 마이크로서비스의 도커 이미지가 각각 빌드됐다.

```
(ocisamplerest) [opc@oci-demo-appdev ocisamplerest]$ docker images
REPOSITORY               TAG      IMAGE ID       CREATED          SIZE
sample-user-rest         v1.0     f84ffad8ea91   2 minutes ago    862MB
sample-book-rest         v1.0     98b9cfe926e9   2 minutes ago    862MB
webserver                latest   ddfdc0b25045   25 hours ago     187MB
ociexplained/webserver   1.0      ddfdc0b25045   25 hours ago     187MB
nginx                    latest   f5a6b296b8a2   8 days ago       187MB
```

빌드한 애플리케이션이 도커 환경에서 정상적으로 수행되는지 확인해 본다. 먼저 사용자 관리 마이크로서비스를 테스트해 본다.

```
(ocisamplerest) [opc@oci-demo-appdev ocisamplerest]$ docker run --rm -p
5000:5000 sample-user-rest:v1.0
 * Serving Flask app 'sample-user-rest'
 * Debug mode: off
WARNING: This is a development server. Do not use it in a production
deployment. Use a production WSGI server instead.
 * Running on all addresses (0.0.0.0)
 * Running on http://127.0.0.1:5000
 * Running on http://172.17.0.2:5000
Press CTRL+C to quit
```

개발 환경에 접속하는 별도 터미널을 열어서 curl 명령으로 사용자 관리 마이크로서비스의 hello 함수를 호출해 본다.

```
[opc@oci-demo-appdev ~]$ curl -X GET http://localhost:5000/v1/user/hello
"Hello, OCI!"
```

현재 실행 중인 도커 컨테이너 목록을 조회해 보면 docker run 명령으로 실행한 컨테이너가 실행 중임을 알 수 있다.

```
[opc@oci-demo-appdev ~]$ docker container ls
CONTAINER ID   IMAGE                   COMMAND                   CREATED
STATUS          PORTS                                        NAMES
10087ac493a3   sample-user-rest:v1.0   "python3 -m flask ru…"   55 seconds
ago   Up 54 seconds   0.0.0.0:5000->5000/tcp, :::5000->5000/tcp   pedantic_
golick
```

다음 테스트를 위해 컨테이너 ID를 이용해서 컨테이너를 중지한다. docker run을 실행했던 명령 창에서 "Ctrl+C"로 Flask를 종료해도 된다.

```
[opc@oci-demo-appdev ~]$ docker container stop 10087ac493a3
10087ac493a3
```

이번에는 도서 관리 마이크로서비스가 도커 환경에서 정상적으로 실행되는지 확인해 본다. 사용자 관리 마이크로서비스를 테스트할 때와 같은 방식으로 진행한다. 사용자 관리 마이크로서비스에 대해 docker run을 실행했던 터미널에서 다음 명령을 실행한다.

```
(ocisamplerest) [opc@oci-demo-appdev ocisamplerest]$ docker run --rm -p
5000:5000 sample-book-rest:v1.0
 * Serving Flask app 'sample-book-rest'
 * Debug mode: off
WARNING: This is a development server. Do not use it in a production
deployment. Use a production WSGI server instead.
 * Running on all addresses (0.0.0.0)
 * Running on http://127.0.0.1:5000
 * Running on http://172.17.0.2:5000
Press CTRL+C to quit
```

별도 터미널을 열어서 curl 명령으로 샘플 애플리케이션의 hello 함수를 호출해 본다. 컨테이너가 실행 중인 것을 확인해 보고, 다음 테스트를 위해 컨테이너를 중지한다.

```
[opc@oci-demo-appdev ~]$ curl -X GET http://localhost:5000/v1/book/hello
"Hello, OCI!"
[opc@oci-demo-appdev ~]$ docker container ls
CONTAINER ID   IMAGE                   COMMAND                  CREATED
STATUS          PORTS                                       NAMES
d8a3c543f06d   sample-book-rest:v1.0   "python3 -m flask ru…"   55 seconds
ago   Up 55 seconds   0.0.0.0:5000->5000/tcp, :::5000->5000/tcp
optimistic_mahavira
[opc@oci-demo-appdev ~]$ docker container stop d8a3c543f06d
9c0285fe23b6
```

2.2.9 컨테이너 레지스트리 서비스 배포

지금까지 샘플 마이크로서비스를 파이썬 코드로 개발해서 개발한 마이크로서비스를 도커 컨테이너 이미지로 만들었다. 빌드 과정에서 남은 작업은 컨테이너 이미지로 만든 애플리케이션 서비스를 추후 배포 시 재사용을 위해 퍼블릭 또는 프라이빗 컨테이너 레지스트리에 업로드하는 것이다. 빌드 과정이 끝나면 OCI 쿠버네티스에 서비스를 배포할 것이다.

2.2.9.1 컨테이너 레지스트리

실습에 들어가기 전에 컨테이너 레지스트리Container Registry를 간략히 살펴보자.

컨테이너 레지스트리란 도커 이미지를 저장하고 관리하는 중앙화된 저장소이다. 컨테이너 이미지에는 컨테이너화된 애플리케이션을 실행하는 데 필요한 파일과 설정 정보가 포함돼 있다. 이런 이미지들은 컨테이너 레지스트리에 업로드돼 공유되며, 다른 사용자나 시스템에서 다운로드해서 사용할 수 있다.

일반적으로 컨테이너 레지스트리는 퍼블릭 레지스트리와 프라이빗 레지스트리로 구분된다. 퍼블릭 레지스트리Public Registry는 누구나 접근할 수 있는 공개적인 레지스트리이고, 프라이빗 레지스트리Private Registry는 특정 사용자 또는 조직만 접근할 수 있는 비공개적인 레지스트리이다.

도커 이미지를 보관할 때 도커 허브나 Red Hat의 Quay.io 같은 퍼블릭 레지스트리 서비스를 이용하는 것이 편리하지만 네트워크 지연, 보안 등의 문제로 퍼블릭 레지스트리를 사용하지 못하는 경우도 있다. 특히 도커 허브, Quay.io에 비공개 레지스트리 기능이 있기는 하지만 퍼블릭 레지스트리에 운영 환경에 배포할 애플리케이션 이미지를 저장하는 것도 보안 측면에서는 불안한 요소가 있는 것도 사실이다.

이런 이유로 별도의 프라이빗 레지스트리를 구축하게 되는데 인하우스 레지스트리를 구성하는 방법은 도커를 설치할 때 레지스트리 컨테이너를 서비스로 등록하는 것이다. 도커 레지스트리는 도커 배포판과 함께 제공된다.

프라이빗 레지스트리를 구축하는 방법으로 인하우스 레지스트리를 구성하는 것도 방법일 수 있으나 클라우드 업체가 제공하는 프라이빗 레지스트리 기능을 사용하는 것도 하나의 방법이다. 오라클 클라우드에서 제공하는 프라이빗 레지스트리가 바로 컨테이너 레지스트리Container Registry이다. 이는 그림 2-69와 같이 OCI 쿠버네티스와 연계된다.

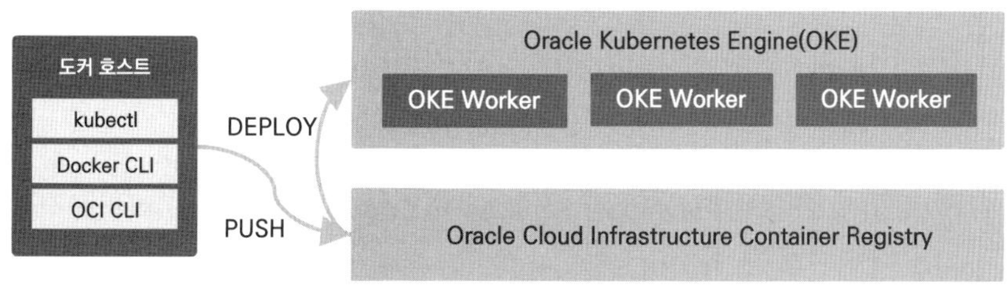

그림 2-69 컨테이너 레지스트리 활용

컨테이너 레지스트리는 컨테이너 이미지를 저장하고 공유하기 위한 개방형 표준 기반의 컨테이너 레지스트리 서비스이다. 도커 CLI와 API를 사용해서 도커 이미지를 업로드(Push)하고 가져올(Pull) 수 있다. OCI 쿠버네티스, Identity and Access Management[IAM], Visual Builder Studio 및 타 벤더의 개발자 및 DevOps 도구와도 함께 동작하도록 설계돼 있다.

이번 실습은 컨테이너로 만든 마이크로서비스 이미지를 담을 컨테이너 레지스트리를 구성하는 단계이다. 그림 2-70의 단계에 해당된다.

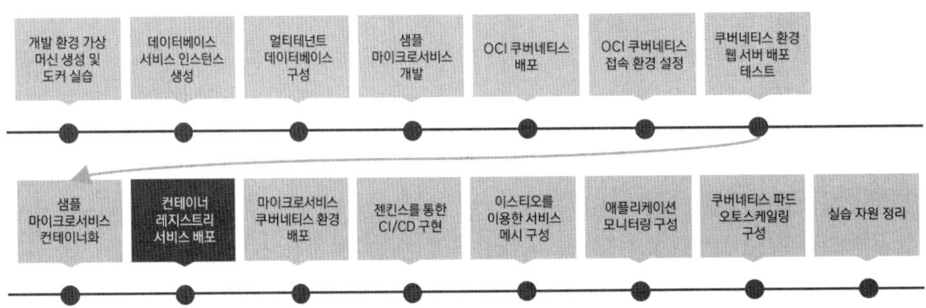

그림 2-70 2장 실습 단계 - 컨테이너 레지스트리 서비스 배포

다음과 같은 단계로 실습을 진행한다.

- 컨테이너 레지스트리 리포지터리 생성
- 컨테이너 레지스트리에 컨테이너 이미지 업로드

2.2.9.2 실습 - 컨테이너 레지스트리 리포지터리 생성

컨테이너 레지스트리 리포지터리를 생성한다. 사용자 관리 및 도서 관리 마이크로서비스의 컨테이너 이미지를 저장하기 위한 리포지터리를 각각 생성할 것이다. 먼저 사용자 관리 마이크로서비스용 리포지터리를 생성한다.

이를 위해 OCI 웹 콘솔의 [Developer Services → Container Registry] 화면에서 Create repository를 클릭한다. 컨테이너 레지스트리 화면에서 그림 2-71과 같이 다음 정보

를 입력하고 하단의 Create를 클릭한다. 생성한 리포지터리에는 인증 키를 통해 접근하도록 설정할 것이므로 Private을 선택한 후 하단의 Create를 클릭해서 사용자 관리 마이크로서비스용 리포지터리를 생성한다.

- Repository name: oci-demo-repo/sample-user-rest
- Access: Private

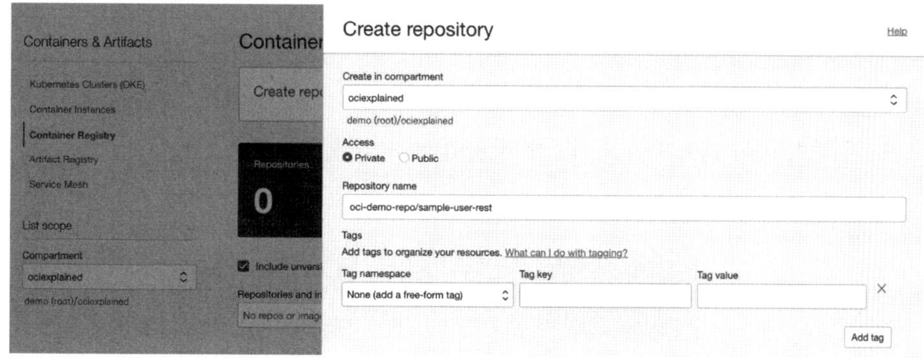

그림 2-71 컨테이너 레지스트리 리포지터리 생성

같은 방법으로 다음 내용을 참조해서 도서 관리 마이크로서비스용 리포지터리를 생성한다.

- Repository name: oci-demo-repo/sample-book-rest
- Access: Private

2.2.9.3 실습 - 컨테이너 레지스트리에 컨테이너 이미지 업로드

컨테이너 레지스트리에 리포지터리를 생성한 후에는 도커 이미지 Push를 위해 인증 설정을 해야 한다. 컨테이너 레지스트리는 컨테이너 이미지를 저장할 때 내부적으로 오브젝트 스토리지를 사용한다. 따라서 사용자가 도커 호스트 등을 통해 컨테이너 레지스트리에 접근해서 이미지를 업로드하거나 다운로드할 때는 해당 오브젝트 스토리지를 사용할 수 있는 자격이 있음을 인증 절차를 통해 확인해야 한다. 이를 통해 레지스트리의 자원에 대한 안전한 사용을 보장하고 인증된 사용자만이 이미지를 업로드하고 다운로드할 수 있도록 보호한다.

컨테이너 레지스트리 사용 인증을 위해 필요한 정보는 리전 키Region Key, 테넌시 네임스페이스Tenancy Namespace 그리고 인증 토큰auth-token이다.

리전 키는 https://docs.oracle.com/en-us/iaas/Content/General/Concepts/regions.htm에서 확인할 수 있는데 보통 공항 코드를 사용한다. 예를 들어 서울South Korea Central은 ICN, 도쿄Japan East는 NRT와 같은 방식이다.

테넌시 네임스페이스는 자동으로 생성된 오브젝트 스토리지 네임스페이스로 그림 2-72와 같이 해당 리포지터리 화면에서 확인할 수 있다.

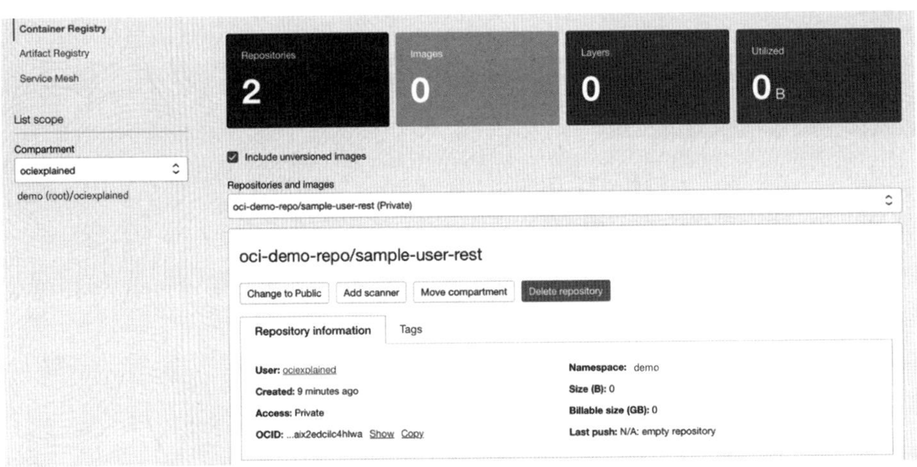

그림 2-72 컨테이너 레지스트리 리포지터리 화면

인증 토큰은 컨테이너 레지스트리에 로그인할 때 패스워드로서 기능을 한다. 또한 컨테이너 레지스트리는 기본적으로 오브젝트 스토리지이므로 오브젝트 스토리지에 접근하기 위한 인증 정보로도 사용된다.

이런 인증 토큰은 OCI 웹 콘솔에서 생성할 수 있다. OCI 웹 콘솔 오른쪽 상단의 사용자 메뉴를 클릭하면 나오는 "My Profile" 화면으로 이동한다. 사용자 상세 정보 화면의 왼쪽 하단 Resources 메뉴에서 Auth Tokens를 클릭한다.

Auth Tokens 화면에서 Generate token을 클릭하면 인증 토큰을 생성할 수 있는 창이 나온다. 창에 인증 토큰에 대한 설명을 다음과 같이 입력하고 Generate token을 클릭한다.

- Description: oci-demo-authtoken

인증 토큰의 값은 OCI 웹 콘솔에서 다시 조회되지 않기 때문에 생성된 인증 토큰을 그림 2-73과 같이 즉시 복사해서 따로 저장해 두고 이후 컨테이너 레지스트리에 접속할 때 사용한다. 인증 토큰 복사 후 Close를 클릭해서 팝업 창을 닫는다.

그림 2-73 인증 토큰 생성

- Token: NXlQO+tkF:iZ#h280e4;

이제 "docker login 〈리전 키〉.ocir.co"와 같은 도커 CLI 명령으로 컨테이너 레지스트리에 로그인한다. 또는 "docker login -u 〈사용자〉 〈리전 키〉.ocir.io"와 같이 -u 옵션으로 사용자를 명시해서 로그인할 수도 있다. 〈리전 키〉 대신 Region Identifier도 사용할 수 있다(예시: ap-chuncheon-1).

- Username: 〈테넌시 네임스페이스〉/〈사용자〉 형식을 사용한다. 테넌시 네임스페이스는 OCI CLI 명령인 "oci os ns get"을 통해 확인하거나 OCI 웹 콘솔의 리포지터리 화면에서 확인할 수 있다. 사용자 정보는 OCI 웹 콘솔에서 오른쪽 상단의 Profile 아이콘을 클릭하면 나오는 "My profile" 화면에서 확인할 수 있다.
- Password: 앞서 생성한 인증 토큰 값을 입력한다.

```
[opc@oci-demo-appdev ~]$ docker login yny.ocir.io
Username: demo/ociexplained
Password:
WARNING! Your password will be stored unencrypted in /home/opc/.docker/
config.json.
Configure a credential helper to remove this warning. See
https://docs.docker.com/engine/reference/commandline/login/#credentials-
store

Login Succeeded
```

이로써 애플리케이션을 컨테이너 이미지로 빌드해서 컨테이너 레지스트리에 업로드할 준비를 마쳤다.

컨테이너 레지스트리에 이미지를 업로드하기 전에 컨테이너 이미지에 태그를 붙인다. 컨테이너에 태그를 붙이는 문법은 다음과 같다.

- docker tag (태그) 〈리전 키〉.ocir.io/〈테넌시 네임스페이스〉/〈리포지터리 이름(이미지 이름)〉

태그를 붙인 후 "docker images" 명령어로 확인해 보면 기존 컨테이너 이미지와 동일한 이미지 ID를 가졌으나 경로는 다른 이미지가 보이는 것을 확인할 수 있다.

```
[opc@oci-demo-appdev ~]$ docker tag sample-user-rest:v1.0 yny.ocir.io/demo/
oci-demo-repo/sample-user-rest
[opc@oci-demo-appdev ~]$ docker tag sample-book-rest:v1.0 yny.ocir.io/demo/
oci-demo-repo/sample-book-rest
[opc@oci-demo-appdev ~]$ docker images
REPOSITORY                                          TAG        IMAGE ID
CREATED         SIZE
sample-user-rest                                    v1.0
f84ffad8ea91    20 hours ago    862MB
yny.ocir.io/demo/oci-demo-repo/sample-user-rest    latest     f84ffad8ea91
20 hours ago    862MB
sample-book-rest                                    v1.0
98b9cfe926e9    20 hours ago    862MB
yny.ocir.io/demo/oci-demo-repo/sample-book-rest    latest     98b9cfe926e9
20 hours ago    862M
... 생략 ...
```

이제 앞서 태그를 붙인 사용자 관리 및 도서 관리 마이크로서비스 컨테이너 이미지를 각각 "docker push" 명령으로 컨테이너 레지스트리에 업로드(Push)한다. 명령어 문법은 다음과 같다.

- docker push 〈리전 키〉.ocir.io/〈테넌시 네임스페이스〉/〈리포지터리 이름(이미지 이름)〉

```
[opc@oci-demo-appdev ~]$ docker push yny.ocir.io/demo/oci-demo-repo/sample-
user-rest
Using default tag: latest
The push refers to repository [yny.ocir.io/demo/oci-demo-repo/sample-user-
rest]
1f1121602af2: Pushed
5f70bf18a086: Pushed
580b145f9be6: Pushed
b69087572af7: Pushed
latest: digest: sha256:6f3ced3c7b434e3c863b4772c74c50b596e5353aa28c99bd7da9
6bb419ae8a1e size: 1160
[opc@oci-demo-appdev ~]$ docker push yny.ocir.io/demo/oci-demo-repo/sample-
book-rest
Using default tag: latest
The push refers to repository [yny.ocir.io/demo/oci-demo-repo/sample-book-
rest]
1f1121602af2: Mounted from demo/oci-demo-repo/sample-user-rest
5f70bf18a086: Mounted from demo/oci-demo-repo/sample-user-rest
580b145f9be6: Mounted from demo/oci-demo-repo/sample-user-rest
b69087572af7: Mounted from demo/oci-demo-repo/sample-user-rest
latest: digest: sha256:93a8bf8ac05183b9bcb84bf5074c74d7765d0e76bdc23852f843
bd5b23b96d67 size: 1160
```

컨테이너 이미지를 업로드한 후 OCI 웹 콘솔의 [Developer Services → Container Registry] 화면으로 이동해 보면 그림 2-74와 같이 새로운 리포지터리와 이미지가 생성돼 있음을 확인할 수 있다.

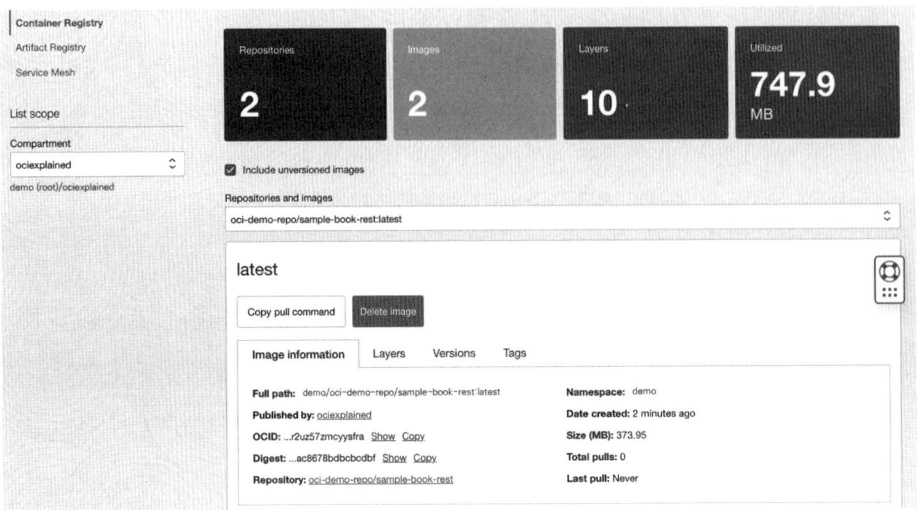

그림 2-74 컨테이너 레지스트리에 컨테이너 이미지 업로드

2.2.10 마이크로서비스 쿠버네티스 환경 배포

앞선 실습에서는 도커 CLI 명령으로 컨테이너 레지스트리에 로그인한 후 컨테이너 이미지에 태그를 붙이고 컨테이너 레지스트리에 업로드했다. 이제 컨테이너 레지스트리에 업로드된 컨테이너 이미지를 OCI 쿠버네티스 환경에 배포할 차례이다. 쿠버네티스 배포는 그림 2-75와 같은 단계로 이뤄지는데 이 단계에서 컨테이너 이미지 빌드는 이미 수행했다.

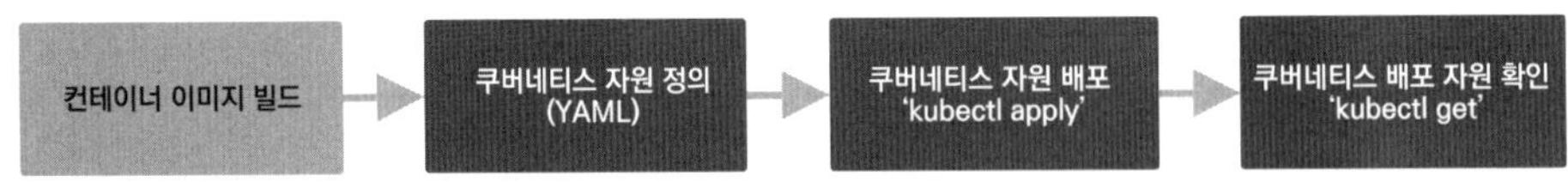

그림 2-75 쿠버네티스 배포 절차

쿠버네티스 배포를 수행하는 과정에서 컨테이너 레지스트리에 도커 CLI 명령을 통해 수동으로 로그인하지 않고, 로그인 정보를 담은 쿠버네티스 시크릿Secret을 만든 후 이 시크릿과 매니페스트 파일을 이용한 선언 방식으로 샘플 마이크로서비스를 OCI 쿠버

네티스에 배포할 것이다. 실습은 그림 2-76의 단계에 해당된다.

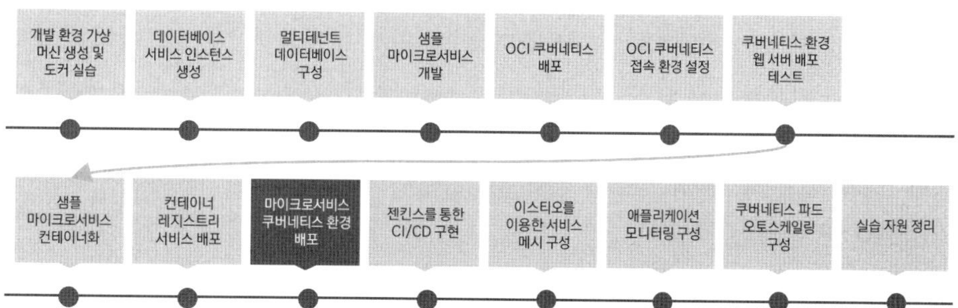

그림 2-76 2장 실습 단계 - 마이크로서비스 쿠버네티스 환경 배포

다음과 같은 단계로 실습을 진행한다.

- 쿠버네티스 시크릿 파일 생성
- 샘플 애플리케이션을 쿠버네티스에 배포

2.2.10.1 실습 - 쿠버네티스 시크릿 파일 생성

먼저 쿠버네티스 시크릿Secret 파일을 생성한다. 쿠버네티스 시크릿 파일은 보안 정보를 안전하게 저장하는 데 사용되는 쿠버네티스 자원이다. 주로 인증 토큰, 비밀번호, API 키 등과 같은 민감한 데이터를 저장하는 데 사용된다. 민감한 정보를 시크릿에 저장해서 애플리케이션 코드나 환경 변수에 직접 노출되지 않도록 보호할 수 있다.

시크릿을 매니페스트 파일로 정의할 경우 매니페스트는 Base64로 인코딩돼 저장되기 때문에 간단한 보안 레벨을 제공한다. 하지만 암호화돼 있지 않아 매니페스트를 깃허브 저장소 등에 업로드하는 것은 위험하다. 이런 문제의 해결을 위해 kubesec, SealedSecret, ExternalSecret과 같은 오픈소스 소프트웨어를 사용하기도 한다.

시크릿을 컨테이너에서 사용하는 방식은 크게 두 가지 패턴으로 나눌 수 있다.

- **애플리케이션에서 환경 변수로 전달**: 시크릿에 저장된 값을 애플리케이션의 환경 변수로 주입해서 애플리케이션에서 사용한다. 이를 통해 민감한 정보를 코드에

서 직접 하드코딩하는 것을 방지한다.

- **볼륨으로 마운트**: 시크릿에 저장된 값을 파일로 만들어 애플리케이션의 컨테이너 내에 볼륨으로 마운트해서 사용한다. 이를 통해 애플리케이션 코드에서 파일로 민감한 정보를 처리할 수 있다.

이번 실습에서는 시크릿을 명령어 방식으로 생성해서 서비스 애플리케이션에 환경 변수로 전달할 것이다.

시크릿을 생성하는 kubectl 명령 문법은 다음과 같다. 시크릿 이름, 리전 키 등은 사용자 환경에 맞는 정보로 수정해서 다음 명령을 실행한다. 〈리전 키〉 대신 Region Identifier도 사용할 수 있다(예시: ap-chuncheon-1).

- kubectl create secret docker-registry 〈시크릿 이름〉 --docker-server=〈리전 키〉.ocir.io --docker-username='〈테넌시 네임스페이스〉/〈OCI 사용자 이름〉' --docker-password='〈인증 토큰〉' --docker-email='〈이메일 주소〉'

```
[opc@oci-demo-appdev ~]$ kubectl create secret docker-registry ocirsecret
--docker-server=yny.ocir.io --docker-username='demo/ociexplained' --docker-
password='NXlQO+tkF:iZ#h280e4;'
secret/ocirsecret created
```

"kubectl get secrets" 명령을 실행해서 방금 생성된 시크릿을 포함한 클러스터 내 사용이 가능한 모든 시크릿 자원을 확인할 수 있다.

```
[opc@oci-demo-appdev ~]$ kubectl get secrets
NAME          TYPE                              DATA   AGE
ocirsecret    kubernetes.io/dockerconfigjson    1      15s
[opc@oci-demo-appdev ~]$ kubectl get secret ocirsecret --output=yaml
apiVersion: v1
data:
... 생략 ...
kind: Secret
metadata:
  creationTimestamp: "2023-09-17T03:15:47Z"
  name: ocirsecret
```

```
    namespace: default
    resourceVersion: "368547"
    uid: d7fb3c68-94af-4893-9174-7cb17ac8f5c4
  type: kubernetes.io/dockerconfigjson
```

시크릿을 생성할 때 올바른 정보로 만들지 않았을 경우 향후 해당 시크릿을 이용해서 컨테이너 이미지를 배포할 때 다음 예시와 같이 컨테이너 레지스트리에서 이미지를 가져오지 못하는 에러를 만날 수 있다.

```
[opc@inst-public ~]$ kubectl get pods
NAME                                READY   STATUS             RESTARTS
AGE
NAME                                READY   STATUS             RESTARTS
AGE
nginx-deployment-786c69578-2vzdp    0/1     ImagePullBackOff   0
2m31s
nginx-deployment-786c69578-746st    0/1     ImagePullBackOff   0
2m32s
nginx-deployment-786c69578-brcd9    0/1     ImagePullBackOff   0
2m31s

[opc@inst-public ~]$ kubectl describe pods nginx-deployment-786c69578-2vzdp
... 생략 ...
Normal   Pulling    2m5s (x4 over 3m45s)  kubelet             Pulling image
"icn.ocir.io/cndcymqut2ej/ocir-sample-nginx:1.0.demo"
  Warning  Failed     2m2s (x4 over 3m43s)  kubelet             Failed to
pull image "icn.ocir.io/cndcymqut2ej/ocir-sample-nginx:1.0.demo": rpc error:
code = Unknown desc = pull access denied for icn.ocir.io/cndcymqut2ej/ocir-
sample-nginx, repository does not exist or may require 'docker login':
denied: Anonymous users are only allowed read access on public repos
  Warning  Failed     2m2s (x4 over 3m43s)  kubelet             Error:
ErrImagePull
  Normal   BackOff    109s (x6 over 3m43s)  kubelet             Back-off
pulling image "icn.ocir.io/cndcymqut2ej/ocir-sample-nginx:1.0.demo"
  Warning  Failed     94s (x7 over 3m43s)   kubelet             Error:
ImagePullBackOff
```

2.2.10.2 실습 - 샘플 애플리케이션을 쿠버네티스에 배포

이제 서비스 배포를 위해 쿠버네티스가 사용할 매니페스트 파일을 만들고, 매니페스트 파일 내에 시크릿을 포함시켜 배포에 사용하도록 할 것이다. 매니페스트 파일에는 컨테이너 레지스트리의 도커 컨테이너 이미지 경로도 포함시킬 것이다.

앞선 샘플 디플로이먼트 실습에서는 매니페스트 파일로 배포를 먼저 하고, "kubectl expose deployment …" 명령으로 서비스를 추가로 생성했다.

이번에는 디플로이먼트와 서비스를 하나의 매니페스트 파일 내에 함께 정의한다. YAML 파일 하단 서비스 정의 부분의 spec.selector 속성값과 디플로이먼트 부분의 template의 metadata.labels 속성값이 "user-rest"로 서로 연결돼 있어서 배포가 이뤄질 때 서비스도 함께 생성될 것이다. 서비스 타입은 로드밸런서이다.

YAML 파일에서 spec.containers의 image에 대한 값은 컨테이너 레지스트리에 이미지를 업로드했을 때 태그로 지정한 경로를 입력한다. 다음 형식으로 구성돼 있다.

- image: 〈리전 키〉.ocir.io/〈테넌시 네임스페이스〉/〈리포지터리 이름(이미지 이름)〉:〈태그〉

spec.imagePullSecrets의 name에 대한 값은 이전 단계에서 만든 시크릿 오브젝트 이름을 지정한다.

실습 스크립트를 한 곳에 관리하기 위해 파이썬 가상 환경으로 진입한 후 "user.yaml"이라는 이름으로 사용자 관리 마이크로서비스 배포를 위한 YAML 파일을 만든다. 실습을 위해 독자는 다음 YAML 파일에서 도커 이미지 경로를 독자의 환경에 맞게 수정하면 된다.

```
GitHub Script: https://github.com/ociexplained/how-to-use-OCI/chapter2/
user.yaml
```

```
[opc@oci-demo-appdev ~]$ ocisamplerest
(ocisamplerest) [opc@oci-demo-appdev ocisamplerest]$ vi user.yaml
apiVersion: apps/v1
kind: Deployment
metadata:
  name: user-rest-deployment
spec:
  selector:
    matchLabels:
```

```
      app: user-rest
      version: v1.0
  replicas: 3
  template:
    metadata:
      labels:
        app: user-rest
        version: v1.0
    spec:
      containers:
      - name: user-rest
        image: yny.ocir.io/demo/oci-demo-repo/sample-user-rest:latest
        imagePullPolicy: Always
        ports:
        - name: user-rest
          containerPort: 5000
          protocol: TCP
        resources:
          limits:
            cpu: 500m
          requests:
            cpu: 200m
      imagePullSecrets:
        - name: ocirsecret
---
apiVersion: v1
kind: Service
metadata:
  name: user-rest-lb
  labels:
    app: user-rest
  annotations:
    service.beta.kubernetes.io/oci-load-balancer-shape: "flexible"
    service.beta.kubernetes.io/oci-load-balancer-shape-flex-min: "10"
    service.beta.kubernetes.io/oci-load-balancer-shape-flex-max: "100"
spec:
  type: LoadBalancer
  ports:
  - port: 5000
  selector:
    app: user-rest
```

"book.yaml"이라는 이름으로 도서 관리 마이크로서비스 배포를 위한 매니페스트 파일도 만든다. "user.yaml" 파일과 마찬가지로 도커 이미지 경로를 독자의 환경에 맞게 수정한다.

```
GitHub Script: https://github.com/ociexplained/how-to-use-OCI/chapter2/
book.yaml
```

```
(ocisamplerest) [opc@oci-demo-appdev ocisamplerest]$ vi book.yaml
apiVersion: apps/v1
kind: Deployment
metadata:
  name: book-rest-deployment
spec:
  selector:
    matchLabels:
      app: book-rest
      version: v1.0
  replicas: 3
  template:
    metadata:
      labels:
        app: book-rest
        version: v1.0
    spec:
      containers:
      - name: book-rest
        image: yny.ocir.io/demo/oci-demo-repo/sample-book-rest:latest
        imagePullPolicy: Always
        ports:
        - name: book-rest
          containerPort: 5000
          protocol: TCP
        resources:
          limits:
            cpu: 500m
          requests:
            cpu: 200m
      imagePullSecrets:
        - name: ocirsecret
---
apiVersion: v1
kind: Service
metadata:
  name: book-rest-lb
  labels:
```

```
    app: book-rest
  annotations:
    service.beta.kubernetes.io/oci-load-balancer-shape: "flexible"
    service.beta.kubernetes.io/oci-load-balancer-shape-flex-min: "10"
    service.beta.kubernetes.io/oci-load-balancer-shape-flex-max: "100"
spec:
  type: LoadBalancer
  ports:
  - port: 5000
  selector:
    app: book-rest
```

이제 컨테이너 이미지를 OCI 쿠버네티스에 배포한다. 다음 실습 예제에서는 "kubectl create" 명령으로 배포한다. 만일 동일한 이름의 오브젝트가 이미 생성돼 있다면 kubectl apply 명령을 실행했을 때와 달리 에러를 리턴할 것이다.

```
(ocisamplerest) [opc@oci-demo-appdev ocisamplerest]$ kubectl create -f
user.yaml
deployment.apps/user-rest-deployment created
service/user-rest-lb created
(ocisamplerest) [opc@oci-demo-appdev ocisamplerest]$ kubectl create -f
book.yaml
deployment.apps/book-rest-deployment created
service/book-rest-lb created
```

배포 후 디플로이먼트와 파드, 서비스를 확인한다. 각 파드는 3개의 레플리카로 만들어져 있음을 알 수 있다. 각각의 서비스도 생성돼 있으며, 로드밸런서 타입으로 EXTERNAL-IP가 할당돼 있다. 여기서 EXTERNAL-IP는 OCI 로드밸런서의 퍼블릭 IP 주소이다. OCI 웹 콘솔에서 확인해 보면 2개의 로드밸런서가 EXTERNAL-IP 주소와 함께 배포돼 있는 것을 볼 수 있을 것이다.

```
(ocisamplerest) [opc@oci-demo-appdev ocisamplerest]$ kubectl get
deploy,pods,services
NAME                                   READY   UP-TO-DATE   AVAILABLE   AGE
deployment.apps/book-rest-deployment   3/3     3            3           66s
deployment.apps/user-rest-deployment   3/3     3            3           78s

NAME                                        READY   STATUS    RESTARTS
AGE
pod/book-rest-deployment-76c7df64f4-88m79   1/1     Running   0          66s
```

```
pod/book-rest-deployment-76c7df64f4-cvfr2   1/1     Running   0          66s
pod/book-rest-deployment-76c7df64f4-g2c4c   1/1     Running   0          66s
pod/user-rest-deployment-65b4b8f5d-f76qq    1/1     Running   0          78s
pod/user-rest-deployment-65b4b8f5d-nclf4    1/1     Running   0          78s
pod/user-rest-deployment-65b4b8f5d-qpd9p    1/1     Running   0          78s

NAME                    TYPE           CLUSTER-IP      EXTERNAL-IP
PORT(S)              AGE
service/book-rest-lb    LoadBalancer   10.96.127.224   144.24.91.156
5000:30589/TCP       66s
service/kubernetes      ClusterIP      10.96.0.1       <none>            443/
TCP,12250/TCP    22h
service/user-rest-lb    LoadBalancer   10.96.169.140   158.179.171.247
5000:31202/TCP       78s
```

[디플로이먼트 사용의 장점]

실습에서 진행하지는 않았지만 파드와 레플리카셋을 개별적으로 생성할 수도 있다. 그러나 디플로이먼트에서 이들 자원을 정의해서 사용하는 것이 바람직하다. 디플로이먼트를 사용하면 신규 레플리카셋에 컨테이너가 기동됐는지, 헬스 체크를 통과했는지 등을 확인하면서 배포가 진행된다. 또한 레플리카셋의 이행 과정에서 파드 수에 대한 상세한 지정도 가능하다. 하나의 파드만 기동한다고 하더라도 디플로이먼트 사용이 권장된다. 파드로만 배포된 경우 파드에 장애가 발생하면 자동으로 파드가 다시 생성되지 않고, 레플리카셋으로만 배포한 경우에도 롤링 업데이트 등의 기능을 사용할 수 없다.

로드밸런서의 퍼블릭 IP(EXTERNAL-IP) 주소를 사용해서 각 쿠버네티스 서비스까지 배포됐으므로 이제 마이크로서비스의 동작을 테스트해 본다. 먼저 사용자 관리 마이크로서비스를 테스트하려면 그림 2-77과 같이 웹 브라우저에서 다음 URL에 접속한다.

- http://〈사용자 관리 마이크로서비스 로드밸런서 퍼블릭 IP 주소〉:5000/v1/user

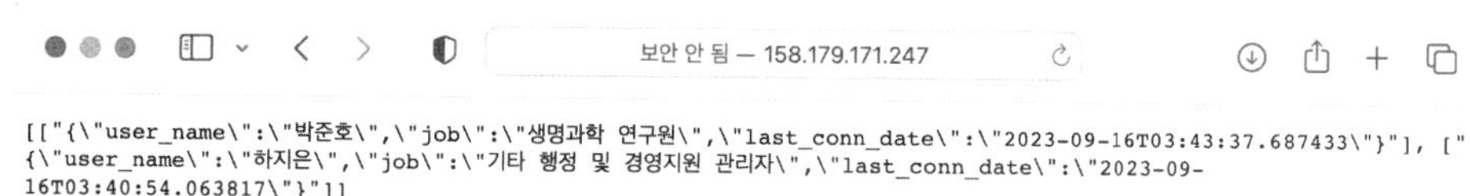

그림 2-77 로드밸런서를 통한 사용자 관리 애플리케이션 연결

도서 관리 마이크로서비스도 마찬가지로 그림 2-78과 같이 다음 로드밸런서 퍼블릭 IP 주소로 접속해 본다.

- http://〈도서 관리 마이크로서비스 로드밸런서 퍼블릭 IP 주소〉:5000/v1/book

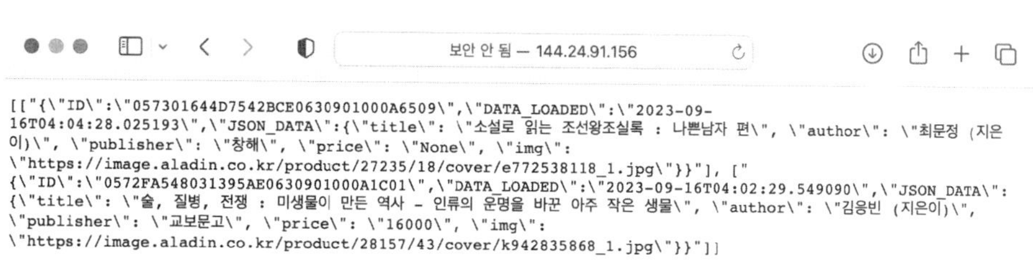

그림 2-78 로드밸런서를 통한 도서 관리 애플리케이션 연결

2.2.11 젠킨스를 통한 CI/CD 구현

도커를 사용한 애플리케이션 개발은 지금까지 살펴본 바와 같이 크게 구현 – 단위 테스트 – 애플리케이션 빌드 – 도커 이미지 빌드 – 도커 레지스트리 등록에 이르는 과정을 반복하는 형태가 된다. 이런 반복 과정을 수작업으로 진행하게 되면 실수가 발생하기 쉽고 시간도 오래 걸릴 수 있기 때문에 CI/CD 서비스를 통해 이 과정들을 자동화해서 시간을 절약한다.

CI/CD^Continuous Integration/Continuous Delivery^에서 CI(지속적 통합)는 소프트웨어 개발 시 테스트 단계에서만 테스트를 하는 것이 아니라 일상적으로 빌드와 테스트를 수행하고,

이를 통해 실제 동작을 확인하는 사이클을 수행하면서 소프트웨어의 품질을 관리하는 것을 말한다. 일반적으로 CI를 위한 전용 소프트웨어나 SaaS 솔루션을 이용해서 자동화한다.

CD(지속적 배포)는 CI의 범위를 확장해서 통합 테스트를 위한 스테이징 환경에 배포와 정식 서비스 배포까지 자동화 도구를 사용해서 수행하는 것을 말한다. Blue/Green 배포, Canary 배포 등의 방법이 사용된다.

이런 지속적 통합과 지속적 배포를 자동화해서 소프트웨어 개발과 배포를 효율적으로 관리하는 프로세스를 CI/CD 파이프라인pipeline이라고 한다. CI/CD 파이프라인은 새 버전의 소프트웨어 제공을 위해 수행해야 할 일련의 단계로 DevOps 또는 SRESite Reliability Engineering 방식을 통해 더 효과적으로 소프트웨어를 제공하는 데 초점을 맞춘 방법이다.

[Site Reliability Engineering]

사이트 신뢰성 엔지니어링Site Reliability Engineering, SRE은 Google에서 개발한 IT 운영 문화와 시스템 관리 방법론이다. SRE는 소프트웨어 엔지니어링과 시스템 운영을 결합해서 안정적이고 신뢰성 높은 서비스 제공을 목표로 한다. 이를 위해 SRE 팀은 소프트웨어 도구를 활용해서 시스템 관리 및 애플리케이션 모니터링과 같은 IT 인프라 작업을 자동화한다.

SRE는 DevOps와 그 개념에서 서로 유사하지만 목적에 있어서는 다소 차이가 있다. DevOps와 SRE 모두 소프트웨어 개발과 운영을 통합해서 빠르게 서비스를 제공하고 안정적으로 운영하는 방법론이다. 하지만 DevOps는 개발과 운영 간의 경계를 허물고 지속적인 통합/배포CI/CD와 자동화를 통해 빠른 개발과 안정적인 운영을 지향하는 반면에 SRE는 안정적인 운영과 장애 대응, SLAService Level Agreement의 준수 등 운영에 더 초점을 맞추고 있다.

CI/CD 파이프라인은 모니터링 및 자동화를 통해, 특히 통합 및 테스트 단계뿐만 아니라 전달 및 배포에 있어서 애플리케이션 개발 프로세스를 개선한다. CI/CD 파이프 라인의 각 단계를 수동으로 실행할 수 있지만 CI/CD 파이프라인의 진정한 가치는 자동화를 통해 드러난다.

CI/CD 파이프라인은 그림 2-79와 같이 파이프라인 스테이지Pipeline Stage라고 하는 개별 태스크 묶음으로 이뤄져 있다. 이후 실습에서 각 스테이지를 정의하는 스크립트로 CI/CD를 구현해 볼 것이다.

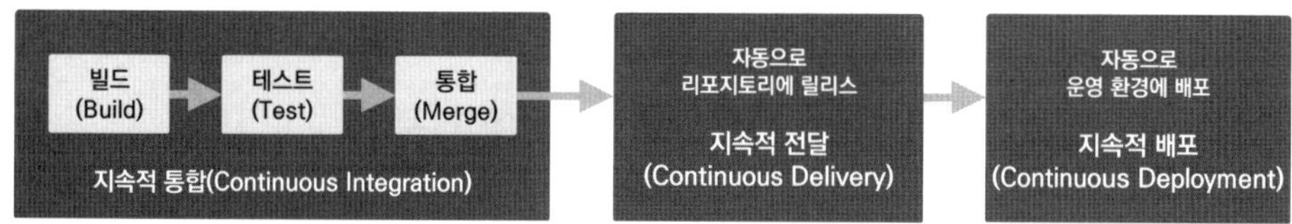

그림 2-79 CI/CD 파이프라인 절차

다음 내용의 일반적인 파이프라인으로 개별 요건에 따라 고유의 파이프라인을 구성할 수도 있다.

- **빌드**Build: 애플리케이션을 컴파일하는 단계이다. 개발자들이 코드를 작성하고 Git과 같은 버전 관리 시스템에 커밋하면 자동으로 빌드 프로세스가 시작된다. 소스 코드를 컴파일하고 필요한 라이브러리 및 종속성을 가져와서 실행이 가능한 애플리케이션을 생성한다.
- **테스트**Test: 코드를 테스트하는 단계로 이 단계를 자동화해서 시간과 노력를 줄일 수 있다. 빌드된 애플리케이션에 대해 자동화된 테스트를 실행해서 버그를 찾고 기능적 무결성을 확인한다. 단위 테스트, 통합 테스트, 성능 테스트 등이 포함된다.
- **통합**Merge: 코드가 빌드 및 테스트를 통과하면 자동화된 통합 과정이 진행된다. 이 단계에서는 개발 브랜치에서 메인 브랜치로의 통합이 자동으로 수행된다.
- **릴리스**Release: 애플리케이션을 리포지터리에 제공하는 단계이다.
- **배포**Deploy: 코드를 운영 환경에 배포하는 단계이다. 코드 변경 사항이 검증을 통과하면 실제 운영 환경에 자동으로 배포된다. 이 단계에서 무중단 배포, 롤백 기능 등을 구현할 수 있다.

그림 2-80과 같이 CI/CD 파이프라인을 구현할 때 사용하는 도구로는 다양한 상용 또는 오픈소스 도구들이 시장에 나와 있다.

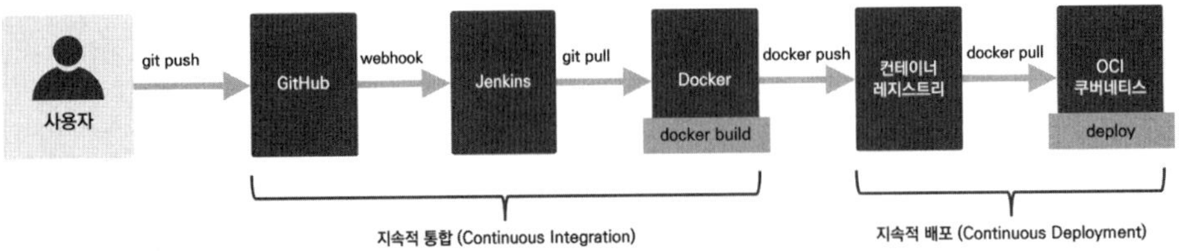

그림 2-80 CI/CD 파이프라인을 구현하는 도구

소스 형상 관리 도구로는 대표적으로 깃허브[GitHub], Sub Version[SVN], CVS 등이 있다. CI/CD 도구로는 젠킨스, GitLab, CircleCI 등 다양한 설치형 및 SaaS 형태의 도구가 활용되고 있다. 최근에는 쿠버네티스 환경에서 Argo CD와 같은 선언형 GitOps 배포 도구도 많이 사용된다. Argo CD는 쿠버네티스 클러스터 내에 위치하며 매니페스트 변경을 실시간으로 감지해서 클러스터와 동기화하는 기능을 제공해 배포 작업을 간소화하는 장점이 있다.

이번 실습에서는 이 중에서 여전히 많이 사용되고 있는 깃허브와 젠킨스를 연동해서 마이크로서비스의 빌드와 배포를 자동화할 것이다.

오라클 클라우드 서비스 중에도 OCI DevOps라고 하는 CI/CD 플랫폼을 제공한다. OCI DevOps는 소프트웨어 개발 수명 주기를 단순화 및 자동화시켜 주는 CI/CD 플랫폼으로 소스 코드를 빌드, 테스트 및 배포하는 단계를 자동화하며 개발자들이 소스 커밋 기록을 통해 전체 개발 수명 주기에 대한 가시성을 확보할 수 있도록 지원한다.

이번 실습에서는 그림 2-81의 단계와 같이 지금까지 개발한 사용자 관리 마이크로서비스의 빌드, 배포 과정을 자동화하는 일련의 CI/CD 파이프라인을 구성해 본다.

CI/CD 프로세스 실습을 위해서는 개인 깃허브 계정이 필요하다. 젠킨스와 깃허브 간에 연동이 돼야 하므로 독자는 개인 깃허브 계정을 사용해야 한다. 깃허브 계정이 없다면 깃허브 홈페이지(https://github.com)에서 계정을 신규로 생성한다.

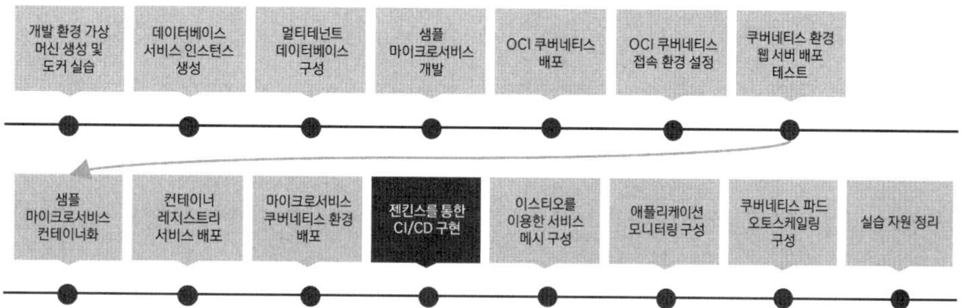

그림 2-81 2장 실습 단계 - 젠킨스를 통한 CI/CD 구현

다음과 같은 단계로 실습을 진행한다.

- 젠킨스 구성
- 개발 환경과 깃허브 연동
- 깃허브와 젠킨스 연동
- 젠킨스 웹훅 테스트
- 젠킨스를 통한 마이크로서비스 배포

2.2.11.1 실습 - 젠킨스 구성

지금까지 개발한 마이크로서비스를 배포하는 CI/CD 도구로 자바 기반의 오픈소스인 젠킨스Jenkins를 사용한다. 젠킨스는 유연성과 확장성이 뛰어나기 때문에 여전히 많은 개발자와 기업에서 사용하고 있다.

젠킨스는 소프트웨어 구축, 테스트, 제공 또는 배포와 관련된 거의 모든 종류의 작업을 자동화하는 데 사용할 수 있다. 젠킨스가 빌드와 배포 각각의 단계에 대한 스크립트 작성의 필요성을 없애주지는 않지만 사용자가 직접 수행하는 것보다 더 빠르고 효율적으로 빌드, 테스트, 배포 등 개발 체인 전체를 통합할 수 있는 방법을 제공해 준다.

젠킨스는 설치 파일을 WAR 파일, 기본 패키지, 설치 프로그램, 도커 이미지 등으로 제공하고 있다. 보통 젠킨스는 패키지를 설치해서 깃허브와 연동해 사용하지만

Jenkins.war 파일만 받아 젠킨스를 구동해서 간단한 배포 테스트를 할 수 있다.

젠킨스 WAR 파일에는 Jetty 서블릿 컨테이너 래퍼인 Winstone이 번들로 포함돼 있으며 젠킨스가 지원하는 자바 버전이 있는 운영체제라면 젠킨스를 구동할 수 있다.

이번 CI/CD 실습 단계에서는 젠킨스 WAR 파일을 다운로드받아서 실습을 진행한다. 그 전에 젠킨스가 자바 기반 도구이기 때문에 JDK를 설치하고 시작해야 한다. 개발 환경 가상 머신에 OpenJDK를 설치하고, 젠킨스 WAR 파일을 내려받은 후 젠킨스를 구동한다.

젠킨스를 구동할 때 지정하는 젠킨스 홈 디렉토리에는 젠킨스가 다운로드받아 설치할 플러그인과 여타 설정 정보 파일 등이 저장된다.

```
[opc@oci-demo-appdev ~]$ sudo yum install java-17-openjdk -y
... 생략 ...
Complete!
[opc@oci-demo-appdev ~]$ wget https://get.jenkins.io/war-stable/2.401.1/
jenkins.war
... 생략 ...
[opc@oci-demo-appdev ~]$ JENKINS_HOME=jenkins java -jar jenkins.war
--httpPort=8080 &
[1] 8343
[opc@oci-demo-appdev ~]$ Running from: /home/opc/jenkins.war
webroot: jenkins/war
2023-09-17 03:30:59.683+0000 [id=1]     INFO    winstone.Logger#logInternal:
Beginning extraction from war file
... 생략 ...
```

앞의 젠킨스 구동 명령에서 젠킨스가 사용할 포트로 8080번 포트를 지정했으므로 젠킨스 콘솔 접속을 위해 8080번 포트 개방이 필요하다. 이미 도커 테스트 단계에서 시큐리티 리스트와 호스트 레벨에서 8080번 포트를 개방했기 때문에 추가로 포트 개방 관련 작업은 필요 없다. 만일 포트가 개방돼 있지 않다면 앞의 실습 내용을 참조해서 실행한다.

젠킨스를 구동하고 다음 URL로 접속하면 젠킨스 웹 콘솔에 접속할 수 있다.

- http://〈개발 환경 가상 머신 퍼블릭 IP 주소〉:8080

초기 화면에서 관리자 암호를 입력하게 돼 있다. 관리자 암호는 다음 위치의 파일에서 확인할 수 있다.

별도 터미널을 열어서 다음 위치에 있는 초기 패스워드를 확인한다. 이를 복사해서 그림 2-82와 같이 웹 콘솔의 Administrator password 필드에 붙여넣고 하단의 Continue를 클릭한다.

```
[opc@oci-demo-appdev ~]$ cat ~/jenkins/secrets/initialAdminPassword
814909818a1d42d8a1f731017504fb50
```

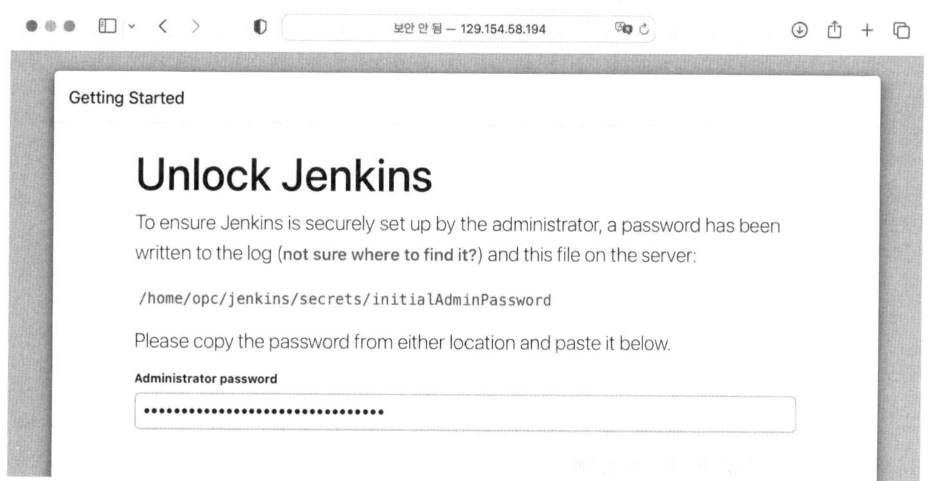

그림 2-82 젠킨스 웹 콘솔 초기 화면

다음 화면에 젠킨스 동작에 필요한 플러그인을 어떻게 설치할 것인지 선택하는 화면이 나온다. Install suggested plugins를 클릭해서 권고되는 플러그인을 설치한다. Select plugins to install을 클릭해서 사용자 지정으로 플러그인을 선택해 설치할 수도 있다.

플러그인 설치가 시작되면 그림 2-83과 같은 화면을 볼 수 있다.

가끔 플러그인이 설치될 때 젠킨스 서버의 불안정으로 인해 일부만 성공하고, 일부는 실패하는 경우가 있다. 이때는 Retry를 클릭해서 설치하려는 플러그인들의 설치가 모두 이뤄질 때까지 재시도를 계속한다. 설치가 완료되면 젠킨스의 실행 프로세스를 찾아서 강제 종료 후 다시 젠킨스를 시작한다.

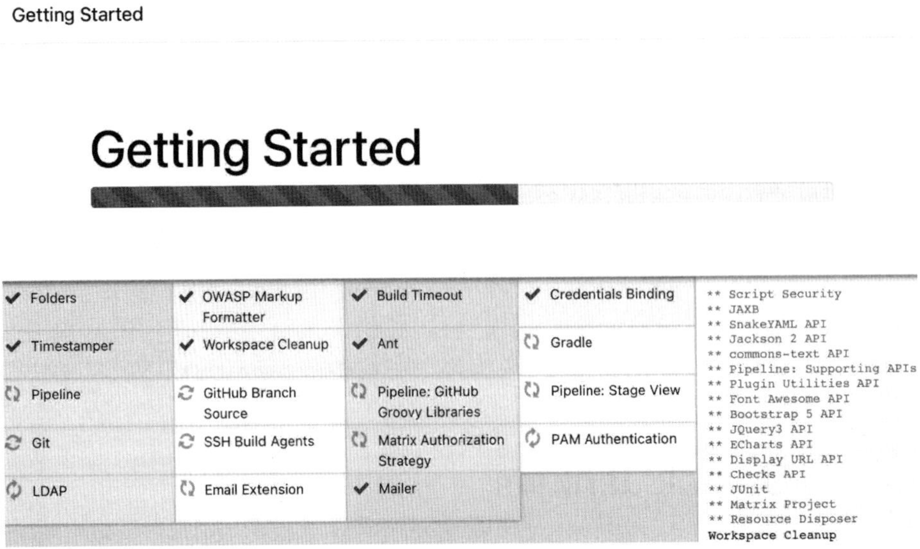

Getting Started

Getting Started

✔ Folders	✔ OWASP Markup Formatter	✔ Build Timeout	✔ Credentials Binding
✔ Timestamper	✔ Workspace Cleanup	✔ Ant	Gradle
Pipeline	GitHub Branch Source	Pipeline: GitHub Groovy Libraries	Pipeline: Stage View
Git	SSH Build Agents	Matrix Authorization Strategy	PAM Authentication
LDAP	Email Extension	✔ Mailer	

```
** Script Security
** JAXB
** SnakeYAML API
** Jackson 2 API
** commons-text API
** Pipeline: Supporting APIs
** Plugin Utilities API
** Font Awesome API
** Bootstrap 5 API
** JQuery3 API
** ECharts API
** Display URL API
** Checks API
** JUnit
** Matrix Project
** Resource Disposer
Workspace Cleanup
```

그림 2-83 젠킨스 동작에 필요한 플러그인 설치

다음 화면은 Create First Admin User 화면으로 여기서 관리자 계정을 생성할 수 있다. 이번 실습에서는 기본값으로 로그인한 Admin 유저를 그대로 사용할 것이므로 하단의 Skip and continue as admin을 선택한다.

그다음에 나오는 젠킨스 인스턴스 설정 화면에서 기본값으로 설정된 http://〈개발 환경 가상 머신 퍼블릭 IP 주소〉:8080/를 그대로 유지한다. 하단의 Save and Finish를 클릭해서 다음 단계로 넘어간다.

Jenkins is ready라는 화면이 나타나면 젠킨스를 사용할 준비가 된 것이다. Start using Jenkins를 클릭해서 젠킨스를 시작한다. 젠킨스를 시작하면 그림 2-84와 같은 젠킨스 초기 대시보드 화면을 볼 수 있다.

젠킨스 초기 화면은 현재 진행 중인 빌드 큐^Build Queue^와 실행기^Executor^ 상태를 표시하며, 신규 항목(작업: Job) 생성, 사용자 관리, 빌드 이력 보기, 젠킨스 관리, 사용자의 맞춤형 뷰 보기, 사용자의 인증서를 관리할 수 있는 링크 등을 제공한다.

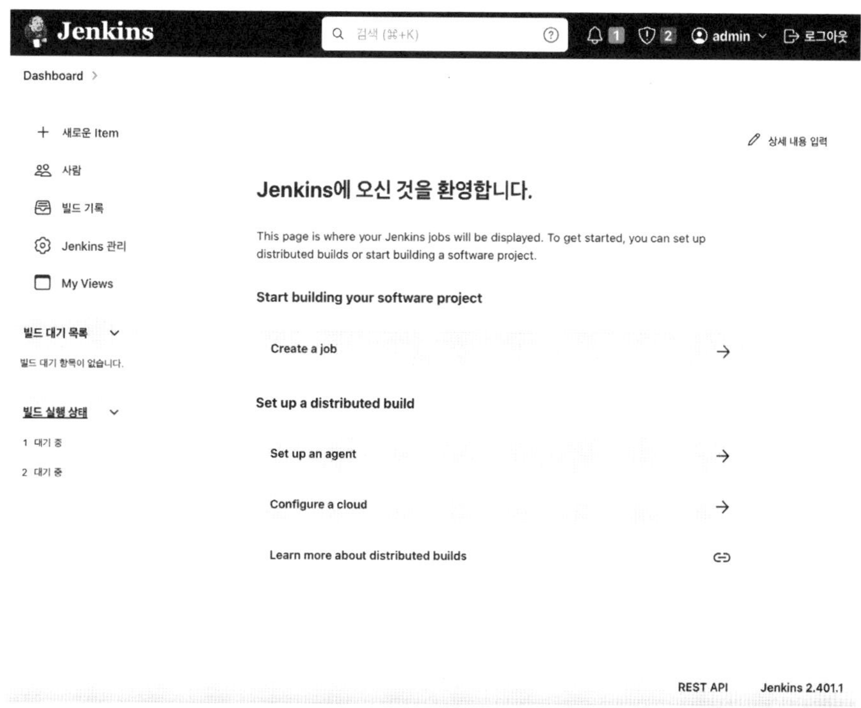

그림 2-84 젠킨스 대시보드

2.2.11.2 실습 - 개발 환경과 깃허브 연동

젠킨스 구성이 끝났으면 개발 환경과 깃허브, 깃허브와 젠킨스를 연동할 것이다. 이후 젠킨스 웹훅 설정까지 하면 젠킨스를 통해 마이크로서비스를 배포할 수 있게 된다.

젠킨스 구성 후 설정할 개발 환경, 깃허브, 젠킨스 간의 연동 관계를 표현하면 그림 2-85와 같다.

- 개발 환경과 깃허브 간의 연결 인증 수단으로 SSH 키 페어를 사용한다. 이를 위해 별도 키 페어를 생성한다. 개발 환경에서 개발한 소스 코드는 SSH 연결을 통해 깃허브 리포지터리로 업로드한다.
- 깃허브로 들어오는 API 접근에 대한 인증 수단으로 토큰을 깃허브에서 생성한다. 토큰은 젠킨스에서 깃허브로 접근할 때 인증 수단으로 사용된다.

- 젠킨스에서 깃허브로 접근할 때 토큰을 이용해서 2개의 크리덴셜Credential을 만든다. 하나는 웹훅에 연결하는 데, 또 하나는 리포지터리에 연결하는 데 사용된다.

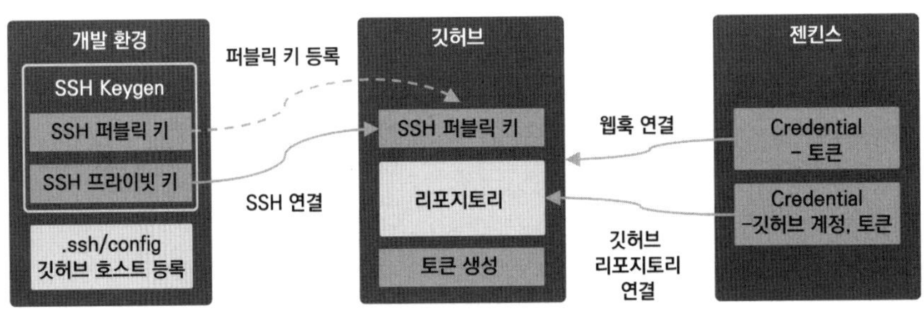

그림 2-85 개발 환경, 깃허브, 젠킨스 간의 연동 아키텍처

지금부터 할 실습은 개발 환경 가상 머신에 Git을 설치하고, 개발 환경에서 지금까지 개발한 사용자 관리 마이크로서비스 소스 코드와 배포 관련 파일을 개인 깃허브 계정에 업로드하는 것이다. 원활한 실습을 위해 개인 깃허브 계정이 필요하다. 깃허브 계정이 없다면 깃허브 웹 사이트(https://github.com)에서 계정을 생성한다.

개발 환경 가상 머신에서 파이썬 가상 환경 디렉토리로 이동해서 Git을 설치한다. 실습 코드를 한 곳에서 관리하기 위해 파이썬 가상 환경 디렉토리를 사용한다.

```
[opc@oci-demo-appdev ~]$ ocisamplerest
(ocisamplerest) [opc@oci-demo-appdev ocisamplerest]$ sudo yum install git
-y
... 생략 ...
Complete!
```

사용자 관리 마이크로서비스 배포에 필요한 소스 파일들을 다음과 같이 "chapter2"라는 이름으로 디렉토리를 만들어서 해당 디렉토리로 복사한다.

```
(ocisamplerest) [opc@oci-demo-appdev ocisamplerest]$ mkdir chapter2
(ocisamplerest) [opc@oci-demo-appdev ocisamplerest]$ cp Dockerfile_user
sample-user-rest.py user.yaml requirements.txt user.sql ./chapter2
```

chapter2 디렉토리로 이동해서 "git init" 명령으로 Git 저장소를 초기화한다. 이를 통해 현재 작업 중인 디렉토리를 Git 저장소로 설정하게 된다.

```
(ocisamplerest) [opc@oci-demo-appdev ocisamplerest]$ cd chapter2
(ocisamplerest) [opc@oci-demo-appdev chapter2]$ git init
... 생략 ...
Initialized empty Git repository in /home/opc/venvs/ocisamplerest/chapter2/.
git/
```

"git status" 명령으로 작업 디렉토리와 스테이징 영역의 파일 등 Git 저장소의 현재 상태를 확인해 본다. 다음 예시에서는 앞서 복사한 사용자 관리 마이크로서비스 배포 관련 파일을 볼 수 있다.

```
(ocisamplerest) [opc@oci-demo-appdev chapter2]$ git status
On branch master

No commits yet

Untracked files:
  (use "git add <file>..." to include in what will be committed)
        Dockerfile_user
        requirements.txt
        sample-user-rest.py
        user.sql
        user.yaml

nothing added to commit but untracked files present (use "git add" to
track)
```

"git add" 명령을 실행해서 작업 디렉토리의 파일을 스테이징 영역에 추가한다. 스테이징 영역은 변경된 파일들을 다음 커밋에 포함시킬 준비를 하는 공간으로 "git add" 명령어를 통해 변경된 파일들을 스테이징 영역에 추가한다.

그런 다음 "git commit" 명령으로 현재 스테이징 영역에 있는 파일들의 변경 사항을 커밋한다. 커밋은 Git 저장소에 변경 이력을 영구적으로 저장하는 작업이다. 즉, "git add" 명령으로 스테이징 영역에 추가된 파일들을 실제로 저장소에 버전으로 기록하는 단계를 의미한다.

```
(ocisamplerest) [opc@oci-demo-appdev chapter2]$ git add *
(ocisamplerest) [opc@oci-demo-appdev chapter2]$ git commit -m "chapter2
init."
... 생략 ...
 5 files changed, 185 insertions(+)
 create mode 100644 Dockerfile_user
 create mode 100644 requirements.txt
 create mode 100644 sample-user-rest.py
 create mode 100644 user.sql
 create mode 100644 user.yaml
```

개발 환경 가상 머신의 배포 파일을 개인 깃허브 리포지터리에 업로드하기 위해서는 SSH 연결이 필요하다. 이때 SSH 키를 통해 연결하게 되는데 이때 사용할 SSH 키 페어를 생성한다.

이후 SSH 퍼블릭 키를 깃허브에 등록한 후 개발 환경에 생성된 SSH 프라이빗 키를 통해 깃허브에 SSH 연결을 한다.

```
(ocisamplerest) [opc@oci-demo-appdev chapter2]$ ssh-keygen -t ed25519 -C
"ociexplained@gmail.com"
Generating public/private ed25519 key pair.
Enter file in which to save the key (/home/opc/.ssh/id_ed25519): <엔터>
Enter passphrase (empty for no passphrase): <엔터>
Enter same passphrase again: <엔터>
Your identification has been saved in /home/opc/.ssh/id_ed25519.
Your public key has been saved in /home/opc/.ssh/id_ed25519.pub.
The key fingerprint is:
SHA256:ezo9D1OVRM26XP266QyJXKf0M6TS3DyGv/LSTACgRsA ociexplained@gmail.com
The key's randomart image is:
+--[ED25519 256]--+
|    .... ..   .oo |
... 생략 ...
```

SSH 퍼블릭 키 내용을 조회한 후 이를 복사한다.

```
(ocisamplerest) [opc@oci-demo-appdev chapter2]$ cat ~/.ssh/id_ed25519.pub
ssh-ed25519 AAAAC3NzaC1lZDI1NTE5AAAAIJOkgojyeWj42YwXYYqbWG6epvwZs4YN/
Cx9PZ+TA1SO ociexplained@gmail.com
```

앞서 복사한 SSH 퍼블릭 키를 개인 깃허브 사이트에 등록한다. 이를 위해 개인 깃허브 계정의 홈 화면에서 Settings 화면으로 이동한다. 화면 왼쪽 메뉴에서 **SSH and GPG keys**를 클릭하면 SSH Key를 등록하는 화면을 볼 수 있다. **New SSH Key**를 클릭한다.

SSH 키 등록 화면에서 그림 2-86과 같이 다음 내용으로 Title과 Key를 입력한 후 하단의 **Add SSH key**를 클릭한다.

- Title: oci-demo-ssh-key
- Key: 앞서 복사한 SSH 퍼블릭 키를 붙여넣는다.

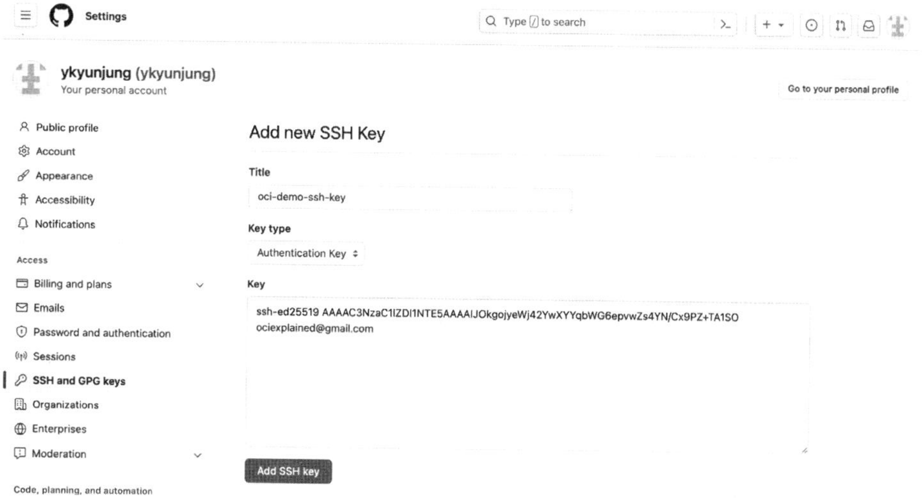

그림 2-86 깃허브에 SSH 퍼블릭 키 등록

이제 개발 환경 가상 머신에서 깃허브에 접속을 하기 위한 SSH 설정을 한다. SSH config 파일에 깃허브 호스트 정보를 다음과 같이 저장한다.

```
(ocisamplerest) [opc@oci-demo-appdev chapter2]$ vi ~/.ssh/config
Host github.com
  IdentityFile ~/.ssh/id_ed25519
  User git
```

깃허브 접속을 테스트해 보자. 다른 유저나 그룹은 SSH config 파일에 접근하지 못하도록 해당 파일의 권한을 변경한 후 SSH 접속을 실행해 본다.

```
(ocisamplerest) [opc@oci-demo-appdev chapter2]$ cd ~/.ssh
(ocisamplerest) [opc@oci-demo-appdev .ssh]$ chmod 600 config
(ocisamplerest) [opc@oci-demo-appdev .ssh]$ ssh -T git@github.com
The authenticity of host 'github.com (20.200.245.247)' can't be established.
ECDSA key fingerprint is SHA256:p2QAMXNIC1TJYWeIOttrVc98/R1BUFWu3/LiyKgUfQM.
Are you sure you want to continue connecting (yes/no/[fingerprint])? yes
Warning: Permanently added 'github.com,20.200.245.247' (ECDSA) to the list
of known hosts.
Hi ykyunjung! You've successfully authenticated, but GitHub does not
provide shell access.
```

개발 환경 로컬 호스트에서 깃허브로 서비스 배포 파일을 업로드하기 위한 SSH 연결 설정까지 끝났다. 깃허브에 배포 파일을 저장할 프라이빗 리포지터리를 생성한다. 개인 깃허브에서 로그인 후, 홈 화면 맨 오른쪽 상단의 "+" 아이콘을 클릭해서 New repository를 선택한다. 그림 2-87과 같이 다음 내용으로 프라이빗 리포지터리를 생성한다. 설정 후 하단의 Create repository를 클릭한다.

- Repository name: how-to-use-OCI
- 공개 범위: Private

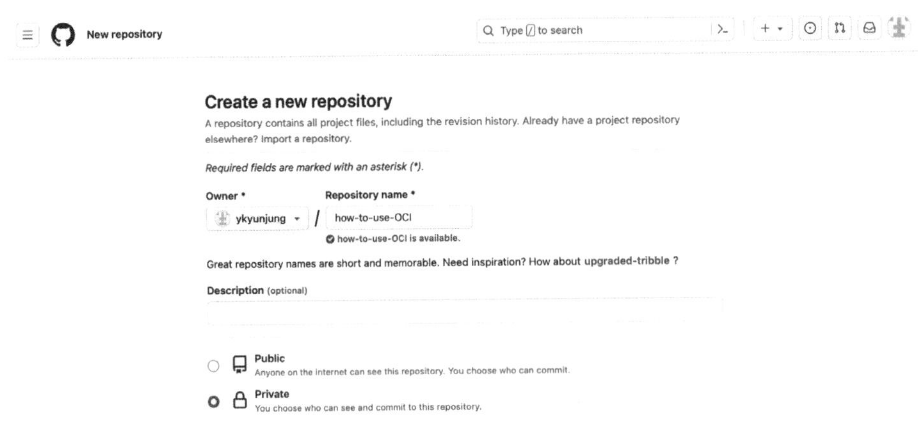

그림 2-87 깃허브 리포지터리 생성

마지막 단계로 깃허브 원격 리포지터리에 로컬 호스트에 저장된 배포 파일을 업로드한다. chapter2 디렉토리로 이동한 후 "git remote add origin" 명령으로 로컬 Git 저장소에 원격 저장소를 추가한다.

이 명령을 사용하면 로컬 저장소와 원격 저장소가 연결된다. 여기서 origin은 원격 저장소에 붙일 별칭alias을 의미한다. origin은 기본적으로 자주 사용되는 이름으로 일반적인 프로젝트에서는 관례적으로 해당 원격 저장소를 가리키는 별칭으로 사용된다.

"git branch" 명령으로 조회해 보면 현재는 master 브랜치만 있다. "git push" 명령을 실행해서 master 브랜치에 배포 파일을 업로드한다. 브랜치는 코드의 독립적인 개발 작업을 위해 사용되는데 여러 개의 브랜치를 만들어서 서로 다른 작업을 동시에 진행할 수 있다.

```
(ocisamplerest) [opc@oci-demo-appdev .ssh]$ ocisamplerest
(ocisamplerest) [opc@oci-demo-appdev ocisamplerest]$ cd chapter2
(ocisamplerest) [opc@oci-demo-appdev chapter2]$ git remote add origin git@
github.com:ykyunjung/how-to-use-OCI.git
(ocisamplerest) [opc@oci-demo-appdev chapter2]$ git branch
* master
(ocisamplerest) [opc@oci-demo-appdev chapter2]$ git push -u origin master
Enumerating objects: 7, done.
Counting objects: 100% (7/7), done.
Delta compression using up to 2 threads
Compressing objects: 100% (7/7), done.
Writing objects: 100% (7/7), 2.92 KiB | 2.92 MiB/s, done.
Total 7 (delta 0), reused 0 (delta 0), pack-reused 0
To github.com:ykyunjung/how-to-use-OCI.git
 * [new branch]      master -> master
branch 'master' set up to track 'origin/master'.
```

깃허브 리포지터리로 이동해 보면 그림 2-88과 같이 배포 파일들이 업로드된 것을 확인할 수 있다.

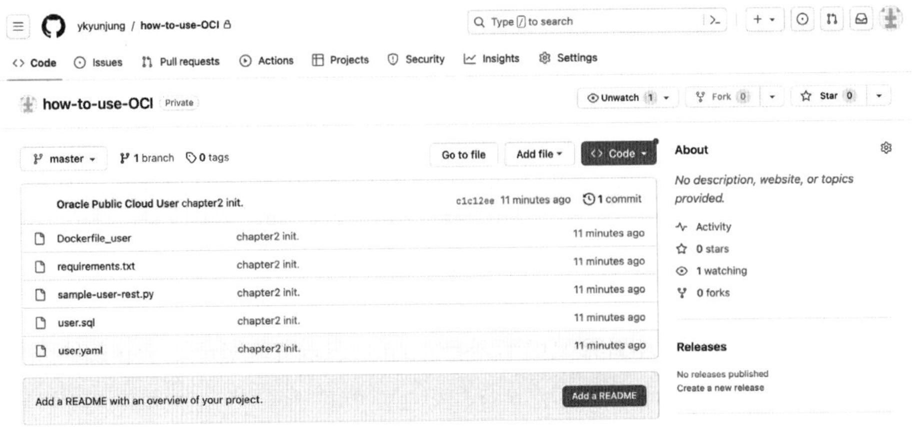

그림 2-88 깃허브 리포지터리 배포 파일 업로드

2.2.11.3 실습 - 깃허브와 젠킨스 연동

이번 실습은 깃허브와 젠킨스 연동에 대한 부분이다. 개인 깃허브에 업로드한 소스 파일이 수정됐을 때 젠킨스로 이벤트가 전달돼 배포가 자동으로 시작되도록 웹훅Webhook 설정까지 진행할 것이다.

[Webhook]

웹훅Webhook은 웹 애플리케이션에서 발생하는 이벤트를 다른 애플리케이션에 자동으로 알리는 데 사용되는 방법이다. 특정 이벤트가 발생했을 때 서버가 클라이언트를 호출하는 방식이라는 측면에서 역방향 API라고도 부르며, 일종의 HTTP 콜백이다.

예를 들어 소셜 미디어 플랫폼에서 새로운 게시물이 작성됐을 때 웹훅을 사용해서 해당 게시물의 정보를 다른 애플리케이션으로 전송하거나 코드 저장소에서 코드가 업데이트됐을 때 웹훅을 사용해서 빌드 및 테스트 자동화를 트리거하는 등의 용도로 활용된다.

젠킨스를 사용해서 CI/CD를 구현하기 위해서는 깃허브와 같은 코드 저장소에 저장된 소스 코드의 변경 사항을 감지하고, 자동으로 빌드 및 배포를 수행해야 할 경우 웹훅 기능을 활용한다.

깃허브와 젠킨스의 연동은 깃허브에서 암호 역할을 하는 토큰을 만들고, 이를 젠킨스에 크리덴셜로 등록하는 방식으로 이뤄진다. 젠킨스에서 토큰은 두 가지 용도로 사용된다. 하나는 깃허브 플랫폼에 접근해서 웹훅을 실행할 때 인증을 위해, 또 하나는 깃허브 리포지터리 접근에 대한 인증 암호로 사용된다.

깃허브 토큰을 생성해 보자. 깃허브 홈 화면에서 Settings 화면으로 이동한다. 왼쪽 메뉴 맨 아래 Developer settings를 클릭한다. 여기서 왼쪽 메뉴의 Personal access tokens → Tokens (classic)을 선택한다.

Generate new token을 선택하면 나오는 Generate new token (classic)을 클릭해서 그림 2-89와 같이 다음 내용으로 입력한 후 하단의 Generate token을 클릭한다.

- Note: oci-demo-token
- Expiration: 90days
- [Select scopes] 섹션: repo와 admin:repo_hook을 선택한다.

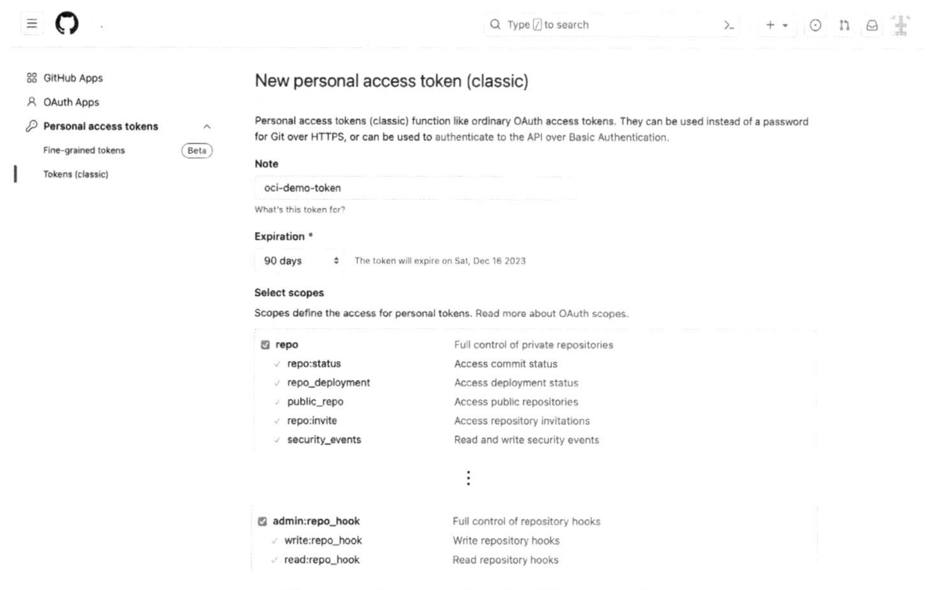

그림 2-89 젠킨스 연동을 위한 깃허브 토큰 생성

그림 2-90과 같이 깃허브 토큰이 생성됐다. 젠킨스에 크리덴셜 생성 시 사용할 것이므로 미리 별도로 복사해 둔다.

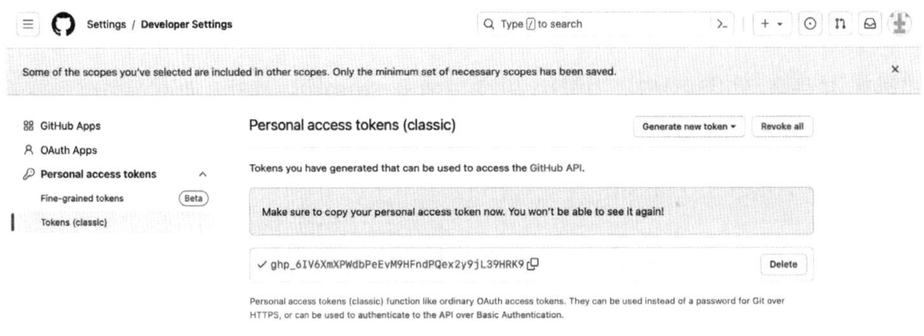

그림 2-90 깃허브 토큰 확인

이제 젠킨스가 깃허브 프라이빗 리포지터리에 접근할 수 있도록 2개의 크리덴셜을 만든다.

[젠킨스 크리덴셜]

젠킨스에서는 비밀번호, API 토큰, SSH 키 등과 같은 중요한 정보를 안전하게 저장하고 사용할 수 있도록 크리덴셜 기능을 제공한다. 젠킨스에서 사용되는 주요 크리덴셜의 유형은 다음과 같다.

- Secret Text: 외부 시스템 API를 호출할 때 인증 정보로 사용되는 API 토큰으로 GitHub 액세스 토큰이 해당된다.
- Username and Password: 보통 외부 시스템 API를 호출할 때 인증 정보로 사용된다.
- SSH Username with Private Key: SSH 퍼블릭/프라이빗 키 페어이다. 원격 Git 저장소나 SSH를 통한 서버 접속과 같은 용도로 사용된다.
- Certificate: PKCS#12 인증서 파일이다.

젠킨스 대시보드에서 왼쪽 메뉴의 Jenkins 관리를 클릭한다. 여기서 Credentials를 클릭해서 해당 화면으로 이동한 후 그림 2-91과 같이 Add credentials를 선택한다.

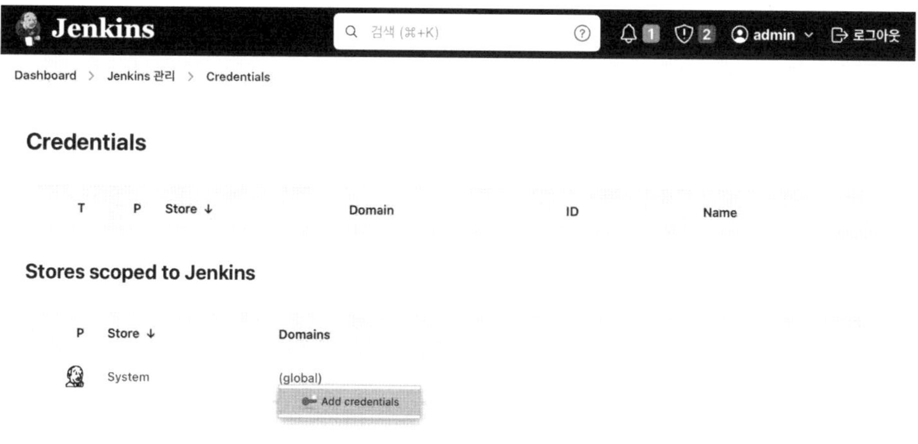

그림 2-91 젠킨스 크리덴셜 등록

New credentials 화면에서 그림 2-92와 같이 다음 내용으로 입력하고 하단의 Create를 클릭한다.

- Kind: Secret text
- Scope: Global (Jenkins, nodes, items, all child items, etc)
- Secret: 앞서 생성해서 복사한 깃허브 토큰
- ID: GITHUBTOKEN

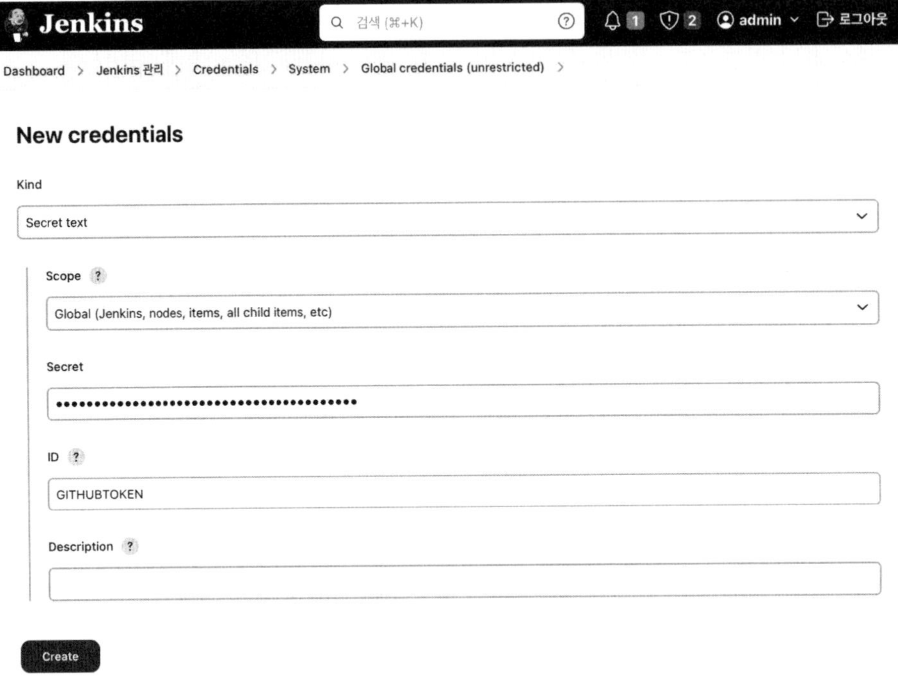

그림 2-92 젠킨스 크리덴셜 등록 - Secret text 유형

한 번 더 Add credentials를 클릭해서 두 번째 크리덴셜을 만든다. 이는 개인 깃허브 계정 정보이다. New credentials 화면에서 다음 내용으로 입력하고 하단의 Create를 클릭한다. 앞서 만든 크리덴셜과 유사하나 Kind가 Username with password임을 유의한다.

- Kind: Username with password
- Scope: Global (Jenkins, nodes, items, all child items, etc)
- Username: 개인 깃허브 계정 이름
- Password: 앞서 생성해서 복사한 깃허브 토큰
- ID: GITHUBACC

2개의 크리덴셜을 생성하고 나면 그림 2-93과 같은 화면을 확인할 수 있다.

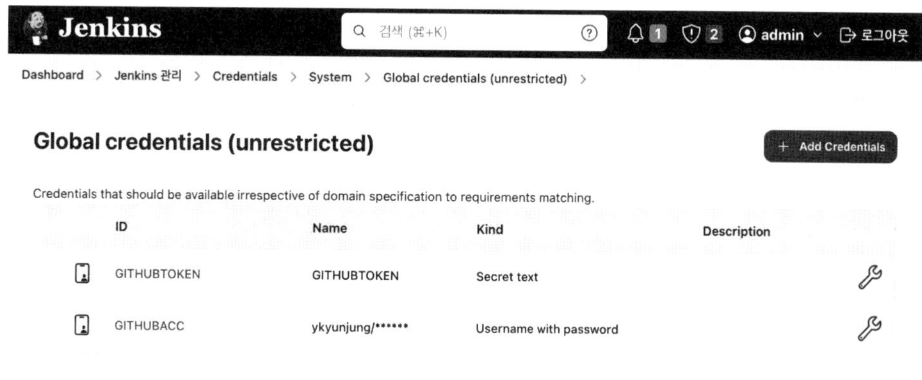

그림 2-93 젠킨스 크리덴셜 등록 확인

깃허브에서 생성한 토큰을 이용해서 젠킨스 크리덴셜까지 생성하고 나면 그다음 할 일은 젠킨스 시스템 정보에 깃허브와 연결할 것임을 명시하는 것이다. 이를 위해 젠킨스 대시보드에서 [Jenkins 관리 → System]으로 이동한다.

화면 중간에 나오는 [GitHub] 섹션으로 이동한다. Add GitHub Server를 클릭하면 GitHub Server가 나온다. 이를 선택하고 그림 2-94와 같이 다음 내용으로 정보를 입력한다.

- Name: 개인 깃허브 계정 이름
- API URL: https://api.github.com
- Credentials: GITHUBTOKEN 선택
- Managed hooks: 체크

내용을 설정한 후 Test connection을 클릭했을 때 "Credentials verified for user ykyunjung, rate limit: 4998"과 같은 메시지가 출력되면 정상적으로 깃허브와 연동된 것이다. 연동된 것을 확인한 후 **저장**을 클릭한다.

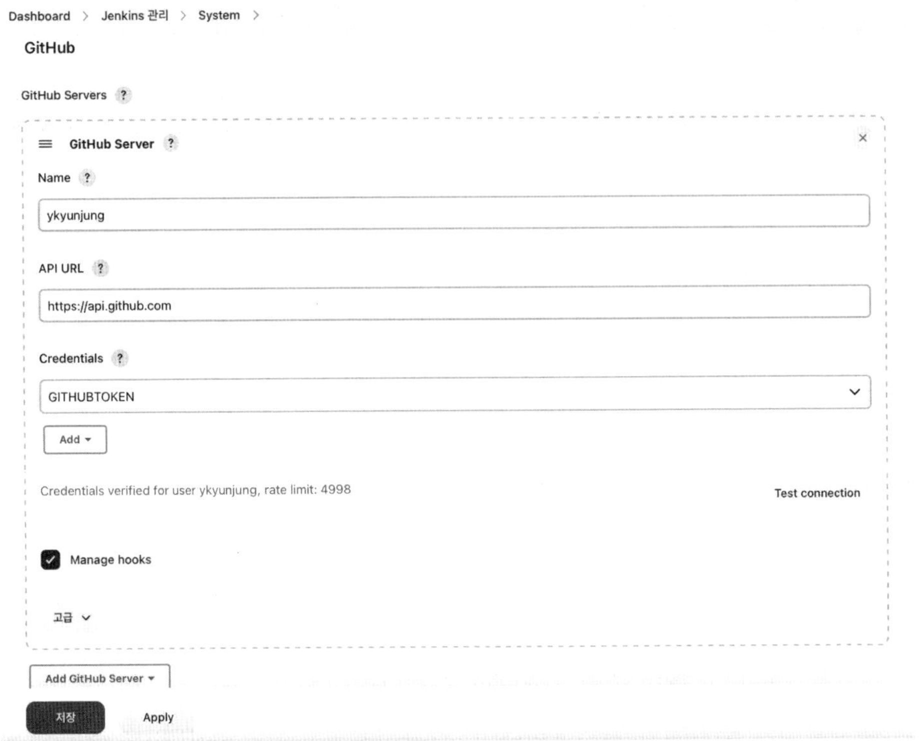

그림 2-94 젠킨스 - 깃허브 연결 테스트

2.2.11.4 실습 - 젠킨스 웹훅 테스트

깃허브에서 소스 코드 변경 시 이벤트가 발생해서 젠킨스에서 이를 감지해 배포가 시작되도록 하려면 웹훅 설정이 필요하다. HTTP 이벤트를 받을 젠킨스에서 웹훅을 설정하고, 깃허브에서는 앞서 설정한 웹훅이 반영됐는지를 확인하는 과정으로 진행할 것이다.

젠킨스 대시보드로 돌아가서 왼쪽 메뉴의 새로운 Item을 선택한다.

상단의 비어 있는 필드에 다음 내용으로 입력한 후 그림 2-95와 같이 Freestyle project를 선택하고 하단의 OK를 클릭한다.

- Enter an item name: webhook-test

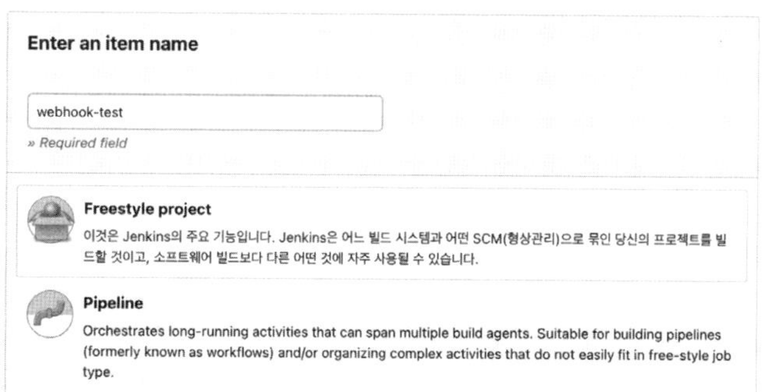

그림 2-95 젠킨스 Freestyle project 생성

이어서 나오는 설정 화면의 [소스 코드 관리] 섹션에서 Git을 선택하면 그림 2-96과 같이 추가 정보를 입력할 수 있다. 다음 내용으로 입력한다.

- [소스 코드 관리] 섹션: Git 선택
- Repositories: 깃허브에서 생성한 프라이빗 리포지터리 URL(예시: https://github.com/ykyunjung/how-to-use-OCI)
- Credentials: 클릭 후 목록에서 앞서 생성한 크리덴셜 선택

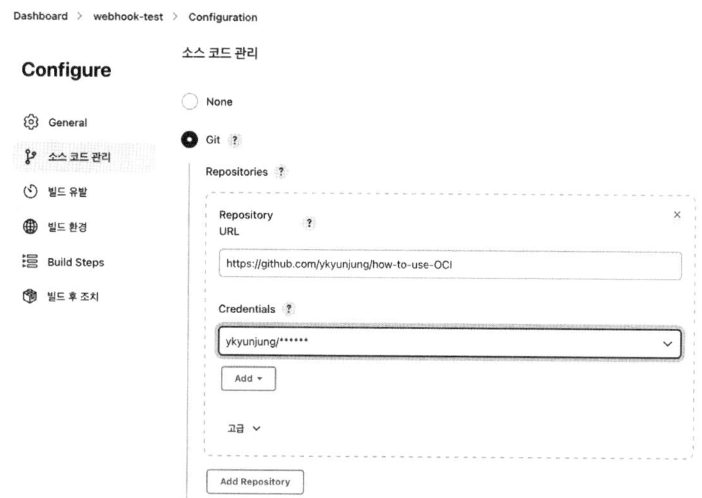

그림 2-96 웹훅 설정 - 깃허브 리포지터리 지정

같은 화면 하단의 [빌드 유발] 섹션에서 그림 2-97과 같이 GitHub hook trigger for GITScm polling을 체크한 후 하단의 **저장**을 클릭한다.

여기서 GITScm(Git Source Code Management)이란 젠킨스에서 Git 리포지터리를 관리하는 기능이다. "GitHub hook trigger for GITScm polling"은 깃허브의 웹훅 기능을 사용해서 Git 리포지터리의 변경 사항을 젠킨스에게 알리고, 젠킨스가 해당 변경 사항을 폴링해서 빌드를 자동으로 실행하도록 설정하는 것을 의미한다.

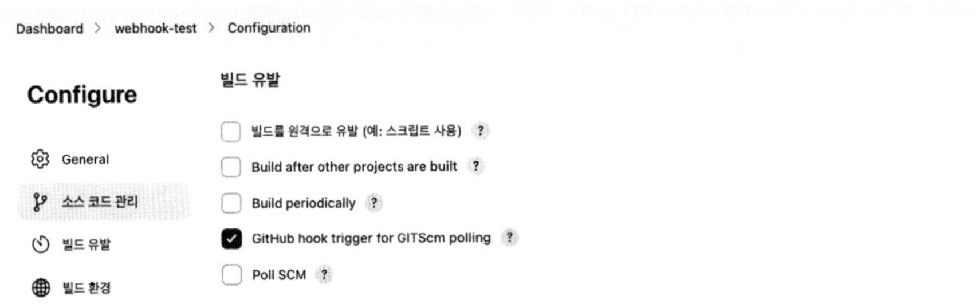

Dashboard > webhook-test > Configuration

Configure

General

소스 코드 관리

빌드 유발

빌드 환경

빌드 유발

- [ ] 빌드를 원격으로 유발 (예: 스크립트 사용) ?
- [ ] Build after other projects are built ?
- [ ] Build periodically ?
- [x] GitHub hook trigger for GITScm polling ?
- [ ] Poll SCM ?

그림 2-97 웹훅 설정 - 깃허브 hook trigger 설정

이제 웹훅이 생성됐는지 확인을 위해 그림 2-98과 같이 배포 파일을 업로드했던 깃허브 리포지터리로 이동한다. Settings를 클릭한다.

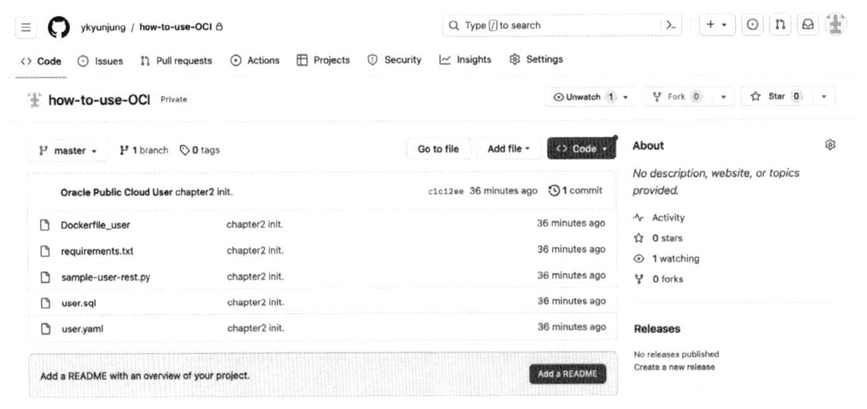

그림 2-98 깃허브 리포지터리

왼쪽의 Webhooks 메뉴를 클릭해서 그림 2-99와 같이 젠킨스 웹훅이 생성됐는지

확인한다.

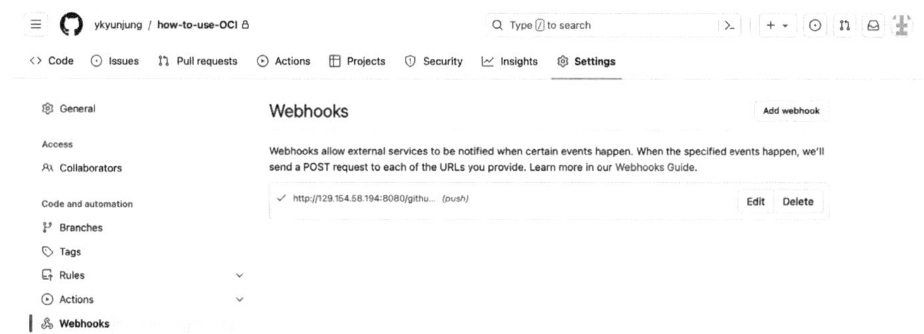

그림 2-99 깃허브 웹훅 생성 확인

웹훅이 생성된 것을 확인했다. 이제 깃허브 리포지터리에 README.md 파일을 추가했을 때 웹훅이 구동되는지를 확인해 본다.

깃허브 리포지터리로 이동해서 하단에 보이는 Add a README를 클릭하거나 [Add file → Create new file]을 클릭해서 그림 2-100과 같이 README.md 파일을 생성한다. 본문 내용 입력 후 Commit changes를 클릭해서 변경 내용을 "Commit" 한다.

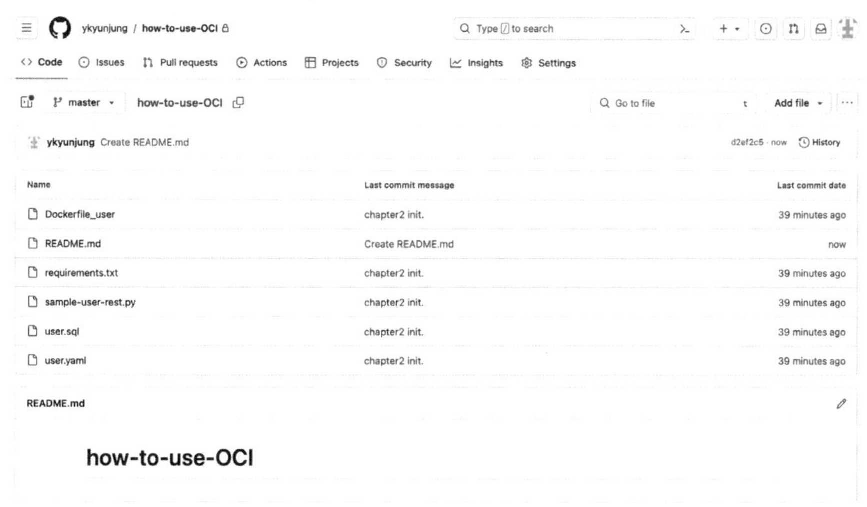

그림 2-100 깃허브 리포지터리 파일 생성

젠킨스 대시보드로 이동해서 빌드 프로젝트가 수행됐는지 확인한다. 그림 2-101과 같이 프로젝트 수행이 완료된 것을 확인할 수 있다. 아무것도 하지 않는 비어 있는 프로젝트가 호출됐다.

그림 2-101 젠킨스 웹훅 테스트 프로젝트 수행 확인

해당 프로젝트로 들어가서 Last build, (#1) ... 링크를 클릭한다. 여기서 왼쪽의 Console Output 메뉴를 클릭하면 그림 2-102와 같이 프로젝트 수행 내용을 알 수 있다.

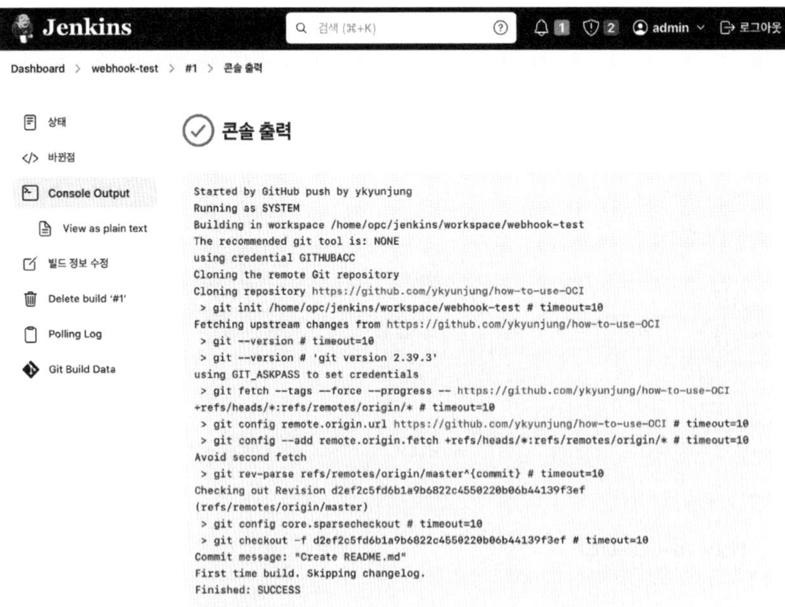

그림 2-102 젠킨스 실행 프로젝트 콘솔 출력 내용 확인

2.2.11.5 실습 - 젠킨스를 통한 마이크로서비스 배포

마지막으로 젠킨스에서 제공하는 CI/CD 파이프라인 프로젝트를 구성해서 일련의 마이크로서비스 배포 과정이 자동화되는 것을 확인해 본다.

젠킨스 파이프라인은 젠킨스 서버에서 파이프라인을 정의하고, 이를 스크립트로 작성해서 구성한다. 파이프라인은 빌드, 배포 등의 단계로 이뤄지며, 여러 개의 스테이지와 스텝으로 구성할 수 있다. 이번 실습에서 사용할 파이프라인은 그림 2-103과 같은 절차로 이뤄져 있다.

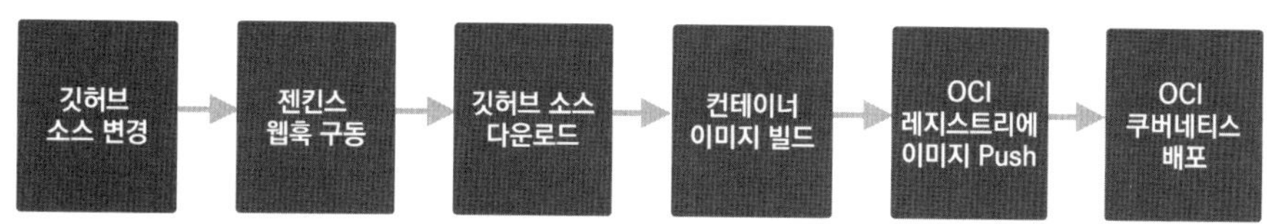

그림 2-103 젠킨스 파이프라인 구성

실습 대상 애플리케이션은 사용자 관리 마이크로서비스이다. 사용자 관리 마이크로서비스의 빌드와 배포를 자동화해 본다.

젠킨스 대시보드에서 왼쪽 메뉴의 새로운 Item을 선택한다. 상단의 비어 있는 필드에 다음 정보를 입력한다. 그림 2-104와 같이 Pipeline을 선택하고 하단의 OK를 클릭한다.

- Enter an item name: oci-demo-cicd

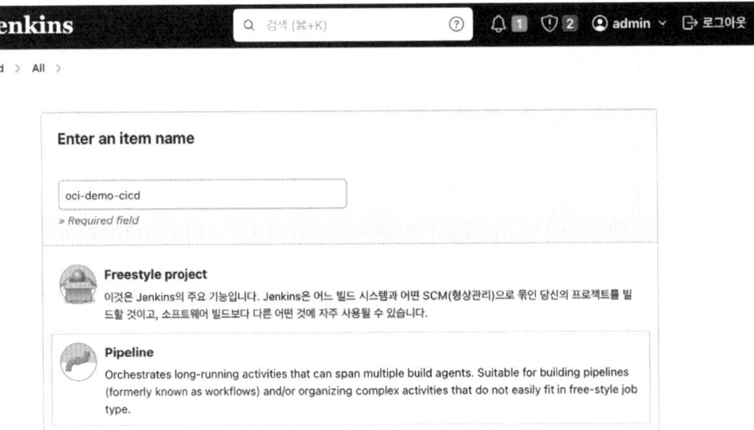

그림 2-104 젠킨스 파이프라인 생성

이어서 나오는 설정 화면에서 GitHub project를 선택하면 그림 2-105와 같이 Project url을 입력할 수 있다. 다음 내용으로 입력한다.

- [General] 섹션: GitHub project 체크
- Project url: 깃허브에서 생성한 프라이빗 리포지터리 URL(예시: https://github.com/ykyunjung/how-to-use-OCI)

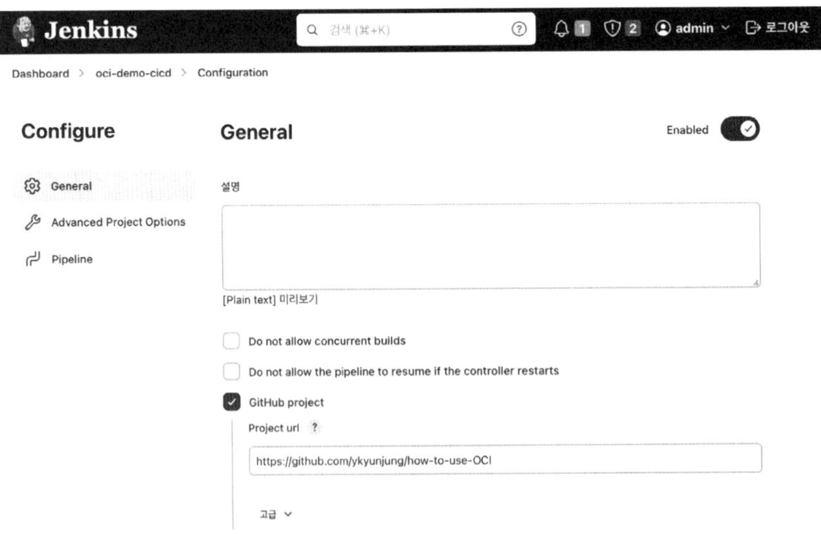

그림 2-105 젠킨스 파이프라인 설정 - 깃허브 프로젝트 연결

같은 화면 하단의 [Pipeline] 섹션에서 Definition 종류를 선택한 후 다음 파이프라인 실행 스크립트를 그림 2-106과 같이 입력하고 하단의 **저장**을 클릭한다.

Definition 종류에는 두 가지가 있다. 먼저 "Pipeline script"는 이번 예시와 같이 셸 스크립트를 직접 작성해서 애플리케이션을 빌드하고 배포하는 방식이다. "Pipeline script from SCM"은 깃허브 리포지터리에 JenkinsFile을 작성해서 빌드하고 배포하는 방식이다. 이번 예시에서는 Pipeline script를 선택했다.

- Definition: Pipeline script

그림 2-106 젠킨스 파이프라인 설정 - 파이프라인 스크립트 정의

Script 필드에 다음 스크립트를 독자의 환경에 맞게 수정해서 붙여넣는다. 독자가 스크립트에서 변경할 부분은 다음과 같다.

- 빌드 작업 디렉토리 이름(예시: how-to-use-OCI)

- 깃허브 유저와 패스워드(깃허브 토큰)(예시: ykyunjung: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)
- 깃허브 리포지터리(예시: ykyunjung/how-to-use-OCI.git)
- 오라클 클라우드 리전 코드(예시: yny)
- 컨테이너 레지스트리 네임스페이스(예시: demo)

다음은 스크립트의 내용이다.

- 파이프라인 스크립트는 네 단계로 이뤄져 있다.
- Clone Git 단계에서는 깃허브 리포지터리에 연결해서 원격 Git 저장소를 로컬 호스트에 복제한다.
- Build Container 단계에서는 로컬 호스트에서 도커파일을 이용해서 컨테이너 이미지로 빌드한다.
- Push to OCIR 단계에서는 빌드한 컨테이너 이미지를 태그를 붙여 컨테이너 레지스트리에 업로드한다.
- Deploy OKE 단계에서는 "kubectl rollout restart" 명령으로 사용자 관리 마이크로서비스 디플로이먼트의 모든 파드를 다시 시작해서 새로운 이미지 또는 업데이트된 설정을 적용한다.

GitHub Script: https://github.com/ociexplained/how-to-use-OCI/chapter2/pipeline.txt

```
pipeline {
    agent any
    stages {
        stage('Clone Git') {
            steps {
                script{
                    sh "pwd"
                    sh "rm -rf how-to-use-OCI"
                    sh "git clone https://ykyunjung:ghp_6IV6XmXPWdbPeEvM9HF
ndPQex2y9jL39HRK9@github.com/ykyunjung/how-to-use-OCI.git"
```

```
                }
            }
        }
        stage('Build Container') {
            steps{
                dir('how-to-use-OCI'){
                    sh "pwd"
                    sh "docker container ls"
                    sh "docker build -t sample-user-rest:v1.$BUILD_NUMBER
-f Dockerfile_user ."
                    sh "docker images"
                }
            }
        }
        stage('Push to OCIR') {
            steps {
                script {
                    sh "docker login yny.ocir.io"
                    sh "docker tag sample-user-rest:v1.$BUILD_NUMBER yny.
ocir.io/demo/oci-demo-repo/sample-user-rest:latest"
                    sh "docker push yny.ocir.io/demo/oci-demo-repo/sample-
user-rest"
                    sh "docker images"
                }
            }
        }
        stage('Deploy OKE') {
            steps{
                dir('how-to-use-OCI') {
                    sh "kubectl rollout restart deployment user-rest-
deployment"
                    sh "kubectl get pods"
                    sh "echo 'done'"
                }
            }
        }
    }
}
```

그 다음으로 깃허브의 변경 분이 커밋되면 웹훅을 거쳐 젠킨스 빌드 파이프라인이 구동되도록 설정한다. 이미 앞서 생성했던 webhook-test 프로젝트에서 젠킨스와 연결될 깃허브 리포지터리를 명시했으므로 이번 단계에서는 이를 통해 빌드할 프로젝트 이름과 구동 조건만 정의하면 된다.

먼저 webhook-test 프로젝트 화면으로 이동한다. webhook-test 프로젝트 화면 왼쪽의 **구성**을 클릭하면 나오는 화면 맨 아래의 [**빌드 후 조치**] 섹션으로 이동한다. 여기서 **빌드 후 조치 추가**를 클릭하고 **Build other projects**를 선택한다. 해당 화면에서 그림 2-107을 참조해서 다음과 같이 입력하고 하단의 **저장**을 클릭한다.

- Project to build: oci-demo-cicd
- **Trigger only if build is stable** 선택

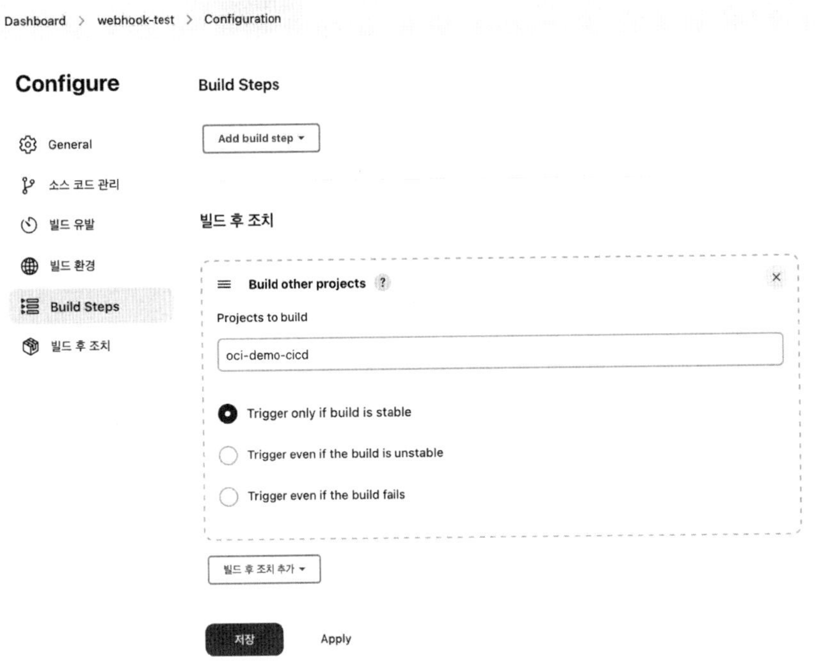

그림 2-107 젠킨스 웹훅 구동 프로젝트 및 조건 설정

젠킨스와 깃허브를 연동한 CI/CD 프로세스가 모두 설정됐다. 이제 깃허브 리포지터리에서 마이크로서비스 소스 코드를 수정하고 커밋해서 빌드 테스트를 수행해 보자.

깃허브 리포지터리에서 sample-user-rest.py 파일을 선택하고 그림 2-108과 같이 Edit this file 아이콘을 클릭해서 소스 코드를 수정한다.

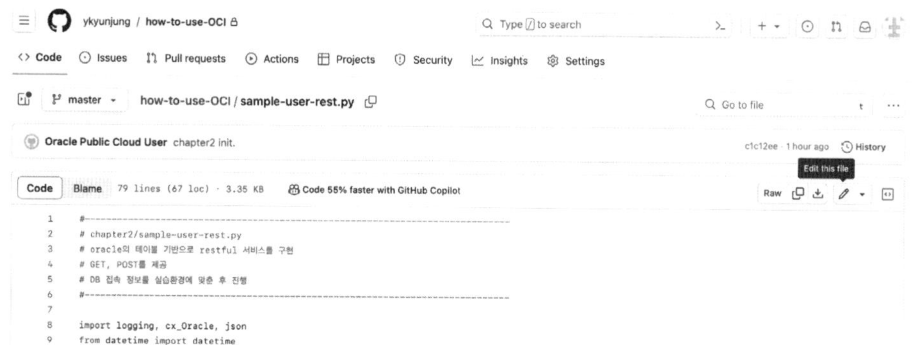

그림 2-108 깃허브 소스 코드 수정

테스트를 위해 사용자 관리 마이크로서비스 파이썬 코드 하단의 hello 클래스의 get 함수 부분을 수정해 본다. 그림 2-109와 같이 기존 "Hello OCI!"로 리턴되는 부분을 "Hello, OCI! CI/CD Deployment Test!"로 변경하고 Commit changes를 클릭한다.

```
@api.route('/hello')
class hello(Resource):
    def get(self):
        '''hello를 조회한다'''
        return "Hello, OCI! CI/CD Deployment Test!", 200, { "success" : "hello" }
```

그림 2-109 CI/CD 테스트를 위한 깃허브 소스 코드 변경

젠킨스를 구동한 터미널에서 확인해 보면 다음과 같이 가장 최근 로그에서 웹훅이 구동됐음을 볼 수 있다.

```
... 생략 ...
2023-09-17 04:50:03.838+0000 [id=341]  INFO    o.j.p.g.webhook.
WebhookManager$1#run: GitHub webhooks activated for job webhook-test with
[GitHubRepositoryName[host=github.com,username=ykyunjung,repository=how-to-
use-OCI]] (events: [PUSH])
D2023-09-17 04:55:55.144+0000 [id=17]   INFO    o.j.p.g.w.s.DefaultPushGHEv
entSubscriber#onEvent: Received PushEvent for https://github.com/ykyunjung/
```

```
how-to-use-OCI from 140.82.115.44 ⇒ http://129.154.58.194:8080/github-webhook/
2023-09-17 04:55:55.145+0000 [id=17]    INFO    o.j.p.g.w.s.DefaultPushGHEventSubscriber$1#run: Poked webhook-test
2023-09-17 04:55:55.922+0000 [id=350]   INFO    c.c.jenkins.GitHubPushTrigger$1#run: SCM changes detected in webhook-test. Triggering #2
```

젠킨스 대시보드 화면에서는 그림 2-110에서 보듯이 파이프라인 프로젝트 실행이 시작되고 있음을 알 수 있다.

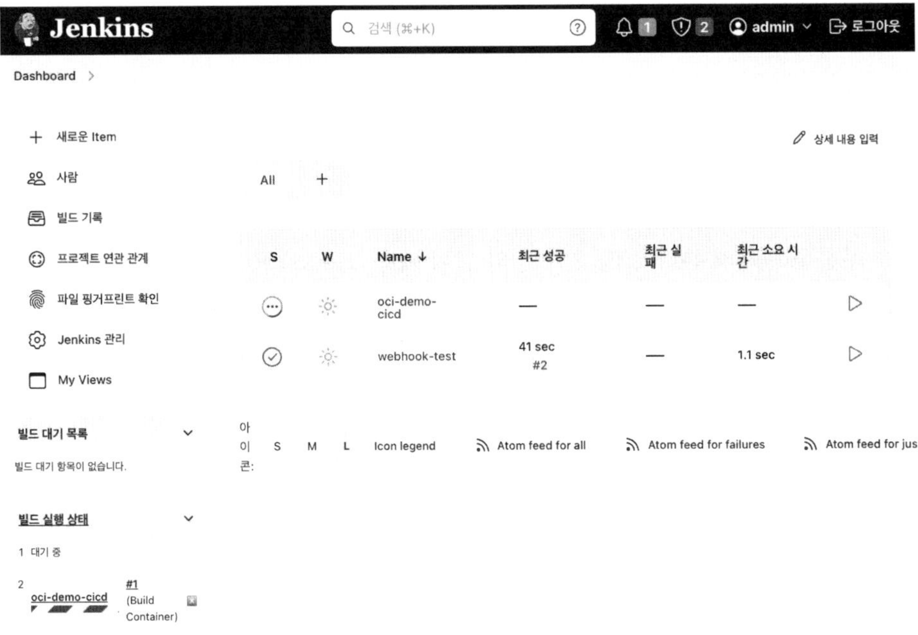

그림 2-110 젠킨스 대시보드 파이프라인 프로젝트 실행 확인

젠킨스 설정에서 정의했던 스크립트 내용에 따라 그림 2-111과 같이 깃허브 소스 복제에서부터 컨테이너 빌드, 컨테이너 레지스트리에 Push, OCI 쿠버네티스의 배포에 이르는 일련의 파이프라인이 실행된다.

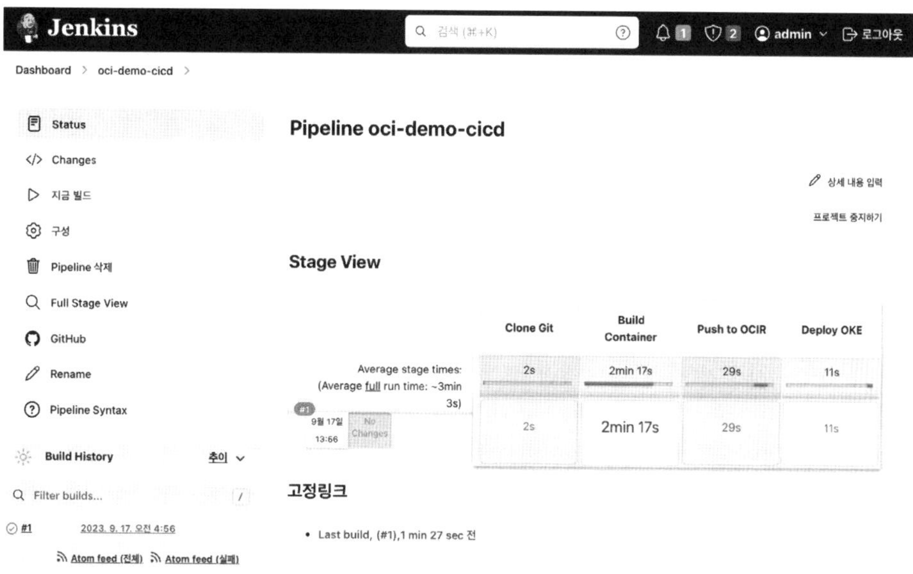

그림 2-111 젠킨스 대시보드 파이프라인 실행 확인

OCI 쿠버네티스에 서비스 배포가 이뤄진 후 개발 환경 가상 머신에서 다음 명령으로 확인해 보면 버전 1.1의 마이크로서비스 도커 이미지가 태그와 함께 생성돼 있는 것을 볼 수 있다.

```
(ocisamplerest) [opc@oci-demo-appdev chapter2]$ docker images | grep
sample-user-rest
sample-user-rest                                         v1.1
40ab57d6645c   2 minutes ago   797MB
yny.ocir.io/demo/oci-demo-repo/sample-user-rest   latest    40ab57d6645c
2 minutes ago   797MB
sample-user-rest                                         v1.0
f84ffad8ea91   22 hours ago    862MB
yny.ocir.io/demo/oci-demo-repo/sample-user-rest   <none>    f84ffad8ea91
22 hours ago    862MB
```

이제 빌드 및 배포 결과를 웹 브라우저에서 확인해 보자. 먼저 사용자 관리 마이크로서비스의 EXTERNAL-IP 칼럼에 나와 있는 로드밸런서 IP 주소를 확인한다.

```
(ocisamplerest) [opc@oci-demo-appdev chapter2]$ kubectl get services
NAME            TYPE            CLUSTER-IP      EXTERNAL-IP       PORT(S)
```

```
AGE
book-rest-lb   LoadBalancer   10.96.127.224   144.24.91.156     5000:30589/
TCP      100m
kubernetes     ClusterIP      10.96.0.1       <none>            443/
TCP,12250/TCP   24h
user-rest-lb   LoadBalancer   10.96.169.140   158.179.171.247   5000:31202/
TCP      100m
```

다음의 사용자 관리 마이크로서비스 로드밸런서 퍼블릭 IP URL로 접속해 본다.

- http://〈사용자 관리 로드밸런서 퍼블릭 IP 주소〉:5000/v1/user/hello

그림 2-112와 같이 CI/CD로 배포했던 결과가 반영돼 있음을 확인할 수 있다.

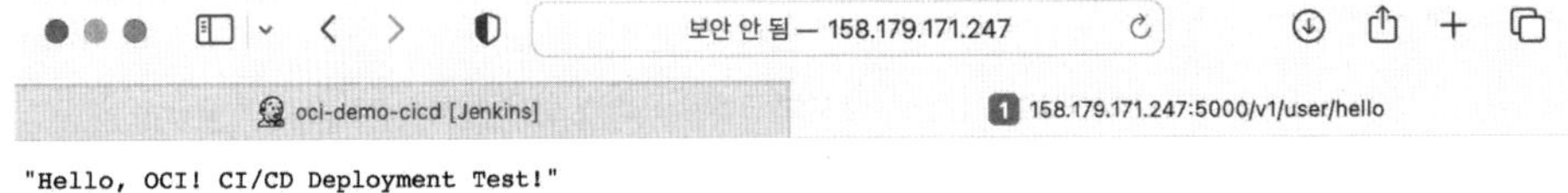

그림 2-112 CI/CD 수행 결과 확인

지금까지 사용자 관리 마이크로서비스를 CI/CD 프로세스에 따라 젠킨스, 깃허브, 오라클 클라우드 자원을 활용해서 구현해 봤다.

다음 단계의 실습을 위해 이번 실습에서 배포됐던 디플로이먼트와 서비스는 삭제한다.

```
(ocisamplerest) [opc@oci-demo-appdev chapter2]$ kubectl delete deployment
user-rest-deployment
deployment.apps "user-rest-deployment" deleted
(ocisamplerest) [opc@oci-demo-appdev chapter2]$ kubectl delete deployment
book-rest-deployment
deployment.apps "book-rest-deployment" deleted
(ocisamplerest) [opc@oci-demo-appdev chapter2]$ kubectl delete service
user-rest-lb
service "user-rest-lb" deleted
(ocisamplerest) [opc@oci-demo-appdev chapter2]$ kubectl delete service
book-rest-lb
service "book-rest-lb" deleted
```

2.2.12 이스티오를 이용한 서비스 메시 구성

이번 단계에서는 서비스 메시를 구현하는 대표적인 도구인 이스티오를 활용해서 OCI 쿠버네티스 환경에서 서비스 메시를 구성해 본다.

이스티오의 핵심 기능의 구성 요소에는 VirtualService, DestinationRule, 게이트웨이 등이 있다. 이 중 이스티오 게이트웨이Gateway의 경우에는 쿠버네티스의 인그레스나 3장에서 소개할 API 게이트웨이와 유사한 점들이 많다. 그러나 그림 2-113과 같이 제공하는 각각의 기능에서는 그 범위와 편의성 측면에서 차이가 있다.

따라서 쿠버네티스 자체 기능인 인그레스를 사용하는 것에 비해 이스티오를 활용하는 것이 편리할 때가 많다. 기본적인 트래픽 라우팅과 로드 밸런싱에만 필요한 경우에는 쿠버네티스 인그레스를 사용하는 것이 간단하고 적합하다. 하지만 여러 트래픽 관리와 보안 기능이 필요한 경우에는 이스티오 게이트웨이를 사용해서 더 정교한 제어와 모니터링을 할 수 있다.

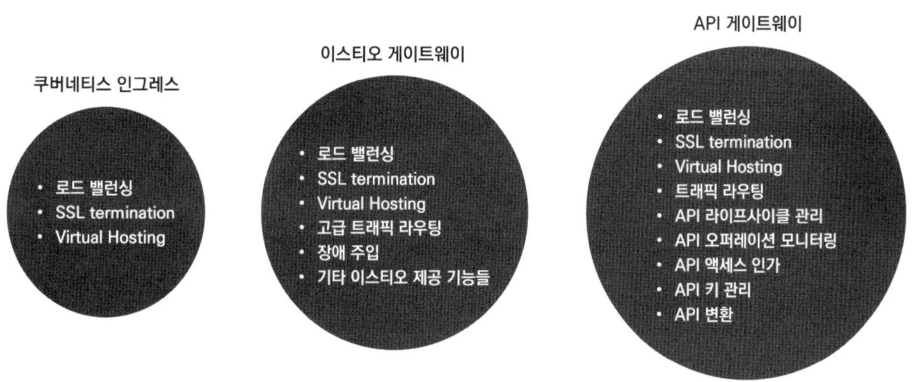

그림 2-113 쿠버네티스 인그레스 vs. 이스티오 게이트웨이 vs. API 게이트웨이

이 단계 중반부에 설명할 카나리 배포의 경우에 있어서도 쿠버네티스 자체 기능은 파드 개수로 카나리 배포를 구현하는 방식이다. 예를 들어 v1의 파드는 4개, v2의 파드는 1개를 배포해서 트래픽 비중weight이 80% 대 20%인 트래픽 라우팅을 구현한다. 이 방식은 매번 트래픽 비중이 변경될 때마다 매번 파드에 대한 배포를 새로 해야 하는 불편함이 있다. 하지만 이스티오를 이용한 카나리 배포의 경우에는 매니페스트 파일

하나로 손쉽게 조정할 수 있다.

오라클 클라우드에서도 서비스 메시를 OCI 웹 콘솔 Developer Services 카테고리에서 Service Mesh라는 이름으로 서비스를 제공하고 있다. 서비스 메시 인스턴스를 생성한 후 이번 실습에서 설명할 이스티오 각 컴포넌트를 UI로 생성하고 관리할 수 있다. 사용 방법은 지금부터 수행할 YAML 파일을 이용한 이스티오 컴포넌트 제어 방식과 기본적으로 같다.

2.2.12.1 이스티오 라우팅 동작 방식

실습에 들어가기 전에 우선 이스티오가 사용하는 서비스 라우팅 방식과 이스티오 주요 컴포넌트들에 대해 살펴보자.

이스티오의 핵심 기능 중 하나는 트래픽 라우팅 기능이다. 이스티오에서 서비스 요청에 대한 라우팅은 그림 2-114와 같이 게이트웨이, VirtualService, DestinationRule이라는 컴포넌트를 통해 이뤄진다.

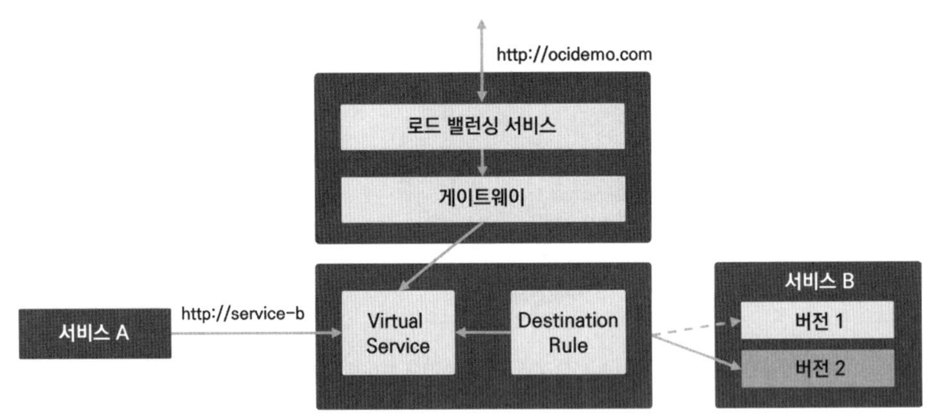

그림 2-114 이스티오 라우팅 동작 방식

이스티오 게이트웨이는 클러스터 외부와의 통신을 관리하고 네트워크 트래픽의 진입점을 제공하는 역할을 한다. 이스티오에서 외부의 트래픽은 게이트웨이를 통해 진입하게 된다. 해당 트래픽은 VirtualService를 통해 라우팅되는데 이때 DestinationRule을 참조하게 된다. VirtualService와 DestinationRule에 대해서는 샘플 매니페스트 파일을 보면 좀 더 쉽게 이해가 될 것이다.

OCI에서 이스티오 게이트웨이를 설치하면 OCI 로드밸런서도 함께 배포되는데 외부의 트래픽이 쿠버네티스로 들어올 경우 로드밸런서 → 게이트웨이 순서로 들어오게 된다.

서비스 간 호출의 경우에는 그림 2-114와 같은 과정을 거치게 된다.

- 서비스 A는 도메인 이름을 이용해서 서비스 B에 연결을 시도한다.
- 서비스 B의 FQDN은 VirtualService로 연결돼 요청에 대한 처리 여부를 결정한다.
- DestinationRule은 최종 쿠버네티스 서비스를 결정하기 위한 매핑을 수행한다.
- 트래픽이 서비스 B의 해당 버전으로 라우팅된다.

이스티오 구성 요소인 게이트웨이, VirtualService, DestinationRule에 대해 좀 더 살펴본다.

게이트웨이

게이트웨이는 외부에서 생성된 모든 요청에 서비스 액세스를 제공하는 역할을 한다. 외부에서 클러스터 내부로의 진입점 역할을 하기 때문에 일반적으로 HTTP(S) 트래픽을 처리하는 데 사용된다.

대부분의 경우 게이트웨이는 쿠버네티스 로드밸런서와 함께 구성된다. 로드밸런서는 쿠버네티스 클러스터 외부에서 액세스할 수 있는 퍼블릭 IP 주소가 있으며, 요청을 받으면 요청에 일치하는 이스티오 게이트웨이에 이를 위임하게 된다. 위임받은 게이트웨이는 이스티오 트래픽 라우팅을 사용해서 요청을 적절한 서비스로 전송하게 된다.

게이트웨이는 인그레스^Ingress 게이트웨이와 이그레스^Egress 게이트웨이로 정의해서 사용할 수 있다. 용어 그대로 인그레스 게이트웨이는 인바운드 트래픽에 대한 진입점 역할을 하고, 이그레스 게이트웨이는 아웃바운드 트래픽에 대한 출구점 역할을 한다.

이스티오 게이트웨이가 쿠버네티스 인그레스와 비교되는 부분은 인그레스와 달리 게이트웨이에는 트래픽 라우팅 규칙이 구성돼 있지 않다는 것이다. 게이트웨이는 모든 인바운드 트래픽을 VirtualService에 위임하고 관련 라우팅 구성을 적용한다.

```
apiVersion: networking.istio.io/v1alpha3
kind: Gateway
metadata:
  name: my-ingress-gateway
spec:
  selector:
    istio: ingressgateway
  servers:
  - port:
      number: 80
      name: http
      protocol: HTTP
    hosts:
    - "example.com"
```

VirtualService

이스티오에서 트래픽에 대한 제어는 대부분 VirtualService와 DestinationRule을 통해 이뤄진다. 먼저 VirtualService로는 트래픽의 라우팅 세부 규칙을 정의한다. 다르게 말하면 주소가 지정된 트래픽이 대상 집합으로 흐르는 방법을 정의한다고 할 수 있다. 예를 들어 특정 HTTP 경로나 특정 헤더를 기준으로 트래픽을 분산시킬 수 있고, 특정 서비스 버전으로 트래픽의 가중치를 조절해서 전달할 수 있다. 애플리케이션 배포, 버전 업데이트, A/B 테스트 등에 유용하게 활용될 수 있는 기능이다.

다음 매니페스트 파일에서는 v1과 v2 서브셋Subset 사이에 트래픽을 분배하고 있다. 4개의 요청마다 3개를 이전 버전으로, 1개를 새 버전으로 보내고 있다.

```
apiVersion: networking.istio.io/v1alpha3
kind: VirtualService
metadata:
  name: my-webservice-vs
spec:
  hosts:
    - webservice
```

```
http:
- route:
  - destination:
      host: webservice
      subset: v2
    weight: 25
  - destination:
      host: webservice
      subset: v1
    weight: 75
```

DestinationRule

VirtualService에서 정한 라우팅 규칙에 대해 해당 트래픽을 어떻게 보낼지는 DestinationRule에서 결정한다. 쿠버네티스 서비스와 1:1로 연결돼 서비스에 대한 로드 밸런싱, 서킷 브레이커, TLS 관련 설정을 한다. 또한 서브셋Subset을 정의할 수 있어서 마이크로서비스 버전별로 라우팅할 때도 사용된다. L4, L7 커넥션 풀 설정도 VirtualService에서 기술한다.

다음 매니페스트 파일에서는 2개의 서브셋(v1, v2)의 connectionPool을 구성하고, 풀링된 자원의 최대 연결 수와 연결 타임아웃을 설정했다.

```
apiVersion: networking.istio.io/v1alpha3
kind: DestinationRule
metadata:
  name: webapp-destination
spec:
  host: webservice
  trafficPolicy:
    connectionPool:
      tcp:
        maxConnections: 100
        connectTimeout: 30ms
  subsets:
  - name: v2
    labels:
      version: v2.2
  - name: v1
    labels:
      version: v1.0
```

이제 실습으로 들어가서 그림 2-115와 같이 앞서 오라클 쿠버네티스에 배포했던 사용자 관리 및 도서 관리 마이크로서비스를 이스티오를 통해 서비스 메시 아키텍처로 배포를 해 본다.

그리고 사용자 관리 마이크로서비스에 업무 변경 요건이 발생한 것을 가정해서 변경된 서비스를 카나리 배포를 통해 버전 관리를 해본다. 또한 변경된 서비스에 대해 장애 주입을 수행해서 서비스가 얼마나 안정적으로 운영될 것인지 미리 확인해 보는 과정도 거칠 것이다.

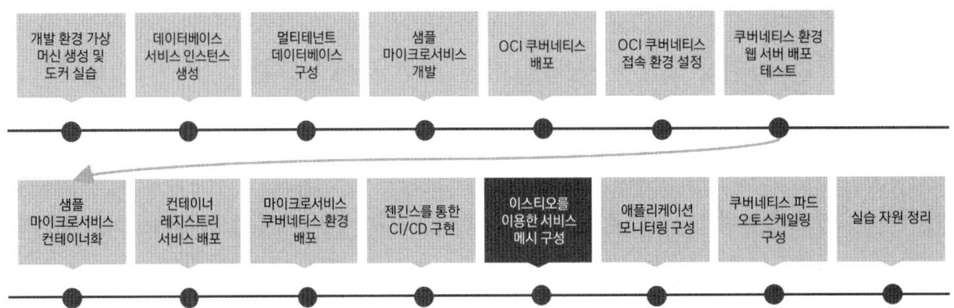

그림 2-115 2장 실습 단계 - 이스티오를 이용한 서비스 메시 구성

다음과 같은 단계로 실습을 진행한다.

- 이스티오 설치 및 애플리케이션 배포
- 샘플 애플리케이션 카나리 배포
- 샘플 애플리케이션 장애 주입 테스트

2.2.12.2 실습 - 이스티오 설치 및 애플리케이션 배포

다음 명령으로 이스티오 바이너리를 다운로드받는다. 다음 예시에서는 최신 이스티오 바이너리 버전을 받았으나 "curl -L https://istio.io/downloadIstio | ISTIO_VERSION=1.6.0 TARGET_ARCH=x86_64 sh -"와 같이 특정 버전을 지정해서 받을 수도 있다.

```
[opc@oci-demo-appdev ~]$ curl -L https://istio.io/downloadIstio | sh -
... 생략 ...
Downloading istio-1.19.0 from https://github.com/istio/istio/releases/
download/1.19.0/istio-1.19.0-linux-amd64.tar.gz ...

Istio 1.19.0 Download Complete!
... 생략 ...
```

이스티오는 istioctl이라는 별도 커맨드 라인 인터페이스를 갖고 있다. istioctl 사용의 편의를 위해 istioctl 바이너리 경로를 환경 변수에 다음과 같이 추가한다.

```
[opc@oci-demo-appdev ~]$ vi ~/.bash_profile
export PATH=$PATH:$HOME/bin:$HOME/istio-1.19.0/bin/
[opc@oci-demo-appdev ~]$ source ~/.bash_profile
```

이제 istioctl 명령이 수행되는 것을 알 수 있다.

```
[opc@oci-demo-appdev ~]$ istioctl version
no ready Istio pods in "istio-system"
1.19.0
```

앞서 이스티오를 다운로드받고 커맨드 라인 인터페이스를 실행해 봤다. 지금부터는 이스티오 바이너리를 설치한다. 이스티오는 설치 시 용도에 따라 구성할 수 있는 몇 가지 설치 프로파일을 제공한다. 이 프로파일을 이용해서 이스티오를 용도에 맞게 쉽게 설치할 수 있다.

이스티오에서는 컨트롤 플레인과 데이터 플레인 구성에 대해 다음과 같이 6개의 내장된 설정 프로파일을 제공한다. 이번 실습에서는 기본 프로파일로 이스티오를 설치한다.

- default: 운영 환경이나 멀티 클러스터 메시 환경에서 프라이머리 클러스터에 적합한 프로파일이다.
- demo: 적은 자원으로 이스티오 기능을 데모로 보여주도록 설계된 프로파일이다. 데모로 이스티오에서 제공되는 Bookinfo 애플리케이션을 실행하는 데 적합하다.
- minimal: default 프로파일과 동일하지만 컨트롤 플레인 컴포넌트만 설치된 프

로파일이다.

- remote: 외부 컨트롤 플레인에서 관리되는 원격 클러스터를 구성하는 데 사용되는 프로파일이다.
- empty: 아무것도 배포하지 않는 프로파일이다. 사용자 정의 설정을 위한 기본 프로파일로 활용된다.
- preview: 이스티오에 도입될 신기능 적용을 위한 프로파일이다.

```
[opc@oci-demo-appdev ~]$ istioctl profile list
Istio configuration profiles:
    ambient
    default
    demo
    empty
    external
    minimal
    openshift
    preview
    remote
```

"istioctl install" 명령으로 이스티오를 설치한다. 이번 실습에서는 default 프로파일로 이스티오 설치를 진행할 것이다. default 프로파일을 적용할 경우 --set profile=default 옵션은 생략해도 된다.

```
[opc@oci-demo-appdev ~]$ istioctl install --set profile=default
This will install the Istio 1.19.0 "default" profile (with components:
Istio core, Istiod, and Ingress gateways) into the cluster. Proceed? (y/N) y
✓ Istio core installed
✓ Istiod installed
✓ Ingress gateways installed
✓ Installation complete
Made this installation the default for injection and validation.
```

설치가 완료되면 kubectl 명령을 통해 이스티오 관련해서 배포된 내용들을 확인해 본다.

kubectl 명령으로 확인해 보면 istio-system이라는 이스티오 자원이 위치한 별도 네임스페이스가 생성돼 있고, 트래픽을 서비스 메시 내 적합한 서비스로 라우팅할 인그레스 게이트웨이와 이스티오의 전체적인 제어를 담당하는 istiod가 배포돼 있는 것을 볼 수 있다.

```
[opc@oci-demo-appdev ~]$ kubectl get namespaces
NAME              STATUS   AGE
default           Active   24h
istio-system      Active   4m53s
kube-node-lease   Active   24h
kube-public       Active   24h
kube-system       Active   24h
[opc@oci-demo-appdev ~]$ kubectl -n istio-system get deploy
NAME                   READY   UP-TO-DATE   AVAILABLE   AGE
istio-ingressgateway   1/1     1            1           4m57s
istiod                 1/1     1            1           5m9s
```

또한 인그레스 게이트웨이와 연결된 퍼블릭 IP 주소를 가진 로드밸런서도 하나 배포돼 있는 것을 알 수 있다.

```
[opc@oci-demo-appdev ~]$ kubectl -n istio-system get services
NAME                   TYPE           CLUSTER-IP      EXTERNAL-IP      POR
T(S)                                           AGE
istio-ingressgateway   LoadBalancer   10.96.194.159   138.2.123.153
15021:30592/TCP,80:31922/TCP,443:31619/TCP   5m19s
istiod                 ClusterIP      10.96.241.42    <none>           15010/
TCP,15012/TCP,443/TCP,15014/TCP              5m31s
```

이스티오를 설치하고 난 뒤에는 앞으로 만들 파드에 엔보이 프록시를 주입해야 한다. 2장 서두에서 살펴본 것처럼 각 애플리케이션 파드는 엔보이 프록시를 통해 클라이언트 또는 다른 서비스와 통신하게 되고, 이를 통해 트래픽 제어와 모니터링 등의 이스티오 장점이 구현될 것이다.

엔보이 프록시를 파드에 주입하는 것은 자동으로 할 수도 있고 수동으로 할 수도 있다.

먼저 수동으로 하는 방식은 다음과 같이 "istioctl kube-inject" 명령을 실행하면 된다. 명령을 실행하게 되면 기존 매니페스트 파일에 엔보이 프록시를 추가하는 매니페스트 내용이 자동으로 추가된다.

```
istioctl kube-inject -f samples/sleep/sleep.yaml | kubectl apply -f -
```

또 다른 방식은 "istio-injection=enabled" 라벨을 네임스페이스에 설정해서 해당 네임스페이스에 파드가 생성되면 자동으로 엔보이 프록시가 함께 만들어지도록 하는 것이다. 이번 실습에서는 다음과 같이 자동으로 엔보이 프록시를 추가하도록 했다. 다음 명령을 실행한다.

```
[opc@oci-demo-appdev ~]$ kubectl label namespace default istio-
injection=enabled --overwrite
namespace/default labeled
```

설정한 내용을 확인해 보자. 명령어를 실행한 대로 디폴트 네임스페이스에 istio-injection이 활성화돼 있는 것을 알 수 있다.

```
[opc@oci-demo-appdev ~]$ kubectl get namespaces -L istio-injection
NAME              STATUS   AGE     ISTIO-INJECTION
default           Active   24h     enabled
istio-system      Active   8m21s
kube-node-lease   Active   24h
kube-public       Active   24h
kube-system       Active   24h
```

이제 자동으로 엔보이 프록시가 주입되는 디폴트 네임스페이스에 사용자 관리 마이크로서비스와 도서 관리 마이크로서비스를 배포한다.

이전 실습에서는 쿠버네티스에 마이크로서비스를 배포할 때 서비스 타입을 로드밸런서로 설정해서 마이크로서비스를 배포했다. 그러나 이스티오를 설치하면 쿠버네티스 서비스가 OCI 로드밸런서와 함께 자동으로 배포된다. 따라서 이제부터는 배포된 서비스를 외부로 노출할 때 이미 이스티오 설치와 함께 배포된 OCI 로드밸런서를 활용한다. 따라서 이번 실습에서는 서비스를 LoadBalancer 타입으로 설정하는 대신 ClusterIP 타입으로 생성한다.

전체 서비스의 배포 구조는 그림 2-116과 같은 형태이다. 이스티오 게이트웨이와 VirtualService는 서비스 배포 이후에 생성할 것이다.

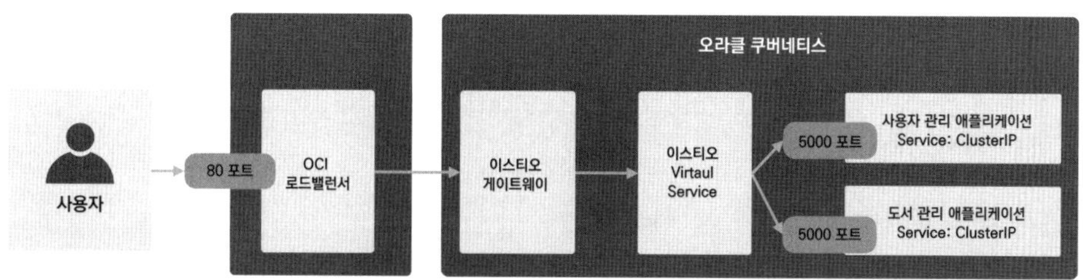

그림 2-116 서비스 메시 애플리케이션 배포 구조

사용자 관리 마이크로서비스를 서비스 메시로 배포할 매니페스트 파일을 준비한다.

이전 실습에서 CI/CD로 마이크로서비스를 배포할 때 변경됐던 사용자 관리 마이크로서비스의 도커 이미지의 버전은 아래에서 확인할 수 있듯이 1.1이다. 이를 감안해서 도커 컨테이너 이미지, 쿠버네티스 디플로이먼트, 마이크로서비스의 버전 번호를 디폴로이먼트 메니페스트 파일에서 동일하게 1.1로 조정할 것이다.

```
[opc@oci-demo-appdev ~]$ docker images
REPOSITORY                                          TAG         IMAGE ID
CREATED            SIZE
yny.ocir.io/demo/oci-demo-repo/sample-user-rest   latest     40ab57d6645c
21 minutes ago    797MB
sample-user-rest                                    v1.1
40ab57d6645c   21 minutes ago    797MB
sample-user-rest                                    v1.0
f84ffad8ea91   22 hours ago      862MB
yny.ocir.io/demo/oci-demo-repo/sample-user-rest   <none>     f84ffad8ea91
22 hours ago      862MB
sample-book-rest                                    v1.0
98b9cfe926e9   22 hours ago      862MB
yny.ocir.io/demo/oci-demo-repo/sample-book-rest   latest     98b9cfe926e9
22 hours ago      862MB
... 생략 ...
```

다음 사용자 관리 마이크로서비스 배포 YAML 파일의 서비스 정의 부분에서 이전 실습과는 다르게 서비스 타입이 ClusterIP인 것에 주목한다.

파이썬 가상 환경으로 진입해서 다음과 같이 매니페스트 파일을 생성한다. 매니페스트 파일을 생성할 때 컨테이너 이미지 위치에 포함돼 있는 리전 코드 등은 독자의 환경에 맞게 수정한다.

```
GitHub Script: https://github.com/ociexplained/how-to-use-OCI/chapter2/
user-mesh.yaml
```

```
[opc@oci-demo-appdev ~]$ ocisamplerest
(ocisamplerest) [opc@oci-demo-appdev ocisamplerest]$ vi user-mesh.yaml
apiVersion: apps/v1
kind: Deployment
metadata:
  name: user-mesh-deployment
spec:
  selector:
    matchLabels:
      app: user-mesh
      version: v1.1
  replicas: 3
  template:
    metadata:
      labels:
        app: user-mesh
        version: v1.1
    spec:
      containers:
      - name: user-mesh
        image: yny.ocir.io/demo/oci-demo-repo/sample-user-rest:latest
        imagePullPolicy: Always
        ports:
        - name: user-mesh
          containerPort: 5000
          protocol: TCP
        resources:
          limits:
            cpu: 500m
          requests:
            cpu: 200m
      imagePullSecrets:
        - name: ocirsecret
---
apiVersion: v1
kind: Service
metadata:
  name: user-mesh-service
  labels:
```

```
    app: user-mesh
spec:
  type: ClusterIP
  ports:
  - port: 5000
  selector:
    app: user-mesh
```

[imagePullPolicy]

컨테이너 이미지의 풀링 정책Pulling Policy을 정의한다. 쿠버네티스의 YAML 파일에서 이 옵션은 쿠버네티스가 컨테이너 이미지를 언제, 어떤 방식으로 다시 가져와야 하는지를 결정한다.

- Always: 항상 이미지를 다시 가져오도록 지정한다. 이미지가 변경되지 않았거나 이미지가 존재하는 경우에도 이미지를 다시 가져온다. 주로 개발 및 테스트 환경에서 사용된다.
- IfNotPresent: 이미지가 노드에 존재하지 않은 경우에만 이미지를 다시 가져오도록 지정한다.
- Never: 이미지를 다시 가져오지 않도록 지정한다. 이미지가 로컬 노드에 존재하지 않는 경우에는 에러가 발생하며 컨테이너를 실행할 수 없다.

도서 관리 마이크로서비스를 배포할 매니페스트 파일 역시 준비한다. 도서 관리 마이크로서비스는 버전 정보의 변경이 없다. 컨테이너 이미지 위치에 포함돼 있는 리전 코드 등은 독자의 환경에 맞게 수정한다.

다음의 도서 관리 마이크로서비스 배포를 위한 YAML 파일은 전체 내용 중 일부만 발췌한 것이다. 파일의 내용은 사용자 관리 마이크로서비스와 유사하다. 전체 YAML 파일 내용은 깃허브 파일을 참조한다.

```
GitHub Script: https://github.com/ociexplained/how-to-use-OCI/chapter2/
book-mesh.yaml
```

```
(ocisamplerest) [opc@oci-demo-appdev ocisamplerest]$ vi book-mesh.yaml
apiVersion: apps/v1
kind: Deployment
metadata:
  name: book-mesh-deployment
```

```
spec:
  selector:
    matchLabels:
      app: book-mesh
      version: v1.0
  replicas: 3
  template:
    metadata:
      labels:
        app: book-mesh
        version: v1.0
... 생략 ...
```

사용자 관리 및 도서 관리 마이크로서비스를 "kubectl apply" 명령으로 배포를 수행한다. 이전 실습에서는 "kubectl create" 명령으로 수행했다. 기존 매니페스트 파일이 있는 경우에는 이를 업데이트할지, 에러를 리턴할지에 대한 차이만 있다.

```
(ocisamplerest) [opc@oci-demo-appdev ocisamplerest]$ kubectl apply -f user-
mesh.yaml
deployment.apps/user-mesh-deployment configured
service/user-mesh-service created
(ocisamplerest) [opc@oci-demo-appdev ocisamplerest]$ kubectl apply -f book-
mesh.yaml
deployment.apps/book-mesh-deployment created
service/book-mesh-service created
```

배포된 디플로이먼트, 파드, 서비스 내용을 확인한다. 서비스가 ClusterIP 타입으로 생성됐기 때문에 External-IP는 할당받지 않은 것을 알 수 있다.

```
(ocisamplerest) [opc@oci-demo-appdev ocisamplerest]$ kubectl get
deploy,po,svc
NAME                                   READY   UP-TO-DATE   AVAILABLE   AGE
deployment.apps/book-mesh-deployment   3/3     3            3           11s
deployment.apps/user-mesh-deployment   3/3     3            3           24s

NAME                                            READY   STATUS    RESTARTS
AGE
pod/book-mesh-deployment-7cf67874f6-nfzlp       2/2     Running   0            11s
pod/book-mesh-deployment-7cf67874f6-w6dhd       2/2     Running   0            11s
pod/book-mesh-deployment-7cf67874f6-zppzq       2/2     Running   0            11s
pod/user-mesh-deployment-79788d8974-7ddbv       2/2     Running   0            24s
```

```
pod/user-mesh-deployment-79788d8974-8pw7l    2/2     Running   0          24s
pod/user-mesh-deployment-79788d8974-dkxtp    2/2     Running   0          24s

NAME                         TYPE        CLUSTER-IP      EXTERNAL-IP   PORT(S)
AGE
service/book-mesh-service    ClusterIP   10.96.249.36    <none>         5000/
TCP            11s
service/kubernetes           ClusterIP   10.96.0.1       <none>         443/
TCP,12250/TCP    24h
service/user-mesh-service    ClusterIP   10.96.142.9     <none>         5000/
TCP            24s
```

마이크로서비스를 서비스 메시로 배포했고, 해당 파드가 실행되고 있는 것까지 확인했다. 이제 서비스 메시 환경에서 클러스터 외부에서 서비스에 접근할 수 있도록 해야 한다. 이를 위해 이스티오 게이트웨이를 만든다.

다음과 같은 내용으로 이스티오 인그레스 게이트웨이 생성용 매니페스트 파일을 준비한다. 80번 포트로 외부의 HTTP 트래픽을 유입받도록 했다. hosts 라벨에서는 트래픽이 라우팅될 별도 백엔드 서비스를 명시하지 않았다.

[이스티오 게이트웨이 사용자 정의 포트]

기본적으로 이스티오 인그레스 게이트웨이는 80, 443번 포트 및 몇 가지 다른 포트(상태 확인의 경우 15021, xDS의 경우 15012 등)를 노출한다. 사용자 정의로 추가 포트를 노출하기 위해서는 이스티오 인그레스 게이트웨이의 설정 방식을 수정해야 한다. IstioOperator 자원에서 사용자 정의 포트를 명시하고, 이를 이스티오 인그레스 게이트웨이가 리슨Listen하도록 한다.

```
GitHub Script: https://github.com/ociexplained/how-to-use-OCI/chapter2/
demo-gateway.yaml

(ocisamplerest) [opc@oci-demo-appdev ocisamplerest]$ vi demo-gateway.yaml
apiVersion: networking.istio.io/v1alpha3
kind: Gateway
metadata:
  name: demo-gateway
spec:
  selector:
```

```
    istio: ingressgateway
  servers:
  - port:
      number: 80
      name: http
      protocol: HTTP
    hosts:
    - "*"
```

이스티오 게이트웨이를 kubectl 명령으로 생성하고, 이를 확인한다.

```
(ocisamplerest) [opc@oci-demo-appdev ocisamplerest]$ kubectl apply -f demo-
gateway.yaml
gateway.networking.istio.io/demo-gateway created
(ocisamplerest) [opc@oci-demo-appdev ocisamplerest]$ kubectl get gateways
NAME           AGE
demo-gateway   15s
```

이제 외부에서 들어온 트래픽을 마이크로서비스로 라우팅하는 VirtualService를 만들 차례이다. 해당 VirtualService가 앞서 만든 이스티오 게이트웨이와 연결되는 것은 이름으로 명시했고, 서비스 prefix로 명시한 2개의 서비스 /v1/user, /v1/book으로 트래픽을 라우팅할 것을 기술했다. route 아래 destination에 기술된 host는 앞서 배포한 두 애플리케이션의 쿠버네티스 서비스 이름이다.

```
GitHub Script: https://github.com/ociexplained/how-to-use-OCI/chapter2/
demo-virtualservices.yaml
```

```
(ocisamplerest) [opc@oci-demo-appdev ocisamplerest]$ vi demo-
virtualservices.yaml
apiVersion: networking.istio.io/v1alpha3
kind: VirtualService
metadata:
  name: demo-virtualservice
spec:
  hosts:
  - "*"
  gateways:
  - demo-gateway
  http:
  - match:
    - uri:
```

```
          prefix: /v1/user
      route:
      - destination:
          host: user-mesh-service
          port:
            number: 5000
    - match:
      - uri:
          prefix: /v1/book
      route:
      - destination:
          host: book-mesh-service
          port:
            number: 5000
```

VirtualService를 kubectl 명령으로 생성하고, 이를 확인한다.

```
(ocisamplerest) [opc@oci-demo-appdev ocisamplerest]$ kubectl apply -f demo-virtualservices.yaml
virtualservice.networking.istio.io/demo-virtualservice created
(ocisamplerest) [opc@oci-demo-appdev ocisamplerest]$ kubectl get virtualservices
NAME                  GATEWAYS           HOSTS   AGE
demo-virtualservice   ["demo-gateway"]   ["*"]   8s
```

외부로 노출된 퍼블릭 IP 주소(INGRESS_HOST)와 포트(INGRESS_PORT)를 확인해 보자. 퍼블릭 IP 주소는 OCI 로드밸런서에 할당된 퍼블릭 IP이고, 포트는 게이트웨이 생성에서 정의한 포트이다. 하지만 다음 명령으로도 확인할 수 있다.

```
(ocisamplerest) [opc@oci-demo-appdev ocisamplerest]$ kubectl -n istio-system get service istio-ingressgateway -o jsonpath='{.status.loadBalancer.ingress[0].ip}'
138.2.123.153
(ocisamplerest) [opc@oci-demo-appdev ocisamplerest]$ kubectl -n istio-system get service istio-ingressgateway -o jsonpath='{.spec.ports[?(@.name=="http2")].port}'
80
```

이제 그림 2-117과 같이 앞서 확인한 다음 퍼블릭 IP 주소나 포트 URL로 서비스 prefix를 명시해서 사용자 관리 마이크로서비스에 접속할 수 있다.

- http://〈이스티오 게이트웨이 생성 로드밸런서 퍼블릭 IP 주소〉:80/v1/user

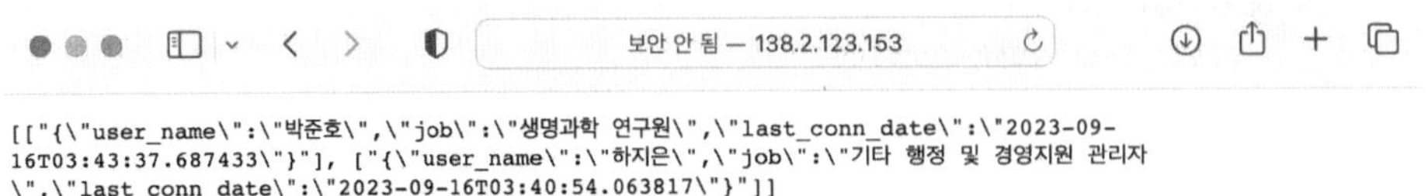

그림 2-117 이스티오 게이트웨이를 통한 사용자 관리 마이크로서비스 조회

도서 관리 마이크로서비스 역시 위와 같은 방식으로 그림 2-118과 같이 조회한다.

- http://〈이스티오 게이트웨이 생성 로드밸런서 퍼블릭 IP 주소〉:80/v1/book

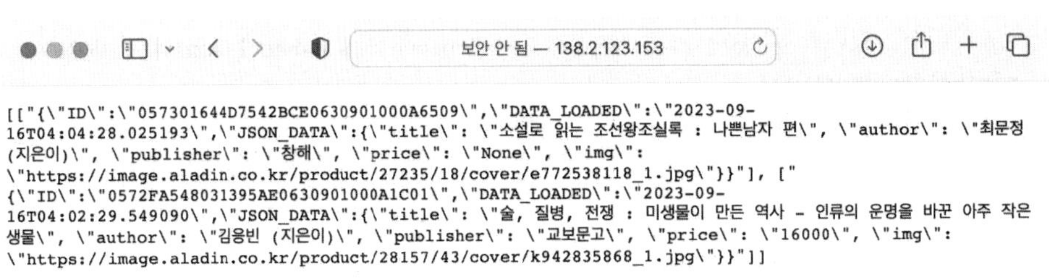

그림 2-118 이스티오 게이트웨이를 통한 도서 관리 마이크로서비스 조회

2.2.12.3 실습 - 샘플 애플리케이션 카나리 배포

이번 실습은 사용자 관리 마이크로서비스에 업무 변경 요건이 발생한 것을 가정해서 변경된 서비스를 카나리 배포를 통해 버전 관리를 해본다.

카나리 배포Canary Deployment는 새 버전의 마이크로서비스에 대한 트래픽 중 작은 일부만 라우팅해서 전체 사용자에 대한 출시를 점진적으로 진행하는 방법이다. 이전 버전을 단계적으로 줄이고 폐기하면서 새 버전의 서비스를 전체 사용자에게 롤아웃Rollout하기 전에 일부 사용자에게 유효성을 검증하는 방식으로 동작한다.

먼저 적은 비율의 사용자 트래픽을 사용해서 서비스를 테스트해 새 버전의 서비스를 도입한 후 모든 것이 순조롭게 진행되면 단계적으로 새 버전의 비율은 늘리고 이전 버전은 단계적으로 중단한다.

이번 실습은 현재 버전 1.1의 사용자 관리 마이크로서비스에서 hello 클래스의 "Hello, OCI! CI/CD Deployment Test!" 출력 부분을 변경해서 새로운 버전 1.2 마이크로서비스를 배포해야 하는 상황을 가정한다.

1.2 버전의 사용자 관리 마이크로서비스를 신규로 배포하되, 안정적인 서비스 확인을 위해 1.1 버전의 마이크로서비스로는 80% 비율로 트래픽을 라우팅하고, 신규 1.2 버전으로는 20% 트래픽만 라우팅하도록 구현한다. 만일 1.2 버전이 안정적인 것이 확인되면 이후 트래픽은 모두 1.2 버전 마이크로서비스로 100% 라우팅한다.

그림 2-119와 같은 배포 구조를 구현할 것이다. 이스티오 DestinationRule에서 라우팅할 대상을 지정하고, 이스티오 VirtualService에서 라우팅 비중[weight]을 지정할 것이다. 이때 서비스 이름을 참조한다.

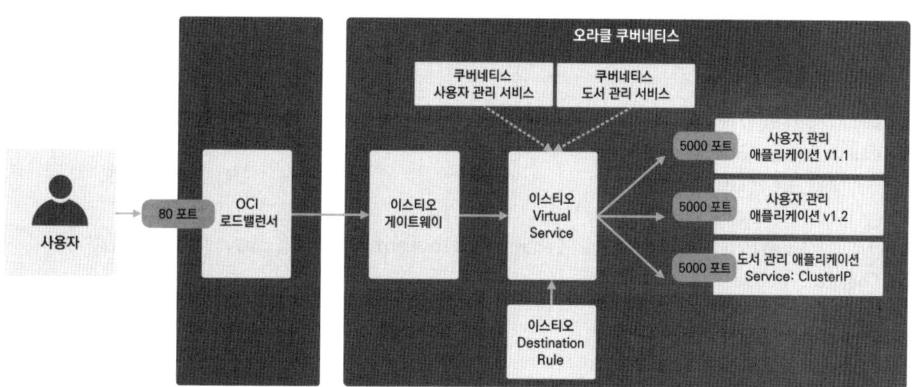

그림 2-119 서비스 메시 마이크로서비스 카나리 배포 구조

현재 사용자 관리 마이크로서비스의 hello 클래스의 get 함수를 다음 URL로 웹 브라우저에서 호출하면 그림 2-120과 같이 "Hello, OCI! CI/CD Deployment Test!"를 출력한다.

- http://〈이스티오 게이트웨이 생성 로드밸런서 퍼블릭 IP 주소〉/v1/user/hello

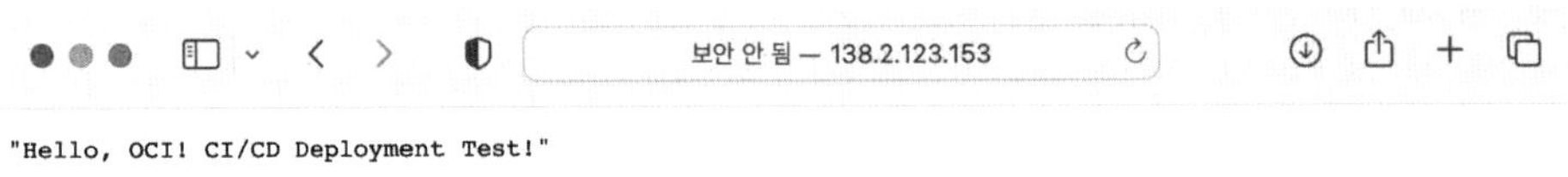

보안 안 됨 — 138.2.123.153

"Hello, OCI! CI/CD Deployment Test!"

그림 2-120 이스티오 카나리 배포 적용 전 서비스 결과

먼저 버전 1.2 사용자 관리 마이크로서비스를 만든다. hello 클래스 get 함수에서 텍스트 출력 부분만 변경할 것이다. 기존 코드에서 "Hello, OCI!" 부분을 "Hello, OCI! Canary Deployment Test!"로 수정한다.

이전 실습에서는 깃허브 소스 코드에서 "Hello, OCI! CI/CD Deployment Test!"를 출력하는 버전 1.1로 변경했고, 이는 배포된 서비스에도 반영돼 있다. 하지만 개발 환경의 소스 코드는 변경하지 않았으므로 "Hello, OCI!"를 출력하는 코드가 있을 것이다. 다음과 같이 변경한다.

```
(ocisamplerest) [opc@oci-demo-appdev ocisamplerest]$ vi sample-user-rest.py
... 생략 ...
@api.route('/hello')
class hello(Resource):
    def get(self):
        '''hello를 조회한다'''
        return "Hello, OCI! Canary Deployment Test!", 200, { "success" :
"hello" }
... 생략 ...
```

변경된 애플리케이션을 버전 1.2의 컨테이너 이미지로 빌드한 후 태그를 붙이고, 해당 이미지를 컨테이너 레지스트리에 업로드한다.

```
(ocisamplerest) [opc@oci-demo-appdev ocisamplerest]$ docker build -t
sample-user-rest:v1.2 -f Dockerfile_user .
[+] Building 126.7s (10/10) FINISHED
... 생략 ...
=> => writing image sha256:75bb47c00b41dd86762282c8566c925c486ec235fab6a9a5
f1cfb341107d9247 0.0s
 => => naming to docker.io/library/sample-user-rest:v1.2                0.0s
(ocisamplerest) [opc@oci-demo-appdev ocisamplerest]$ docker tag sample-
```

```
user-rest:v1.2 yny.ocir.io/demo/oci-demo-repo/sample-user-rest:latest
(ocisamplerest) [opc@oci-demo-appdev ocisamplerest]$ docker push yny.ocir.
io/demo/oci-demo-repo/sample-user-rest
Using default tag: latest
The push refers to repository [yny.ocir.io/demo/oci-demo-repo/sample-user-
rest]
fa90ddb289a4: Pushed
5f70bf18a086: Layer already exists
a144495f517f: Pushed
b69087572af7: Layer already exists
latest: digest: sha256:0357e4f49de575567ffcc4e61abd659eba79920483096c867496
b1d6bc881f50 size: 1160
```

1.2 버전의 도커 컨테이너 이미지가 생성됐고, 컨테이너 레지스트리에 업로드됐다. "docker images" 명령으로 이를 확인한다.

```
(ocisamplerest) [opc@oci-demo-appdev ocisamplerest]$ docker images
REPOSITORY                                                  TAG        IMAGE ID
CREATED             SIZE
sample-user-rest                                            v1.2
75bb47c00b41   2 minutes ago       862MB
yny.ocir.io/demo/oci-demo-repo/sample-user-rest   latest    75bb47c00b41
2 minutes ago       862MB
... 생략 ...
```

다음 배포 단계로 넘어가기 전에 파드 정보를 확인해 보면 현재 v1.1 라벨이 적용돼 있는 것을 알 수 있다. 1.2 버전은 아직 마이크로서비스를 배포하지 않았다.

```
(ocisamplerest) [opc@oci-demo-appdev ocisamplerest]$ kubectl get pods
--selector=app=user-mesh --show-labels
NAME                                    READY   STATUS    RESTARTS   AGE
LABELS
user-mesh-deployment-55d46fddd-8mgwn    2/2     Running   0          17m
app=user-mesh,pod-template-hash=55d46fddd,security.istio.io/
tlsMode=istio,service.istio.io/canonical-name=user-mesh,service.istio.io/
canonical-revision=v1.1,version=v1.1
user-mesh-deployment-55d46fddd-tg49d    2/2     Running   0          17m
app=user-mesh,pod-template-hash=55d46fddd,security.istio.io/
tlsMode=istio,service.istio.io/canonical-name=user-mesh,service.istio.io/
canonical-revision=v1.1,version=v1.1
user-mesh-deployment-55d46fddd-xxqcv    2/2     Running   0          17m
```

```
app=user-mesh,pod-template-hash=55d46fddd,security.istio.io/
tlsMode=istio,service.istio.io/canonical-name=user-mesh,service.istio.io/
canonical-revision=v1.1,version=v1.1
```

이제 컨테이너 레지스트리에 업로드된 버전 1.2 컨테이너 이미지를 OCI 쿠버네티스 환경에 배포한다.

기존 매니페스트 파일을 수정해서 디플로이먼트 이름과 애플리케이션의 버전 정보만 변경한다. 서비스는 그대로 둬서 버전 1.1 디플로이먼트와 1.2 디플로이먼트가 함께 사용하게 할 것이다.

```
(ocisamplerest) [opc@oci-demo-appdev ocisamplerest]$ vi user-mesh.yaml
apiVersion: apps/v1
kind: Deployment
metadata:
  name: user-mesh-deployment-v1.2
spec:
  selector:
    matchLabels:
      app: user-mesh
      version: v1.2
  replicas: 3
  template:
    metadata:
      labels:
        app: user-mesh
        version: v1.2
    spec:
      containers:
      - name: user-mesh
        image: yny.ocir.io/demo/oci-demo-repo/sample-user-rest:latest
... 생략 ...
```

기존에 같은 이름의 서비스가 이미 생성돼 있기 때문에 "kubectl apply" 명령으로 디플로이먼트와 서비스를 배포한다.

```
(ocisamplerest) [opc@oci-demo-appdev ocisamplerest]$ kubectl apply -f user-
mesh.yaml
deployment.apps/user-mesh-deployment-v1.2 created
service/user-mesh-service unchanged
```

이제 파드의 배포 상태를 보면 기존 1.1 버전 파드 외에 1.2 버전의 파드가 생성돼 있음을 알 수 있다.

```
(ocisamplerest) [opc@oci-demo-appdev ocisamplerest]$ kubectl get pods
--selector=app=user-mesh --show-labels
NAME                                          READY   STATUS    RESTARTS
AGE   LABELS
... 생략 ...
user-mesh-deployment-v1.2-799d7fb8df-5w2l9   2/2     Running   0
24s   app=user-mesh,pod-template-hash=799d7fb8df,security.istio.io/
tlsMode=istio,service.istio.io/canonical-name=user-mesh,service.istio.io/
canonical-revision=v1.2,version=v1.2
user-mesh-deployment-v1.2-799d7fb8df-j7kjc   2/2     Running   0
24s   app=user-mesh,pod-template-hash=799d7fb8df,security.istio.io/
tlsMode=istio,service.istio.io/canonical-name=user-mesh,service.istio.io/
canonical-revision=v1.2,version=v1.2
user-mesh-deployment-v1.2-799d7fb8df-jvxwp   2/2     Running   0
24s   app=user-mesh,pod-template-hash=799d7fb8df,security.istio.io/
tlsMode=istio,service.istio.io/canonical-name=user-mesh,service.istio.io/
canonical-revision=v1.2,version=v1.2
```

2개 버전의 사용자 관리 마이크로서비스의 파드가 생성됐다. 이제 두 버전의 트래픽의 라우팅을 설정할 차례이다.

먼저 이스티오 DestinationRule을 정의하는 매니페스트 파일을 생성한다. host에서 정의하는 것은 해당 DestinationRule이 참조할 서비스 이름이다. 여기서는 사용자 관리 마이크로서비스가 사용하고 있는 서비스 이름을 명시했다. 그리고 subsets 부분에서 existing, updated라는 이름으로 각각 애플리케이션 버전 1.1, 1.2 라벨로 정의했다.

```
GitHub Script: https://github.com/ociexplained/how-to-use-OCI/chapter2/
demo-destinationrule.yaml
---
(ocisamplerest) [opc@oci-demo-appdev ocisamplerest]$ vi demo-
destinationrule.yaml
apiVersion: networking.istio.io/v1alpha3
kind: DestinationRule
metadata:
  name: demo-destinationrule
spec:
```

```
host: user-mesh-service
subsets:
- name: existing
  labels:
    version: v1.1
- name: updated
  labels:
    version: v1.2
```

DestinationRule을 "kubectl apply" 명령으로 생성한다. 기존에 같은 이름의 DestinationRule이 없다면 "kubectl create" 명령으로 생성해도 된다.

```
(ocisamplerest) [opc@oci-demo-appdev ocisamplerest]$ kubectl apply -f demo-destinationrule.yaml
destinationrule.networking.istio.io/demo-destinationrule created
(ocisamplerest) [opc@oci-demo-appdev ocisamplerest]$ kubectl get destinationrules
NAME                   HOST                  AGE
demo-destinationrule   user-mesh-service     13s
```

다음은 카나리 배포의 라우팅 규칙을 정의할 VirtualService를 정의한다. 기존 VirtualService 파일에서 카나리 배포를 위해 필요한 부분만 수정한다. 기존에 사용하던 VirtualService와 달라진 부분은 사용자 관리 마이크로서비스의 라우팅 규칙을 정의하는 부분이다.

"http:" 아래 사용자 관리 마이크로서비스의 라우팅을 설정하는 첫번째 "match" 섹션을 수정한다. 여기에서 앞서 DestinationRule에서 정의한 대로 "route" 항목에 각 서브셋을 명시했고, existing 서브셋(v1.1)에는 트래픽 비중을 80%, updated 서브셋(v1.2)에는 트래픽 비중을 20% 주는 것으로 선언했다. gateway는 기존 게이트웨이를 참조한다.

```
(ocisamplerest) [opc@oci-demo-appdev ocisamplerest]$ vi demo-virtualservices.yaml
apiVersion: networking.istio.io/v1alpha3
kind: VirtualService
metadata:
  name: demo-virtualservice
spec:
```

```
  hosts:
  - "*"
  gateways:
  - demo-gateway
  http:
  - match:
    - uri:
        prefix: /v1/user
    route:
    - destination:
        host: user-mesh-service
        subset: existing
        port:
          number: 5000
      weight: 80
    - destination:
        host: user-mesh-service
        subset: updated
        port:
          number: 5000
      weight: 20
  - match:
    - uri:
        prefix: /v1/book
    route:
    - destination:
        host: book-mesh-service
        port:
          number: 5000
```

"kubectl apply" 명령으로 VirtualService 변경 사항을 적용한다.

```
(ocisamplerest) [opc@oci-demo-appdev ocisamplerest]$ kubectl apply -f demo-virtualservices.yaml
virtualservice.networking.istio.io/demo-virtualservice configured
(ocisamplerest) [opc@oci-demo-appdev ocisamplerest]$ kubectl get virtualservices
NAME                  GATEWAYS            HOSTS   AGE
demo-virtualservice   ["demo-gateway"]    ["*"]   48m
```

디플로이먼트와 파드, 서비스 정보를 조회해 본다. 1.2 버전 디플로이먼트와 해당 파드가 생성돼 있고 서비스는 변경이 없다.

```
(ocisamplerest) [opc@oci-demo-appdev ocisamplerest]$ kubectl get
deploy,po,svc | grep user-mesh
deployment.apps/user-mesh-deployment        3/3     3            3     50m
deployment.apps/user-mesh-deployment-v1.2   3/3     3            3     3m22s
pod/user-mesh-deployment-55d46fddd-8mgwn          2/2     Running   0     22m
pod/user-mesh-deployment-55d46fddd-tg49d          2/2     Running   0     22m
pod/user-mesh-deployment-55d46fddd-xxqcv          2/2     Running   0     22m
pod/user-mesh-deployment-v1.2-799d7fb8df-5w2l9    2/2     Running   0
3m22s
pod/user-mesh-deployment-v1.2-799d7fb8df-j7kjc    2/2     Running   0
3m22s
pod/user-mesh-deployment-v1.2-799d7fb8df-jvxwp    2/2     Running   0
3m22s
service/user-mesh-service   ClusterIP   10.96.142.9    <none>        5000/
TCP           50m
```

카나리 배포를 위한 설정이 끝났다. 사용자 관리 마이크로서비스의 hello 클래스의 get 함수를 다음 URL로 웹 브라우저에서 호출하면 정의한 트래픽 라우팅 규칙이 적용돼 대략 80% 대 20% 비율로 "Hello, OCI! CI/CD Deployment Test!"와 "Hello, OCI! Canary Deployment Test!"가 번갈아 출력되는 것을 알 수 있다.

이스티오 게이트웨이가 서비스하는 로드밸런서의 퍼블릭 IP 주소로 그림 2-121과 같이 호출해 본다.

- http://〈이스티오 게이트웨이 생성 로드밸런서 퍼블릭 IP 주소〉/v1/user/hello

로드밸런서 퍼블릭 IP 주소는 OCI 웹 콘솔에서 또는 다음 명령으로 확인한다.

```
(ocisamplerest) [opc@oci-demo-appdev ocisamplerest]$ kubectl get service -n
istio-system
NAME                   TYPE           CLUSTER-IP      EXTERNAL-IP      POR
T(S)                                     AGE
istio-ingressgateway   LoadBalancer   10.96.194.159   138.2.123.153
15021:30592/TCP,80:31922/TCP,443:31619/TCP   74m
... 생략 ...
```

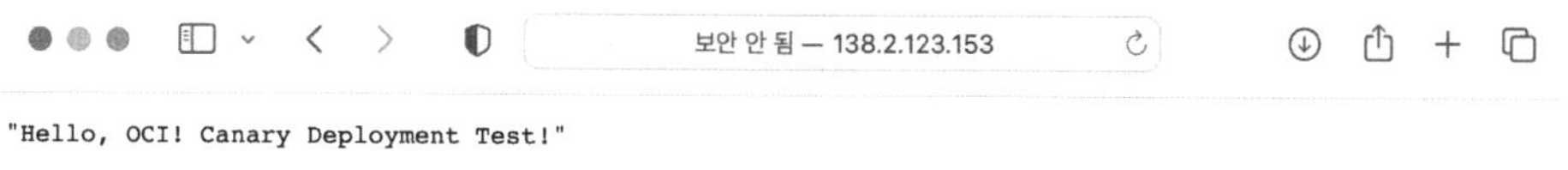

보안 안 됨 — 138.2.123.153

"Hello, OCI! Canary Deployment Test!"

그림 2-121 이스티오 카나리 배포 확인

카나리 배포를 하고, 그 결과를 확인한 후 버전 1.1로 롤백Rollback하거나 버전 1.2로 전체 라우팅을 전환할 수 있다. 이 역시 VirtualService 정책 변경으로 할 수 있다. VirtualService 매니페스트 파일에서 destination 부분만 수정하면 된다.

버전 1.1로 롤백하려면 버전 1.2 라우팅 명시 부분과 weight 옵션을 제거하면 된다. 다음은 롤백을 위해 수정해야 할 VirtualService 내용이다.

```
(ocisamplerest) [opc@oci-demo-appdev ocisamplerest]$ vi demo-
virtualservices.yaml
... 생략 ...
http:
  - match:
    - uri:
        prefix: /v1/user
    route:
    - destination:
        host: user-mesh-service
        subset: existing
        port:
          number: 5000
- match:
    - uri:
        prefix: /v1/book
... 생략 ...
```

롤백과 반대로 정상적으로 버전 1.2 애플리케이션이 서비스되는 것을 확인해서 버전 1.2로 트래픽을 전환하려면 기존 매니페스트에서 버전 1.1 라우팅 명시 부분과 weight 옵션을 제거한다.

```
(ocisamplerest) [opc@oci-demo-appdev ocisamplerest]$ vi demo-
virtualservices.yaml
```

```
apiVersion: networking.istio.io/v1alpha3
kind: VirtualService
metadata:
  name: demo-virtualservice
spec:
  hosts:
  - "*"
  gateways:
  - demo-gateway
  http:
  - match:
    - uri:
        prefix: /v1/user
    route:
    - destination:
        host: user-mesh-service
        subset: updated
        port:
          number: 5000
  - match:
    - uri:
        prefix: /v1/book
... 생략 ...
```

버전 1.2로 트래픽 전환을 위해 위 VirtualService 내용의 변경 사항을 적용하고, curl 명령으로 정상적으로 트래픽이 라우팅되는지 확인한다. 이제 항상 버전 1.2 서비스로 라우팅된다. 다음 예시에서 사용한 퍼블릭 IP 주소는 이스티오가 생성한 로드밸런서의 퍼블릭 IP 주소이다.

```
(ocisamplerest) [opc@oci-demo-appdev ocisamplerest]$ kubectl apply -f demo-virtualservices.yaml
virtualservice.networking.istio.io/demo-virtualservice configured
(ocisamplerest) [opc@oci-demo-appdev ocisamplerest]$ curl -X GET http://138.2.123.153/v1/user/hello
"Hello, OCI! Canary Deployment Test!"
```

2.2.12.4 실습 - 샘플 애플리케이션 장애 주입 테스트

장애 주입Fault Injection은 비정상적인 방식으로 스트레스를 받을 때 컴퓨팅 시스템이 어떻게 동작하는지 이해하기 위한 테스트 기술을 말한다. 즉, 의도적으로 HTTP 지연

delay을 발생시키거나 HTTP 실패abort를 발생시키는 테스트 기법인데 이스티오에서 이를 쉽게 구현할 수 있다.

먼저 HTTP 지연 장애를 주입해 본다. 테스트를 위해 다음과 같이 사용자 관리 마이크로서비스에 대해 50%의 확률로 4초간 HTTP 지연을 발생시키는 내용으로 VirtualService 매니페스트 파일을 수정한다. 이전 매니페스트 파일과 달라진 부분은 fault 옵션이 명시된 부분이다.

```
(ocisamplerest) [opc@oci-demo-appdev ocisamplerest]$ vi demo-
virtualservices.yaml
... 생략 ...
  http:
  - match:
    - uri:
        prefix: /v1/user
    route:
    - destination:
        host: user-mesh-service
        subset: updated
        port:
          number: 5000
    fault:
      delay:
        percentage:
           value: 50
        fixedDelay: 4s
  - match:
    - uri:
        prefix: /v1/book
... 생략 ...
```

변경된 VirtualService를 적용한다. 매니페스트 파일 적용 후 curl 명령을 실행하고 수행 시간을 확인해 보면 사용자 관리 마이크로서비스를 호출할 때마다 50%의 확률로 지연이 발생하는 것을 알 수 있다.

```
(ocisamplerest) [opc@oci-demo-appdev ocisamplerest]$ kubectl apply -f demo-
virtualservices.yaml
virtualservice.networking.istio.io/demo-virtualservice configured
(ocisamplerest) [opc@oci-demo-appdev ocisamplerest]$ time curl -X GET
http://138.2.123.153/v1/user/hello
```

```
"Hello, OCI! Canary Deployment Test!"

real    0m4.021s
user    0m0.003s
sys     0m0.002s
(ocisamplerest) [opc@oci-demo-appdev ocisamplerest]$ time curl -X GET
http://138.2.123.153/v1/user/hello
"Hello, OCI! Canary Deployment Test!"

real    0m0.018s
user    0m0.003s
sys     0m0.001s
... 생략 ...
```

이번에는 HTTP 실패를 의도적으로 발생시키는 테스트이다. 다음과 같은 내용으로 매니페스트 파일을 수정한다. 50%의 확률로 HTTP 500 에러를 발생시킨다. 이전 매니페스트 파일과 달라진 부분은 fault 옵션이 명시된 부분이다.

```
(ocisamplerest) [opc@oci-demo-appdev ocisamplerest]$ vi demo-
virtualservices.yaml
... 생략 ...
  http:
  - match:
    - uri:
        prefix: /v1/user
    route:
    - destination:
        host: user-mesh-service
        subset: updated
        port:
          number: 5000
    fault:
      abort:
        percentage:
          value: 50
        httpStatus: 500
  - match:
    - uri:
        prefix: /v1/book
... 생략 ...
```

변경된 VirtualService를 적용한다. 매니페스트 파일 적용 후 curl 명령을 실행하고 실행 시간을 확인해 보면 사용자 관리 마이크로서비스를 호출할 때마다 일정 확률로 서비스 실패가 발생하는 것을 알 수 있다.

```
(ocisamplerest) [opc@oci-demo-appdev ocisamplerest]$ kubectl apply -f demo-
virtualservices.yaml
virtualservice.networking.istio.io/demo-virtualservice configured
(ocisamplerest) [opc@oci-demo-appdev ocisamplerest]$ time curl -X GET
http://138.2.123.153/v1/user/hello
fault filter abort
real    0m0.016s
user    0m0.004s
sys     0m0.001s
(ocisamplerest) [opc@oci-demo-appdev ocisamplerest]$ time curl -X GET
http://138.2.123.153/v1/user/hello
"Hello, OCI! Canary Deployment Test!"

real    0m0.013s
user    0m0.003s
sys     0m0.002s
```

다음 실습을 위해 VirtualService 매니페스트 파일의 내용을 다음과 같이 카나리 테스트 시점의 상태로 변경한다.

```
(ocisamplerest) [opc@oci-demo-appdev ocisamplerest]$ vi demo-
virtualservices.yaml
apiVersion: networking.istio.io/v1alpha3
kind: VirtualService
metadata:
  name: demo-virtualservice
spec:
  hosts:
  - "*"
  gateways:
  - demo-gateway
  http:
  - match:
    - uri:
        prefix: /v1/user
    route:
    - destination:
        host: user-mesh-service
        subset: existing
```

```
          port:
            number: 5000
        weight: 80
      - destination:
          host: user-mesh-service
          subset: updated
          port:
            number: 5000
        weight: 20
  - match:
    - uri:
        prefix: /v1/book
    route:
    - destination:
        host: book-mesh-service
        port:
          number: 5000
```

매니페스트 파일 변경 사항을 적용한다.

```
(ocisamplerest) [opc@oci-demo-appdev ocisamplerest]$ kubectl apply -f demo-virtualservices.yaml
virtualservice.networking.istio.io/demo-virtualservice configured
```

2.2.13 애플리케이션 모니터링 구성

지금까지 서비스 메시로 마이크로서비스를 배포하고 장애에 대비한 테스트까지 수행했다. 이제부터는 배포한 마이크로서비스 상태를 오픈소스 기술을 이용해서 모니터링해 본다. 대시보드Dashboard에서 한눈에 전체 애플리케이션 서비스의 상태를 모니터링하고 서비스 내 호출 관계를 시각화하며 애플리케이션의 트레이스 정보를 확인해 보도록 한다.

오라클 클라우드에서는 별도 오픈소스 기술을 사용하지 않더라도 다양한 OCI 자원에 대한 모니터링을 기본으로 제공한다. 쿠버네티스 모니터링과 관련해서 클러스터 레벨의 API 요청/응답 횟수, 파드를 배포하려고 할 때 자원 부족으로 인해 대기 중인 파드의 수 등은 OCI 웹 콘솔에서 조회할 수 있다. 또한 전체 노드의 상태에 대한 메트릭을 그래프로 보여주고, 각 워커 노드의 인프라 레벨의 모니터링을 제공한다.

실습을 통해 진행하지는 않았지만 오라클 쿠버네티스를 배포할 때 쿠버네티스 대시보드를 함께 배포해서 전체 클러스터의 상태를 확인할 수도 있다.

애플리케이션 레벨의 모니터링에서는 OCI Application Monitoring[APM]이라는 이름으로 모니터링 서비스를 제공하고 있다. 자바를 비롯한 .NET 등의 애플리케이션을 모니터링할 수도 있고, OpenTelemetry 및 Jaeger, Zipkin과 같은 오픈소스 트레이스 도구도 사용할 수 있다. 3장에서 소개할 오라클 서버리스 Fuction에 대한 모니터링을 OCI APM을 통해 할 수 있으며, APM Prometheus Scraper 플러그인을 별도로 추가할 필요 없이 OCI 관리 에이전트를 이용해서 프로메테우스[Prometheus]가 수집한 메트릭을 가져올 수도 있다.

이번 실습은 개발자들이 많이 활용하고 있는 오픈소스 기술인 프로메테우스[Prometheus], 그라파나[Grafana], 키알리[Kiali], 예거[Jaeger] 등을 이용해서 애플리케이션의 모니터링 환경을 구성할 것이다. 전체 실습 과정 중 그림 2-122의 단계에 해당된다.

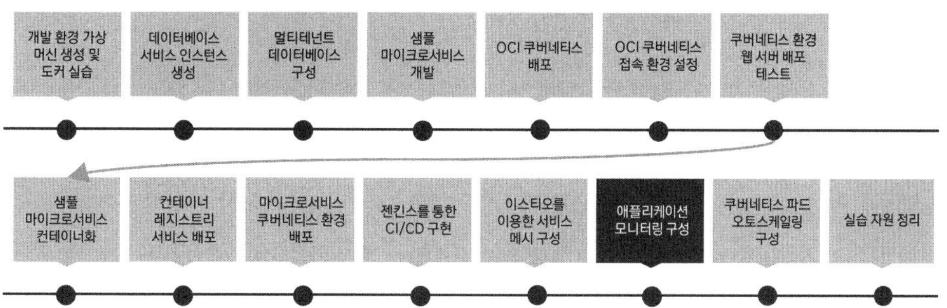

그림 2-122 2장 실습 단계 - 애플리케이션 모니터링 구성

다음과 같은 단계로 실습을 진행한다.

- 프로메테우스 설치
- 그라파나 구성
- 키알리 구성
- 예거 구성

이번 단계에서 수행할 마이크로서비스 모니터링 아키텍처는 그림 2-123과 같이 프로메테우스Prometheus로 쿠버네티스 클러스터의 메트릭을 수집하고, 수집된 메트릭을 그라파나Grafana, 키알리Kiali, 예거Jaeger로 시각화해 본다. 그라파나를 통해서는 서비스 메시 전체 운영 현황, 키알리를 통해서는 서비스 간 호출 관계와 정상 동작 여부를 모니터링한다. 예거를 통해서는 각 서비스의 실행 상태를 트레이스를 이용해서 확인한다. 각 모니터링 서비스가 제공하는 대시보드에는 개발 환경을 경유하는 포트 포워딩을 실행해서 접속할 것이다.

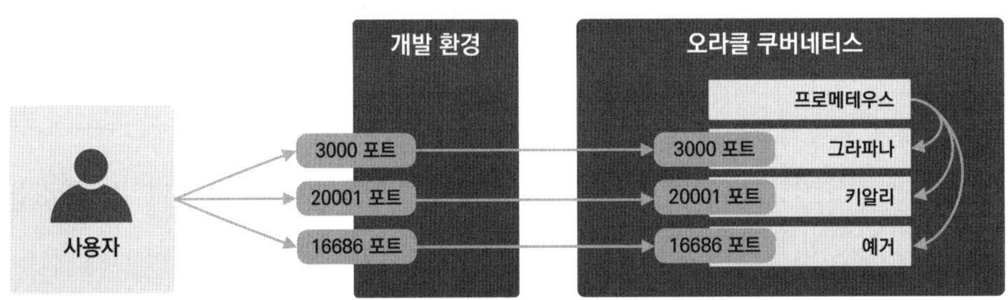

그림 2-123 마이크로서비스 모니터링 아키텍처

2.2.13.1 실습 - 프로메테우스 설치

프로메테우스는 오픈소스 모니터링 시스템인 동시에 시계열 데이터베이스이다. 특히 이스티오와 함께 프로메테우스를 사용해서 서비스 메시 내에서 이스티오 및 애플리케이션의 상태를 추적하는 메트릭을 기록할 수 있다. 이번 실습에서는 프로메테우스를 기반으로 그라파나, 키알리, 예거로 모니터링된 정보를 시각화해 본다.

먼저 프로메테우스를 설치한다.

쿠버네티스 환경에서 프로메테우스를 설치하는 기본적인 방법은 프로메테우스를 위한 별도의 네임스페이스와 ClusterRole을 생성하는 것이다. 여기서 ClusterRole이란 클러스터 내의 사용자 또는 서비스 계정 그룹에 대한 일련의 권한 및 액세스 권한을 정의하는 쿠버네티스 자원이다. 이 역시 매니페스트 파일로 정의한다. 그리고 프로메테우스 설치를 위해 추가로 애플리케이션의 설정 정보를 저장하고 전달하기 위한 자원인 컨피그맵도 만들어야 한다. 그런 다음 최종적으로 매니페스트 파일을 이용해서 프로메테우스를 배포하게 된다.

다른 방법으로는 쿠버네티스 애플리케이션을 패키징하고 배포하기 위한 도구인 Helm Chart로 프로메테우스와 그라파나를 묶어서 설치하는 것이다.

하지만 보다 간편한 방법은 이스티오 환경에서 이스티오가 제공하는 매니페스트 파일을 이용해서 명령어 하나로 istio-system 네임스페이스에 설치하는 것이다. 이 방식에서도 TLS 설정 등 사용자 정의 설정을 추가할 수 있다.

이번 실습에서는 성능이나 보안 등은 고려하지 않고 프로메테우스 설치에 있어서 데모용 빠른 설치 방식을 적용한다. 각 시스템 환경과 요건에 맞춰 사용자 정의로도 설치할 수 있다.

다음과 같이 이스티오에서 제공하는 프로메테우스 배포용 매니페스트 파일을 사용해서 프로메테우스를 설치하게 되면 메트릭 수집은 기본값으로 활성화된다. 메트릭에 대한 수집은 수동으로도 설정할 수 있다.

```
(ocisamplerest) [opc@oci-demo-appdev ocisamplerest]$ kubectl apply -f
https://raw.githubusercontent.com/istio/istio/release-1.17/samples/addons/
prometheus.yaml
serviceaccount/prometheus created
configmap/prometheus created
clusterrole.rbac.authorization.k8s.io/prometheus created
clusterrolebinding.rbac.authorization.k8s.io/prometheus created
service/prometheus created
deployment.apps/prometheus created
```

프로메테우스 설치가 완료되면 istio-system 네임스페이스에 관련 디플로이먼트, 파드, 서비스 등이 생성된 것을 알 수 있다.

```
(ocisamplerest) [opc@oci-demo-appdev ocisamplerest]$ kubectl get
deploy,po,svc -n istio-system --selector=app=prometheus
NAME                          READY   UP-TO-DATE   AVAILABLE   AGE
deployment.apps/prometheus    1/1     1            1           23s

NAME                                   READY   STATUS    RESTARTS   AGE
pod/prometheus-7f9c5b4698-7xszh        2/2     Running   0          23s
```

```
NAME                 TYPE        CLUSTER-IP     EXTERNAL-IP   PORT(S)
AGE
service/prometheus   ClusterIP   10.96.205.50   <none>        9090/TCP
23s
```

간단히 쿠버네티스 환경에서 프로메테우스 설치가 끝났다.

2.2.13.2 실습 - 그라파나 구성

설치된 프로메테우스가 수집한 메트릭을 시각화해서 활용해 보자. 먼저 시스템 메트릭 시각화 도구인 그라파나Grafana를 구성해 본다.

잘 알려진 바와 같이 오픈소스 데이터 시각화 및 모니터링 도구인 그라파나는 이스티오에 대한 대시보드를 구성하는 데도 사용할 수 있다. 그라파나를 이용해서 서비스 메시 내 마이크로서비스와 이스티오의 상태를 모니터링할 수 있다.

그라파나에서는 사용자 정의로 대시보드를 꾸밀 수도 있다. 하지만 이스티오는 서비스 메시와 컨트롤 플레인에 대한 주요 메트릭을 다음과 같이 사전 정의한 대시보드를 제공하고 있다. 이번 실습에서는 이를 활용할 것이다.

- **메시 대시보드**: 메시에 있는 모든 서비스에 대한 개요를 제공한다.
- **서비스 대시보드**: 서비스에 대한 메트릭을 상세히 구분해서 제공한다.
- **워크로드 대시보드**: 워크로드에 대한 메트릭을 상세히 구분해서 제공한다.
- **성능 대시보드**: 메시의 자원 사용에 대한 모니터링을 제공한다.
- **컨트롤 플레인 대시보드**: 컨트롤 플레인의 상태와 성능에 대한 모니터링을 제공한다.

이런 대시보드를 사용하는 방법에는 몇 가지가 있다. grafana.com에서 제공하는 배포를 임포트하는 방법, Helm Chart 등을 이용해서 사용자 정의로 설치 및 설정하는 방법 등이다. 하지만 이번 실습에서는 앞서 수행한 프로메테우스 설치와 마찬가지로 보다 간편한 이스티오에서 제공하는 매니페스트 파일로 배포를 진행한다. 여기에는 이스티오가 제공하는 대시보드도 함께 포함돼 있다.

다음과 같이 kubectl 명령으로 그라파나 매니페스트 파일을 적용한다.

```
(ocisamplerest) [opc@oci-demo-appdev ocisamplerest]$ kubectl apply -f
https://raw.githubusercontent.com/istio/istio/release-1.17/samples/addons/
grafana.yaml
serviceaccount/grafana created
configmap/grafana created
service/grafana created
deployment.apps/grafana created
configmap/istio-grafana-dashboards created
configmap/istio-services-grafana-dashboards created
```

그라파나 설치가 완료되면 istio-system 네임스페이스에 디플로이먼트, 파드, 서비스 등이 생성된 것을 알 수 있다. 그라파나 파드는 3000번 포트로 통신하고 있다.

```
(ocisamplerest) [opc@oci-demo-appdev ocisamplerest]$ kubectl get
deploy,po,svc -n istio-system | grep grafana
deployment.apps/grafana                    1/1     1           1           20s
pod/grafana-57b86f6fc-5flvm                   1/1     Running   0           20s
service/grafana                ClusterIP      10.96.155.123   <none>
3000/TCP                                20s
```

프라이빗 서브넷에 배포된 그라파나가 수집한 메트릭을 대시보드로 확인하기 위해서는 포트 포워딩이 필요하다. 개발 환경의 로컬 포트 3000번으로 그라파나 파드를 향해 포트 포워딩을 실행한다. 포트 포워딩을 실행할 때 인자 값으로 사용한 그라파나 파드명은 "kubectl get pods" 명령으로 조회할 수 있다.

```
(ocisamplerest) [opc@oci-demo-appdev ocisamplerest]$ kubectl port-forward
--address='0.0.0.0' pod/grafana-57b86f6fc-5flvm 3000:3000 -n istio-system &
[1] 18875
(ocisamplerest) [opc@oci-demo-appdev ocisamplerest]$ Forwarding from
0.0.0.0:3000 -> 3000
... 생략 ...
```

앞서 실행한 명령은 다음과 같이 그라파나 파드명을 먼저 찾아서 명령어에 포함시킬 수도 있다.

앞의 명령을 한 번 실행했다면 "ps -ef | grep grafana | grep -v grep" 명령어로 해당 프로세스를 찾아 kill시키고 다음 명령을 실행한다.

```
(ocisamplerest) [opc@oci-demo-appdev ocisamplerest]$ POD_NAME=$(kubectl -n
istio-system get pod -l app=grafana -o jsonpath='{.items[0].metadata.name}')
(ocisamplerest) [opc@oci-demo-appdev ocisamplerest]$ kubectl port-forward
--address='0.0.0.0' $POD_NAME 3000:3000 -n istio-system &
[1] 192086
(ocisamplerest) [opc@oci-demo-appdev ocisamplerest]$ Forwarding from
0.0.0.0:3000 -> 3000
```

이제 개발 환경 로컬 호스트의 3000번 포트를 통해 그라파나가 사용하는 3000번 포트로 통신을 설정했다. 따라서 실제 통신이 이뤄지기 위해서는 개발 환경 가상 머신이 속한 시큐리티 리스트인 "Default security list for OCI_DEMO"에서 그림 2-124와 같이 3000번 포트에 대한 개방을 설정해야 한다. Stateful Ingress 규칙을 추가한다.

- Source CIDR: 0.0.0.0/0
- Destination Port Range: 3000

그림 2-124 그라파나 사용 포트 개방 시큐리티 리스트 규칙 추가

별도 터미널을 하나 열어서 firewall-cmd 명령으로 3000번 포트에 호스트 레벨의 방화벽을 개방한다.

```
[opc@oci-demo-appdev ~]$ sudo firewall-cmd --zone=public --permanent --add-
port=3000/tcp
success
[opc@oci-demo-appdev ~]$ sudo firewall-cmd --reload
success
```

다음 URL로 접속하면 그림 2-125와 같은 그라파나 웰컴 페이지를 볼 수 있다.

- http://〈개발 환경 가상 머신 퍼블릭 IP 주소〉: 3000/

개발 환경 가상 머신의 퍼블릭 IP 주소는 OCI 웹 콘솔에서 확인하거나 다음 curl 명령으로 확인할 수 있다.

```
(ocisamplerest) [opc@oci-demo-appdev ocisamplerest]$ curl ifconfig.co
129.154.58.194
```

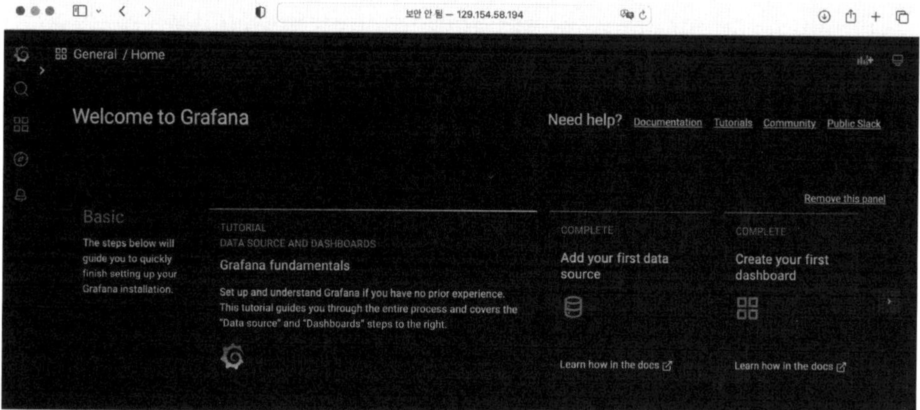

그림 2-125 그라파나 웰컴 페이지

서비스 메시로 배포된 마이크로서비스를 그라파나를 사용해서 모니터링을 수행하려고 한다. 하지만 그 전에 모니터링 결과를 더 명확하게 확인하기 위해 적절한 부하 상황을 만든다. 별도의 터미널을 열어서 다음의 curl 명령어를 사용해서 마이크로서비스의 URI를 1초 간격으로 호출함으로써 모니터링 도구에서 워크로드가 반영되도록 한다.

다음의 예시에서 부하 상황을 위해 호출하는 URL의 퍼블릭 IP 주소는 이스티오가 생성한 로드밸런서의 URL이다. 〈마이크로서비스 파드의 프라이빗 IP:5000〉과 같은 형태로 파드로 직접 호출해도 무방하다.

```
[opc@oci-demo-appdev ~]$ while true; do curl -X GET
http://138.2.123.153:80/v1/book/hello; curl -X GET
http://138.2.123.153:80/v1/user/hello; curl -X GET
http://138.2.123.153:80/v1/user/;curl -X GET
http://138.2.123.153:80/v1/book/;curl -X POST
http://138.2.123.153:80/v1/user/; sleep 1; done > /dev/null 2>&1
```

그라파나 웹 콘솔의 왼쪽에서 [Dashboard → Broswe] 화면으로 이동하면 이스티오가 제공하는 이스티오 대시보드들을 확인할 수 있다. 그림 2-126은 워크로드가 실행되고 있는 상태에서 조회한 이스티오 메시 대시보드이다.

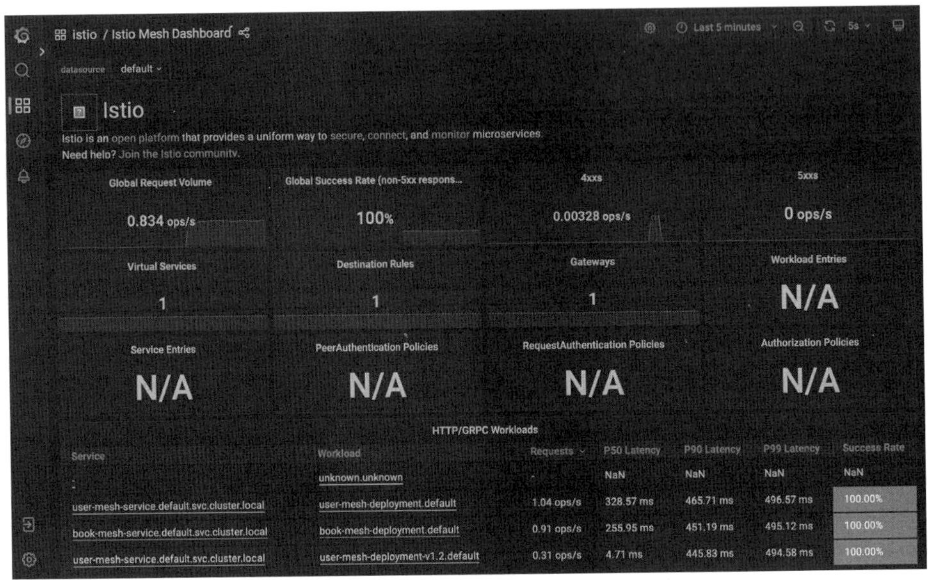

그림 2-126 그라파나 대시보드 - 이스티오 메시 대시보드

그림 2-127은 워크로드가 실행되고 있는 상태에서 조회한 이스티오 성능 대시보드이다. 이스티오 각 구성 요소의 성능 메트릭이 시각화돼 출력되고 있다.

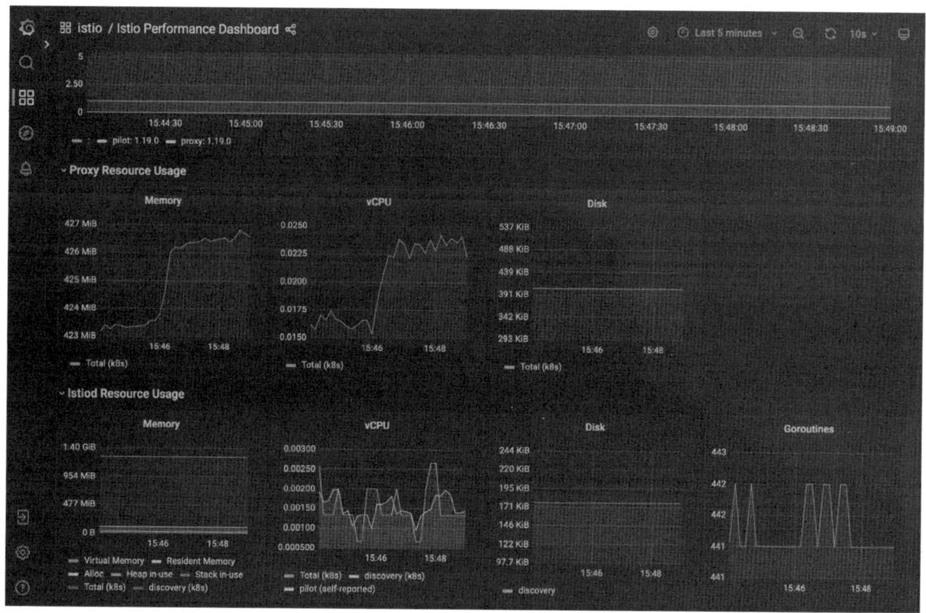

그림 2-127 그라파나 대시보드 - 이스티오 성능 대시보드

2.2.13.3 실습 - 키알리 구성

키알리Kiali는 서비스 메시를 시각적으로 모니터링하고 디버깅하는 데 사용되는 오픈소스 도구이다. 이스티오와 함께 사용되며, 이스티오에서 생성되는 네트워크 트래픽과 통신 패턴을 실시간으로 모니터링하고 시각화한다. 트래픽 흐름을 모니터링해서 토폴로지를 추론하고 오류를 보고함으로써 서비스 메시의 구조와 상태를 이해할 수 있도록 해준다.

키알리를 통해 서비스 메시의 모든 마이크로서비스 간의 연결을 그래프 형태로 시각화해서 볼 수 있으며, 서비스 간의 트래픽 및 트래픽 비율을 확인할 수 있다. 이를 통해 트래픽이 어떻게 분산되고 로드 밸런싱되는지 확인할 수 있다. 특정 요청에 대한 상세한 트래킹과 트레이싱을 지원해서 문제 발생 시 어떤 서비스가 관련돼 있는지 파악할 수 있게 해준다.

키알리의 설치 방법은 프로메테우스나 그라파나와 마찬가지로 kubectl 명령으로 이스티오에서 제공하는 매니페스트 파일을 통해 간단하게 설치하는 방법, 사용자 정의로 설치하는 방법 등이 있다. 이번 실습에서는 다음과 같이 kubectl 명령으로 이스티오가 제공하는 매니페스트 파일을 이용한다.

다음과 같이 터미널을 열어서 kubectl 명령으로 키알리 매니페스트 파일을 적용한다.

```
(ocisamplerest) [opc@oci-demo-appdev ocisamplerest]$ kubectl apply -f
https://raw.githubusercontent.com/istio/istio/release-1.17/samples/addons/
kiali.yaml
serviceaccount/kiali created
configmap/kiali created
clusterrole.rbac.authorization.k8s.io/kiali-viewer created
clusterrole.rbac.authorization.k8s.io/kiali created
clusterrolebinding.rbac.authorization.k8s.io/kiali created
role.rbac.authorization.k8s.io/kiali-controlplane created
rolebinding.rbac.authorization.k8s.io/kiali-controlplane created
service/kiali created
deployment.apps/kiali created
```

키알리 설치가 완료되면 istio-system 네임스페이스에 디플로이먼트, 파드, 서비스 등이 생성된 것을 알 수 있다. 키알리 파드는 20001번 포트로 통신하고 있다.

```
(ocisamplerest) [opc@oci-demo-appdev ocisamplerest]$ kubectl get
deploy,po,svc -n istio-system --selector=app=kiali
NAME                    READY   UP-TO-DATE   AVAILABLE   AGE
deployment.apps/kiali   0/1     1            0           15s

NAME                         READY   STATUS    RESTARTS   AGE
pod/kiali-56fc5cf459-fwmlf   0/1     Running   0          15s

NAME            TYPE        CLUSTER-IP      EXTERNAL-IP   PORT(S)
AGE
service/kiali   ClusterIP   10.96.216.232   <none>        20001/TCP,9090/
TCP   15s
```

키알리 파드명을 인자 값으로 해서 포트 포워딩을 실행한다.

```
(ocisamplerest) [opc@oci-demo-appdev ocisamplerest]$ POD_NAME=$(kubectl -n
istio-system get pod -l app=kiali -o jsonpath='{.items[0].metadata.name}')
(ocisamplerest) [opc@oci-demo-appdev ocisamplerest]$ kubectl port-forward
--address='0.0.0.0' $POD_NAME 20001:20001 -n istio-system &
[1] 20165
```

```
(ocisamplerest) [opc@oci-demo-appdev ocisamplerest]$ Forwarding from
0.0.0.0:20001 -> 20001
```

개발 환경 로컬 호스트의 20001번 포트를 통해 키알리가 사용하는 20001번 포트로 통신한다. 따라서 개발 환경 가상 머신이 사용하는 시큐리티 리스트와 호스트에서 그림 2-128과 같이 20001번 포트에 대한 개방을 설정해야 한다. Stateful Ingress 규칙을 추가한다.

- Source CIDR: 0.0.0.0/0
- Destination Port Range: 20001

☐	No	0.0.0.0/0	TCP	All	20001	TCP traffic for ports: 20001

그림 2-128 키알리 사용 포트 개방 시큐리티 리스트 규칙 추가

별도 터미널을 열어서 firewall-cmd 명령으로 20001번 포트에 대해 호스트 레벨의 방화벽을 개방한다.

```
[opc@oci-demo-appdev ~]$ sudo firewall-cmd --permanent --zone=public --add-
port=20001/tcp
success
[opc@oci-demo-appdev ~]$ sudo firewall-cmd --reload
success
```

다음 URL로 접속하면 그림 2-129와 같은 키알리 홈 페이지를 볼 수 있다.

- http://〈개발 환경 가상 머신 퍼블릭 IP 주소〉: 20001/

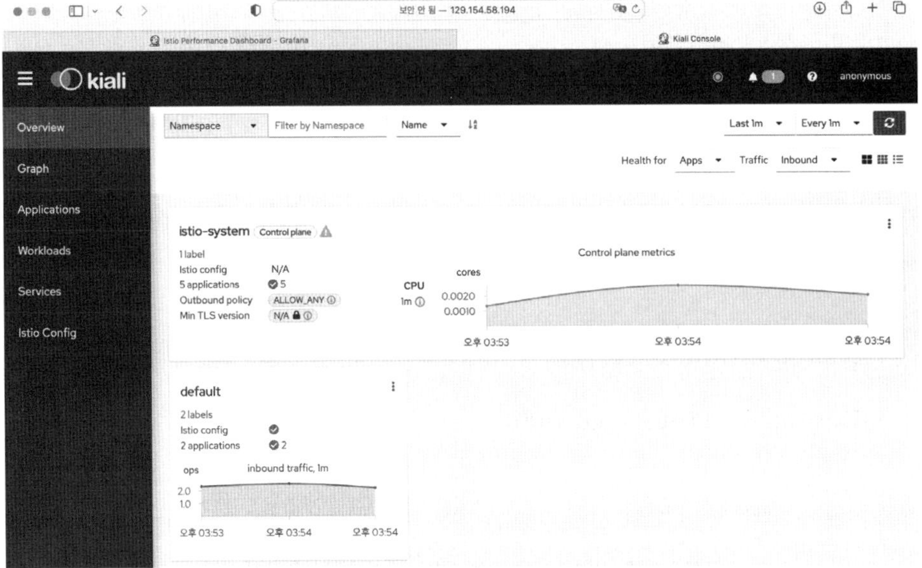

그림 2-129 키알리 대시보드 - 홈 화면

부하가 발생되는 상태에서 키알리로 웹 콘솔에 접속하면 메트릭이 업데이트되고 있음을 확인할 수 있다. 왼쪽의 Graph를 클릭해서 해당 화면으로 이동한다. 상단의 Namespace 필드에서 istio-system을 선택하면 실패한 호출을 포함해서 그림 2-130과 같이 트래픽의 경로를 확인할 수 있다. 카나리 배포를 하는 경우 트래픽이 어떻게 전환되는지[Traffic Shifting]도 화면으로 확인할 수 있다.

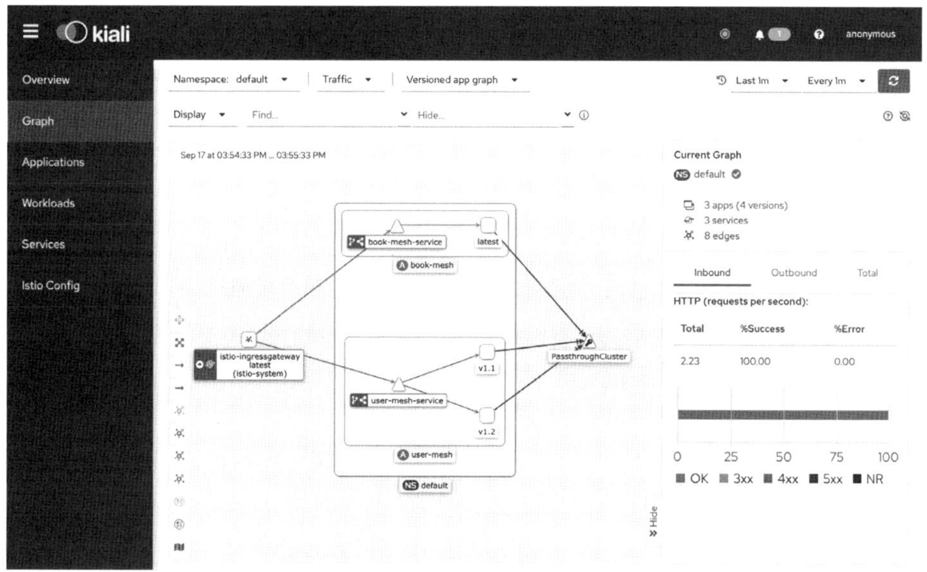

그림 2-130 키알리 대시보드 - Graph

왼쪽의 Istio Config를 클릭하면 현재 구성된 이스티오 설정 내용을 확인할 수 있다. 그림 2-131은 키알리를 통해 확인한 이스티오 DestinationRule 설정 내용이다.

그림 2-131 키알리 대시보드 - Istio Config

2.2.13.4 실습 - 예거 구성

예거Jaeger는 오픈소스 분산 트레이싱 솔루션이다. 분산 시스템에서 발생하는 트랜잭션의 흐름을 추적하고, 각 서비스 간의 상호작용을 시각적으로 분석해서 트랜잭션을 모니터링하고 트러블 슈팅할 수 있게 한다.

예거의 주요 기능을 살펴보면 트랜잭션의 흐름을 추적해서 각 서비스 간의 상호작용을 모니터링하고, 서비스 간의 의존성을 그래프 형태로 시각화해서 전체 시스템 구조를 이해할 수 있도록 해준다. 또 서비스 간의 상호작용 시간을 측정해서 성능 문제를 식별하고 최적화하는 데 활용된다.

예거의 설치 방법 역시 프로메테우스, 그라파나, 키알리와 마찬가지로 kubectl 명령으로 이스티오에서 제공하는 매니페스트 파일을 통해 간단히 설치하는 방법, 사용자 정의로 설치하는 방법 등이 있다. 이번 실습에서는 다음과 같이 kubectl 명령으로 예거를 설치한다.

다음과 같이 터미널을 열어서 kubectl 명령으로 이스티오가 제공하는 예거 매니페스트 파일을 적용한다.

```
(ocisamplerest) [opc@oci-demo-appdev ocisamplerest]$ kubectl apply -f
https://raw.githubusercontent.com/istio/istio/release-1.17/samples/addons/
jaeger.yaml
deployment.apps/jaeger created
service/tracing created
service/zipkin created
service/jaeger-collector created
```

예거 설치가 완료되면 istio-system 네임스페이스에 디플로이먼트, 파드, 서비스 등이 생성된 것을 알 수 있다. 예거 파드는 16686번 포트로 통신하고 있다.

```
(ocisamplerest) [opc@oci-demo-appdev ocisamplerest]$ kubectl get
deploy,po,svc -n istio-system --selector=app=jaeger
NAME                    READY   UP-TO-DATE   AVAILABLE   AGE
deployment.apps/jaeger  1/1     1            1           20s

NAME                          READY   STATUS    RESTARTS   AGE
pod/jaeger-58c79c85cd-vvtx5   1/1     Running   0          20s
```

```
NAME                      TYPE        CLUSTER-IP     EXTERNAL-IP   PORT(S)
AGE
service/jaeger-collector  ClusterIP   10.96.45.58    <none>        14268/
TCP,14250/TCP,9411/TCP   20s
service/tracing           ClusterIP   10.96.67.96    <none>        80/
TCP,16685/TCP              20s
```

예거 파드명을 인자 값으로 해서 포트 포워딩을 실행한다.

```
(ocisamplerest) [opc@oci-demo-appdev ocisamplerest]$ POD_NAME=$(kubectl -n
istio-system get pod -l app=jaeger -o jsonpath='{.items[0].metadata.name}')
(ocisamplerest) [opc@oci-demo-appdev ocisamplerest]$ kubectl port-forward
--address='0.0.0.0' $POD_NAME 16686:16686 -n istio-system &
[1] 22151
(ocisamplerest) [opc@oci-demo-appdev ocisamplerest]$ Forwarding from
0.0.0.0:16686 -> 16686
```

개발 환경 로컬 호스트의 16686번 포트를 통해 예거가 사용하는 16686번 포트로 통신한다. 따라서 개발 환경 가상 머신이 사용하는 시큐리티 리스트와 호스트에서 그림 2-132와 같이 16686번 포트에 대한 개방을 설정해야 한다. Stateful Ingress 규칙을 추가한다.

- Source CIDR: 0.0.0.0/0
- Destination Port Range: 16686

No	0.0.0.0/0	TCP	All	16686	TCP traffic for ports: 16686

그림 2-132 예거 사용 포트 개방 시큐리티 리스트 규칙 추가

별도 터미널을 열어서 firewall-cmd 명령으로 16686번 포트에 대해 호스트 레벨의 방화벽을 개방한다.

```
[opc@oci-demo-appdev ~]$ sudo firewall-cmd --permanent --zone=public --add-
port=16686/tcp
success
[opc@oci-demo-appdev ~]$ sudo firewall-cmd --reload
success
```

다음 URL로 접속하면 그림 2-133과 같은 예거 홈 페이지를 볼 수 있다.

- http://〈개발 환경 가상 머신 퍼블릭 IP 주소〉: 16686/

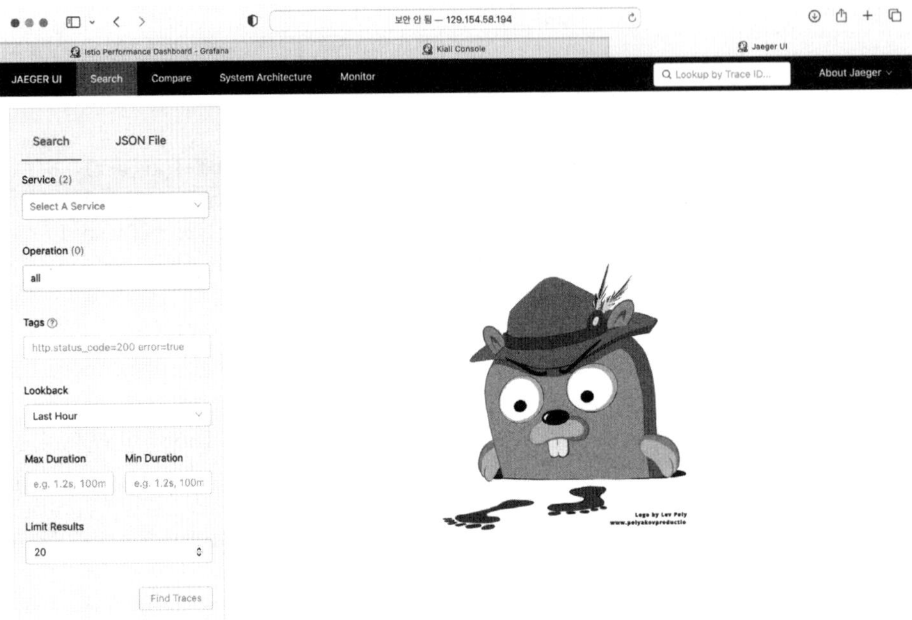

그림 2-133 예거 대시보드 - 홈 화면

부하가 발생되는 상태에서 예거로 웹 콘솔에 접속하면 메트릭이 업데이트되고 있음을 확인할 수 있다.

왼쪽의 Service 목록에서 모니터링하려는 서비스를 선택하고 하단의 Find Traces를 클릭하면 해당 서비스의 트레이스 목록을 볼 수 있다. 그림 2-134는 user-mesh.default를 선택했을 때 나타나는 화면이다.

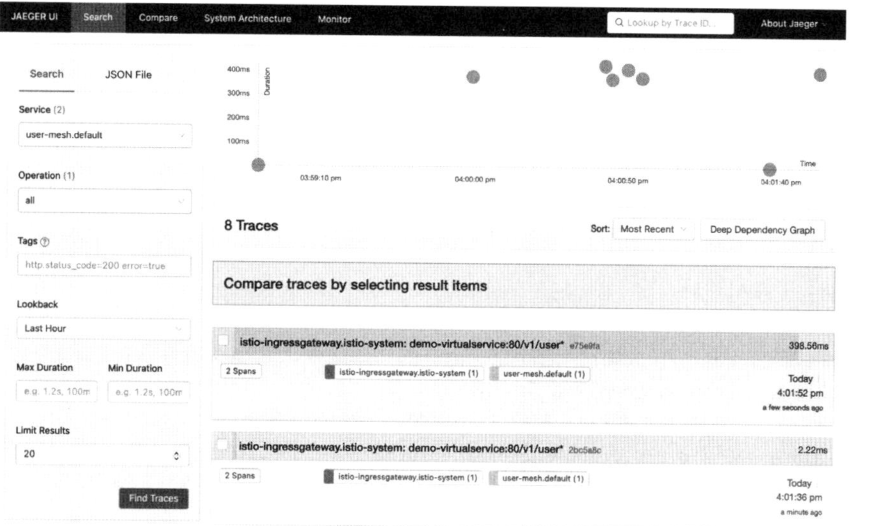

그림 2-134 예거 대시보드 - 서비스별 트레이스 현황

각 트레이스 상단의 그래프상의 점을 클릭하거나 아래 목록에서 선택하면 그림 2-135와 같이 상세 트레이스 내용을 볼 수 있다. 여기서는 "istio-ingress gateway. istio-system: demo-virtualservice:80/v1/user*"에 대한 상세 트레이스 정보를 보여주고 있다.

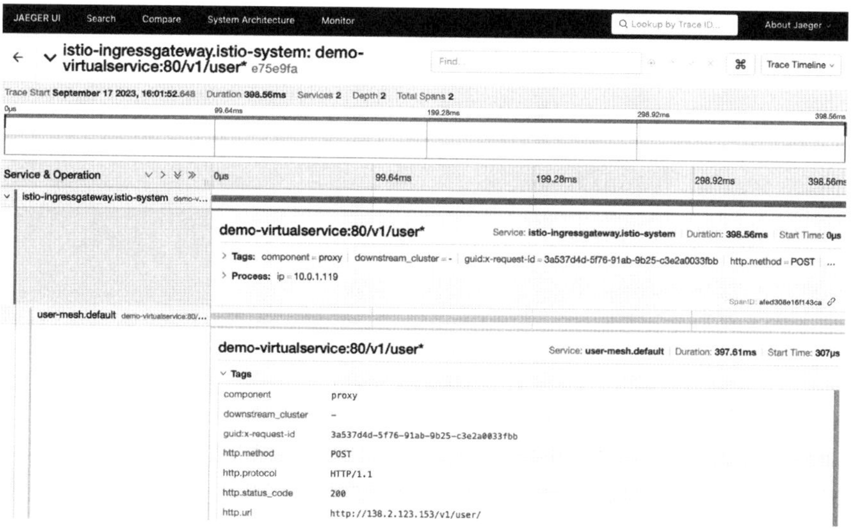

그림 2-135 예거 대시보드 - 서비스별 트레이스 상세

지금까지 마이크로서비스 수행 중에 수집된 프로메테우스 메트릭을 그라파나, 키알리, 예거로 시각화해서 분석에 활용하는 방법을 살펴봤다.

백그라운드로 실행되고 있는 그라파나, 키알리, 예거 대시보드를 중지하기 위해서는 해당 프로세스를 찾아서 kill시킨다. 다음 예시는 그라파나 대시보드 종료를 위해 해당 프로세스를 kill시킨 것이다. 부하 상황을 위해 호출하는 curl 명령은 "Ctrl+C"를 사용해서 종료시킨다.

```
(ocisamplerest) [opc@oci-demo-appdev ocisamplerest]$ sudo ps -ef | grep
grafana | grep -v grep
opc       72734   39530  0 07:31 pts/0    00:00:00 kubectl port-forward
--address=0.0.0.0 pod/grafana-69f9b6bfdc-wzwpr 3000:3000 -n istio-system
(ocisamplerest) [opc@oci-demo-appdev ocisamplerest]$ sudo kill -9 72734
```

2.2.14 쿠버네티스 파드 오토스케일링 구성

1장에서 가상 머신의 오토스케일링을 살펴보고, 실습을 진행한 바 있다. 시스템의 부하 상황에 따라 자원을 자동으로 늘리고 줄이는 오토스케일링 기능은 쿠버네티스 환경에서도 사용할 수 있다.

쿠버네티스에서 오토스케일링은 클러스터 노드에 대해, 그리고 파드에 대해 수평 또는 수직으로 수행할 수 있다. OCI 쿠버네티스에서도 다음과 같은 용어로 오토스케일링을 지원한다. 각 오토스케일링에 대해 간단히 살펴본다.

- Cluster Autoscaler
- HorizontalPodAutoscaler^HPA^
- VerticalPodAutoscaler^VPA^

2.2.14.1 Cluster Autoscaler

Cluster Autoscaler는 애플리케이션 워크로드 수요에 따라 클러스터의 워커 노드 풀 크기를 자동으로 조정하는 기능이다. 그림 2-136과 같이 쿠버네티스 클러스터 워커 노드의 오토스케일링을 의미하며, 두 가지 방식으로 동작한다. 클러스터 내 부족한 자원으로 인해 파드가 스케줄링되지 못할 때 노드 풀에 워커 노드를 추가한다. 또한 특정 시간 동안 노드의 자원 사용률이 낮거나 파드가 기존 다른 노드에 배치될 수 있을 때 노드 풀로부터 워커 노드를 제거한다.

그림 2-136 오라클 클라우드 쿠버네티스 Cluster Autoscaler

Cluster Autoscaler는 노드 풀을 기반으로 동작한다. OCI에서는 UI로 구현된 설정 파일을 통해 클러스터의 확장 및 수축을 제어하게 되는데 이 설정 파일에서는 오토스케일링 대상이 되는 노드 풀을 지정하고, 각 노드 풀의 최소 및 최대 크기를 설정한다. 또한 오토스케일링 수행 방법도 이 설정 파일에서 이뤄진다.

2.2.14.2 HorizontalPodAutoscaler

HorizontalPodAutoscaler[HPA]는 그림 2-137과 같이 디플로이먼트, 레플리카셋 등의 파드 수를 CPU나 메모리 사용률에 기반해서 자동으로 조절하는 데 사용된다. 워크로드가 증가하면 이에 응답해서 더 많은 파드를 배포하고, 자원이 더 이상 사용되지 않으면 파드 수를 축소시킨다. 다만 데몬셋과 같은 크기를 조정할 수 없는 오브젝트에는 적용되지 않는다.

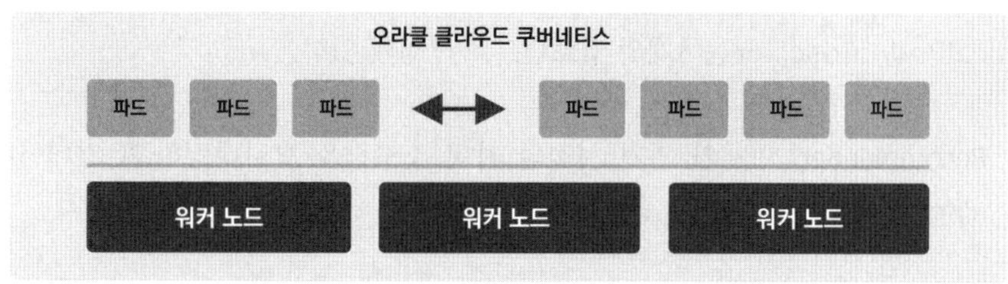

그림 2-137 오라클 클라우드 쿠버네티스 HorizontalPodAutoscaler

HorizontalPodAutoscaler는 30초에 한 번 꼴로 오토스케일링을 발생시킬지의 여부를 확인한다. 오토스케일링 발생 조건식은 다음과 같다.

- **스케일 아웃**: 파드의 현재 CPU 사용률 평균/목표로 하는 평균 CPU 사용률 > 1.1
- **스케일 인**: 파드의 현재 CPU 사용률 평균/목표로 하는 평균 CPU 사용률 < 0.9

오토스케일링 구성에 필요한 쿠버네티스 메트릭 서버는 현재 CPU와 메모리 사용률에 기반한 스케일링만 지원한다. 여타 다른 Metrics API를 사용하기 위해서는 사용자 정의 메트릭을 설정해야 한다.

2.2.14.3 VerticalPodAutoscaler

VerticalPodAutoscaler[VPA]는 그림 2-138과 같이 각 파드의 자원 사용량에 따라 적절한 자원 양을 자동으로 제공해서 수직적으로 스케일링한다. VerticalPodAutoscaler라는 오브젝트를 사용해서 어떤 파드를 수직적으로 오토스케일링할지, 자원 사용 권장 사항이 적용될지의 여부 및 방법을 지정할 수 있다.

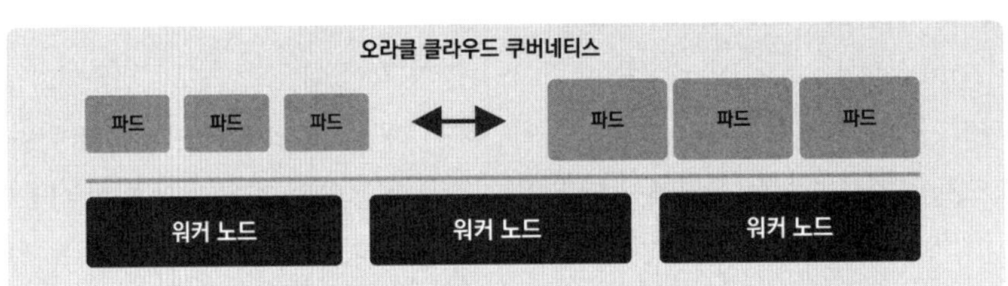

그림 2-138 오라클 클라우드 쿠버네티스 VerticalPodAutoscaler

VerticalPodAutoscaler는 3개의 컴포넌트로 구성돼 있다.

- **Recommender**: 현재와 과거 시점의 자원 소모량을 모니터링하고, 컨테이너에 CPU와 메모리 요청 권고치를 제공한다.
- **Updater**: 부정확한 자원이 할당된 파드를 체크해서 삭제한다. 이를 통해 파드는 업데이트된 요청값으로 재생성한다.

- Admission Plugin: 신규로 생성됐거나 Updater에 의해 재생성된 파드에 적절한 요청값을 설정한다.

2장의 마지막 실습으로 그림 2-139와 같이 쿠버네티스에서 오토스케일링을 실습해 본다. 오라클 클라우드 쿠버네티스가 제공하는 세 가지 형태의 오토스케일링 중 파드 레벨 오토스케일링인 HorizontalPodAutoscaler를 실습을 통해 확인할 것이다. 실습에는 도서 관리 마이크로서비스를 이용하고, 부하 테스트 도구는 1장에서도 활용했던 locust를 사용한다.

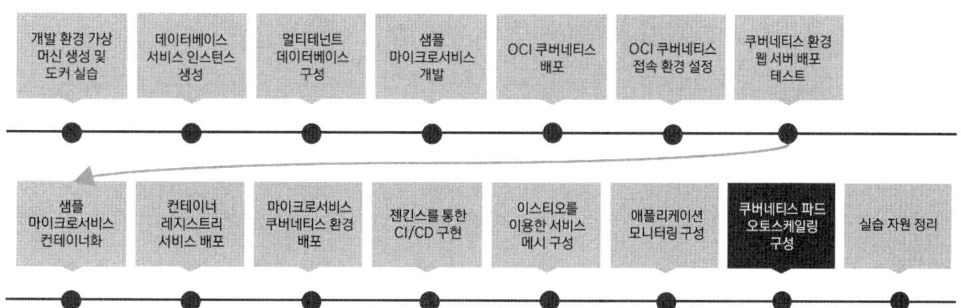

그림 2-139 2장 실습 단계 - 쿠버네티스 파드 오토스케일링 구성

다음과 같은 단계로 실습을 진행한다.

- 메트릭 서버 설치, 오토스케일링 설정
- 부하 테스트 및 오토스케일링 모니터링

2.2.14.4 실습 - 메트릭 서버 설치, 오토스케일링 설정

쿠버네티스 파드가 사용하는 CPU, 메모리 등 시스템 자원에 대한 정보는 "kubectl describe" 명령으로 확인할 수 있다. 다만 여기서 자원 정보는 쿠버네티스가 파드에 대해 확보한 자원의 양이며, 실제 자원 사용량은 "kubectl top" 명령으로 확인해야 한다.

"kubectl top" 명령의 실행을 위해서는 메트릭 서버[metrics-server]라는 추가 구성 요소가 필요하다. 만일 메트릭 서버가 배포되지 않았다면 수동으로 배포해야 한다.

메트릭 서버의 역할은 각 워커 노드의 kubelet으로부터 노드의 자원 메트릭을 수집하는 것이다. 이런 메트릭 서버는 쿠버네티스에서 파드 오토스케일링을 활성화하는 데도 필요하다. 왜냐하면 오토스케일링이 동작하기 위해서는 클러스터의 워커 노드로부터 누군가가 자원 메트릭을 제공받아야 하기 때문이다. 또한 HorizontalPodAutoscaler, VerticalPodAutoscaler와 같은 쿠버네티스 애드온 사용을 위해서도 메트릭 서버가 필수적이다.

2023년 10월 기준으로 OCI 쿠버네티스 클러스터에는 메트릭 서버가 배포돼 있지 않기 때문에 kubectl top 명령을 수행하면 다음과 같은 에러가 발생한다.

```
[opc@oci-demo-appdev ~]$ kubectl top node
error: Metrics API not available
```

깃허브에 올라와 있는 매니페스트 파일을 이용해서 다음 명령으로 메트릭 서버를 설치한다. 설치 후 "kubectl get deployment" 명령으로 배포된 메트릭 서버를 확인한다.

```
[opc@oci-demo-appdev ~]$ kubectl apply -f https://github.com/kubernetes-sigs/metrics-server/releases/download/v0.6.3/components.yaml
serviceaccount/metrics-server created
clusterrole.rbac.authorization.k8s.io/system:aggregated-metrics-reader created
clusterrole.rbac.authorization.k8s.io/system:metrics-server created
rolebinding.rbac.authorization.k8s.io/metrics-server-auth-reader created
clusterrolebinding.rbac.authorization.k8s.io/metrics-server:system:auth-delegator created
clusterrolebinding.rbac.authorization.k8s.io/system:metrics-server created
service/metrics-server created
deployment.apps/metrics-server created
apiservice.apiregistration.k8s.io/v1beta1.metrics.k8s.io created
(ocisamplerest) [opc@oci-demo-appdev ocisamplerest]$ kubectl get deployment metrics-server -n kube-system
NAME             READY   UP-TO-DATE   AVAILABLE   AGE
metrics-server   0/1     1            0           12s
```

이번 실습에서는 도서 관리 마이크로서비스의 파드를 자원 사용률에 따라 수평적으로 자동 확장시키고 축소시키는 실습을 진행할 것이다. 배포된 도서 관리 마이크로서비스를 확인하고, 이에 대해 오토스케일링 정책을 정의한다. 다음 명령으로 정의된 내용은 CPU 사용률이 10%를 넘으면 파드를 자동 수평적으로 확장하게 하되, 파드의 개수가 최대 10개를 넘지 않도록 한 것이다.

```
[opc@oci-demo-appdev ~]$ kubectl get deployment
NAME                          READY   UP-TO-DATE   AVAILABLE   AGE
book-mesh-deployment          3/3     3            3           96m
user-mesh-deployment          3/3     3            3           96m
user-mesh-deployment-v1.2     3/3     3            3           49m
(ocisamplerest) [opc@oci-demo-appdev ocisamplerest]$ kubectl autoscale
deployment book-mesh-deployment --cpu-percent=10 --min=1 --max=10
horizontalpodautoscaler.autoscaling/book-mesh-deployment autoscaled
```

2.2.14.5 실습 - 부하 테스트 및 오토스케일링 모니터링

파드에 대한 오토스케일링 설정을 했다. 이제 부하 테스트를 통해 오토스케일링이 의도한 대로 동작하는지 확인해 볼 차례이다. 이를 위해 1장에서도 사용했던 파이썬 기반 부하 테스트 도구인 locust를 설치한다. 파이썬 가상 환경에 진입한 후 pip 명령으로 해당 패키지를 설치한다.

```
[opc@oci-demo-appdev ~]$ ocisamplerest
(ocisamplerest) [opc@oci-demo-appdev ocisamplerest]$ pip install locust
... 생략 ...
```

부하 테스트에 사용될 테스트용 파이썬 코드를 작성한다.

```
GitHub Script: https://github.com/ociexplained/how-to-use-OCI/chapter2/
locustfile.py
```

```
(ocisamplerest) [opc@oci-demo-appdev ocisamplerest]$ vi locustfile.py
from locust import HttpUser, task

class Book(HttpUser):
    @task
    def hello(self):
        self.client.get("/v1/book/hello")
```

파드의 상태를 모니터링하기 위해 별도 터미널을 하나 열어서 파드의 개수를 모니터링한다. "kubectl get hpa" 명령은 쿠버네티스 클러스터에서 현재 적용 중인 HorizontalPodAutoscaler[HPA] 목록을 조회하는 명령이다.

```
(ocisamplerest) [opc@oci-demo-appdev ocisamplerest]$ kubectl get hpa --watch
```

별도 터미널에서 locust 부하를 수행한다. 다음 예시에서는 이스티오 인그레스 로드 밸런서 엔드포인트로 부하를 발생시켰다.

```
[opc@oci-demo-appdev ~]$ ocisamplerest
(ocisamplerest) [opc@oci-demo-appdev ocisamplerest]$ locust --headless -u
500 -r 1 -H http://138.2.123.153:80
[2023-09-17 07:12:56,796] oci-demo-appdev/WARNING/locust.main: System open
file limit '1024' is below minimum setting '10000'.
... 생략 ...
```

부하를 발생시킨 후 HPA 상태 모니터링 창에서 확인해 보면 급격하게 CPU 사용률이 올라가서 파드의 개수가 10개로 늘어나는 것을 볼 수 있다.

```
(ocisamplerest) [opc@oci-demo-appdev ocisamplerest]$ kubectl get hpa
--watch
NAME                    REFERENCE                              TARGETS    MINPODS
MAXPODS   REPLICAS   AGE
book-mesh-deployment    Deployment/book-mesh-deployment        1%/10%     1
10        3          72s
book-mesh-deployment    Deployment/book-mesh-deployment        11%/10%    1
10        3          2m30s
book-mesh-deployment    Deployment/book-mesh-deployment        117%/10%   1
10        4          2m45s
book-mesh-deployment    Deployment/book-mesh-deployment        124%/10%   1
10        8          3m
book-mesh-deployment    Deployment/book-mesh-deployment        73%/10%    1
10        10         3m15s
book-mesh-deployment    Deployment/book-mesh-deployment        63%/10%    1
10        10         3m30s
... 생략 ...
```

"kubectl get hpa --watch" 명령 대신 별도 터미널을 열어서 "kubectl get pods" 명령으로도 이를 확인할 수 있다.

```
(ocisamplerest) [opc@oci-demo-appdev ocisamplerest]$ kubectl get pods
--selector=app=book-mesh
NAME                                    READY   STATUS    RESTARTS   AGE
book-mesh-deployment-7cf67874f6-28lrc   2/2     Running   0          2m50s
book-mesh-deployment-7cf67874f6-5lmwm   0/2     Pending   0          2m35s
book-mesh-deployment-7cf67874f6-dmv7k   2/2     Running   0          2m50s
book-mesh-deployment-7cf67874f6-f6h6n   2/2     Running   0          2m50s
... 생략 ...
```

부하가 증가함에 따라 파드가 설정한 내용대로 10개까지 증가되는 스케일 아웃을 확인했다. 이제 스케일 인 확인을 위해 locust 실행 창에서 "Ctrl+C"를 눌러서 locust 부하 생성을 중지시킨다.

일정 시간 후 파드 상태를 모니터링해 보면 Running → Pending → Terminating 과정을 거쳐 파드가 삭제돼 스케일 아웃 이전 시점의 파드 개수로 돌아오는 것을 확인할 수 있다.

```
(ocisamplerest) [opc@oci-demo-appdev ocisamplerest]$ watch -n 2 'kubectl
get pods --selector=app=book-mesh'
Every 2.0s: kubectl get pods --selector=app=book-mesh
oci-demo-appdev: Sun Sep  3 08:33:27 2023

NAME                                    READY   STATUS        RESTARTS
AGE
book-mesh-deployment-7cf67874f6-28lrc 2/2     Terminating   0          8m42s
book-mesh-deployment-7cf67874f6-5lmwm 2/2     Running       0          8m27s
book-mesh-deployment-7cf67874f6-dmv7k 2/2     Terminating   0          8m27s
book-mesh-deployment-7cf67874f6-f6h6n 2/2     Running       0          23m
... 생략 ...
```

"kubectl get hpa --watch" 명령 창의 내용이 다음과 같이 변경되는 것을 볼 수 있을 것이다.

```
(ocisamplerest) [opc@oci-demo-appdev ocisamplerest]$ kubectl get hpa
--watch
... 생략 ...
book-mesh-deployment   Deployment/book-mesh-deployment   1%/10%    1
10         10         15m
book-mesh-deployment   Deployment/book-mesh-deployment   1%/10%    1
10         10         16m
```

```
book-mesh-deployment   Deployment/book-mesh-deployment   1%/10%    1
10        1          16m
... 생략 ...
```

지금까지 쿠버네티스의 파드 레벨의 오토스케일링을 실습했다.

2.2.15 실습 자원 정리

2장 실습에서 사용됐던 오라클 클라우드 자원을 그림 2-140과 같이 OCI CLI를 이용해서 삭제한다.

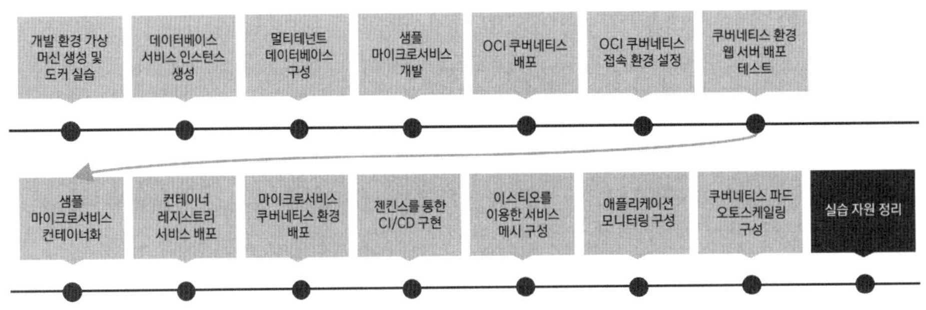

그림 2-140 2장 실습 단계 - 실습 자원 정리

2장에서 삭제해야 할 자원은 쿠버네티스 클러스터이다. 2장에서 사용한 데이터베이스와 개발 환경은 3장에서도 계속 사용할 예정이므로 삭제하지 않는다. 쿠버네티스 내 자원과 이스티오를 삭제하기 위해서는 kubectl 명령을 사용해서 작업을 수행한다. 쿠버네티스 내 자원을 삭제한 후 결과를 확인한다.

```
[opc@oci-demo-appdev ~]$ kubectl delete all --all
... 생략 ...
[opc@oci-demo-appdev ~]$ kubectl get all
NAME                 TYPE        CLUSTER-IP   EXTERNAL-IP   PORT(S)   AGE
service/kubernetes   ClusterIP   10.96.0.1    <none>        443/TCP   38s
```

이스티오 삭제 작업은 다음과 같은 순서로 진행된다. 먼저 쿠버네티스 내의 이스티오 자원을 삭제한 후 이스티오 설치를 제거한다.

```
[opc@oci-demo-appdev ~]$ kubectl delete all --all -n istio-system
... 생략 ...
[opc@oci-demo-appdev ~]$ istioctl uninstall --purge
failed to get proxy infos: unable to find any Istiod instances
All Istio resources will be pruned from the cluster
Proceed? (y/N)  y
... 생략 ...
✓ Uninstall complete
```

쿠버네티스 클러스터의 삭제는 컴파트먼트 내 자원의 OCID를 조회하고, 이를 파라미터로 활용해서 자원을 삭제한다. 먼저 쿠버네티스 클러스터 삭제를 위해 삭제할 자원이 소속된 컴파트먼트의 OCID를 환경 변수로 설정한다. 컴파트먼트 OCID는 OCI 웹 콘솔의 [Identity & Security → Identity → Compartments] 화면의 사용 중인 컴파트먼트의 상세 화면에서 확인해서 얻을 수 있다.

```
[opc@oci-demo-appdev ~]$ export COMP_ID="ocid1.compartment.oc1..aaaaaaaa6cq
7mawvxnv2be542zwvlukehzsj3qqlx4kx2ee74nyijmgh3yka"
```

OCI 쿠버네티스 클러스터를 삭제한다. 삭제할 클러스터의 OCID를 조회해서 OCID 값을 얻은 후 이 값을 파라미터로 활용해서 쿠버네티스 클러스터를 삭제한다. 다음과 같이 "--force" 옵션을 사용하면 확인 메시지 없이 삭제를 수행한다.

```
[opc@oci-demo-appdev ~]$ oci ce cluster list --all -c $COMP_ID --query
'data[*].{name:"name",id:"id"}' --output table
... 생략 ...
[opc@oci-demo-appdev ~]$ oci ce cluster delete --force --cluster-id "ocid1.
cluster.oc1.ap-chuncheon-1.aaaaaaaa5avh5y4lxd6gnumwsslooytjg2zir4ywlpiyyxsy
dcjb3pmmmdlq"
{
  "opc-work-request-id": "ocid1.clustersworkrequest.oc1.ap-chuncheon-1.aaaa
aaaaft34ws2zp52a4qbnmzwrsjmm3jmmoau7dd7v3pba6waj3ehl53uq"
}
```

2.3 요약

2장에서는 IaaS 자원뿐만 아니라 관리형 쿠버네티스와 PaaS 기반 서비스를 함께 이용해서 마이크로서비스 시스템을 구축하는 방법에 대해 다뤘다. 이런 방법을 통해 개발자들은 복잡한 인프라 관리에 대한 부담을 줄이고, 애플리케이션에 집중할 수 있다.

그리고 모던 애플리케이션을 구축하는 데 필요한 과정을 설명했다. 이 과정에는 컨테이너화, 마이크로서비스 아키텍처, 서비스 디스커버리, 로드 밸런싱, 오토스케일링, 모니터링 등의 기술들이 포함된다.

2장에서 다룬 내용은 구체적으로 다음과 같다.

- 가상 머신에 도커를 설치하고, 도커 이미지와 컨테이너의 생성, 배포 등 도커의 기본적인 사용법을 살펴봤다. 그리고 도커의 네트워크 동작 방식에 대해서도 살펴봤다. 이를 통해 컨테이너 기술을 활용해서 애플리케이션 개발과 배포를 효율적으로 수행할 수 있게 했다.
- 컴퓨트 인스턴스와 같은 IaaS 자원을 활용해서 개발 환경을 구성하고, 이를 바탕으로 서비스를 구축해 봤다. 또한 관리형 쿠버네티스나 오라클 DBCS와 같은 플랫폼 서비스를 활용해서 애플리케이션을 구축했다. 이런 서비스들은 관리 부담을 줄이고 더 높은 수준의 추상화를 제공해서 개발자가 더 많은 시간을 코드 작성에 집중할 수 있도록 도와준다는 것을 확인했다.
- 오라클 클라우드의 대표 서비스 중 하나인 RAC 데이터베이스의 기술적 개념을 살펴보고, 실습을 통해 RAC 데이터베이스 클러스터를 구성해 보면서 그 활용 방법을 익혔다.
- 오라클 데이터베이스의 멀티테넌트 아키텍처에 대해 알아봤으며, 관계형 데이터와 비정형 데이터를 각각 저장하는 마이크로서비스 저장소로서의 Pluggable 데이터베이스를 생성해 봤다.
- 분리된 저장소를 사용하는 사용자 관리, 도서 관리라는 파이썬 기반의 마이크로서비스를 개발하고, 스웨거를 통해 개발된 API를 문서화하고 테스트에 활용했다.
- 오라클 클라우드가 제공하는 관리형 쿠버네티스 클러스터를 배포해 봤고, 샘플을 통해 쿠버네티스 사용법을 실습했다. 그리고 쿠버네티스 각 컴포넌트들의 네트워크 동작 방식을 살펴봤다.

- 쿠버네티스 접속 환경을 설정해서 kubectl 명령으로 클러스터에 접속해 쿠버네티스 설정 정보를 확인하는 방법을 익혔다.
- 명령어 방식, 선언 방식으로 간단한 웹 서버를 배포해 보면서 쿠버네티스 내 자원을 생성하고 관리하는 방법을 확인해 봤다.
- 컨테이너화된 마이크로서비스를 쿠버네티스 클러스터에 배포하기 위해 도커 컨테이너 이미지로 빌드하고 배포하는 방법을 살펴봤다.
- 오라클 클라우드의 컨테이너 레지스트리를 사용해서 개발된 컨테이너 이미지를 업로드하고 배포를 진행했다.
- OCI 쿠버네티스에 마이크로서비스를 배포하고 실행하기 위한 매니페스트 파일 작성 방식을 익혀봤다.
- 지속적 통합 및 지속적 배포 프로세스를 사용해서 마이크로서비스의 개발과 배포를 자동화하는 방법을 알아보고, 실제로 배포를 수행했다. 이로 인해 개발 및 배포의 생산성과 안정성이 향상됐다.
- 서비스 간 통신과 데이터 전달을 위해 서비스 메시를 구축하고, 이스티오를 이용해서 구현했다. 또한 이스티오의 기능을 사용해서 카나리 배포와 장애 주입 테스트를 수행해 봤다.
- 오픈소스 모니터링 시스템인 프로메테우스, 그라파나, 키알리, 예거 등을 사용해서 애플리케이션의 상태와 성능을 모니터링하고 로그를 분석해서 문제를 진단하고 해결하는 방법을 적용해 봤다.
- 쿠버네티스의 오토스케일링 기능을 살펴보고, 애플리케이션의 부하와 요청에 따라 자동으로 서버 자원을 조절해서 확장성과 유연성을 확보했다. 또한 파드 레벨 오토스케일링을 테스트했다.

CHAPTER 03

오라클 클라우드로 구현해 보는 데이터 레이크 시스템

지금까지 오라클 클라우드 위에서 샘플 애플리케이션 서비스를 모놀리식, 마이크로서비스 그리고 서비스 메시 아키텍처로 구현해 봤다. 모놀리식 아키텍처로 개발된 샘플 애플리케이션이 REST API 기반의 마이크로서비스 아키텍처로 전환되고, 그 후에 서비스 메시 아키텍처로 진화되는 과정을 살펴본 것이다.

3장에서는 빠른 속도로 변화하는 비즈니스 환경에 보다 민첩하고 유연하게 대응하기 위해 서버리스 기술을 도입한다. 기존 레거시 업무를 서버리스 기술로 전환하고 신규 업무 역시 서버리스 기술로 추가 개발해서 API를 통합해 개발 팀이 웹 API를 안전하게 관리하고 제공할 수 있도록 지원한다.

서버리스 애플리케이션 서비스를 통해 축적된 데이터는 수집, 적재, 처리/탐색, 분석/응용 절차에 따라 데이터 레이크하우스 시스템으로 구축할 것이다. 하지만 본격적으로 레이크하우스를 구축하기 전에 데이터를 효율적이고 적절하게 관리하기 위한 전략으로 전사 메타데이터 관리를 먼저 수행할 것이다.

메타데이터 관리 체계를 구축한 후 데이터 레이크하우스를 구축한다. 데이터 레이크하우스에는 각 애플리케이션 서비스를 통해 생성된 정형 및 비정형 데이터가 분석 용도에 맞게 저장될 것이다. 이 과정에서 데이터의 추출, 변형 및 로드(ETL) 프로세스를 적용한다.

데이터 레이크하우스에 축적된 데이터는 클라우드 비즈니스 인텔리전스Business Intelligence, BI 도구를 통해 수집, 분석, 시각화되어 의사 결정에 활용될 것이다. 또한 비즈니스 데이터뿐만 아니라 인프라스트럭처와 애플리케이션에서 생성되는 로그를 분석해서 효율적인 IT 시스템 운영에 활용될 것이다.

데이터 레이크 시스템을 구축하기에 앞서 우선 데이터 분석에 관련된 개념들을 축약해서 살펴본다.

3.1 사전 지식

엔터프라이즈 환경에서는 축적된 데이터라는 의미로 데이터 웨어하우스, 데이터 마트, 데이터 레이크 그리고 최근에 많이 언급되는 데이터 레이크하우스와 같은 용어들이 사용된다. 이런 용어들은 학술적인 측면과 실무적인 측면에서 조금씩 차이가 있지만 일반적으로 통용되는 개념들이 있다.

오라클 클라우드 환경에서 데이터 레이크 시스템을 구축하기 전에 각각의 용어들에 대해 살펴보고 데이터 분석 과정에 사용된 데이터 분석 방법에 대해서도 요약해서 설명하도록 한다.

데이터 웨어하우스, 데이터 마트

위키피디아의 정의에 따르면 데이터 웨어하우스Data Warehouse, DW란 '사용자의 의사 결정에 도움을 주기 위해 기간 시스템의 데이터베이스에 축적된 데이터를 공통의 형식으로 변환해서 관리하는 데이터베이스'를 말한다(https://ko.wikipedia.org/wiki/데이터_웨어하우스).

기업의 성장과 함께 관리하는 시스템과 데이터의 양이 점점 증가하고 있다. 기업은 다양한 IT 시스템에서 발생하는 데이터를 통합하고, 여기서 비즈니스 가치를 찾고자 한다. 또한 이런 데이터를 중요한 의사 결정에 활용하고 기초 데이터로 활용하고자 한다.

데이터로부터 도출된 결과를 통해 비즈니스의 효율성을 향상시키고 추가 비즈니스 기회를 창출하며 데이터로부터 비즈니스적 통찰을 얻고자 하는 것이다. 이런 요구 사항의 충족을 위해 데이터를 수집 · 통합 · 저장 · 관리하고 분석할 수 있는 중앙 저장소를 구축하는데 이것이 바로 데이터 웨어하우스이다.

데이터 웨어하우스에는 일반적으로 시간에 따라 변경되지 않는 대규모의 데이터가 저장된다. 즉, 한 번 저장되면 자주 갱신되지 않으며, 대부분의 경우 변경되지 않는 영업 매출 데이터, 고객 정보 등이 해당된다.

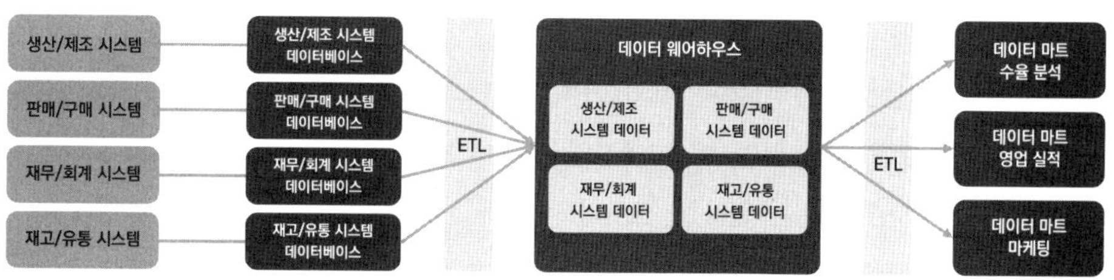

그림 3-1 데이터 웨어하우스, 데이터 마트

데이터 웨어하우스는 그림 3-1과 같이 다양한 소스에서 추출한 데이터를 통합해서 정형화한다. 이렇게 정형화된 데이터는 데이터 웨어하우스 내에서 표준화된 형식으로 관리돼 중복이나 불일치를 최소화하고, 데이터 품질을 향상시키는 과정을 거친다. 이런 방식으로 저장해 놓으면 추후 분석과 질의가 용이하게 된다.

데이터 웨어하우스에 데이터를 저장하는 데는 ETL^Extract, Transform, Load 프로세스가 사용된다. ETL은 데이터를 추출^Extract하고 변환^Transform해서 로드^Load하는 프로세스를 의미하며, 보통 ETL 도구들을 사용해서 이 프로세스를 구현한다. 이를 통해 다양한 IT 시스템 소스로부터 필요한 데이터를 추출하고, 추출한 데이터를 표준 형식으로 변환 및 통합하며, 변환된 데이터를 데이터 웨어하우스에 저장하게 된다.

이렇게 데이터 웨어하우스에 저장된 데이터는 비즈니스 인텔리전스^Business Intelligence, BI를 통해 의사 결정에 유용한 정보와 통찰력을 제공하게 된다. 비즈니스 인텔리전스는 기업이나 조직이 데이터를 수집 · 분석 · 변환해서 의사 결정에 도움을 주는 프로세스와 도구로 데이터 시각화, 데이터 마이닝, 대시보드, OLAP^Online Analytical Processing, 데이터 분석 리포트 등의 기술 또는 기능을 포함한다.

BI를 통해 데이터 웨어하우스에 저장된 데이터를 분석하고 시각화함으로써 기업은 다양한 통찰력과 정보를 얻을 수 있다.

데이터 마트Data Mart는 데이터 웨어하우스의 하위 집합으로 특정 주제나 업무 영역에 초점을 맞춘 데이터의 중앙 저장소를 의미한다. 예를 들어 공장의 수율 분석, 영업 실적, 마케팅 분석과 같이 특정 주제, 조직, 프로젝트에 초점을 맞춘 단순한 형태의 데이터 웨어하우스를 지칭한다. 이런 목적별 데이터 웨어하우스로 데이터 마트를 사용함으로써 데이터 탐색을 보다 빠르고 효율적으로 수행할 수 있다.

데이터 마트를 사용하는 이유는 여러 가지이지만 대표적으로 불필요하게 많은 양의 데이터를 조회할 필요가 없어 빠른 데이터 접근이 가능하기 때문이다. 또한 전사 단위의 데이터 웨어하우스를 구축하는 것보다 비용과 시간을 절감할 수 있고, 필요한 특정 주제나 업무 영역에 집중해서 데이터를 관리할 수 있어 더욱 효율적인 데이터 분석과 의사 결정을 가능하게 하기 때문이다.

데이터 레이크, 데이터 레이크하우스

데이터 웨어하우스를 구축할 경우 ETL 프로세스를 통해 데이터를 정형화하고 정규화하는 과정을 거쳐 스키마Schema라고 하는 데이터 구조와 조직을 정의한 틀 안에 데이터를 저장한다. 이는 분석을 용이하게 하기 위한 중요한 단계이다. 그러나 최근의 엔터프라이즈 환경은 관계형 데이터베이스에 테이블의 칼럼과 로우Row로 저장할 수 있는 정형 데이터뿐만 아니라 비정형 데이터인 IoT 데이터, 소셜 미디어 데이터 등이 더 많이 늘어나고 있다. 기업들은 이런 비정형 데이터들을 비즈니스에 활용하고자 하므로 이를 위해서는 기존의 정형화된 데이터만 다루던 방식으로는 부족하다.

따라서 비정형 데이터를 비즈니스에 활용할 수 있도록 데이터 웨어하우스의 구축과 데이터 처리 방식을 확장해야 한다. 비정형 데이터는 텍스트, 이미지, 오디오, 비디오 등 다양한 형태로 존재하는데 전통적인 스키마 형태로는 모든 비정형 데이터를 표현하기 어렵다. 이런 비정형 데이터들을 처리하고 저장하려면 데이터 웨어하우스에 새로운 기술과 방법론을 도입하고, 비정형 데이터를 처리하는 데 적합한 저장 방식과 분석 방법을 고려해야 한다.

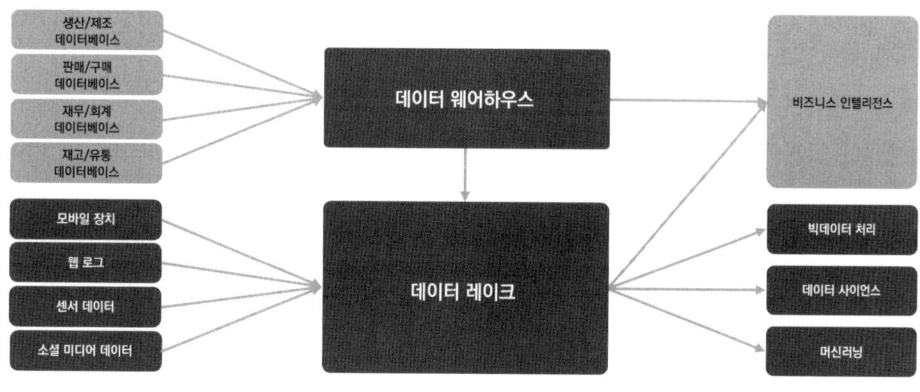

그림 3-2 데이터 레이크

데이터 레이크Data Lake는 그림 3-2와 같이 다양한 소스에서 비정형 및 정형 데이터를 저장하고 분석하기 위한 대규모 데이터 저장 및 처리 시스템을 말한다. 데이터 레이크는 기존의 데이터 웨어하우스와 달리 데이터를 스키마 없이Schemaless 원천 데이터 그대로 저장해서 필요한 경우에 유연하게 가공하고 분석할 수 있는 장점을 갖고 있다. 이는 데이터를 이용하는 사용자나 시스템이 필요에 따라 데이터의 구조를 결정하고 가공하는 유연성을 제공한다.

데이터 레이크의 스키마 없는 특성은 사용자가 데이터를 보다 자유롭게 분석할 수 있는 장점이 있지만 분석 전에 데이터 메타를 정의하고 실시간으로 데이터를 정제하는 기반 기술을 필요로 한다. 데이터 레이크를 구축할 때는 데이터 품질 관리와 데이터 라이프사이클 관리 등을 고려해서 데이터의 중복 및 불일치를 방지하고 데이터의 정리와 관리를 수행하는 것이 중요하다.

데이터 레이크 구축에 사용되는 플랫폼에는 하둡Hadoop, 관계형 데이터베이스, 클라우드 기반 스토리지 등이 있는데 최근에는 클라우드 기반 환경에서 데이터 레이크를 구축하는 것이 일반적인 트렌드가 되고 있다. 이는 두 가지 이유 때문으로 보인다.

첫째, 클라우드 기반 환경에서 데이터 레이크를 구축하면 비교적 저렴한 비용으로 오브젝트 스토리지 등을 데이터 레이크 플랫폼으로 사용할 수 있기 때문이다. 클라우드 제공 업체들은 데이터 스토리지와 관련된 다양한 옵션을 제공하며, 이는 기업이 필요에 맞게 선택해서 데이터를 저장할 수 있게 한다.

둘째, 워크로드가 증가함에 따라 스토리지 자원 및 분석을 위한 컴퓨팅 자원 역시 더 필요하게 되는데, 이를 탄력적으로 확장할 수 있다는 점도 중요한 이유이다. 클라우드 환경에서는 필요에 따라 스토리지 용량과 컴퓨팅 자원을 유연하게 조정할 수 있으므로 데이터 레이크의 용량 증가나 분석 작업에 따른 자원 요구에 맞춰서 자원을 쉽게 확장할 수 있다.

최근에는 이런 데이터 레이크에서 진화해서 데이터 레이크하우스라는 개념이 등장했다.

그림 3-3 데이터 레이크하우스

개발 시간, 운영 부담, 총 소유 비용TCO 등의 이유로 데이터 웨어하우스와 데이터 레이크를 별개로 운영하는 것이 번거로울 수 있으며, 또 두 시스템의 데이터에 접근해야 할 때 데이터를 통합하는 작업이 불편할 수 있다.

데이터 레이크하우스Data Lakehouse는 그림 3-3과 같이 데이터 레이크와 데이터 웨어하우스의 기능을 통합해서 데이터 관리와 분석의 문제점을 해결하기 위한 개념이다. 데이터 레이크하우스는 정형 데이터를 저장하는 데이터 웨어하우스와 비정형 데이터를 저장하는 데이터 레이크의 장점을 결합해서 데이터의 저장, 관리, 처리 및 분석을 효과적으로 수행할 수 있는 통합 환경을 제공한다. 이는 단일 데이터 플랫폼에서 데이터 웨어하우스와 데이터 레이크의 장점을 결합하고, 모든 데이터와 분석, 인공지능[AI] 및 머신러닝[ML] 워크로드를 통합해서 효율적인 데이터 관리와 분석을 가능하게 한다.

데이터 레이크하우스 아키텍처는 유연하고 효율적인 구조를 갖고 있다. 쿼리 엔진이 데이터 레이크에 내장돼 데이터를 로드하거나 특정 데이터 형식으로 변환할 필요 없이 다양한 도구를 사용해서 스토리지 계층에서 데이터를 직접 쿼리할 수 있다. 이로 인해 데이터 레이크의 데이터는 비즈니스 인텔리전스[BI] 애플리케이션뿐만 아니라 AI 및 ML 도구에서도 사용할 수 있어서 다양한 분석과 인사이트 도출에 활용될 수 있다.

또한 데이터 레이크하우스 아키텍처는 여러 사용자가 동시에 데이터를 읽고 쓸 수 있도록 지원하며, ACID(원자성, 일관성, 분리, 내구성) 원칙을 준수하는 데이터베이스 트랜잭션을 지원한다. 이는 데이터의 무결성과 안정성을 보장하면서도 데이터 레이크에서 대규모 데이터를 효과적으로 관리하고 처리할 수 있도록 한다.

데이터 분석 방법

데이터 마트부터 데이터 레이크까지 데이터를 특정 데이터 스토어에 모으는 궁극적인 목적은 수집된 데이터를 이해하고 유용한 인사이트를 도출해서 의사 결정을 지원하는 데 있다. 이를 위해 데이터 분석에 대한 방법론이 사용되는데 분석 대상 데이터의 성격과 해당 데이터에서 얻으려는 인사이트에 따라 다양한 방법론이 적용될 수 있다. 각각의 방법론에는 데이터를 수집하고 분석하는 절차가 명시되는데 단계별로 각 절차를 실행하기 위해서는 요소 기술들이 필요하다.

이런 데이터 분석 방법론은 데이터 스토어에서 수집된 데이터를 구체적으로 활용하고 가치를 끌어내는 데 중요한 역할을 한다. 데이터를 효과적으로 수집하고 분석하는 절차를 수행하는 데 사용되는 요소 기술들에는 데이터 엔지니어링, 데이터 통합, 데이터 가공, 데이터 시각화, 머신러닝, 딥러닝, 비즈니스 인텔리전스 도구 등이 있다.

여기서는 일반적인 데이터 분석 방법론과 이 책에서 사용될 실습과 연결해서 데이터를 분석하는 방법을 살펴보도록 한다.

데이터를 분석하는 방법 또는 절차는 일반적으로 그림 3-4와 같이 수집, 적재, 처리/탐색, 분석/응용의 네 단계로 구분할 수 있다. 물론 방법론에 따라 더 세분화된 절차로 정의하기도 하지만 각 단계가 겹쳐 있어서 구분이 모호해질 수도 있다.

또한 최근에 주목받고 있는 머신러닝Machine Learning 기법을 통한 데이터 분석을 하는 경우 분석 단계에 데이터 모델링 단계가 포함될 수 있다. 데이터 모델링 단계에서는 분석에 적합한 모델을 선택하고 데이터를 해당 모델에 적용해서 회귀Regression, 분류Classification, 군집Clustering 등의 작업을 수행한다. 이를 통해 머신러닝을 활용해서 데이터로부터 유용한 인사이트를 추출하고 예측하는 데 활용할 수 있다.

앞서 정의한 데이터 분석의 각 과정에서 수행하는 작업들은 다음과 같이 정리할 수 있다.

수집

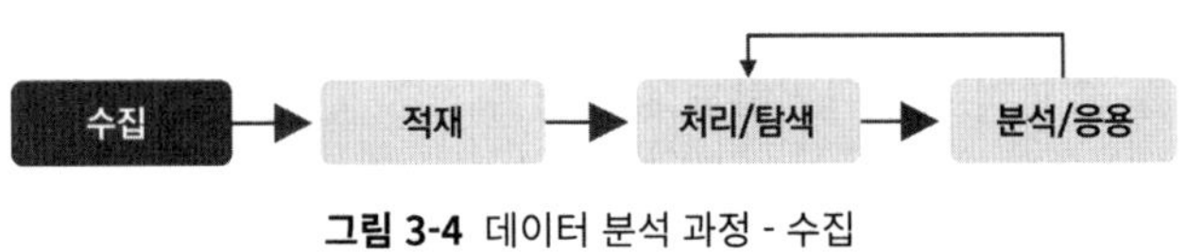

그림 3-4 데이터 분석 과정 - 수집

수집은 그림 3-4의 단계에 해당된다. 데이터 분석을 시작하기 위해서는 먼저 원천 데이터를 수집하는 것이 중요하다. 다양한 데이터 소스에서 필요한 데이터를 추출해서 분석에 활용할 수 있도록 하는 것이 이 단계의 목표이다. 원천 데이터는 데이터베이스, 웹 서비스, 로그 파일 등 다양한 형태로 존재할 수 있는데 이런 다양한 데이터를 수집해서 통합하고 가공해 분석에 사용할 준비를 한다.

적재

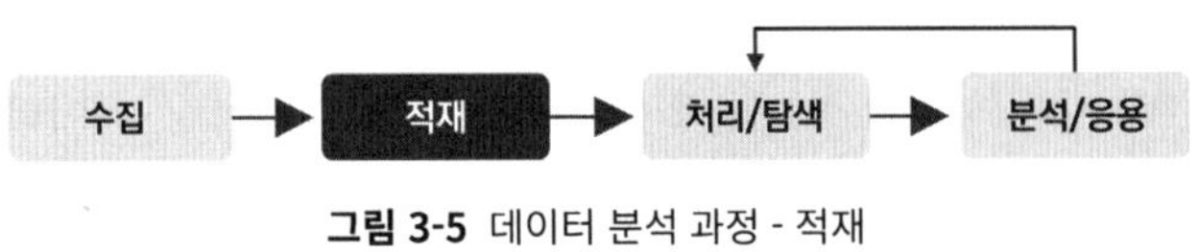

그림 3-5 데이터 분석 과정 - 적재

데이터 분석을 위한 두 번째 단계는 수집한 데이터를 정제하고 필요에 따라 변환 및 필터링해서 분석 시스템에 적재하는 단계이다. 그림 3-5의 단계에 해당된다. 수집한 데이터는 오류, 누락값, 이상치 등이 포함될 수 있으므로 이런 문제들을 해결하는 것이 중요하다.

데이터 정제는 데이터를 정확하고 일관성 있게 만드는 과정으로 이를 통해 데이터의 품질을 향상시키고 분석 결과의 신뢰성을 높인다. 필요에 따라 데이터를 변환하거나 필터링해서 분석에 적합한 형태로 가공한다.

데이터를 적재하는 저장소로는 관계형 데이터베이스, HDFS[Hadoop Distributed File System], NoSQL, 인메모리 캐시, 클라우드 스토리지 등 다양한 저장소가 사용될 수 있다. 또한 데이터를 적재하는 과정은 ETL 기술이나 카프카[Kafka]와 같은 메시징 처리 기술을 비롯해서 다양한 기술들을 활용해 수행된다.

처리/탐색

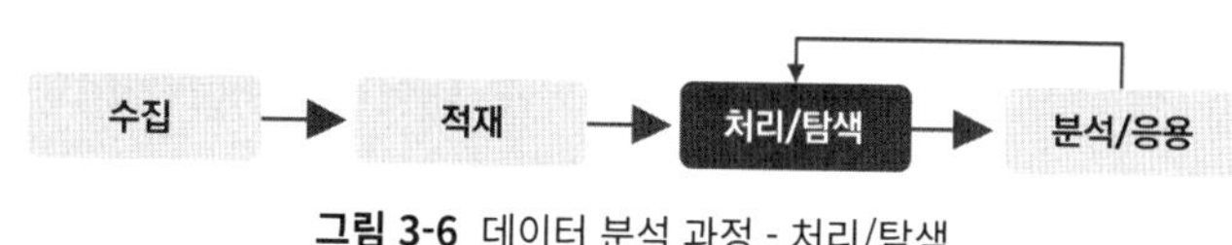

그림 3-6 데이터 분석 과정 - 처리/탐색

그림 3-6의 단계에 해당되는 처리/탐색은 저장소에 저장된 데이터를 분석에 활용하기 위해 데이터를 정형화하고 정규화하는 단계로 정의할 수 있다. 하지만 데이터가 정형화되지 않은 상태에서도 실시간 분석을 수행하는 경우가 있다. 정형화와 정규화 처리 과정을 거친 데이터뿐만 아니라 비정형 상태의 데이터도 시각화 과정과 통계적 도구를 활용해서 데이터의 패턴과 관계를 파악할 수 있다.

여기서 정형화[Standardization]는 데이터의 품질을 향상시키기 위해 다양한 데이터 소스로부터 수집된 데이터를 일관성 있게 포맷팅하고 변환하는 작업을 의미한다. 예를 들어 날짜 형식을 통일하거나 단위를 표준화하는 등의 작업이 해당된다.

정규화[Normalization]는 중복을 최소화하고 데이터의 무결성을 유지하기 위해 데이터를 여러 테이블로 나누는 과정을 말한다. 관계형 데이터베이스에서는 제1 정규형, 제2 정규형, 제3 정규형 등과 같은 정규형 형태로 데이터를 분해한다.

이런 데이터 정형화와 정규화는 데이터를 일관된 형식으로 가공하는 과정으로 이를 통해 데이터 분석의 효율성과 정확성을 높일 수 있다. 정형화된 데이터는 구조화돼 있어서 다양한 분석 기법과 통계적 도구를 적용하기 용이하다.

분석 대상 데이터의 양이 대규모로 적재되는 경우 이를 처리하고 탐색하는 기술이 중요한 역할을 한다. 스파크Spark SQL, 하이브Hive 등은 대량의 데이터를 처리하는 데 특화된 기술로 많이 사용되고 있는 대표적인 기술 중 하나이다.

분석/응용

그림 3-7 데이터 분석 과정 - 분석/응용

그림 3-7의 단계에 해당되는 분석/응용은 대규모 데이터로부터 새로운 패턴을 찾고, 그 패턴을 분석해서 통찰력을 확보하는 단계이다. 데이터 분석 결과를 기반으로 의사 결정을 내리고, 이를 비즈니스나 문제 해결에 적용하는 것이 목표이다. 최근에는 분산 환경 위에서 머신러닝 기술을 활용해서 군집Clustering, 분류Classification, 회귀Regression 등의 고급 분석 영역으로의 확장이 일반화됐다.

데이터 분석 결과를 통해 유용한 인사이트를 도출하고, 이를 비즈니스적인 의사 결정에 활용하는 것이 데이터 분석의 핵심적인 목표이다.

3.2 실습

3장의 실습은 서버리스 기술로 애플리케이션 서비스를 전환하고, IT 시스템 내 축적된 데이터를 수집 · 가공 · 적재해서 시각화를 통한 분석으로 비즈니스적인 통찰을 얻는 것이다. 서버리스 기술 구현부터 데이터 레이크 시스템의 구축까지 모든 과정을 오라클 클라우드에서 구현해 본다.

클라우드 기술을 이용한 접근 방식은 기존의 전통적인 서버 기반의 아키텍처보다 더 빠르고 유연하며 비용 면에서도 효율적이다. 서버리스 기술을 통해 애플리케이션을 개발하고 배포하는 데 더 적은 노력이 들며, 자동으로 확장되고 관리되기 때문에 개발자들은 코드에 집중할 수 있다. 또한 클라우드 인프라를 이용해서 데이터 레이크하우스 시스템을 구축함으로써 서버 인프라 구성에 들이는 비용과 수고를 줄여 대용량의 데이터를 효율적으로 저장하고 분석할 수 있게 한다.

3장에서 구현할 전체 물리 아키텍처는 그림 3-8과 같다.

3장에서는 맨 먼저 오라클의 서버리스 기술을 이용한 애플리케이션의 진화를 구현할 것이다. 이를 위해 2장에서 구현했던 사용자 관리 및 도서 관리 마이크로서비스를 오라클의 서버리스 Function으로 전환하고, 주문 관리라는 신규 서비스를 Function으로 개발한다.

서버리스 기술로 구현된 애플리케이션 서비스들은 API 게이트웨이로 통합돼 사용자에게 단일 엔드포인트로 서비스될 것이다.

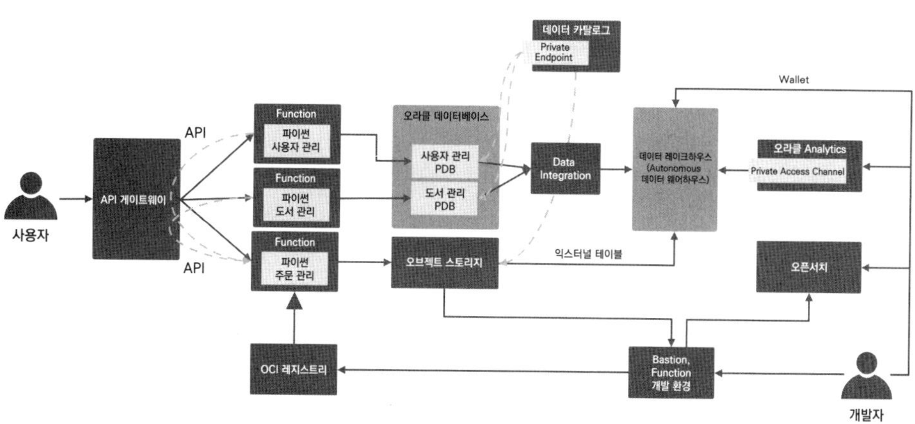

그림 3-8 3장에서 구현할 데이터 레이크하우스 물리 아키텍처

사용자 관리 및 도서 관리 서비스는 2장과 마찬가지로 오라클 RAC 데이터베이스의 각각 별도의 Pluggable 데이터베이스에 저장된다. 신규로 생성될 주문 관리 데이터는 JSON 오브젝트 형태로 클라우드 스토리지에 저장될 것이다.

서로 다른 데이터 소스에 저장된 각 서비스의 데이터는 데이터 레이크하우스라는 중앙 집중화된 저장소에 수집되고 저장돼 효율적으로 데이터를 관리하고 분석하는 데 사용될 것이다.

데이터 레이크하우스를 구축하는 첫 번째 단계는 관계형 데이터베이스와 오브젝트 스토리지에 흩어져 있는 데이터에 대한 전체 현황 파악과 관리가 될 것이다. 이는 OCI 메타데이터 관리 서비스를 활용한다.

또 각 IT 서비스에서 수집된 각 데이터는 ETL 프로세스를 통해 분석에 적합한 형태로 데이터 레이크하우스에 적재될 것이다.

데이터 레이크하우스로는 오라클의 대표적인 데이터베이스 서비스인 Autonomous 데이터베이스를 활용한다. 기존 오라클 데이터베이스에 수집된 데이터는 ETL 서비스를 통해, 그리고 오브젝트 스토리지에 저장된 데이터는 익스터널 테이블로 데이터 레이크하우스에 적재된다. 이로써 실시간 조회도 가능하게 된다.

데이터 분석의 마지막 단계로 데이터 레이크하우스에 적재된 통합 데이터는 오라클 Analytics를 활용해서 시각화되고, 이를 기반으로 대시보드가 구성돼 분석에 활용된다.

추가로 실습 시스템 구축에 사용된 오라클 클라우드 서비스들이 생성한 각 로그는 오브젝트 스토리지에 저장되며, 이 로그들은 오픈서치 서비스를 통해 로그 분석이 이뤄질 것이다.

3장에서 구현할 서버리스 애플리케이션의 논리 구조는 그림 3-9와 같다.

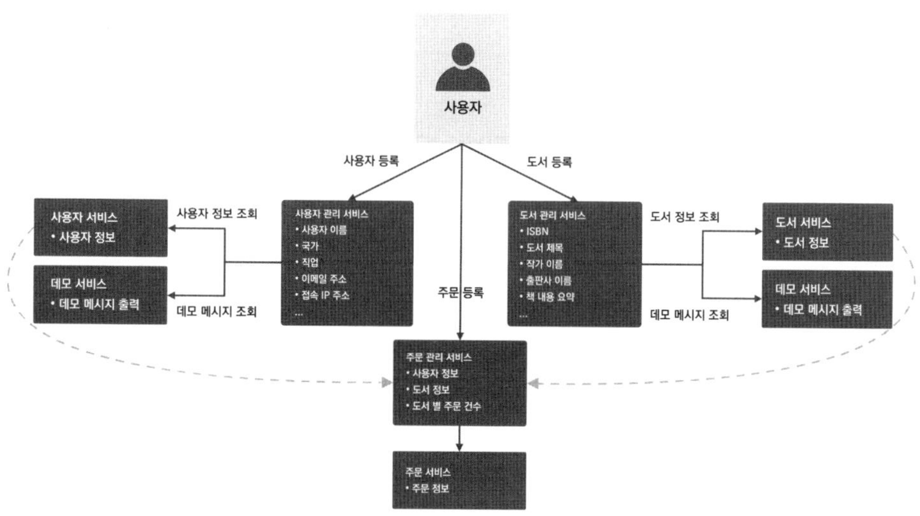

그림 3-9 3장에서 구현할 서버리스 애플리케이션 논리 아키텍처

3장에서 사용자 관리 및 도서 관리 마이크로서비스의 경우 서버리스 Function 아키텍처로 변경되는 것을 제외하고는 이 서비스들의 논리 구조상에 큰 변화는 없으며, 각 서비스가 사용하는 데이터 저장소도 동일하다. 다만 주문 관리라는 신규 서비스를 추가로 개발할 것이다. 주문 관리 서비스는 사용자 관리 및 도서 관리 서비스의 API를 활용해서 각 서비스의 정보를 가져와 주문 정보를 생성한다. 주문 정보에는 주문한 도서의 건수도 포함돼 관리된다. 주문 서비스의 데이터 저장소로는 오브젝트 스토리지가 사용된다.

지금까지 설명한 데이터 레이크하우스 시스템 구축을 위해 그림 3-10과 같은 단계로 실습을 진행한다.

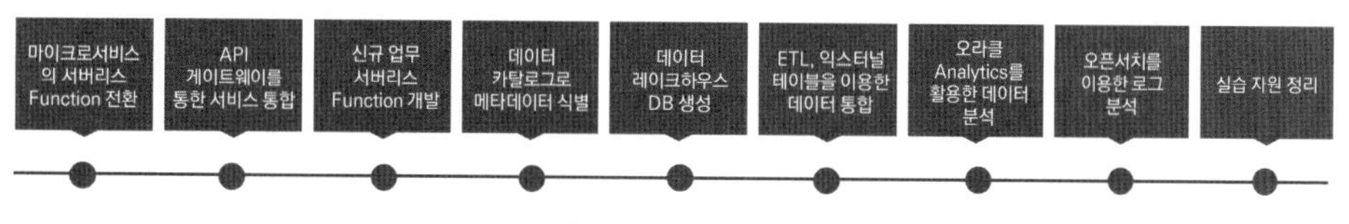

그림 3-10 3장 실습 단계

2장에서 사용했던 VCN, 정책, 다이내믹 그룹, 개발 환경 가상 머신, RAC 데이터베이

스는 3장에서도 그대로 사용한다.

3.2.1 마이크로서비스의 서버리스 Function 전환

가장 먼저 실습할 내용은 기존의 사용자 관리 및 도서 관리 마이크로서비스를 OCI Function으로 변경하고, 주문 관리 마이크로서비스를 OCI Function으로 새로 개발하는 것이다. 사용자 관리 및 도서 관리 서비스의 데이터는 2장에서 사용한 오라클 RAC 데이터베이스에 저장된다. 추가로 개발된 OCI Function을 통해 생성된 데이터는 오브젝트 스토리지에 저장된다.

먼저 OCI Function을 개발할 환경을 구성하고 OCI Function을 이용한 서버리스 서비스를 개발하고 배포할 것이다. 이에 앞서 우선 오라클이 제공하는 서버리스 기술인 Function에 대해 살펴본다.

3.2.1.1 오라클 클라우드 서버리스 기술

오라클 클라우드에서는 AWS, Azure, GCP와 같은 여타 클라우드 벤더와 마찬가지로 컴퓨트 인스턴스를 사용하지 않고도 웹 시스템을 구축할 수 있는 기능을 제공한다. 이를 위한 핵심 기술로 OCI Function과 API 게이트웨이가 있다.

먼저 OCI Function의 기반인 "서버리스Serverless"라는 용어를 살펴보면 이는 애플리케이션을 실행하는 데 서버가 포함되지 않는다는 의미로 해석될 수 있다. 하지만 실제로는 백엔드에 서버가 존재하기 때문에 이 용어가 강조하는 것은 서버리스 애플리케이션을 운영하면 백엔드 관련 측면을 무시할 수 있다는 것이다. 즉, 클라우드 공급자가 인프라 관리 작업을 자동으로 하기 때문에 개발자가 코드를 실행할 서버 인프라를 직접 관리하지 않아도 된다.

서버리스 컴퓨팅은 이벤트 기반의 아키텍처를 기반으로 동작한다. HTTP 요청, 데이터베이스 업데이트 등과 같은 특정 이벤트에 대응하는 애플리케이션 코드를 작성한 후 해당 이벤트가 발생할 때만 코드가 실행되도록 구성된다. 이런 방식은 필요한 컴퓨팅 자원만 사용해서 동적으로 확장되므로 자원을 최적으로 활용할 수 있는 장점을 갖고 있다.

서버리스와 같은 맥락으로 Function as a Service[FaaS]라는 용어도 있다. 여기서 Function이란 한 가지 작업을 수행하는 간단한 코드 조각으로 짧게 실행되는 단일 상태 비저장 작업에 초점을 맞춰 설계된다. 서버리스 프레임워크나 관리형 클라우드 기반의 서버리스 서비스는 일반적으로 요청을 수신하거나 특정 기능에 대한 트리거[Trigger]가 활성화될 때만 특정 Function을 인스턴스화한다. 이런 인스턴스는 일반적으로 컴퓨팅 자원 해제를 위해 유휴 시간 간격이 경과하면 종료된다. 이처럼 서버리스 아키텍처는 필요한 컴퓨팅 자원만 할당받아 실행되므로 자원을 최적으로 활용할 수 있다.

이렇게 특정 이벤트가 발생할 때 Function이 인스턴스화되는 서버리스 아키텍처의 특성상 최초 서버리스 Function이 호출될 때는 시간이 소요될 수 있다. 이는 항상 일정한 성능이 보장돼야 하는 업무에서 서버리스 아키텍처를 구축하기에 앞서 고려해야 할 사항이다.

OCI Function도 Function as a Service와 유사하게 상태를 저장하지 않고 한 번 실행되고 짧은 시간 동안 실행되는 서비스이다. 지원되는 프로그래밍 언어로는 Java, Golang, Python, JavaScript, Ruby, C# 등이 있는데 이런 언어로 개발된 코드를 작성하기 위해 별도로 SDK[Software Development Kit]라고 하는 개발 도구를 설치할 필요가 없다.

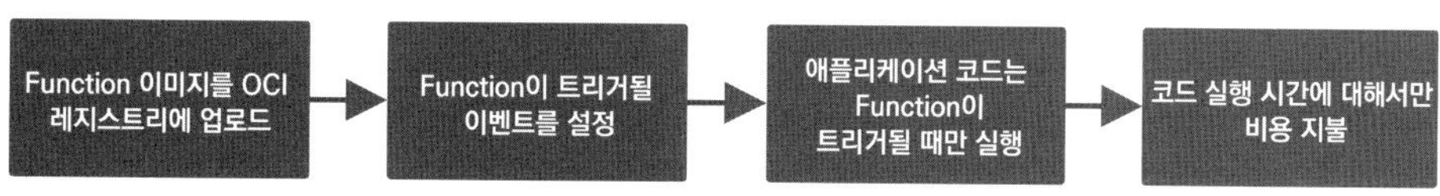

그림 3-11 OCI Funtion의 동작 흐름

OCI Function은 그림 3-11과 같이 OCI Function 코드가 Function 단위로 도커 컨테이너에서 실행된다. 프라이빗 도커 이미지 저장소인 컨테이너 레지스트리에 Function 이미지를 Push하고, 특정 상황에 Function을 트리거하도록 설정해서 트리거 이벤트가 발생했을 때만 코드가 실행되도록 설계돼 있다. 그리고 Fn Project는 함수 이미지를 빌드하고 배포하는 데 도커를 사용한다고 가정한다. OCI Function 역시 기본적으로 도커를 사용해서 함수 이미지를 빌드하고 배포한다. 하지만 Fn Project는 도커 대신 Podman을 추가 설치해서 대신 사용할 수도 있다.

OCI Function은 컨테이너 기반 서버리스 플랫폼인 Fn Project 기술을 기반으로 한다. 따라서 사용자는 Fn Project를 활용해서 오라클 클라우드상에서 서버리스 애플리케이션을 개발하고 실행할 수 있으며, OCI Function에서는 Fn Project의 CLI를 사용해서 생성, 읽기, 업데이트 및 삭제 작업을 수행할 수 있다.

지금부터 그림 3-12의 단계와 같이 기존 마이크로서비스를 서버리스 Function으로 전환해 본다.

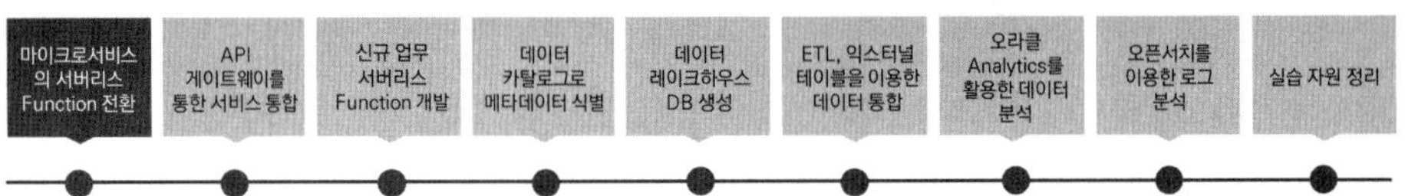

그림 3-12 3장 실습 단계 - 마이크로서비스의 서버리스 Function 전환

다음과 같은 단계로 실습을 진행한다.

- Function 개발 환경 구성
- 샘플 Function 배포 - 애플리케이션 생성
- 샘플 Function 배포 - 사용자 관리 Function
- 샘플 Function 배포 - 도서 관리 Function

3.2.1.2 실습 - Function 개발 환경 구성

Function을 사용하기 위해서는 먼저 Function 개발 환경을 구성해야 한다. 오라클 클라우드에서 Function 개발 환경을 구성하는 방법에는 다음과 같은 세 가지 방식이 있다. 이번 실습에서는 기존 2장에서 사용했던 개발 환경 가상 머신을 활용해서 다음 중 세 번째 방식인 OCI 컴퓨트 인스턴스 설정 방식으로 Function 개발 환경을 구성한다.

- **Cloud Shell 설정**: Function을 생성하고 배포하며 호출하는 일련의 과정을 빠르게 수행할 수 있는 방식이다. 로컬 컴퓨터나 OCI 컴퓨트 인스턴스 환경에서

도커나 Fn Project CLI를 설치 및 설정하거나 컨텍스트context 생성, 동적 그룹Dynamic Group 생성 및 설정 등의 작업을 하지 않아도 된다.

- **로컬 컴퓨터 설정**: OCI Function 사용 환경을 로컬 컴퓨터에 설정하는 경우 Fn Project CLI 컨텍스트에 --provider oracle을 명시해야 한다. 이는 OCI Function 사용 환경을 설정할 때 클라우드 자원을 사용하기 위한 인증과 권한 부여 절차가 필요한데 이때 OCI 자원을 사용해서 인증 및 권한 부여 절차를 수행하겠다는 의미이다.
- **OCI 컴퓨트 인스턴스 설정**: OCI 컴퓨트 인스턴스에 Function 개발 환경을 설정하는 경우 Fn Project CLI 컨텍스트에 --provider oracle-ip를 명시해야 한다. 이는 OCI Function이 인스턴스 OCID, 동적 그룹, 동적 그룹에 권한을 부여하는 정책을 사용해서 인증 및 권한 부여 절차를 수행하겠다는 의미이다.

OCI Function을 사용하기 위해서는 OCI 자원 사용에 필요한 권한을 먼저 부여해야 한다. 1장에서 생성한 "oci-demo-dyngroup" 다이내믹 그룹을 수정해서 컴파트먼트 내의 Function 자원을 포함하도록 하고, 이 다이내믹 그룹에 OCI의 Function, Logging, 컨테이너 레지스트리 등 Funciton 생성과 실행에 필요한 자원을 제어할 수 있는 권한을 부여해야 한다.

OCI 웹 콘솔에서 [Identity & Security → Identity → Domains → Default Domain 선택 → Dynamic Groups] 화면으로 이동한 후 oci-demo-dyngroup을 선택한다. 그리고 + Additional Rule을 클릭해서 다음과 같은 규칙을 추가하고 하단의 Save를 클릭한다. 이때 컴파트먼트 OCID는 독자의 환경에 맞게 정보를 수정해야 한다. 그림 3-13을 참조한다.

- Rule 2: All {resource.type = 'fnfunc', resource.compartment.id = 'ocid1.compartment.oc1..aaaaaaaa6cq7mawvxnv2be542zwvlukehzsj3qqlx4kx2ee74nyijmgh3yka'}

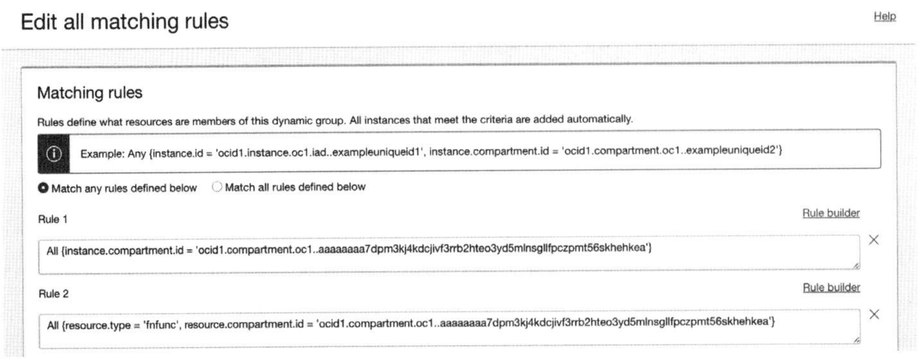

Edit all matching rules

Help

Matching rules

Rules define what resources are members of this dynamic group. All instances that meet the criteria are added automatically.

Example: Any {instance.id = 'ocid1.instance.oc1.iad..exampleuniqueid1', instance.compartment.id = 'ocid1.compartment.oc1..exampleuniqueid2'}

Match any rules defined below   Match all rules defined below

Rule 1   Rule builder

All {instance.compartment.id = 'ocid1.compartment.oc1..aaaaaaaa7dpm3kj4kdcjivf3rrb2hteo3yd5mlnsgllfpczpmt56skhehkea'}

Rule 2   Rule builder

All {resource.type = 'fnfunc', resource.compartment.id = 'ocid1.compartment.oc1..aaaaaaaa7dpm3kj4kdcjivf3rrb2hteo3yd5mlnsgllfpczpmt56skhehkea'}

그림 3-13 Function 사용을 위한 다이내믹 그룹 규칙 추가

다이내믹 그룹에 Function 자원에 관한 규칙이 생성됐다면 해당 Function이 제어할 수 있는 자원 정책 구문을 추가해야 한다. 1장에서 all-resources에 대한 제어 권한을 부여받은 그룹의 유저도 다음의 권한을 추가해야 한다. OCI 웹 콘솔의 [Identity & Security → Identity → Policies] 화면으로 이동해서 이전에 생성한 oci-demo-policy를 클릭한다. 해당 정책은 root 컴파트먼트에 위치하고 있다. Edit Policy Statements를 클릭해서 정책 구문 편집 화면으로 이동한다. 다음과 같은 형식의 정책 구문을 추가해야 한다.

```
Allow dynamic-group <YOUR_DYNAMIC_GROUP_NAME> to manage functions-family in
compartment <YOUR_COMPARTMENT_NAME>
Allow dynamic-group <YOUR_DYNAMIC_GROUP_NAME> to manage logging-family in
compartment <YOUR_COMPARTMENT_NAME>
Allow dynamic-group <YOUR_DYNAMIC_GROUP_NAME> to manage repos in compartment
<YOUR_COMPARTMENT_NAME>
Allow dynamic-group <YOUR_DYNAMIC_GROUP_NAME> to manage objects in
compartment <YOUR_COMPARTMENT_NAME>
```

정책 구문은 + Another Statement를 클릭해서 하나씩 추가할 수도 있고, 그림 3-14와 같이 Advanced 옵션을 선택해서 한꺼번에 추가할 수도 있다. 다음 내용의 정책 구문을 추가하고 하단의 Save Changes를 클릭한다. 컴파트먼트 이름은 독자의 환경에 맞춰 수정한다. 1장에서 "Allow dynamic-group oci-demo-dyngroup to manage object-family in compartment ociexplained" 권한 구문을 추가했다면 다음 구문 중 마지막의 "Allow dynamic-group oci-demo-dyngroup to manage objects in compartment ociexplained" 구문은 추가하지 않아도 된다.

- Policy Builder: Advanced

```
Allow dynamic-group oci-demo-dyngroup to manage functions-family in
compartment ociexplained
Allow dynamic-group oci-demo-dyngroup to manage logging-family in
compartment ociexplained
Allow dynamic-group oci-demo-dyngroup to manage repos in compartment
ociexplained
Allow dynamic-group oci-demo-dyngroup to manage objects in compartment
ociexplained
```

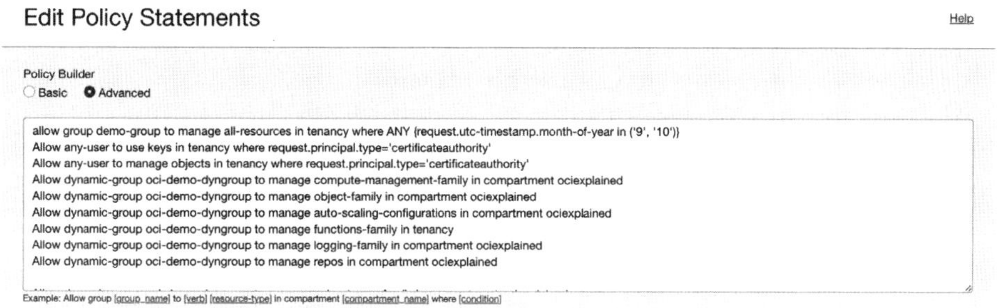

그림 3-14 Function 사용을 위한 정책 추가

이제 OCI Function이 동작할 때 사용하는 도커와 Fn Project CLI를 개발 환경 가상 머신에 설치한다. 도커의 경우 2장에서 이미 설치한 상태이므로 Fn Project CLI만 설치한다. 다음과 같이 "curl" 명령으로 Fn Project CLI를 다운로드한다.

```
[opc@oci-demo-appdev ~]$ curl -LSs https://raw.githubusercontent.com/
fnproject/cli/master/install | sh
fn version 0.6.26

        ______
       / ____/___
      / /_  / __ \
     / __/ / / / /
    /_/   /_/ /_/`
```

Fn Project CLI를 사용해서 OCI 테넌시에 연결하기 위해 다음과 같이 "ocidemo"라는 이름으로 새로운 컨텍스트를 생성하고 설정한다. 컨텍스트는 Function 서비스를 관리하는 데 사용되며, 일종의 네임스페이스 개념으로 서비스를 구분한다. 컨텍스트에는 Function이 소속될 컴파트먼트의 OCID와 Function의 도커 이미지를 Push 및 Pull하기 위한 컨테이너 레지스트리 주소를 지정하게 된다.

먼저 "ocidemo"라는 이름으로 컨텍스트를 Fn Project CLI로 생성하고, 이를 사용하도록 설정한다. 컨텍스트를 생성할 때 "--provider oracle-ip" 옵션을 지정해서 OCI 인스턴스와 다이내믹 그룹 그리고 해당 다이내믹 그룹에 권한을 부여하는 정책을 이용해서 인증Authentication과 인가Authorization를 수행한다.

```
[opc@oci-demo-appdev ~]$ fn create context ocidemo --provider oracle-ip
Successfully created context: ocidemo
[opc@oci-demo-appdev ~]$ fn use context ocidemo
Now using context: ocidemo
[opc@oci-demo-appdev ~]$ fn list context
CURRENT NAME    PROVIDER        API URL                 REGISTRY
        default default         http://localhost:8080
*       ocidemo oracle-ip
```

생성한 컨텍스트에 컴파트먼트 OCID, API 엔드포인트, 컨테이너 레지스트리 주소 등을 지정해야 한다. 다음 실습 예제를 실행할 때 컴파트먼트 OCID와 API 엔드포인트, 컨테이너 레지스트리 주소는 자신의 환경에 맞게 실젯값으로 대체해야 한다.

자신의 컴파트먼트 OCID는 OCI 웹 콘솔의 [Identity & Security → Compartments → Compartment Details] 화면에서 확인할 수 있다. 다음과 같이 Function이 소속될 컴파트먼트를 명시해서 컨텍스트를 업데이트한다.

```
[opc@oci-demo-appdev ~]$ fn update context oracle.compartment-id ocid1.
compartment.oc1..aaaaaaaa6cq7mawvxnv2be542zwvlukehzsj3qqlx4kx2ee74nyijmgh3
yka
Current context updated oracle.compartment-id with ocid1.compartment.oc1..
aaaaaaaa6cq7mawvxnv2be542zwvlukehzsj3qqlx4kx2ee74nyijmgh3yka
```

컨텍스트에 API 엔드포인트 정보를 업데이트해야 한다. Function 서비스를 위한 API 엔드포인트는 리전마다 다르므로 현재 사용 중인 리전의 API 엔드포인트로 컨텍스트를 업데이트해야 한다. 리전별 API 엔드포인트는 다음의 웹 페이지에서 확인할 수 있다. 다음 예시에서는 춘천 리전의 API 엔드포인트를 지정했다.

- https://docs.oracle.com/en-us/iaas/api/#/en/functions/

```
[opc@oci-demo-appdev ~]$ fn update context api-url https://functions.ap-chuncheon-1.oci.oraclecloud.com
Current context updated api-url with https://functions.ap-chuncheon-1.oci.oraclecloud.com
```

컨텍스트에 업데이트할 컨테이너 레지스트리 주소는 2장 실습에서 사용했던 레지스트리를 다음 예시와 같이 그대로 사용한다. 다음 명령에서 테넌시 네임스페이스 이름(예시: demo)은 독자의 환경에 맞게 수정한다.

```
[opc@oci-demo-appdev ~]$ fn update context registry yny.ocir.io/demo/oci-demo-repo
Current context updated registry with yny.ocir.io/demo/oci-demo-repo
```

Function 이미지를 Push하고 Pull할 리포지터리의 컴파트먼트 정보를 컨텍스트에 업데이트한다. 이렇게 하면 빌드된 컨테이너 이미지가 지정된 컴파트먼트에 업로드된다.

```
[opc@oci-demo-appdev ~]$ fn update context oracle.image-compartment-id ocid1.compartment.oc1..aaaaaaaa6cq7mawvxnv2be542zwvlukehzsj3qqlx4kx2ee74nyijmgh3yka
Current context updated oracle.image-compartment-id with ocid1.compartment.oc1..aaaaaaaa6cq7mawvxnv2be542zwvlukehzsj3qqlx4kx2ee74nyijmgh3yka
```

Function 서비스가 컨테이너 레지스트리에 접근하려면 인증 토큰이 필요하다. 이전에 생성한 인증 토큰을 계속 사용하거나 새로운 인증 토큰을 생성한다.

기존 인증 토큰 사용: 2장에서 생성했던 인증 토큰을 그대로 사용해서 Function 서비스가 컨테이너 레지스트리에 접근할 수 있다.

새로운 인증 토큰 생성: 새로운 인증 토큰이 필요한 경우 OCI 웹 콘솔에서 다음 단계를 따른다.

- 사용자 메뉴를 클릭해서 User Settings 화면으로 이동한다.

- User Settings 화면에서 Auth Tokens 항목을 선택해서 Auth Tokens 화면으로 이동한다
- Generate Token을 클릭해서 새로운 인증 토큰을 생성한다.

자세한 내용은 2장 컨테이너 레지스트리 인증 설정 실습 부분을 참조한다.

인증 토큰을 생성한 후 컨테이너 레지스트리에 도커 로그인을 실행해서 기존 컨테이너 레지스트리의 크리덴셜Credential로 로그인이 정상적으로 동작하는지 확인한다.

```
[opc@oci-demo-appdev ~]$ docker login yny.ocir.io
Authenticating with existing credentials...
WARNING! Your password will be stored unencrypted in /home/opc/.docker/
config.json.
Configure a credential helper to remove this warning. See
https://docs.docker.com/engine/reference/commandline/login/#credentials-
store

Login Succeeded
```

3.2.1.3 실습 - 샘플 Function 배포 - 애플리케이션 생성

OCI Function을 개발하기 위한 환경 구성을 마쳤다. 이제 간단한 샘플 Function을 만들어서 배포하고 실행해 본다. OCI Function은 Function 애플리케이션을 만들고, 그 아래에 Function을 생성해서 배포하는 구조를 갖고 있다. 따라서 먼저 OCI Function 애플리케이션을 생성한다.

OCI 웹 콘솔에서 [Developer Services → Functions → Applications] 화면으로 이동한 후 Create application을 클릭한다. 그림 3-15와 같이 애플리케이션 이름을 입력하고 애플리케이션을 배포할 VCN과 서브넷을 선택한다. 이번 실습에서는 퍼블릭 서브넷에 Function 애플리케이션을 배포한다. 다음의 필요한 정보를 입력한 후 하단의 Create를 클릭해서 애플리케이션을 생성한다.

- Name: oci-demo-func-app
- VCN: OCI_DEMO

- Subnets: public subnet-OCI_DEMO (Regional)
- Shape: GENERIC_X86(GENERIC_X86_ARM을 선택하지 않는다.)

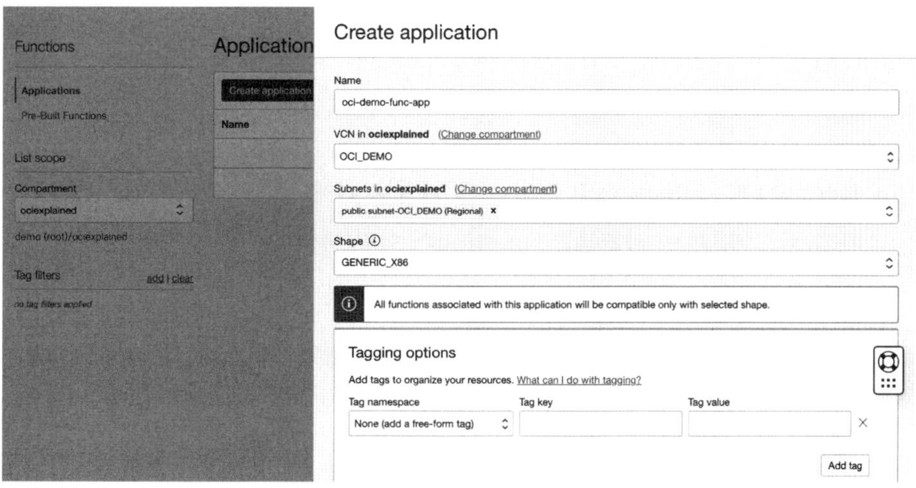

그림 3-15 Function 애플리케이션 생성

애플리케이션이 생성된 후 터미널로 돌아와서 "fn list apps" 명령을 실행하면 현재 배포된 애플리케이션을 확인할 수 있다. 이 명령을 통해 Function 애플리케이션의 리스트와 각 애플리케이션의 이름, ID 정보를 확인할 수 있다.

```
[opc@oci-demo-appdev ~]$ fn list apps
NAME                    ID
oci-demo-func-app       ocid1.fnapp.oc1.ap-chuncheon-1.aaaaaaaaavvw4tqcom7j
xvz7hrpbcs4n2opqj724jppiwp3kyigtq6i66puq
```

이제 파이썬 코드로 된 샘플 Function 테스트를 수행한다. 애플리케이션 내에 Function을 생성하는 작업은 OCI 웹 콘솔에서도 할 수 있지만 다음 예시에서는 Function 개발 환경을 구성한 개발 환경 가상 머신에서 수행한다. 다음과 같이 hello-python Function을 생성한다. --runtime 옵션은 앞으로 개발할 Function이 파이썬으로 작성될 것임을 명시하는 것이다. 명령을 실행하면 hello-python이라는 디렉토리가 생성된다. 이제 Function 개발 작업을 이 디렉토리 내에서 수행할 수 있다.

```
[opc@oci-demo-appdev ~]$ fn init --runtime python hello-python
Creating function at: ./hello-python
Function boilerplate generated.
func.yaml created.
```

생성된 디렉토리로 이동해 보면 3개의 파일이 생성돼 있다. 각 파일의 내용은 다음과 같다.

- func.py: OCI Function의 메인 코드 파일로 실제로 실행되는 Function의 로직을 담고 있다. 이 파일에는 Function이 어떤 작업을 수행할지에 대한 코드가 작성돼야 한다.
- func.yaml: OCI Function을 배포하기 위한 설정 파일이다. 이 파일에는 Function과 관련된 정보들을 명시해서 Function이 어떻게 배포되고 실행돼야 하는지를 정의한다.
- requirements.txt: Python 프로젝트에서 사용하는 외부 라이브러리(의존성)들을 명시하는 파일이다. OCI Function을 개발할 때도 외부 라이브러리를 사용할 경우 이 파일에 라이브러리 이름과 버전을 기록해서 해당 라이브러리들을 설치할 수 있다.

```
[opc@oci-demo-appdev ~]$ cd hello-python
[opc@oci-demo-appdev hello-python]$ ls
func.py  func.yaml  requirements.txt
```

다음은 Function 배포 명령을 실행할 경우 생성된 애플리케이션에 Function 배포가 시작되는 과정이다. 이 과정에서 "hello-python"이라는 이름으로 도커 이미지를 빌드하고, 이를 지정된 Function 레지스트리에 Push하는 내용을 확인할 수 있다.

```
[opc@oci-demo-appdev hello-python]$ fn -v deploy --app oci-demo-func-app
Deploying hello-python to app: oci-demo-func-app
Bumped to version 0.0.2
Using Container engine docker
Building image yny.ocir.io/demo/oci-demo-repo/hello-python:0.0.2
... 생략 ...
Updating function hello-python using image yny.ocir.io/demo/oci-demo-repo/
```

```
hello-python:0.0.2...
Successfully created function: hello-python with yny.ocir.io/demo/oci-demo-repo/hello-python:0.0.2
```

OCI 웹 콘솔에서 컨테이너 레지스트리 화면으로 이동하면 지정한 컴파트먼트에 그림 3-16과 같이 Push된 이미지가 생성돼 있는 것을 확인할 수 있다.

컨테이너 레지스트리 화면에서는 Function에 대한 도커 이미지들을 확인할 수 있으며, 이미지의 이름, 태그, 크기, 생성일 등의 정보를 확인할 수 있다. 이를 통해 Function의 도커 이미지가 올바르게 빌드되고 컨테이너 레지스트리에 저장됐는지를 확인할 수 있다. 또한 이미지를 선택해서 자세한 정보를 확인하거나 필요한 경우 이미지를 삭제하거나 버전 관리를 할 수도 있다.

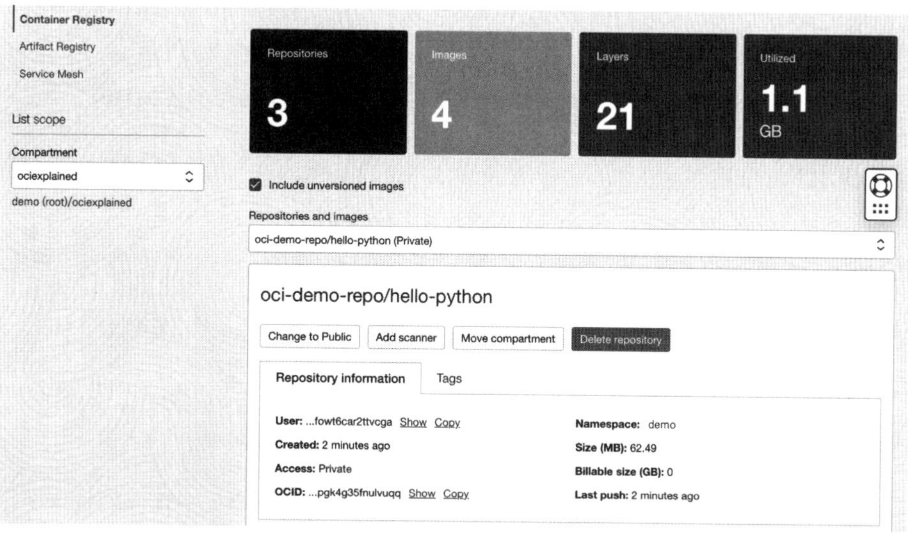

그림 3-16 OCI 레지스트리에 생성된 Function 컨테이너 이미지

OCI 웹 콘솔에서 애플리케이션 내에 Function도 배포돼 있는 것을 그림 3-17과 같이 확인할 수 있다.

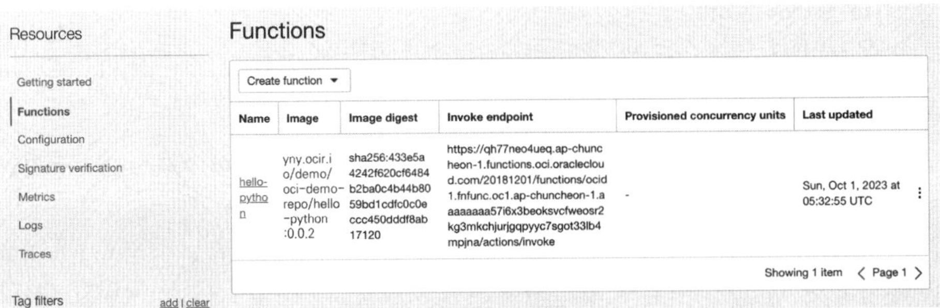

그림 3-17 애플리케이션에 Function 배포

배포된 Function의 호출은 "fn invoke" 명령으로 수행한다. 최초로 Function을 호출할 때 컨테이너 레지스트리에서 컨테이너 이미지를 가져와서 배포한 후 컨테이너 내 파이썬 코드를 실행하기 때문에 시간이 다소 소요될 수 있다. 하지만 두 번째 호출부터는 이미지가 캐시돼 있기 때문에 즉시 응답할 수 있다.

```
[opc@oci-demo-appdev hello-python]$ fn invoke oci-demo-func-app hello-python
{"message": "Hello World"}
```

[Provisioned Concurrency]

Function이 처음 호출될 때 시간이 오래 걸리는 현상을 콜드 스타트Cold Start라고 부른다. 이는 Function이 호출될 때마다 컨테이너의 배포와 초기화가 발생하기 때문이다. 이로 인해 최초 호출 시에는 대기 시간이 발생하며, 이후의 호출부터는 이미지가 캐시돼 있어서 빠르게 응답하는 핫 스타트Hot Start가 가능하다.

오라클 클라우드에서는 콜드 스타트 시간을 최소화하고 핫 스타트 보장을 위해 Provisioned Concurrency를 지원한다. Provisioned Concurrency는 개별 Function에 설정하는 기능으로 핫 스타트로 실행하려는 Function에 미리 정해진 자원 할당 수를 지정함으로써 콜드 스타트 시간을 줄이는 방식이다. 이를 통해 최초 실행 시 대기 시간을 최소화하고 빠른 응답을 제공할 수 있다. 그러나 Provisioned Concurrency가 적용된 Function에 대해서는 추가 비용이 발생할 수 있다.

Provisioned Concurrency 설정 방법은 OCI 웹 콘솔의 애플리케이션 내 Function 화면에서 Create from existing image를 클릭해서 핫 스타트를 실행하려는 Function을 선택하고, Provisioned Concurrency를 활성화하면 된다. 이때 PCUProvisioned Concurrency Unit라고 하는 미리 정해진 자원 할당 수도 지정하게 된다.

3.2.1.4 실습 - 샘플 Function 배포 - 사용자 관리 Function

앞서 살펴본 OCI Function의 사용 방법을 바탕으로 사용자 관리 및 도서 관리 마이크로서비스를 Function으로 전환하는 작업을 진행한다. 애플리케이션인 oci-demo-func-app에 2개의 Function을 추가로 배포하게 된다. 그림 3-18과 같은 개발 아키텍처로 구성되며, 개발 환경 가상 머신에서 개발한 Function이 배포되면 해당 Function의 컨테이너 이미지가 컨테이너 레지스트리에 업로드된다. Function이 호출되면 컨테이너 레지스트리에서 이미지를 가져와서 컨테이너를 구동해서 Function을 서비스하는 형태로 동작하게 된다.

이를 통해 기존의 사용자 관리 및 도서 관리 마이크로서비스를 Function으로 변환해서 더욱 유연하고 효율적인 서비스를 구축할 수 있다.

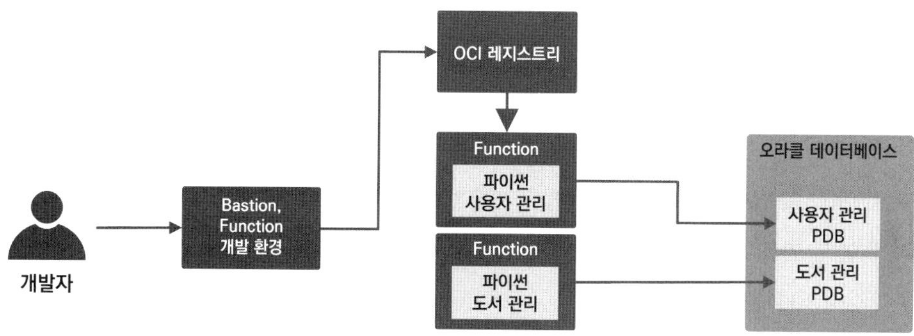

그림 3-18 Function 개발 아키텍처

먼저 사용자 관리 마이크로서비스를 Function으로 변경하기 위해 개발 환경 홈 디렉토리에서 "oci-demo-userfn"이라는 이름으로 사용자 관리 Function을 생성한다.

```
[opc@oci-demo-appdev hello-python]$ cd ~
[opc@oci-demo-appdev ~]$ fn init --runtime python oci-demo-userfn
Creating function at: ./oci-demo-userfn
Function boilerplate generated.
func.yaml created.
```

3장 실습은 2장에서 생성된 사용자 관리 데이터를 사용하지 않고, 새로운 데이터를 생성한다. 또한 users 테이블에 접속한 클라이언트, 생년월일 등의 칼럼을 추가한다.

따라서 기존 users 테이블을 삭제하고, 다시 생성하는 스크립트를 만들어야 한다. 이를 위해 앞서 생성된 Function 디렉토리로 이동해서 스크립트를 만든다.

```
GitHub Script: https://github.com/ociexplained/how-to-use-OCI/chapter3/oci-demo-userfn/user.sql
```

```
[opc@oci-demo-appdev ~]$ cd oci-demo-userfn
[opc@oci-demo-appdev oci-demo-userfn]$ vi user.sql
drop table users;
CREATE TABLE users
(
        user_id int,
        user_name VARCHAR(100),
        country VARCHAR(100),
        job VARCHAR(100),
        email VARCHAR(100),
        client_ip VARCHAR(100),
        user_agent VARCHAR(200),
        birth VARCHAR(100),
        last_conn_date timestamp
);
```

SQL*Plus를 실행해서 2장 실습에서 사용한 사용자 관리 오라클 데이터베이스에 접속해 앞서 만든 테이블 생성 스크립트를 실행한다. 데이터베이스 접속 정보 확인 방법은 2장의 내용을 참조한다.

```
[opc@oci-demo-appdev oci-demo-userfn]$ sqlplus system@//oci-demo-msadb-scan.sub09130358041.ocidemo.oraclevcn.com/userpdb.sub09130358041.ocidemo.oraclevcn.com @user.sql

SQL*Plus: Release 21.0.0.0.0 - Production on Wed Jul 5 06:33:46 2023
Version 21.11.0.0.0

Enter password:
... 생략 ...
Table dropped.

Table created.

SQL> exit
Disconnected from Oracle Database 19c EE Extreme Perf Release 19.0.0.0.0 -
```

```
Production
Version 19.20.0.0.0
```

Function으로의 전환을 위해 사용자 관리 마이크로서비스 코드를 func.py 파일에 반영하는 작업을 진행한다. 현재 func.py 파일에는 다음과 같이 Hello World를 출력하는 핸들러 함수만 정의돼 있다. 핸들러 함수는 일반적으로 특정 이벤트나 요청을 처리하는 기능이나 메서드를 나타내며, OCI Function 환경에서는 이벤트가 발생하면 핸들러 함수가 실행돼 컨텍스트 등의 입력 데이터를 수신하고 해당 데이터를 기반으로 필요한 작업을 수행한다.

간단한 코드의 경우 핸들러 함수에 업무 로직을 함께 넣기도 하지만 보통 가독성과 모듈화를 위해 핸들러 함수에는 접근하려는 자원에 대한 인증 처리, 응답받을 데이터의 형식 등을 정의하고, 실제 업무 로직은 별도의 함수로 분리해서 작성한다. 이 경우 핸들러 함수 내에서 업무 로직 함수를 호출하게 된다. 이런 구조를 통해 코드를 더욱 구조적이고 관리하기 쉽게 만들 수 있으며, 코드 재사용성도 높일 수 있다.

```
[opc@oci-demo-appdev oci-demo-userfn]$ vi func.py
import io
import json
import logging

from fdk import response

def handler(ctx, data: io.BytesIO = None):
    name = "World"
    try:
        body = json.loads(data.getvalue())
        name = body.get("name")
    except (Exception, ValueError) as ex:
        logging.getLogger().info('error parsing json payload: ' + str(ex))

    logging.getLogger().info("Inside Python Hello World function")
    return response.Response(
        ctx, response_data=json.dumps(
            {"message": "Hello {0}".format(name)}),
        headers={"Content-Type": "application/json"}
    )
```

다음은 사용자 관리 마이크로서비스 코드를 Function으로 전환한 코드이다. oci-demo-userfn 디렉토리 내의 func.py 파일을 수정한다.

실습을 위해 앞 코드 내의 데이터베이스 접속 정보(userpdb_host_ip, userpdb_svc_name, userpdb_passwd)는 독자의 환경에 맞게 수정해야 한다. 만일 데이터베이스 유저, 포트 등을 실습 예제와 다르게 설정했다면 해당 부분도 적절하게 수정한다.

기존 마이크로서비스 코드와 달라진 부분은 Function 컨텍스트와 데이터를 입력받는 핸들러 함수를 추가하고, 사용자 함수를 추가해서 여기에 업무 로직을 포함시켰다는 것이다. 다음 내용은 코드의 일부만 발췌한 것이며, 전체 코드는 깃허브 스크립트를 참조한다.

```
GitHub Script: https://github.com/ociexplained/how-to-use-OCI/chapter3/oci-demo-userfn/func.py
```

```
[opc@oci-demo-appdev oci-demo-userfn]$ vi func.py
import io
import json
import logging
import cx_Oracle
from datetime import datetime
from faker import Faker

from fdk import response

def handler(ctx, data: io.BytesIO = None):
    oradb_results = user()
    return response.Response(
        ctx, response_data=json.dumps(oradb_results, ensure_ascii=False).
encode('utf-8'),
        headers={"Content-Type": "application/json; charset=utf-8"}
    )

def user():
    userpdb_host_ip = 'oci-demo-msadb-scan.sub09130358041.ocidemo.oraclevcn.
com'
    userpdb_svc_name = 'userpdb.sub09130358041.ocidemo.oraclevcn.com'
    userpdb_user_name = 'system'
    userpdb_passwd = 'xxxxxxxxxx'
    userpdb_port = 1521
```

```
    fake=Faker("ko_KR")
... 생략 ...
```

별도로 도커파일을 작성한다. 파이썬 Function 코드를 실행하는 데 있어서 파이썬 모듈만을 사용한다면 별도 도커파일이 필요 없으나 이번 실습 예제의 경우에는 데이터베이스 접속을 위해 오라클 클라이언트가 필요하다. 이외에 YUM, 파이썬 3.8 등의 설치에도 도커파일을 사용할 것이다.

이번 도커파일은 2장에서 사용한 도커파일과 다른 점이 있다. 첫째, "fn" 유저를 추가한 점이다. OCI Function 서비스는 도커 컨테이너의 실행을 "fn" 유저로 실행한다. 따라서 이 도커파일에서는 "fn" 유저를 추가해서 컨테이너 내에서 Function을 실행할 때도 "fn" 유저로 실행하도록 설정한다.

둘째, 엔트리포인트[Entrypoint]를 지정한 점이다. OCI Function 서비스에서는 컨테이너가 시작될 때 실행될 명령을 엔트리포인트를 통해 지정한다. 이 도커파일에서는 엔트리포인트를 설정해서 "fdk"와 "func.py" 코드가 컨테이너가 시작될 때 실행되도록 한다. 이렇게 함으로써 OCI Function 서비스에서 파이썬 Function을 실행할 때 필요한 초기 설정이 자동으로 이뤄진다.

```
GitHub Script: https://github.com/ociexplained/how-to-use-OCI/chapter3/oci-demo-userfn/Dockerfile
---
[opc@oci-demo-appdev ocidemo-userfn]$ vi Dockerfile
FROM oraclelinux:8-slim
COPY . /function
WORKDIR /function
RUN groupadd --gid 1000 fn && adduser --uid 1000 --gid fn fn

RUN microdnf install -y yum && \
    yum install -y python38 && \
    yum install -y oracle-instantclient-release-el8 && \
    yum install -y oracle-instantclient-basic && \
    yum clean all && \
    pip3 install -r requirements.txt

ENTRYPOINT ["/usr/local/bin/fdk", "/function/func.py", "handler"]
```

func.yaml 파일을 수정해서 실행할 서버리스 Function에 대한 속성 및 설정을 정의한다. 기존의 runtime을 아래와 같이 python에서 docker로 변경하고, 파이썬 3.9 환경 설정과 관련된 build_image와 run_image 옵션 부분을 삭제한다. 또한 timeout 옵션을 추가해서 최초 호출 시 발생할 수 있는 "Error invoking function. status: 504 message: Timed out" 에러를 방지한다.

```
GitHub Script: https://github.com/ociexplained/how-to-use-OCI/chapter3/oci-demo-userfn/func.yaml
```

```
[opc@oci-demo-appdev oci-demo-userfn]$ vi func.yaml
schema_version: 20180708
name: oci-demo-userfn
version: 0.0.1
runtime: docker
entrypoint: /python/bin/fdk /function/func.py handler
memory: 256
timeout: 120
```

requirements.txt 파일을 다음과 같이 수정해서 파이썬 모듈들을 추가한다. 이렇게 하면 pip 명령을 사용해서 필요한 모듈들을 설치할 수 있다.

```
GitHub Script: https://github.com/ociexplained/how-to-use-OCI/chapter3/oci-demo-userfn/requirements.txt
```

```
[opc@oci-demo-appdev oci-demo-userfn]$ vi requirements.txt
fdk>=0.1.58
cx-Oracle==8.3.0
Faker==18.6.2
```

Function 배포를 위한 사전 준비가 모두 끝났다. Function 배포의 모든 과정은 자동화돼 있어서 간단한 명령어 하나로 모든 작업을 수행할 수 있다. oci-demo-func-app 애플리케이션에 Function을 배포하기 위해서는 다음과 같은 명령어를 사용하면 된다. 다음 명령어는 func.yaml 파일에 정의된 내용을 바탕으로 Function을 빌드하고 컨테이너 레지스트리에 이미지를 등록한 후 해당 이미지를 Function 서비스에 등록하고 배포하는 작업을 수행한다. 이렇게 간단한 명령어 하나로 Function을 배포할 수 있으므로 개발자는 복잡한 배포 과정을 신경 쓸 필요 없이 간편하게 서버리스 Function을 개발하고 배포할 수 있다.

```
[opc@oci-demo-appdev oci-demo-userfn]$ fn -v deploy --app oci-demo-func-app
Deploying oci-demo-userfn to app: oci-demo-func-app
Bumped to version 0.0.2
Using Container engine docker
Building image yny.ocir.io/demo/oci-demo-repo/oci-demo-userfn:0.0.2
... 생략 ...
Updating function oci-demo-userfn using image yny.ocir.io/demo/oci-demo-repo/oci-demo-userfn:0.0.2...
Successfully created function: oci-demo-userfn with yny.ocir.io/demo/oci-demo-repo/oci-demo-userfn:0.0.2
```

[도커 캐시 정리]

도커 빌드를 자주 수행하다 보면 캐시를 통해 이미지 레이어가 쌓여서 용량이 증가할 수 있다. 이런 경우 캐시를 삭제해서 용량을 확보할 수 있다.

캐시를 삭제하는 방법은 docker builder prune 명령을 사용하는 것이다. 이 명령은 사용하지 않는 빌더 캐시를 정리한다. 사용하지 않는 빌더 캐시는 더 이상 현재 시스템에서 빌드에 사용되지 않는 이미지 레이어를 말한다.

단, 이 명령을 실행하면 현재 사용되지 않는 모든 빌더 캐시가 삭제되므로 주의해야 한다.

```
[opc@oci-demo-appdev oci-demo-userfn]$ docker system prune -a
WARNING! This will remove:
  - all stopped containers
  - all networks not used by at least one container
  - all images without at least one container associated to them
  - all build cache

Are you sure you want to continue? [y/N] y
... 생략 ...
Total reclaimed space: 21.61GB
```

생성된 Function을 호출하면 무작위로 사용자 정보를 하나 리턴하는 것을 볼 수 있다.

```
[opc@oci-demo-appdev oci-demo-userfn]$ fn invoke oci-demo-func-app oci-demo-userfn
[["{\"user_name\":\"박정수\",\"job\":\"가구조립원\",\"client_ip\":\"192.168.61.80\",\"user_agent\":\"Opera/9.65.(Windows NT 6.0; tr-CY) Presto/2.9.180 Version/10.00\",\"birth\":\"02-APR-27\",\"last_conn_date\":\"2023-09-18T02:21:47.388979\"}"]]
```

3.2.1.5 실습 - 샘플 Function 배포 - 도서 관리 Function

도서 관리 Function을 배포하고 실행하는 방식은 사용자 관리 Function과 유사하다. 도서 관리 Function을 "oci-demo-bookfn"이라는 이름으로 생성한다. 먼저 개발 환경 가상 머신에서 홈 디렉토리로 이동한 후 다음과 같은 명령어를 사용해서 도서 관리 Function을 생성할 수 있다. 명령을 실행하면 "oci-demo-bookfn"이라는 이름의 디렉토리와 함께 해당 Function 실행에 필요한 관련 템플릿 파일들이 생성된다.

```
[opc@oci-demo-appdev oci-demo-userfn]$ cd ~
[opc@oci-demo-appdev ~]$ fn init --runtime python oci-demo-bookfn
Creating function at: ./oci-demo-bookfn
Function boilerplate generated.
func.yaml created.
```

데이터베이스에 저장된 기존 도서 관리 데이터를 삭제하고, 새로 데이터를 생성할 것이다. 도서 관리 테이블의 구조는 변경되지 않았다. 도서 관리 데이터베이스에 접속해서 book 테이블을 truncate한다.

```
[opc@oci-demo-appdev oci-demo-bookfn]$ sqlplus system@//oci-demo-msadb-
scan.sub09130358041.ocidemo.oraclevcn.com/bookpdb.sub09130358041.ocidemo.
oraclevcn.com

SQL*Plus: Release 21.0.0.0.0 - Production on Wed Jul 5 06:33:46 2023
Version 21.11.0.0.0

Enter password:
... 생략 ...
SQL> truncate table book;

Table truncated.

SQL> exit
Disconnected from Oracle Database 19c EE Extreme Perf Release 19.0.0.0.0 -
Production
Version 19.20.0.0.0
```

파이썬 Function 코드를 작성한다. oci-demo-bookfn 디렉토리로 이동해서 func.py 파일을 다음과 같이 수정한다. 사용자 관리 마이크로서비스 코드를 작성할 때와 마찬가지로 코드 내의 데이터베이스 접속 정보(userpdb_host_ip, userpdb_svc_name, userpdb_passwd)는 독자의 환경에 맞게 수정해야 한다. 만일 데이터베이스 유저, 포트 등을 실습 예제와 다르게 설정했다면 해당 부분도 적절하게 수정해 줘야 한다.

다음 내용은 코드의 일부만 발췌한 것이며, 전체 코드는 깃허브 스크립트를 참조한다.

```
GitHub Script: https://github.com/ociexplained/how-to-use-OCI/chapter3/oci-demo-bookfn/func.py
```

```
[opc@oci-demo-appdev ~]$ cd oci-demo-bookfn
[opc@oci-demo-appdev oci-demo-bookfn]$ vi func.py
import io
import json
import logging
import cx_Oracle
from faker import Faker
from faker_datasets import Provider, add_dataset

from fdk import response

def handler(ctx, data: io.BytesIO = None):
    oradb_results = book()
    return response.Response(
        ctx, response_data=json.dumps(oradb_results, ensure_ascii=False).
encode('utf-8'),
        headers={"Content-Type": "application/json; charset=utf-8"}
    )

def book():
    @add_dataset("books", "books.json", picker="book")
    class Books(Provider):
        pass
    fake = Faker()
    fake.add_provider(Books)

    bookpdb_host_ip = 'oci-demo-msadb-scan.sub09130358041.ocidemo.oraclevcn.
com'
    bookpdb_svc_name = 'bookpdb.sub09130358041.ocidemo.oraclevcn.com'
    bookpdb_user_name = 'system'
    bookpdb_passwd = 'xxxxxxxxx'
    bookpdb_port = 1521
... 생략 ...
```

func.py 파일과 같은 위치에 별도로 도커파일을 다음과 같이 작성한다.

```
GitHub Script: https://github.com/ociexplained/how-to-use-OCI/chapter3/oci-
demo-bookfn/Dockerfile
```

```
[opc@oci-demo-appdev oci-demo-bookfn]$ vi Dockerfile
FROM oraclelinux:8-slim
COPY . /function
WORKDIR /function
RUN groupadd --gid 1000 fn && adduser --uid 1000 --gid fn fn

RUN microdnf install -y yum && \
    yum install -y python38 && \
    yum install -y oracle-instantclient-release-el8 && \
    yum install -y oracle-instantclient-basic && \
    yum clean all && \
    pip3 install -r requirements.txt

ENTRYPOINT ["/usr/local/bin/fdk", "/function/func.py", "handler"]
```

func.yaml 파일을 다음과 같이 수정한다.

```
GitHub Script: https://github.com/ociexplained/how-to-use-OCI/chapter3/oci-
demo-bookfn/func.yaml
```

```
[opc@oci-demo-appdev oci-demo-bookfn]$ vi func.yaml
schema_version: 20180708
name: oci-demo-bookfn
version: 0.0.1
runtime: docker
entrypoint: /python/bin/fdk /function/func.py handler
memory: 256
timeout: 120
```

requirements.txt 파일을 다음과 같이 수정한다.

```
GitHub Script: https://github.com/ociexplained/how-to-use-OCI/chapter3/oci-
demo-bookfn/requirements.txt
```

```
[opc@oci-demo-appdev oci-demo-bookfn]$ vi requirements.txt
fdk>=0.1.58
cx-Oracle==8.3.0
```

```
Faker==18.6.2
faker-datasets==0.1.0
```

2장 실습에서 사용했던 도서 데이터도 다음과 같이 복사한다.

```
[opc@oci-demo-appdev oci-demo-bookfn]$ cp ~/venvs/ocisamplerest/books.json
./
```

도서 관리 Function 배포를 위한 사전 준비가 모두 끝났다. 이제 oci-demo-func-app 애플리케이션에 도서 관리 Function을 배포한다.

```
[opc@oci-demo-appdev oci-demo-bookfn]$ fn -v deploy --app oci-demo-func-app
... 생략 ...
Updating function oci-demo-bookfn using image yny.ocir.io/demo/oci-demo-
repo/oci-demo-bookfn:0.0.2...
Successfully created function: oci-demo-bookfn with yny.ocir.io/demo/oci-
demo-repo/oci-demo-bookfn:0.0.2
```

생성된 도서 관리 Function을 호출하면 무작위로 1개에서 10개의 도서 정보를 리턴하는 것을 볼 수 있다.

```
[opc@oci-demo-appdev oci-demo-bookfn]$ fn invoke oci-demo-func-app oci-
demo-bookfn
[["{\"title\": \"(Archive-book) 이연호 :\", \"author\": \"글/사진: 이연호\",
\"publisher\": \"Wanderlust(원더러스트)\", \"price\": \"None\", \"img\":
\"\"}"]]
```

디버깅과 모니터링을 위해 Function에 대한 로그를 JSON 형태로 확인할 수 있다. 오라클 클라우드에서 Function에 대한 로그는 애플리케이션 레벨에서 설정할 수 있으며, Function 호출 로그를 확인하려면 로그를 활성화해야 한다. 로그에 대한 설정은 기본적으로 비활성화돼 있으므로 로그를 확인하기 전에 활성화 작업이 필요하다. 로그는 내부적으로 오브젝트 스토리지에 저장된다.

활성화된 로그는 JSON 형식으로 기록되며, 로그에는 Function 호출과 관련된 정보들이 포함된다. 로그에는 Function 호출 시간, 호출된 Function 이름, 사용된 메모리, 실행 시간, 로그 메시지 등이 포함될 수 있다. 이 로그를 사용해서 Function의 동작 상태를 파악하고 디버깅하는 데 유용하게 활용할 수 있다.

로그를 활성화하는 작업은 OCI 웹 콘솔의 [Functions → Applications] 페이지에서 수행한다. 해당 애플리케이션의 상세 화면으로 이동한 후 Resources 아래의 Logs 메뉴를 찾는다. 그림 3-19와 같이 **Enable Log**를 클릭해서 로그를 활성화할 수 있다. 로그를 활성화할 때는 로그 그룹과 로그 이름 등을 지정할 수 있으며, 이를 통해 로그가 저장되는 위치와 이름을 지정할 수 있다. 이후 Function을 호출하면 로그가 자동으로 저장되므로 디버깅 및 모니터링을 수행할 수 있다.

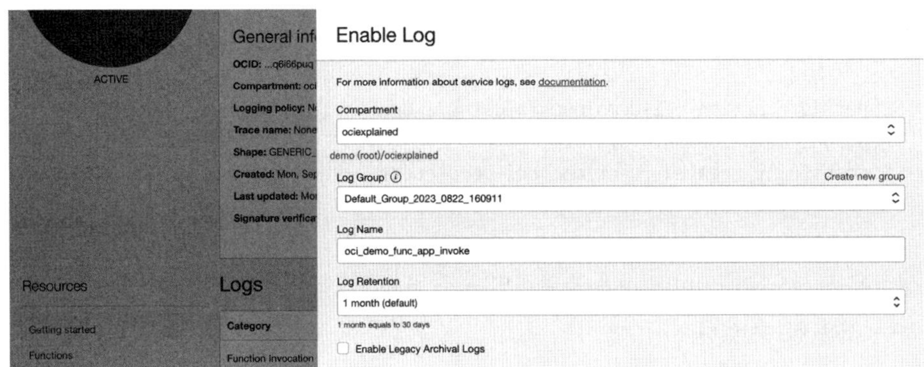

그림 3-19 Function 로그 활성화

로그를 활성화하면 애플리케이션 내의 모든 Function에 대한 호출 내역을 확인할 수 있다. 로그를 활성화한 후 Function을 호출하면 해당 호출에 대한 로그가 자동으로 기록되며, 그림 3-20과 같은 로그 화면에서 확인할 수 있다.

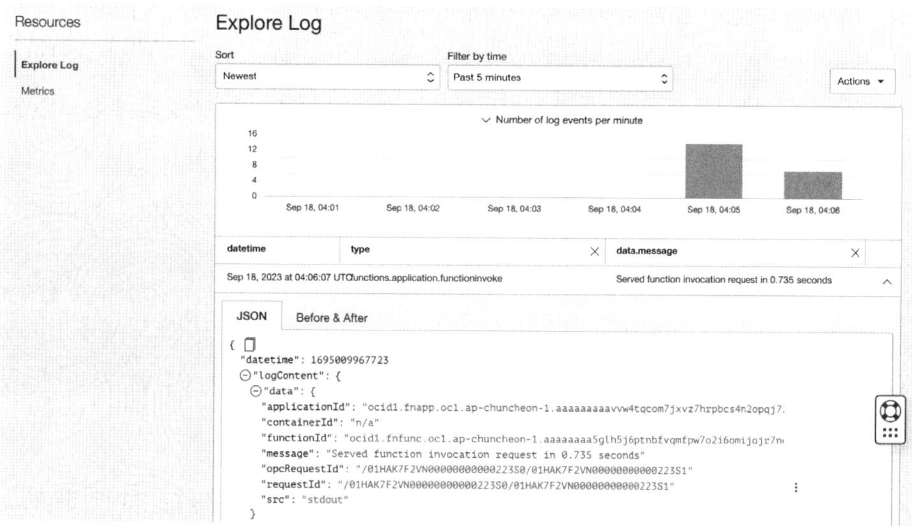

그림 3-20 Function 호출 로그

3.2.2 API 게이트웨이를 통한 서비스 통합

이번 단계에서는 서버리스 Function으로 전환한 사용자 관리 및 도서 관리 서비스를 API 게이트웨이를 이용해 통합해서 서비스들의 단일 엔드포인트를 제공하도록 한다. 실습에서는 서비스의 개수가 적지만 엔터프라이즈 환경에서는 여러 클라이언트가 여러 개의 서비스를 각각 호출하면 매우 복잡한 호출 관계가 발생할 수 있다. API 게이트웨이는 이를 효과적으로 제어하기 위한 방법으로 사용된다.

일반적으로 API 게이트웨이는 클라이언트와 백엔드 서버 사이에 위치해서 API 관리, 보안, 트래픽 제어, 모니터링 등의 기능을 수행한다. 클라이언트의 인증과 인가를 API 게이트웨이를 통해 한번에 처리할 수 있으며, 서비스 요청에 대한 응답 지연이 발생할 경우 다른 정상적인 서비스로 요청 경로를 변경하는 기능도 있다.

서비스 흐름 제어를 위한 서비스 라우팅 기능은 하드웨어 장비를 사용하는 L4와 같은 방법으로 구현할 수도 있지만 API 게이트웨이를 이용해서 소프트웨어로 구현할 수도 있다. 이 경우 API 게이트웨이가 애플리케이션 레벨의 라우팅 기능을 수행한다.

API 게이트웨이는 2장에서 살펴본 쿠버네티스 인그레스나 이스티오 게이트웨이와 일부 유사한 기능도 있다. 하지만 API 게이트웨이는 클라이언트 요청과 백엔드 서비스 간의 데이터 변환, 버전 관리, 요청 및 응답 형식 변환, API 모니터링 등과 같은 기능들을 제공하며, 이를 쿠버네티스 인그레스나 이스티오 게이트웨이로만 구현하기 어려운 경우에도 사용된다.

오라클 클라우드에서는 OCI API 게이트웨이 서비스를 제공하고 있다. 이 서비스는 기본적으로 API 클라이언트의 트래픽을 처리하고, 이를 백엔드 서비스로 라우팅하는 기능을 제공한다. 즉, 여러 개의 백엔드 서비스를 하나의 통합 API 엔드포인트에 연결해서 단일 API 게이트웨이를 사용할 수 있다.

OCI API 게이트웨이를 사용하면 네트워크 내에서 액세스할 수 있는 프라이빗 엔드포인트가 있는 API를 게시하거나 인터넷 트래픽을 허용하려는 경우 퍼블릭 IP 주소로 노출할 수 있다. 또한 API 유효성 검사, 요청 및 응답 변환, CORS[Cross-Origin Resource Sharing], 인증 및 권한 부여, 요청 제한과 같은 다양한 기능을 지원한다.

이를 통해 클라이언트와 백엔드 서비스 간의 통합을 용이하게 하고, 보안, 모니터링, 인증 등을 간편하게 관리할 수 있다.

[CORS]

CORS[Cross-Origin Resource Sharing]는 웹 애플리케이션에서 동일 출처 정책[Same-Origin Policy]을 우회해서 다른 도메인으로부터 리소스를 요청할 수 있는 메커니즘을 제공하는 웹 표준이다.

동일 출처 정책은 보안 강화를 위해 프로토콜, 호스트, 포트 정보가 동일한 자원에 대해서만 서로 자원을 공유할 수 있도록 하는 정책이다. 이는 웹 애플리케이션에서 악성 스크립트로부터 보호하고 안전한 인터넷 통신을 위해 사용된다.

하지만 경우에 따라서는 외부의 API를 이용해야 하는 상황과 같이 동일 출처 정책을 우회해서 다른 도메인으로부터 리소스를 요청해야 하는 예외적인 상황이 있을 수 있다. 이때 CORS는 이를 고려한 교차 출처 자원에 대한 공유 정책을 제공한다. 따라서 클라이언트 애플리케이션이 자신과 다른 출처의 서버 간 통신이 필요한 경우에 CORS를 사용해서 안전하고 허용된 방법으로 교차 출처 자원을 요청하고 응답할 수 있도록 한다. 이를 통해 웹 애플리케이션은 필요한 리소스를 안전하게 요청하면서도 보안성을 유지할 수 있다.

지금부터 할 실습은 그림 3-21과 같이 API 게이트웨이를 통해 Function으로 전환된 서비스들을 통합하는 것이다.

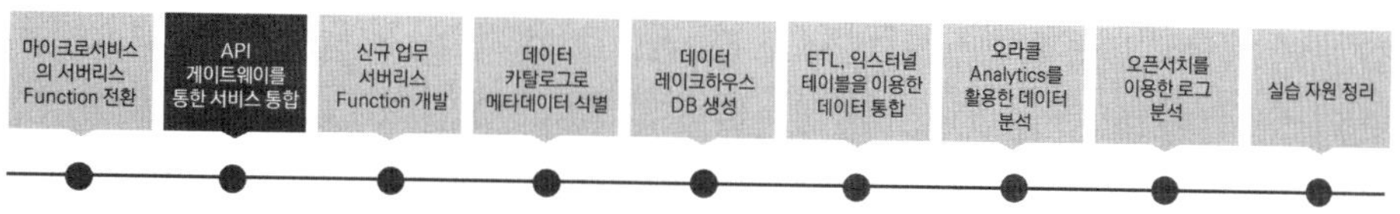

그림 3-21 3장 실습 단계 - API 게이트웨이를 통한 서비스 통합

3.2.2.1 실습 - API 게이트웨이 생성 및 라우트 설정

2장에서 마이크로서비스를 구현할 때 REST API 서비스의 엔드포인트는 파이썬 Flask 프레임워크가 만든 자체 REST API 서버와 쿠버네티스의 이스티오 인그레스를 사용했다. 이로 인해 애플리케이션의 개발과 배포에는 컨테이너 이미지 관리와 CI/CD 등의 연계 관리가 필요했다.

서버리스 환경의 서비스는 마이크로서비스보다 더 작은 기능 단위 업무 구현에 집중한다. 개발된 Function은 API 게이트웨이에 등록해서 외부에 엔드포인트를 노출시키는 방식을 사용하는데 기존의 쿠버네티스 클러스터 관리, 오토스케일을 위한 처리, 애플리케이션 버전 관리, 배포 등을 Function과 API 게이트웨이 조합으로 처리할 수 있다.

이번 단계에서는 그림 3-22와 같이 API 게이트웨이를 배포하고, 여기에 사용자 관리 및 도서 관리 Function을 배포해서 단일 엔드포인트로 해당 서비스에 경로 기반 라우팅을 구현할 것이다.

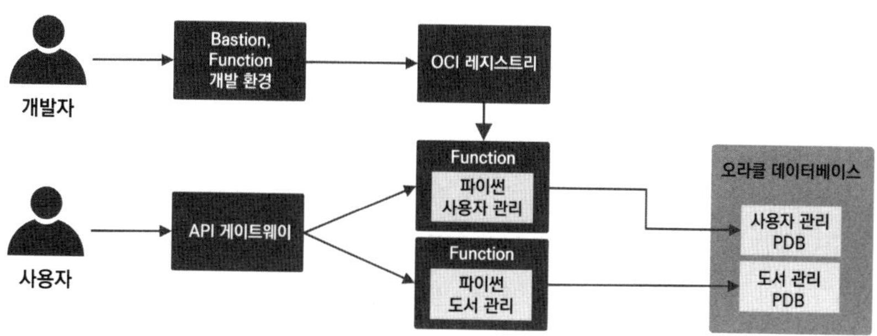

그림 3-22 API 게이트웨이 서비스 통합 아키텍처

API 게이트웨이를 사용하기 위해서는 사전에 권한을 부여해야 한다. 1장에서 생성한 "oci-demo-dyngroup" 다이내믹 그룹을 수정해서 컴파트먼트 내의 API 게이트웨이 자원을 포함하도록 하고, 이 다이내믹 그룹에 OCI의 API 게이트웨이, Function 등 관련 자원을 제어할 수 있는 권한을 부여해야 한다. "all-resources" 권한을 부여받은 그룹의 유저도 지금부터 구성할 권한을 설정해야 한다.

OCI 웹 콘솔에서 [**Identity & Security → Identity → Domains → Default Domain 선택 → Dynamic Groups**] 화면으로 이동한 후 **oci-demo-dyngroup**을 선택한다. **+ Additional Rule**을 클릭해서 다음과 같은 규칙을 추가하고 하단의 **Save**를 클릭한다. 이때 컴파트먼트 OCID는 독자의 환경에 맞게 정보를 수정해야 한다. 그림 3-23을 참조한다.

- Rule 3: ALL {resource.type = 'ApiGateway', resource.compartment.id = 'ocid1.compartment.oc1..aaaaaaaa6cq7mawvxnv2be542zwvlukehzsj3qqlx4kx2ee74nyijmgh3yka'}

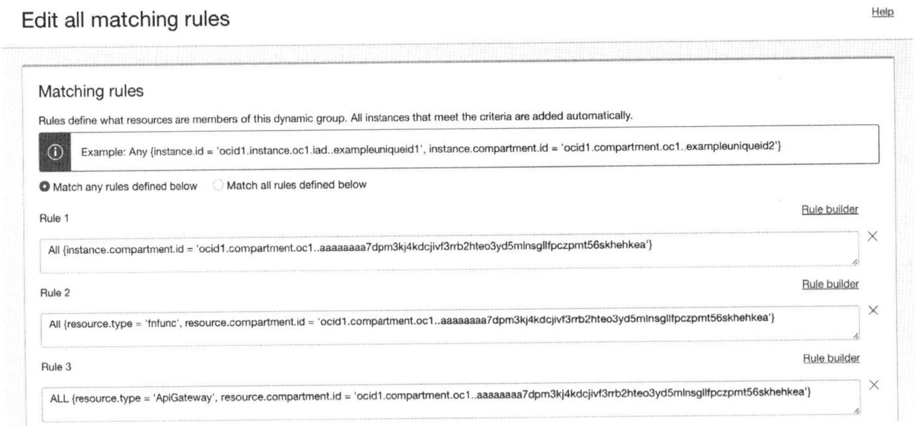

그림 3-23 API 게이트웨이 사용을 위한 다이내믹 그룹 규칙 추가

다이내믹 그룹에 Function 자원에 관한 규칙이 생성됐다면 해당 Function이 제어할 수 있는 자원 정책 구문을 추가해야 한다. OCI 웹 콘솔의 [**Identity & Security → Identity → Policies**] 화면으로 이동해서 이전에 생성한 **oci-demo-policy**를 클릭한다.

해당 정책은 root 컴파트먼트에 위치하고 있다. Edit Policy Statements를 클릭해서 정책 구문 편집 화면으로 이동한다. 다음과 같은 형식의 정책 구문을 추가해야 한다.

```
Allow dynamic-group <YOUR_DYNAMIC_GROUP_NAME> to manage api-gateway-family
in compartment <YOUR_COMPARTMENT_NAME>
Allow dynamic-group <YOUR_DYNAMIC_GROUP_NAME> to manage functions-family in
compartment <YOUR_COMPARTMENT_NAME>
Allow any-user to use functions-family in tenancy where ALL {request.
principal.type='ApiGateway', request.resource.compartment.id = <compartment_
id> }
```

앞서 언급한 정책 구문 중에서 다이내믹 그룹이 function-family를 제어할 수 있는 권한은 이미 앞선 Function 실습에서 부여한 바 있다. 이를 제외하고 다음 2개의 정책 구문을 추가한다. 컴파트먼트 OCID는 독자의 환경에 맞게 정보를 수정해야 한다.

+ Another Statement를 클릭해서 다음 내용의 정책 구문을 추가하고 하단의 Save Changes를 클릭한다.

```
Allow dynamic-group oci-demo-dyngroup to manage api-gateway-family in
compartment ociexplained
Allow any-user to use functions-family in tenancy where ALL {request.
principal.type='ApiGateway', request.resource.compartment.id = 'ocid1.
compartment.oc1..aaaaaaaa6cq7mawvxnv2be542zwvlukehzsj3qqlx4kx2ee74nyijmgh3
yka'}
```

이제 [Developer Services → API Management → Gateways] 화면으로 이동한다. Create Gateway를 클릭해서 새로운 API 게이트웨이를 생성한다. 다음 정보를 참조해서 그림 3-24와 같이 API 게이트웨이 이름과 네트워크 정보를 입력한다. 이 실습에서는 퍼블릭 서브넷에 API 게이트웨이를 생성하며, 퍼블릭 IP 주소가 할당된다. 다음 정보 입력 후 하단의 Create Gateway를 클릭한다.

- Name: oci-demo-apigw
- Type: Public
- Compartment: 〈자원을 배포하고자 하는 사용자 컴파트먼트〉 선택
- Virtual cloud network: OCI_DEMO

- Subnet: public subnet-OCI_DEMO

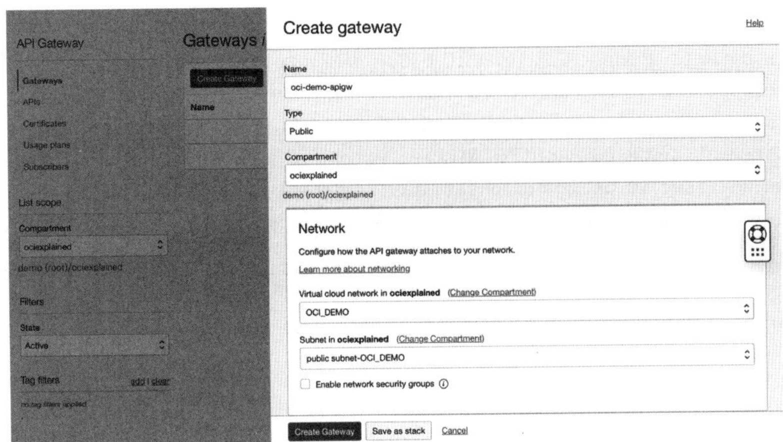

그림 3-24 API 게이트웨이 생성

API 게이트웨이가 만들어졌다. 이제 앞서 만든 Function들로 라우팅하는 API를 배포할 차례이다. 생성된 API 게이트웨이 상세 화면의 왼쪽 Resources 메뉴 아래에 Deployments 메뉴가 있다. 이를 클릭해서 해당 화면으로 이동한 후 **Create Deployment**를 클릭한다.

그림 3-25와 같이 Create deployment 화면에서 **From scratch**를 선택하고, 다음과 같이 배포할 이름과 경로 prefix를 입력한다. API 게이트웨이 디플로이먼트를 생성할 때 OCI 웹 콘솔에서 안내하는 내용에 따라 정보를 입력해서 생성하는 From scratch 방식과 기존 디플로이먼트 API를 업로드하는 방식을 선택할 수 있다. 최초 실습이므로 **From scratch**를 선택한다. 다음 정보를 입력한 후 하단의 **Next**를 클릭한다.

- Name: oci-demo-apigw-deploy
- Path prefix: /v1

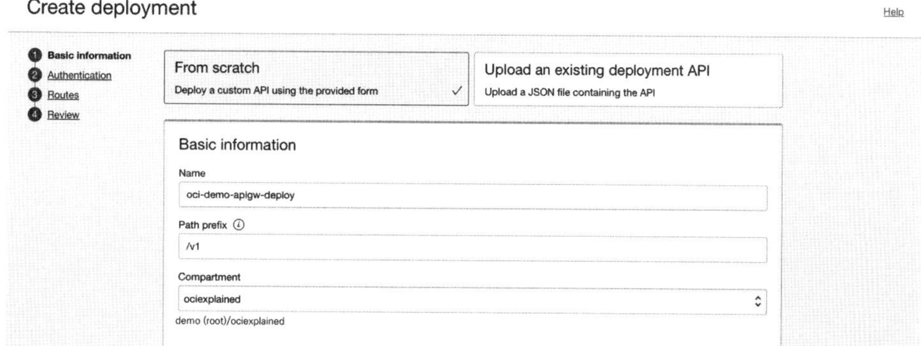

그림 3-25 API 게이트웨이 디플로이먼트 - Basic information 설정

Authentication 화면에서 인증 요청 정책policy을 설정할 수 있는데 여기서는 No Authentication을 선택한 후 Next를 클릭한다. No Authentication 선택 시 모든 라우팅 타깃에 인증 없이 접근할 수 있다. Single 또는 Multi Authentication을 선택하면 단일 또는 서로 다른 인증 서버에 API 디플로이먼트에 대한 인증 요청을 보낼 수 있다. 이번 실습에서는 별도의 인증 서버를 구성하지 않았으므로 No Authentication을 선택한다.

Routes 화면에서는 다음 2개의 라우트 타깃 내용을 입력한다.

첫 번째 [Route] 섹션에서는 그림 3-26과 같이 앞서 만든 "oci-demo-func-app" 애플리케이션의 "oci-demo-userfn" Function을 라우팅한다. 다음과 같이 입력하고 Next를 클릭한다.

Route 1

- Path: /user
- Methods: GET
- Add a single backend 선택
- Backend Type: Oracle functions
- Application: oci-demo-func-app

- Function name: oci-demo-userfn

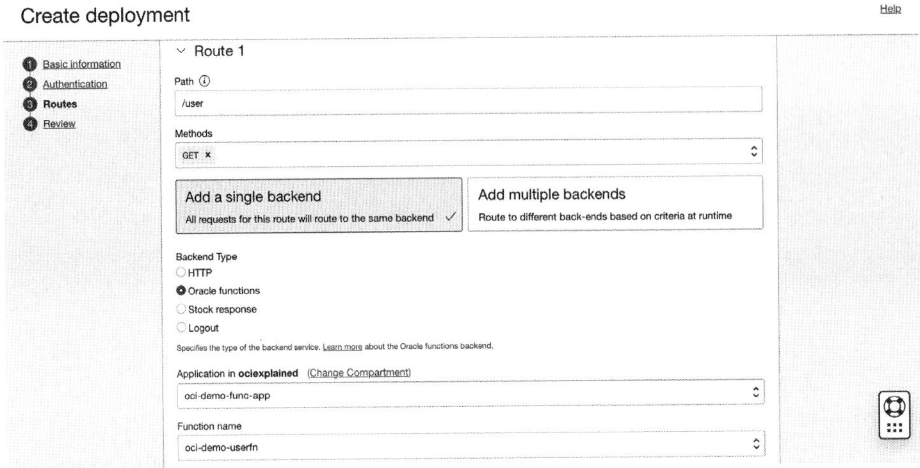

그림 3-26 API 게이트웨이 디플로이먼트 - Routes 설정

사용자 관리 Function에 대한 라우트 규칙을 추가했다. 같은 방식으로 도서 관리 Function에 대한 라우트 규칙을 추가한다. 같은 화면 하단의 + Another Route를 클릭해서 라우트를 하나 더 추가한다. 두 번째 [Route] 섹션에서는 "oci-demo-func-app" 애플리케이션의 "oci-demo-bookfn" Function을 라우팅한다.

다음과 같이 두 번째 라우트 정보까지 입력한 후 하단의 Next를 클릭한다.

Route 2

- Path: /book
- Methods: GET
- Add a single backend 선택
- Backend Type: Oracle Functions
- Application: oci-demo-func-app
- Function name: oci-demo-bookfn

Review 화면에서 지금까지 입력 및 선택한 내용을 확인하고 Create를 클릭하면 사용자 관리 및 도서 관리 Function을 라우팅하는 API 게이트웨이 디플로이먼트가 생성된다. 생성된 디플로이먼트에는 그림 3-27에서 볼 수 있듯이 엔드포인트가 포함돼 있다. 이를 통해 Function 서비스에 접근할 수 있다.

그림 3-27 API 게이트웨이 디플로이먼트 생성

앞서 확인한 엔드포인트 끝에 다음 예시와 같이 "user"를 붙인 URL을 웹 브라우저에서 호출한다.

- https://ponunpfm3lt5se7lfyda7tkrjy.apigateway.ap-chuncheon-1.oci.customer-oci.com/v1/user

사용자 관리 Function이 호출돼 그림 3-28과 같이 API 게이트웨이를 통해 Function을 호출하는 것을 확인할 수 있다.

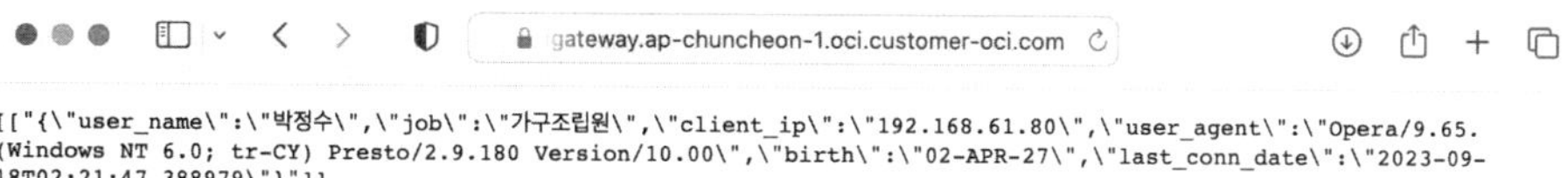

그림 3-28 웹 브라우저에서 API 게이트웨이를 통한 사용자 관리 Function 호출

사용자 관리 Function을 호출하는 것과 같은 방식으로 API 게이트웨이 엔드포인트에 다음 URL과 같이 "book"을 추가하면 그림 3-29와 같이 도서 관리 Function이

호출된다.

- https://ponunpfm3lt5se7lfyda7tkrjy.apigateway.ap-chuncheon-1.oci.customer-oci.com/v1/book

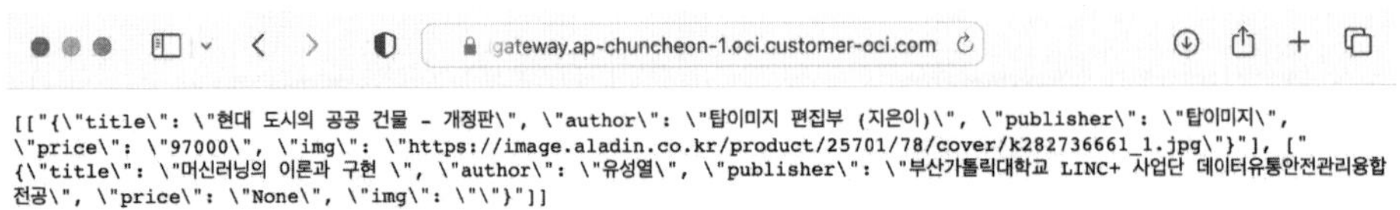

그림 3-29 웹 브라우저에서 API 게이트웨이를 통한 도서 관리 Function 호출

API 게이트웨이를 통해 실행된 API의 모니터링은 OCI 웹 콘솔에서 애플리케이션(게이트웨이) 레벨이나 디플로이먼트 레벨에서 확인할 수 있다. 그림 3-30은 게이트웨이 레벨의 모니터링 화면으로 API 요청 수, 응답 수, 데이터 전송량, 지연 상태 등을 확인할 수 있다. 이를 통해 API의 성능 및 상태를 실시간으로 모니터링할 수 있다.

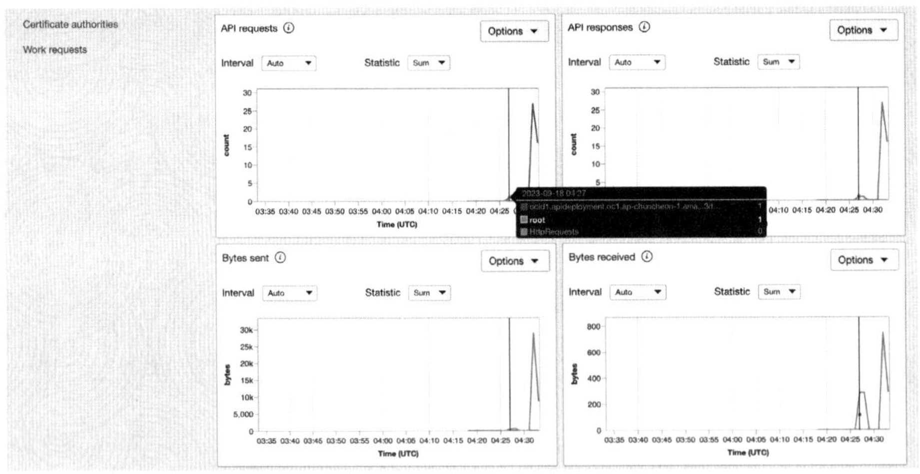

그림 3-30 API 게이트웨이 모니터링 - 디플로이먼트 레벨

API 게이트웨이도 Function과 마찬가지로 로그를 확인할 수 있으며, 접근 로그와 실행 로그로 나눠진다. 이 로그 설정은 디플로이먼트 레벨에서 처리된다. OCI 웹 콘

솔의 [API Gateway → Gateway → Gateway Details → Deployment Details] 화면의 Resources 아래 Logs에서 설정할 수 있으며, 방법은 Function과 동일하게 Enable Log만 활성화하면 된다. 이를 통해 API 게이트웨이에서 발생한 접근 및 실행 로그를 그림 3-31과 같이 쉽게 확인할 수 있다.

- **접근 로그**Access Log: API 게이트웨이를 통해 API 디플로이먼트로 이동하는 모든 요청 및 응답에 대한 요약 정보가 기록된다. 이 로그는 클라이언트의 요청 정보(메서드, 경로, 상태 코드 등)와 서버의 응답 정보(응답 코드, 데이터 크기 등)를 포함한다. 접근 로그를 통해 API 게이트웨이에 대한 트래픽과 클라이언트 요청에 대한 요약 정보를 확인할 수 있다.
- **실행 로그**Execution Log: API 디플로이먼트를 위해 API 게이트웨이 내에서 해당 API를 처리하는 정보가 기록된다. 이 로그는 Information, Warning, Error의 세 가지 로그 레벨로 설정할 수 있으며, API 게이트웨이 내부에서 발생하는 이벤트와 오류 정보를 기록한다. 실행 로그를 통해 API 게이트웨이가 API 디플로이먼트를 처리하는 과정에서 발생한 이벤트와 오류를 확인할 수 있다.

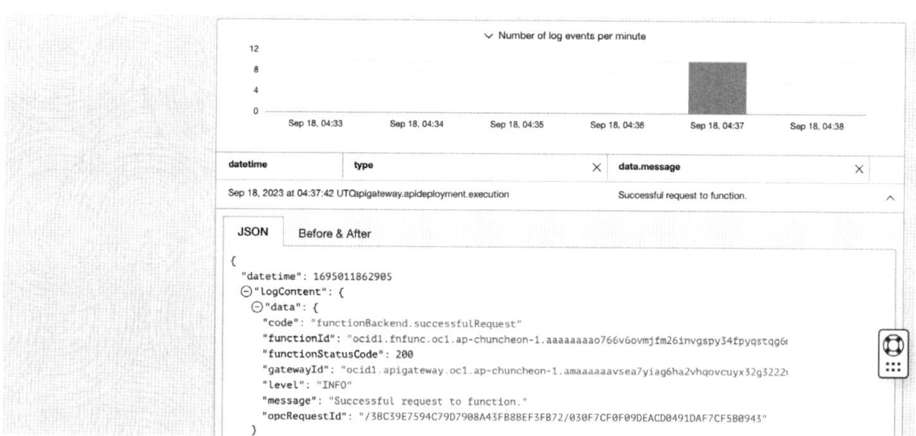

그림 3-31 API 게이트웨이 로그 - Execution Log

3.2.3 신규 업무 서버리스 Function 개발

신규로 개발할 주문 관리 서비스는 서버리스 환경에서 오브젝트 스토리지에 주문 데이터를 파일로 저장하는 기능을 갖춰야 한다. 이를 위해 주문 관리 서비스는 기존 사용자 관리 및 도서 관리 서비스의 데이터를 활용해야 하므로 이 데이터를 가져오기 위해 API 게이트웨이를 통해 노출된 사용자 관리 및 도서 관리 API를 호출할 것이다.

다음은 주문 관리 서비스의 개발 단계 요약이다. 그림 3-32를 참조한다.

주문 관리 서비스 개발

- 주문 관리 서비스를 서버리스 환경에 개발해서 API 게이트웨이를 통해 호출할 수 있도록 구현한다.
- 주문 관리 서비스에서 사용자 관리 및 도서 관리 API를 호출하려면 API 게이트웨이 엔드포인트를 사용한다.
- 사용자 관리 및 도서 관리 서비스의 데이터를 가져오려면 API 게이트웨이를 사용해서 해당 API를 호출한다.

데이터 저장

- 주문 관리 서비스가 처리한 주문 데이터를 오브젝트 스토리지에 파일로 저장한다.
- 이를 위해 OCI의 오브젝트 스토리지 서비스를 사용해서 파일 업로드 기능을 구현한다.

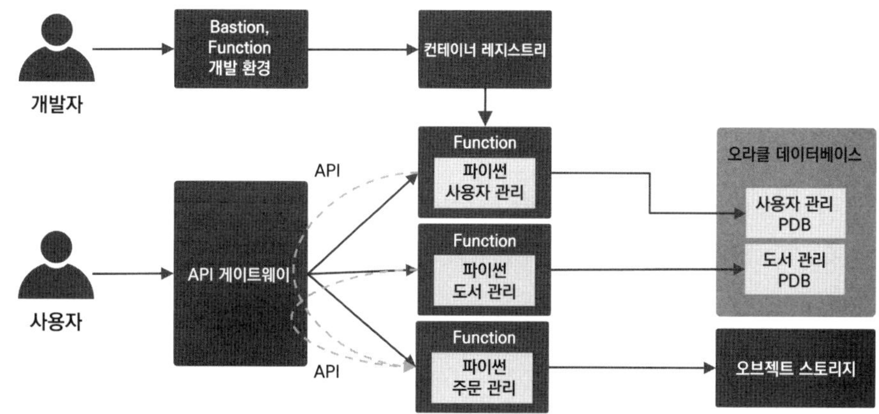

그림 3-32 API 게이트웨이 서비스 통합 아키텍처

이번 실습은 그림 3-33의 단계에 해당된다. 주문 관리 기능을 신규로 개발하고, 이를 API 게이트웨이에 통합하는 과정을 수행한다.

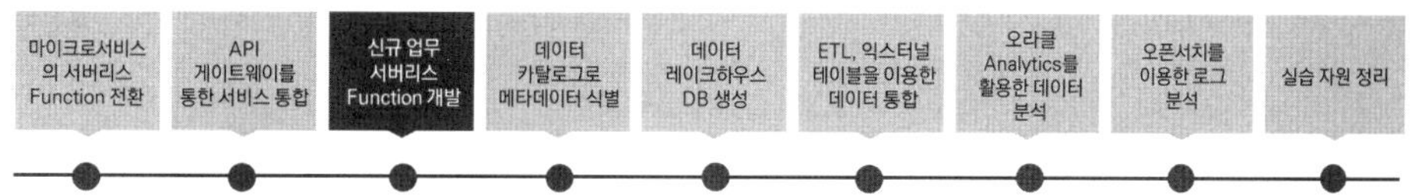

그림 3-33 3장 실습 단계 - 신규 업무 서버리스 Function 개발

3.2.3.1 실습 - 샘플 Function 배포 - 주문 관리 Function

이번 단계에서는 주문 관리 서비스를 서버리스 Function으로 신규 개발하는 것이 목표이다. 이 서비스는 사용자가 1개에서 10개의 서로 다른 도서를 주문할 수 있으며, 각 도서는 최대 3권까지 주문이 가능하다. 또한 API 게이트웨이에 연계된 Function 서비스를 호출해서 주문 정보를 JSON 파일로 저장하는 역할을 한다. 저장된 주문 데이터는 일자 및 시간별로 구분돼 오브젝트 스토리지에 저장되며, 이 데이터는 나중에 백엔드 분석 시스템과 연계해서 활용될 것이다.

주문 관리 Function은 사용자별 주문 정보를 오브젝트 스토리지에 파일로 저장한다. 따라서 미리 해당 파일을 담을 오브젝트 스토리지 버킷Bucket을 생성해야 한다.

OCI 웹 콘솔의 [Storage → Object Storage & Archive Storage → Buckets] 화면으로 이동한다. Create Bucket을 클릭해서 그림 3-34와 같이 버킷을 생성한다. 다음과 같이 버킷의 이름을 지정하고, 나머지는 기본값 상태를 유지한다. 다음 정보를 입력한 후 하단의 Create를 클릭한다.

- Bucket Name: oci-demo-bucket
- Default Storage Tier: Standard

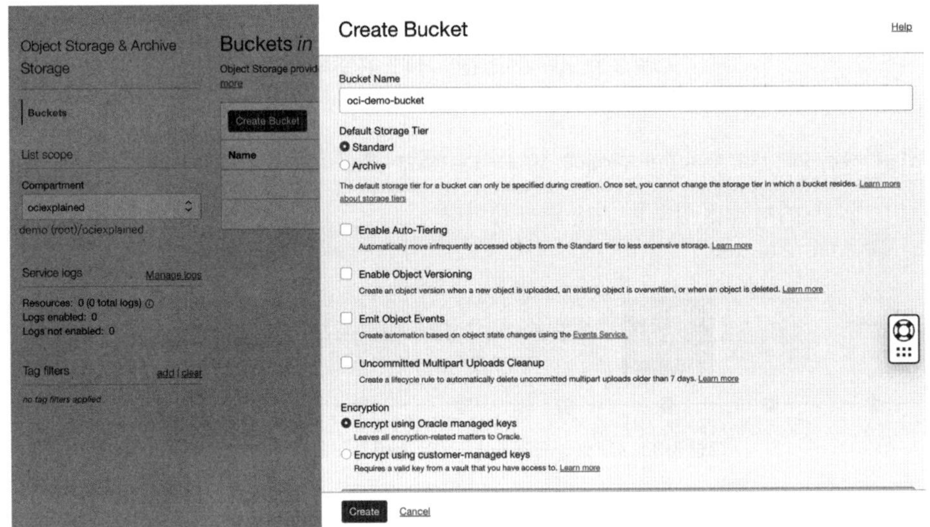

그림 3-34 도서 주문 정보 파일 저장용 오브젝트 스토리지 버킷 생성

Function이 사용할 오브젝트 스토리지 버킷 생성을 마쳤다. 이제 앞서 사용자 관리 및 도서 관리 Function을 배포했던 방식과 동일하게 개발 환경 가상 머신의 홈 디렉토리로 이동해서 "fn init" 명령으로 주문 관리 Function을 생성한다.

```
[opc@oci-demo-appdev oci-demo-bookfn]$ cd ~
[opc@oci-demo-appdev ~]$ fn init --runtime python oci-demo-orderfn
Creating function at: ./oci-demo-orderfn
Function boilerplate generated.
func.yaml created.
```

파이썬 Function 코드를 작성한다. oci-demo-orderfn 디렉토리로 이동해서

func.py 파일을 다음과 같이 수정한다. func.py 코드의 내용은 다음과 같다.

- 업무 코드는 핸들러 함수에서 모두 처리하고 있다.
- 사용자 관리 및 도서 관리 API를 호출해서 해당 데이터를 가져온다.
- OCI 환경 정보 및 오브젝트 스토리지를 사용하기 위한 환경 정보 위치를 지정하며, 주문 정보 파일을 저장할 오브젝트 스토리지 버킷을 지정한다.
- 사용자 관리 및 도서 관리 데이터를 JSON 형식으로 담아서 도서 주문 내용을 기록한다. 도서당 3권까지 주문할 수 있도록 한다.
- 일자와 시간을 지정한 주문 정보 파일을 오브젝트 스토리지 버킷에 담는다.

다음 실습 예제 코드에서 BOOK_API_URL, USER_API_URL 부분은 API 게이트웨이 디플로이먼트의 엔드포인트로 독자의 환경에 맞게 수정해야 한다(예시: 엔드포인트/book, 엔드포인트/user).

다음 내용은 코드의 일부만 발췌한 것이며, 전체 코드는 깃허브 스크립트를 참조한다.

GitHub Script: https://github.com/ociexplained/how-to-use-OCI/chapter3/oci-demo-orderfn/func.py

```
[opc@oci-demo-appdev ~]$ cd oci-demo-orderfn
[opc@oci-demo-appdev oci-demo-orderfn]$ vi func.py
... 생략 ...
import io
import json
import logging
from datetime import datetime
from faker import Faker
import requests, oci

from fdk import response

def handler(ctx, data: io.BytesIO = None):
    result = order()
    return response.Response(
        ctx, response_data=result,
        headers={"Content-Type": "application/json; charset=utf-8"}
```

```
    )

def order():
    fake = Faker()
    BOOK_API_URL = "https://ponunpfm3lt5se7lfyda7tkrjy.apigateway.ap-
chuncheon-1.oci.customer-oci.com/v1/book"
    USER_API_URL = "https://ponunpfm3lt5se7lfyda7tkrjy.apigateway.ap-
chuncheon-1.oci.customer-oci.com/v1/user"
    signer = oci.auth.signers.get_resource_principals_signer()
    client = oci.object_storage.ObjectStorageClient(config={},
signer=signer)
    namespace = client.get_namespace().data
    bucket_name = "oci-demo-bucket"
... 생략 ...
```

주문 관리 Function의 경우 사용자 관리 및 도서 관리 Function과 다르게 코드 실행을 위해 별도의 오라클 클라이언트와 같은 바이너리 설치가 필요하지 않다. 따라서 이전에 수행한 사용자 관리 및 도서 관리 Function 실습처럼 해당 사항을 반영하는 도커파일을 생성할 필요가 없다.

func.yaml 파일은 다음과 같이 수정한다.

```
GitHub Script: https://github.com/ociexplained/how-to-use-OCI/chapter3/oci-
demo-orderfn/func.yaml
---
[opc@oci-demo-appdev oci-demo-bookfn]$ vi func.yaml
schema_version: 20180708
name: oci-demo-orderfn
version: 0.0.1
runtime: python
build_image: fnproject/python:3.9-dev
run_image: fnproject/python:3.9
entrypoint: /python/bin/fdk /function/func.py handler
memory: 256
timeout: 120
```

실습 코드에서 추가된 파이썬 모듈을 포함하도록 requirements.txt 파일을 다음과 같이 수정한다.

```
GitHub Script: https://github.com/ociexplained/how-to-use-OCI/chapter3/oci-
demo-orderfn/requirements.txt
```

```
[opc@oci-demo-appdev oci-demo-orderfn]$ vi requirements.txt
fdk>=0.1.60
oci==2.105.0
Faker==18.11.2
requests==2.31.0
```

주문 관리 Function 배포를 위한 사전 준비가 모두 끝났다. 이제 oci-demo-func-app 애플리케이션에 주문 관리 Function을 다음과 같이 배포한다.

```
[opc@oci-demo-appdev oci-demo-orderfn]$ fn -v deploy --app oci-demo-func-
app
... 생략 ...
Updating function oci-demo-orderfn using image yny.ocir.io/demo/oci-demo-
repo/oci-demo-orderfn:0.0.2...
Successfully created function: oci-demo-orderfn with yny.ocir.io/demo/oci-
demo-repo/oci-demo-orderfn:0.0.2
```

이제 다음과 같이 생성된 주문 관리 Function을 호출하면 사용자별로 무작위로 1개에서 10개의 도서 정보를 리턴하는 것을 볼 수 있다. 아래 발췌한 코드에서는 생략되어 있으나, 각 도서의 주문 건수도 "cnt"라는 필드에 출력된다.

```
[opc@oci-demo-appdev oci-demo-orderfn]$ fn invoke oci-demo-func-app oci-
demo-orderfn | jq .
{
  "user": {
    "user_name": "임진호",
    "job": "단조원",
    "client_ip": "192.168.64.241",
    "user_agent": "Mozilla/5.0 (Macintosh; PPC Mac OS X 10_10_0;
rv:1.9.2.20) Gecko/3291-04-19 16:18:19 Firefox/3.6.13",
    "birth": "28-MAY-13",
    "last_conn_date": "2023-09-18T04:31:59.611493"
  },
... 생략 ...
```

그림 3-35와 같이 주문 관리 Function을 호출하고 나면 해당 Function이 주문 정보를 생성해서 오브젝트 스토리지 버킷에 파일로 저장하게 된다. 주문 정보가 오브젝트 파일로 생성돼 있는 것을 확인할 수 있다.

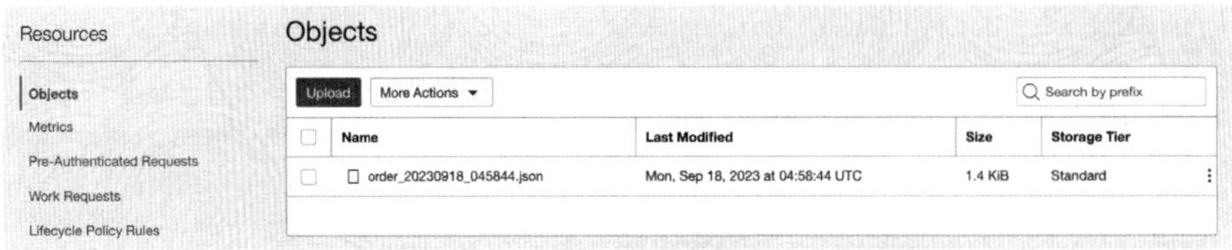

그림 3-35 주문 관리 Function 호출을 통한 오브젝트 생성

3.2.3.2 실습 - API 게이트웨이 라우트 규칙 추가

추가 개발한 주문 관리 Function을 API 게이트웨이에 통합해 보자. 사용자 관리 및 도서 관리 Function을 API 게이트웨이의 라우트 규칙에 추가했던 것과 같은 방법으로 주문 관리 Function의 라우트 규칙을 추가한다.

OCI 웹 콘솔의 [Developer Services → API Management → Gateways] 화면으로 이동해서 앞서 생성한 oci-demo-apigw를 클릭한다. 왼쪽 Resources 메뉴 아래의 Deployments를 클릭하면 이미 생성된 "oci-demo-apigw-deploy"가 있다. 그림 3-36과 같이 오른쪽 햄버거 메뉴를 선택해서 Edit를 클릭한다.

그림 3-36 API 게이트웨이 디플로이먼트 수정

화면 하단의 Next를 클릭해서 Routes 설정 화면으로 이동한다. 해당 화면 맨 아래 +Another route를 클릭해서 주문 정보 Function을 위한 라우팅 규칙을 다음과 같이 추가한다.

- Path: /order

- Methods: GET
- Edit added a single backend 선택
- Backend Type: Oracle functions
- Application: oci-demo-func-app
- Function name: oci-demo-orderfn

정보를 입력한 후 Next를 클릭한다. 설정한 정보를 확인한 후 Save Changes를 클릭한다. API 게이트웨이의 Deployment 상태가 "Active"로 변경될 때까지 잠시 기다린다. 이제 배포된 엔드포인트의 URL 끝에 /order를 추가해서 주문 관리 Function을 호출할 수 있다. 웹 브라우저에서 다음 URL을 호출하거나 curl 등의 명령어를 사용해서 그림 3-37과 같이 API를 호출할 수 있다.

- https://ponunpfm3lt5se7lfyda7tkrjy.apigateway.ap-chuncheon-1.oci.customer-oci.com/v1/order

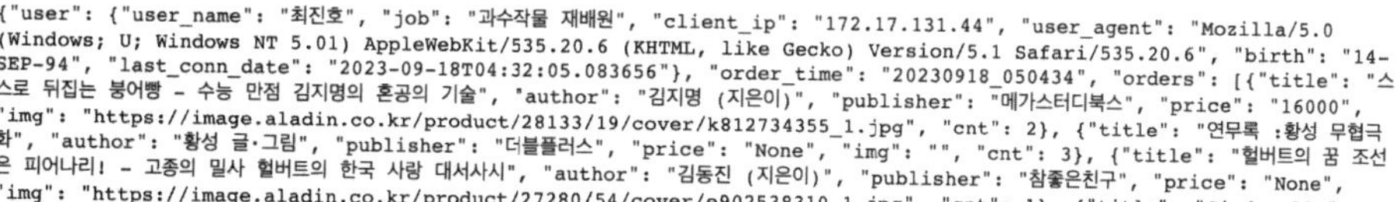

그림 3-37 웹 브라우저에서 API 게이트웨이를 통한 주문 관리 Function 호출

API 게이트웨이를 통해 주문 관리 서비스를 호출한 결과가 오브젝트 스토리지에 정상적으로 저장되고 있는 것을 확인한다. 다음 예시는 OCI CLI 명령을 사용해서 특정 버킷의 오브젝트 목록을 조회한 결과이다. 다음 명령을 실행하면 "oci-demo-bucket" 버킷의 오브젝트 목록이 표시된다. 여기서 주문 관리 Function을 호출한 결과로 생성된 주문 정보 파일들을 확인할 수 있다.

```
[opc@oci-demo-appdev oci-demo-orderfn]$ oci os object list --bucket-name
oci-demo-bucket
{
  "data": [
... 생략 ...
    {
      "archival-state": null,
      "etag": "8a3c6736-0f90-41c2-a700-ca8801d9770e",
      "md5": "q5cN+d+b1FPUnUW6TtECIA==",
      "name": "order_20230918_050434.json",
      "size": 1649,
      "storage-tier": "Standard",
      "time-created": "2023-09-18T05:04:34.049000+00:00",
      "time-modified": "2023-09-18T05:04:34.049000+00:00"
    }
  ],
  "prefixes": []
}
```

3.2.4 데이터 카탈로그로 메타데이터 식별

지금까지 서버리스 기술을 사용해서 프론트엔드 서비스를 구현했고, 이제는 데이터 분석을 위해 백엔드의 데이터 레이크하우스로 데이터를 수집해야 한다. 또한 데이터 분석을 위해 관계형 데이터베이스에 저장된 정형 데이터와 오브젝트 스토리지에 저장된 비정형 데이터를 통합하고, 전체 데이터의 현황을 파악해야 한다.

엔터프라이즈 환경에서는 비즈니스가 지속적으로 확대되는 과정에서 다양한 데이터가 쌓이게 된다. 이런 데이터들은 데이터의 품질 관점에서 통합적으로 관리돼야 하는데 메타데이터 관리 시스템을 활용해서 데이터의 속성, 형태, 저장 방식 등을 파악할 수 있다.

데이터 분석을 위해 다음과 같은 작업을 수행한다.

- 정형 데이터: 관계형 데이터베이스에 저장된 정형 데이터를 추출해서 분석용 데이터베이스나 데이터 레이크에 적재하고, SQL 쿼리 등을 사용해서 데이터 추출을 수행한다.

- **비정형 데이터**: 오브젝트 스토리지에 저장된 비정형 데이터는 텍스트, 이미지, 비디오 등 다양한 형태가 될 수 있다. 이런 데이터를 추출하고 필요한 형태로 변환해서 분석용 데이터베이스에 적재한다.

- **메타데이터 관리**: 데이터의 속성, 구조, 저장 위치 등에 대한 메타데이터를 관리한다. 메타데이터를 통해 데이터의 품질을 평가하고, 데이터의 통합과 관리를 수행한다.

- **데이터 품질 관리**: 데이터의 품질 유지를 위해 중복 데이터를 제거하고 불일치 데이터를 수정하고, 누락된 데이터를 보완하는 작업을 수행한다.

오라클 클라우드에서 데이터 카탈로그Data Catalog는 다양한 데이터 소스로부터 메타데이터를 관리하는 서비스이다. 데이터베이스, 오브젝트 스토리지, 카프카Kafka 등과 같은 여러 데이터 소스로부터 데이터를 검색하고, 통합 및 표준화 관점에서 데이터의 품질을 개선하는 데 활용된다.

데이터 카탈로그는 다양한 데이터 소스에서 메타데이터를 수집하고 데이터 사전을 사용해서 공통 엔터프라이즈 어휘를 만들고 관리한다. 또한 데이터 엔터티 및 특성을 비즈니스 용어나 사용자 정의 속성에 연결하거나 자유 형식의 태그를 추가해서 메타데이터를 관리한다. 스케줄링을 이용해서 메타데이터의 수집 작업을 자동화하고, REST API 및 SDK를 사용해서 Hive, Apache Spark, Data Flow, Big Data Service, Data Science 등의 다른 애플리케이션이나 서비스와 통합할 수도 있다.

이제 OCI 데이터 카탈로그 서비스를 이용해서 저장된 원천 데이터들에 대한 메타 정보를 수집해서 전체 데이터 관리 현황을 확인해 보도록 한다. 데이터 카탈로그 인스턴스를 배포하고, 프라이빗 엔드포인트를 여기에 연결한 후 이를 통해 오라클 데이터베이스에 있는 2개의 Pluggable 데이터베이스의 메타데이터를 수집할 것이다. 또한 오브젝트 스토리지에 생성된 주문 정보 오브젝트 파일들로부터도 메타데이터를 수집할 것이다.

이제 그림 3-38과 같은 아키텍처를 구성해서 메타데이터를 관리해 본다.

- OCI 데이터 카탈로그 서비스를 이용해서 원천 데이터들에 대한 메타 정보를 수집하는 작업을 진행한다.
- 데이터 카탈로그 인스턴스를 배포하고, 해당 인스턴스에 프라이빗 엔드포인트를 설정한다. 이렇게 하면 외부에서 접근이 불가능한 내부 네트워크에 위치하는 데이터 소스에 안전하게 접근할 수 있다.
- 배포한 데이터 카탈로그 인스턴스와 연결해서 오라클 데이터베이스에 있는 2개의 Pluggable 데이터베이스의 메타데이터를 수집한다. 이렇게 함으로써 오라클 데이터베이스에 저장돼 있는 데이터 테이블, 뷰, 인덱스 등의 정보를 데이터 카탈로그에 등록해서 관리할 수 있다.
- 추가로 오브젝트 스토리지에 생성된 주문 정보 오브젝트 파일들에서도 메타데이터를 수집한다. 이를 통해 오브젝트 스토리지에 저장된 파일들의 속성 정보, 생성일, 수정일 등을 데이터 카탈로그에 기록해서 관리할 수 있다.

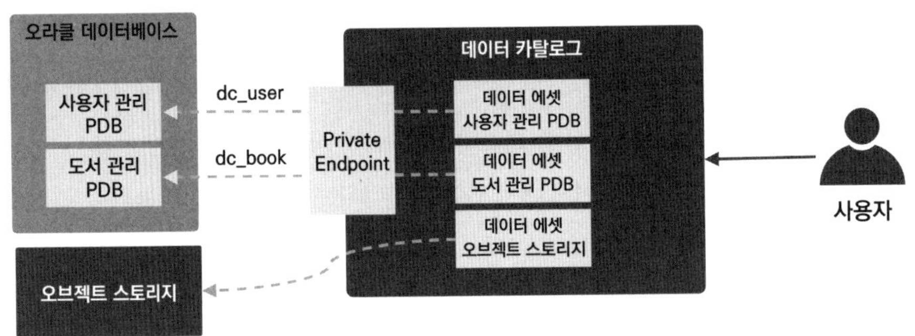

그림 3-38 데이터 카탈로그를 이용한 메타데이터 관리 아키텍처

이번 실습은 그림 3-39의 단계에 해당된다.

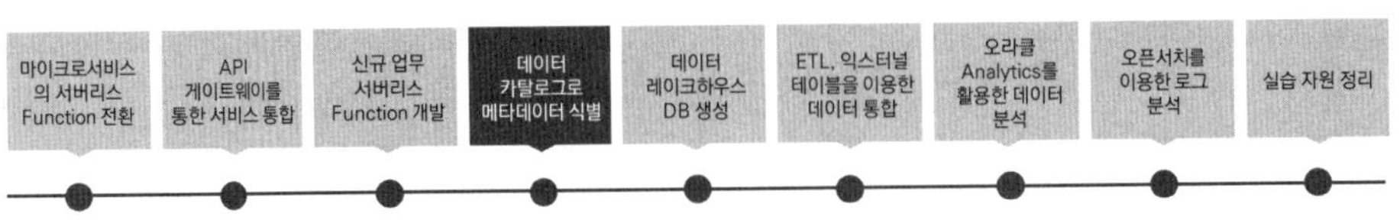

그림 3-39 3장 실습 단계 - 데이터 카탈로그로 메타데이터 식별

다음과 같은 단계로 실습을 진행한다.

- 데이터 카탈로그 생성
- 데이터 에셋 생성
- 프라이빗 엔드포인트 생성
- 데이터 에셋 연결 및 메타데이터 수집
- 메타데이터 확인

3.2.4.1 실습 - 데이터 카탈로그 생성

데이터 카탈로그를 생성하기 전에 "all-resources" 권한을 부여받지 못한 유저의 경우 다음과 같은 권한 구문을 "oci-demo-policy" 정책에 추가해야 한다.

```
Allow group <YOUR_GROUP_NAME> to manage data-catalog-family in compartment
<YOUR_COMPARTMENT_NAME>
```

데이터 카탈로그 생성을 위해 OCI 웹 콘솔의 [Analytics & AI → Data Lake → Data Catalog → Data Catalogs] 화면으로 이동한 후 Create Data Catalog를 클릭해서 데이터 카탈로그 생성 페이지로 이동한다. 그림 3-40과 같이 카탈로그 이름을 입력한다. 필요에 따라 태그를 추가할 수 있다. 모든 정보를 입력한 후 Create를 클릭해서 데이터 카탈로그를 생성한다.

- Name: oci-demo-catalog

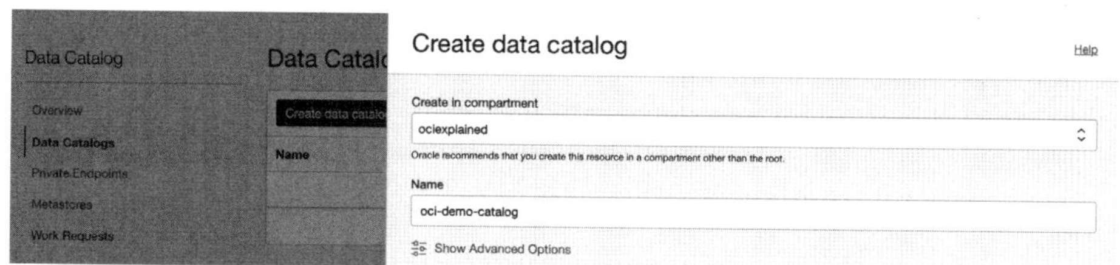

그림 3-40 데이터 카탈로그 생성

3.2.4.2 실습 - 데이터 에셋 생성

데이터 카탈로그가 생성됐으면 IT 시스템 내의 데이터 저장소들을 데이터 카탈로그에 등록해야 한다. 이때 등록되는 각 데이터 저장소를 데이터 에셋Data Asset이라고 부른다. 실습에서 등록할 데이터 에셋은 총 3개이다. 오라클 데이터베이스의 사용자 관리 PDB, 도서 관리 PDB와 주문 정보가 저장된 오브젝트 스토리지이다.

오라클 데이터베이스를 데이터 에셋으로 등록하려면 데이터베이스 호스트 정보와 사용자 관리 및 도서 관리 Pluggable 데이터베이스 연결 정보가 필요하다. 이를 미리 확인한다.

오라클 데이터베이스의 호스트 정보로는 퍼블릭 IP 주소 또는 스캔 DNS를 사용한다. 실습에서 사용된 오라클 데이터베이스는 프라이빗 서브넷에 배포돼 있으므로 퍼블릭 IP 주소가 없다. 따라서 스캔 DNS를 사용해야 한다. OCI 웹 콘솔의 데이터베이스 상세 정보 화면에서 이를 확인한다. RAC 데이터베이스의 경우 다음과 같이 로컬 컴퓨터에서 데이터베이스에 직접 SSH 접속을 해서 "srvctl" 명령어로 확인할 수도 있다. 오라클 데이터베이스에 SSH 접속을 하는 방법은 [2.2.2 데이터베이스 서비스 인스턴스 생성]을 참조한다.

```
% ssh -i ./.ssh/id_rsa -t -o ProxyCommand="ssh -W %h:%p opc@129.154.58.194
-i ./id_rsa" opc@10.0.1.9
... 생략 ...
[opc@oci-demo-msadb1 ~]$ sudo su - oracle
... 생략 ...
[oracle@oci-demo-msadb1 ~]$ srvctl config scan
SCAN name: oci-demo-msadb-scan.sub09130358041.ocidemo.oraclevcn.com,
Network: 1
Subnet IPv4: 10.0.1.0/255.255.255.0/ens3, static
Subnet IPv6:
SCAN 1 IPv4 VIP: 10.0.1.73
SCAN VIP is enabled.
SCAN 2 IPv4 VIP: 10.0.1.209
SCAN VIP is enabled.
SCAN 3 IPv4 VIP: 10.0.1.107
SCAN VIP is enabled.
```

데이터 카탈로그에 사용자 관리 및 도서 관리 Pluggable 데이터베이스를 등록하려면 해당 데이터베이스의 서비스 DNS 정보를 사용한다. 서비스 이름은 데이터베이스 호스트에 접속한 터미널에서 "lsnrctl" 명령을 사용해서 확인할 수 있다.

```
[oracle@oci-demo-msadb1 ~]$ lsnrctl status
... 생략 ...
Service "bookpdb.sub09130358041.ocidemo.oraclevcn.com" has 1 instance(s).
  Instance "MSADB1", status READY, has 1 handler(s) for this service...
... 생략 ...
Service "userpdb.sub09130358041.ocidemo.oraclevcn.com" has 1 instance(s).
  Instance "MSADB1", status READY, has 1 handler(s) for this service...
The command completed successfully
```

오브젝트 스토리지를 데이터 에셋으로 등록하기 위해서는 오브젝트 스토리지의 네임스페이스 정보가 필요하다. 네임스페이스 정보는 해당 오브젝트 스토리지의 고유 식별자로 이를 이용해서 데이터 카탈로그를 해당 스토리지와 연결할 수 있다.

네임스페이스 정보는 OCI 웹 콘솔에서 테넌시 상세 정보 화면에서 확인할 수 있다. 또는 다음과 같이 개발 환경 가상 머신에 접속해서 OCI CLI 명령을 사용해서 확인할 수도 있다.

```
[opc@oci-demo-appdev ~]$ hostname
oci-demo-appdev
[opc@oci-demo-appdev ~]$ oci os ns get
{
  "data": "demo"
}
```

이제 각 데이터 스토어를 데이터 에셋으로 등록해 보자. 먼저 오라클 데이터베이스의 사용자 관리 Pluggable 데이터베이스이다. 앞서 생성된 데이터 카탈로그로 이동한다.

데이터 카탈로그 홈 화면에서 Data assets 메뉴를 클릭해서 해당 화면으로 이동한다. 그림 3-41과 같이 Create data asset을 클릭해서 다음 정보를 입력한 후 Create를 클릭한다.

- Name: oracledb-userpdb
- Type: Oracle Database

- Host: oci-demo-msadb-scan.sub09130358041.ocidemo.oraclevcn.com(스캔 DNS 입력)
- Port: 1521
- Database: userpdb.sub09130358041.ocidemo.oraclevcn.com(사용자 관리 Pluggable 데이터베이스 서비스 DNS 입력)
- Use private endpoint: 체크
- RAC enabled: 체크(단일 인스턴스 데이터베이스로 실습하는 경우 체크하지 않는다.)

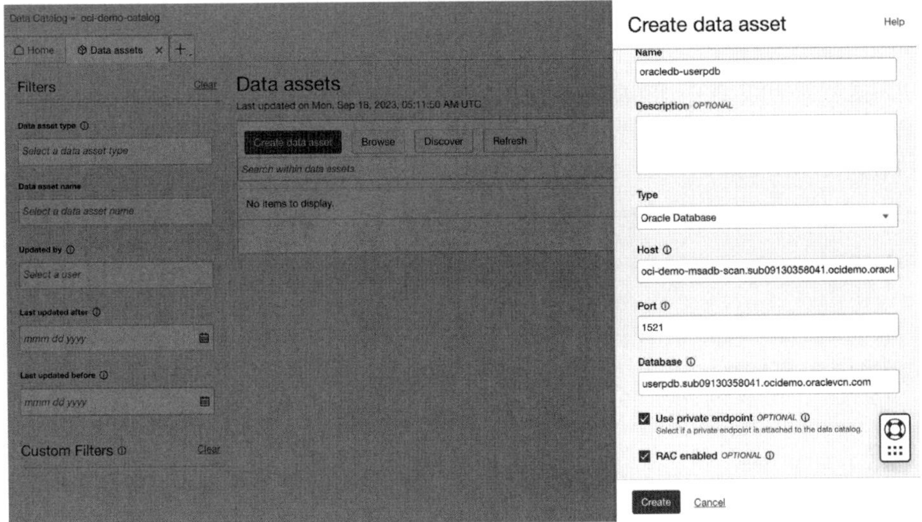

그림 3-41 데이터 에셋 추가 - 오라클 데이터베이스

사용자 관리 Pluggable 데이터베이스가 데이터 에셋으로 등록되고 나면 도서 관리 Pluggable 데이터베이스를 등록한다. 방식은 앞서와 동일하다. 입력 항목 중 Name, Database 필드 값만 다르다. **Create data asset**을 클릭해서 다음 정보를 입력한 후 **Create**를 클릭한다.

- Name: oracledb-bookpdb
- Type: Oracle Database

- Host: oci-demo-msadb-scan.sub09130358041.ocidemo.oraclevcn.com(스캔 DNS 입력)
- Port: 1521
- Database: bookpdb.sub09130358041.ocidemo.oraclevcn.com(도서 관리 Pluggable 데이터베이스 서비스 DNS 입력)
- Use private endpoint: 체크
- RAC enabled: 체크(단일 인스턴스 데이터베이스로 실습하는 경우 체크하지 않는다.)

다음으로 생성해야 할 데이터 에셋은 주문 정보가 저장된 오브젝트 스토리지이다. Data assets 화면에서 Create data asset을 클릭해서 그림 3-42와 같이 다음 정보를 입력한 후 Create를 클릭한다.

- Name: objstore-order
- Type: Oracle Object Storage
- Namespace: demo

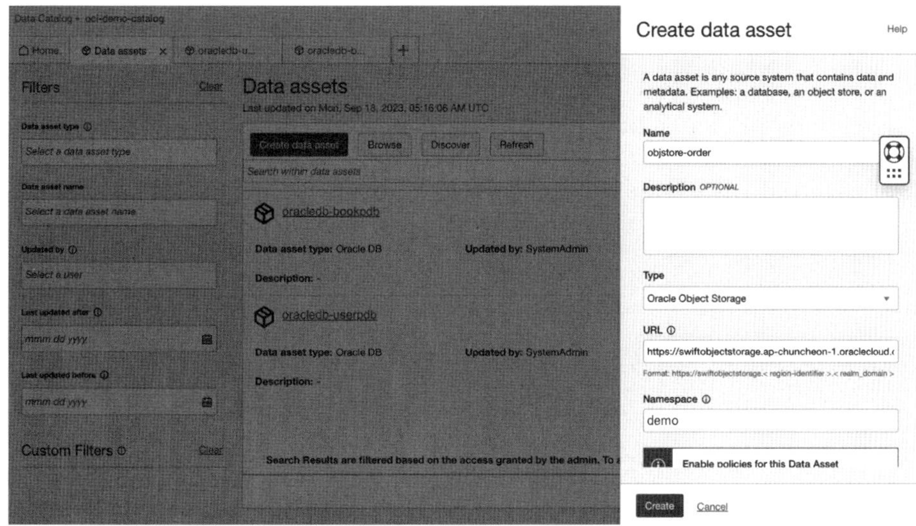

그림 3-42 데이터 에셋 추가 - 오브젝트 스토리지

3.2.4.3 실습 - 프라이빗 엔드포인트 생성

데이터 카탈로그가 VCN의 프라이빗 서브넷에 구성된 데이터베이스에 접근할 때 프라이빗 엔드포인트를 만들어서 사용한다. 이를 통해 데이터 카탈로그와 데이터베이스 간의 보안을 강화하고, 외부 인터넷 트래픽으로 노출되는 것을 피할 수 있다.

프라이빗 엔드포인트를 만들어 데이터 카탈로그에 등록한 후 프라이빗 엔드포인트를 통해 데이터 에셋으로 등록된 데이터베이스에 접근하게 된다.

프라이빗 엔드포인트를 설정할 때 필요한 정보로는 연결할 데이터베이스의 FQDN[Fully Qualified Domain Name] 또는 프라이빗 IP 주소를 사용한다. 이를 통해 프라이빗 데이터베이스 및 온프레미스 데이터베이스에 연결해서 데이터를 수집할 수 있게 된다.

이번 단계 실습은 프라이빗 엔드포인트를 생성하고, 데이터 카탈로그에 연결하는 것이다.

OCI 웹 콘솔의 [Analytics & AI → Data Lake → Data Catalog → Private Endpoints] 화면으로 이동해서 Create private endpoint를 클릭한다. 다음 내용으로 그림 3-43과 같이 입력하고 하단의 Create를 클릭한다.

- Name: oci-demo-catalog-pvendpoint
- VCN: OCI_DEMO
- subnet: private subnet-OCI_DEMO
- External DNS zones: oci-demo-msadb-scan.sub09130358041.ocidemo.oraclevcn.com(실습용 오라클 데이터베이스의 스캔 DNS 입력)

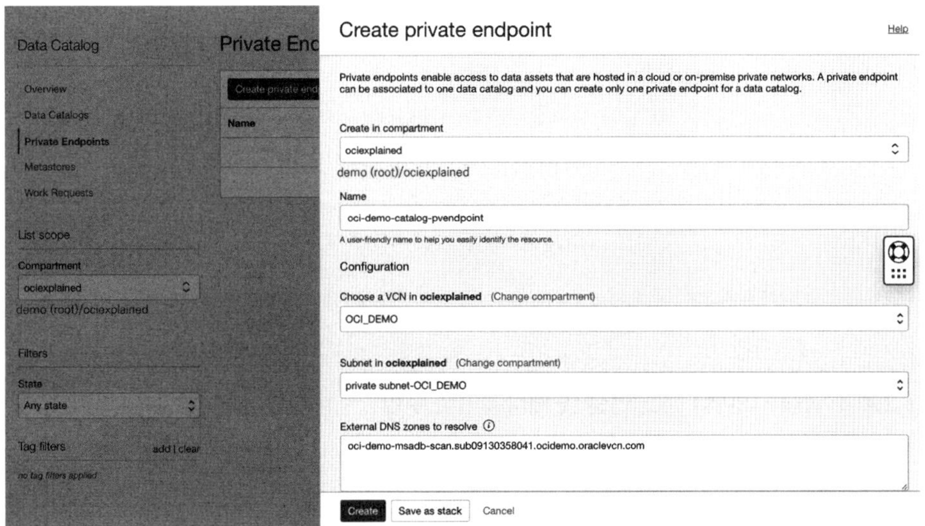

그림 3-43 프라이빗 엔드포인트 생성

프라이빗 엔드포인트가 생성되고 나면 데이터 카탈로그에 이를 등록한다.

OCI 웹 콘솔의 [Analytics & AI → Data Lake → Data Catalog → Data Catalogs] 화면으로 이동한다. 그림 3-44와 같이 생성된 데이터 카탈로그 맨 오른쪽 햄버거 메뉴에서 Attach private endpoint를 선택한다.

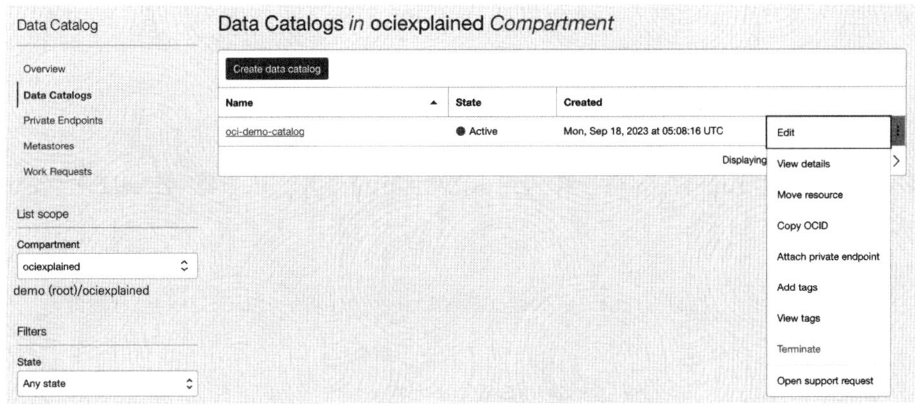

그림 3-44 데이터 카탈로그에 프라이빗 엔드포인트 등록

해당 화면에서 앞서 생성한 다음과 같은 프라이빗 엔드포인트를 선택하고 Attach를 클릭한다.

- Private endpoint: oci-demo-catalog-pvendpoint

데이터 카탈로그 상태가 Updating에서 Active 상태로 변경되면 프라이빗 엔드포인트의 등록이 완료된 것이다.

3.2.4.4 실습 - 데이터 에셋 연결 및 메타데이터 수집

데이터 에셋을 생성하고 오라클 데이터 스토어에 접근하기 위한 프라이빗 엔드포인트를 생성하고 등록했다. 이제 할 일은 각 데이터 스토어에 접속해서 메타데이터를 가져오는 것이다. 이 작업은 데이터 카탈로그에서는 "하베스트Harvest"라는 용어로 표현된다.

데이터 카탈로그에서 엔드포인트를 통해 데이터베이스에 접속할 때는 별도의 데이터베이스 유저를 사용한다. 따라서 각 데이터베이스에 접속해서 데이터 카탈로그 전용 데이터베이스 유저를 생성해야 한다. 이를 위해 개발 환경에 접속해서 사용자 관리 및 도서 관리 Pluggable 데이터베이스에서 데이터 카탈로그 유저를 생성하기 위한 스크립트를 작성한다. 이 스크립트에는 업무 테이블을 조회하는 뷰를 생성하는 명령도 포함된다. 이렇게 뷰를 통해 메타데이터를 수집하는 이유는 업무 테이블에 직접 접근하지 않고 메타데이터를 수집하기 위함이다.

먼저 개발 환경에 접속해서 사용자 관리 Pluggable 데이터베이스용 데이터 카탈로그 DB 유저 생성 스크립트를 다음과 같이 생성한다. 생성하는 유저의 패스워드는 독자가 정한 값으로 변경한다.

```
GitHub Script: https://github.com/ociexplained/how-to-use-OCI/chapter3/dc_
user.sql
```

```
[opc@oci-demo-appdev ~]$ vi dc_user.sql
drop user datacat cascade;
create user datacat identified by xxxxxxxxxx;
grant connect,resource to datacat;
```

```
grant select on users to datacat;
create or replace view datacat.v_users as select * from system.users;
```

다음은 도서 관리 Pluggable 데이터베이스용 데이터 카탈로그 DB 유저 생성 스크립트이다. 생성하는 유저의 패스워드는 독자가 정한 값으로 변경한다.

```
GitHub Script: https://github.com/ociexplained/how-to-use-OCI/chapter3/dc_book.sql
```

```
[opc@oci-demo-appdev ~]$ vi dc_book.sql
drop user datacat cascade;
create user datacat identified by xxxxxxxxxx;
grant connect,resource to datacat;
grant select on book to datacat;
create or replace view datacat.v_book as select * from system.book;
```

앞서 만든 스크립트를 각 데이터베이스에 접속해서 실행한다. 스크립트를 최초 실행할 경우 기존 유저가 없기 때문에 "drop user ..." 명령에서 에러가 발생하는데 이는 무시해도 되는 에러이다.

```
[opc@oci-demo-appdev ~]$ sqlplus system@//oci-demo-msadb-scan.
sub09130358041.ocidemo.oraclevcn.com/userpdb.sub09130358041.ocidemo.
oraclevcn.com @dc_user.sql
... 생략 ...
View created.
SQL> exit
Disconnected from Oracle Database 19c EE Extreme Perf Release 19.0.0.0.0 -
Production
Version 19.20.0.0.0
[opc@oci-demo-appdev ~]$ sqlplus system@//oci-demo-msadb-scan.
sub09130358041.ocidemo.oraclevcn.com/bookpdb.sub09130358041.ocidemo.
oraclevcn.com @dc_book.sql
... 생략 ...
View created.
SQL> exit
Disconnected from Oracle Database 19c EE Extreme Perf Release 19.0.0.0.0 -
Production
Version 19.20.0.0.0
```

실습 - 데이터 에셋 연결 및 Harvest 수행 - 사용자 관리 데이터베이스

데이터 카탈로그 DB 유저까지 만들어졌으니 이제 각 데이터 스토어에 연결해서 메타데이터를 수집하는 작업만 남았다.

데이터 카탈로그 홈 화면으로 이동한다. OCI 웹 콘솔에서 [Analytics & AI → Data Lake → Data Catalog → Data Catalogs] 화면으로 이동해서 생성한 데이터 카탈로그를 선택한 후 Data assets 메뉴를 클릭해서 해당 화면으로 이동한다. oracledb-userpdb 데이터 에셋을 선택하고 데이터 에셋 상세 화면에서 상단의 Add connection을 클릭한다.

그림 3-45와 같이 다음 내용으로 입력 및 연결 확인까지 한 후 하단의 Add를 클릭한다.

- Name: oracledb-user-datacat
- Type: JDBC
- User Name: datacat(앞서 스크립트로 생성한 데이터베이스 유저)
- User password: 체크
- Password: xxxxxxxxxx(앞서 스크립트로 생성한 데이터베이스 유저의 패스워드)
- Make this the default connection for the data asset: 체크
- Test connection을 클릭해서 데이터베이스와의 연결을 확인한다. 정상적으로 연결되면 "Connection successfully validated"라는 메시지를 볼 수 있다. 테스트 연결 시 "Scan proxy resource creation is in progress. Please try again later. See job ScanProxyResource_oracledb-userpdb_1695015167881 for more details."와 같은 메시지와 함께 연결이 되지 않는다면 Scan proxy 생성이 완료될 때까지 잠시 기다린다. 데이터 카탈로그 홈 화면의 Jobs 메뉴에서 이를 확인할 수 있다.

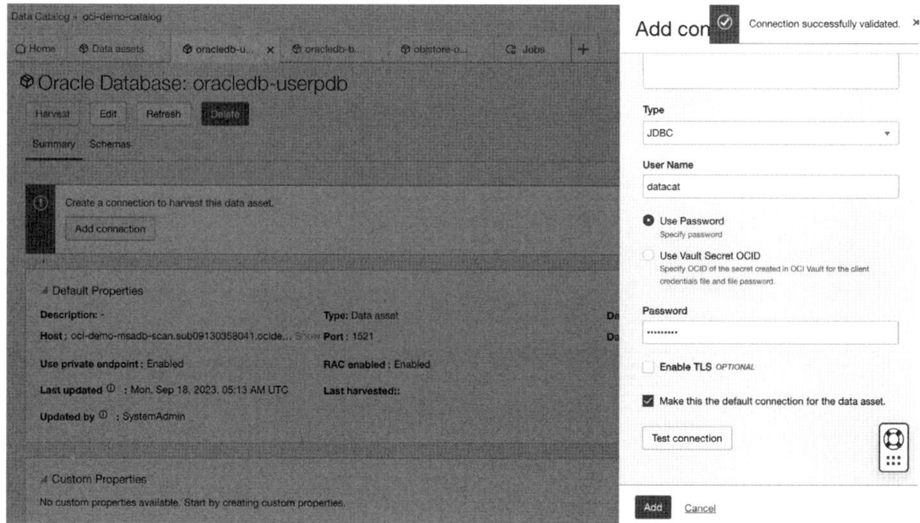

그림 3-45 데이터 에셋 연결 - 데이터베이스

데이터 카탈로그가 사용자 관리 Pluggable 데이터베이스에 접속되면 그림 3-46과 같이 Harvest 버튼이 활성화된다. Harvest를 클릭한다.

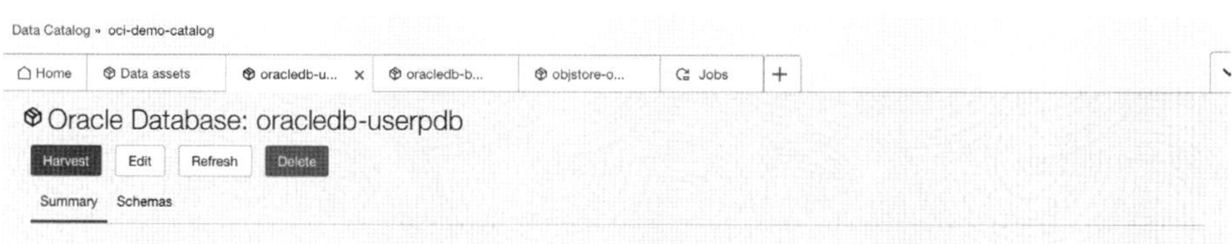

그림 3-46 데이터 에셋 하베스트 수행

하베스트 첫 번째 단계인 Select a Connection 화면에서 다음과 같이 정의하고 하단의 Next를 클릭한다.

- Select a connection for the data asset you want to harvest: oracledb-user-datacat

다음에 나오는 Select Data Entities 화면에서 앞서 스크립트로 생성했던 "DATACAT" 데이터베이스 유저를 데이터 엔터티로 지정하고 Next를 클릭한다.

그림 3-47과 같이 왼쪽 메뉴의 Path 항목에서 DATACAT에 대해 "+"를 클릭한다. 이렇게 하면 해당 데이터베이스 유저가 오라클 스키마/데이터 엔터티로 지정된다.

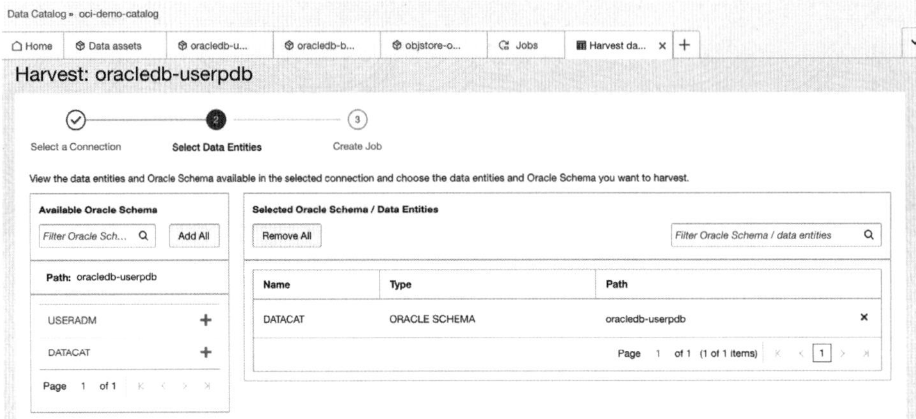

그림 3-47 하베스트 설정 - Select Data Entities

Create Job 화면에서 다음과 같은 정보를 입력한 후 하단의 **Create Job**을 클릭하면 데이터 카탈로그가 각 데이터 스토어에서 메타데이터를 수집하는 작업이 생성된다. 그림 3-48과 같이 Time of Execution 필드 값에서 **Run job now**를 선택했기 때문에 메타데이터 수집 작업이 즉시 실행된다.

- Job Name: Harvest_oracledb-userpdb_...(자동 생성값)
- Incremental Harvest: 체크
- Time of Execution: Run job now 체크

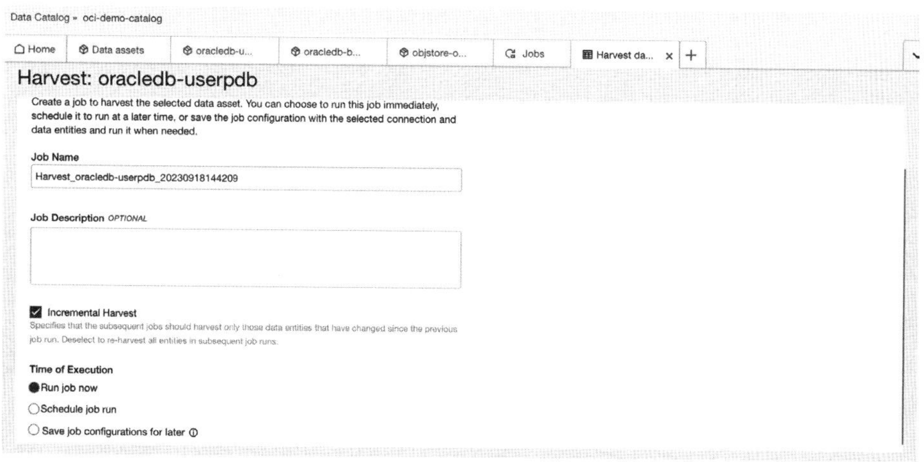

그림 3-48 하베스트 설정 - Create Job

실습 - 데이터 에셋 연결 및 Harvest 수행 - 도서 관리 데이터베이스

도서 관리 Pluggable 데이터베이스에 대해서도 사용자 관리 Pluggable 데이터베이스와 동일한 방식으로 데이터 에셋 연결 생성과 하베스트 설정을 수행한다.

데이터 카탈로그 홈 화면의 Data assets 메뉴 화면에서 oracledb-bookpdb를 클릭한다. 이동한 화면에서 상단의 Add connection을 클릭한다.

다음과 같은 내용으로 입력하고 하단의 Add를 클릭한다.

- Name: oracledb-book-datacat
- Type: JDBC
- User Name: datacat
- User password: 체크
- Password: xxxxxxxxxx
- Make this the default connection for the data asset: 체크
- Test connection을 클릭해서 연결을 확인한다.

Harvest 버튼이 활성화되면 Harvest를 클릭한다.

Select a Connection 화면에서 다음과 같이 정의하고 Next를 클릭한다.

- Select a connection for the data asset you want to harvest: oracledb-book-datacat

Select Data Entities 화면에서 앞서 스크립트로 생성했던 DATACAT 데이터베이스 유저를 데이터 엔터티로 지정하고 하단의 Next를 클릭한다. 왼쪽 메뉴의 Path 항목에서 DATACAT에 대해 +를 클릭하면 된다.

Create Job 화면에서 다음과 같이 입력한 후 하단의 Create Job을 클릭한다.

- Job Name: Harvest_oracledb-bookpdb_...(자동 생성값)
- Incremental Harvest: 체크
- Time of Execution: Run job now 체크

실습 - 데이터 에셋 연결 및 Harvest 수행 - 오브젝트 스토리지(주문 관리 저장소)

이번에는 오브젝트 스토리지에 대한 데이터 에셋 연결 생성 및 하베스트 설정 작업을 수행할 차례이다.

앞선 데이터베이스와 다른 방식으로 오브젝트 스토리지에 연결하려면 데이터 카탈로그 인스턴스가 오브젝트 스토리지 자원을 읽을 수 있는 별도 권한이 필요하다. 이를 위해 데이터 카탈로그 인스턴스의 OCID를 다이내믹 그룹에 추가하고, 해당 다이내믹 그룹이 버킷의 오브젝트를 읽을 수 있도록 권한을 부여하는 작업을 진행할 것이다. "all-resources" 권한을 가진 그룹의 유저도 권한 부여 작업을 수행해야 한다.

먼저 실습에 사용 중인 데이터 카탈로그 인스턴스의 OCID를 복사해 둔다. OCID 확인 방법은 OCI 웹 콘솔 데이터 카탈로그 목록의 오른쪽 햄버거 메뉴에서 COPY OCID를 클릭하면 된다. 또는 다음과 같이 OCI CLI 명령으로도 확인할 수 있다.

OCI CLI 환경이 구성돼 있는 개발 환경에 접속한 후 데이터 카탈로그 자원이 소속된 컴파트먼트의 OCID를 환경 변수로 설정한다. 컴파트먼트 OCID는 OCI 웹 콘솔의 [Identity & Security → Identity → Compartments] 화면의 사용 중인 컴파트먼트의 상세 화면에서 확인해서 얻을 수 있다.

```
[opc@oci-demo-appdev ~]$ export COMP_ID="ocid1.compartment.oc1..aaaaaaaa6cq
7mawvxnv2be542zwvlukehzsj3qqlx4kx2ee74nyijmgh3yka"
```

컴파트먼트 OCID를 파라미터로 해서 데이터 카탈로그 인스턴스의 OCID를 다음 명령으로 조회한다.

```
[opc@oci-demo-appdev ~]$ oci data-catalog catalog list -c $COMP_ID --query
'data[*].{name:"display-name", id:"id"}' --output table --all
... 생략 ...
```

데이터 카탈로그 인스턴스의 OCID를 확인했다. 이제 이를 다이내믹 그룹에 추가한다.

OCI 웹 콘솔에서 [Identity & Security → Identity → Domains → Default Domain 선택 → Dynamic Groups] 화면으로 이동한 후 oci-demo-dyngroup을 선택한다. 그리고 + Additional Rule을 클릭해서 다음과 같은 규칙을 추가하고 하단의 Save를 클릭한다.

- Rule 4: resource.id = 'ocid1.datacatalog.oc1.ap-chuncheon-1.amaaaaaa7ratcziaqpv6rtpy6x3it5by5fsaqesddqkkw5m7gd353efjfixa'

다이내믹 그룹에 Function OCID를 추가했다면 해당 다이내믹 그룹이 실습용으로 생성한 버킷의 오브젝트를 읽을 수 있도록 권한 구문을 추가해야 한다.

OCI 웹 콘솔의 [Identity & Security → Identity → Policies] 화면으로 이동해서 이전에 생성한 oci-demo-policy를 클릭한다. 해당 정책은 root 컴파트먼트에 위치하고 있다. Edit Policy Statements를 클릭해서 정책 구문 편집 화면으로 이동한다. + Another Statement를 클릭해서 다음 내용의 정책 구문을 추가해야 한다.

그러나 1장 실습에서 이미 "Allow dynamic-group oci-demo-dyngroup to manage object-family in compartment ociexplained"와 같이 더 넓은 범위의

권한을 부여했다면 다음 권한을 추가할 필요는 없다. 하지만 그렇지 않다면 다음 권한을 추가해야 한다.

```
Allow dynamic-group oci-demo-dyngroup to read object-family in compartment
ociexplained
```

데이터 카탈로그 홈 화면의 Data assets 메뉴 화면에서 objstore-order를 클릭한다. 이동한 화면에서 상단의 Add connection을 클릭한다.

그림 3-49와 같이 다음 내용으로 입력하고 하단의 Add를 클릭한다.

- Name: objstore-order-datacat
- Make this the default connection for the data asset: 체크
- Test connection을 클릭해서 연결을 확인한다.

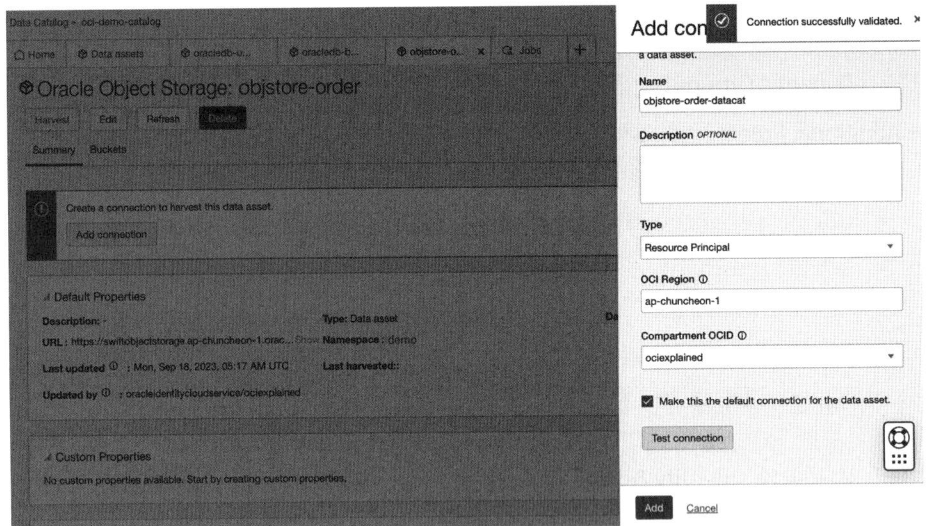

그림 3-49 데이터 에셋 연결 - 오브젝트 스토리지

데이터 카탈로그가 오브젝트 스토리지에 접속하고 연결이 정상적으로 설정되면 Harvest 버튼이 활성화된다. 이제 Harvest를 클릭해서 오브젝트 스토리지의 데이터로부터 메타데이터를 검색하고 추출하는 작업(Job)을 만들 수 있다.

Select a Connection 화면에서 다음과 같이 정의하고 Next를 클릭한다.

- Select a connection for the data asset you want to harvest: objstore-order-datacat

Select Data Entities 화면에서 주문 정보가 저장된 오브젝트 스토리지 버킷을 데이터 엔터티로 추가한다. 그림 3-50과 같이 왼쪽 메뉴의 Path 항목에서 oci-demo-bucket에 대해 +를 클릭한다.

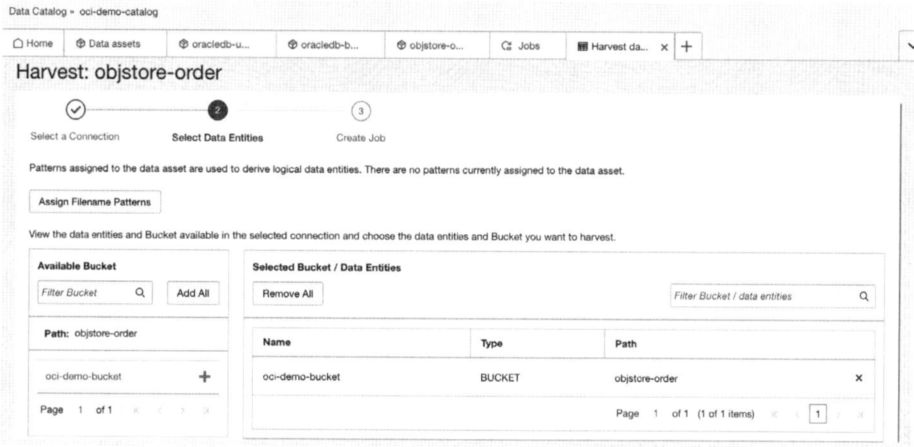

그림 3-50 하베스트 설정 - Select Data Entities

Create Job 화면에서 다음과 같이 입력한 후 하단의 Create Job을 클릭한다.

- Job Name: Harvest_objstore-order_...(자동 생성값)
- Incremental Harvest: 체크
- Time of Execution: Run job now 체크

지금까지 수행한 각 데이터 에셋으로부터 하베스트 작업(Job)을 수행한 이력은 데이터 카탈로그 홈의 Jobs 메뉴에서 목록으로 확인할 수 있다.

Jobs 메뉴에서는 그림 3-51과 같이 데이터 카탈로그가 수행한 모든 작업의 목록, 즉 각 작업의 이름, 상태, 시작 시간, 끝난 시간, 빈도 등의 정보를 확인할 수 있고 각 작업의 세부 정보를 살펴보거나 필요에 따라 작업을 수정하거나 삭제할 수도 있다.

수행한 하베스트 작업들이 Jobs 메뉴에서 목록으로 확인되면 데이터 카탈로그의 메타데이터는 주기적으로 업데이트되고 최신 정보를 유지하게 된다.

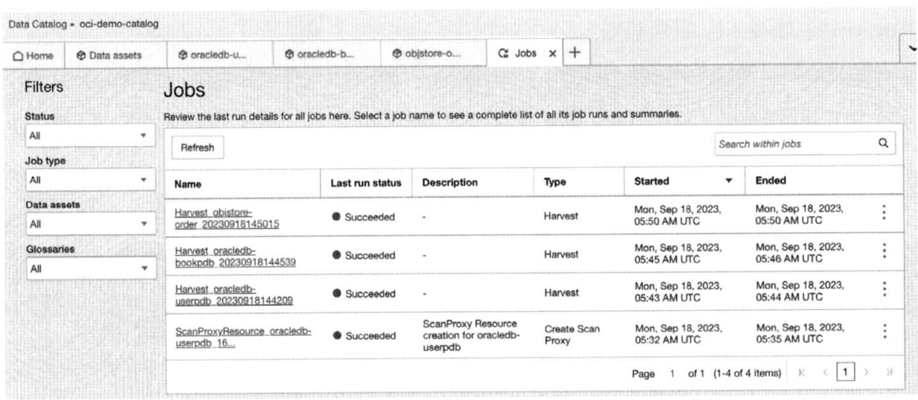

그림 3-51 데이터 카탈로그 하베스트 Job 수행 이력 확인

3.2.4.5 실습 - 메타데이터 확인

마지막으로 할 일은 수집된 메타데이터 현황을 그림 3-52와 같이 전체적으로 확인하는 것이다. 데이터 카탈로그 홈에서는 수집된 각 데이터 스토어(오라클 데이터베이스, 오브젝트 스토리지 등)의 메타데이터 현황을 확인할 수 있다. 각 데이터 스토어별로 수집된 메타데이터의 항목, 통계, 품질 정보 등이 제공된다.

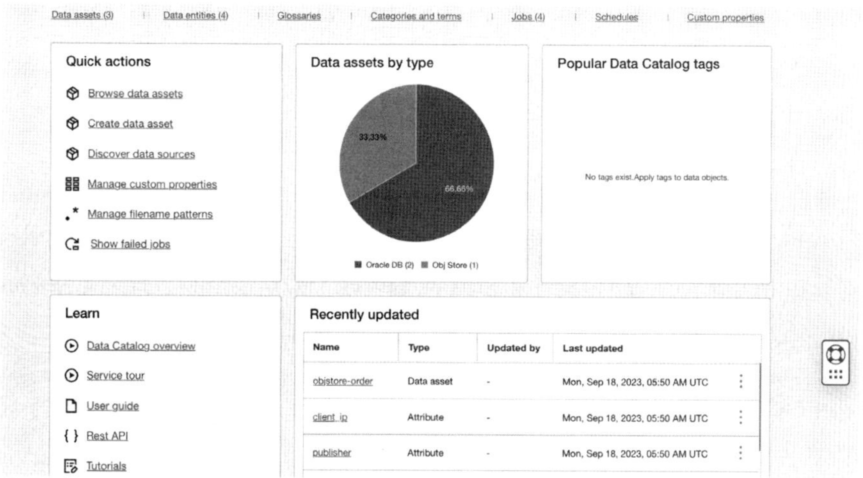

그림 3-52 데이터 카탈로그 홈

데이터 카탈로그의 Data entities 메뉴에서는 각 데이터 스토어의 엔터티와 속성 정보를 조회할 수 있다. 예를 들어 그림 3-53과 같이 사용자 관리 Pluggable 데이터베이스의 V_USERS 엔터티의 속성 정보를 조회하면 해당 데이터베이스의 사용자 정보와 관련된 속성들이 나열된다. 엔터티와 해당 엔터티의 속성 정보를 테이블 형식으로 제공하며, 각 속성에는 데이터 유형, 크기, 제약 조건 등의 정보가 포함된다.

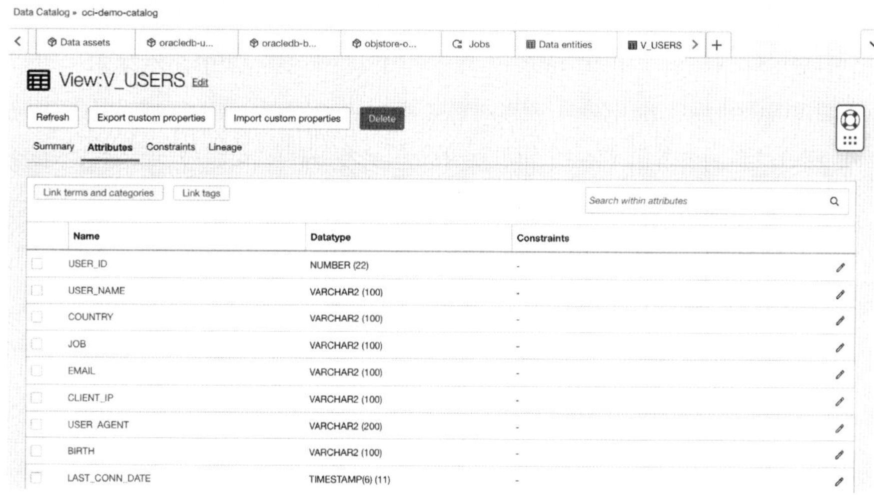

그림 3-53 데이터 카탈로그 - 데이터 엔터티 조회

데이터 카탈로그를 통해 수집된 메타데이터는 다양한 방식으로 활용할 수 있다. 예를 들어 오브젝트 스토리지에 메타스토어[Metastore]로 저장해서 비정형 및 반정형 데이터 에셋에 대한 스키마 정의를 보관하고 검색할 수 있다. 이를 통해 데이터의 구조를 파악하고 데이터를 쿼리하거나 가공할 수 있다.

또한 Apache Spark SQL과 같은 기술을 사용해서 데이터 카탈로그의 메타데이터를 쿼리하고 분석할 수도 있다. Spark SQL은 데이터 카탈로그 메타스토어와 연동해서 메타데이터 정보를 활용해 데이터 처리 작업을 수행한다.

덧붙여 OCI의 다양한 데이터 서비스들은 데이터 카탈로그를 활용해서 데이터에 대한 메타데이터를 조회하고 활용할 수 있다. OCI Data Flow, OCI Big Data Service, OCI Data Science 등의 서비스는 데이터 카탈로그 메타스토어에 접근해서 데이터에 대한 스키마와 구조 정보를 활용해 데이터 처리 및 분석 작업을 수행한다.

데이터 카탈로그에 저장된 메타스토어는 중요한 데이터 자산으로 이런 메타데이터에 대한 접근 제어는 보안 측면에서 매우 중요하다. 데이터 카탈로그에서 메타데이터에 대한 접근을 효과적으로 관리하기 위해서는 Coarse-grained Access Control을 사용할 수 있다. Coarse-grained Access Control은 메타데이터에 대한 접근을 상위 수준에서 제어하는 방식으로 데이터 카탈로그에 접근하고 메타데이터를 조회하거나 수정하는 권한을 특정 사용자나 그룹에게 부여하거나 제한하는 것을 의미한다.

뒤에서 설명할 오라클 Autonomous 데이터베이스에서는 데이터 카탈로그 관리를 위해 데이터베이스 Function과 프로시저로 구성된 DBMS_DCAT 패키지를 제공한다. 이 패키지를 사용하면 데이터 카탈로그와의 연결, 메타데이터의 동기화 등의 작업을 수행할 수 있다. 또한 오라클 Autonomous 데이터베이스에서는 데이터 카탈로그와 관련된 여러 딕셔너리 뷰를 제공해서 데이터 카탈로그에서 관리되는 데이터 에셋, 엔터티 등의 정보를 확인할 수 있다. 이런 딕셔너리 뷰들을 사용하면 데이터 카탈로그에 저장된 메타데이터에 대한 정보를 쿼리하고 분석할 수 있다.

3.2.5 데이터 레이크하우스 DB 생성

지금부터는 오라클 데이터베이스에 저장된 사용자 관리 관계형 데이터, 도서 관리 비정형 데이터, 오브젝트 스토리지에 저장된 주문 관리 비정형 데이터를 한 곳에 통합해서 추후 데이터 분석에 사용할 데이터 레이크하우스를 구성할 것이다. 데이터 레이크하우스로 사용할 저장소로는 오라클 클라우드의 대표적인 데이터베이스 서비스 중 하나인 Autonomous Database(ADB)를 사용한다. 오라클 Autonomous 데이터베이스를 사용해서 데이터 레이크하우스 구성을 위해 데이터 카탈로그에서 수집된 메타데이터를 기반으로 데이터 스키마를 설계한다.

참고로 오라클 클라우드에서 제공하는 PaaS 형태의 데이터베이스 서비스는 크게 표 3-1과 같이 분류해 볼 수 있다. 사용자는 자신들의 업무 형태, 관리 범위, 가용 비용 등에 따라 데이터베이스를 선택할 수 있다.

이 중 Autonomous 데이터베이스는 자율 주행 데이터베이스로 엑사데이터 인프라 위에서 제공되는 오라클 데이터베이스 서비스이다.

Autonomous 데이터베이스는 자동화된 데이터베이스 서비스로 오라클이 머신러닝 기술을 이용해서 백업, 보안, 패치, 성능 관리 등의 작업을 사용자 개입 없이 자동으로 수행한다. 이를 통해 데이터베이스 운영과 관리 부담을 크게 줄이고, 사용자는 데이터베이스 관리에 집중하지 않고 비즈니스에 더욱 집중할 수 있게 된다.

Autonomous 데이터베이스는 자동 확장과 자동 백업 등의 기능을 제공해서 데이터베이스의 성능과 안정성을 자동으로 최적화한다. 또한 데이터베이스의 보안 기능도 자동으로 관리해서 사용자의 데이터를 보호한다.

<table>
<tr><td rowspan="6">오라클 데이터베이스</td><td rowspan="3">Autonomous 데이터베이스</td><td>Autonomous Data Warehouse(ADW)</td><td>데이터 마트, 데이터 웨어하우스, 데이터 레이크 등 분석 워크로드에 적합</td></tr>
<tr><td>Autonomous JSON Database(AJD)</td><td>JSON 중심 애플리케이션 개발에 적합</td></tr>
<tr><td>Autonomous Transaction Processing(ATP)</td><td>트랜잭션, 분석 및 배치 워크로드에 적합</td></tr>
<tr><td>Base Database Service</td><td colspan="2">오라클 데이터베이스 클라우드 서비스(DBaaS)</td></tr>
<tr><td>Exadata Database Service</td><td colspan="2">엑사데이터 클라우드 서비스(ExaCI)</td></tr>
<tr><td>Exadata Database Service on Cloud@ Customer</td><td colspan="2">사용자의 데이터 센터에 설치해서 제공하는 클라우드 서비스로 엑사데이터 서비스 및 Autonomous 데이터베이스 서비스 실행</td></tr>
<tr><td rowspan="4">데이터베이스</td><td>MySQL</td><td colspan="2">MySQL 관리형 클라우드 서비스</td></tr>
<tr><td>MySQL Heatwave</td><td colspan="2">인메모리 쿼리 가속기가 내장된 고성능 MySQL 관리형 클라우드 서비스</td></tr>
<tr><td>NoSQL Database</td><td colspan="2">NoSQL 도큐먼트 데이터베이스 서비스</td></tr>
<tr><td>OpenSearch</td><td colspan="2">ElasticSearch에서 포크된 OpenSearch의 클라우드 서비스</td></tr>
</table>

표 3-1 오라클 클라우드 데이터베이스 서비스

[엑사데이터]

엑사데이터Exadata는 오라클의 데이터베이스 어플라이언스로 데이터베이스, 스토리지, 데이터베이스 노드 간 및 데이터베이스와 스토리지 간 연결을 위한 스위치 등이 미리 구성돼 있다. 이 어플라이언스는 하드웨어와 소프트웨어가 통합돼 제공되며, 오라클 데이터베이스와 클러스터 소프트웨어가 미리 설치돼 있다.

엑사데이터의 핵심 기능 중 하나는 스마트 스캔Smart Scan이다. 스마트 스캔은 스토리지 단계에서 쿼리 처리를 수행해서 데이터베이스 노드로 데이터 전송을 최소화한다. 이로 인해 데이터베이스의 조회 성능이 향상되고, 대용량 데이터 처리가 빠르게 이뤄질 수 있다.

또한 엑사데이터는 HCCHybrid Columnar Compression 압축을 지원해서 대용량 데이터의 압축률을 높이고, 디스크 공간을 절약한다. 스토리지 인덱스도 제공해서 데이터 접근 속도를 향상시키며, 100Gb/s RDMA over Converged EthernetRoCE을 통해 빠른 데이터 전송 속도를 지원한다.

지금부터 데이터 레이크하우스로 사용할 Autonomous 데이터베이스 중 Autonomous Data Warehouse를 배포하고 접속해 보는 것까지 실습한다.

이번 실습은 그림 3-54의 단계에 해당된다.

그림 3-54 3장 실습 단계 - 데이터 레이크하우스 DB 생성

3.2.5.1 실습 - Autonomous Data Warehouse 인스턴스 배포

Autonomous 데이터베이스를 생성하기 전에 "all-resources" 권한을 부여받지 못한 유저의 경우 다음과 같은 권한 구문을 "oci-demo-policy" 정책에 추가해야 한다.

```
Allow group <YOUR_GROUP_NAME> to manage autonomous-database-family in
compartment <YOUR_COMPARTMENT_NAME>
```

OCI 웹 콘솔의 [Oracle Database → Autonomous Database] 화면으로 이동해서 Create Autonomous Database를 클릭한다. Autonomous 데이터베이스 생성 화면에서 정보를 입력한다.

[Provide basic information for the Autonomous database] 섹션에서 그림 3-55와 같이 다음의 기본 정보를 입력한다.

다음에서 deployment type으로 지정한 Serverless는 대부분의 데이터베이스 작업을 자동화하는 자율 주행 형태로 배포, 구성, 모니터링, 백업 등의 대부분의 작업을 자동으로 수행한다. 이에 반해 dedicated infrastructure는 전용 엑사데이터 인프라에서 실행되는 서비스로 다른 테넌트와 격리돼 있으며, 사용자에게 소프트웨어 업데이트 일정, 고가용 설정 구성 등에 대한 선택권을 보다 많이 제공하는 배포 형태이다.

- Display name: oci-demo-lh-adb
- Database name: ocidemolh
- Choose a workload type: Data Warehouse 선택
- Choose a deployment type: Serverless 선택

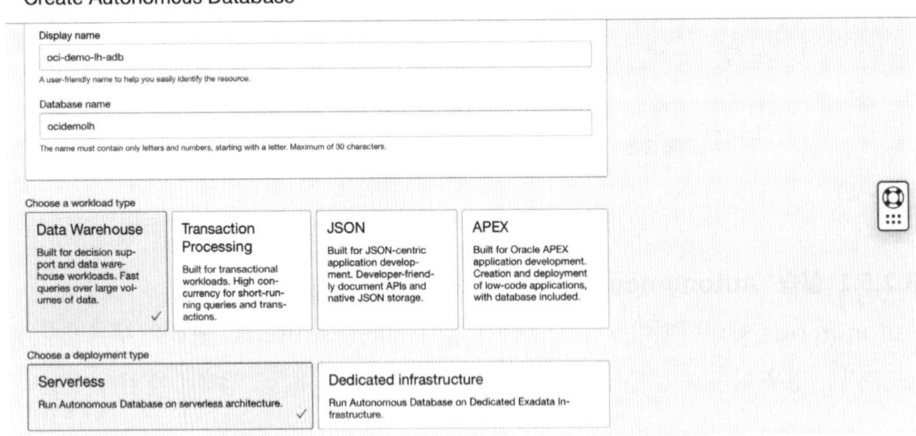

그림 3-55 Autonomous 데이터베이스 생성 - 기본 정보 입력

[Configure the database] 섹션에서는 현재 지정된 값을 유지한다. 다음의 ECPU는 하이퍼스레딩이 활성화된 하나의 물리적 코어에 해당하는 OCPU와 달리 Autonomous 데이터베이스 과금의 기준이 되는 자원 단위이다. 엑사데이터 데이터베이스 서버 및 스토리지 서버의 공유 풀에서 할당된 CPU 코어 수를 기반으로 산정된다.

- Choose database version: 19c
- ECPU count: 2
- Storage (TB): 1
- Compute autoscaling: 체크

[Create administrator credentials] 섹션에서는 데이터베이스 유저 ADMIN에 대한 패스워드를 지정한다.

[Choose network access] 섹션에서는 그림 3-56과 같이 네트워크 접근 설정을 한다. Autonomous 데이터베이스에 네트워크상에서 접근을 허용하는 방법에 따라 세 가지 형태로 Autonomous 데이터베이스를 배포할 수 있다. 이 중에서 "Secure access from allowed IPs and VCNs only" 옵션으로 Autonomous 데이터베이스를 배포할 것이다.

- Secure access from everywhere: 퍼블릭 엔드포인트, 퍼블릭 IP 및 호스트 이름이 할당돼 모든 IP 주소에서 Autonomous 데이터베이스에 접근할 수 있다. 이 경우 Access Control List[ACL]를 사용해서 허용된 IP 주소 또는 VCN 집합에서만 데이터베이스에 접근할 수 있도록 제어 규칙을 정의할 수도 있다.
- Secure access from allowed IPs and VCNs only: 이번 실습에서 선택한 방식과 같이 지정한 IP 주소 및 VCN에서 오는 트래픽만 허용한다. 다른 공용 IP 주소나 VCN에서 유입되는 데이터베이스 접근은 차단된다.
- Private endpoint access only: 지정된 VCN, 피어링된 VCN, VCN에 연결된 온프레미스 네트워크의 연결만 허용한다. 퍼블릭 엔드포인트가 없으며, 데이터베이스에 접근하려면 전용(프라이빗) 엔드포인트를 사용한다.

- Secure access from allowed IPs and VCNs only 선택
- IP notation type: Virtual cloud network
- Virtual cloud network: OCI_DEMO 선택

앞의 첫 번째 접근 제어 규칙을 설정한 후 사용자의 로컬 컴퓨터에서 Autonomous 데이터베이스로의 접근 허용을 위해 Add access control rule을 클릭해서 규칙을 하나 더 추가해야 한다. 그림 3-56을 참조한다.

- IP notation type: IP address
- Values: Add my IP address를 클릭한다. 이 경우 로컬 컴퓨터의 curl ifconfig.co 명령 실행 결과가 Values 필드에 반영된다.

그림 3-56 Autonomous 데이터베이스 생성 - 네트워크 접근 설정

[Choose license and Oracle Database edition] 섹션에서는 현재 상태(This Database is provisioned with License included license type.)를 유지한다. Switch to Bring Your Own License (BYOL)을 클릭해서 이미 소유한 라이선스를 활용해서 Autonomous 데이터베이스를 배포할 수도 있다.

지금까지의 내용을 입력 및 선택한 후 하단의 Create Autonomous 데이터베이스를 클릭하면 배포가 시작된다.

Autonomous 데이터베이스 배포가 완료되면 데이터베이스에 접속해 본다. SQL Developer와 같은 별도 유틸리티를 통해 할 수도 있지만 Autonomous 데이터베이스의 경우 웹 콘솔에서 데이터베이스 관리 유틸리티, 성능 모니터링, APEX 개발 환경 등 다양한 기능을 제공한다.

- Autonomous Database Console: Autonomous 데이터베이스의 관리 및 설정을 할 수 있는 웹 콘솔로 데이터베이스 인스턴스의 생성, 삭제, 크기 조정, 백업, 복원 등을 수행할 수 있다.
- SQL Developer Web: 웹 기반의 SQL 개발 도구로 데이터베이스에 SQL 쿼리를 실행하고 데이터를 시각화하는 등의 작업을 할 수 있다.
- Performance Hub: 데이터베이스의 성능을 모니터링하고 최적화하는 도구로 성능 그래프, 세션 모니터링, SQL 모니터링 등을 제공한다.
- Oracle APEX (Application Express): 오라클 데이터베이스에서 웹 애플리케이션을 개발할 수 있는 로 코드[Low Code] 개발 플랫폼으로 데이터베이스를 기반으로 한 웹 애플리케이션을 간편하게 개발할 수 있다.
- Data Loading: 데이터를 Autonomous 데이터베이스로 로드하고 관리하는 기능을 웹 콘솔에서 제공한다.
- Data Visualization: 데이터를 시각화하고 대시보드를 생성해서 데이터의 인사이트를 얻을 수 있도록 도와주는 기능이다.

Autonomous 데이터베이스 상세 화면에서 그림 3-57과 같이 Database actions → SQL을 클릭해서 SQL Developer Web 화면을 로딩한다.

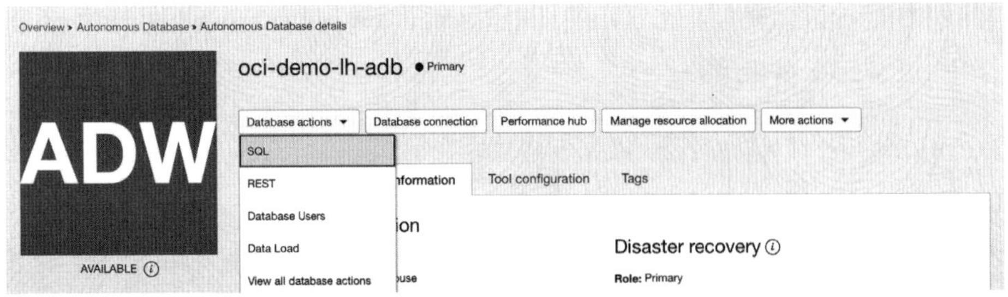

그림 3-57 Autonomous Database 상세 화면

이어서 나타나는 Database actions 화면에 입력할 계정 정보는 Autonomous 데이터베이스를 배포할 때 설정했던 admin 유저와 해당 패스워드이다.

최초 접근 제어 규칙을 설정한 후 로컬 컴퓨터의 퍼블릭 IP 주소가 변경된 경우 Database actions 웹 콘솔이 로드되지 않는다. 이럴 때는 Autonomous 데이터베이스 상세 페이지에서 More actions → Update network access를 클릭해서 그림 3-58과 같이 변경된 로컬 컴퓨터의 퍼블릭 IP 주소를 업데이트해야 한다. 기존의 IP 주소 규칙을 삭제한 후 **Update**를 클릭해서 이를 적용하고, 그다음에는 새로운 로컬 컴퓨터의 퍼블릭 IP 주소를 추가한 접근 제어 규칙을 업데이트해야 변경된 접근 제어 규칙이 적용된다. 이후 OCI 웹 콘솔에서 로그아웃한 후 다시 접속한다.

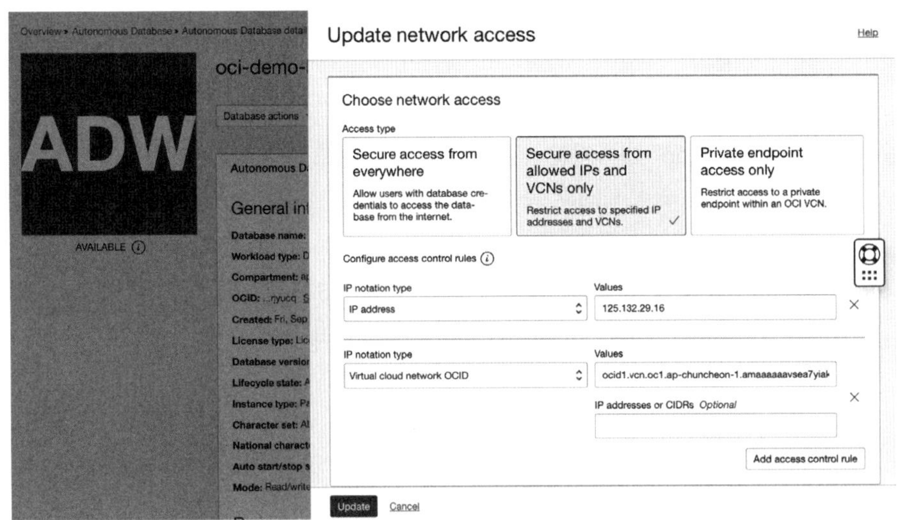

그림 3-58 Autonomous Database 네트워크 접근 정보 업데이트

이제 그림 3-59와 같이 데이터베이스 정보를 SQL로 실행해서 확인해 보자. 다음 샘플 SQL 등으로 데이터베이스 접속을 확인해 본다.

```
select instance_name, status from v$instance;
select name, open_mode, restricted, open_time from v$pdbs;
```

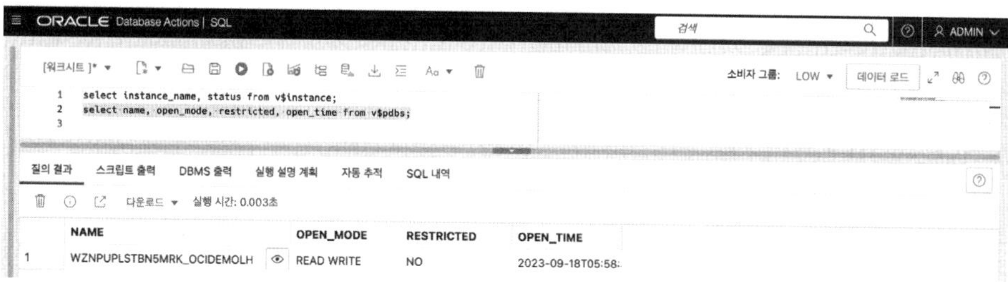

그림 3-59 Database actions - SQL(SQL Developer)

Autonomous 데이터베이스에 접속하는 데는 클라이언트 크리덴셜로 Wallet을 사용한다. Wallet은 인증에 필요한 인코딩된 인증서 파일과 데이터베이스 접속 설정 파일(sqlnet.ora, tnsnames.ora 등)을 포함한 압축 파일이다.

클라이언트에서 Autonomous 데이터베이스에 접속하려면 해당 클라이언트의 로컬 환경에 Wallet 파일을 위치시켜야 한다. 이 Wallet 파일에는 데이터베이스에 접속하는 데 필요한 인증 정보가 포함돼 있으며, Autonomous 데이터베이스와의 통신을 보안적으로 보호하는 역할을 한다.

앞서 SQL을 실행하는 데 사용한 Database Action의 경우 OCI 웹 콘솔에 내장된 인증 정보로 접속했으나 이후 실습할 ETL 접속이나 BI 접속을 위해서는 Wallet 파일이 필요하다.

따라서 지금 실습에서는 필요하지 않으나 이후 ETL, BI와 Autonomous 데이터베이스를 연결할 때 사용되므로 Wallet 파일을 로컬 컴퓨터에 다운로드받아 둔다.

Autonomous 데이터베이스 상세 화면에서 Database connections를 클릭한다. 다음 설정을 확인하고 Download wallet을 클릭한다.

• Wallet type: Instance Wallet

다운로드받은 Wallet은 패스워드로 보호된다. 그림 3-60과 같이 Wallet 사용을 위한 패스워드를 설정하고 하단의 Download를 클릭한다.

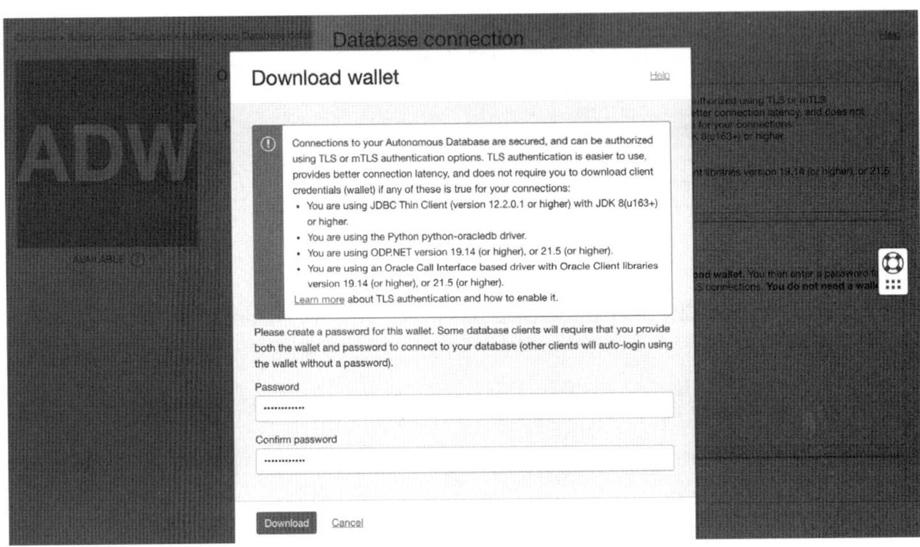

그림 3-60 Autonomous 데이터베이스 Wallet 패스워드 설정

3.2.6 ETL, 익스터널 테이블을 이용한 데이터 통합

ETL^Extract, Transform, Load^은 엔터프라이즈 IT 환경에서 데이터를 추출해서 일관된 형식으로 변환하고 다른 시스템에 로드하는 프로세스를 의미한다. 이를 통해 다양한 소스의 데이터를 통합해서 데이터 웨어하우스나 데이터 마트를 구축하거나 비즈니스 인텔리전스, 리포트, 의사 결정 지표 등에 활용한다.

오라클 클라우드에서 ETL 프로세스를 서비스 형태로 제공하는 것이 바로 Data Integration 서비스이다. 이 서비스는 오라클의 ETL 솔루션인 ODI^Oracle Data Integrator^ 기술을 기반으로 하며, 데이터 사이언스 및 분석에 ETL을 지원한다.

OCI Data Integration 서비스는 코드가 필요 없이 데이터 흐름의 설계를 제공하는 것을 주요 특징으로 하며, 비즈니스 사용자들도 비교적 쉽게 ETL 작업을 설계하고 실행할 수 있다.

이번 단계에서는 사용자 및 도서 관리 데이터베이스에 저장된 데이터를 Autonomous 데이터베이스로 구성한 데이터 레이크하우스에 적재하는 것을 실습한다. 이때 오라클 클라우드에서 서비스 형태로 제공하는 ETL 프로세스를 활용할 것이다. 이 과정에서 소스와 타깃 그리고 스테이징용 데이터 에셋을 생성해서 ETL이 동작하는 것을 살펴볼 것이다.

덧붙여 오브젝트 스토리지에 JSON 파일로 저장된 주문 관리 데이터를 익스터널 테이블을 이용해서 실시간 조회하는 것까지 확인할 것이다. 그림 3-61의 데모 아키텍처를 참조한다.

[익스터널 테이블]

익스터널 테이블External Table은 오라클 데이터베이스의 테이블에 있는 것처럼 외부 소스의 데이터에 접근할 수 있도록 해주는 기능이다. 주로 샘플 파일Sample File, 플랫 파일Flat File 등으로 불리는 텍스트 파일이나 클라우드 환경의 오브젝트 스토리지에 저장된 텍스트 파일 등을 테이블로 변환해서 적재할 필요 없이 바로 조회할 수 있게 한다.

익스터널 테이블은 DML(데이터 조작 언어)을 통해 직접 데이터를 변경할 수는 없지만 쿼리, 조인, 정렬과 같은 SELECT문을 사용해서 데이터를 조회하는 데 사용할 수 있다. 이를 통해 데이터 웨어하우스의 ETL 프로세스에 유용하게 활용된다.

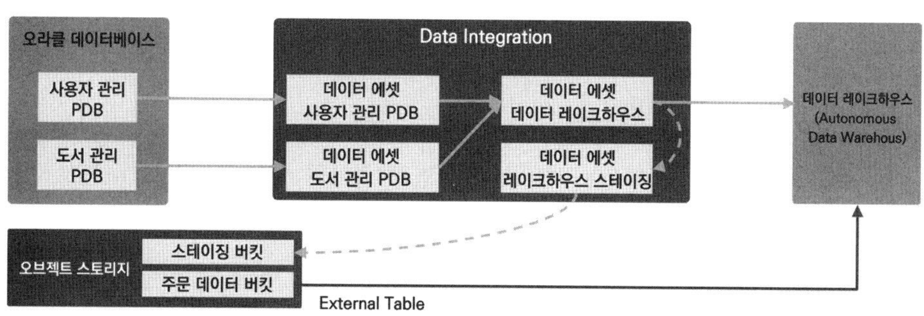

그림 3-61 Data Integration 아키텍처

지금부터 그림 3-62와 같이 ETL 프로세스를 통해 데이터 레이크하우스에 데이터를 추출하고 적재한다. 익스터널 테이블을 활용한 오브젝트 스토리지 데이터 조회까지 진행할 것이다.

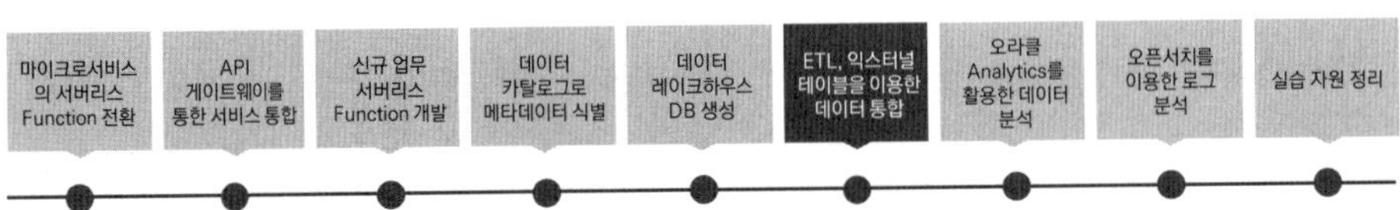

그림 3-62 3장 실습 단계 - ETL, 익스터널 테이블을 이용한 데이터 통합

다음과 같은 단계로 실습을 진행한다.

- Data Integration 워크스페이스 생성 및 설정
- 사용자 관리 PDB ETL 설정
- 도서 관리 PDB ETL 설정
- Data Integration 프로젝트 배포 및 실행
- 익스터널 테이블을 이용한 오브젝트 스토리지 데이터 조회

3.2.6.1 실습 - Data Integration 워크스페이스 생성 및 설정

ETL은 그 이름에서 알 수 있듯이 데이터를 추출하고 변환해서 적재하는 것까지의 프로세스이다. 이 중 변환 단계는 분석 및 보고에 적합한 형식으로 데이터를 변환하는 과정으로 이 단계에서 데이터 정리, 불일치 제거, 유효성 검사, 집계, 필터링, 조인 또는 분할과 같은 데이터 변환 작업이 이뤄진다. 즉, 데이터의 일관성, 무결성을 보장하는 조치 단계라고 할 수 있다.

이번 실습은 Data Integration 서비스를 설명하기 위한 데모용으로 ETL 프로세스 중 변환 단계는 생략했다. 실습에서 소스와 타깃의 ETL 오브젝트는 1:1로 매핑된다. 물론 Data Integration 서비스에서는 변환 작업을 GUI 웹 콘솔에서 수행할 수 있다.

먼저 Data Integration 워크스페이스Workspace를 생성한다. 여기서 워크스페이스란

각각의 개별 작업 공간으로 ETL 작업을 개발, 테스트, 운영 등의 각 단계별로 구분해서 관리할 수 있도록 해준다. 이후 워크스페이스에서는 각 ETL 대상 소스와 타깃 데이터 스토어, 데이터 플로Flow, ETL 태스크 등을 정의해서 사용할 수 있다.

Data Integration 워크스페이스를 생성하기 위해서는 다음과 같은 권한 부여 작업이 필요하다. "all-resources" 권한을 가진 그룹의 유저도 다음의 작업을 진행해야 한다.

먼저 실습에 사용하고 있는 유저 그룹인 "demo-group"이 Data Integration 및 연관 서비스를 제어할 수 있도록 자원 정책 구문을 추가해야 한다. 다만 Data Integration과 관련된 권한이 이미 "all-resources"에 포함돼 있으므로 다음 2개의 권한만 추가한다.

"all-resources" 권한을 부여받지 못한 유저의 경우 다음과 같은 권한 구문을 "oci-demo-policy" 정책에 추가해야 한다.

```
Allow group <YOUR_GROUP_NAME> to manage dis-workspaces in compartment
<YOUR_COMPARTMENT_NAME>
Allow group <YOUR_GROUP_NAME> to manage dis-work-requests in compartment
<YOUR_COMPARTMENT_NAME>
Allow group <YOUR_GROUP_NAME> to manage tag-namespaces in compartment
<YOUR_COMPARTMENT_NAME>
Allow group <YOUR_GROUP_NAME> to use virtual-network-family in compartment
<YOUR_COMPARTMENT_NAME>
Allow service dataintegration to use virtual-network-family in compartment
<YOUR_COMPARTMENT_NAME>
Allow group <YOUR_GROUP_NAME> to inspect instance-family in compartment
<YOUR_COMPARTMENT_NAME>
```

OCI 웹 콘솔의 [Identity & Security → Identity → Policies] 화면으로 이동해서 이전에 생성한 oci-demo-policy를 클릭한다. 해당 정책은 root 컴파트먼트에 위치하고 있다. Edit Policy Statements를 클릭해서 정책 구문 편집 화면으로 이동한다. + Another Statement를 클릭해서 다음 내용의 정책 구문을 추가하고 하단의 Save Changes를 클릭한다.

```
Allow group demo-group to inspect compartments in tenancy
Allow service dataintegration to use virtual-network-family in compartment
ociexplained
```

워크스페이스를 생성할 때는 소스 데이터 스토어의 DNS 서버 IP 주소와 DNS 서버 zone 정보가 필요하다. 이는 워크스페이스에서 사용할 데이터 소스를 정의하고 소스에 접근하기 위함이다.

사용자 관리 및 도서 관리 데이터베이스로 사용하고 있는 RAC 데이터베이스의 스캔 IP 주소와 스캔 DNS 정보를 각각 사용하면 된다. 실습에서 단일 인스턴스 데이터베이스를 사용하는 경우 데이터베이스 노드의 프라이빗 IP 주소, 스캔 DNS 정보를 각각 사용한다. 이를 위해 OCI 웹 콘솔의 데이터베이스의 상세 화면에서 또는 데이터베이스 호스트에서 oracle 유저로 "srvctl config scan" 명령을 통해 확인한 스캔 DNS 및 IP 정보를 미리 복사해 둔다.

이제 OCI 웹 콘솔의 [Analytics & AI → Data Lake → Data Integration] 화면에서 왼쪽의 Workspaces 메뉴로 이동한다. 여기서 Create workspace를 클릭한다. 그림 3-63과 같이 다음의 내용을 입력하고 하단의 Create를 클릭한다.

- Name: oci-demo-DI-workspace
- Network selection: Enable private network 체크
- Choose a VCN: OCI_DEMO
- Choose a subnet: private subnet-OCI_DEMO
- DNS server IP: 10.0.1.226, 10.0.1.104, 10.0.1.32(소스 데이터베이스의 스캔 IP 주소, 단일 인스턴스 데이터베이스의 경우에는 데이터베이스 노드의 프라이빗 IP 주소)
- DNS server zone: oci-demo-msadb-scan.sub09130358041.ocidemo.oraclevcn.com(소스 데이터베이스의 스캔 DNS)

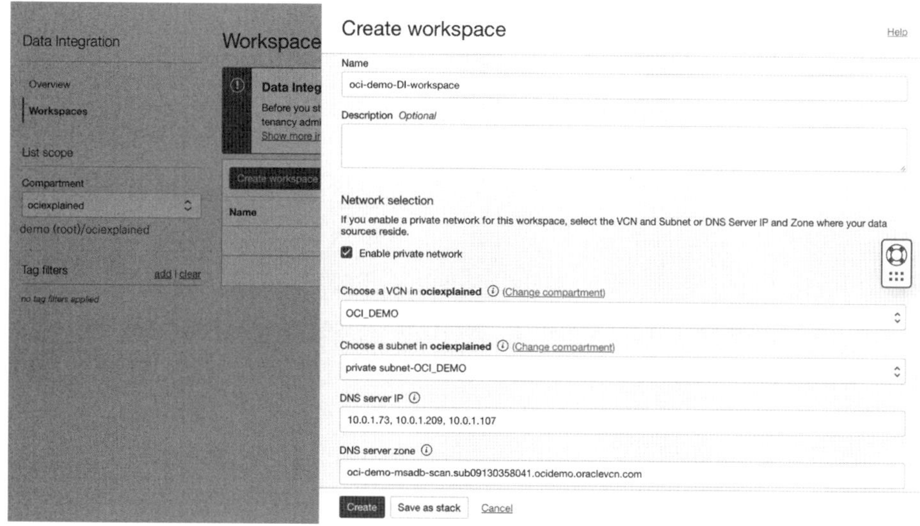

그림 3-63 Data Integration 워크스페이스 생성

Data Integration 워크스페이스가 생성되면 그림 3-64와 같은 워크스페이스 초기 화면을 볼 수 있다.

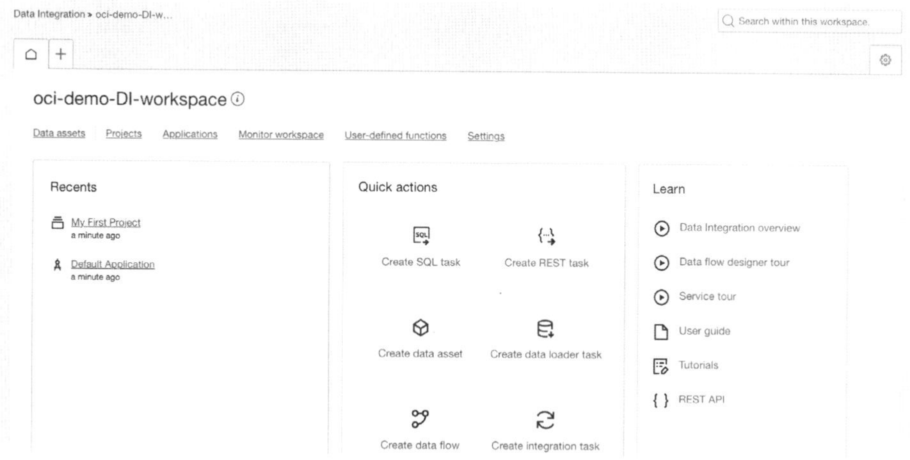

그림 3-64 Data Integration 워크스페이스 초기 화면

Data Integration 워크스페이스를 생성한 후 워크스페이스가 오브젝트 스토리지 버킷을 사용할 수 있도록 추가 권한을 설정해야 한다. 이 작업은 "all-resources" 권한

을 부여받은 그룹의 유저도 수행해야 한다.

오브젝트 스토리지 버킷에 대한 권한을 워크스페이스에 부여하는 이유는 워크스페이스에서 사용하는 Data Integration 서비스가 Autonomous 데이터베이스와 함께 동작할 때 데이터를 적재하는 데 오브젝트 스토리지를 사용하기 때문이다. Data Integration 서비스를 사용해서 ETL 작업을 수행할 때 Autonomous 데이터베이스가 데이터를 적재하는 과정에서 임시로 사용하는 스테이징Staging 영역으로 오브젝트 스토리지를 활용한다. 스테이징 영역은 데이터를 적재하기 전에 데이터를 가공하고 변환하는 임시 공간으로 사용된다.

그러므로 Data Integration 워크스페이스가 오브젝트 스토리지에 대한 제어 권한을 가져야 하며, 이로 인해 워크스페이스에서 Autonomous 데이터베이스로 데이터 적재 작업이 원활하게 수행될 수 있다.

OCI 웹 콘솔에서 [Identity & Security → Identity → Domains → Default Domain 선택 → Dynamic Groups] 화면으로 이동한 후 oci-demo-dyngroup을 선택한다. 그리고 + Additional Rule을 클릭해서 다음과 같은 규칙을 추가하고 하단의 Save를 클릭한다. 이때 컴파트먼트 OCID는 독자의 환경에 맞게 정보를 수정해야 한다.

- Rule 5: All {resource.type='disworkspace', resource.compartment.id = 'ocid1.compartment.oc1..aaaaaaaa6cq7mawvxnv2be542zwvlukehzsj3qqlx4kx2ee74nyijmgh3yka'}

다이내믹 그룹에 워크스페이스 자원 유형을 추가했다면 해당 다이내믹 그룹이 실습용으로 생성한 버킷의 오브젝트를 읽을 수 있도록 권한 구문을 추가해야 한다.

OCI 웹 콘솔의 [Identity & Security → Identity → Policies] 화면으로 이동해서 이전에 생성한 oci-demo-policy를 클릭한다. 해당 정책은 root 컴파트먼트에 위치하고 있다. Edit Policy Statements를 클릭해서 정책 구문 편집 화면으로 이동한다. + Another Statement를 클릭해서 다음 내용의 정책 구문을 추가한다.

그러나 1장 실습에서 이미 "Allow dynamic-group oci-demo-dyngroup to

manage object-family in compartment ociexplained"와 같이 더 넓은 범위의 권한을 부여했다면 다음 권한 중에서 첫 번째 권한은 추가할 필요가 없다. 그러나 나머지 2개의 권한 구문은 반드시 추가해야 한다.

```
Allow dynamic-group oci-demo-dyngroup to read object-family in compartment
ociexplained
Allow any-user {PAR_MANAGE} in compartment ociexplained
Allow any-user to manage object-family in compartment ociexplained where
ALL {request.principal.type = 'disworkspace'}
```

Allow any-user {PAR_MANAGE} in compartment ociexplained

Allow any-user to manage object-family in compartment ociexplained where ALL {request.principal.type = 'disworkspace'}

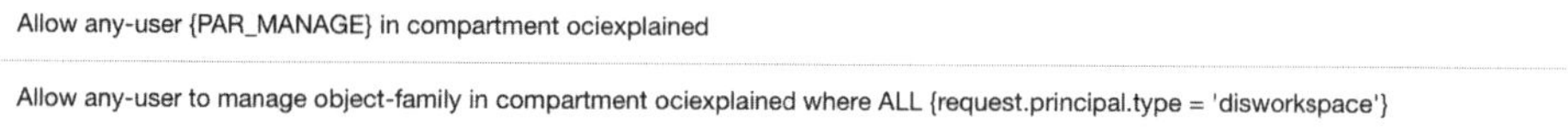

그림 3-65 워크스페이스의 오브젝트 스토리지 접근을 위한 추가 권한 설정

정책 설정을 끝내고 나면 데이터 스토어의 메타 정보와 연결 정보를 담고 있는 데이터 에셋Data Asset을 생성한다. 이번에 생성할 데이터 에셋은 Autonomous 데이터베이스가 사용할 스테이징용 오브젝트 스토리지 데이터 에셋이다. ETL 소스와 타깃 데이터 스토어에 대한 데이터 에셋은 별도로 생성해서 데이터 통합 작업에 사용할 것이다.

워크스페이스 홈에서 Data assets 메뉴를 클릭해서 데이터 에셋 관리 화면으로 이동한다. 여기서 Create data asset을 클릭한다. 그림 3-66과 같이 상단의 File and Big Data를 클릭하면 OCI Object Storage 등을 선택할 수 있는 아이콘들이 나타난다. OCI Object Storage 아이콘을 선택해서 진행한다.

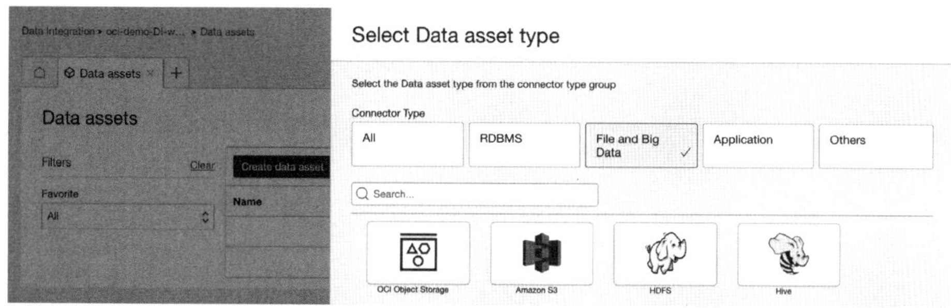

그림 3-66 Data Integration 데이터 에셋 생성

다음에 나오는 Create data asset 화면의 [General information] 섹션에서 다음과 같이 입력하고 Create를 클릭한다.

- Name: oci-demo-staging
- Identifier: OCI_DEMO_STAGING
- Type: OCI Object Storage

그리고 OCI 웹 콘솔의 [Storage → Object Storage & Archive Storage → Bucket] 화면으로 이동해서 스테이징용으로 쓸 오브젝트 스토리지 버킷을 다음 내용으로 "root 컴파트먼트"에 생성한다. OCI Data integration 서비스는 스테이징 영역으로 루트의 버킷만 인식한다.

- Bucket Name: DI-staging-bucket
- Default Storage Tier: Standard

3.2.6.2 실습 - 사용자 관리 PDB ETL 설정

이제 워크스페이스 생성, 관련 권한 부여, 스테이징 영역 설정 등 Data Integration 서비스로 ETL 작업을 하기 위한 사전 준비 작업을 마쳤다.

지금부터는 소스와 타깃 데이터 스토어를 연결하는 프로젝트와 태스크를 설정한다. 프로젝트 내 일련의 작업들은 데이터가 소스에서 타깃으로 가는 흐름에 따라 파이프라인 형태로 이뤄진다. 이는 워크스페이스 홈 화면의 [Quick actions] 섹션의 Create data loader task 화면에서 한꺼번에 설정할 수 있다.

Data Integration 소스 및 타깃 연결 설정 절차는 전체적으로 그림 3-67과 같다.

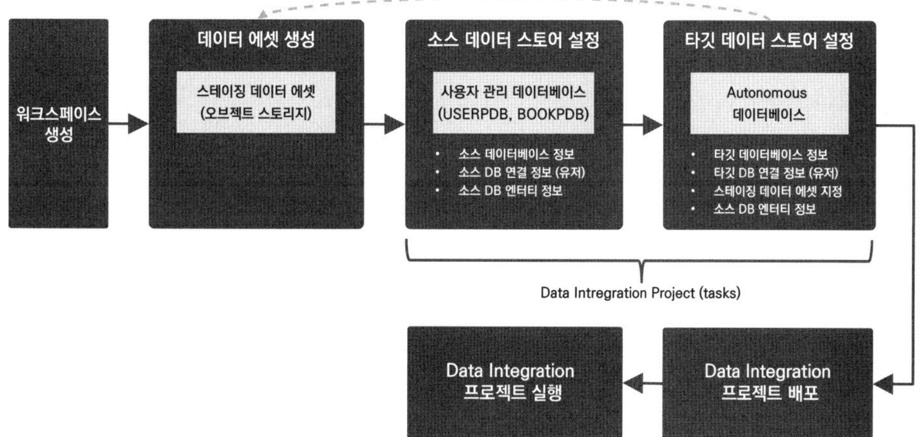

그림 3-67 Data Integration 프로젝트 설정 절차

먼저 사용자 관리 데이터베이스와 데이터 레이크하우스 간의 ETL 설정을 수행한다.

워크스페이스 홈 화면의 Create data loader task를 클릭해서 데이터 로더 태스크를 생성한다. 그림 3-68과 같이 Basic information 화면에서 다음 내용으로 선택하거나 입력하고 Next를 클릭한다.

- Source Type: Database 선택
- Target Type: Database 선택
- Load type: Single data entity를 선택한다. 데이터 로더 태스크를 생성하는 과정에서는 소스 데이터를 의미하는 데이터 엔터티Entity의 개수를 설정해야 한다. 데이터 엔터티는 데이터 소스에서 가져오는 테이블, 뷰, 로그 파일 등과 같은 데이터 집합을 의미한다. 소스 데이터가 단일 데이터 엔터티로부터 올지, 여러 개의 데이터 엔터티로부터 올지 지정한다.
- Name: oci-demo-di-userpdb
- Identifier: OCI_DEMO_DI_USERPDB
- Project or folder: 데이터 로더 태스크를 생성하는 과정에서 태스크를 어느 프로젝트나 폴더에 속하게 할지를 결정한다. 입력 필드 오른쪽의 Select를 클릭

해서 설정한다. 미리 생성한 프로젝트나 폴더가 있을 경우 이를 선택할 수 있다. 이번 실습에서는 기본값으로 생성돼 있는 My First Project를 선택하고 하단의 Select를 클릭한다.

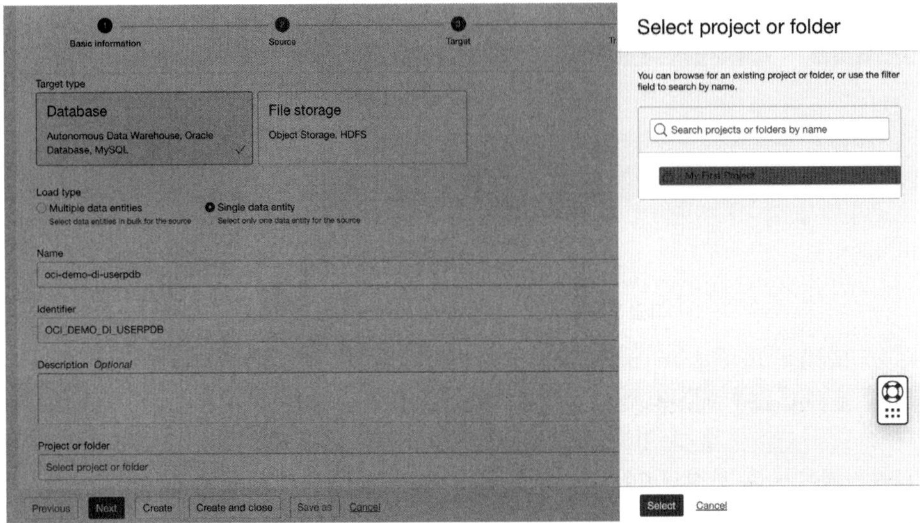

그림 3-68 데이터 로더 태스크 설정 - Basic information

다음 Source 설정 화면에서 소스 데이터 스토어를 설정한다.

현재 사용자 관리 Pluggable 데이터베이스의 데이터 에셋은 아직 생성되지 않은 상태이므로 Source 설정 단계에서 새로운 데이터 에셋을 만들어야 한다. Data asset 필드 오른쪽에 위치한 Create를 클릭해서 소스 데이터 스토어에 대한 데이터 에셋을 생성한다. 다음과 같은 정보를 입력한 후 Create를 클릭한다.

[General information] 섹션

- Name: userpdb
- Identifier: USERPDB
- Type: Oracle Database
- Connection type: Basic. 유저 아이디, 패스워드로 소스 데이터베이스에 접속

하므로 Basic을 선택한다. Autonomous 데이터베이스와 같이 Wallet 파일로 접속 인증을 할 경우에는 Wallet을 선택한다.

- Host: 소스 데이터베이스의 스캔 DNS를 입력한다. 실습 예제에서는 "oci-demo-msadb-scan.sub09130358041.ocidemo.oraclevcn.com"으로 입력했다.
- Port: 1521
- Database: Service name 선택 후 사용자 관리 Pluggable 데이터베이스 서비스 이름을 입력한다. 실습 예제에서는 "userpdb.sub09130358041.ocidemo.oraclevcn.com"으로 입력했다.
- RAC Support: 체크. 소스 데이터베이스가 RAC 데이터베이스이므로 체크한다. 단일 인스턴스 데이터베이스를 실습에 사용하는 경우에는 체크하지 않는다.

[Default connection information] 섹션

- Name: Default connection. 실습에서는 현재 값을 유지하지만 변경이 가능하다.
- Identifier: DEFAULT_CONNECTION. 실습에서는 현재 값을 유지하지만 변경이 가능하다.
- Username: system
- Use password: 체크
- Password: 사용자 관리 Pluggable 데이터베이스의 system 유저 패스워드를 입력한다.
- Test connection을 클릭해서 그림 3-69와 같이 Connection status가 "Successful"을 리턴하는지 확인한다. 연결에 성공했다면 하단의 Create를 클릭한다.

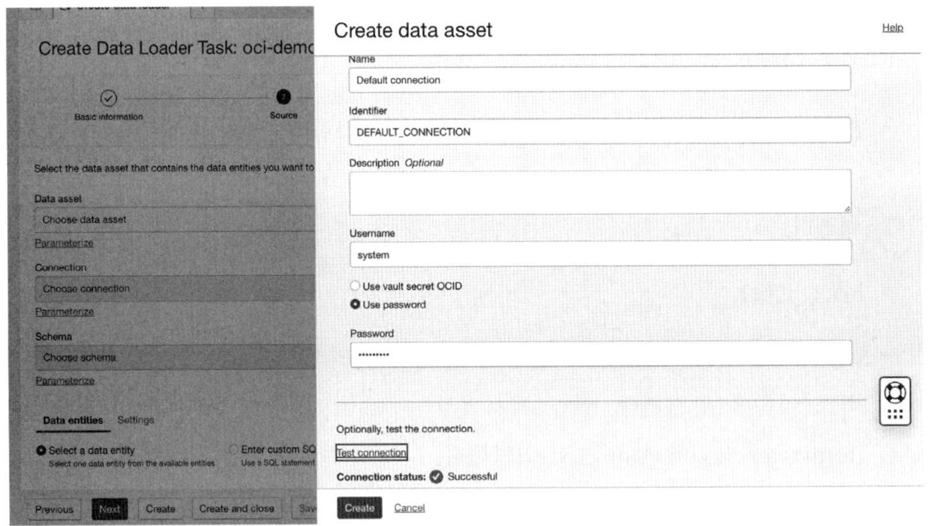

그림 3-69 데이터 로더 태스크 설정 - Source 설정: 데이터 에셋 생성

사용자 관리 데이터베이스에 대한 데이터 에셋이 생성됐다.

계속해서 소스 데이터 스토어 설정을 진행한다. 이전에 데이터 카탈로그 설정 실습을 통해 DATACAT 스키마에 V_USERS라는 이름의 뷰를 사용자 관리 테이블에 생성했다. 이제 이 뷰를 ETL 작업의 소스 테이블로 사용하려고 한다.

- Connection: Default connection
- Schema: DATACAT
- [Data entities] 섹션의 Available data entities 목록에서 V_USERS를 체크하고 Set as source를 클릭한다. 그림 3-70과 같이 Selected data entity에 V_USERS가 추가된 것을 확인할 수 있다.

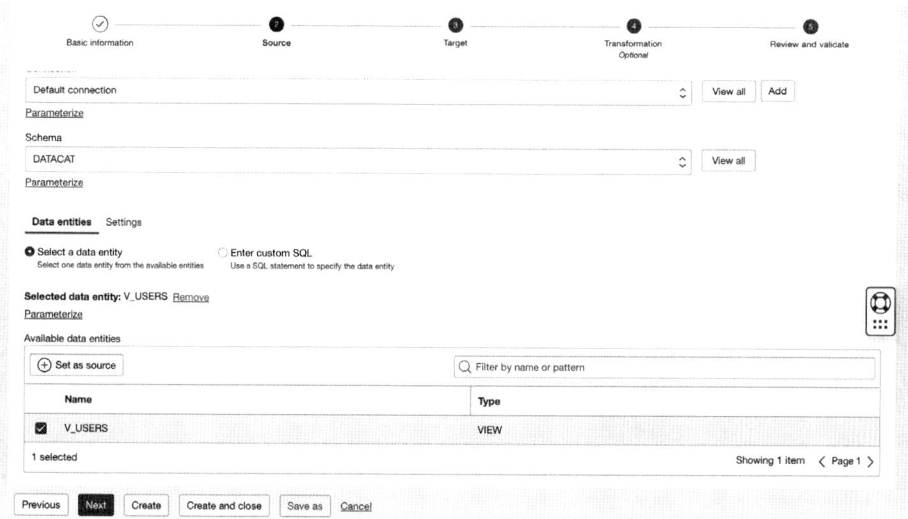

그림 3-70 데이터 로더 태스크 설정 - Source 설정

지금까지의 Source 설정을 완료한 후 하단의 Next를 클릭한다.

다음 Target 화면에서는 타깃 데이터 스토어로서 레이크하우스 저장소인 Autonomous 데이터베이스 연결 설정을 진행한다.

현재 Autonomous 데이터베이스에 대한 데이터 에셋은 생성돼 있지 않은 상태이므로 Target 설정 단계에서 신규로 생성해야 한다. Data asset 필드 오른쪽의 Create를 클릭해서 타깃 데이터 스토어에 대한 데이터 에셋을 생성한다. 그림 3-71을 참조해서 다음과 같이 입력하고 Create를 클릭한다.

[General information] 섹션

- Name: oci-demo-lakehouse
- Identifier: OCI_DEMO_LAKEHOUSE
- Type: Oracle Autonomous Data Warehouse
- Upload wallet: 로컬 컴퓨터에 다운로드받은 압축 포맷의 Autonomous 데이터베이스 Wallet을 지정한다.

- Wallet password: Wallet을 다운로드받을 당시 설정한 Autonomous 데이터베이스 Wallet 패스워드를 입력한다.

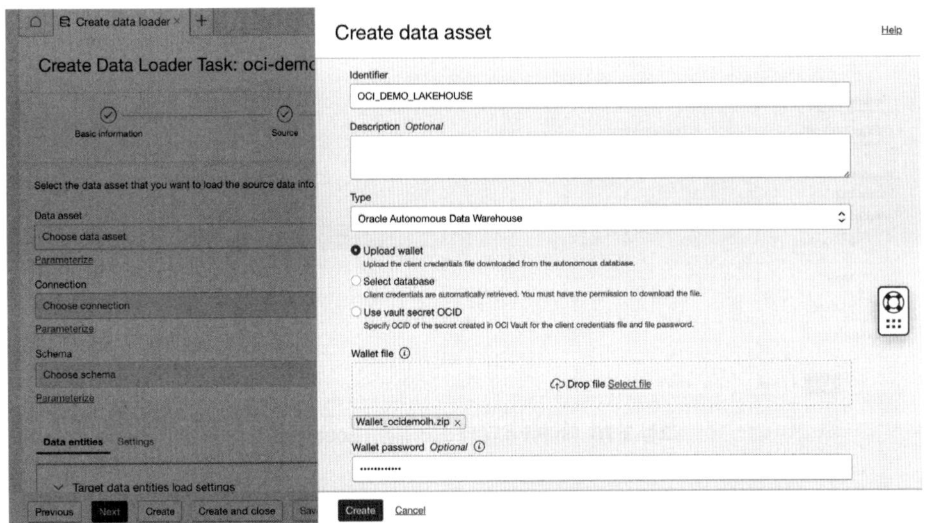

그림 3-71 데이터 로더 태스크 설정 - Target 설정(General information)

계속해서 같은 화면 하단에서 다음 내용을 설정한다.

[Default connection information] 섹션

- Name: Default connection. 실습에서는 현재 값을 유지하지만 변경이 가능하다.
- Identifier: DEFAULT_CONNECTION. 실습에서는 현재 값을 유지하지만 변경이 가능하다.
- Username: admin
- Use password: 체크
- Password: Autonomous 데이터베이스 admin 패스워드 입력
- TNS alias: high 모드로 선택(예시: ocidemolh_high)

[Default staging location] 섹션

그림 3-72를 참조해서 앞서 설정한 Autonomous 데이터베이스 스테이징 영역 정보를 다음과 같이 선택한다.

- stagingDataAsset: oci-demo-staging 선택
- stagingConnection: Default connection 선택
- Compartment: 〈root 컴파트먼트〉 선택
- Bucket: DI-staging-bucket(스테이징 영역으로 설정한 버킷 선택)
- Test connection을 클릭해서 그림 3-72와 같이 Connection status가 "Successful"을 리턴하는지 확인한다. 연결에 성공했다면 하단의 Create를 클릭해서 데이터 에셋 생성을 완료한다.

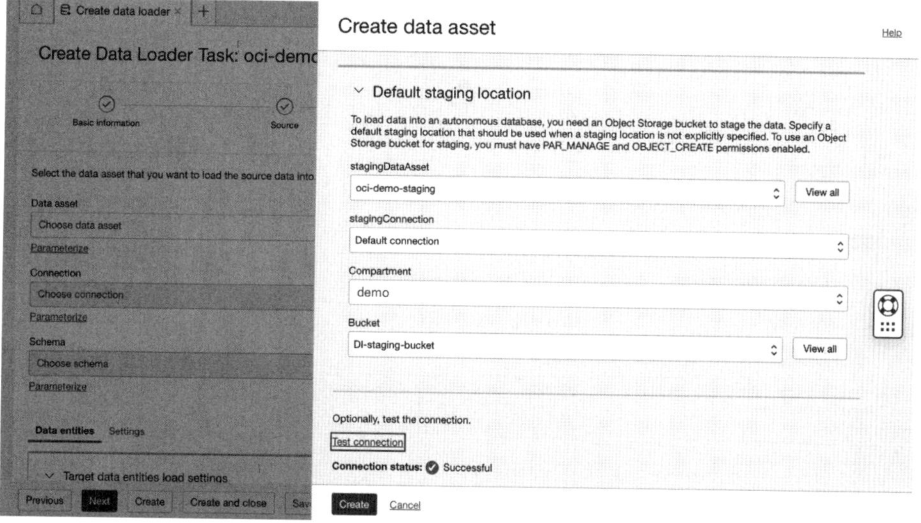

그림 3-72 데이터 로더 태스크 설정 - Target 설정(Default staging location)

같은 Target 설정 화면에서 다음의 내용으로 계속해서 타깃 데이터 스토어 설정을 진행한다.

- Connection: Default connection 선택

- Schema: ADMIN 선택
- [Staging location] 섹션에서 **Use default staging location settings**의 체크 상태를 해제한다. 해제 후 나타나는 필드들에 대해 앞서 설정한 Autonomous 데이터베이스 스테이징 영역 정보를 다음과 같이 선택한다.
- Data asset: oci-demo-staging 선택
- Connection: Default connection 선택
- Compartment: 〈root 컴파트먼트〉 선택
- Bucket: DI-staging-bucket 선택
- [Data entities] 섹션에서 그림 3-73과 같이 **Create new data entities**를 체크해서 소스 데이터 엔터티가 로드될 때 타깃 데이터 엔터티가 신규로 생성되게 한다.

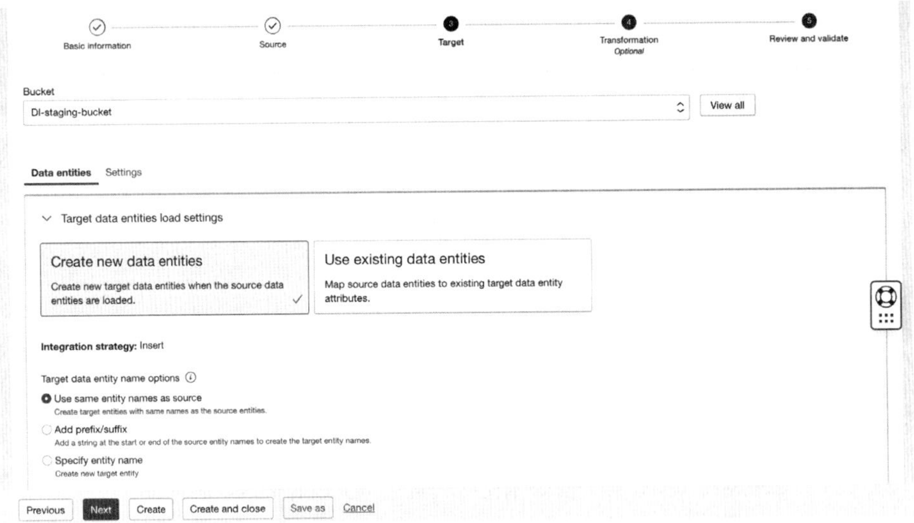

그림 3-73 데이터 로더 태스크 설정 - Target 설정: 데이터 엔터티 설정

지금까지의 Target 설정을 완료했다면 하단의 **Next**를 클릭한다.

그런 다음 Transformation 화면에서 실습 초반에 언급한 바와 같이 별도 소스와 타깃

데이터 엔터티 간의 변환 과정을 생략하므로 추가 설정 없이 하단의 Next를 클릭한다.

마지막으로 Review and validate 화면에서 지금까지 설정한 내용을 확인한 후 Create를 클릭한다. Create를 클릭해서 데이터 로더 태스크 설정이 생성되면 Save and close를 클릭해서 이를 저장한다.

지금까지 사용자 관리 데이터베이스와 데이터 레이크하우스 간의 ETL 설정을 수행했다.

3.2.6.3 실습 - 도서 관리 PDB ETL 설정

이번에는 도서 관리 데이터베이스와 데이터 레이크하우스 간의 ETL 설정을 진행한다. 타깃 데이터 스토어 설정 단계에서 이미 레이크하우스에 대한 데이터 에셋이 생성됐기 때문에 추가로 생성할 필요 없이 해당 데이터 에셋을 목록에서 선택하는 부분이 다를 것이다. 또한 소스 데이터 스토어 정보를 도서 관리 데이터베이스 접속 정보에 맞게 수정하는 부분이 다를 것이다.

Data Integration 워크스페이스 홈 화면에서 Create data loader task를 클릭해서 데이터 로더 태스크를 생성한다.

Basic information 화면에서 다음 내용으로 선택하거나 입력하고 하단의 Next를 클릭한다.

- Source Type: Database 선택
- Target Type: Database 선택
- Load type: Single data entity 선택
- Name: oci-demo-di-bookpdb
- Identifier: OCI_DEMO_DI_BOOKPDB
- Project or folder: 필드 오른쪽의 Select를 클릭해서 My First Project를 선택한다.

도서 관리 Pluggable 데이터베이스의 데이터 에셋은 아직 생성되지 않은 상태이므로 Source 설정 단계에서 새로운 데이터 에셋을 만들어야 한다. Data asset 필드 오른쪽에 위치한 **Create**를 클릭해서 소스 데이터 스토어에 대한 데이터 에셋을 생성한다. 다음과 같은 정보를 입력한 후 **Create**를 클릭한다.

[General information] 섹션

- Name: bookpdb
- Identifier: BOOKPDB
- Type: Oracle Database
- Connection type: Basic. 유저 아이디, 패스워드로 소스 데이터베이스에 접속하므로 Basic을 선택한다. Wallet 파일로 접속 인증을 할 경우에는 Wallet을 선택한다.
- Host: 소스 데이터베이스의 스캔 DNS를 입력한다. 실습 예제에서는 "oci-demo-msadb-scan.sub09130358041.ocidemo.oraclevcn.com"으로 입력했다.
- Port: 1521
- Database: Service name 선택 후 도서 관리 Pluggable 데이터베이스 서비스 이름을 입력한다. 실습 예제에서는 "bookpdb.sub09130358041.ocidemo.oraclevcn.com"으로 입력했다.
- RAC Support: 체크. 소스 데이터베이스가 RAC 데이터베이스이므로 체크한다. 단일 인스턴스 데이터베이스를 실습에 사용하는 경우에는 체크하지 않는다.

[Default connection information] 섹션

- Name: Default connection. 실습에서는 현재 값을 유지하지만 변경이 가능하다.
- Identifier: DEFAULT_CONNECTION. 실습에서는 현재 값을 유지하지만 변경이 가능하다.

- Username: system
- Use password: 체크
- Password: 도서 관리 Pluggable 데이터베이스의 system 유저 패스워드를 입력한다.
- Test connection을 클릭해서 Connection status가 그림 3-74와 같이 "Successful"을 리턴하는지 확인한다. 연결에 성공했다면 하단의 Create를 클릭한다.

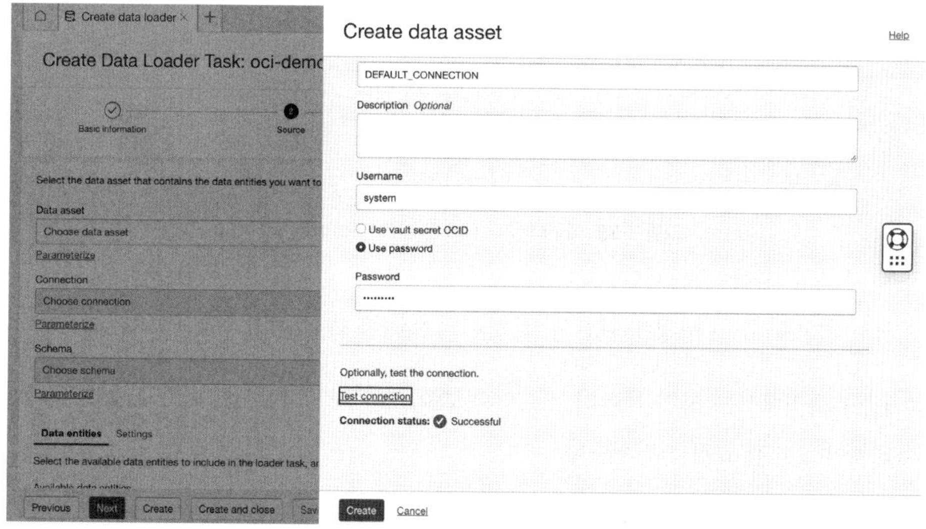

그림 3-74 데이터 로더 태스크 설정 - Source 설정: 데이터 에셋 생성

계속해서 소스 데이터 스토어 설정을 진행한다. 이전에 데이터 카탈로그 설정 실습을 통해 DATACAT 스키마에 V_BOOK이라는 이름의 뷰를 도서 관리 테이블에 생성했다. 이제 이 뷰를 ETL 작업의 소스 테이블로 사용하려고 한다.

- Connection: Default connection
- Schema: DATACAT
- [Data entities] 섹션의 Available data entities 목록에서 V_BOOK을 체크

하고 Add to source를 클릭한다. Selected source data entity에 그림 3-75와 같이 V_BOOK이 추가된 것을 확인할 수 있다.

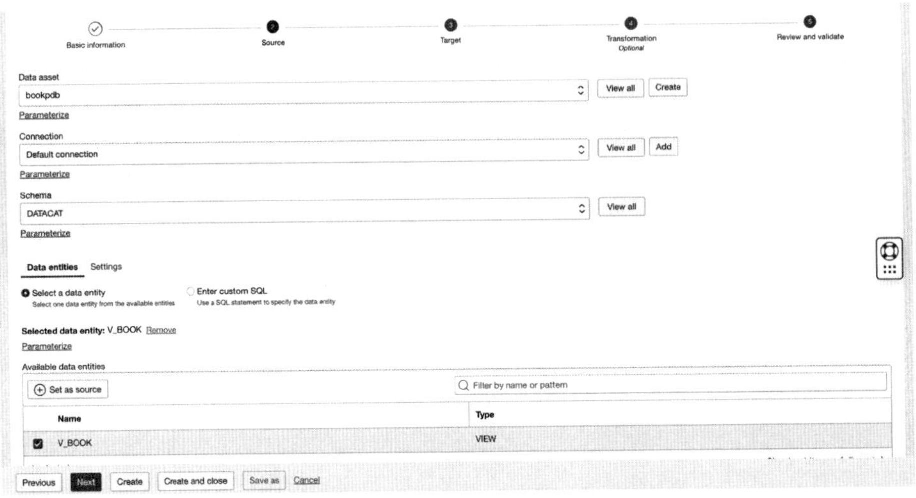

그림 3-75 데이터 로더 태스크 설정 - Source 설정

지금까지의 Source 설정을 완료한 후 하단의 Next를 클릭한다.

Target 화면에서는 타깃 데이터 스토어로 레이크하우스 저장소인 Autonomous 데이터베이스 연결 설정을 진행한다.

Autonomous 데이터베이스에 대한 데이터 에셋은 앞서 사용자 관리 데이터베이스의 ETL 설정에서 생성한 바 있다. 이를 활용한다.

- Data asset: oci-demo-lakehouse 선택
- Connection: Default connection 선택
- Schema: ADMIN 선택
- [Staging location] 섹션에서 Use default staging location settings의 체크 상태를 해제한다. 해제 후 나타나는 필드들에 대해 앞서 설정한 Autonomous 데이터베이스 스테이징 영역 정보를 다음과 같이 선택한다.

- Data asset: oci-demo-staging 선택
- Connection: Default connection 선택
- Compartment: 〈root 컴파트먼트〉 선택
- Bucket: DI-staging-bucket 선택
- [Data entities] 섹션에서 그림 3-76과 같이 Create new data entities를 체크해서 소스 데이터 엔터티가 로드될 때 타깃 데이터 엔터티가 신규로 생성되게 한다.

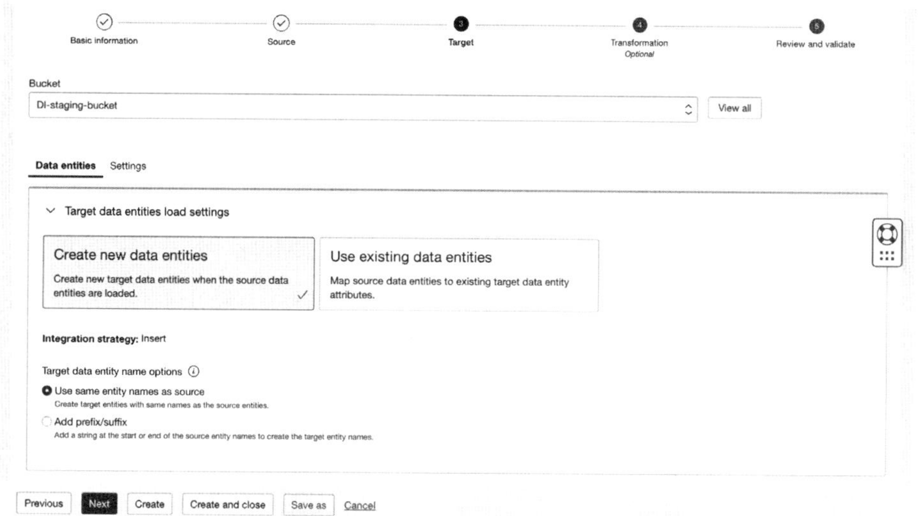

그림 3-76 데이터 로더 태스크 설정 - Target 설정: 데이터 엔터티 설정

지금까지의 Target 설정을 완료했다면 하단의 Next를 클릭한다.

그런 다음 Transformation 화면에서 실습 초반에 언급한 바와 같이 별도 소스와 타깃 데이터 엔터티 간의 변환 과정을 생략하므로 추가 설정 없이 하단의 Next를 클릭한다.

마지막으로 Review and validate 화면에서 지금까지 설정한 내용을 확인한 후 Create를 클릭한다. Create를 클릭해서 데이터 로더 태스크 설정이 생성되면 Save and close를 클릭해서 이를 저장한다.

지금까지 도서 관리 데이터베이스와 데이터 레이크하우스 간의 ETL 설정을 수행했다.

3.2.6.4 실습 - Data Integration 프로젝트 배포 및 실행

사용자 관리 및 도서 관리 데이터베이스와 데이터 레이크하우스 간의 ETL 설정까지 완료되면 다음 단계는 ETL 프로세스를 실행하는 것이다. Data Integration 서비스에서 ETL 프로세스의 실행은 다음의 과정으로 진행된다.

- **애플리케이션 배포**: 설정한 ETL 태스크를 애플리케이션Application 형태로 Data Integration 서비스에 배포한다. 이 과정에서 설정한 데이터 소스와 타깃 데이터베이스 그리고 ETL 작업 로직이 패키징돼 배포된다.
- **애플리케이션 실행**: 배포한 애플리케이션을 Data Integration 서비스에서 실행한다. 이를 통해 ETL 작업이 시작되는데 데이터 소스에서 데이터를 추출하고 필요에 따라 데이터를 변환한 후 타깃 데이터베이스에 적재한다.
- **ETL 모니터링**: ETL 실행 과정은 Data Integration 서비스 웹 콘솔에서 확인할 수 있다. 실행 상태, 진행률, 오류 등의 정보를 실시간으로 확인해서 ETL 작업을 추적할 수 있다.
- **완료 및 결과 검토**: ETL 실행이 완료되면 결과를 검토해서 원하는 대로 데이터가 적재됐는지 확인한다. 필요한 경우 작업을 수정하거나 재실행할 수 있다.

이제 워크스페이스 홈의 Projects 메뉴로 이동해 보면 기본값으로 생성한 My First Project라는 이름의 프로젝트가 있을 것이다. 해당 프로젝트를 클릭한 후 왼쪽 메뉴 Details 아래 Tasks 화면으로 이동하면 지금까지 생성한 2개의 태스크를 볼 수 있다.

태스크를 애플리케이션에 배포한다. 먼저 도서 관리 데이터베이스 ETL 태스크를 배포한다. 그림 3-77과 같이 oci-demo-dl-book 태스크 맨 오른쪽에 있는 햄버거 메뉴를 클릭해서 Publish to application을 선택하고 생성된 팝업 창에서 Publish를 클릭하면 설정한 ETL 태스크가 애플리케이션으로 배포된다. 애플리케이션의 이름은 "Default Application"으로 설정됐다.

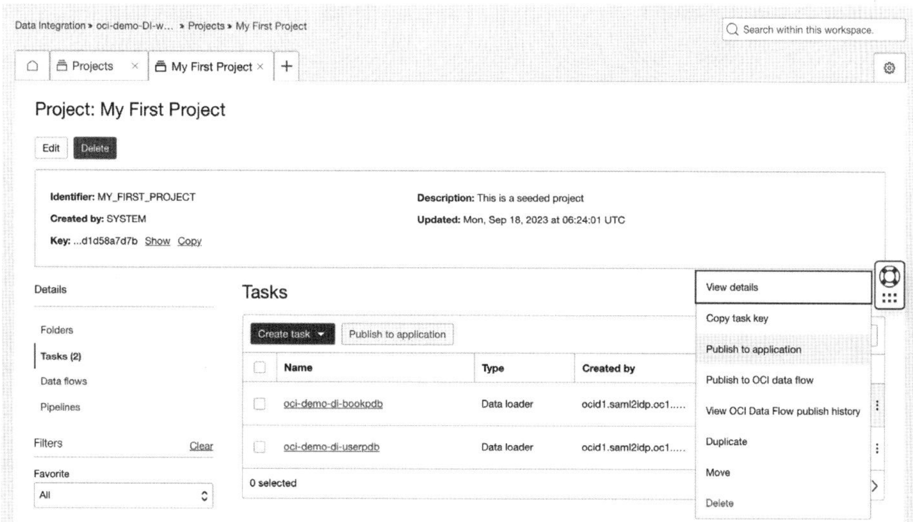

그림 3-77 Data Integration 프로젝트 태스크 배포

마찬가지 방식으로 oci-demo-dl-user 태스크도 배포를 수행한다. 이렇게 2개의 ETL 태스크가 애플리케이션으로 배포되면 워크스페이스 홈의 Applications 메뉴에서 이를 확인할 수 있다. **Default Application**을 클릭하면 그림 3-78과 같이 2개의 태스크가 보일 것이다.

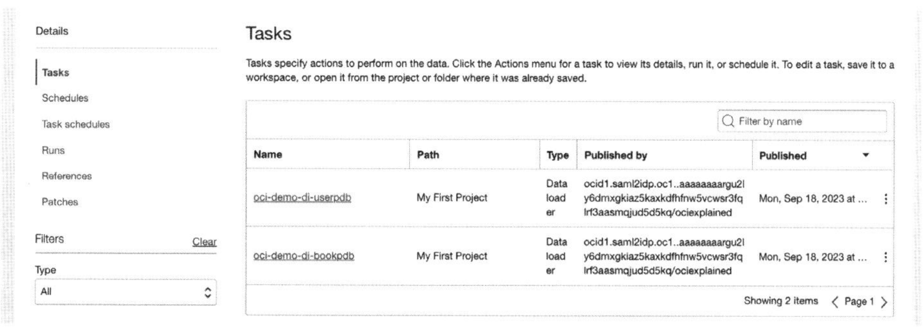

그림 3-78 Data Integration 프로젝트 태스크 확인

이제 각 태스크를 실행한다. 그림 3-79와 같이 oci-demo-dl-userpdb, oci-demo-dl-bookpdb 태스크의 맨 오른쪽 햄버거 메뉴에서 **Run**을 클릭해서 2개의 태스크를 각각 실행한다.

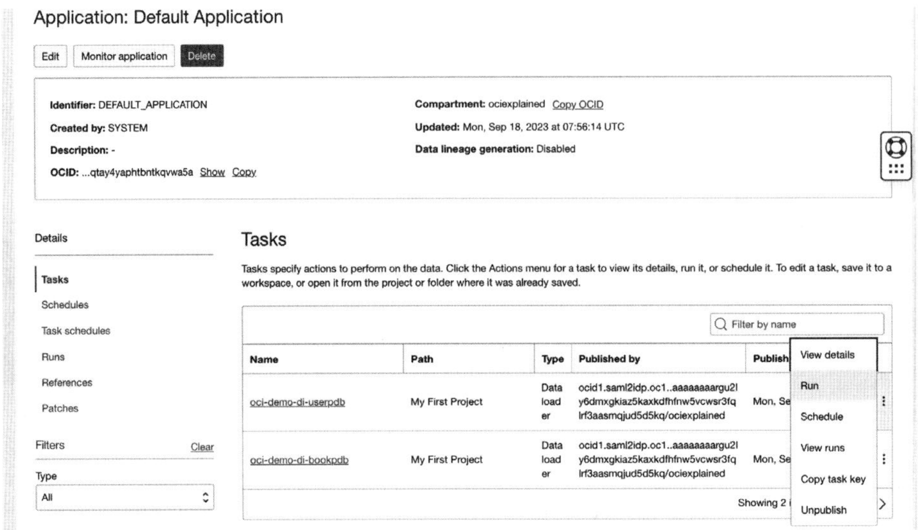

그림 3-79 Data Integration 프로젝트 태스크 실행

각 태스크를 실행한 후에는 실행 상태를 확인할 수 있다. Run5를 클릭한 후 모니터링 대시보드에서 태스크의 실행 상태를 확인할 수 있고, Refresh를 클릭해서 실행 상태가 업데이트되는 것을 확인할 수 있다. 만일 그림 3-80과 같이 Status 칼럼이 "Success"로 출력되면 ETL 작업이 정상적으로 실행된 것이다.

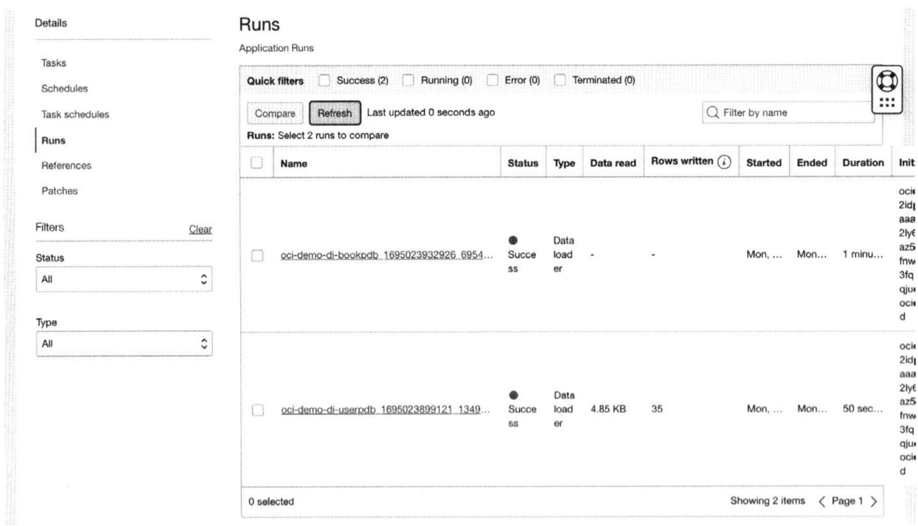

그림 3-80 Data Integration 프로젝트 태스크 실행 확인

태스크의 실행이 완료되면 실제로 데이터가 소스 데이터 스토어에서 타깃 데이터 스토어로 적재됐는지 확인할 필요가 있다. 이를 위해 OCI 웹 콘솔의 [Oracle Database → Autonomous Data Warehouse → oci-demo-adw] 화면으로 이동한 후 Database actions → SQL 메뉴를 선택한다.

데이터가 정상적으로 적재됐는지 확인을 위해 SQL 메뉴를 선택해서 SQL Developer 웹 버전을 로드한다. 그림 3-81과 같이 다음 각 SQL을 실행해서 데이터가 정상적으로 적재됐는지 확인한다.

```
select * from v_users;
select * from v_book;
```

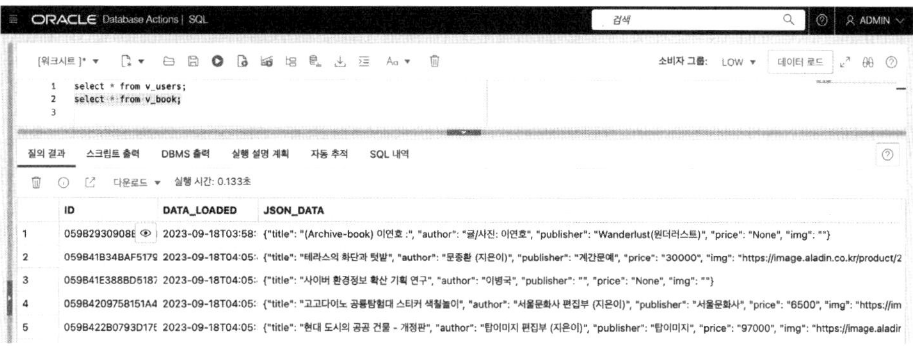

그림 3-81 Data Integration 타깃 데이터 스토어 데이터 적재 확인

3.2.6.5 실습 - 익스터널 테이블을 이용한 오브젝트 스토리지 데이터 조회

지금까지 Data Integration 서비스를 활용해서 사용자 관리 데이터베이스와 도서 관리 데이터베이스에 저장된 데이터를 레이크하우스 데이터베이스에 적재하는 ETL 작업을 수행했다.

이렇게 준비된 레이크하우스 데이터베이스에는 2개 소스에서 추출한 데이터가 통합돼 있다. 이 원천 데이터는 데이터 분석에 사용되며, 원하는 형태로 가공해서 다양한 분석 작업을 수행할 수 있다.

이제 오브젝트 스토리지에 JSON 오브젝트 형태로 저장된 주문 데이터를 레이크하우스로 가져오기 위해 오라클 데이터베이스의 익스터널 테이블External Table 기능을 활용한다.

사실 클라우드 환경에서 오브젝트 스토리지에 저장된 데이터를 조회하는 데는 다양한 방법이 있다. 주어진 데이터의 양, 구조, 환경에 따라 Apache Spark, APEX, 익스터널 테이블 등의 방법을 적절하게 선택해서 데이터를 조회하고 원하는 형태로 가공해서 분석에 활용할 수 있다.

- **Apache Spark를 이용한 데이터 조회**: Spark는 대규모 데이터 처리와 분석을 위한 분산 컴퓨팅 엔진으로 Spark SQL을 사용해서 SQL 쿼리로 데이터를 조회할 수 있다. 오라클 클라우드에서는 Data Flow 서비스를 통해 Spark를 관리형 서비스로 제공해서 클라우드 환경에서 데이터를 병렬로 처리하고 결과를 반환한다.
- **APEX를 이용한 데이터 조회**: Oracle APEX는 웹 기반의 로Low 코드 개발 프레임워크로 데이터베이스를 활용해서 웹 애플리케이션을 쉽게 개발할 수 있다. APEX를 사용하면 오브젝트 스토리지의 데이터를 조회하는 웹 화면을 만들어 오브젝트 스토리지에 연결한 후 사용자가 데이터를 시각화하고 조작할 수 있다.
- **오라클 데이터베이스의 익스터널 테이블 활용**: 익스터널 테이블을 사용하면 오라클 데이터베이스에서 오브젝트 스토리지의 데이터를 외부 데이터로 인식해서 SQL 쿼리로 조회할 수 있다. 익스터널 테이블을 이용하면 별도의 코드 없이도 오브젝트 스토리지의 데이터를 간편하게 조회할 수 있다.

한 가지 고려할 점은 오라클 클라우드 환경의 데이터베이스 서비스에서 익스터널 테이블을 만들 때 DBMS_CLOUD라는 PL/SQL 패키지를 인증 및 익스터널 테이블 생성 등에 사용한다는 것이다. 이번 실습에서 데이터 레이크하우스로 사용하고 있는 Autonomous 데이터베이스의 경우 DBMS_CLOUD 패키지가 내장돼 있지만 일반 오라클 DBCS를 사용할 때는 별도로 이를 설치해야 한다.

이제 익스터널 테이블을 생성해 보자.

실습을 진행하기 전에 익스터널 테이블이 저장될 Autonomous 데이터베이스에서 주문 정보가 저장된 오브젝트 스토리지에 접근하기 위한 권한 설정을 해야 한다. Autonomous 데이터베이스를 다이내믹 그룹에 포함시키고, 해당 다이내믹 그룹이 오브젝트 스토리지를 제어하도록 권한을 부여할 것이다. "all-resources" 권한을 부여받은 그룹의 유저도 다음 작업을 진행해야 한다.

OCI 웹 콘솔에서 [Identity & Security → Identity → Domains → Default Domain 선택 → Dynamic Groups] 화면으로 이동한 후 oci-demo-dyngroup을 선택한다. 그리고 + Additional Rule을 클릭해서 다음과 같은 규칙을 추가하고 하단의 Save를 클릭한다.

- Rule 6: All {resource.type = 'autonomousdatabase', resource.compartment.id = 'ocid1.compartment.oc1..aaaaaaaa6cq7mawvxnv2be542zwvlukehzsj3qqlx4kx2ee74nyijmgh3yka'}

다이내믹 그룹에 Autonomous 데이터베이스 자원 유형을 추가했다면 해당 다이내믹 그룹이 실습용으로 생성한 버킷의 오브젝트를 읽을 수 있도록 권한 구문을 추가해야 한다.

OCI 웹 콘솔의 [Identity & Security → Identity → Policies] 화면으로 이동해서 이전에 생성한 oci-demo-policy를 클릭한다. 해당 정책은 root 컴파트먼트에 위치하고 있다. Edit Policy Statements를 클릭해서 정책 구문 편집 화면으로 이동한다. + Another Statement를 클릭해서 다음 내용의 정책 구문을 추가해야 한다.

그러나 1장 실습에서 이미 권한을 부여했다면 다음 권한을 추가할 필요는 없다. 하지만 그렇지 않은 경우에는 다음 권한을 추가해야 한다.

```
Allow dynamic-group oci-demo-dyngroup to manage object-family in compartment
ociexplained
```

오브젝트 스토리지에 있는 데이터를 원천 데이터로 해서 익스터널 테이블을 생성하려고 할 때 Autonomous 데이터베이스가 오브젝트 스토리지에 접근할 인증 정보가 설정돼 있어야 한다. 이는 DBMS_CLOUD 패키지의 CREATE_CREDENTIAL 프로시저로 설정한다.

오브젝트 스토리지에 대한 크리덴셜 설정을 위해 OCI 웹 콘솔의 [Oracle Database → Autonomous Data Warehouse → oci-demo-adw] 화면으로 이동한 다음, Database actions → SQL 메뉴를 선택해서 ADMIN 유저로 접속한다. SQL Developer 웹 실행 창에서 그림 3-82와 같이 다음 스크립트를 실행해서 크리덴셜을 생성한다. 각 인자 값에 입력할 항목은 다음과 같다.

- CREDENTIAL_NAME: ocidemoextcred
- USERNAME: ociexplained - OCI 유저
- PASSWORD: NXlQO+tkF:iZ#h280e4; - 2장에서 컨테이너 레지스트리 접속을 위해 생성한 인증 토큰을 사용한다. 만일 분실됐다면 2장을 참조해서 다시 생성한다.

```
GitHub Script: https://github.com/ociexplained/how-to-use-OCI/chapter3/
create_credential.sql

BEGIN
 DBMS_CLOUD.CREATE_CREDENTIAL(
   CREDENTIAL_NAME  => 'ocidemoextcred',
   USERNAME         => 'ociexplained',
   PASSWORD         => 'NXlQO+tkF:iZ#h280e4;'
 );
END;
```

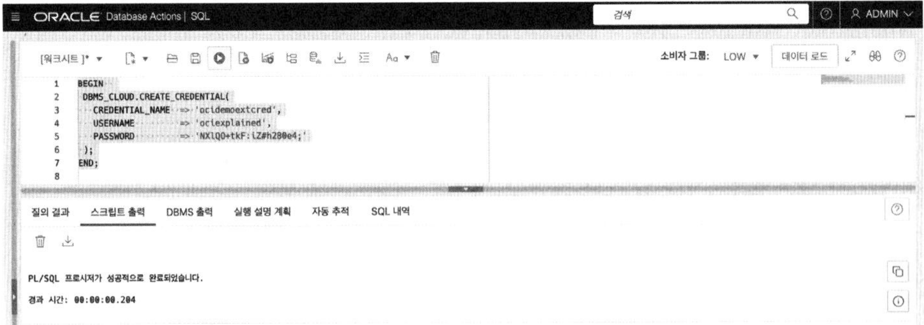

그림 3-82 오브젝트 스토리지 접근을 위한 크리덴셜 생성

크리덴셜이 생성되면 그림 3-83과 같이 다음 SQL로 주문 데이터가 저장된 버킷의 오브젝트들을 조회해 본다.

오브젝트 스토리지에서 버킷의 오브젝트를 조회할 경우 DBMS_CLOUD 패키지를 사용할 수 있다. LIST_OBJECTS 프로시저를 활용해서 버킷의 오브젝트를 조회할 수도 있다.

LIST_OBJECTS 프로시저의 인자 값으로는 크리덴셜 이름과 버킷의 API 엔드포인트가 사용됐다. 버킷의 API 엔드포인트에는 오브젝트 스토리지 엔드포인트, 오브젝트 스토리지의 네임스페이스 그리고 버킷 이름이 포함돼 있으므로 독자의 환경에 맞게 수정해서 SQL을 실행한다.

다음 SQL에서는 오브젝트 이름이 "order_2023"으로 시작하는 것으로 조회 범위를 한정했다. 이 조건 역시 독자의 데이터에 맞게 수정 또는 삭제해서 실행하면 된다.

오라클 각 리전별 오브젝트 스토리지의 엔드포인트는 다음 URL의 웹 페이지를 참조한다.

- https://docs.oracle.com/en-us/iaas/api/#/en/objectstorage/20160918/

```
GitHub Script: https://github.com/ociexplained/how-to-use-OCI/chapter3/
list_objects.sql
```

```
select object_name
from   dbms_cloud.list_objects(
         'ocidemoextcred',
         'https://objectstorage.ap-chuncheon-1.oraclecloud.com/n/demo/b/
oci-demo-bucket/o/')
where object_name like 'order_2023%';
```

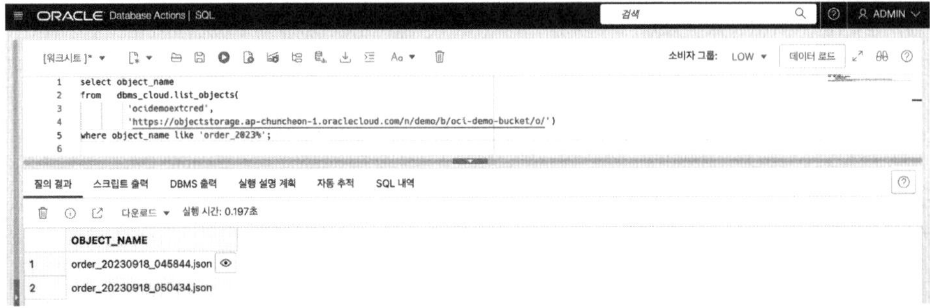

그림 3-83 오브젝트 스토리지의 오브젝트 조회

이제 다음 PL/SQL 블록으로 익스터널 테이블을 생성한다. SQL Developer 웹 실행 창에서 다음 스크립트를 실행한다.

JSON 형식 오브젝트로 저장된 데이터에 대해 order_ext라는 이름으로 테이블을 생성했으며, "order_2023"으로 시작하는 오브젝트들을 대상 데이터로 했다. 그리고 json_document라는 이름으로 칼럼과 필드를 정의했다. field_list 인자 값은 각 칼럼의 데이터가 출력되는 형식 등을 상세 조정할 때 사용되는 인자 값이다.

```
GitHub Script: https://github.com/ociexplained/how-to-use-OCI/chapter3/
create_external_table.sql

BEGIN
  DBMS_CLOUD.CREATE_EXTERNAL_TABLE (
   table_name =>'order_ext',
   credential_name =>'ocidemoextcred',
   file_uri_list =>'https://objectstorage.ap-chuncheon-1.oraclecloud.com/n/
demo/b/oci-demo-bucket/o/order_2023*.json',
   column_list => 'json_document VARCHAR2(4000)',
   field_list => 'json_document CHAR(5000)'
);
END;
```

익스터널 테이블을 생성한 후 다음 SQL로 데이터를 확인해 보자. 이제 그림 3-84와 같이 오브젝트 스토리지에 저장된 실시간 주문 데이터를 조회할 수 있다.

```
select * from order_ext;
```

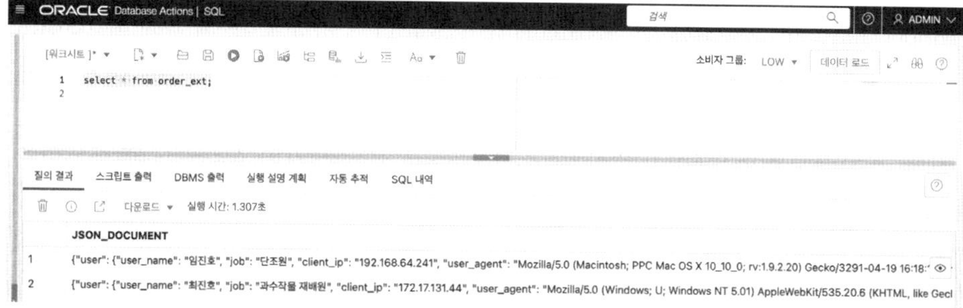

그림 3-84 익스터널 테이블을 통한 주문 데이터 조회

지금까지 ETL 프로세스를 통한 소스-타깃 간 데이터 적재와 더불어 오라클 데이터베이스 익스터널 테이블을 활용한 실시간 데이터 조회까지 살펴봤다.

3.2.7 오라클 Analytics를 활용한 데이터 분석

데이터를 수집하고 분석해서 이를 통한 의사 결정을 지원하는 기술과 전략을 비즈니스 인텔리전스Business Intelligence, BI라고 한다. 비즈니스 인텔리전스를 통해 기업은 데이터를 시각화하고 분석해서 비즈니스 인사이트를 도출하고, 이를 기반으로 전략적인 의사 결정을 할 수 있다.

비즈니스 인텔리전스 시장에는 다양한 도구들이 존재하며, 상용 제품과 오픈소스 제품으로 나눌 수 있다. 많이 알려진 상용 비즈니스 인텔리전스 도구에는 Tableau, Microsoft Power BI, Qlik 등이 있으며, 오픈소스에는 Apache Superset, Metabase, Pentaho 등이 있다.

지금까지 데이터를 수집하고 레이크하우스를 구축해서 ETL로 데이터를 적재하는 등의 일련의 과정을 거친 이유는 결국 데이터를 통해 비즈니스에 도움이 되는 숨은 요소들을 찾아내고 이를 활용하기 위함이었다. 이번 단계에서는 수집된 데이터를 좀 더 쉽고 효율적으로 활용할 수 있도록 비즈니스 인텔리전스 도구를 사용해 볼 것이다.

오라클 클라우드에서도 비즈니스 인텔리전스 도구를 관리형 서비스 형태로 제공하고 있다. 데이터 분석과 시각화를 지원하는 서비스인 Oracle AnalyticsOAC가 그것이다. OAC를 이용해서 데이터 분석과 시각화를 할 수 있을 뿐만 아니라 머신러닝 기법의 내장된 자체 기능을 통해 다양한 형태의 데이터가 지속해서 증가하는 상황에서도 숨겨진 패턴이나 통찰력을 발견할 수 있다.

OAC에는 데이터 분석과 시각화를 위한 대시보드, 리포트 등 다양한 기능들이 있으나 이번 단계에서 이를 모두 다루기에는 지면의 제약이 있다. 따라서 이 단계의 실습은 분석 대상 데이터 소스에 대해 데이터 집합을 만들고, 이를 오라클이 자동으로 분석해주는 자동 인사이트Auto Insights 기능과 사용자 정의 데이터 시각화 방법을 살펴보는 것으로 한정할 것이다. 그림 3-85와 같은 데모 아키텍처로 실습을 진행한다.

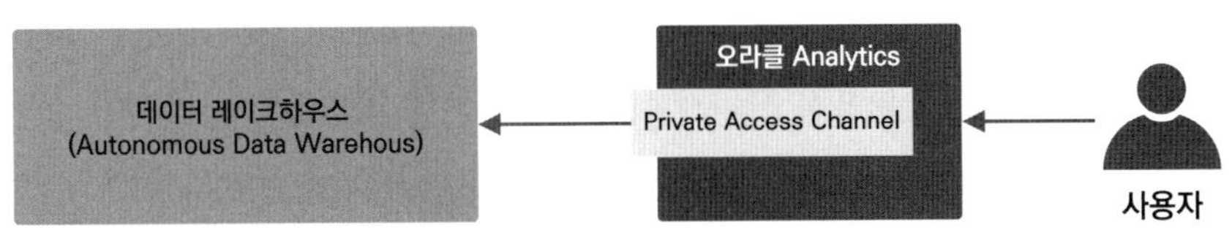

그림 3-85 오라클 Analytics 아키텍처

이번 실습은 그림 3-86의 단계에 해당된다.

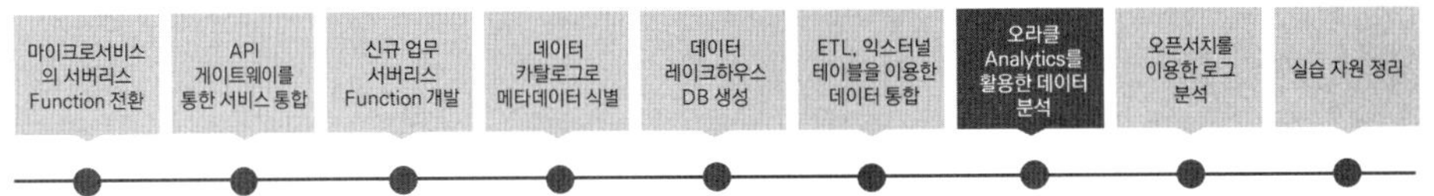

그림 3-86 3장 실습 단계 - 오라클 Analytics를 활용한 데이터 분석

다음과 같은 단계로 실습을 진행한다.

- OAC 실습 준비
- OAC 인스턴스, Private Access Channel 생성
- OAC 데이터 집합 생성 및 시각화, 분석

3.2.7.1 실습 - OAC 실습 준비

OAC 실습을 위한 준비 단계로서 분석용으로 데이터가 충분히 쌓이도록 API 게이트웨이를 통해 주문 관리 Function을 반복 호출하는 것으로 실습을 시작한다. 이를 위해 셸 스크립트로 주문 관리 API를 500회 호출하는 방식을 사용했다.

다음과 같이 개발 환경에서 해당 API를 호출하는 셸 스크립트를 작성하고 실행 권한을 부여한 후 셸 스크립트를 실행한다. API URL은 OCI 웹 콘솔 API 게이트웨이 상세 화면을 참조해서 독자의 환경에 맞게 수정한다.

다음의 주문 API를 호출하는 스크립트를 실행하면 주문 관리 데이터뿐만 아니라 Function의 호출 로그와 API 게이트웨이 접근 로그가 생성될 것이다. 이 스크립트는 이후 오픈서치 실습에도 사용된다.

```
GitHub Script: https://github.com/ociexplained/how-to-use-OCI/chapter3/
order_load.sh
```

```
[opc@oci-demo-appdev ~]$ vi order_load.sh
#!/bin/bash

i=1
while [ $i -lt 500 ]
do
   curl -X GET https://ponunpfm3lt5se7lfyda7tkrjy.apigateway.ap-chuncheon-1.
oci.customer-oci.com/v1/order
   i=$(($i+1))
done
[opc@oci-demo-appdev ~]$ chmod 700 order_load.sh
[opc@oci-demo-appdev ~]$ sh ./order_load.sh
... 생략 ...
"(하늘과 땅의 경계)공주 정지산 유적", "author": "공주시, 충청남도역사문화연구원 지음",
"publisher": "", "price": "None", "img": "", "cnt": 1}]}
```

오브젝트 스토리지에 JSON 형식으로 저장된 데이터를 익스터널 테이블에서 조회하면 해당 데이터는 하나의 칼럼에 JSON 형태로 출력된다. 그러나 추후 데이터 분석을 용이하게 하려면 JSON 데이터를 필드 값으로 분류해서 관계형 데이터베이스의 테이블 또는 뷰 형태로 저장하는 것이 좋다.

이번 실습에서 저장된 주문 데이터는 오브젝트 스토리지에서 익스터널 테이블로 실시간 데이터가 조회된다. 다만 이번에 실습할 OAC 분석 성능의 향상을 위해 사용자 관리, 도서 관리, 주문 관리 데이터의 분석용 테이블을 별도로 다음 스크립트를 이용해서 생성하는 것이 분석에 용이하다.

주문 데이터의 경우 JSON 데이터에서는 여러 건의 주문이 하나의 데이터에 포함돼 하나의 행으로 표현된다. 하지만 관계형 데이터로 변경했을 경우 주문 기준으로 데이터가 나뉘므로 하나의 사용자가 여러 행(주문)을 가진 것으로 표현된다. Autonomous 데이터베이스의 Database actions → SQL 메뉴에서 아래 스크립트를 편집창에 붙여넣고, 실행한다.

GitHub Script: https://github.com/ociexplained/how-to-use-OCI/chapter3/tables_for_analyzing.sql

```
-- 주문 정보 분석용 Table lh_order 생성
CREATE TABLE lh_order AS
SELECT jt.*
FROM   order_ext,
       json_table ( json_document, '$' COLUMNS ( user_name VARCHAR2 ( 300 )
path '$.user.user_name', job VARCHAR2 ( 300 ) path '$.user.job', client_ip
VARCHAR2 ( 300 ) path '$.user.client_ip', user_agent VARCHAR2 ( 300 ) path
'$.user.user_agent', birth VARCHAR2 ( 300 ) path '$.user.birth', order_time
VARCHAR2 ( 300 ) path '$.order_time', nested path '$.orders[*]' COLUMNS (
title VARCHAR2 ( 300 ) path '$.title', author VARCHAR2 ( 300 ) path
'$.author', publisher VARCHAR2 ( 300 ) path '$.publisher', price NUMBER
path '$.price', img VARCHAR2 ( 300 ) path '$.img', cnt NUMBER path '$.cnt'
) ) ) jt
WHERE  publisher IS NOT NULL
AND    price IS NOT NULL
AND    img IS NOT NULL;

-- 도서 정보 분석용 TABLE lh_book 생성
CREATE TABLE lh_book AS
SELECT jt.*,
       data_loaded load_time
FROM   v_book,
       json_table ( json_data, '$' COLUMNS ( title VARCHAR2 ( 300 ) path
'$.title', author VARCHAR2 ( 300 ) path '$.author', publisher VARCHAR2 (
300 ) path '$.publisher', price NUMBER path '$.price', img VARCHAR2 ( 300 )
path '$.img' ) ) jt
```

```
WHERE  publisher IS NOT NULL
AND    price IS NOT NULL
AND    img IS NOT NULL;

-- 사용자 정보 분석용 TABLE lh_user 생성
CREATE TABLE lh_user AS
  SELECT user_name,
         job,
         client_ip,
         user_agent,
         birth,
         last_conn_date
  FROM   v_users;
```

이제 다음 SQL 쿼리를 사용해서 분석용 뷰를 조회하면 그림 3-87과 같이 가독성이 높은 형태로 데이터가 출력될 것이다.

```
select * from lh_order;
```

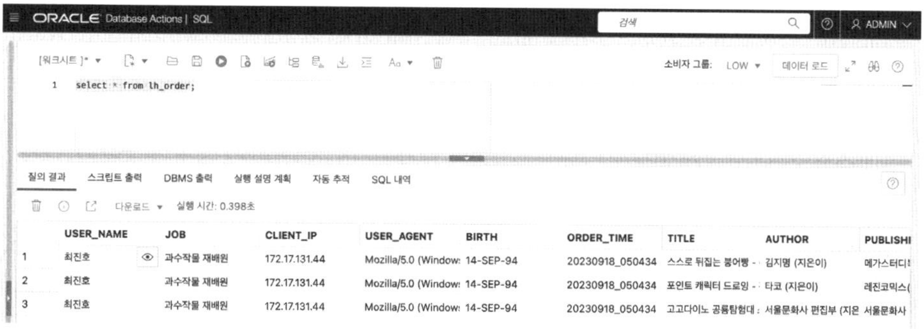

	USER_NAME	JOB	CLIENT_IP	USER_AGENT	BIRTH	ORDER_TIME	TITLE	AUTHOR	PUBLISHI
1	최진호	과수작물 재배원	172.17.131.44	Mozilla/5.0 (Window:	14-SEP-94	20230918_050434	스스로 뒤집는 붕어빵 -	김지명 (지은이)	메가스터디!
2	최진호	과수작물 재배원	172.17.131.44	Mozilla/5.0 (Window:	14-SEP-94	20230918_050434	포인트 캐릭터 드로잉 -	타코 (지은이)	레진코믹스(
3	최진호	과수작물 재배원	172.17.131.44	Mozilla/5.0 (Window:	14-SEP-94	20230918_050434	고고다이노 공룡탐험대 :	서울문화사 편집부 (지은	서울문화사

그림 3-87 분석용 뷰를 통한 주문 데이터 조회

3.2.7.2 실습 - OAC 인스턴스, Private Access Channel 생성

Oracle Analytics 인스턴스를 생성하기 전에 "all-resources" 권한을 부여받지 못한 유저의 경우 다음과 같은 권한 구문을 "oci-demo-policy" 정책에 추가해야 한다.

```
Allow group <YOUR_GROUP_NAME> to manage analytics-instances in compartment
<YOUR_COMPARTMENT_NAME>
Allow group <YOUR_GROUP_NAME> to manage analytics-instance-work-requests in
```

```
compartment <YOUR_COMPARTMENT_NAME>
Allow group <YOUR_GROUP_NAME> to read compartments in compartment <YOUR_
COMPARTMENT_NAME>
```

이제 OAC 인스턴스를 생성한다. OCI 웹 콘솔에서 [Analytics & AI → Analytics → Analytics Cloud] 화면으로 이동해서 Create Instance를 클릭한다. OAC 인스턴스 생성 화면에서 그림 3-88을 참조해서 다음과 같이 입력한다.

- Name: ocidemooac
- [Capacity] 섹션 Capacity Type: OCPU
- [Capacity] 섹션 OCPU Count: 1
- [License and Edition] 섹션 License: 서비스 구독 방식의 라이선스 정책인 License included를 선택한다. 기존 온프레미스 구매 라이선스를 재활용하고자 한다면 Bring Your Own License (BYOL)을 선택한다.
- [License and Edition] 섹션 Edition: Enterprise Edition을 선택한다. OAC[Oracle Analytics]에는 엔터프라이즈 모델링, 리포트, 데이터 시각화 기능을 제공하는 Enterprise Edition과 데이터 시각화를 제공하는 Professional Edition이 있다.

OAC 인스턴스를 생성할 때 Show advanced options를 클릭하면 [Network Access] 섹션에서 Public과 Private 중 하나의 Access Type을 선택할 수 있다. 이번 실습에서는 Public으로 선택한다.

Public으로 설정하면 OAC 인스턴스는 인터넷을 통해 접근할 수 있다. 이는 OAC 인스턴스를 클라우드의 외부에서도 접속할 수 있게 하는 옵션이다. 반면에 Private을 선택하면 OAC 인스턴스는 온프레미스 네트워크에서 또는 Virtual Cloud Network[VCN]상의 호스트에서만 접근이 가능하다.

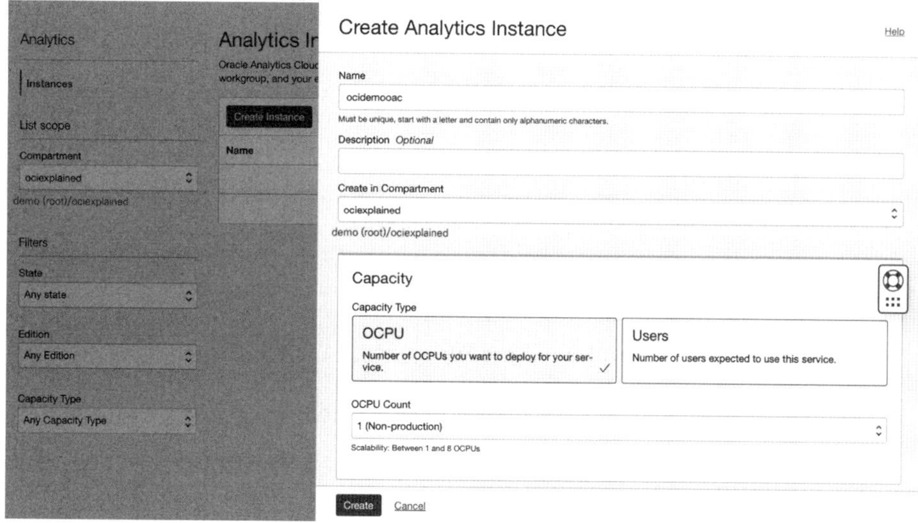

그림 3-88 OAC 인스턴스 생성

OAC 인스턴스를 생성하고 난 후에는 OAC 인스턴스와 VCN 내 프라이빗 서브넷에 위치한 데이터 소스 연결을 위해 Private Access Channel을 설정해야 한다. Private Access Channel은 OCI VCN 내 프라이빗 데이터 소스나 온프레미스에 있는 데이터 소스에 접근할 때 사용되는 자원이다.

Private Access Channel을 설정하면 OAC 인스턴스가 VCN 내 프라이빗 서브넷에 위치한 데이터 소스에 접근할 수 있게 된다. 이렇게 하면 데이터 소스와 OAC 인스턴스 간에 인터넷을 통해 데이터에 접근하는 것이 아니기 때문에 보안상의 이점이 있다.

Private Access Channel을 생성하기 위해서는 OAC 인스턴스 상세 페이지에서 Resources → Private Access Channel 메뉴로 이동한다. 해당 화면에서 **Configure Private Access Channel**을 클릭한다.

Private Access Channel을 구성할 때 연결하고자 하는 데이터 소스는 DNS 도메인 이름으로 찾는다. 따라서 다음과 같은 절차로 설정을 진행한다.

먼저 소스 데이터베이스가 위치한 VCN의 DNS Zone을 지정한다. 그다음으로 연결하려는 데이터 소스인 Autonomous 데이터베이스의 DNS Zone을 지정한다. 이는 데이터베이스에 대한 DNS 이름을 확인하는 데 사용된다.

그림 3-89를 참조해서 다음 정보를 입력한다. 그런 다음 하단의 **Configure**를 클릭해서 Private Access Channel을 생성한다.

- Name: oci-demo-pac
- Virtual Cloud Network: OCI_DEMO
- Subnet: private subnet-OCI_DEMO
- [Private Sources] 섹션에서 **Virtual Cloud Network's domain name as DNS zone (ocidemo.oraclevcn.com)**을 선택한다. 이번 실습과 같이 동일 VCN에서 프라이빗 데이터 소스에 연결하고자 하는 경우 **Virtual Cloud Network's domain name as DNS zone**을 체크하면 자동으로 DNS Zone 값이 채워진다.
- 두 번째 DNS Zone에 "adb.〈리전 식별자〉.oraclecloud.com" 형식으로 값을 입력한다(예시: adb.ap-chuncheon-1.oraclecloud.com). 실습에서는 춘천 리전의 Autonomous 데이터베이스 DNS Zone을 입력했다. 리전 식별자Region Identifier는 오라클 문서를 참조한다(https://docs.oracle.com/en-us/iaas/Content/General/Concepts/regions.htm).

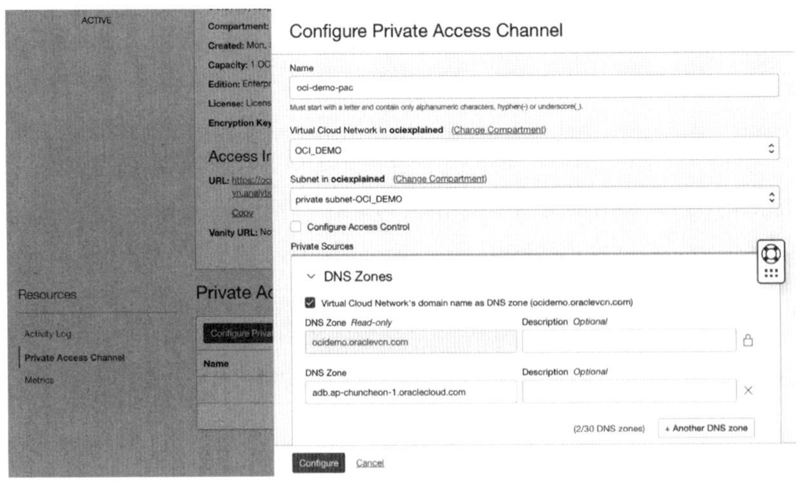

그림 3-89 Private Access Channel 생성

Private Access Channel을 생성하고 상세 화면에 들어가면 그림 3-90과 같이 Private Access Channel 연결 대상 서브넷의 프라이빗 IP 주소가 할당돼 있는 것을 확인할 수 있다. 또한 2개의 아웃바운드 트래픽 처리를 위한 프라이빗 IP 주소도 할당돼 있다. 이를 통해 OAC 인스턴스에서 데이터를 쿼리하고, 데이터 소스에서 OAC 인스턴스로 결과를 전송할 수 있게 된다.

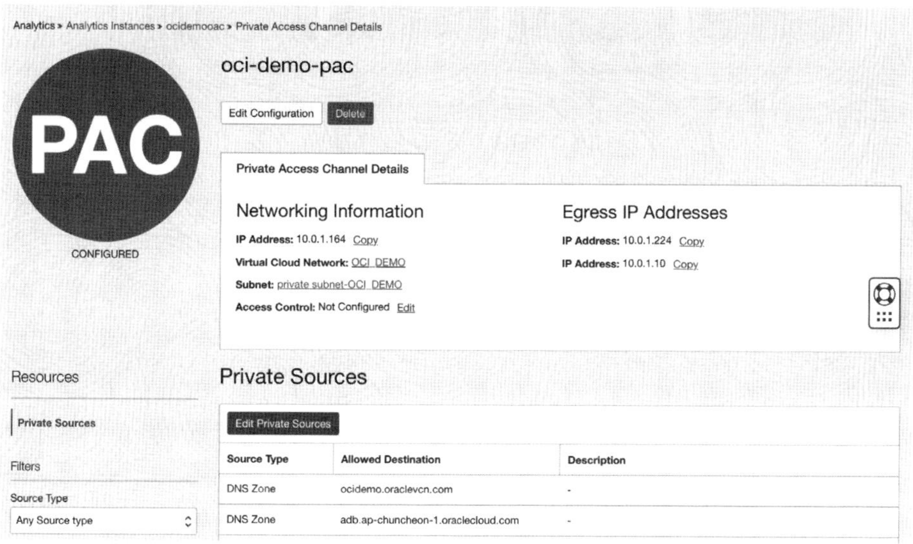

그림 3-90 생성된 Private Access Channel 상세 화면

3.2.7.3 실습 - OAC 데이터 집합 생성 및 시각화, 분석

OAC 인스턴스 생성과 프라이빗 데이터 소스 연결 준비가 완료됐다. 이제 OAC 인스턴스에서 Autonomous 데이터베이스에 접속해서 분석용 데이터 집합을 만들고, 이를 시각화 및 분석하는 작업을 진행한다.

OAC 상세 화면에서 **Analytics Home Page**를 클릭해서 Analytics 홈 화면으로 이동한다. 그런 다음 그림 3-91과 같은 Analytics 홈 화면에서 **데이터에 접속**을 클릭한다.

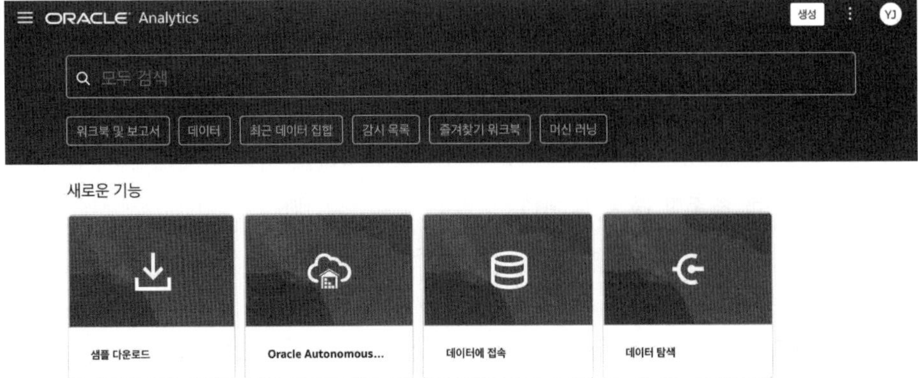

그림 3-91 OAC Analytics 홈 화면

이어서 나타나는 팝업 창 오른쪽 상단에서 **접속 생성**을 클릭해서 Autonomous 데이터베이스에 연결 객체를 생성한다.

여러 데이터 소스 유형 중에서 Oracle Autonomous Data Warehouse를 선택한다.

Autonomous Data Warehouse 접속 생성 팝업 창에서 그림 3-92를 참조해서 다음 내용을 입력한 후 하단의 **저장**을 클릭한다.

- 접속 이름: oci-demo-oac-to-adw
- 암호화 유형: 상호 TLS
- 클라이언트 인증서: 로컬에 다운로드받은 Autonomous 데이터베이스 Wallet 파일을 업로드한다.
- 사용자 이름: admin
- 비밀번호: xxxxxxxxxx ADW ADMIN 패스워드
- 서비스 이름: ocidemolh_high
- 시스템 접속: 체크

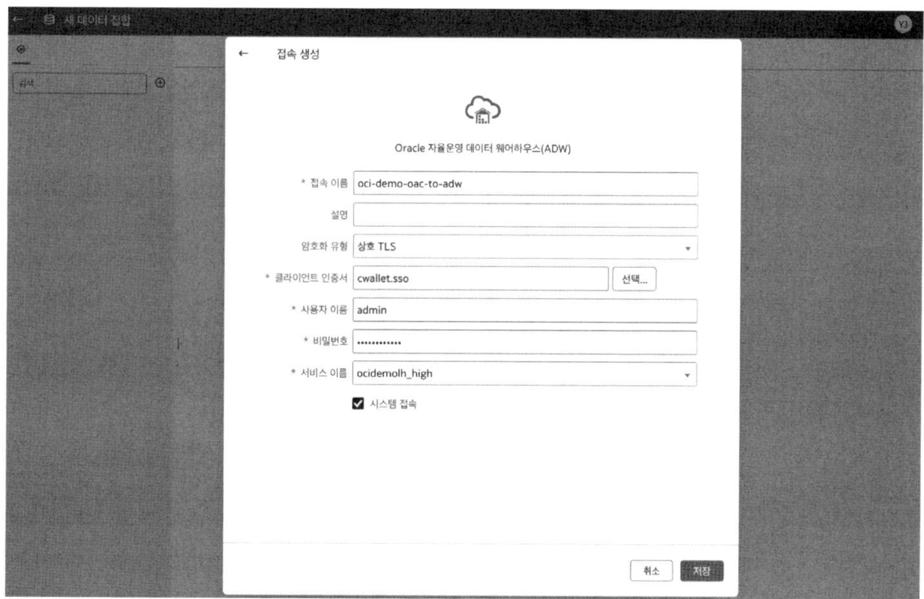

그림 3-92 Autonomous Data Warehouse 접속 생성

분석하려는 데이터 소스에 OAC를 연결했으니 이제 데이터 집합을 만들 차례이다. Analytics 홈 화면의 왼쪽 메뉴에서 **데이터**를 선택한다. 해당 화면의 메뉴 중 "접속" 화면으로 이동하면 앞서 생성한 데이터 소스에 대한 접속 객체가 그림 3-93과 같이 목록에 보인다. 이를 클릭한다.

그림 3-93 Autonomous Data Warehouse 접속 객체 생성

분석 대상 데이터 소스인 Autonomous 데이터베이스의 스키마를 이용해서 데이터

집합을 만들어 본다. 다음과 같은 절차를 따라 데이터 집합을 생성한다.

오른쪽 메뉴에 데이터 소스인 Autonomous 데이터베이스의 스키마가 보일 것이다. ADMIN 스키마의 테이블, 뷰 목록에서 "LH_ORDER" 테이블을 그림 3-94와 같이 오른쪽 공간으로 드래그&드롭해서 추가한다. 이렇게 하면 "LH_ORDER" 테이블이 데이터 집합에 포함되게 된다.

실습에서는 하나의 테이블만 분석 대상으로 선택했지만 여러 테이블 또는 뷰를 드래그&드롭해서 복잡한 분석도 가능하다. 이 경우 테이블 또는 뷰 간의 조인은 동일한 칼럼을 기준으로 자동으로 이뤄진다.

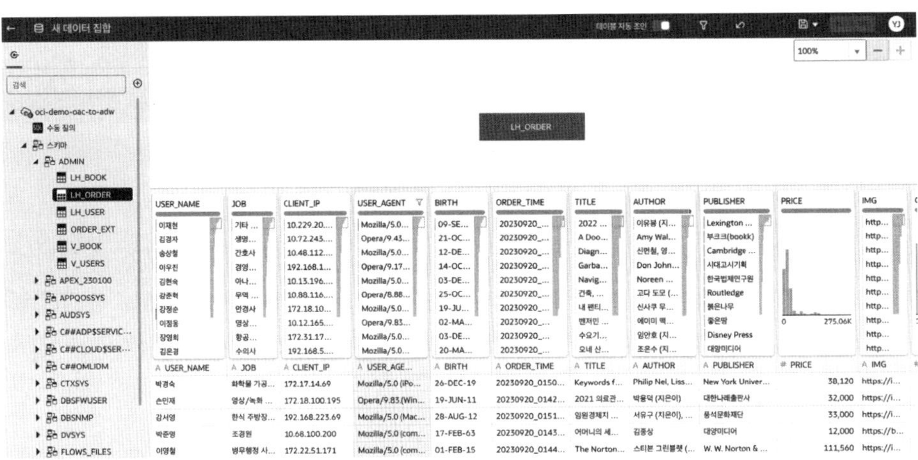

그림 3-94 OAC 데이터 집합 생성

나중에 필요할 때 다시 해당 데이터 집합을 불러와서 분석 작업을 이어갈 수 있도록 데이터 집합을 저장한다. 오른쪽 상단의 **저장**을 클릭해서 팝업 창에서 다음과 같이 데이터 집합의 이름을 입력하고 **확인**을 클릭한다.

- 이름: book-orders

이제 생성된 데이터 집합을 시각화해서 분석에 활용해 보자. 그림 3-95와 같이 Analytics 홈 화면의 [**데이터 → 데이터 집합**] 메뉴에서 앞서 저장한 데이터 집합 **book-**

orders를 선택한다.

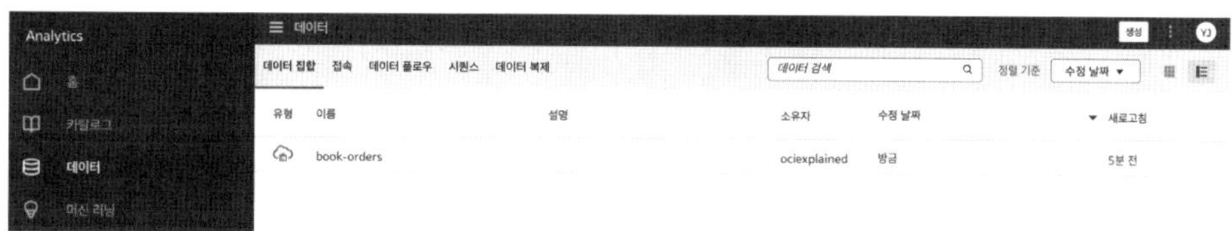

그림 3-95 OAC 데이터 집합 목록

데이터 집합을 선택하면 워크북Workbook이라는 그림 3-96과 같은 분석 작업 영역이 열린다. 워크북은 여러 개의 시각화 캔버스를 포함하고 있으며, 각 캔버스에 데이터를 시각화해서 분석 작업을 진행할 수 있다. 처음에는 비어 있는 캔버스가 보이며, 여기에 데이터 집합의 칼럼들을 드래그&드롭해서 데이터를 시각화한다. 예를 들어 막대 그래프, 원 그래프, 선 그래프 등 다양한 시각화 유형을 선택할 수 있다.

데이터가 캔버스에 시각화되면 해당 시각화를 조정하고 필요한 설정을 추가할 수 있다. 캔버스에 원천 데이터를 바탕으로 자동 인사이트를 생성하거나 사용자 정의 분석을 수행할 수 있다.

그림 3-96 OAC 워크북

OAC의 자동 인사이트 기능은 사용자가 직접 데이터를 분석하기 전에 OAC가 자동으로 데이터를 분석해서 흥미로운 인사이트를 제공하는 기능이다. 이를 통해 사용자는 데이터를 빠르게 이해하고, 숨겨진 패턴이나 관계를 빠르게 파악할 수 있다.

자동 인사이트 기능을 사용하면 OAC가 데이터 요소 간의 측정값, 차원 및 관계를 자동으로 선택해서 시각화하고 차트를 생성한다. 예를 들어 데이터의 시계열 패턴, 성장률, 분포 등을 자동으로 파악해서 관련된 시각화를 제공한다. 또한 데이터에서 발견된 인사이트셋을 생성해서 사용자가 특정 분석 대상 칼럼이나 시각화 유형을 조정할 수도 있다.

자동 인사이트 기능은 데이터 분석의 첫 단계에서 사용자가 데이터를 빠르게 탐색하고 이해하는 데 유용하다. 이를 통해 사용자는 데이터의 특성과 관계를 더 빠르게 파악하고, 더 심층적인 분석과 시각화 작업을 수행할 수 있다. 또한 자동 인사이트는 사용자가 데이터에 대한 사전 지식이 없더라도 데이터를 쉽게 탐색하고 이해하는 데 도움이 된다.

자동 인사이트의 사용 방법은 그림 3-97과 같이 화면 오른쪽 상단의 자동 인사이트 Auto Insights 아이콘을 클릭하면 된다. OAC가 해당 데이터 집합에 대해 인사이트를 발견하면 오른쪽 상단의 자동 인사이트 아이콘이 노란색으로 변경되는데 이를 클릭한다. 자동 인사이트 출력 시간은 분석 대상 데이터량과 OAC 인스턴스 자원의 크기에 따라 가변적이다.

그림 3-97 OAC 자동 인사이트

이번에는 자동 인사이트가 아니라 사용자 정의 방식으로 시각화와 분석을 수행해 본다. 직업별로 도서의 구매 수와 금액을 확인해 본다. 오른쪽 메뉴 칼럼 목록에서 JOB, CNT, PRICE 칼럼을 끌어다 오른쪽 캔버스로 이동시키면 그림 3-98과 같은 시각화 화면을 볼 수 있다. 다음 예시는 시각화 유형을 **콤보**로 선택한 것이다. 시각화 유형은 변경해서 다른 방식으로 데이터를 확인할 수 있다.

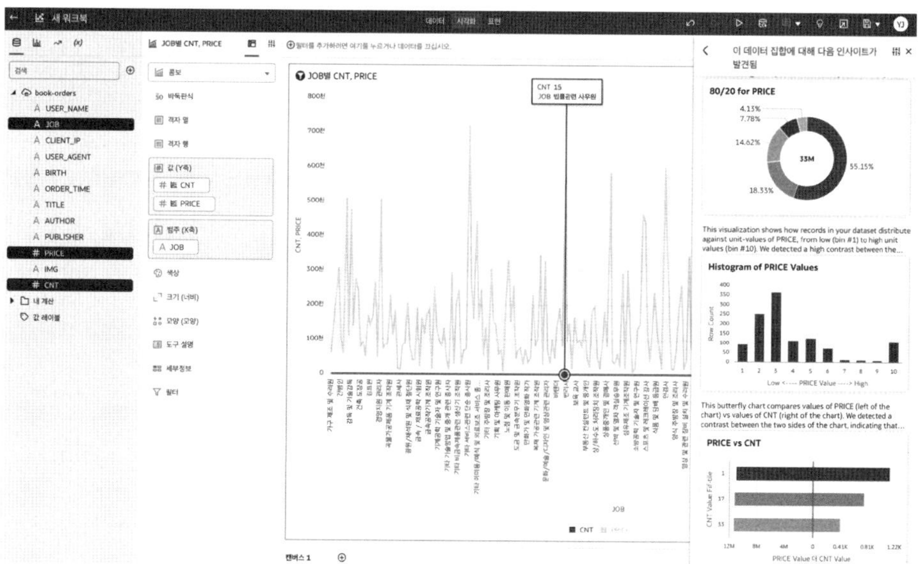

그림 3-98 OAC 직업별 도서 구매 수량 및 금액 분석

캔버스 하단의 +를 클릭해서 워크북 내 다른 분석 캔버스를 추가할 수 있다. 그림 3-99는 작가별로 도서 구매 수와 금액을 분석한 화면이다.

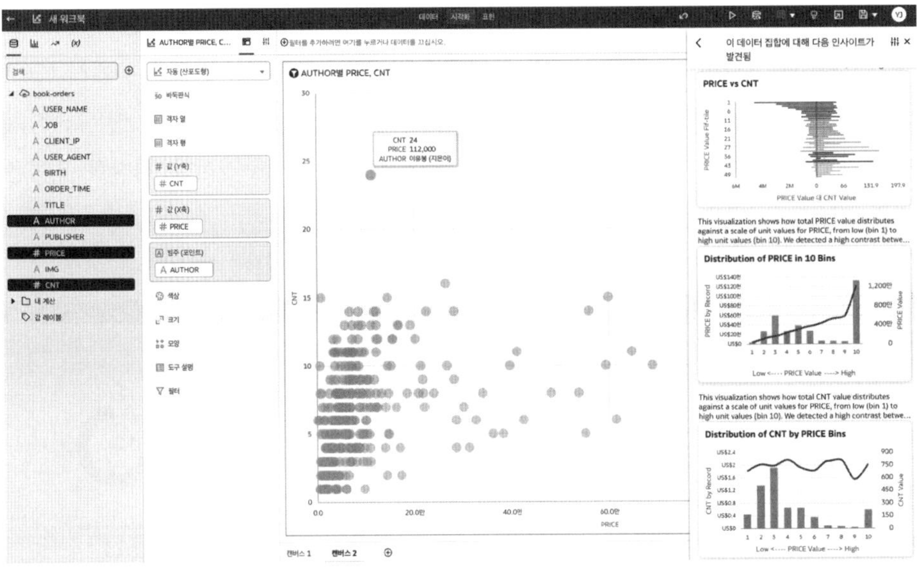

그림 3-99 OAC 작가별 도서 구매 수량 및 금액 분석

지금까지 작업한 워크북의 내용을 저장하기 위해서는 오른쪽 상단의 **저장** 아이콘을 클릭해서 수행한다. 그림 3-100과 같이 워크북의 이름을 입력하고 **저장**을 클릭한다.

- 이름: oci-demo-workbook

그림 3-100 OAC 워크북 저장

저장된 워크북은 익스포트Export와 임포트Import를 통해 백업 용도로 사용하거나 다른 사용자가 이를 활용하는 데도 유용하다. 워크북을 익스포트하면 연관된 데이터 집합, 데이터 소스 연결 정보, 연결에 사용된 인증 정보, 저장된 데이터까지 모두 익스포트된다. 각 워크북별로 익스포트를 수행할 수 있다.

워크북을 임포트하는 방법은 다음과 같다. Analytics 홈 화면에서 익스포트하려는 워크북을 선택한다. 오른쪽 상단의 **워크북/플로우 임포트** 메뉴를 클릭한다. 그림 3-101과 같이 "워크북/플로우 임포트" 팝업 창이 나타난다. 이곳에서 **워크북 임포트**를 선택한다. 임포트하려는 워크북을 선택한 후 해당 워크북에 관련된 모든 정보가 포함된 파일로 임포트한다.

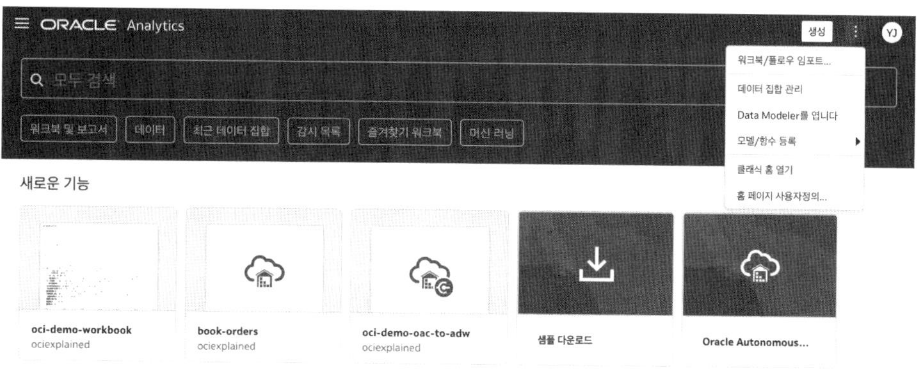

그림 3-101 OAC 워크북

그림 3-102는 다른 워크북을 임포트한 예제이다.

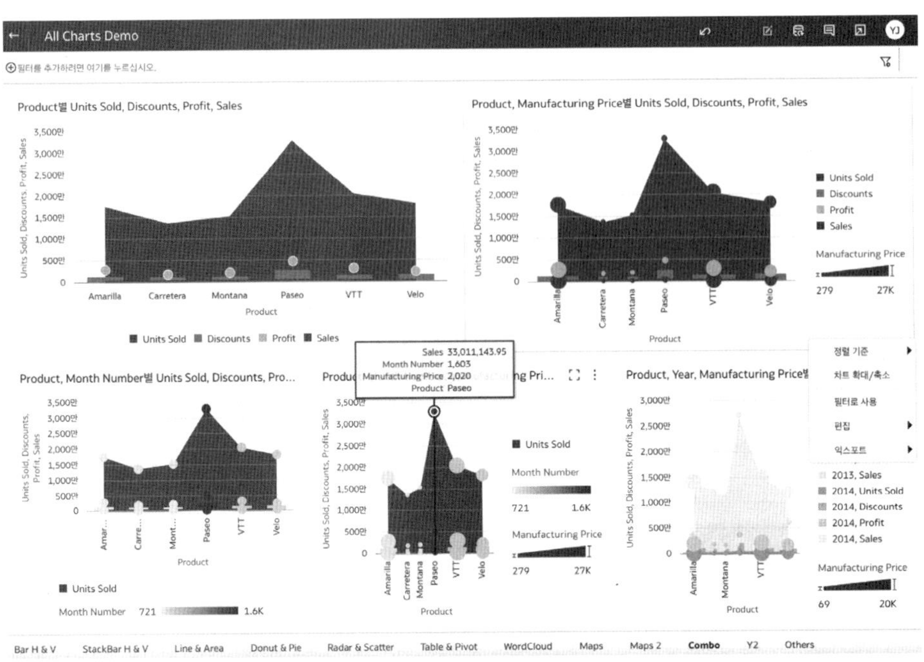

그림 3-102 OAC 워크북 임포트(Oracle Analytics 예제 라이브러리 - https://www.oracle.com/kr/business-analytics/data-visualization/examples/)

지금까지 데이터 분석 및 시각화를 실습해 봤다. 실습으로 진행하지는 않았지만 여러 개의 시각화 캔버스를 하나의 대시보드에 배치해서 여러 개의 데이터를 한눈에 비교하고 분석할 수 있다. 또한 다양한 데이터 소스에서 필요한 정보를 추출해서 표 형태로 정리하고 필터링 및 정렬 등의 기능을 사용해 보고서를 생성할 수도 있다. OAC를 사용해서 생성한 대시보드와 리포트를 다른 사용자들과 공유하고 협업해 데이터 분석과 의사 결정을 진행할 수도 있다.

3.2.8 오픈서치를 이용한 로그 분석

지금까지 애플리케이션을 통해 수집된 데이터를 분석했다. 이번 단계에서는 오라클 클라우드 서비스가 수집한 로그를 오픈서치를 활용해서 분석해 본다.

오픈서치OpenSearch는 ELK 스택의 구성 요소 중 하나인 일래스틱서치ElasticSearch의 파생 버전이다. 오픈서치는 일래스틱서치의 오픈소스 버전을 기반으로 개발됐으며, 일래스틱서치와 호환되는 API와 기능을 제공한다.

따라서 오픈서치와 일래스틱서치는 사용 방법이 거의 같다. 일래스틱서치에서 사용되는 기본적인 데이터 색인, 검색, 집계 등의 작업은 오픈서치에서도 동일하게 적용할 수 있다. 또한 키바나를 통해 시각화 및 대시보드 작업도 동일하게 수행할 수 있다.

3.2.8.1 ELK 스택

ELK 스택은 일래스틱서치, 로그스태시, 키바나로 이뤄진 데이터 수집, 가공, 저장, 분석, 시각화를 위한 소프트웨어 스택을 말한다. ELK 스택은 EFK 스택으로도 종종 언급되는데 기존의 ELK 스택에서 로그 파이프라인 역할을 하던 로그스태시를 플루언트디[Fluentd]로 대체했다는 차이점이 있다. 비츠[Beats]라고 하는 기술 역시 ELK 스택의 일부에 포함되는데 비츠는 에지 호스트에 설치되는 경량 에이전트로 데이터를 수집해서 로그스태시나 일래스틱서치로 전달한다.

ELK 스택의 각 구성 요소들이 수행하는 데이터 분석 프로세스를 정리하면 그림 3-103과 같다.

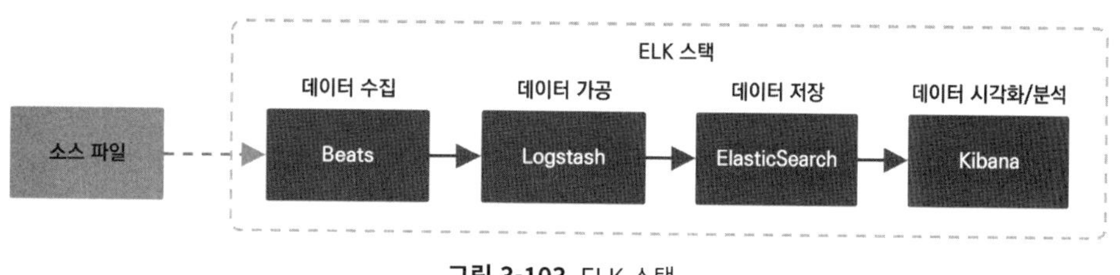

그림 3-103 ELK 스택

일래스틱서치

일래스틱서치는 스키마를 정의하지 않고 JSON 형태로 데이터를 저장하는 NoSQL 데이터베이스이자 Lucene 검색 엔진 기반의 분산 검색 및 분석 엔진이다. 대용량 데이터를 저장하고 분석할 수 있으며, 실시간 검색과 집계를 제공한다. 특히 웹 애플리케이션, 로그 분석, 모니터링 등의 분야에서 많이 사용되고 있다.

일래스틱서치는 여러 노드에 데이터를 분산해서 저장하고 처리해 대규모 데이터의 처리와 확장성을 지원한다. RESTful API를 통해 데이터를 색인하고 검색 및 집계하며 JSON 형태의 요청과 응답을 처리한다. 또한 Full-text 검색부터 쿼리 기능까지 다양한 검색 기능을 제공한다. 데이터의 집계, 통계, 그래프 등 다양한 분석 기능을 통해 데이터를 탐색하고 시각화할 수 있다.

일래스틱서치는 그림 3-104와 같은 구조로 이뤄져 있다.

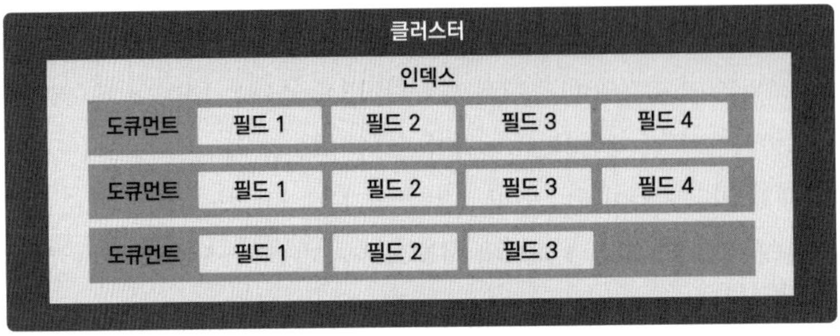

클러스터				
인덱스				
도큐먼트	필드 1	필드 2	필드 3	필드 4
도큐먼트	필드 1	필드 2	필드 3	필드 4
도큐먼트	필드 1	필드 2	필드 3	

그림 3-104 일래스틱서치 도큐먼트 구조

- **인덱스**Index: 인덱스는 데이터를 저장하고 검색할 수 있는 기본적인 단위이다. 하나의 인덱스는 다수의 도큐먼트를 포함하는 논리적 구분자로 관계형 데이터베이스의 테이블과 유사한 개념이다. 인덱스는 관련된 도큐먼트들의 집합을 나타내며, 각 도큐먼트는 JSON 형태로 저장된다.
- **도큐먼트**Document: 도큐먼트는 일래스틱서치에서 데이터가 저장되는 기본 단위이다. 도큐먼트는 필드와 값을 가지며, 필드는 다양한 데이터 유형을 가질 수 있다. 숫자, 문자열, 날짜, 배열 등의 값을 포함할 수 있으며, JSON 형태로 표현된다. 관계형 데이터베이스의 레코드에 해당하는 개념으로 볼 수 있다.
- **매핑**Mapping: 매핑은 인덱스 내의 도큐먼트의 필드와 데이터 타입을 지정하는 역할을 한다. 즉, 도큐먼트의 각 필드가 어떤 데이터 유형을 갖는지를 정의하는 데 사용된다. 매핑은 일래스틱서치가 도큐먼트를 색인하고 검색할 때 필드의 동작 방식을 결정하는 역할을 한다. 관계형 데이터베이스의 스키마 구조와 유사한 개념이다.

로그스태시

로그스태시는 데이터 수집 파이프라인 기능을 수행한다. 데이터를 수집 및 가공하고 일래스틱서치에 전달한다. 로그스태시는 세 가지 기능의 모듈로 구성된다.

- Input: 다양한 소스로부터 데이터를 수집하는 역할을 한다. 다양한 Input 플러그인을 통해 파일, 소켓, HTTP, JDBC 등의 소스로부터 데이터를 받아들일 수 있다.
- Filter: 수집된 데이터를 원하는 형태로 가공하는 역할을 한다. 다양한 Filter 플러그인을 통해 데이터를 분석, 변환, 필터링하는 작업을 수행한다. 예를 들어 정규 표현식을 사용해서 로그 데이터를 파싱하거나 필드를 추가하거나 삭제하는 등의 작업을 수행할 수 있다.
- Output: 가공된 데이터를 외부 시스템으로 전달하는 역할을 한다. 다양한 Output 플러그인을 통해 일래스틱서치, 아파치 카프카, Redis 등 다른 시스템으로 데이터를 전송할 수 있다.

키바나

키바나Kibana는 일래스틱서치 문서를 시각화하고 파악하기 쉽도록 도와주는 메인 UI이다. 엘라스틱 스택의 관리와 모니터링을 총괄하는 역할을 하며, 다양한 차트, 그래프, 맵, 테이블 등의 시각화 도구를 제공해서 데이터를 이해하고 분석할 수 있도록 지원한다. 또한 대시보드를 구성해서 다양한 시각화 요소들을 한눈에 볼 수 있도록 배치해 데이터의 트렌드와 패턴을 파악하고 모니터링할 수 있다.

키바나는 검색 기능을 활용해서 데이터를 쿼리하고 필터링하는 데도 유용하며, 사용자는 검색어나 쿼리문을 작성해서 원하는 데이터를 검색할 수 있다.

3.2.8.2 오픈서치

오픈서치는 ELK 또는 EFK 스택에서 파생된 검색 및 분석 엔진으로 일래스틱서치 기술을 기반으로 하는 오픈소스 도구이다. 웹 사이트의 검색 기능 개선이나 로그 데이터 수집 및 분석에 활용할 수 있다. 특히 서버 로그, 애플리케이션 서버 로그, 네트워크 패킷 분석 등 로그를 실시간으로 수집, 검색, 모니터링하는 데 강력한 기능을 제공한다.

2021년에 일래스틱서치의 라이선스 정책이 변경되면서 일래스틱서치 코드에 대해 더 이상 오픈소스 라이선스가 제공되지 않는다. 이런 변화로 많은 프로젝트, 사용자 그리고 클라우드 서비스들이 오픈소스 버전인 오픈서치로 전환하게 됐다. 오픈서치는 일래스틱서치를 기반으로 하며, 실습에서도 확인하겠지만 일래스틱서치와 거의 유사한 사용 방법을 제공한다. 다만 로그스태시Logstash와 같은 일부 컴포넌트를 별도로 설치해야 하는 등의 차이점이 있다.

오라클 클라우드에서 오픈서치를 서비스 형태로 제공하는 것이 OCI OpenSearch이다. OCI의 오픈서치 및 오픈서치 대시보드 기능을 사용해서 데이터를 저장하고 검색 및 분석할 수 있다.

OCI OpenSearch는 관리형 서비스이기 때문에 서비스의 패치, 업데이트, 업그레이드, 백업 및 용량 조정 등의 관리 작업을 가동 중지 시간 없이 자동화할 수 있는 장점을 갖고 있다. 이는 사용자가 서버나 인프라 관리에 신경 쓰지 않고도 오픈서치의 기능을 활용해서 데이터를 효율적으로 검색하고 분석할 수 있도록 지원하는 것을 의미한다.

이번 단계에서는 그림 3-105와 같이 오라클 클라우드 서비스가 수집한 로그를 파일로 오브젝트 스토리지에 저장한 후 이를 개발 환경 가상 머신에 다운로드한다. 이때 데이터의 클라우드 서비스 간 이동은 서비스 커넥터를 통해 이뤄진다. 서비스 커넥터는 오라클 클라우드 서비스나 오브젝트 스토리지와 같은 다른 서비스 간에 데이터를 전송하고 이동할 수 있도록 도와주는 기능을 한다.

다운로드한 로그 데이터를 로그스태시를 통해 오픈서치로 가져와서 검색하고 시각화해서 분석할 것이다.

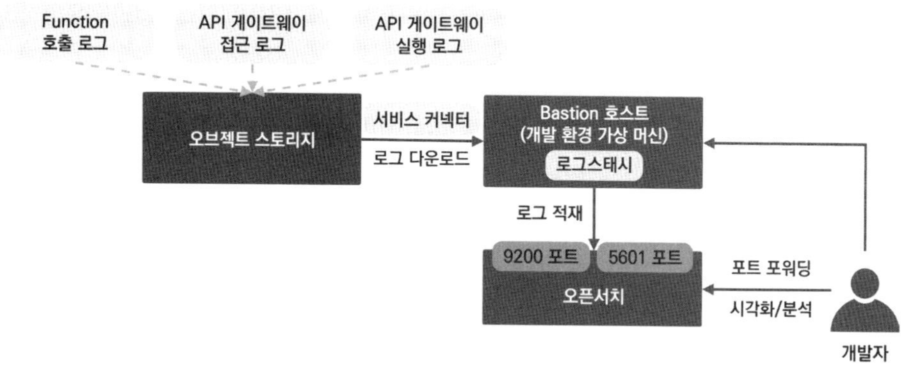

그림 3-105 오픈서치 로그 분석 아키텍처

이번 단계의 실습은 3장 전체 실습 중 그림 3-106의 단계에 해당된다.

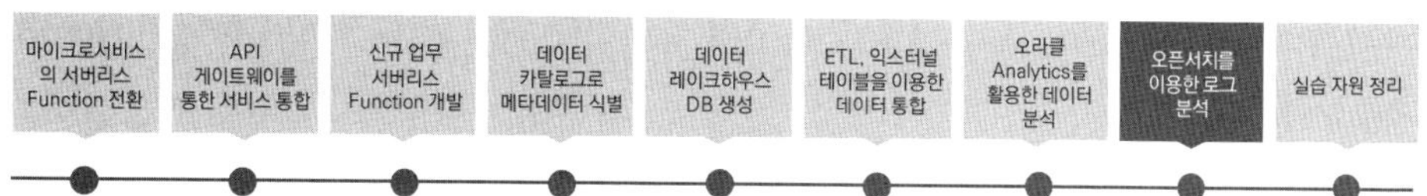

그림 3-106 3장 실습 단계 - 오픈서치를 이용한 로그 분석

다음과 같은 단계로 실습을 진행한다.

- 오픈서치 인스턴스 생성 및 대시보드 접속
- OCI 서비스 로그 다운로드
- 오픈서치에 로그 적재

3.2.8.3 실습 - 오픈서치 인스턴스 생성 및 대시보드 접속

오픈서치 클러스터를 생성하기 전에 "all-resources" 권한을 부여받지 못한 유저의 경우 다음과 같은 권한 구문을 "oci-demo-policy" 정책에 추가해야 한다.

```
Allow group <YOUR_GROUP_NAME> to manage opensearch-family in compartment
<YOUR_COMPARTMENT_NAME>
```

다음은 "all-resources" 권한을 부여받은 유저라도 오픈서치 인스턴스를 생성하고 사용하려면 수행해야 할 선행 작업이다.

OCI 웹 콘솔의 [Identity & Security → Identity → Policies] 화면으로 이동해서 이전에 생성한 oci-demo-policy를 클릭한다. 해당 정책은 root 컴파트먼트에 위치하고 있다. Edit Policy Statements를 클릭해서 정책 구문 편집 화면으로 이동한다. + Another Statement를 클릭해서 다음 내용의 정책 구문을 추가해야 한다.

```
Allow service opensearch to manage virtual-network-family in compartment
ociexplained
```

오픈서치 클러스터를 생성한다. OCI 웹 콘솔에서 [Databases → OpenSearch → Clusters] 화면으로 이동해서 Create Cluster를 클릭한다.

[Configure cluster] 화면에서 다음 오픈서치 클러스터 정보를 설정하고 하단의 Next를 클릭한다.

- Name: oci-demo-opensearch
- Compartment: 〈사용자 컴파트먼트〉
- Software version: 2.3.0

[Configure security] 화면에서 다음과 같이 오픈서치 사용자 계정을 설정하고 하단의 Next를 클릭한다.

- Username: ocidemo
- Password: xxxxxxxxxx
- Confirm password: xxxxxxxxxx

[Configure nodes] 화면에서 클러스터의 데이터 노드, 마스터 노드, 오픈서치 대시보드 노드를 설정할 수 있다. 실습 용도이므로 다음과 같이 최소 설정으로 입력하고 하단의 Next를 클릭한다.

- Configure nodes: Development - 데이터 노드 1개, 마스터 노드 1개가 생성된다.

[Configure networking] 화면에서 그림 3-107과 같이 클러스터의 VCN과 서브넷을 설정한다. 다음과 같이 입력하고 Next를 클릭한다.

- VCN: OCI_DEMO
- subnet: private subnet-OCI_DEMO

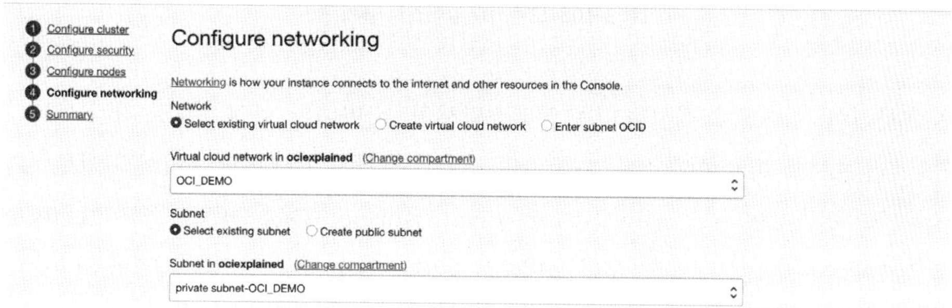

그림 3-107 오픈서치 클러스터 생성 - Configure networking

마지막으로 [Summary] 화면에서 지금까지 설정한 내용을 확인하고 Create Cluster를 클릭한다.

오픈서치 클러스터가 생성되면 그림 3-108과 같이 [Network details] 섹션에서 클러스터 프라이빗 IP 주소, 오픈서치 대시보드 API 엔드포인트, 오픈서치 대시보드 프라이빗 IP 주소 등을 확인할 수 있다.

이 중 클러스터 프라이빗 IP 주소와 오픈서치 대시보드 프라이빗 IP 주소는 이후 실습에서 오픈서치 대시보드에 접속할 때 사용되므로 미리 복사해 둔다.

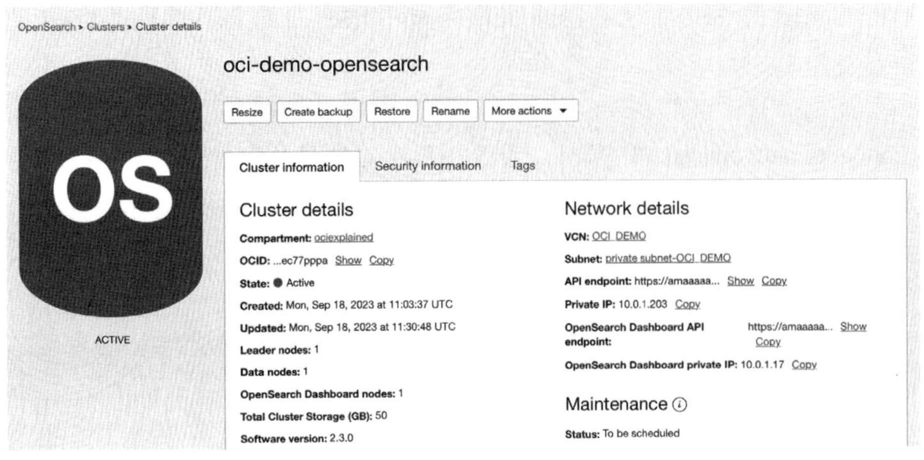

그림 3-108 오픈서치 클러스터 상세 화면

오픈서치와 오픈서치 대시보드는 일래스틱서치, 키바나와 마찬가지로 각각 9200, 5601번 포트를 사용한다. 그림 3-109와 같이 오픈서치가 배포된 프라이빗 서브넷의 시큐리티 리스트인 "security list for private subnet-OCI_DEMO"에서 Bastion 호스트(여기서는 10.0.0.0/24)로부터 들어오는 9200, 5601번 포트의 트래픽을 Stateful 규칙으로 각각 개방한다.

- Source CIDR: 10.0.0.0/24
- Desitnation Port Range: 9200
- Source CIDR: 10.0.0.0/24
- Desitnation Port Range: 5601

☐	No	10.0.0.0/24	TCP	All	9200	TCP traffic fo r ports: 9200	⋮
☐	No	10.0.0.0/24	TCP	All	5601	TCP traffic fo r ports: 5601	⋮

그림 3-109 오픈서치 통신을 위한 프라이빗 서브넷 시큐리티 규칙 - Ingress Rule

이제 오픈서치 대시보드로 웹 화면에 접속할 차례이다. 그 전에 클러스터가 프라이빗 네트워크에 위치하므로 포트 포워딩 설정이 필요하다. 로컬 컴퓨터에서 개발 환경을 경유해서 오픈서치로 연결되는 포트 포워딩 연결을 실행한다. 다음 명령을 로컬 컴퓨터에서 실행한 후 접속 터미널은 닫지 말고 계속 유지한다.

다음과 같은 형식으로 명령을 실행하며, 오픈서치 대시보드 프라이빗 IP 주소와 오픈서치 클러스터 프라이빗 IP 주소는 클러스터 상세 화면에서 확인할 수 있다.

- ssh -C -v -t -L 127.0.0.1:5601:〈오픈서치 대시보드 프라이빗 IP 주소〉:5601 -L 127.0.0.1:9200:〈오픈서치 클러스터 프라이빗 IP 주소〉:9200 opc@〈개발 환경 가상 머신 퍼블릭 IP 주소〉 -i 〈프라이빗 SSH 키 경로〉

```
% ssh -C -v -t -L 127.0.0.1:5601:10.0.1.17:5601 -L
127.0.0.1:9200:10.0.1.203:9200 opc@129.154.58.194 -i ~/.ssh/id_rsa
OpenSSH_9.0p1, LibreSSL 3.3.6
... 생략 ...
debug1: Connection established.
... 생략 ...
debug1: channel 2: setting env LANG = "ko_KR.UTF-8"
Activate the web console with: systemctl enable --now cockpit.socket
... 생략 ...
```

SSH 터널링으로 오픈서치에 연결한 후 로컬 컴퓨터의 웹 브라우저에서 오픈서치 대시보드에 접속하기 위해서는 다음 URL을 사용해야 한다.

- https://localhost:5601/

HTTP 인증서가 등록돼 있지 않으면 일반적으로 웹 브라우저에서 보안상의 이유로 그림 3-110과 같이 보안 경고 화면이 나타난다.

세부 사항을 보려면 **세부사항 보기**를 클릭한다. 그리고 **이 웹 사이트에 방문**을 클릭하면 사용자의 책임하에 해당 웹 사이트에 접속하게 된다. 테스트 용도이므로 일시적으로 무시한다.

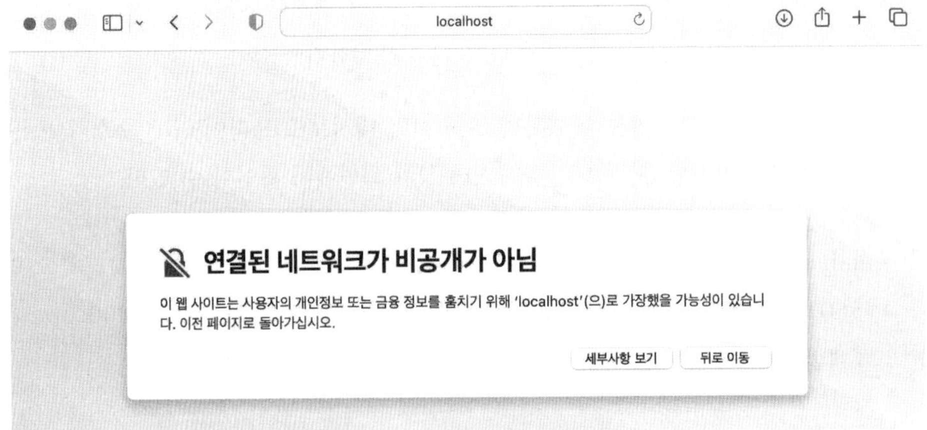

그림 3-110 오픈서치 대시보드 접속

이어서 나타나는 오픈서치 대시보드 로그인 화면에서 그림 3-111과 같이 다음 사용자 이름, 패스워드를 입력하고 로그인한다.

- Username: ocidemo(오픈서치 인스턴스를 배포할 때 설정한 사용자 이름)
- Password: xxxxxxxxxx(오픈서치 인스턴스를 배포할 때 설정한 패스워드)

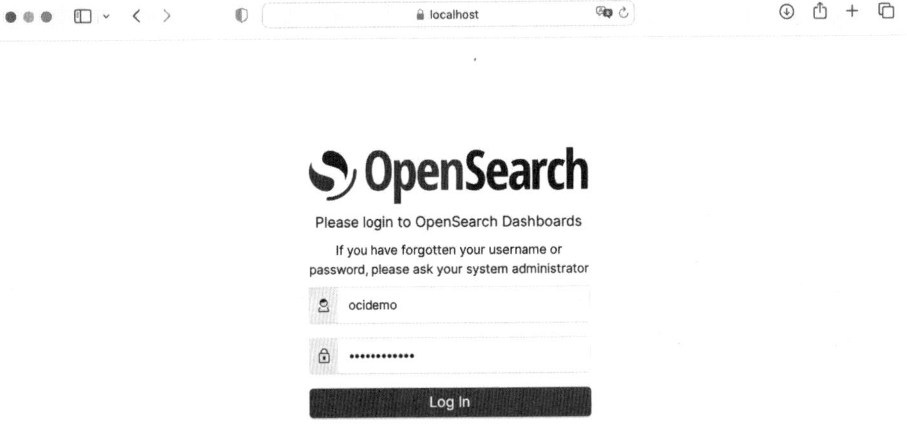

그림 3-111 오픈서치 대시보드 로그인 화면

다음에 나타나는 오픈서치 웰컴 페이지에서 분석할 데이터를 추가하게 돼 있다. 이번 실습에서는 오브젝트 스토리지에 저장된 로그를 로컬 호스트(개발 환경 가상 머신)에 다운로드해서 이를 데이터셋으로 오픈서치에 추가할 것이다. 현재 데이터셋이 준비돼 있지 않기 때문에 Explore on my own을 클릭한다. 이렇게 하면 초기 화면에서 오픈서치의 기능을 직접 탐색하고 데이터를 추가할 수 있게 된다.

Select your tenant 팝업 창에서 Global을 선택하고 하단의 Confirm을 클릭한다.

이제 그림 3-112와 같은 오픈서치 초기 화면을 볼 수 있다.

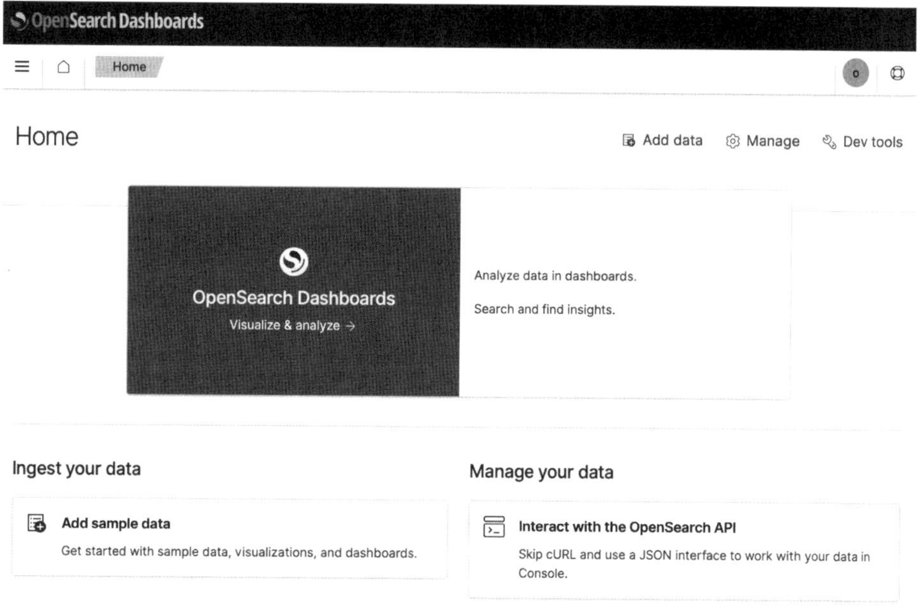

그림 3-112 오픈서치 초기 화면

3.2.8.4 실습 - OCI 서비스 로그 다운로드

오라클 클라우드의 대부분의 서비스는 로그를 기록할 수 있도록 돼 있으며, 이런 로그들은 오브젝트 스토리지 버킷에 저장해서 오픈서치와 같은 서비스로 시각화하고 분석할 수 있다.

앞서 Function과 API 게이트웨이 실습에서 생성한 OCI 로그를 이번 실습에 사용한다. OCI 웹 콘솔의 [Observability & Management → Logging → Logs] 화면으로 이동하면 현재 기록 중인 로그들을 확인할 수 있다. 그림 3-113과 같이 앞서 Logging을 활성화했던 Function과 API 게이트웨이 로그를 확인할 수 있다. 실습에서 직접 Logging을 활성화하지 않았더라도 설정 과정에서 오류가 발생해서 에러 로그가 기록됐다면 해당 로그도 확인할 수 있다.

이제 OCI 로그를 오픈서치로 가져와서 분석하는 과정을 진행하면 된다. 웹 콘솔을 통해 로그를 확인하고 필요한 로그 데이터를 다운로드해서 오픈서치에 추가해 분석을 진행한다.

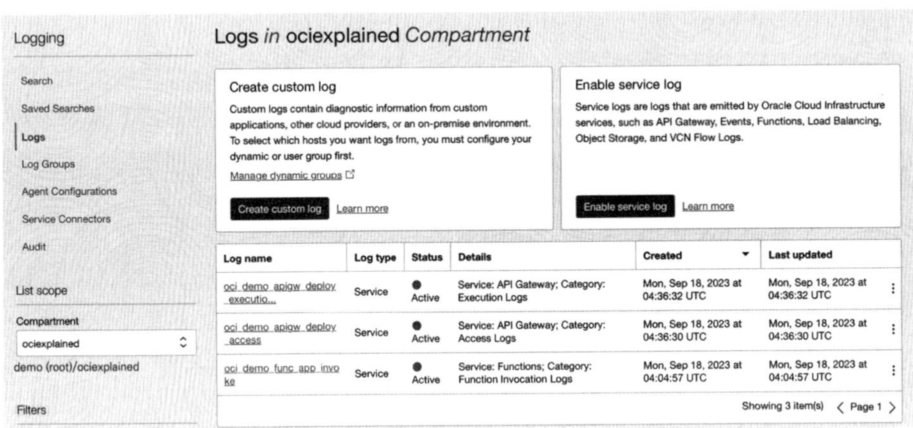

그림 3-113 오라클 클라우드 서비스 로그

만일 추가로 특정 서비스에 대해 로그 설정을 하려면 위 화면에서 Enable service log를 선택한다. 예를 들어 오브젝트 스토리지 버킷에 대한 로그를 설정하려고 한다면 그림 3-114와 같이 다음 내용을 입력하고 Enable Log를 클릭하면 로그 기록이 시작된다.

[Select Resource] 섹션

- Resource Compartment: 〈사용자 컴파트먼트〉
- Service: Object Storage

- Resource: oci-demo-bucket

[Configure Log] 섹션

- Log Category: Write Access Events
- Log Name: oci-object-storage-write-access-log

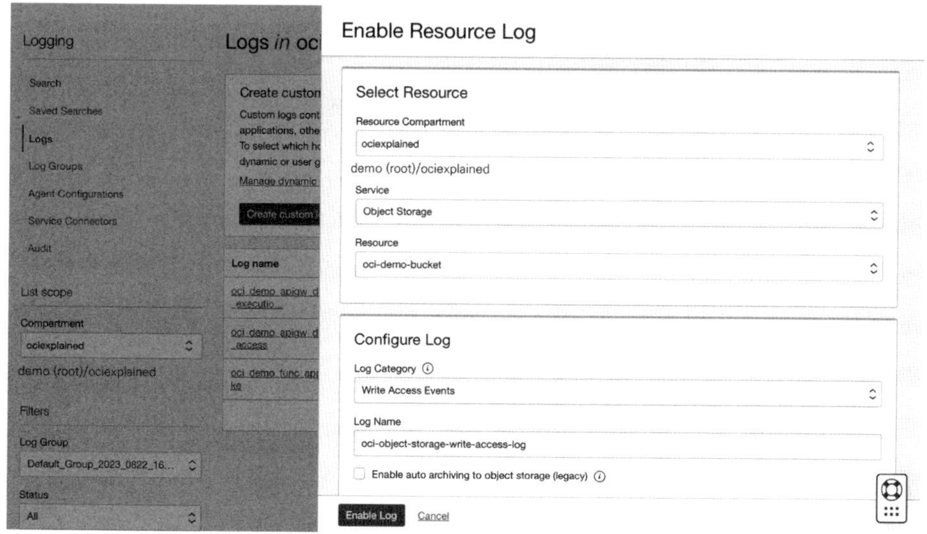

그림 3-114 오라클 클라우드 서비스에 대한 Logging 활성화

다음으로 할 일은 OCI에서 발생한 로그를 오브젝트 스토리지의 사용자 버킷으로 추출하는 것이다. 먼저 오브젝트 스토리지에 추출한 로그를 담을 버킷을 생성한다. OCI 웹 콘솔의 [Storage → Object Storage & Archive Storage → Buckets] 화면으로 이동해서 Create Bucket을 클릭한다. 다음 내용으로 버킷을 생성한다.

- Bucket Name: oci-demo-logs
- Default Storage Tier: Standard
- Encryption: Encrypt using Oracle managed keys

이번 실습 예제에서와 같이 Logging 서비스와 오브젝트 스토리지 간의 데이터 이동은 서비스 커넥터Service Connector를 통해 이뤄진다. 서비스 커넥터는 오라클 클라우드 서비스의 다양한 서비스들 간에 데이터를 연동하고 이동할 수 있도록 제공되는 기능이다. 서비스 간 데이터를 이동할 때 실행 상태를 비롯한 모니터링을 단일 창에서 제공하는 클라우드 메시지 버스 플랫폼이라고 할 수 있다. 서비스 커넥터를 통해 움직이는 데이터의 전체 현황을 해당 서비스 커넥터 상세 화면에서 볼 수 있다.

서비스 커넥터를 생성하기 전에 "all-resources" 권한을 부여받지 못한 유저의 경우 다음과 같은 권한 구문을 "oci-demo-policy" 정책에 추가해야 한다.

```
Allow group <YOUR_GROUP_NAME> to manage serviceconnectors in compartment
<YOUR_COMPARTMENT_NAME>
```

서비스 커넥터 생성을 위해 OCI 웹 콘솔의 [Observabliity & Management → Logging → Servcie Connectors] 화면으로 이동해서 Create Service Connector를 선택한다. 이번 실습에서 예제로 분석할 로그는 API 게이트웨이 실행 로그이다. 이를 소스로 설정한다.

다음과 같이 입력한다. 하단의 Create 버튼은 다음 정책 생성 후에 클릭할 것이다.

- Connector name: oci-demo-service-connector
- [Configure service connector] 섹션
- Source: Logging을 선택한다. Logging을 선택했을 때 하단에 나오는 [Configure source] 섹션에서 Log Group은 Default_Group_...을 선택한다. Logs 필드에서는 "oci_demo_apigw_deploy_execution"과 같은 API 게이트웨이 실행 로그를 선택한다.
- Target: Object Storage를 선택한다. 오브젝트 스토리지를 선택했을 때 하단에 나오는 [Configure target] 섹션에서는 그림 3-115와 같이 앞서 만든 버킷을 지정한다.
- Bucket: oci-demo-logs 선택

Create service connector

Create a service connector to define how data flows from a source service to a target service. For more information, see service connector hub overview.

Configure target

Configure target connection

Compartment

ociexplained

demo (root)/ociexplained

Bucket

oci-demo-logs

Object Name Prefix *Optional*

Show additional options

그림 3-115 서비스 커넥터 생성 - 타깃 설정

서비스 커넥터가 생성되면 Logging 서비스로 생성된 로그가 지정한 오브젝트 스토리지 버킷으로 쌓이게 된다. 내부적으로 Job이 수행되며, 배치로 7분마다 로그를 gzip으로 압축해서 지정된 버킷에 저장한다.

그다음에는 Target 지정 하단에 그림 3-116과 같이 서비스 커넥터 작업 정책을 생성하는 버튼이 보일 것이다. Create를 클릭하면 서비스 커넥터에 컴파트먼트 내 "oci-demo-logs" 버킷의 오브젝트들을 제어할 수 있는 권한이 부여된다. 이후 정책이 생성됐다는 메시지를 볼 수 있게 된다.

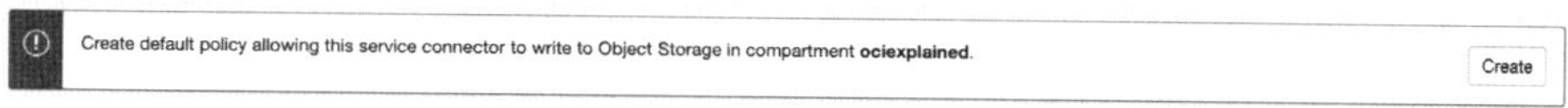

그림 3-116 서비스 커넥터 작업 정책 생성

이제 Create service connector 화면에서 하단의 Create를 클릭해서 서비스 커넥터를 생성한다.

서비스 커넥터를 통해 로그를 오브젝트 스토리지에 축적하기 전에 실습 용도로 OCI 로그를 발생시킨다. 다음의 주문 API를 호출하는 스크립트를 실행하면 주문 관리 데이터뿐만 아니라 Function의 호출 로그와 API 게이트웨이 접근 로그가 생성될 것이다.

```
GitHub Script: https://github.com/ociexplained/how-to-use-OCI/chapter3/
order_load.sh
```

```
[opc@oci-demo-appdev ~]$ vi order_load.sh
#!/bin/bash

i=1
while [ $i -lt 500 ]
do
   curl -X GET https://ponunpfm3lt5se7lfyda7tkrjy.apigateway.ap-chuncheon-1.
oci.customer-oci.com/v1/order
   i=$(($i+1))
done
[opc@oci-demo-appdev ~]$ chmod 700 order_load.sh
[opc@oci-demo-appdev ~]$ sh ./order_load.sh
... 생략 ...
"(하늘과 땅의 경계)공주 정지산 유적", "author": "공주시, 충청남도역사문화연구원 지음",
"publisher": "", "price": "None", "img": "", "cnt": 1}]}
```

서비스 커넥터가 만들어지고 난 후 일정 시간을 기다리면 그림 3-117과 같이 오브젝트 스토리지 버킷인 "oci-demo-logs"에 로그가 생성된 것을 볼 수 있다. 로그는 디렉토리 구조로 이뤄져 있다. 로그 내에 gzip으로 압축된 개별 로그들이 있다.

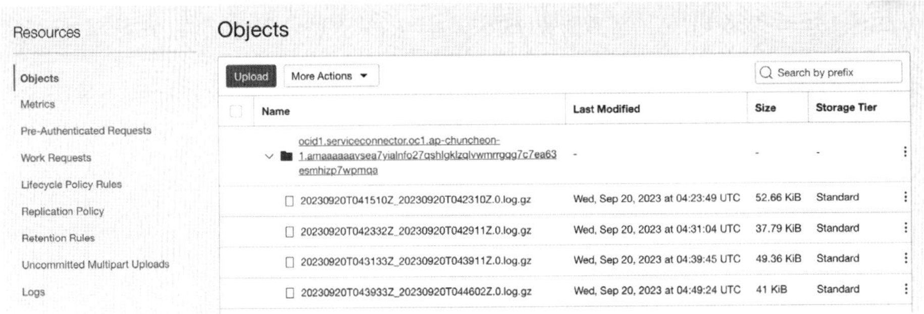

그림 3-117 서비스 커넥터를 통한 오브젝트 생성

버킷에 생성된 오브젝트는 개발 환경에서 다음과 같은 OCI CLI 명령으로도 확인할 수 있다.

```
[opc@oci-demo-appdev ~]$ oci os object list --namespace demo --bucket-name
oci-demo-logs
{
  "data": [
... 생략 ...
```

```
    {
      "archival-state": null,
      "etag": "ebf01790-468f-4f79-87ce-84f03ab5e09a",
      "md5": "m09w4UbYL8j8dUdElMGxQg==",
      "name": "ocid1.serviceconnector.oc1.ap-chuncheon-1.amaaaaaavsea7yialn
fo27qshlgklzqlvwmrrgqg7c7ea63esmhizp7wpmqa/20230920T043933Z_20230920T044602
Z.0.log.gz",
      "size": 41983,
      "storage-tier": "Standard",
      "time-created": "2023-09-20T04:49:24.283000+00:00",
      "time-modified": "2023-09-20T04:49:24.283000+00:00"
    }
  ],
  "prefixes": []
}
```

이제 오픈서치로 분석하기 위해 버킷 내 오브젝트를 OCI CLI 벌크 다운로드 기능을 이용해서 개발 환경에 다운로드한다. 실습에서는 다음과 같이 개발 환경 홈 디렉토리 아래에 "my-log-objects"라는 디렉토리를 만들어서 다운로드했다.

```
[opc@oci-demo-appdev ~]$ mkdir ~/my-log-objects
[opc@oci-demo-appdev ~]$ oci os object bulk-download --namespace demo
--bucket-name oci-demo-logs --download-dir ~/my-log-objects
{
  "download-failures": {},
  "downloaded-objects": [
... 생략 ...
    "ocid1.serviceconnector.oc1.ap-chuncheon-1.amaaaaaavsea7yialnfo27qshlgk
lzqlvwmrrgqg7c7ea63esmhizp7wpmqa/20230920T043933Z_20230920T044602Z.0.log.
gz"
  ],
  "skipped-objects": []
}
```

다운로드받은 로그는 디렉토리 구조로 돼 있으며, 디렉토리 내에 gzip 로그 파일이 있다. 오픈서치로 데이터를 적재하기 전에 다음과 같이 압축을 해제한다.

```
[opc@oci-demo-appdev ~]$ cd my-log-objects
[opc@oci-demo-appdev my-log-objects]$ ls
ocid1.serviceconnector.oc1.ap-chuncheon-1.amaaaaaavsea7yialnfo27qshlgklzqlv
wmrrgqg7c7ea63esmhizp7wpmqa
```

```
[opc@oci-demo-appdev my-log-objects]$ cd ocid*
[opc@oci-demo-appdev ocid1.serviceconnector.oc1.ap-chuncheon-1.amaaaaaavsea
7yialnfo27qshlgklzqlvwmrrgqg7c7ea63esmhizp7wpmqa]$ gunzip *.gz
[opc@oci-demo-appdev ocid1.serviceconnector.oc1.ap-chuncheon-1.amaaaaaavsea
7yialnfo27qshlgklzqlvwmrrgqg7c7ea63esmhizp7wpmqa]$ ls
20230920T041510Z_20230920T042310Z.0.log  20230920T043133Z_20230920T043911Z.
0.log
20230920T042332Z_20230920T042911Z.0.log  20230920T043933Z_20230920T044602Z.
0.log
```

3.2.8.5 실습 - 오픈서치에 로그 적재

ELK 스택과 마찬가지로 데이터를 수집 및 가공하고 오픈서치에 전달하는 기능은 로그스태시가 수행한다. 오픈서치 서비스에 로그스태시가 기본적으로 설치돼 있지 않으므로 데이터를 수집 및 가공하고 오픈서치에 전달하는 기능을 활용하기 위해서는 로그스태시를 별도로 설치해야 한다.

로그스태시를 설치할 때는 오픈서치 플러그인이 설치된 로그스태시를 사용해야 오픈서치와 연동이 원활하게 이뤄진다. 실습에서는 아파치 2.0 라이선스인 OSS Only 버전을 사용한다. 다음 URL을 참조한다.

- https://opensearch.org/docs/latest/tools/logstash/index/#install-logstash

로그스태시를 다운로드하고 설치하는 과정을 마치면 데이터를 수집해서 가공하고 오픈서치에 적재할 준비가 완료된다.

다음과 같이 로그스태시를 다운로드받아 압축을 푼 후 압축 해제된 디렉토리로 이동한다.

```
[opc@oci-demo-appdev ocid1.serviceconnector.oc1.ap-chuncheon-1.amaaaaaavsea
7yialnfo27qshlgklzqlvwmrrgqg7c7ea63esmhizp7wpmqa]$ cd ~
[opc@oci-demo-appdev ~]$ wget https://artifacts.opensearch.org/logstash/
logstash-oss-with-opensearch-output-plugin-8.6.1-linux-x64.tar.gz
... 생략 ...
[opc@oci-demo-appdev ~]$ tar xvf logstash-oss-with-opensearch-output-
plugin-8.6.1-linux-x64.tar.gz
```

```
... 생략 ...
[opc@oci-demo-appdev ~]$ cd logstash-8.6.1/
```

로그스태시가 정상적으로 동작하는지 확인하기 위해 입력한 문자열에 대해 매칭되는 메시지를 출력하는지 확인해 본다.

다음과 같이 로그스태시를 실행해서 input 명령을 실행한 후 "hello world"라는 문자열을 입력한다. 표준 출력으로 "hello world"가 리턴돼 정상 동작되는 것이 확인되면 "Ctrl+C"를 사용해서 터미널을 종료한다. 로그스태시를 오픈서치와 연동할 준비가 됐다.

```
[opc@oci-demo-appdev logstash-8.6.1]$ bin/logstash -e 'input { stdin { } }
output { stdout {} }'
Using bundled JDK: /home/opc/logstash-8.6.1/jdk
... 생략 ...
[2023-09-18T12:06:15,708][INFO ][logstash.agent           ] Pipelines
running {:count=>1, :running_pipelines=>[:main], :non_running_pipelines=>[]}
hello world
{
    "@timestamp" => 2023-09-20T04:57:16.307594659Z,
      "@version" => "1",
       "message" => "hello world",
         "event" => {
        "original" => "hello world"
    },
          "host" => {
        "hostname" => "oci-demo-appdev"
    }
}
```

이제 개발 환경에 다운로드받은 로그를 오픈서치에 적재한다. 다음 내용으로 로그스태시를 기동해서 로그를 적재한다.

- [input] 섹션의 path 옵션에서 실제 로그 파일의 위치를 지정한다.
- sincedb_path 값은 NULL로 해서 로그 파일의 읽은 위치를 관리하지 않고 매번 처음부터 읽는다.
- codec 값으로 "json"을 지정해서 JSON 데이터를 파싱한다. Codec은 로그스

태시에서 입력으로 들어오는 데이터를 파싱하거나 인코딩하는 기능을 담당한다. json, plain, multiline, avro, xml 등이 있다.

- [output] 섹션의 hosts 옵션에는 오픈서치 API 엔드포인트Endpoint를 지정한다. password 값과 더불어 독자의 환경에 맞게 수정해야 한다.
- 인덱스 이름은 "logstash-logs-날짜 형식"으로 지정한다.

```
GitHub Script: https://github.com/ociexplained/how-to-use-OCI/chapter3/
logstash_data_load_cmd.txt
```

```
[opc@oci-demo-appdev logstash-8.6.1]$ bin/logstash -e 'input { file
{path=>["/home/opc/my-log-objects/**/*.log"] sincedb_path => "NULL" start_
position => "beginning" codec => json } } output { stdout {codec =>
rubydebug} opensearch { hosts => "https://amaaaaaavsea7yiaonjpp6zez75own5
tozeqrzprdgsbj5q34vhtec77pppa.opensearch.ap-chuncheon-1.oci.oraclecloud.
com:9200" user => "ocidemo" password => "xxxxxxxxxx" index => "logstash-
logs-%{+YYYY.MM.dd}" ssl_certificate_verification => false } }'
Using bundled JDK: /home/opc/logstash-8.6.1/jdk
Sending Logstash logs to /home/opc/logstash-8.6.1/logs which is now
configured via log4j2.properties
... 생략 ...
kklrsqa\"},\"source\":\"oci-demo-apigw-deploy\",\"specversion\":\"1.0\",\"
time\":\"2023-09-20T04:44:49.479Z\",\"type\":\"com.oraclecloud.apigateway.
apideployment.execution\"}"
    },
             "id" => "6e5ff196-5770-11ee-947f-37fca409ccf7",
         "source" => "oci-demo-apigw-deploy"
}
```

3.2.8.6 실습 - 오픈서치 데이터 검색, 시각화, 분석

오픈서치에 오라클 클라우드 로그를 적재했으니 이를 시각화하고 분석할 차례이다. 오픈서치에 적재된 데이터를 분석하기 위한 첫 단계는 인덱스 패턴Index Pattern을 만드는 것이다.

오픈서치에서도 일래스틱서치와 마찬가지로 인덱스의 관리는 인덱스 템플릿Index Template을 통해 이뤄진다. 인덱스 템플릿은 설정이 동일한 여러 개의 인덱스를 만들 때 사용된다. 인덱스 템플릿을 사용하면 새로운 인덱스를 생성할 때마다 동일한 설정이 자동으로 적용돼 일관성 있게 인덱스를 관리할 수 있다.

인덱스 템플릿을 만들 때 중요한 파라미터 중 하나가 인덱스 패턴이다. 인덱스 패턴은 새로 만들어지는 인덱스의 이름을 표현하는 패턴이다. 인덱스 패턴을 정의해서 새로운 인덱스 이름이 해당 패턴과 매칭되는 경우 해당 인덱스 템플릿이 적용되게 된다.

오픈서치에서는 데이터를 분석하는 데 필요한 인덱스 패턴을 미리 정의해 둬야 한다. 예를 들어 일별로 로그 데이터를 인덱싱하고 싶다면 인덱스 패턴으로 "logstash-logs-..."과 같이 날짜 패턴을 포함시켜 미리 인덱스 템플릿을 정의할 수 있다. 이렇게 하면 새로운 날짜의 로그 데이터가 들어오면 해당 날짜의 인덱스가 자동으로 생성되고, 설정된 인덱스 템플릿이 적용돼 일관된 설정으로 데이터를 관리할 수 있다.

인덱스 패턴을 만들기 위해서는 오픈서치 대시보드 홈 화면으로 이동한다. 상단 오른쪽에 있는 Manage를 클릭하면 그림 3-118과 같은 화면을 볼 수 있다. 왼쪽 메뉴 중에서 Index Pattern을 클릭한다.

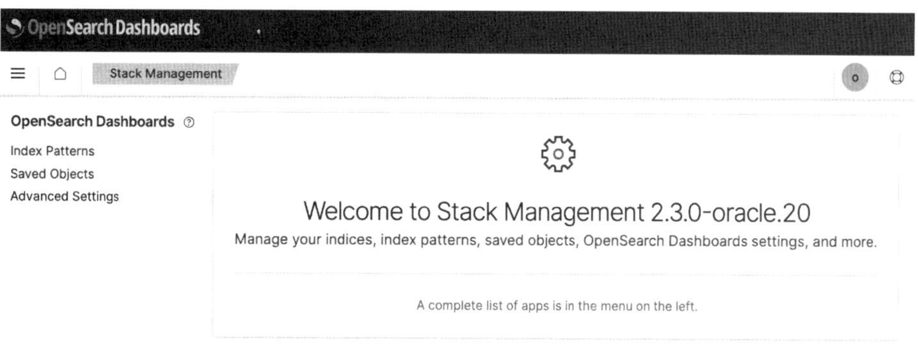

그림 3-118 오픈서치 대시보드 - Manage 화면

이어지는 화면에서 Create index pattern을 클릭하면 인덱스 패턴을 생성하기 위한 과정이 시작된다. 첫 번째 인덱스 패턴을 정의하는 단계에서 인덱스 패턴 후보들인 인덱스 목록이 나온다. 이 중에서 그림 3-119와 같이 분석 대상 인덱스인 logstash-logs-xxx를 인덱스 패턴 이름으로 지정한다. 예시에서는 인덱스 이름 중 Year 값까지를 인덱스 패턴 이름으로 지정했다. 다음과 같이 인덱스 패턴 이름을 설정한 후 Next step을 클릭한다.

- Index pattern name: logstash-logs-2023*

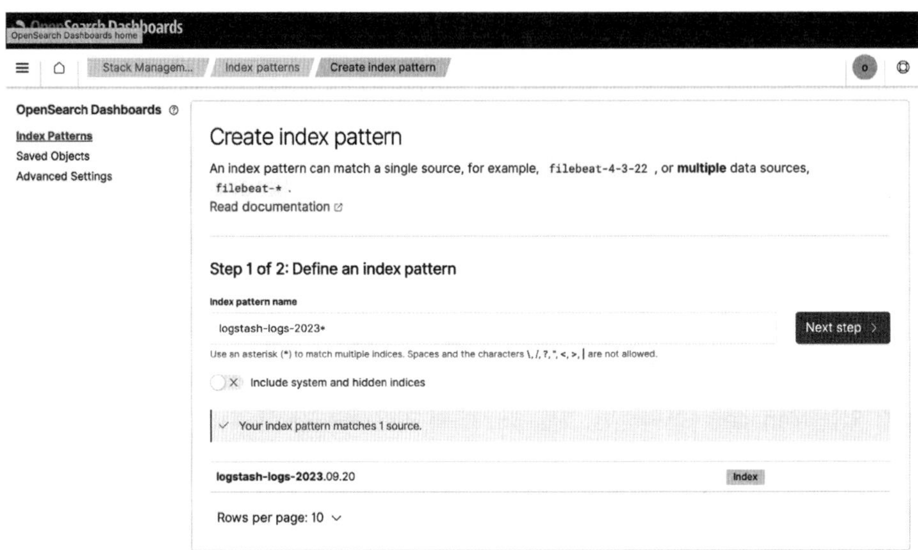

그림 3-119 오픈서치 인덱스 패턴 생성 - 인덱스 패턴 정의

인덱스 패턴 설정 다음 단계에서 시계열 분석 등에 사용할 시간 관련 필드를 지정하게 돼 있다. 그림 3-120과 같이 Time field를 다음과 같이 지정한 후 하단의 Create index pattern을 클릭한다.

- Time field: time

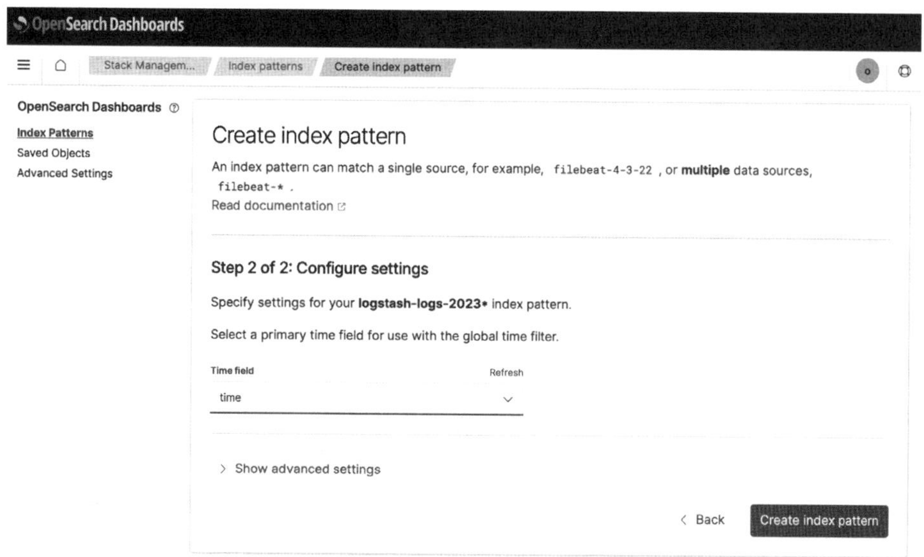

그림 3-120 오픈서치 인덱스 패턴 생성 - 인덱스 패턴 설정

인덱스 패턴이 생성되면 해당 인덱스의 각 필드를 파싱해서 출력한다. 이제 로그를 분석할 준비가 됐다. 오른쪽 상단의 메뉴 아이콘을 클릭해서 그림 3-121과 같이 항목 중에서 Discover를 선택한다. 분석 대상 인덱스의 도큐먼트들을 확인할 수 있다.

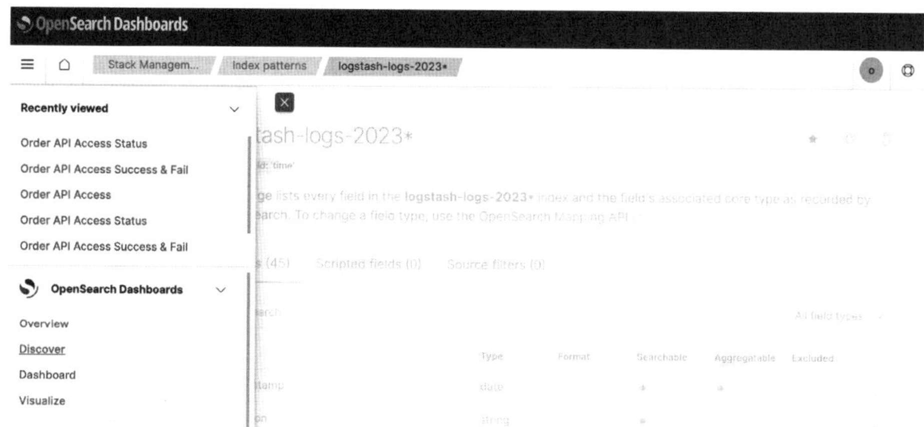

그림 3-121 오픈서치 분석 - Discover

현재 생성된 인덱스 패턴이 하나일 때 해당 인덱스 패턴의 데이터가 Discover 화면에 출력된다. 하지만 인덱스 패턴이 여러 개인 경우 분석 대상 인덱스 패턴을 목록에서 선택해야 해당 인덱스의 데이터가 출력된다.

인덱스의 데이터가 출력되지 않을 경우 데이터가 시간 범위에 맞지 않은 이유가 원인일 수 있다. 이 경우 그림 3-122와 같이 오른쪽 상단 메뉴에 있는 시간 선택기[Time Picker]를 사용해서 원하는 시간 범위로 조정한다. 시간 범위를 적절하게 조정한 후에는 Update를 클릭해서 변경 사항을 적용한다.

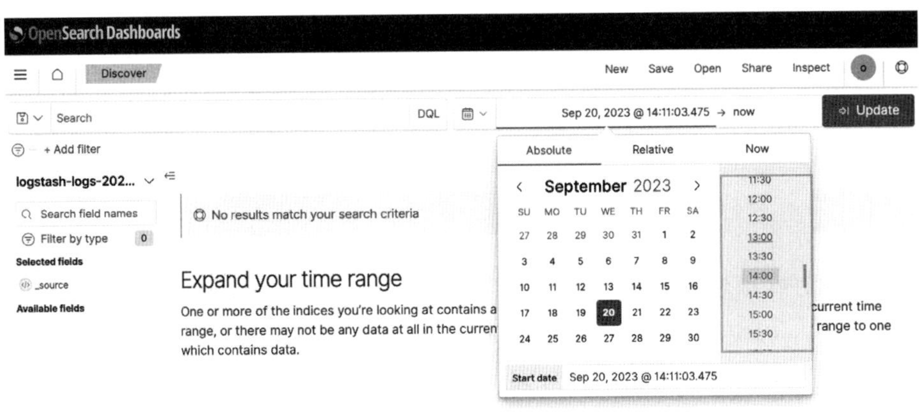

그림 3-122 오픈서치 인덱스 조회

이제 인덱스의 도큐먼트들을 확인할 수 있다. 그림 3-123과 같이 왼쪽 상단의 검색 필드에 검색하고자 하는 값을 입력하면 해당 검색어에 맞는 도큐먼트들이 출력된다. 다음 예시는 "functionStatusCode"라고 입력해서 주문 API를 호출할 때 상태 코드를 확인한 것이다.

그림 3-123 오픈서치 도큐먼트 검색

각 도큐먼트를 클릭하면 그림 3-124와 같이 보다 상세한 내용의 로그 내용을 확인할 수 있다.

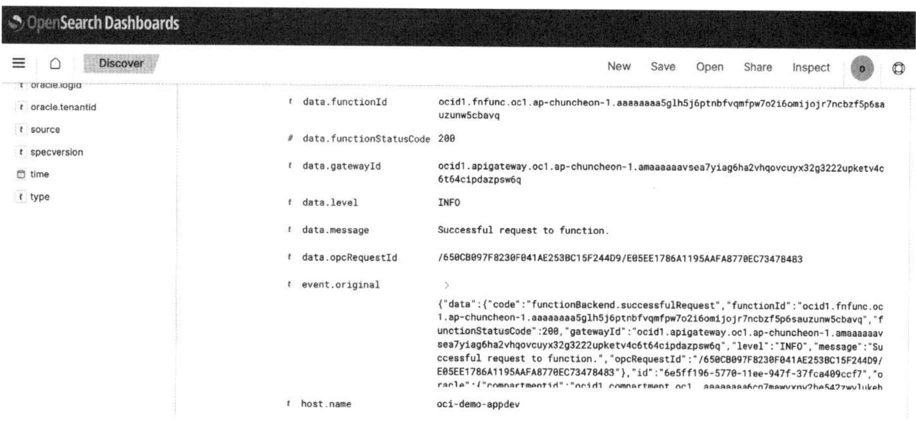

그림 3-124 오픈서치 도큐먼트 검색 - 상세 내용

오픈서치 홈 메뉴의 [Management → Dev Tools] 화면에서는 NDJSON Newline Delimited JSON 형식으로 API 요청을 실행할 수 있다. 이를 통해 오픈서치 클러스터의 상태를 확인하거나 데이터를 관리 및 검색할 수 있다.

일래스틱서치와 마찬가지로 오픈서치에서는 JSON과 유사하지만 다소 다른 NDJSON이라는 형식으로 API를 요청하는 것이 특징이다. NDJSON은 JSON 객체를 개행문자(\n)로 구분해서 여러 개의 JSON 객체를 한 줄씩 저장하는 형식이다. 각 줄은 독립적인 JSON 객체를 나타내며, 개행문자를 기준으로 각 객체가 구분된다. NDJSON을 쓰는 이유는 빠른 데이터 파싱을 지원하기 때문이다.

그림 3-125는 Dev Tools에서 기본값으로 실행할 수 있는 예제로 전체 인덱스를 검색하는 API 요청이다.

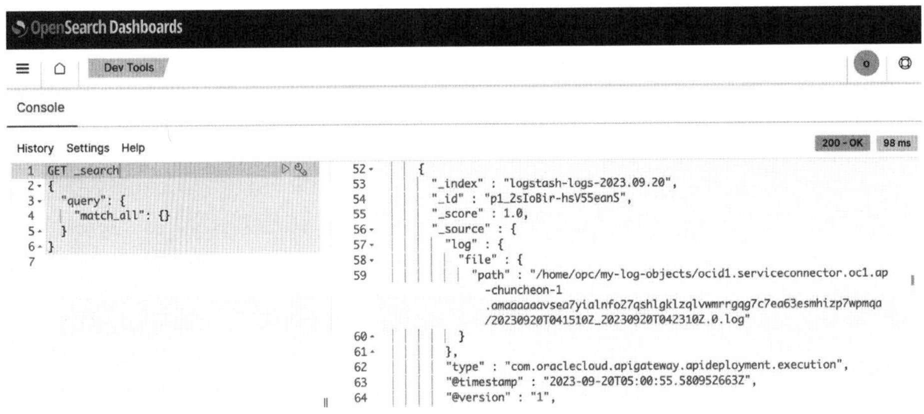

그림 3-125 오픈서치 Dev Tools

앞서 실습해 본 로그 내용에서 특정 문자열을 검색하는 경우 Dev Tools를 사용하면 직접 API 요청을 작성해서 로그 데이터를 검색할 수 있다. Dev Tools 화면 왼쪽 창에 다음과 같이 입력하고 실행 아이콘을 클릭한다. 그림 3-126과 같이 "function StatusCode"를 포함하는 도큐먼트를 출력한다.

```
GET _search
{
  "query": {
```

```
      "multi_match": {
        "query": "functionStatusCode",
        "fields" : [ "*" ]
      }
    }
  }
```

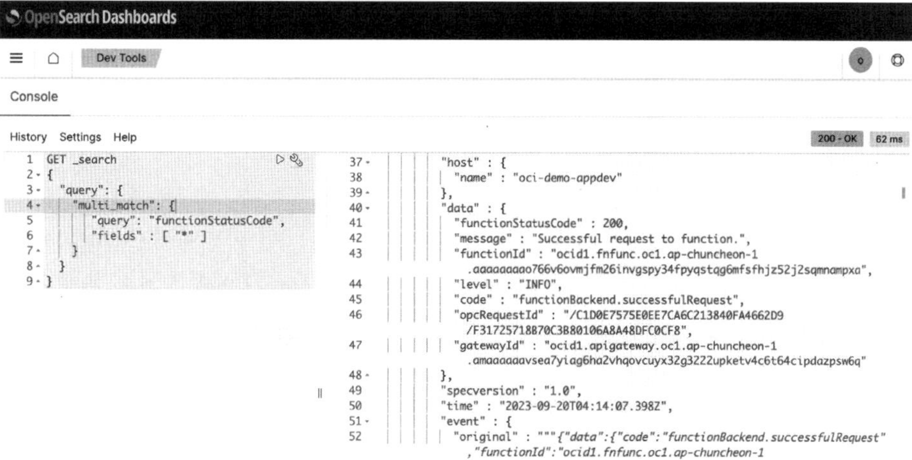

그림 3-126 오픈서치 Dev Tools에서 에러 내용 검색

오픈서치를 사용해서 대시보드를 생성하는 과정은 데이터를 시각화하고 원하는 인덱스 패턴을 보기 쉽게 표현하는 방법이다. 대시보드를 통해 데이터의 트렌드와 패턴을 파악하고 모니터링할 수 있다. 간단히 대시보드 사용 방법을 실습해 보자.

오픈서치 화면 오른쪽 상단의 메뉴 아이콘을 클릭해서 [OpenSearch Dashboards → Dashboard] 화면으로 이동한다. 그런 다음 Create new dashboard를 클릭해서 새로운 대시보드를 생성한다. 해당 화면에서 그림 3-127과 같이 Create new를 클릭하면 생성된 인덱스 패턴을 시각화할 수 있게 된다.

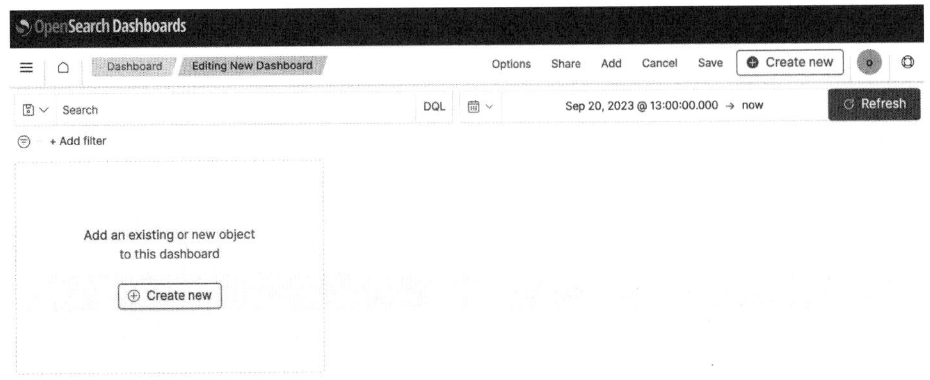

그림 3-127 오픈서치 대시보드 생성

먼저 시간별 주문 API 현황을 시각화를 통해 확인해 본다. 위 화면에서 Create new를 클릭하면 New Visualization 팝업 창이 나타난다. 여기서 시각화 유형을 선택할 수 있다. 간단한 시계열 분석 실습을 위해 시각화 유형을 TSVB로 선택한다.

데이터셋을 선택하는 화면에서 앞서 생성한 인덱스 패턴을 선택한다. 데이터셋을 선택하면 오픈서치가 자동으로 시간 필드를 기준으로 그림 3-128과 같이 시계열 그래프를 생성한다.

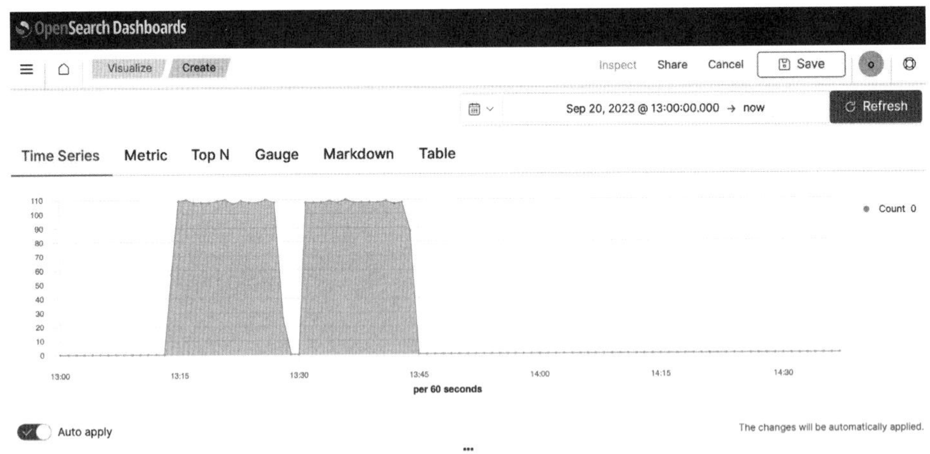

그림 3-128 오픈서치 대시보드 구성 - TSVB 유형 시각화

오픈서치 대시보드 그래프가 하나 생성됐다. 그래프를 저장하기 위해서는 상단의 Save를 클릭한다. 그래프의 이름을 다음과 같이 입력하고 Save and return을 클릭한다.

- Title: Order API Access

그림 3-129와 같이 대시보드에 그래프가 추가됐다. 그래프를 하나 더 추가해서 데이터를 또 다른 각도로 확인해 보자. 오른쪽 상단의 Create New를 선택한다.

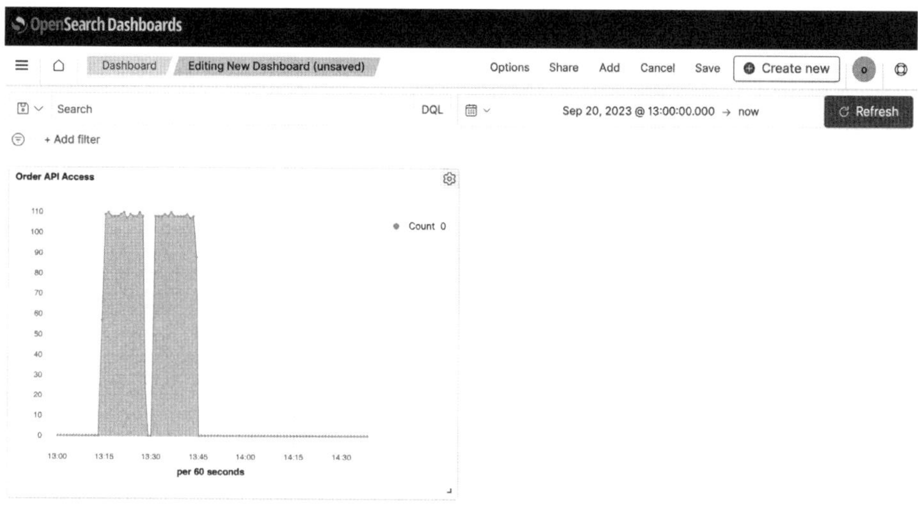

그림 3-129 오픈서치 대시보드 구성 - TSVB 그래프 추가

이번에는 주문 API를 요청했을 때 어떤 HTTP 상태 코드를 리턴했는지 확인해 본다. New Visualization 창에서 Pie를 선택한다. 앞선 시계열 그래프를 추가했을 때와 마찬가지로 데이터셋으로 logstash-logs-...을 선택한다.

Pie 형태의 시각화의 경우 필드 정보에 대한 추가 설정이 필요하다. 오른쪽 패널의 Buckets 필드 아래서 Add를 클릭한 후 Split slices를 선택한다. 그림 3-130과 같이 다음 내용으로 입력하고 하단의 Update를 클릭한다. 그래프로 확인한 결과 모든 API 호출이 성공적으로 실행돼 HTTP 200 코드를 리턴했음을 알 수 있다.

- Aggregation: Terms

- Field: data.functionStatusCode
- Order by: Metric: Count

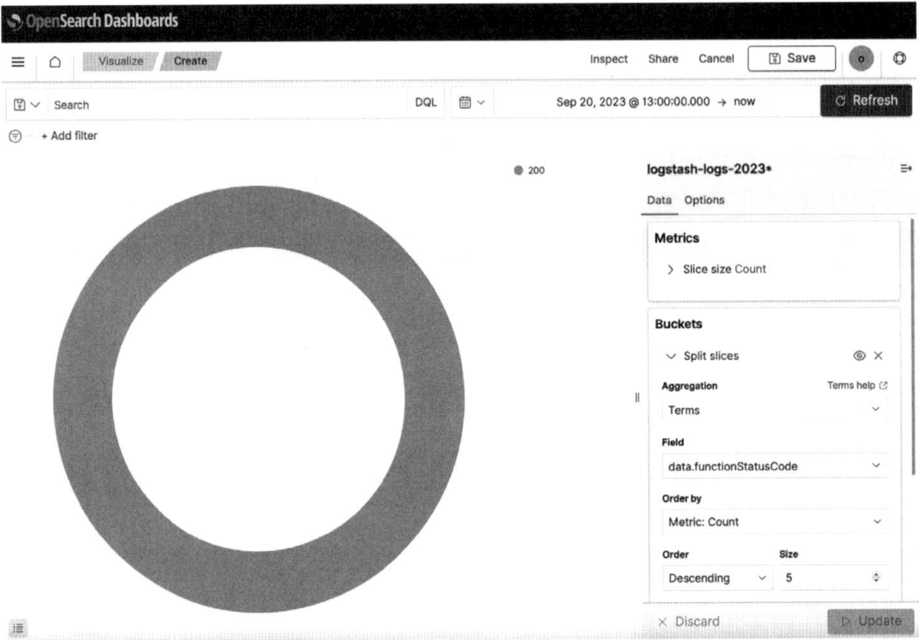

그림 3-130 오픈서치 대시보드 구성 - Pie 유형 그래프 설정

그래프를 저장하기 위해서는 상단의 Save를 클릭한다. 그래프의 이름을 다음과 같이 입력하고 Save and return을 클릭한다.

- Title: Order API Access Success & Fail

이제 그림 3-131과 같이 2개의 그래프로 이뤄진 오픈서치 대시보드가 구성됐다.

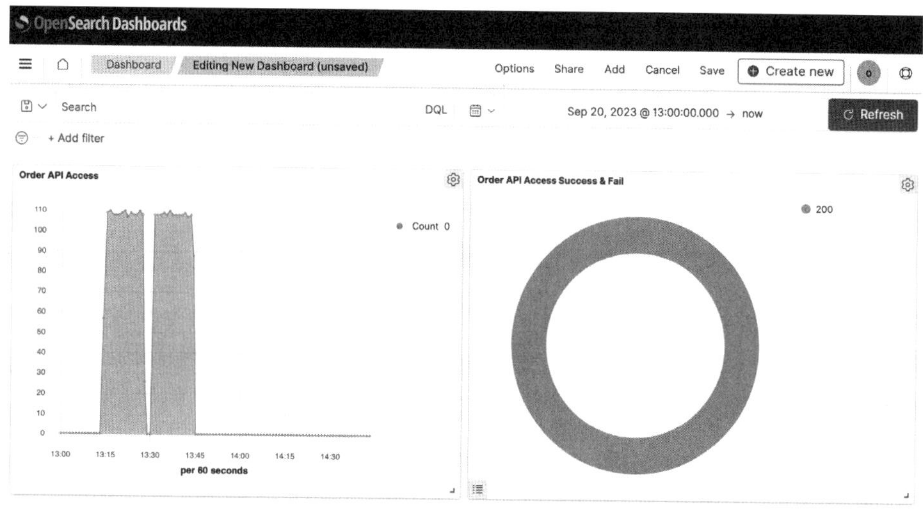

그림 3-131 오픈서치 대시보드 구성 - TSVB, Pie 그래프 추가

대시보드를 저장하기 위해서는 상단의 Save를 클릭해서 다음 내용을 입력한 후 대시보드를 저장한다.

- Title: Order API Access Status

3.2.9 실습 자원 정리

3장 실습에서 사용됐던 오라클 클라우드 자원을 OCI CLI를 이용해서 그림 3-132의 단계와 같이 삭제한다.

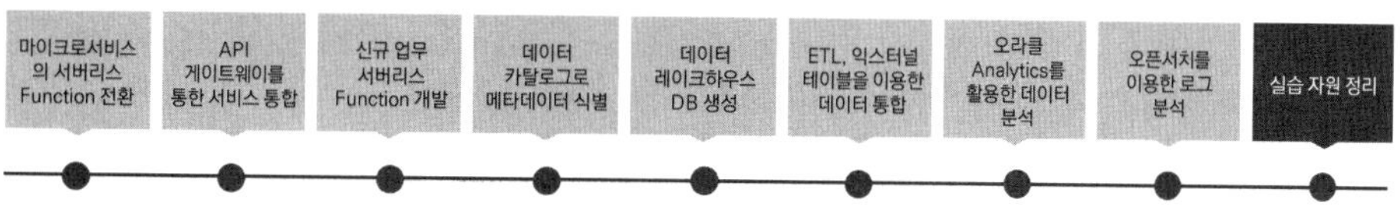

그림 3-132 3장 실습 단계 - 실습 자원 정리

3장에서 삭제해야 할 자원은 OCI Function, OCI 데이터 카탈로그, OCI Data Integration, 컨테이너 레지스트리, DBCS, OCI API 게이트웨이, Oracle Analytics,

오픈서치이다. 다음은 특정 컴파트먼트 내 자원의 OCID를 조회하고, 이를 파라미터로 활용해서 자원을 삭제하는 과정을 설명한다.

먼저 OCI CLI 환경이 구성돼 있는 개발 환경에 접속한 후 삭제할 자원이 소속된 컴파트먼트의 OCID를 환경 변수로 설정한다. 컴파트먼트 OCID는 OCI 웹 콘솔의 [Identity & Security → Identity → Compartments] 화면의 사용 중인 컴파트먼트의 상세 화면에서 확인해서 얻을 수 있다.

```
[opc@oci-demo-appdev ~]$ export COMP_ID="ocid1.compartment.oc1..aaaaaaaa6cq
7mawvxnv2be542zwvlukehzsj3qqlx4kx2ee74nyijmgh3yka"
```

오픈서치를 삭제한다. 삭제할 오픈서치의 OCID를 조회해서 OCID 값을 얻은 후 이 값을 파라미터로 활용해서 오픈서치를 삭제한다. 다음과 같이 "--force" 옵션을 사용하면 확인 메시지 없이 삭제를 수행한다.

```
[opc@oci-demo-appdev ~]$ oci opensearch cluster list -c $COMP_ID --query
'data.items[*].{name:"display-name", id:"id"}' --output table --all
... 생략 ...
[opc@oci-demo-appdev ~]$ oci opensearch cluster delete --force --opensearch-
cluster-id "ocid1.opensearchcluster.oc1.ap-chuncheon-1.amaaaaaavsea7yiaonjp
p6zez75own5tozeqrzprdgsbj5q34vhtec77pppa"
{
  "opc-work-request-id": "ocid1.opensearchworkrequest.region1..aaaaaaaauj4e
dcdef5pb4p45epjcaw2tiaqccldncdiu55n43urnqwps2kiq"
}
```

OAC를 삭제한다. 삭제할 OAC의 OCID를 조회해서 OCID 값을 얻은 후 이 값을 파라미터로 활용해서 OAC를 삭제한다.

```
[opc@oci-demo-appdev ~]$ oci analytics analytics-instance list -c $COMP_ID
--query 'data[*].{name:"name", id:"id"}' --output table
... 생략 ...
[opc@oci-demo-appdev ~]$ oci analytics analytics-instance delete --force
--analytics-instance-id "ocid1.analyticsinstance.oc1.ap-chuncheon-1.aaaaaaa
abfe2horvgtr5anmczlfmjtf5wcscjuejqrmriat5mxojeydd6jja"
{
  "etag": "988b0e664e6e467fcd67fd77576bf9f88cf90a80a02c2d3cac9a543687fbc
b9f",
  "opc-work-request-id": "ocid1.coreservicesworkrequest.oc1.ap-chuncheon-1.
```

```
aaaaaaaacjaiww4xr36264pf6ezqvdv2cfbu57wvqu2wnauv5rmobseknbeq"
}
```

OCI Data Integration 워크스페이스를 삭제한다. 삭제할 OCI Data Integration 워크스페이스의 OCID를 조회해서 OCID 값을 얻은 후 이 값을 파라미터로 활용해서 OCI Data Integration 워크스페이스를 삭제한다.

```
[opc@oci-demo-appdev ~]$ oci data-integration workspace list -c $COMP_ID
--query 'data[*].{name:"display-name", id:"id"}' --output table --all
... 생략 ...
[opc@oci-demo-appdev ~]$ oci data-integration workspace delete --force
--workspace-id "ocid1.disworkspace.oc1.ap-chuncheon-1.an4w4ljr2ow634yasjo27
64sya2ixj42zt74kvxs6vxjy2ok6bhrg2pxdztq"
{
  "opc-work-request-id": "ocid1.coreservicesworkrequest.oc1.ap-chuncheon-1.
an4w4ljr2ow634yaqs74t3abgxhy5kjhfzy53uu3uawwppuvjkxizwxwdsma"
}
```

데이터 카탈로그 데이터 에셋을 삭제한다. 삭제할 데이터 카탈로그 데이터 에셋의 OCID를 조회한다.

이때 데이터 에셋을 삭제하기 위해서는 데이터 카탈로그 OCID도 필요하기 때문에 이를 먼저 조회한다. 그런 다음 데이터 카탈로그 데이터 에셋의 OCID 값을 얻는다. 이 2개의 값을 파라미터로 활용해서 데이터 카탈로그 데이터 에셋를 삭제한다.

삭제할 데이터 카탈로그 데이터 에셋은 3개이다. 다음 예시에서는 그중 하나를 삭제한 것이다. 나머지도 같은 방법으로 삭제한다.

```
[opc@oci-demo-appdev ~]$ oci data-catalog catalog list -c $COMP_ID --query
'data[*].{name:"display-name", id:"id"}' --output table --all
... 생략 ...
[opc@oci-demo-appdev ~]$ oci data-catalog data-asset list --catalog-id
"ocid1.datacatalog.oc1.ap-chuncheon-1.amaaaaaa7ratcziaw2tr7sajxo52a7yb44
mzot2puhnuu5goj7lqsnx7tlma" --query 'data.items[*].{name:"display-name",
key:"key"}' --output table
... 생략 ...
[opc@oci-demo-appdev ~]$ oci data-catalog data-asset delete --force
--catalog-id "ocid1.datacatalog.oc1.ap-chuncheon-1.amaaaaaa7ratcziaw2tr7saj
xo52a7yb44mzot2puhnuu5goj7lqsnx7tlma" --data-asset-key "bfd95d14-9695-49bf-
```

```
a2ef-fecacaed90c8"
... 생략 ...
```

데이터 카탈로그 프라이빗 엔드포인트를 삭제한다. 프라이빗 엔드포인트를 삭제하기 전에 다음과 같이 이를 데이터 카탈로그에서 detach하는 작업이 선행돼야 한다. 이때 앞서 확인한 데이터 카탈로그 OCID가 필요하다. 이 2개의 값을 파라미터로 활용해서 데이터 카탈로그에서 먼저 detach하고, 프라이빗 엔드포인트를 삭제한다.

```
[opc@oci-demo-appdev ~]$ oci data-catalog catalog-private-endpoint list -c
$COMP_ID --query 'data[*].{name:"display-name", id:"id"}' --output table
--all
... 생략 ...
[opc@oci-demo-appdev ~]$ oci data-catalog catalog detach --catalog-id
"ocid1.datacatalog.oc1.ap-chuncheon-1.amaaaaaa7ratcziaw2tr7sajxo52a7y
b44mzot2puhnuu5goj7lqsnx7tlma" --catalog-private-endpoint-id "ocid1.
datacatalogprivateendpoint.oc1.ap-chuncheon-1.amaaaaaavsea7yiah7sdaxvq5lro2
dqrqr6wluor2tj2p7dufpffvpf5vq5a"
{
  "opc-work-request-id": "ocid1.coreservicesworkrequest.oc1.ap-chuncheon-1.
amaaaaaavsea7yianql753v6rzeefyrxzef42u3mpmhwi6ow7h3swvsuq7aa"
}
[opc@oci-demo-appdev ~]$ oci data-catalog catalog-private-endpoint delete
--force --catalog-private-endpoint-id "ocid1.datacatalogprivateendpoint.
oc1.ap-chuncheon-1.amaaaaaavsea7yiah7sdaxvq5lro2dqrqr6wluor2tj2p7dufpffvpf5
vq5a"
{
  "opc-work-request-id": "ocid1.coreservicesworkrequest.oc1.ap-chuncheon-1.
amaaaaaavsea7yiar42ajt6tyftxwxie7a46bnpysoak24kopuj6avlwu5rq"
}
```

앞서 확인한 데이터 카탈로그 OCID를 파라미터로 해서 다음과 같이 데이터 카탈로그를 삭제한다.

```
[opc@oci-demo-appdev ~]$ oci data-catalog catalog delete --force
--catalog-id "ocid1.datacatalog.oc1.ap-chuncheon-1.amaaaaaa7ratcziaw2tr7saj
xo52a7yb44mzot2puhnuu5goj7lqsnx7tlma"
{
  "opc-work-request-id": "ocid1.coreservicesworkrequest.oc1.ap-chuncheon-1.
amaaaaaavsea7yiact2vatc4aeisuizdsny5rhvtve4hiedjt7grb343hgaa"
}
```

API 게이트웨이와 디플로이먼트를 삭제한다. 다음과 같이 삭제할 API 게이트웨이와 디플로이먼트의 OCID를 조회한 후 디플로이먼트 → API 게이트웨이 순으로 삭제한다.

```
[opc@oci-demo-appdev ~]$ oci api-gateway gateway list -c $COMP_ID --query
'data.items[*].{name:"display-name", id:"id"}' --output table --all
... 생략 ...
[opc@oci-demo-appdev ~]$ oci api-gateway deployment list -c $COMP_ID
--query 'data.items[*].{name:"display-name", id:"id"}' --output table --all
... 생략 ...
[opc@oci-demo-appdev ~]$ oci api-gateway deployment delete --force
--deployment-id "ocid1.apideployment.oc1.ap-chuncheon-1.amaaaaaavsea7yiaq7k
j6y2teehmbebv5evnluopek64aa44q7iolf3dkmgq"
{
  "opc-work-request-id": "ocid1.apiworkrequest.oc1.ap-chuncheon-1.amaaaaaav
sea7yiaaw4glrroy26hih5wigajoxfgm5on56m6yzjth3jcviba"
}
[opc@oci-demo-appdev ~]$ oci api-gateway gateway delete --force --gateway-id
"ocid1.apigateway.oc1.ap-chuncheon-1.amaaaaaavsea7yiag6ha2vhqovcuyx32g3222u
pketv4c6t64cipdazpsw6q"
{
  "opc-work-request-id": "ocid1.apiworkrequest.oc1.ap-chuncheon-1.amaaaaaav
sea7yiaefcdiiondub47vsuu7xmi462kwernqz7d5wgzq5qmyea"
}
```

이번에는 OCI Function을 삭제한다. 소속 Function들을 삭제한 후 애플리케이션을 삭제한다. 이를 위해 먼저 삭제할 애플리케이션과 Function의 OCID를 조회한다. Function OCID를 조회하기 위해서는 애플리케이션 OCID가 필요하다.

삭제할 OCI Function은 "hello-python"을 포함해서 4개이다. 다음 예시에서는 그 중 하나를 삭제한 것이다. 나머지도 같은 방법으로 삭제한다.

```
[opc@oci-demo-appdev ~]$ oci fn application list -c $COMP_ID --query
'data[*].{name:"display-name", id:"id"}' --output table --all
... 생략 ...
[opc@oci-demo-appdev ~]$ oci fn function list --application-id "ocid1.
fnapp.oc1.ap-chuncheon-1.aaaaaaaa5nx4pgfi45caoqweredengoxvhackxf3mea3t4wx25
ealbjanvcq" --query 'data[*].{name:"display-name", id:"id"}' --output table
--all
... 생략 ...
[opc@oci-demo-appdev ~]$ oci fn function delete --force --function-id
```

```
"ocid1.fnfunc.oc1.ap-chuncheon-1.aaaaaaaaqq2smsyo3n6hcj6kjcffkklslwjbhbsdz5
5cjotk2vyoykd6m3nq"
... 생략 ...
[opc@oci-demo-appdev ~]$ oci fn application delete --force --application-id
"ocid1.fnapp.oc1.ap-chuncheon-1.aaaaaaaaavvw4tqcom7jxvz7hrpbcs4n2opqj724jpp
iwp3kyigtq6i66puq"
```

컨테이너 레지스트리를 삭제한다. 삭제할 컨테이너 레지스트리의 OCID를 조회해서 OCID 값을 얻은 후 이 값을 파라미터로 활용해서 컨테이너 레지스트리를 삭제한다. 삭제할 컨테이너 레지스트리는 5개이다. 다음 예시에서는 그중 하나를 삭제한 것이다. 나머지도 같은 방법으로 삭제한다.

```
[opc@oci-demo-appdev ~]$ oci artifacts container repository list -c $COMP_
ID --query 'data.items[*].{name:"display-name", id:"id"}' --output table
--all
... 생략 ...
[opc@oci-demo-appdev ~]$ oci artifacts container repository delete --force
--repository-id "ocid1.containerrepo.oc1.ap-chuncheon-1.0.apackrsct01.aaaaa
aaa446d2h6u22lxgrtr6nge4hv2uiahl57j4idxnjtlfn5pa6dfcfka"
```

마지막으로 DBCS를 삭제한다. 삭제할 DBCS의 OCID를 조회해서 OCID 값을 얻은 후 이 값을 파라미터로 활용해서 DBCS를 삭제한다.

```
[opc@oci-demo-appdev ~]$  oci db database list -c $COMP_ID --query 'data[*].
{name:"db-name", id:"id"}' --output table
... 생략 ...
[opc@oci-demo-appdev ~]$ oci db database delete --force --database-id
"ocid1.database.oc1.ap-chuncheon-1.an4w4ljrvsea7yiavpg5monkumoneq33atjvkvh4
vip53q4vuaohewhmwjqq"
```

3.3 요약

3장에서는 오라클 클라우드의 서버리스 기술과 클라우드 인프라를 활용해서 데이터 레이크하우스 시스템을 구축하는 방법에 대해 살펴봤다. 서버리스 기술을 사용해서 애플리케이션 서비스를 현대화하고, 이를 통해 생성되는 데이터를 분석해서 비즈니스적인 통찰을 얻는 방법에 대한 실습도 진행했다.

- 개발된 마이크로서비스를 서버리스 Function으로 전환해서 애플리케이션 서비스를 현대화하는 방법을 예제를 통해 익혔다. 서버리스 Function은 애플리케이션을 현대화하고 클라우드 기반의 서버리스 아키텍처를 구축하는 데 매우 유용한 기술이다.
- 서버리스 Function으로 전환한 각 서비스를 API 게이트웨이로 통합하고, API 게이트웨이를 통해 노출된 서비스의 API를 신규 개발 업무에 활용했다. 그리고 신규 업무까지도 API 게이트웨이로 통합해서 단일 엔드포인트로 업무들의 서비스가 이뤄지도록 해봤다. API 게이트웨이를 활용하면 다양한 서비스들을 통합해서 사용자에게 편리한 인터페이스를 제공할 수 있으며, 서버리스 아키텍처를 이용해서 자원의 효율성을 높일 수 있다. 또한 각 서비스가 최적의 데이터 스토어를 활용하도록 구성해서 데이터 관리의 효율성을 높일 수도 있다.
- 다양한 데이터 스토어에 분산 저장된 데이터의 통합 관리는 메타데이터 관리 서비스로 파악할 수 있었다. IT 시스템 내에 어떤 정보가 있는지를 단일 서비스를 통해 쉽게 파악해서 이후 데이터의 품질을 향상시킬 수 있음을 확인했다.
- 배포와 관리에 있어서 사용자의 개입을 최소화하며 효율적인 운영을 가능하게 하는 Autonomous 데이터베이스로 데이터 레이크하우스를 구성해 봤다. Autonomous 데이터베이스는 자동화된 기능을 제공해서 데이터베이스의 배포, 관리, 운영을 크게 간소화한다. 사용자는 별도의 설정과 관리 없이도 데이터베이스를 구성하고 운영할 수 있다.
- 용이한 데이터 분석 작업을 위해 데이터의 추출, 변환, 타깃 소스로의 로드에 이르는 ETL 작업을 클라우드 서비스를 활용해서 간편하고 효율적으로 수행할 수 있다. 또한 오브젝트 스토리지에 저장된 데이터를 익스터널 테이블로 실시간 조회하는 방법을 살펴봤다. 이를 통해 데이터 레이크하우스의 데이터를 효율적으로 활용할 수 있다.
- 데이터 레이크하우스에 축적된 데이터가 클라우드 분석 솔루션으로 자동 분석되고 시각화되는 것을 실습해 봤다. 사용자의 요건에 따라 원하는 형태의 시각화와 분석을 설정할 수 있으며, 데이터 레이크하우스에 축적된 다양한 데이터를

활용해서 비즈니스적인 통찰을 얻을 수 있다.

- 클라우드상에서 각 서비스들이 생성하는 로그를 오픈서치를 이용해서 쉽게 분석하는 과정을 살펴봤다. 이를 통해 클라우드상에서 생성되는 로그 데이터를 효과적으로 분석하고 문제를 파악할 수 있으며, 이로 인해 서비스의 품질을 향상시키고 시스템의 안정성을 유지할 수 있다.

CHAPTER 04

오라클 클라우드로 구현해 보는 머신러닝

1장부터 3장까지에서는 함께 실습해 보면서 클라우드 네이티브 애플리케이션과 데이터 레이크를 구축해 봤다. 4장에서는 머신러닝에 대해 다룬다. 정확히 말하자면 오라클 클라우드를 머신러닝 플랫폼으로 어떻게 활용할지를 살펴볼 것이다.

사실 머신러닝은 하나의 장으로 다루기에 너무 방대한 영역이다. 게다가 머신러닝의 방법론, 다양한 데이터 분석 모델, 각 모델이 담고 있는 이론과 수학적 · 통계적 개념은 오라클 클라우드라는 이 책의 범위를 훌쩍 넘어선다.

그럼에도 불구하고 머신러닝을 다루는 이유는 OCI 데이터 사이언스 서비스를 통해 데이터 사이언티스트와 비전문가 모두가 데이터 분석 환경을 쉽게 구성하고 활용할 수 있다는 것을 설명하기 위함이다. 비전문가일지라도 데이터베이스의 기능을 활용해서 데이터 분석을 수행할 수 있다는 점을 실제 실습을 통해 보여주고자 한다.

4장에서는 OCI 데이터 사이언스 서비스로 머신러닝 기법을 활용해서 시스템의 자원 사용률을 분석한다. 분석 언어로는 파이썬을 사용하는데 파이썬의 머신러닝 라이브러리를 활용해서 데이터를 분석하고 시각화한다. 그리고 알고리듬을 통해 파악된 데이터의 경향성을 바탕으로 향후 시스템의 자원 사용률을 예측할 계획이다.

데이터를 다루는 사용자에는 전문 데이터 사이언티스트뿐만 아니라 일반 사용자도 있다. 따라서 파이썬을 활용한 전통적인 분석 방법뿐만 아니라 SQL 블록을 사용해서 비전문가에게도 데이터베이스 내에서 데이터를 쉽게 분석하고 예측할 수 있는 방법을 제시하고자 한다.

4.1 사전 지식

실습을 시작하기 전에 머신러닝이나 데이터 분석과 관련된 개념과 용어를 간략하게 살펴본다. 먼저 머신러닝이 무엇인지 알아보자.

위키피디아에 따르면 머신러닝Machine Learning은 인간 프로그래머가 알고리듬을 개발하는 데 막대한 비용이 드는 문제를 해결하기 위한 포괄적인 용어이다. 머신러닝은 기계가 자체적으로 알고리듬을 발견하도록 해서 문제를 해결한다. 때로는 예측 분석이라고도 불리는데 이는 머신러닝이 비즈니스 문제와 관련해서 문제를 분석해 미래 방향과 결과를 예측하는 것을 궁극적인 목표로 하기 때문이다(출처: https://en.wikipedia.org/wiki/Machine_learning).

데이터 관점에서 머신러닝을 살펴보면 최근 몇 년 사이 IT 시장에서 많이 언급되고 있는 데이터 사이언스가 머신러닝과 밀접한 관련이 있다고 볼 수 있다. 데이터 사이언스는 기존의 통계적 분석에서 사용되는 데이터 분석을 포함하는 개념이다. 그러나 데이터 사이언스를 데이터 엔지니어링과 머신러닝을 결합해서 데이터의 처리와 분석을 다루는 분야로 이해해도 큰 무리는 없을 것이다. 즉, 머신러닝 프로세스를 통해 여러 소스에서 데이터를 가져와서 분석 용도에 맞게 가공하고, 이 데이터를 회귀 분석, 분류 등의 머신러닝 알고리듬으로 기계에 학습시켜 원하는 학습 결과를 얻는 것으로 설명할 수 있다.

머신러닝은 데이터 분석 관점에서 현재도 활용되고 있는 데이터 마이닝Data Mining과도 상당한 유사성이 있다. 그러나 머신러닝은 훈련 데이터를 사용해서 학습된, 알려진 속성을 기반으로 예측에 중점을 두는 반면에 데이터 마이닝은 데이터의 미처 알려지지 않은 속성을 발견하는 데 초점을 맞춘다.

머신러닝을 활용한 데이터 분석 방법

머신러닝을 활용한 데이터 분석 방법, 즉 데이터 사이언스의 관점에서 데이터 분석 프로세스는 조금씩 다르지만 전체적인 맥락에서는 유사한 형태의 절차로 정의돼 있다. 이 책에서는 3장에서 데이터 분석 방법으로 정의했던 수집 → 적재 → 처리/탐색 → 분석/응용 절차를 바탕으로 이를 다룰 예정이다.

3장에서 언급한 적재와 처리/탐색 단계는 데이터 전처리로 단순화해서 정의할 수 있다. 분석/응용 단계는 분석 모델 생성, 모델 평가(검증), 모델 배포와 같은 머신러닝 기술과 연계되는 단계로 더 세부적으로 분할될 수 있다.

정리하면 머신러닝을 활용한 데이터 분석 방법은 그림 4-1과 같은 단계로 정리할 수 있다. 물론 다른 용어로 각각의 절차를 분류할 수도 있다.

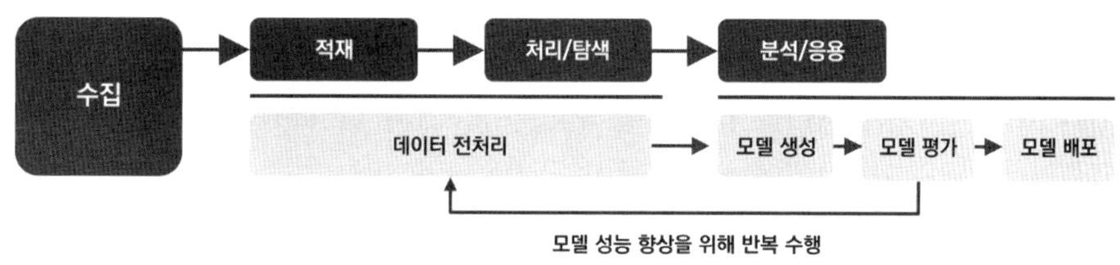

그림 4-1 머신러닝을 활용한 데이터 분석 절차

데이터 전처리 단계는 3장에서 설명한 내용과 크게 다르지 않다. 데이터 수집 단계에서는 분석에 필요한 데이터를 수집 및 저장하고 결측치나 이상치를 처리하며 분석에 필요한 형태로 가공하는 작업을 수행한다.

이런 단계들은 데이터 사이언스나 머신러닝 프로세스에서 중요한 기반 작업이다. 품질 좋은 데이터를 수집하고 이를 적절하게 가공함으로써 모델의 성능을 향상시키고 신뢰도를 높일 수 있다.

데이터 전처리

실제 데이터 분석에서 가장 시간이 많이 소요되는 단계는 데이터 전처리이다. 포브스 설문 조사 결과에 따르면 데이터 분석 프로젝트에서 데이터 수집에 약 20%의 시간이 소요되고, 데이터 정제 및 전처리 단계에서는 전체 시간의 60%가 소요되는 것으로 나타났다.

전처리 과정에서 많은 시간이 소요되는 이유 중 하나는 결측치 데이터 처리 때문이다. 예를 들어 시계열 데이터에서 특정 구간의 데이터가 누락된 경우 해당 시점의 전체 데이터를 삭제하거나 데이터 분포를 고려해서 평균값이나 중앙값으로 대체해야 할 때가 있다. 또한 서로 다른 변수들을 동일한 기준으로 변환하는 작업도 필요하다. 더불어 데이터 이상치Outlier 처리 문제도 고려해야 한다.

결국 효과적인 데이터 분석을 위해서는 데이터 전처리 단계에서 데이터의 일관성을 유지하고 맞추는 작업이 필수적이다. 이런 작업은 알고리듬을 적용하기 전에 데이터를 정확하게 확인하는 과정으로 전체 분석 과정에서 중요한 부분이다.

데이터 전처리 단계는 탐색적 자료 분석Exploratory Data Analysis, EDA과 밀접한 연관이 있다. EDA는 데이터 분석의 접근 방법으로 모델 생성 전에 다양한 차트와 변수를 활용해서 데이터 내의 패턴이나 관계를 파악하는 과정을 의미한다. 탐색적 자료 분석을 통해 데이터의 오류를 제거하고 패턴을 파악하며 변수 간의 흥미로운 관계나 이상치를 찾아낸다.

탐색적 자료 분석의 목적은 데이터의 오류를 수정하고 패턴을 파악하며 이상치를 감지하고 변수 간의 관계를 찾는 것이다. 탐색적 자료 분석을 마치면 얻은 인사이트를 기반으로 머신러닝을 포함한 더 정교한 데이터 분석이나 모델링 작업을 진행할 수 있다.

모델 생성

모델 생성 단계는 데이터 분석의 핵심적인 부분으로 다양한 알고리듬을 활용해서 원하는 결괏값을 정확하게 예측하는 모델을 구축하는 과정을 의미한다. 이 단계에서 선택한 모델은 실제 데이터에 가장 적합하도록 조정된다.

모델 생성 단계에서는 다양한 알고리듬을 사용해서 예측하고자 하는 결괏값을 높은 성능으로 예측하는 모델을 만들어 나간다. 이는 실제 분석 과정에서 분석 대상 데이터에 가장 잘 맞는 미리 정의된 분석 모델을 찾아가는 과정이기도 하다.

모델 생성 또는 선택 단계에서는 예측하고자 하는 목표에 따라 적절한 모델이 선택된다. 표 4-1과 같이 지도학습Supervised Learning의 경우 예측하고자 하는 결괏값이 주어지며 회귀Regression와 분류Classification 문제로 분류할 수 있다. 비지도학습Unsupervised Learning의 경우 결괏값이 주어지지 않으며 군집Clustering 문제로 분류할 수 있다. 표 4-1은 여러 분석 모델 중에서 주요한 몇 가지 모델을 정리한 내용이다.

즉, 모델 생성 단계에서는 데이터의 특성과 목표에 맞는 알고리듬을 선택해서 모델을 구축하고 조정하는 과정이 진행된다. 이를 통해 데이터 분석의 목적에 부합하는 예측 모델을 만들어 내게 된다.

머신러닝 대분류	머신러닝 종류	설명	알고리듬	예시
지도학습	회귀	연속형 값인 y를 예측하기 위해 데이터 x를 사용하는 기법. 종속 변수(y)와 하나 이상의 독립 변수(x) 간의 관계를 모델링하고, 이 관계를 사용해서 종속 변수의 값을 예측하는 분석 기법	회귀 분석, 서포트 벡터 머신(SVR) 등	기온에 따른 음료 매출액 변화 예측
	분류	이산형 값인 y를 예측하기 위해 데이터 x를 사용하는 기법. 주어진 입력 데이터(x)를 기반으로 미리 정의된 여러 클래스 또는 범주(category) 중 하나로 분류	로지스틱 회귀, 서포트 벡터 머신(SVR), K 최근접 이웃(KNN)	이메일의 스팸 여부 식별
비지도 학습	군집	y값이 주어지지 않고 데이터의 특징이 유사한 값들의 모임을 군집으로 표현하는 기법. 데이터 간의 유사성을 기반으로 데이터를 여러 그룹으로 나누는 작업을 수행함	K-Means Clustering, Market Basket Analysis 등	고객 유형 분류

표 4-1 지도학습 vs. 비지도학습

머신러닝 모델을 학습시키기 전에 데이터셋을 훈련Train 데이터와 테스트Test 데이터로 분할하는 작업은 모델의 성능 평가와 일반화 능력을 확인하기 위한 중요한 단계이다.

훈련 데이터는 머신러닝 모델이 데이터의 패턴을 학습하는 데 사용된다. 모델은 이 데이터를 바탕으로 내부적으로 규칙과 패턴을 습득해서 특정 작업을 수행할 수 있도록 훈련된다.

테스트 데이터는 모델이 실제로 얼마나 잘 수행되는지 평가하는 데 사용된다. 모델은 학습한 패턴을 기반으로 새로운 데이터에 대한 예측을 수행하고, 이를 실제 정답과 비교해서 모델의 성능을 측정한다. 이 단계에서 모델이 새로운 데이터에 대해서도 일반화돼 동작하는지 확인하는 것이 목표이다.

데이터를 훈련과 테스트 데이터로 나누는 이유는 결국 모델의 성능을 정확하게 평가하기 위함이다. 모델이 훈련 데이터에 지나치게 적합화돼 특정 데이터셋에만 잘 동작하고 다른 데이터에는 적용되지 않는 과적합Overfitting 문제 방지를 위해 이 단계가 중요하다. 훈련 데이터로만 모델을 학습하고, 테스트 데이터로만 모델을 평가함으로써 모델의 일반화 능력을 평가할 수 있다. 이 과정에서 테스트 데이터는 원칙적으로 미리 접근하지 않는 데이터이다.

모델이 충분히 학습됐다고 판단되면 실제 예측을 수행해서 결과를 얻게 된다. 이 예측은 모델을 테스트 데이터에 적용해서 이뤄지게 된다.

모델 검증

모델을 사용해서 예측을 수행한 후에는 예측 결과의 정확도를 확인해서 모델의 성능을 검증해야 한다. 모델의 적절성을 판단하기 위한 평가 방법은 표 4-2와 같이 문제 유형에 따라 다르게 적용된다. 문제 유형에 따라 정확도, 정밀도, 재현율, F1 점수 등의 지표를 사용해서 모델의 성능을 분석하고 개선하는 방향으로 작업을 진행할 수 있다.

구분	회귀	분류
예측값 형태	연속형 숫자	범주형 숫자 또는 문자
평가 방법	결정계수(R^2), MSE(Mean Square Error), RMSE(Root Mean Square Error), MAE(Mean Absolute Error), MAPE(Mean Absolute Percentage Error) 등	정오분류표(Confusion Matrix), ROC 커브(Receiver Operation Characteristic Curve) 등

표 4-2 회귀와 분류 문제의 모델 검증 방법

회귀 분석에서의 성능 평가 방법에 대해 알아본다. 회귀 분석 모델의 성능 평가에는 다음과 같은 평가 방법이 있으며, 이는 사이킷런Scikit-learn 라이브러리에 구현돼 있다.

- MAEMean Absolute Error: 실젯값(종속 변수)과 예측값 간의 차이를 절댓값으로 취한 후 평균을 계산하는 지표이다. 예측값과 실제 값 사이의 평균적인 거리를 나타내며, 모델의 예측 오차의 크기를 나타낸다.
- MSEMean Square Error: 편차의 제곱의 평균을 계산하는 방식으로 MAE의 극단적인 값에 민감함을 보완하는 지표이다. 예측값과 실제 값 사이의 오차를 제곱해서 평균한 값으로 오차의 제곱을 사용하기 때문에 큰 오차에 더 민감하게 반응한다.
- RMSERoot Mean Square Error: MSE 값이 커지는 단점을 보완하기 위한 방식으로 MSE의 제곱근 값을 구하는 지표이다. MSE의 제곱근 값으로 오차의 크기를 나타내며, RMSE 값이 작을수록 모델의 예측 결과가 더 좋은 것을 나타낸다.

이런 지표들은 모델의 예측 정확도를 평가하고 비교하는 데 사용된다. 이 중에서도 RMSE는 오차의 크기를 표준화해서 평가하므로 회귀 분석 모델의 성능을 평가할 때 많이 사용되는 지표 중 하나이다. 이런 평가 지표들을 사용해서 다양한 모델을 비교하고 성능을 개선하는 방향으로 작업을 진행할 수 있다.

4.2 실습

4장의 실습에서는 분 단위로 기록된 26개월 분량의 '시스템 자원 사용률' 데이터를 두 가지 플랫폼을 활용해서 머신러닝 기법으로 분석한다. OCI 데이터 사이언스와 오라클 머신러닝[OML]이 그것이다.

4장의 실습 아키텍처는 그림 4-2와 같이 구성된다.

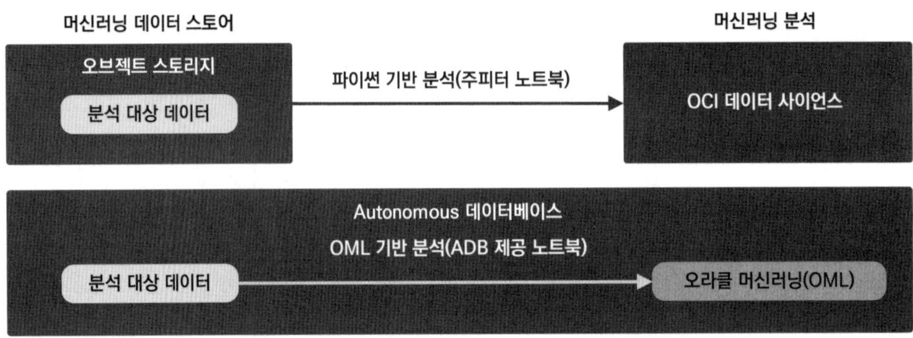

그림 4-2 4장에서 구현할 데이터 머신러닝 아키텍처

첫 번째 방법은 오브젝트 스토리지에 분석 대상 데이터를 업로드한 후 OCI 데이터 사이언스 서비스를 통해 파이썬 코드로 데이터를 분석한다. 이를 위해 데이터 사이언스가 제공하는 주피터 노트북을 사용하며, 파이썬 모듈을 활용해서 필요한 분석을 수행한다. 데이터를 수집하고 모델을 정의한 후 해당 모델을 학습시키는 과정을 진행하게 되고 학습 결과를 검증해서 모델의 성능을 평가한다.

두 번째 방법은 같은 데이터와 분석 프로세스를 사용하지만 오라클 데이터베이스의 In-DB 분석 기능인 OML[Oracle Machine Learning]을 활용해서 분석을 수행한다. SQL 기반으로 Autonomous 데이터베이스에서 제공하는 노트북을 활용해서 데이터를 분석하고 예측한다. 이를 통해 두 가지 방식의 데이터 분석 방법 또는 플랫폼 간의 차이점을 경험하고 비교할 수 있다.

두 방법 모두 같은 데이터를 사용해서 분석을 진행하지만 분석을 위한 도구와 언어, 환경이 다르기 때문에 결과와 접근 방식에 미세한 차이가 있을 수 있다. 이를 통해 데이터 분석의 다양한 측면과 접근법을 경험하고 두 방법 간의 장단점을 이해할 수 있게 될 것이다.

4장에서의 실습은 시스템 자원 사용률 데이터를 분석하고, 미래의 사용률 추이를 예측하는 것을 목표로 한다. 이를 위해 준비된 데이터는 고정된 시간 간격으로 측정된 시계열 데이터이다. 이 시계열 데이터를 활용해서 예측 모델을 구축하고 분석하는 방법을 배우게 된다.

시계열 데이터는 시간에 따라 변화하는 데이터를 포함하는데 일반적으로 시계열 데이터는 시간에 따라 발생하는 경향성, 계절성, 주기성 등의 패턴을 포함한다. 이런 패턴을 파악해서 미래의 데이터를 예측하는 모델을 만드는 것이 목표이다.

또한 파이썬에 제공하는 시계열 데이터 분석 및 예측 라이브러리와 모델을 활용한다. 실습에 사용되는 코드는 이미 구현된 분석 모델을 가져와서 사용하는 것이며, 이를 활용해서 시계열 데이터의 패턴을 파악하고 미래의 추이를 예측한다.

시계열 데이터에 대한 예측 분석에는 여러 가지 모델들이 활용될 수 있다. 이번 실습에서 사용하는 지수 평활법Exponential Smoothing, ETS 외에도 ARIMAAutoRegressive Integrated Moving Average, SARIMASeasonal ARIMA, Facebook Prophet 등 여러 가지 모델이 있다. 각 모델에 대한 자세한 설명은 책의 부록이나 참고 도서 및 웹 사이트를 참조한다.

여기서는 지수 평활법에 대해 간단히 살펴본다. 지수 평활법은 과거 관측값의 가중 평균을 사용해서 예측값을 생성하는 방법이다. 이 방법은 과거 관측값을 가장 최근 값부터 시작해서 오래된 값까지 가중치를 지수적으로 감소시키면서 평균을 계산한다. 이런 방식으로 최근 실적 데이터에 높은 가중치를 부여하고, 오래된 데이터에는 낮은 가중치를 부여해서 예측을 수행한다.

즉, 지수 평활법은 현재 값의 예측을 위해 과거 데이터의 정보를 활용하는 방법으로 오래된 데이터일수록 가중치가 작아지고, 최근 데이터일수록 가중치가 높아지는 특성을 가진다. 이를 통해 시계열 데이터의 추세나 계절성을 반영해서 예측을 수행할 수 있다.

지수 평활법에는 다음 세 가지 종류가 있다. 이번 실습에서는 Triple Exponential Smoothing 모델을 사용한다.

- Single Exponential Smoothing(단순 지수 평활법): 추세나 계절성이 없는 단변량 데이터(하나의 변수만을 가진 데이터)에 대한 시계열 예측 방법이다.
- Double Exponential Smoothing(홀트의 선형 추세 모델): 지수 평활법을 확장한 형태로 추세를 고려해서 예측을 수행하는 방법이다. 홀트의 선형 추세 모델이라고도 불린다.
- Triple Exponential Smoothing(홀트-윈터스 지수 평활법): 추세와 계절성을 모두 고려해서 예측을 수행하는 방법이다. 시계열 데이터 분석에서는 주로 홀트-윈터스 지수 평활법을 사용한다. 이는 일반적으로 시계열 데이터가 추세와 계절성을 동반하기 때문이다.

그림 4-3과 같은 단계로 머신러닝을 활용한 데이터 분석 실습을 진행한다. 시스템 자원 사용률 데이터를 분석하고 예측하는 과정을 순서대로 진행하게 된다.

그림 4-3 4장 실습 단계

4장의 실습에서는 파이썬 라이브러리와 관련된 설명은 필요한 최소한의 내용으로 간략히 정리하고, 주로 오라클 클라우드 서비스를 사용하는 방법에 집중한다. 물론 파이썬 라이브러리들은 실습을 진행하는 데 필요한 도구이지만 주된 초점은 오라클 클라우드 서비스와 그것을 활용한 데이터 분석 과정에 둘 것이다.

4.2.1 데이터 사이언스를 활용한 머신러닝 분석

파이썬을 활용해서 머신러닝을 적용한 데이터 분석 작업을 위해서는 몇 가지 핵심적인 라이브러리가 필요하다. 파이썬 기본 라이브러리만으로는 데이터 분석이 복잡해질 수 있기 때문에 이를 보완하기 위해 판다스Pandas, 넘파이NumPy, 사이킷런Scikit-learn, 맷플롯립Matplotlib 등과 같은 전문적인 데이터 분석용 라이브러리를 별도로 설치해서 사용한다.

하지만 보다 간편한 방법은 데이터 처리와 분석에 필요한 도구를 통합적으로 제공하는 아나콘다Anaconda를 설치하고, 이에 포함된 주피터 노트북Jupyter Notebook을 활용해서 파이썬 코드를 통해 데이터 분석을 진행하는 것이 일반적인 접근 방법이다.

OCI 데이터 사이언스Data Science는 주피터랩JupyterLab 기반 환경을 활용해서 모델을 테스트하고 개발할 수 있도록 지원하는 오라클 클라우드의 데이터 분석 플랫폼이다. 이 플랫폼은 파이썬과 오픈소스 도구를 활용해서 머신러닝 모델을 구축, 학습, 배포 및 관리하는 데 도움을 준다.

특히 아나콘다와의 협력을 통해 Conda 환경을 라이선스를 구매할 필요 없이 제공하고 있다. Conda는 아나콘다 리포지터리와 아나콘다 클라우드에서 패키지를 설치하고 관리하는 패키지 및 환경 관리자이다. 이를 활용하면 미리 정의된 Conda 환경을 활용하거나 사용자 정의 환경을 만들어 주피터 노트북의 커널에 적용할 수 있어서 인프라 구성에 대한 부담 없이 신속하게 분석 프로젝트 환경을 구성할 수 있다.

더불어 ADS라는 분석용 파이썬 패키지를 제공해서 AutoML이나 모델 관리 등의 서비스를 쉽게 활용할 수 있다. ADSAccelerated Data Science는 OCI 데이터 사이언스 서비스의 일부로 포함된 파이썬 라이브러리로 데이터 사이언스 워크플로의 다양한 단계를 자동화하거나 단순화하는 기능과 객체를 포함하고 있다. 또한 ADS는 Data Science 서비스 모델 카탈로그 및 오브젝트 스토리지와 같은 다른 OCI 서비스에 접근할 수 있는 인터페이스를 제공해서 종합적인 데이터 분석 환경을 제공한다.

이번 실습에서는 인프라 자원의 사용량 기반 추세 예측을 다루게 된다. 이를 위해서는 사용자가 OS 명령을 통해 데이터를 수집하거나 모니터링 에이전트를 배포하는 등의 방법을 사용해서 인프라 자원 사용량 데이터를 먼저 수집해야 한다. 그러나 이번 실습에서는 이미 모니터링을 통해 자원 사용량 데이터가 수집됐다고 가정하고, 해당 데이터를 기반으로 실습을 진행한다. 실습용 시스템 자원 사용량 데이터는 깃허브에 업로드된 다음 파일을 활용할 것이다.

- 실습 파일: ocidemo_ml.csv

지금부터 그림 4-4의 단계와 같이 데이터 사이언스 서비스를 활용해서 머신러닝 기반의 데이터 분석을 수행한다.

그림 4-4 4장 실습 단계 - 데이터 사이언스를 활용한 머신러닝 분석

다음과 같은 단계로 실습을 진행한다.

- 분석 플랫폼으로 데이터 사이언스 프로젝트를 생성하고, 노트북 세션을 시작한다.
- 데이터를 불러와서 분석 환경에 맞는 형태로 가공한 후 데이터를 탐색하고 시각화해서 초기 인사이트를 얻는다.
- 시계열 데이터에 대한 기본적인 시계열 분석을 수행한다. 시계열 예측 모델을 생성하고 학습시키며 미래 데이터에 대한 예측을 수행한다.
- 생성한 모델의 정확성을 검증한다.
- 모델을 파이썬 함수로 저장해서 향후 업무에 사용할 수 있도록 준비한다.

4.2.1.1 실습 - 데이터 사이언스 프로젝트 및 노트북 세션 생성

데이터 사이언스 프로젝트를 생성해서 데이터 분석의 첫 단계를 시작한다.

"all-resources" 권한을 부여받지 못한 그룹의 유저의 경우 다음과 같은 정책 구성이 필요하다. 데이터 사이언스 자원을 사용하기 위한 권한과 데이터 사이언스의 VCN 접근을 허용하기 위한 정책을 설정해야 한다.

```
allow group <YOUR_GROUP_NAME> to manage data-science-family in compartment
<YOUR_COMPARTMENT_NAME>
allow service datascience to use virtual-network-family in compartment
<YOUR_COMPARTMENT_NAME>
```

다음은 "all-resources" 권한을 가진 그룹의 유저라고 할지라도 설정해야 할 권한 부여 작업이다. 데이터 사이언스 프로젝트가 오브젝트 스토리지에 저장된 데이터에 접근하기 위해서는 다음과 같은 권한 설정이 필요하다.

OCI 웹 콘솔에서 [Identity & Security → Identity → Domains → Default Domain 선택 → Dynamic Groups] 화면으로 이동한 후 oci-demo-dyngroup을 선택한다. 그리고 + Additional Rule을 클릭해서 다음과 같은 규칙을 추가하고 하단의 Save를 클릭한다.

- Rule 7: All {resource.type='datasciencenotebooksession', resource.compartment.id='ocid1.compartment.oc1..aaaaaaaa6cq7mawvxnv2be542zwvlukehzsj3qqlx4kx2ee74nyijmgh3yka'}

다이내믹 그룹에 데이터 사이언스 자원 유형을 추가했다면 해당 다이내믹 그룹이 실습용으로 생성한 버킷의 오브젝트를 읽을 수 있도록 권한 구문을 추가해야 한다.

OCI 웹 콘솔의 [Identity & Security → Identity → Policies] 화면으로 이동해서 이전에 생성한 oci-demo-policy를 클릭한다. 해당 정책은 root 컴파트먼트에 위치하고 있다. Edit Policy Statements를 클릭해서 정책 구문 편집 화면으로 이동한다. + Another Statement를 클릭해서 다음 내용의 정책 구문을 추가한다.

그러나 1장 실습에서 이미 권한을 부여했다면 권한을 추가할 필요는 없다. 하지만 그렇지 않은 경우에는 다음 권한을 추가해야 한다.

```
Allow dynamic-group oci-demo-dyngroup to manage object-family in compartment
ociexplained
```

데이터 분석 플랫폼으로 사용할 데이터 사이언스 프로젝트를 생성한다.

OCI 웹 콘솔에서 [Analytics & AI → Machine Learning → Data Science] 화면으로 이동해서 Create project를 선택한다. 그림 4-5를 참조해서 다음과 같이 입력하고 하단의 Create를 클릭한다.

- Compartment: 〈사용자 컴파트먼트〉
- Name: oci-demo-datascience

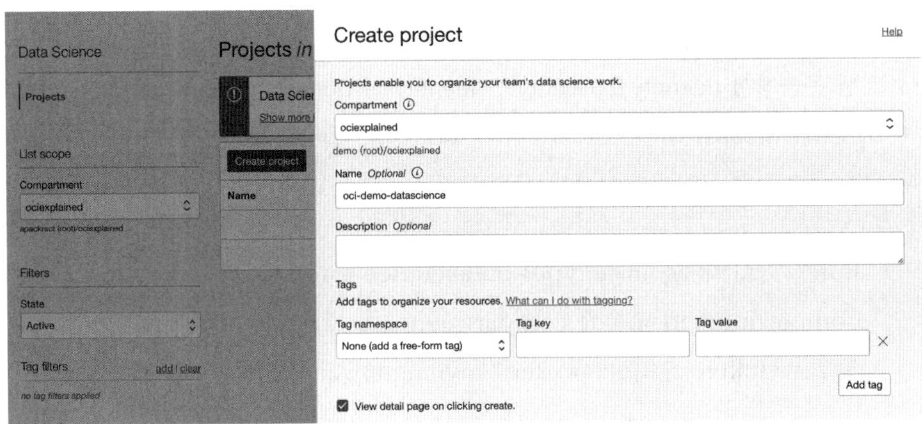

그림 4-5 데이터 사이언스 프로젝트 생성

데이터 사이언스 노트북 세션은 모델 구축 및 학습을 위한 대화형 코딩 환경으로 이를 통해 데이터 사이언스 서비스가 관리하는 JupyterLab 서버리스 환경에 접근할 수 있다.

내부적으로 노트북 세션이 활성화되거나 생성되면 컴퓨트 인스턴스 Shape, 블록 스토리지, VCN[Virtual Cloud Network] 및 서브넷이 구성된다. 따라서 PyTorch, PySpark 등의 라이브러리를 Conda 명령으로 설치하면 관련 설치 파일과 라이브러리가 해당 컴퓨트 인스턴스와 블록 스토리지에 구성된다. 설치된 라이브러리는 노트북을 실행할 때 선택할 수 있는 커널[Kernel]로 사용할 수 있다.

앞서 생성한 프로젝트 화면에서 Create notebook session을 클릭해서 노트북 세션을 생성한다.

OCI 웹 콘솔에서 [Analytics & AI → Machine Learning → Data Science → oci-demo-datascience] 화면 왼쪽의 Resources 메뉴에서 Notebook sessions를 선택한다. 해당 화면에서 Create notebook session을 클릭해서 노트북 세션을 생성한다. 그림 4-6을 참조해서 다음과 같이 입력하고 Create를 클릭한다.

- Compartment: 〈사용자 컴파트먼트〉
- Name: oci-demo-ds-notebook
- Compute shape: VM.Standard.E3.Flex
- [Networking resources] 섹션 Networking Type: Default networking (NAT 게이트웨이를 통해 퍼블릭 인터넷으로의 송신과 서비스 게이트웨이를 통해 다른 오라클 클라우드 서비스에 대한 액세스를 허용한다. 만일 Custom networking을 선택하면 노트북 세션이 사용할 VCN과 서브넷을 사용자가 설정할 수 있다.)

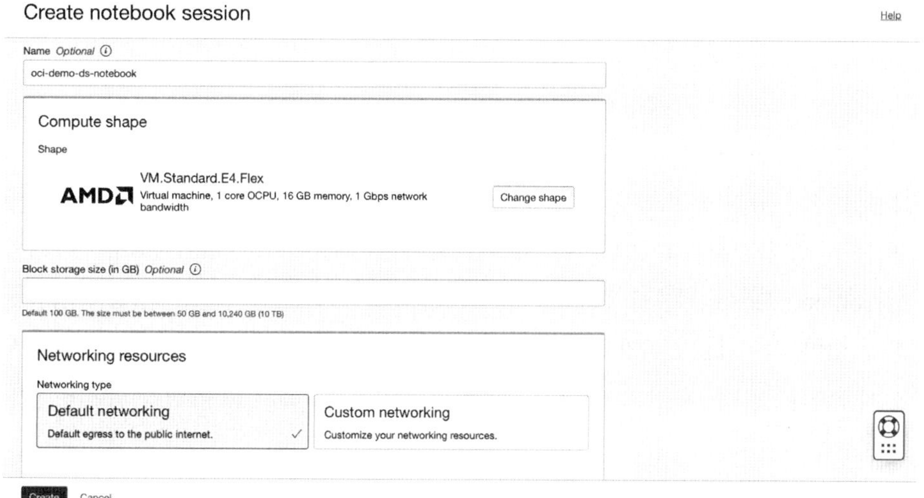

그림 4-6 데이터 사이언스 노트북 세션 생성

노트북 세션이 생성되면 해당 상세 화면에서 Open을 클릭해서 그림 4-7과 같은 노트북 세션 홈 화면을 확인한다. 이때 Sign In 과정을 거친다.

노트북 세션은 사용할 때만 클라우드 비용이 발생하며, 기본적으로 60분 동안 세션이 유지된다. 세션을 연장하려면 오른쪽 상단의 Extend를 클릭한다.

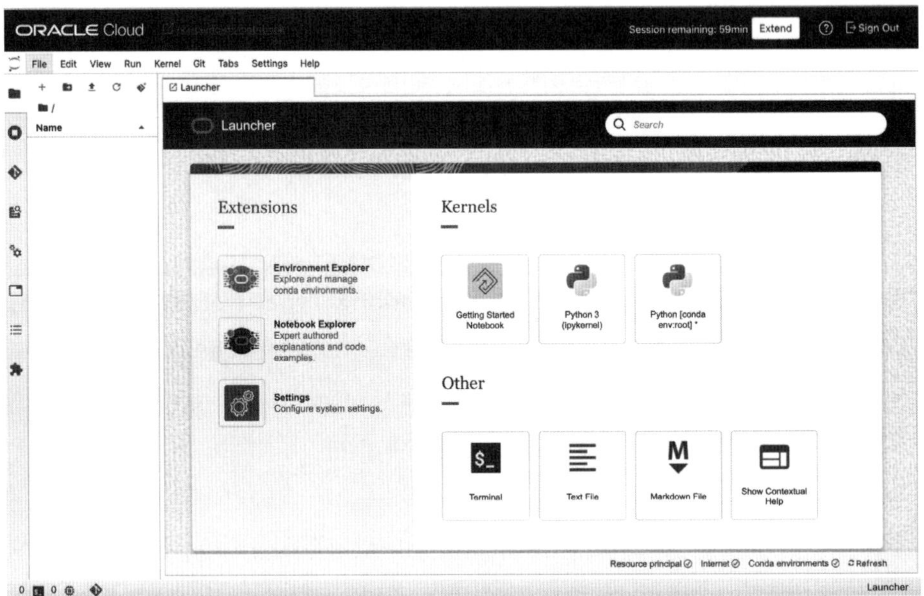

그림 4-7 데이터 사이언스 노트북 세션 홈 화면

그림 4-7의 중앙에 보이듯이 파이썬 커널과 Conda 기반 커널을 사용할 수 있다. 모두 주피터 노트북 기반으로 동작한다. 또한 화면에서 "Extensions" 아래의 Environment Explorer를 클릭하면 그림 4-8과 같이 미리 제공되는 Conda 환경들을 볼 수 있다. 각 Conda 환경을 터미널에서 설치할 수 있는 "odsc conda" CLI 명령을 제공한다. 신규로 환경을 설치하면 이를 커널에서 선택해서 해당 환경 위에서 개발을 진행할 수 있다.

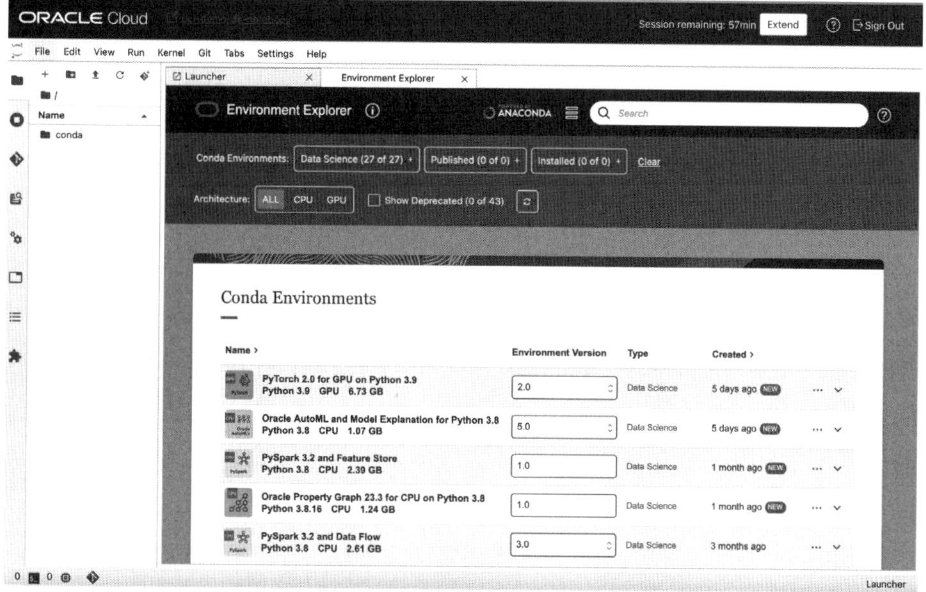

그림 4-8 데이터 사이언스 노트북 Environment Explorer

홈 화면에서 Notebook Explorer를 선택하면 다양한 샘플 데이터 분석용 노트북 예제들이 있다. 설명과 함께 완성된 샘플 코드가 제공되며 노트북을 열어서 테스트해 볼 수 있다.

4.2.1.2 실습 - 분석 대상 데이터 탐색과 데이터 전처리

머신러닝 프로젝트는 예측하고자 하는 대상을 계획하는 것으로 시작된다. 이번 프로젝트에서는 IaaS 인프라 자원 모니터링 데이터를 활용해서 미래의 CPU 사용률을 예측하는 모델을 만들어 보려고 한다. 구체적으로는 CPU 사용률 값을 시계열 데이터로 분석해서 예측하는 작업을 진행할 것이다. 시계열 분석은 일정 시간 간격으로 수집된 데이터를 기반으로 향후 값을 예측하는 작업으로 볼 수 있다.

이를 위해 먼저 깃허브에서 제공된 다음 실습 파일을 로컬 컴퓨터에 다운로드한다. 이 파일은 시간값과 CPU 사용률 정보를 포함하고 있다.

- 실습 파일: https://github.com/ociexplained/how-to-use-OCI/

chapter4/ocidemo_ml.csv

그런 다음 다운로드한 파일을 오브젝트 스토리지에 업로드한다. 이를 위해 먼저 오브젝트 스토리지에서 다음 이름으로 버킷을 생성한다.

- Bucket Name: oci-demo-ml-bucket

생성한 버킷에 샘플 데이터를 업로드한다. 오브젝트 스토리지 버킷 상세 화면 하단의 [Object] 섹션에서 **Upload**를 클릭한다. 다운로드받은 실습 파일을 선택한 후 하단의 **Upload**를 클릭한다. Object Name Prefix는 그림 4-9와 같이 별도로 입력하지 않는다.

- Choose Files from your Computer: ocidemo-ml.csv

주의해야 할 점은 이후 파이썬 코드에서 오브젝트 스토리지 버킷과 파일명을 앞서 언급한 이름으로 명시하고 있다는 것이다. 만일 버킷 이름이나 파일명을 변경하게 된다면 파이썬 코드에서도 이에 맞게 변경해 줘야 한다.

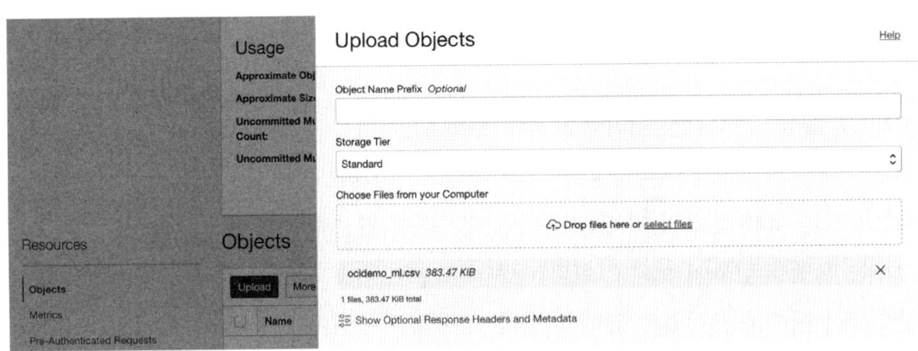

그림 4-9 머신러닝 실습 데이터 파일 오브젝트 스토리지에 업로드

실습할 전체 파이썬 코드는 주피터 노트북 파일 형태로 깃허브의 다음 URL에 업로드돼 있다.

- 실습 코드: https://github.com/ociexplained/how-to-use-OCI/chapter4/oci-demo-ds.ipynb

해당 주피터 노트북 파일을 로컬 컴퓨터에 다운로드받은 후 노트북 세션 화면에서 그림 4-10과 같이 Upload Files를 클릭해서 파일을 업로드할 수 있다. 이렇게 업로드한 주피터 노트북 파일을 실행하면서 실습 코드를 하나씩 실행해 볼 수 있다.

그림 4-10 노트북 파일 업로드

다만 앞서 언급한 방법으로 실습을 진행할 수도 있지만 파이썬 코드와 분석 라이브러리 사용 방법에 익숙해지려면 설명에 따라 코드를 직접 입력하고 실행해 보는 것을 추천한다. 이를 통해 실제로 코드를 작성하고 실행하는 과정을 경험하며 학습할 수 있다.

새로운 주피터 노트북을 생성한다. 그림 4-11과 같이 노트북 세션에서 상단의 [File → New → Notebook]을 선택한다.

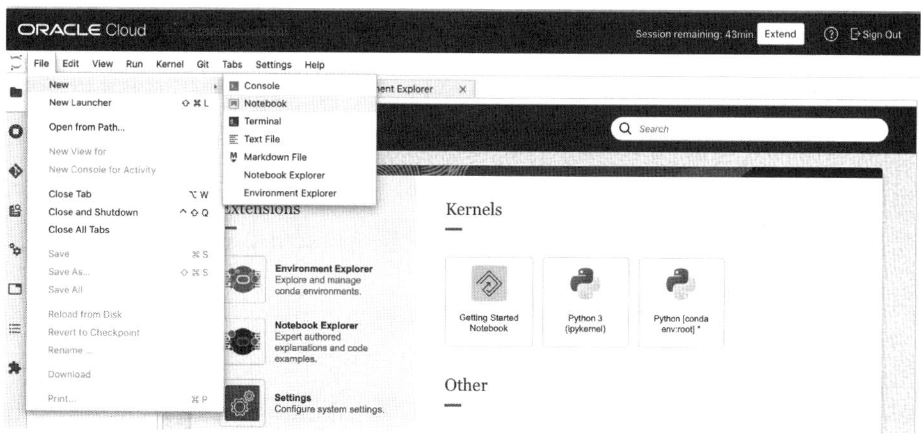

그림 4-11 데이터 사이언스 노트북 생성

노트북을 실행할 때 커널을 선택하는 팝업 창이 나타난다. 이번 실습에서는 그림 4-12와 같이 Python [conda env:root]를 선택하고 Select를 클릭한다. 선택한 커널에는 분석에 필요한 여러 가지 라이브러리가 이미 설치돼 있으며, 이 커널을 활용해서 노트북 내에서 파이썬 코드를 작성하고 실행할 수 있다.

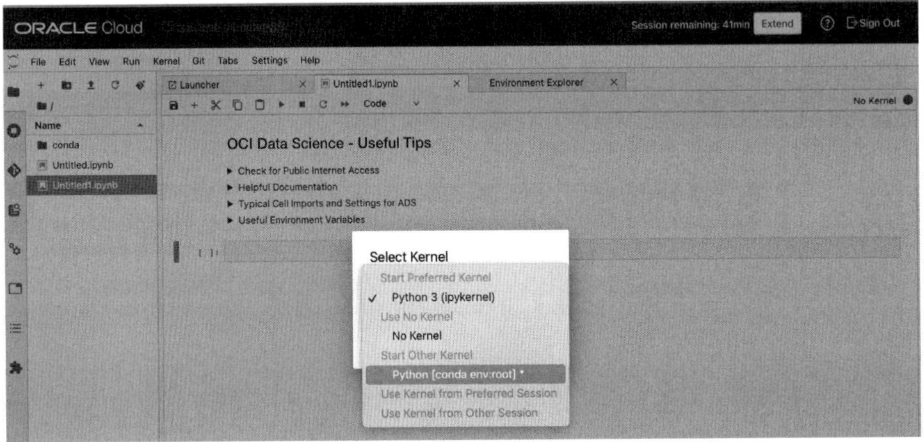

그림 4-12 데이터 사이언스 노트북 커널 선택

데이터 분석에 추가로 필요한 모듈을 설치한다. 먼저 파이썬 가상 환경을 생성하고 활성화한 후 pip 패키지 매니저를 최신 버전으로 업그레이드한다. 그리고 실습에서 사용할 분석 라이브러리를 설치한다.

보통 파이썬 데이터 분석에서 자주 사용되는 라이브러리들이 있다. 데이터 로드와 전처리에는 주로 판다스, 넘파이 등이 사용되고, 데이터 시각화에는 맷플롯립, 시본Seaborn, 플롯리Plotly 등이 사용된다. 또한 머신러닝 모델을 구축하고 데이터에 적용하기 위한 머신러닝 프레임워크로는 일반적으로 사이킷런Scikit-learn이 사용된다. 특히 사이킷런은 예측, 군집, 분류, 규칙 분석 등 학습을 위한 분석 작업에 널리 활용되는 라이브러리이다.

앞서 언급한 대부분의 라이브러리는 이미 Conda 환경에 설치돼 있기 때문에 추가로 설치할 필요는 없다. 하지만 statsmodels와 plotly, sktime 라이브러리는 최초 실습을 진행하는 경우 별도로 설치해야 한다. statsmodels는 회귀 분석, 시계열 분석, 비모수적 통계 분석 등 다양한 통계적 모델링을 수행하는 라이브러리인데 이번 실습에서 시계열 분석을 위해 설치한다. sktime은 시계열 데이터 처리와 모델링을 위한 머신러닝 라이브러리로 시계열 데이터 관련 기능과 알고리듬을 포함하고 있다.

다음 명령을 그림 4-13과 같이 주피터 노트북의 셀에 입력하고 실행 버튼을 클릭한다.

```
!python3 -m venv env
!source ./env/bin/activate
!python -m pip install --upgrade pip
!python -m pip install statsmodels
!python -m pip install plotly
!python -m pip install sktime
```

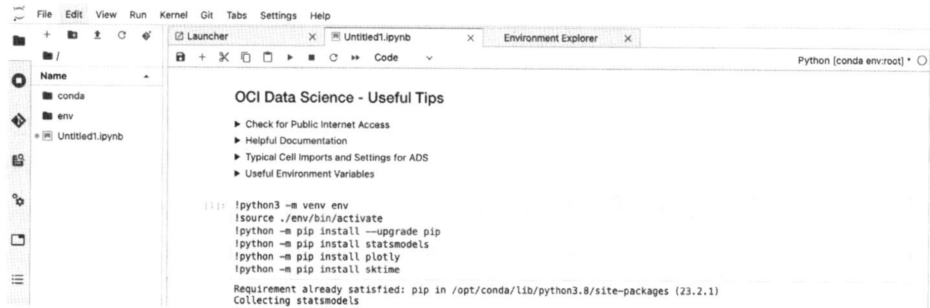

그림 4-13 분석에 사용될 추가 라이브러리 설치

그림 4-14와 같이 필요한 라이브러리를 임포트한다.

판다스는 데이터 분석에 사용되는 파이썬 라이브러리로 테이블 형태의 데이터를 쉽게 다룰 수 있도록 도와 준다. 판다스는 다양한 데이터 구조를 제공하는데 주로 벡터(배열)와 메트릭스(행, 열)가 있다. 1차원 벡터는 시리즈Series로, 메트릭스는 데이터프레임DataFrame으로 표현된다. 이번 실습에서는 판다스를 사용해서 데이터프레임 형태의 데이터를 처리할 예정이다.

넘파이는 파이썬에서 수치 계산을 위한 라이브러리로 주로 벡터나 메트릭스와 같은 데이터 구조의 연산에 활용된다.

지수 평활법 적용을 위해 statsmodels를 임포트했다. 시계열 데이터 분석을 위해 데이터를 추세, 계절성 및 잔차Residual로 분해한 후 홀트-윈터스 모델을 사용할 예정이다.

모델링 이후에는 검증을 위해 사이킷런 라이브러리(sklearn)를 활용할 것이다.

```
import pandas as pd
import numpy as np
import statsmodels.api as sm
from statsmodels.tsa.seasonal import seasonal_decompose
from statsmodels.tsa.holtwinters import ExponentialSmoothing
from sklearn.metrics import mean_absolute_error
```

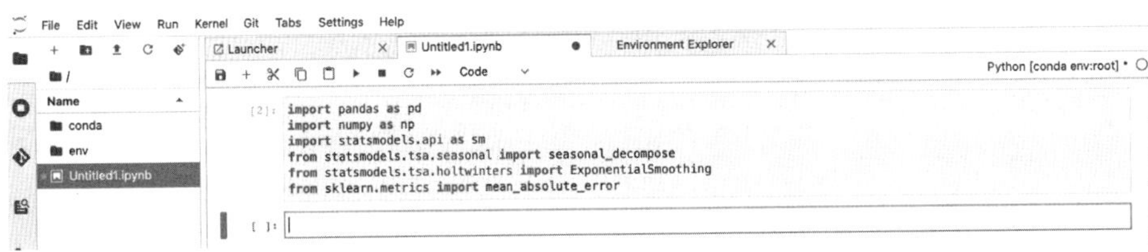

그림 4-14 분석에 사용될 추가 라이브러리 임포트

이제 분석할 데이터를 가져와서 분석에 필요한 형태로 가공할 차례이다.

다음과 같이 판다스 데이터프레임으로 데이터를 로드한다. 이때 데이터 인덱스를 "TIME"으로 선언해서 시계열 분석을 위한 시간값을 인덱스로 지정했다. 데이터의 분석 대상을 CPU 사용률로 한정하고, resample을 통해 분, 초 단위의 값을 월 단위 평균값으로 샘플링했다. 그리고 결측치까지 제거한 후 지금까지 수행한 작업의 결과를 그림 4-15와 같이 확인한다.

```
ocidemo_data = pd.read_csv('oci://oci-demo-ml-bucket/ocidemo_ml.csv',
parse_dates=True, index_col="TIME")
ocidemo_data = ocidemo_data.loc[:, ['CPU']]
ocidemo_data = ocidemo_data.resample(rule='M').mean()
ocidemo_data = ocidemo_data.dropna()
ocidemo_data.head()
```

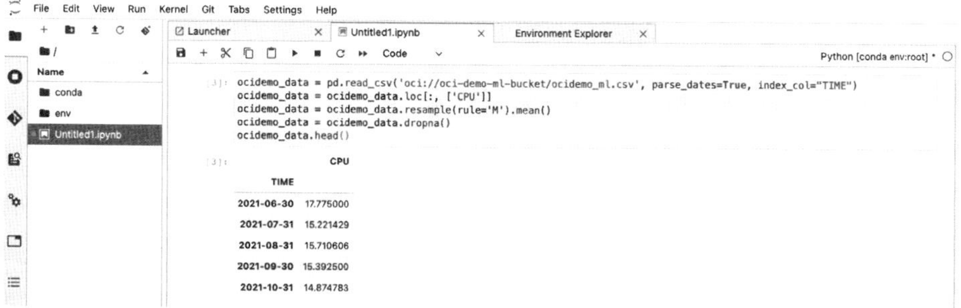

TIME	CPU
2021-06-30	17.775000
2021-07-31	15.221429
2021-08-31	15.710606
2021-09-30	15.392500
2021-10-31	14.874783

그림 4-15 분석 대상 데이터 정의 및 정제

이제 데이터는 그림 4-16과 같이 월별로 리샘플링된 날짜 칼럼이 인덱스로 재정의된 것을 확인할 수 있다.

```
ocidemo_data.index
```

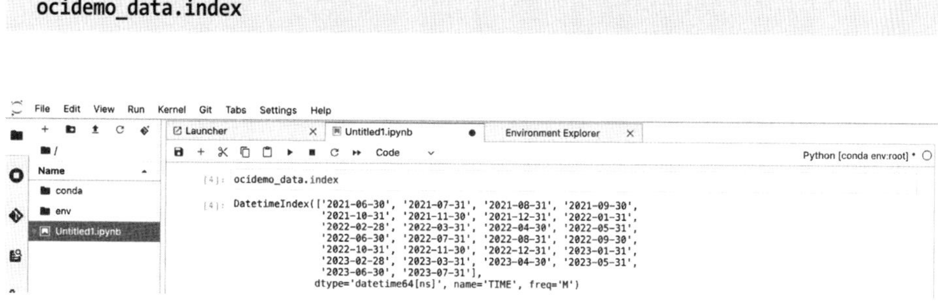

그림 4-16 인덱스 재정의 확인

데이터를 건수로 조회해 본다. 데이터프레임의 인덱스에서 그림 4-17과 같이 고유한unique 값을 추출했다.

```
print("유니크 데이터 개수:", ocidemo_data.index.nunique())
```

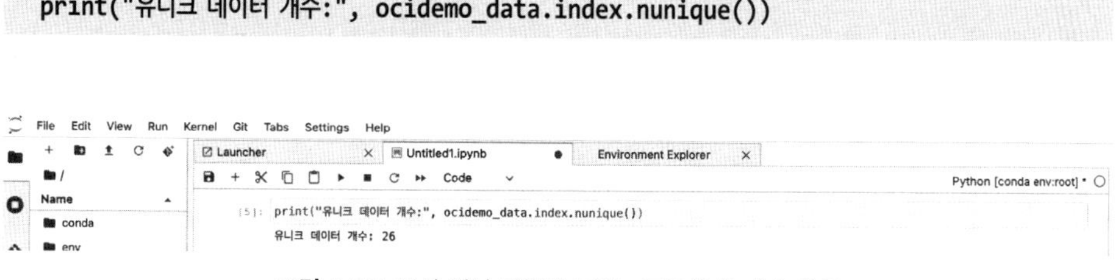

그림 4-17 분석 대상 데이터 조회 - 고유한 값 개수 확인

판다스의 crosstab 함수를 사용해서 교차표를 만들어 각 연도/월별 데이터를 확인할 수 있다. 이를 통해 데이터 분포를 확인하고 중복 데이터가 있는지도 확인할 수 있다. 그림 4-18과 같이 리샘플을 거친 데이터가 그룹마다 1건씩 있는지 확인할 수 있다.

```
pd.crosstab(index=ocidemo_data.index.year, columns=ocidemo_data.index.month)
```

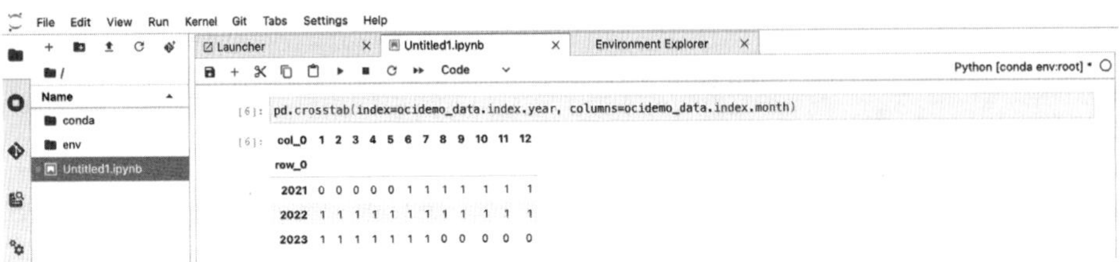

그림 4-18 분석 대상 데이터 조회 - 데이터 분포 확인

머신러닝 모델을 적용하기 전에 현재 준비된 데이터를 시각화해서 전체 패턴을 살펴보는 것이 중요하다. 이를 통해 데이터의 경향성을 파악하고 적절한 모델을 선택하는 데 도움이 된다. 이번 실습에서는 시각화 도구로 Plotly를 사용한다. Plotly는 사용자의 마우스에 반응하는 인터랙션 플로팅 기능을 제공하며, 필요에 따라 줌인, 줌아웃 등을 통해 상세 데이터를 살펴볼 수 있는 장점이 있다.

먼저 다음과 같이 라인 차트(선 그래프)를 사용해서 CPU 사용률 데이터를 시각화해 본다. 이를 통해 최근 CPU 자원 사용률의 증가 또는 감소 경향을 그림 4-19와 같이 시각적으로 확인할 수 있다.

```
import plotly.express as px

fig = px.line(ocidemo_data, x=ocidemo_data.index, y=ocidemo_data['CPU'],
title='CPU Usages')
fig.show()
```

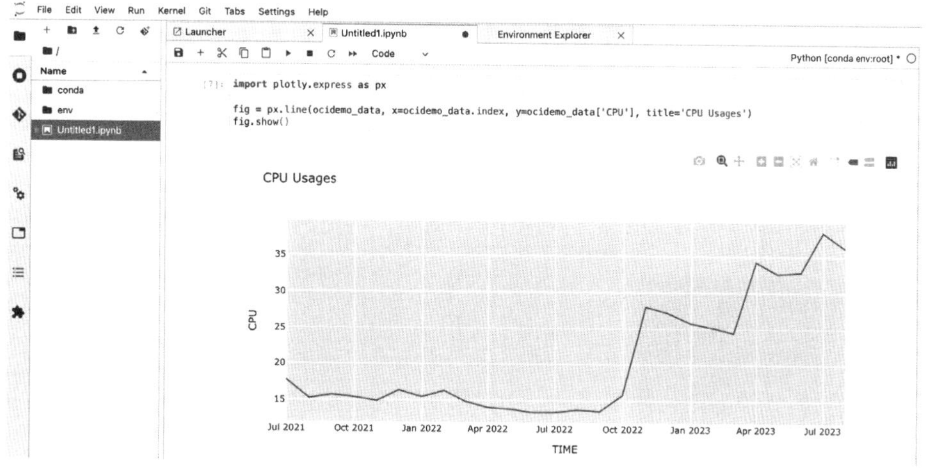

그림 4-19 훈련 데이터의 데이터 시각화 - 라인 차트

이번에는 데이터를 다음과 같이 연도별 박스플롯(박스 그래프)으로 시각화해서 데이터 값의 분포와 이상치를 확인해 본다. 박스플롯은 데이터의 분포를 나타내는 데 유용하며, 그림 4-20과 같이 연도별 CPU 사용률의 증가 추세 또한 확인할 수 있다.

```
fig = px.box(ocidemo_data, x=ocidemo_data.index.year, y='CPU', )
fig.show()
```

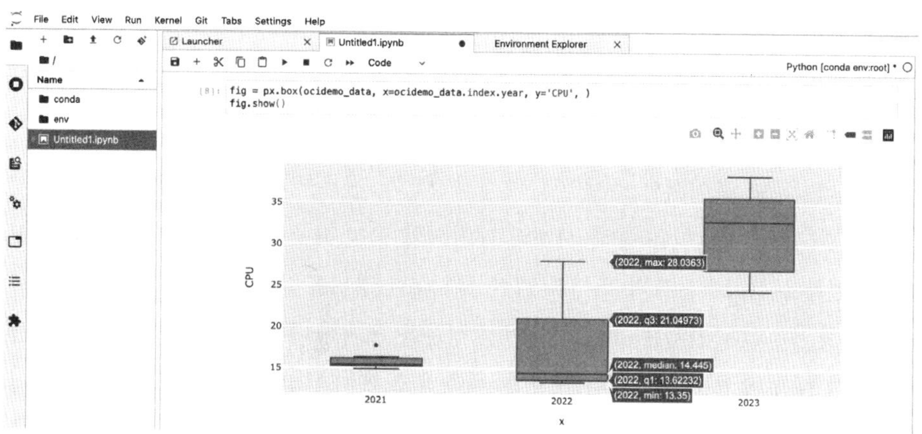

그림 4-20 훈련 데이터의 데이터 시각화 - 박스플롯

[박스플롯]

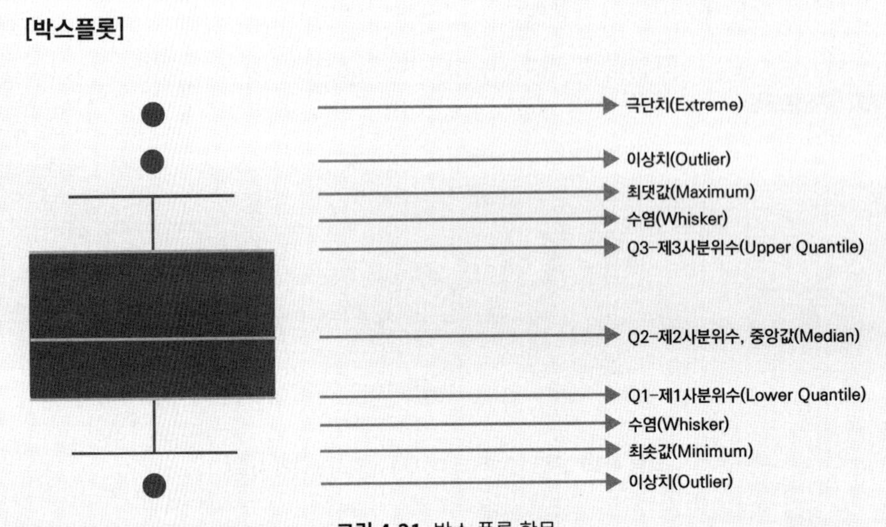

그림 4-21 박스 플롯 항목

박스플롯은 그림 4-21과 같이 데이터의 중앙값, 1사분위(25th percentile), 3사분위(75th percentile)를 나타내며 가로선으로 표현된다. 또한 세로선은 1사분위와 3사분위를 벗어난 값들을 나타낸다. 박스플롯에서 중앙값을 기준으로 데이터의 50%가 상위에, 나머지 50%는 하위에 분포돼 있다. 데이터를 작은 값에서 큰 값으로 정렬했을 때 전체 데이터의 25% 지점은 1사분위수를, 75% 지점은 3사분위수를 나타낸다.

또한 데이터의 최댓값과 최솟값을 기준으로 수염Whisker이 표시되며, 위쪽은 최댓값, 아래쪽은 최솟값을 나타낸다. 이 수염 밖에 위치한 점들은 특이한 분포를 가진 이상치Outlier로 간주된다. 이를 통해 데이터의 분포와 이상치를 시각적으로 파악할 수 있다.

시계열 데이터를 분해해서 추세Trend, 계절성Seasonal, 잔차Residual 성분으로 분리하는 것은 중요한 작업이다. 이를 통해 시계열 데이터의 구성 요소를 분석하고 이해할 수 있다. 각 성분을 분리함으로써 추세와 계절성에 대한 정보를 파악하고 예측을 위한 기반을 마련할 수 있다. 잔차는 추세와 계절성 성분을 제거한 후 남는 데이터로 주로 불규칙성이나 예측 오차를 나타낸다. 모델의 예측과 실제 데이터 간의 차이를 잔차로 파악할 수 있다.

그림 4-22의 그래프를 통해 CPU 사용률이 추세와 계절성이 있는 것을 확인할 수 있

다. 또한 불규칙한 데이터가 존재하지만 대체로 예측이 가능한 범위 내에 있는 것으로 보인다. 이를 통해 데이터의 특성을 파악하고 모델을 적용하기 전에 데이터의 패턴을 더 잘 이해할 수 있다.

```
decompose = seasonal_decompose(ocidemo_data["CPU"], model='additive',
period=4)
decompose.plot();
```

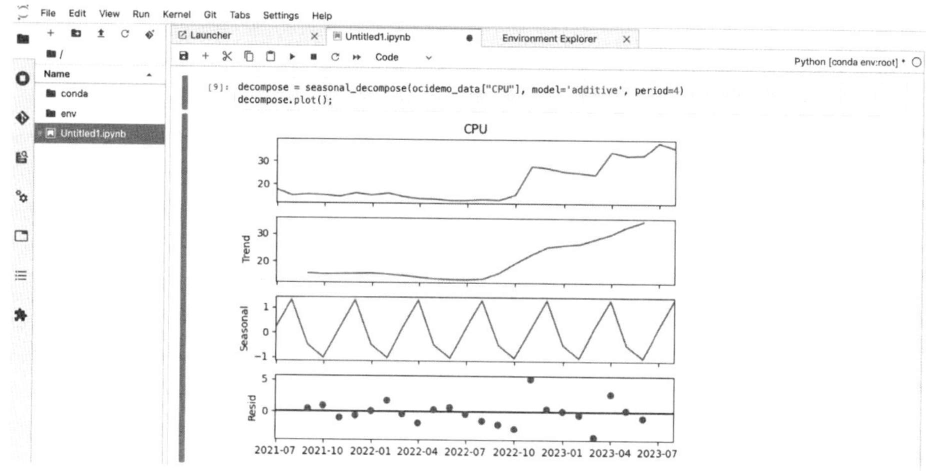

그림 4-22 훈련 데이터의 데이터 시각화 - 시계열 데이터 분해

시각화를 통해 데이터의 패턴을 파악한 결과 시간에 따라 자원 사용률이 증가하는 추세가 있고, 이런 자원 사용률에는 계절성 패턴이 내재돼 있다는 것을 확인했다. 이제 홀트-윈터스 지수 평활법 모델을 적용한다. 홀트-윈터스 지수 평활법은 시계열 데이터의 추세 및 계절성 패턴을 캡처하고 예측에 사용할 수 있는 모델 중 하나로 널리 사용되는데 시계열 데이터의 특성을 고려해서 예측을 수행할 수 있게 해준다. 이 모델을 통해 미래의 자원 사용량을 예측하고 계획을 세울 수 있다.

4.2.1.3 실습 - 분석 모델 생성

앞서 살펴본 데이터 분석 방법에 따라 데이터를 훈련 데이터와 테스트 데이터로 분리하는 작업을 수행한다. 이 과정은 모델의 성능을 정확하게 평가하기 위한 중요한 단계로 훈련 데이터로 모델을 학습시키고, 테스트 데이터로 모델의 성능을 평가한다. 일반적으로 훈련 데이터와 테스트 데이터의 크기 비율은 8:2 또는 7:3으로 설정한다. 그러나 이번 실습에서는 데모 데이터의 양이 제한돼 있어서 2개월 데이터를 테스트 데이터로 사용하고, 나머지 24개월 데이터를 훈련 데이터로 활용해서 분석을 진행한다.

그림 4-23과 같이 다음 예시의 "temporal_train_test_split" 함수를 사용해서 데이터를 분리할 수 있는데 이 함수는 sktime 라이브러리의 "forecasting.model_selection" 모듈에 포함돼 있다. 이 함수를 사용하면 시계열 예측 작업에 맞게 데이터를 훈련셋과 테스트셋으로 나눌 수 있다. 테스트셋의 크기는 "test_size" 매개변수로 조절할 수 있다. "forecasting.model_selection" 모듈은 시계열 예측 모델을 선택하고 평가하는 데 필요한 도구를 제공한다.

```
from sktime.forecasting.model_selection import temporal_train_test_split

train, test = temporal_train_test_split(ocidemo_data, test_size=2)
print(len(train), len(test) )
```

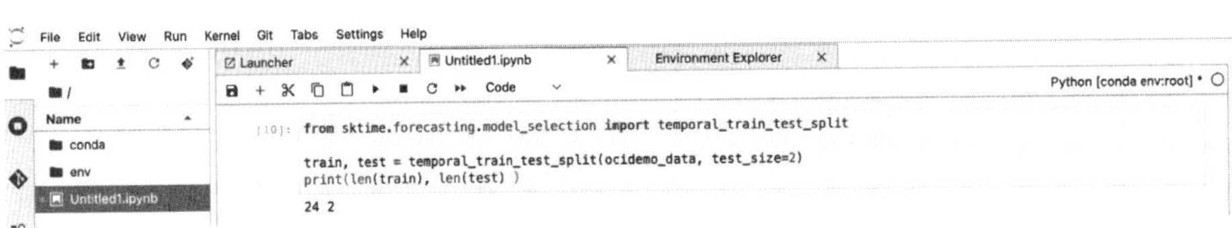

그림 4-23 훈련 데이터와 테스트 데이터로 데이터 분할

이제 테스트 데이터를 복제하고 홀트-윈터스 모델을 구축한다. 훈련 데이터에 대해 지수 평활법으로 "fit()" 메서드를 사용해서 모델을 훈련한다. 이때 사용한 "sm.tsa.statespace.ExponentialSmoothing"은 statsmodels 라이브러리의 tsa(시계열 분석) 모듈 내에서 제공되는 클래스로 지수 평활 시계열 예측 모델을 구축하는 데 사용된다.

모델을 훈련한 후 "get_forecast()" 메서드를 이용해서 향후 시점의 예측값을 생성한다. 이 예시에서는 향후 4개월 동안의 자원 사용률에 대한 예측을 수행했다.

다음으로 예측 결과를 "summary_frame()" 메서드를 사용해서 생성된 예측 결과 객체에서 요약 정보를 DataFrame 형태로 추출한다. 예측값을 추출할 때 예측값의 평균값과 상한값, 하한값을 포함해서 추출하도록 설정했다.

마지막으로 예측 결괏값 중 평균값을 테스트 데이터에 열로 추가한다. forecast 수행 결과 그림 4-24와 같이 향후 CPU 자원 사용률이 약 35% 수준으로 예상된다.

```
predictions = test.copy()

ets_model= sm.tsa.statespace.ExponentialSmoothing(np.log(train),trend=True,
initialization_method= 'heuristic',seasonal=4,damped_trend=True).fit()
ets_model_forecast = ets_model.get_forecast(4)
results = ets_model_forecast.summary_frame(alpha=0.05).apply(np.exp)
[["mean","mean_ci_lower","mean_ci_upper"]].round(1)
predictions["ets_forecast"] = results['mean']
predictions["ets_forecast"]
```

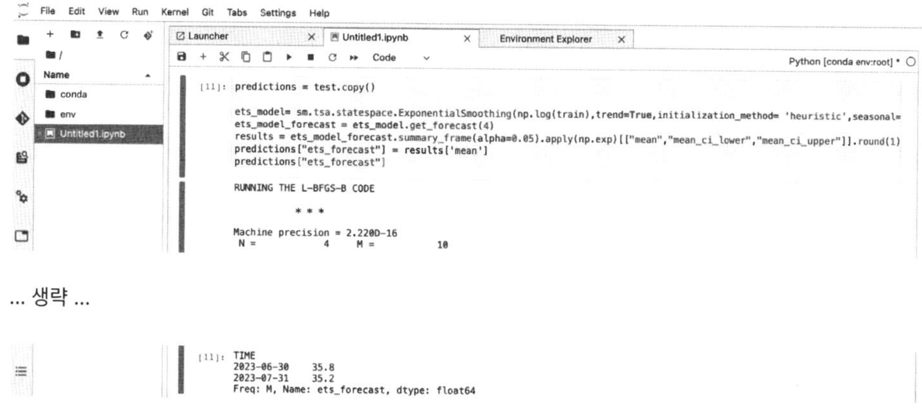

그림 4-24 모델 훈련 및 forecast 수행

[Prediction vs. Forecast]

"Prediction"과 "Forecast"는 통계적 의미에서 서로 다른 개념이다. 그러나 두 용어 모두 "예측"으로 번역돼 혼동이 발생할 수 있다.

"Prediction"은 사전 정보 여부와 관계없이 미래에 발생할 사건을 나타내는 실제 행위이고, "Forecast"는 이전 이벤트의 데이터와 최근 추세를 조합해서 미래 이벤트 결과를 계산하거나 추정하는 것을 의미한다. "Forecast"는 과거 데이터와 통계적 기법을 활용해서 미래 값을 예측한다.

모델링 관점에서 "Predictive 모델링"은 데이터 마이닝과 확률을 이용해서 세부적인 결과를 예측하는 인공지능의 한 형태이다. 여러 입력 변수를 사용해서 출력 변수를 예측하는 데 활용된다. "다음 달에 어떤 고객이 제품을 구매할 가능성이 높은가?"와 같은 질문에 Predictive 모델링을 활용해서 답을 찾을 수 있다.

"Forecast"는 시계열 데이터를 기반으로 미래 값을 예측하는 "Prediction"의 하위 분야이다. 따라서 두 용어의 주요 차이는 시간적인 차원을 고려하는지의 여부에 있다.

"Forecast" 기법은 데이터를 기반으로 추세를 파악하고 미래 값을 예측한다. 일반적으로 예측은 보다 높은 수준에서 이뤄지며 "다음 달의 매출 예상액은 얼마인가?"와 같은 질문에 활용된다.

학습된 결과에 따른 예측 결과를 시각화한다. 앞서 예측값을 추출할 때 미리 평균값, 상한값, 하한값을 함께 추출하도록 설정했으므로 이 정보를 활용하면 그림 4-25와 같은 그래프로 표현할 수 있다. 이를 위해서는 다음 예시와 같이 플롯리plotly 라이브러리에서 제공하는 add_scatter() 메서드를 사용한다. 이 메서드는 그림figure 객체에 산점도Scatter Plot를 추가하는 기능을 제공한다.

```
import plotly.graph_objects as go

fig = go.Figure()
fig.add_scatter(x=results.index, y=results["mean_ci_upper"], fill='toself'
, name= "" , line_color ='white')
fig.add_scatter(x=results.index, y=results["mean_ci_lower"], fill='tonexty',
name= "", fillcolor='white', line_color ='white')
fig.add_scatter(x=train.index, y=train["CPU"], name ="CPU" )
fig.add_scatter(x=results.index, y=results["mean"],  name ="Forecast" )
```

```
fig.show()
```

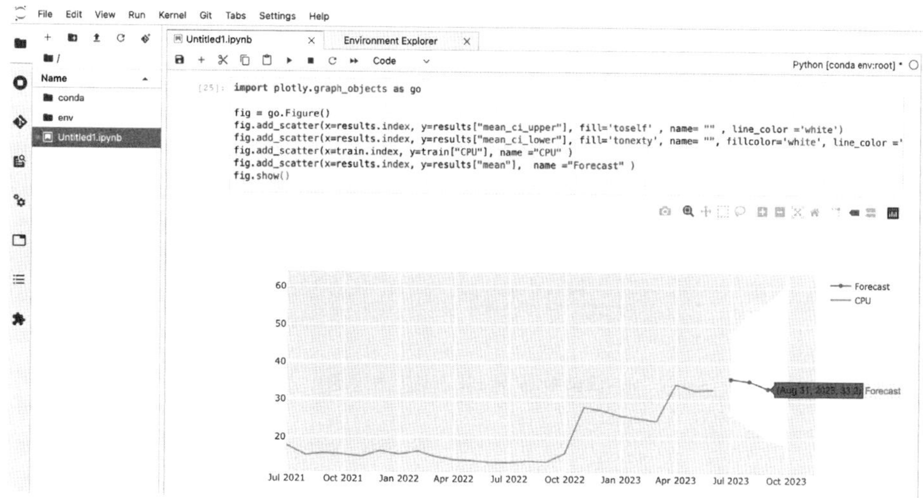

그림 4-25 학습 데이터와 forecast 데이터 시각화

4.2.1.4 실습 - 모델 평가

훈련 데이터를 사용해서 모델을 학습시키고, 이 모델을 기반으로 미래 값을 예측해 봤다. 이제 sklearn 라이브러리를 사용해서 예측 모델의 성능을 평가해 보자. 성능 평가 지표에는 3장에서 설명한 대로 MAE, MSE, RMSE, R^2 등이 있으며, 이 값들이 작을수록 예측을 신뢰할 수 있다.

이번 실습 예제에서는 모델의 성능 지표로 RMSE를 측정한다. mean_squared_error 메서드에 전달된 "y_pred"는 예측값이고, "y_test"는 분석 대상 데이터의 종속 변수, 즉 실젯값이다. 아래 예제 코드에서 mean_square_error (MSE) 함수를 임포트했지만, 아래 코드 마지막에 측정값의 제곱근을 구했기 때문에 "RMSE"라는 변수명을 사용했다. 각 성능 지표의 오차가 작을수록 모델의 성능이 좋다. 이 특정 테스트 모델의 경우 그림 4-26과 같이 RMSE 기준으로 약 1.89의 오차율을 보여주고 있다. RMSE가 낮을수록 좋은 성능을 나타낸다. 그러나 이는 상대적인 수치이므로 여러 모델로 학습을 수행한 후 가장 낮은 값을 가진 모델을 최종 분석 모델로 선택하게 된다.

```
from sklearn.metrics import mean_squared_error

y_test = predictions.CPU
y_pred = predictions["ets_forecast"]
RMSE = mean_squared_error(y_test, y_pred)
print(np.sqrt(RMSE))
```

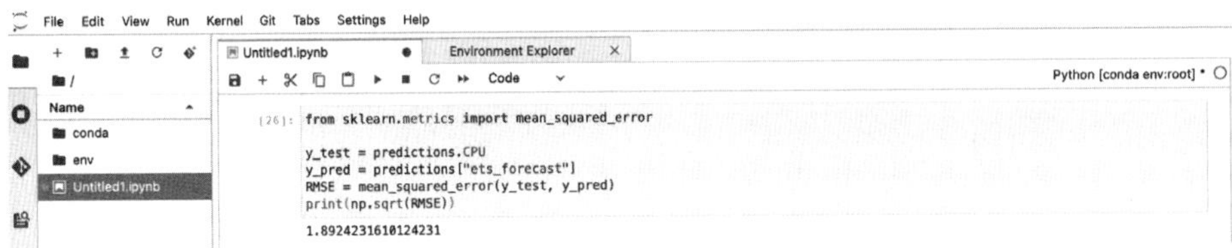

그림 4-26 RMSE 모델 성능 검증

RMSE를 측정해서 모델의 성능을 확인한 후 몬테 카를로 시뮬레이션을 활용해서 통계적 결과를 검토할 수 있다.

몬테 카를로 시뮬레이션Monte Carlo Simulation은 불확실한 사건의 가능한 결과를 시뮬레이션을 통해 예측하는 방법이다. 이를 통해 과거 데이터 분석을 기반으로 다양한 조치 선택에 따른 미래 결과를 예측할 수 있다. 이 방법은 예측에 불확실성이나 무작위성을 반영하는 확률적 모델을 활용한다.

몬테 카를로 시뮬레이션의 동작 방식은 다음과 같다. 먼저 불확실성을 가진 변수에 임의의 값을 할당한다. 그 후 모델을 실행하고 결과를 얻는다. 이 과정은 해당 변수에 대해 여러 값을 반복적으로 할당하면서 수행된다. 시뮬레이션이 완료되면 결과를 평균화해서 추정치를 얻을 수 있다.

이번 실습에서는 4개월 동안의 예측을 위해 100번의 시뮬레이션을 수행해서 확률적 결과를 얻는다. 다음 예시에 사용된 ets_model.simulate() 메서드는 지수 평활법 모델을 기반으로 몬테 카를로 시뮬레이션을 실행하는 기능을 제공한다. 시뮬레이션한 데이터를 데이터프레임을 활용해서 피벗 테이블로 정리한 후 평균값을 새 열에 추가하고 이를 출력한다. 이로써 그림 4-27과 같은 결과를 확인할 수 있다.

```
mon = ets_model.simulate(4, anchor='2023-06-30', repetitions=100 )
mon = pd.pivot_table(mon, columns=mon.index).apply(np.exp).round(1)
mon["mean"] = mon.mean(axis=1)
mon
```

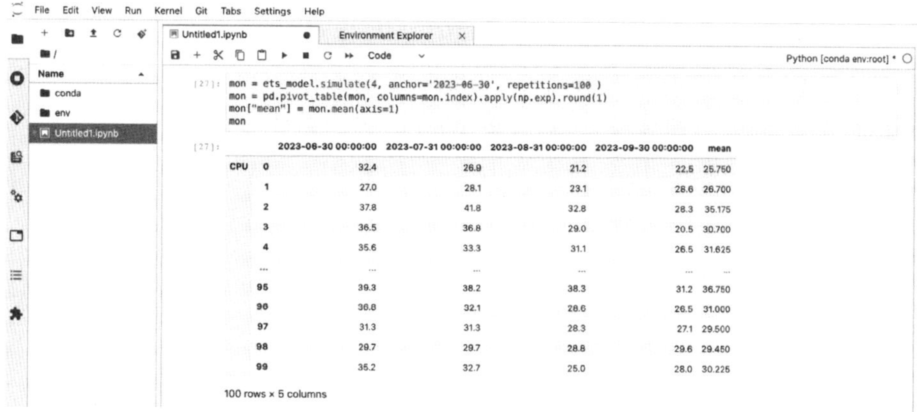

그림 4-27 몬테 카를로 시뮬레이션 수행

100회의 시뮬레이션을 수행한 확률적 결과를 그림 4-28과 같이 확인해 본다. 이 결과에 따르면 향후 4개월 동안 CPU 사용률은 50%의 확률로 31%와 39% 사이의 구간에 위치할 것으로 해석할 수 있다.

```
mean_2023_CPU = np.mean(mon["mean"])
print("몬테카를로 25분위      :",np.quantile(mon["mean"], 0.25).round(0))
print("몬테카를로 100회 평균 :",mean_2023_CPU.round(0))
print("몬테카를로 75분위      :",np.quantile(mon["mean"], 0.75).round(0))
print("모델 최초 예측값 평균 :",results["mean"].mean().round(0))
```

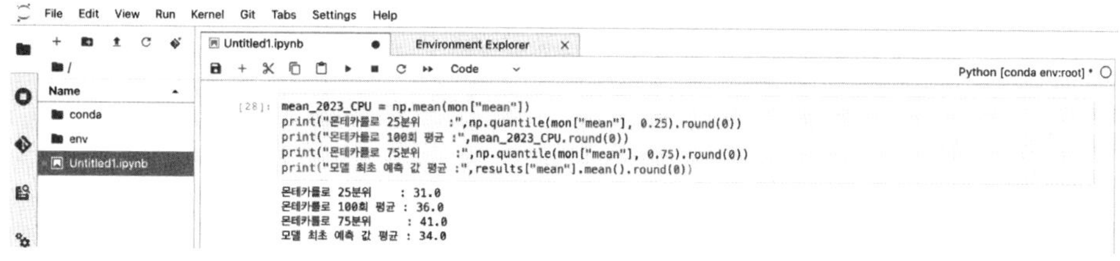

그림 4-28 몬테 카를로 시뮬레이션 수행 결과 확인

4.2.1.5 실습 - 모델 저장 및 유저 함수에서 활용

업무에서 머신러닝 모델을 지속적으로 활용하기 위해 해당 모델을 파이썬 코드로 저장하고, 시계열 분석이 필요한 경우 이를 호출하는 방법을 구현해 본다.

먼저 그림 4-29와 같이 모델 객체를 직렬화해서 파일로 저장하려면 다음 예시처럼 joblib 라이브러리에서 dump 함수를 사용한다. 그런 다음 모델을 저장할 디렉토리를 생성하고, 해당 디렉토리와 파일명을 지정해서 저장 위치를 설정한다. 이를 통해 데이터 사이언스 인스턴스에서 사용하는 블록 스토리지에 모델이 저장된다.

```
import os
from joblib import dump

if not os.path.exists(f"./testmodel"):
    os.mkdir(f"./testmodel")

dump(ets_model, os.path.join(f"./testmodel", "ets.joblib"))
```

그림 4-29 모델 저장을 위한 디렉토리 및 파일 지정

저장된 모델을 파일로부터 가져오는 파이썬 함수를 그림 4-30과 같이 주피터 노트북 셀에서 작성한다. 파이썬 코드를 작성하기 전에 사용된 다음 예시의 "%%writefile" 커맨드는 주피터 노트북 환경에서 현재 셀의 내용을 파일로 저장하는 기능을 한다.

```
%%writefile {f"./testmodel"}/load_model.py

import json
import os
from joblib import load
import pandas as pd
import io
```

```
def load_model():
    model_dir = os.path.dirname(os.path.realpath(__file__))
    contents = os.listdir(model_dir)
    model_file_name = "ets.joblib"

    with open(os.path.join(os.path.dirname(os.path.realpath(__file__)),
model_file_name), "rb") as file:
        model = load(file)
    return model
```

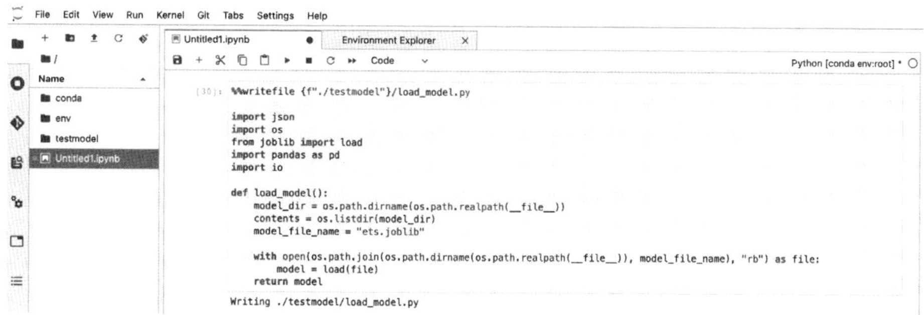

그림 4-30 모델 로드 파이썬 함수 작성

분석 모델을 불러와서 예측을 수행하는 사용자 함수를 작성해서 모델의 활용을 테스트해 본다. 다음 실습 예제 코드에서 input_data 부분에는 예측에 사용할 시계열 데이터를 넣어줘야 한다. 이를 통해 그림 4-31과 같이 사용자 함수를 활용해서 저장된 모델을 불러오고 예측을 수행하며, 4개월분의 CPU 자원 사용률 예측값을 출력할 수 있다.

```
import sys
sys.path.insert(0, f"./testmodel")
from load_model import load_model

def forecast(data):
    model = load_model()
    results = model.get_forecast(data)
    results_df=results.summary_frame(alpha=0.05).apply(np.exp)
[["mean","mean_ci_lower","mean_ci_upper"]]
    results_df.round(1)
    results_df.to_json()
```

```
    return {'prediction': results_df.to_json() }

input_data = 4
forecast(input_data)
```

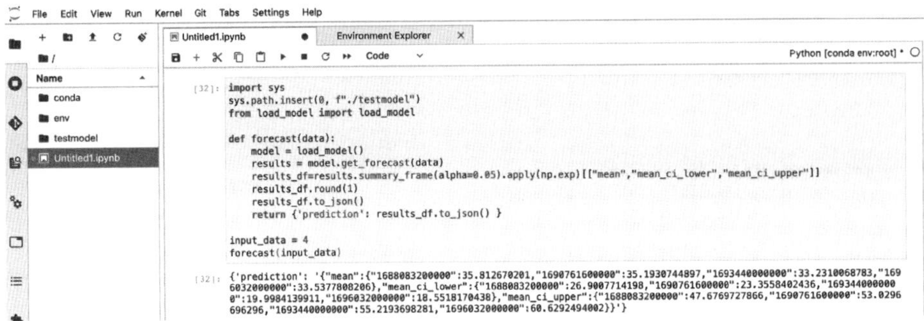

그림 4-31 예측 결과 출력 파이썬 함수 작성

4.2.2 OML4SQL을 활용한 머신러닝 분석

이제부터의 실습은 지금까지 데이터 사이언스 서비스를 활용해서 주피터 환경의 파이썬 코드로 CPU 자원 분석 및 모델 적용을 수행한 것과 달리 오라클 데이터베이스 내의 머신러닝 기능인 OML4SQL[Oracle Machine Learning for SQL]을 활용해서 데이터 분석 작업을 진행한다.

OML4SQL은 오라클의 온프레미스 데이터베이스, DBCS, Autonomous 데이터베이스 등에서 활용이 가능한 기능으로 데이터베이스 내에서 모델 구축, 평가 및 적용을 위해 30개 이상의 머신러닝 알고리듬이 제공된다. 이를 통해 데이터 준비, 변환, 모델 구축, 튜닝, 검증 등의 작업을 PL/SQL 프로시저 및 SQL을 활용해서 실행할 수 있다. 이는 SQL에 익숙한 오라클 데이터베이스 사용자들에게 머신러닝 알고리듬을 쉽게 사용할 수 있는 기회를 제공한다. 특히 Autonomous 데이터베이스를 사용한다면 In-DB 환경과 연계된 분석 노트북 환경도 함께 활용할 수 있다.

이제부터의 실습은 그림 4-32의 단계와 같이 3장에서 배포한 Autonomous 데이터베이스에 CPU 사용률 데이터를 업로드해서 In-DB 분석을 수행하고 예측 결과까지 도출하는 것으로 진행할 것이다. 이를 통해 오라클 데이터베이스의 OML4SQL을 활용한 데이터 분석 방법을 학습한다.

그림 4-32 4장 실습 단계 - OML4SQL을 활용한 머신러닝 분석

다음과 같은 단계로 실습을 진행한다.

- 분석 데이터 준비
- OML4SQL을 활용한 forecast 분석

4.2.2.1 실습 - 분석 데이터 준비

실습 데이터는 이전 데이터 사이언스 분석에서 사용했던 데이터 파일을 그대로 사용한다. 이 데이터를 활용해서 Autonomous 데이터베이스에서 분석을 수행할 것이다.

OCI 웹 콘솔에서 [Oracle Database → Autonomous Database → Autonomous Data Warehouse → oci-demo-adw] 화면으로 이동해서 Database actions → SQL을 선택한다. 그림 4-33과 같이 Database actions에서 SQL을 선택해서 SQL 작업을 실행할 수 있다.

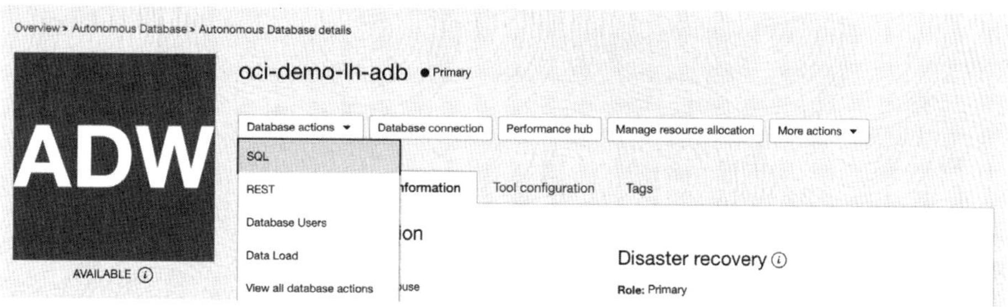

그림 4-33 Autonomous 데이터베이스 SQL 실행 환경 로드

그림 4-34와 같이 SQL 워크시트가 나온 후 오른쪽 상단 메뉴에서 **데이터로드**를 클릭해서 CSV 형식의 실습 데이터 파일을 Autonomous 데이터베이스에 적재한다. 앞선 데이터 사이언스를 활용한 머신러닝 실습에서 사용했던 다음의 실습 파일을 사용한다.

- 실습 데이터 파일: ocidemo-ml.csv

그림 4-34 실습 데이터 파일 업로드

오른쪽 상단의 **파일 추가**를 클릭해서 파일을 업로드하고 업로드된 파일 오른쪽의 햄버거 버튼에서 그림 4-35와 같이 **설정**을 선택한다.

그림 4-35 실습 데이터 파일 설정

그림 4-36과 같이 업로드할 데이터의 내용을 확인하고 하단의 **다음**을 클릭한다.

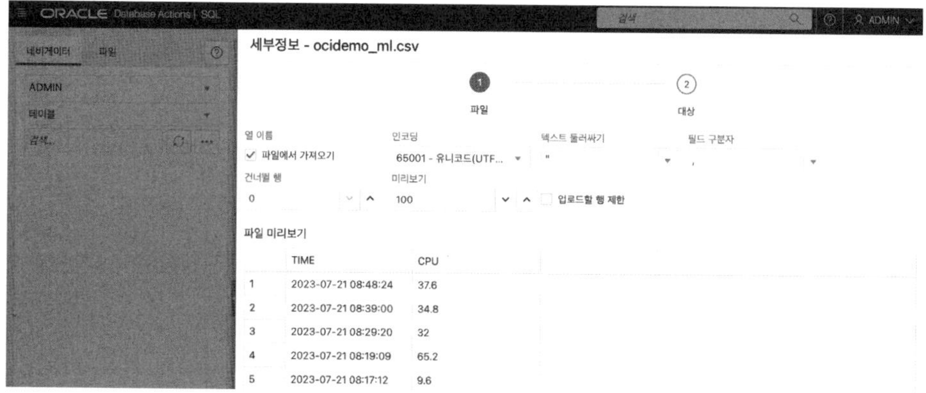

그림 4-36 실습 데이터 세부 정보

시계열 데이터의 날짜 속성값 표현을 위해 TIME 칼럼을 DATE 형식으로 변경하면 그림 4-37과 같이 날짜 문자열을 자동으로 "RRRR-MM-DD HH24:MI:SS"와 같은 형식으로 인식하게 된다. 이제 하단의 **업로드**를 클릭하면 Autonomous 데이터베이스에 데이터의 업로드가 진행된다.

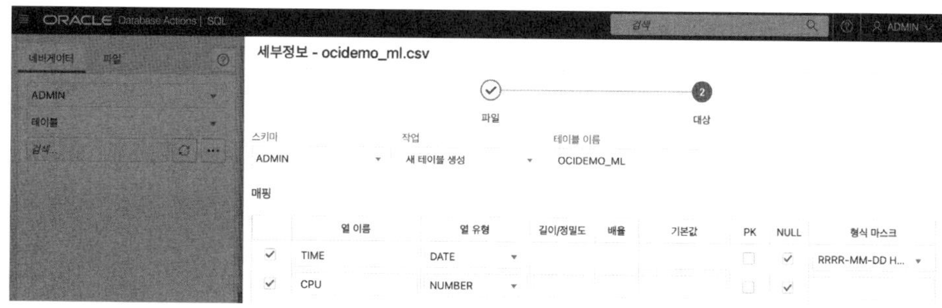

그림 4-37 실습 데이터 날짜 칼럼 속성 변경

업로드가 완료되면 그림 4-38과 같은 화면을 볼 수 있다. 하단의 닫기를 클릭한다.

그림 4-38 실습 데이터 업로드 완료

데이터를 업로드한 후에는 SQL 워크시트에서 다음의 쿼리를 실행해서 데이터가 적재된 것을 확인할 수 있다. 그림 4-39와 같이 데이터가 표시돼야 한다.

```
select * from ocidemo_ml;
```

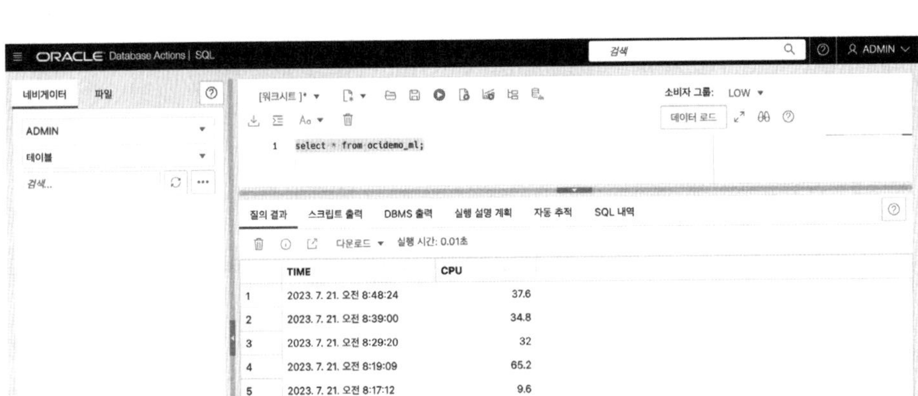

그림 4-39 업로드 데이터 적재 확인

4.2.2.2 실습 - OML4SQL을 활용한 forecast 분석

오라클 Autonomous 데이터베이스는 그림 4-40의 Database actions 화면에서 확인할 수 있듯이 다양한 개발 도구를 제공한다. 이 중에서 Oracle Machine Learning을 활용한 노트북 분석 기능을 사용해서 실습을 진행한다.

Database actions 화면에서 View all database actions를 클릭하면 그림 4-40과 같

은 화면을 볼 수 있다. 여기서 ORACLE MACHINE LEARNING을 선택하고, SIGN IN 화면에서는 Autonomous 데이터베이스의 Admin 계정을 사용한다.

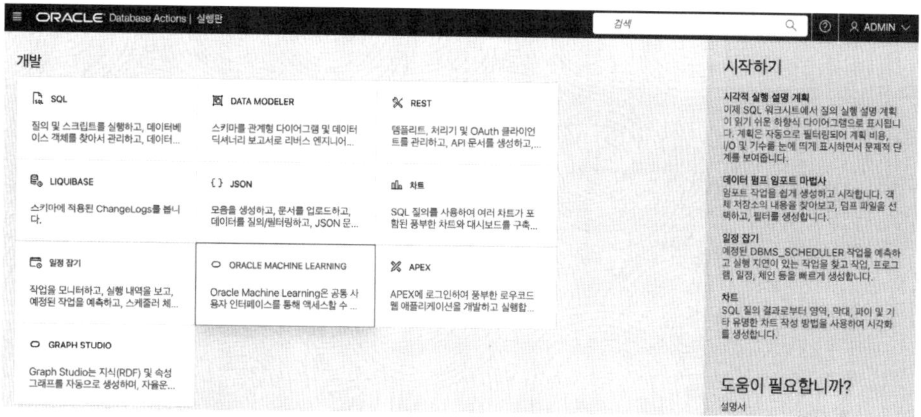

그림 4-40 Autonomous 데이터베이스 Database actions 화면

그림 4-41과 같이 Oracle Machine Learning 홈페이지에서 노트북을 선택한다.

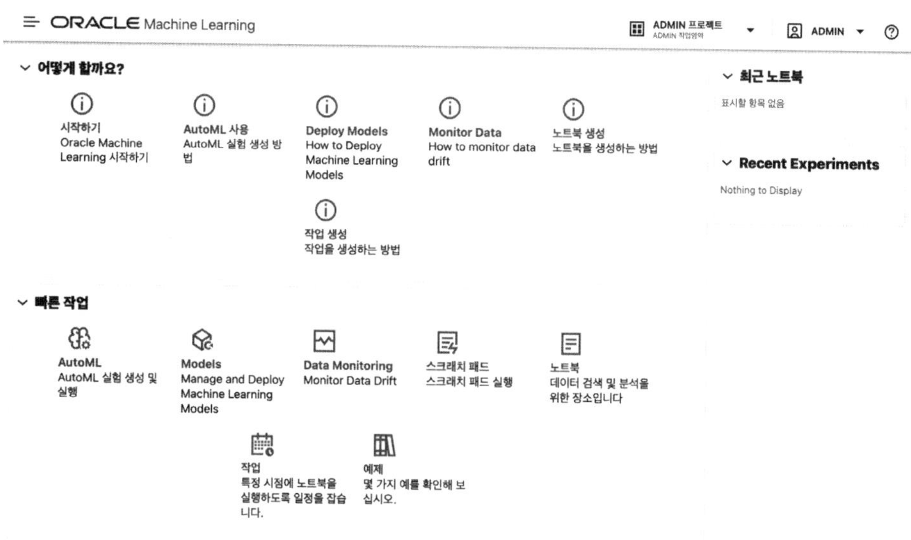

그림 4-41 Oracle Machine Learning 홈페이지

이어서 나타나는 노트북 화면에서 **+ 생성**을 클릭해서 노트북을 생성한다. 노트북 생성 팝업 창에서 그림 4-42와 같이 다음 내용을 입력하고 하단의 **확인**을 클릭한다.

- 이름: OML-demo

그림 4-42 OML 노트북 생성

다음 단계는 데이터베이스에 업로드된 데이터를 OML4SQL을 활용해서 분석할 차례이다. OCI 데이터 사이언스를 이용해서 분석했을 때와 마찬가지로 지수 평활법 모델을 사용해서 분석한다. 데이터 구조는 앞선 실습에서 분석한 데이터와 동일하므로 바로 모델을 생성한다.

OML4SQL을 활용한 In-DB 분석은 dbms_data_mining PL/SQL 패키지로 수행한다.

다음 PL/SQL 블록에서 선언한 모델에 적용할 파라미터의 내용은 다음과 같다.

- ALGO_NAME: 분석에 사용할 알고리듬을 호출한다. 지수 평활법을 사용한다.
- EXSM_INTERVAL: 등간격 시계열의 간격을 지정한다. 여기서는 데이터셋의 월 단위로 시계열 간격을 지정한다.
- EXSM_PREDICTION_STEP: 예측을 수행할 단계 수를 지정한다. 6개월로 적용한다.
- EXSM_MODEL: 모델을 지정한다. 홀트 선형 지수 평활 모델을 적용한다.

- EXSM_ACCUMULATE: 입력된 시계열에서 누적된 시계열 값을 생성하는 방법을 지정한다. 평균 방식을 선택한다.

create_model2 프로시저로 모델을 생성한다. 모델에서 사용한 파라미터는 다음과 같다.

- model_name: 모델 이름을 지정한다.
- mining_function: 마이닝 함수를 지정한다. TIME_SERIES로 지정하면 지수 평활 알고리듬을 사용하게 된다.
- data_query: 모델 구축을 위한 훈련 데이터를 제공하는 쿼리를 지정한다. OML4SQL의 시계열 분석 모델은 집계하지 않은 원천 데이터를 입력해도 내부적으로 집계 작업을 수행해서 분석을 진행한다.
- set_list: 파라미터셋을 지정한다.
- case_id_column_name: 시계열 인덱스 칼럼을 지정한다.
- target_column_name: 예측 분석할 칼럼을 지정한다.

맨 상단 "%script" 커맨드를 포함해서 다음 모델 생성 스크립트를 셀에 입력하고 그림 4-43과 같이 셀 오른쪽 상단의 Run this paragraphs를 클릭한다.

GitHub Script: https://github.com/ociexplained/how-to-use-OCI/chapter4/oml4sql_analysis.py

```
%script

DECLARE
     v_setlst dbms_data_mining.SETTING_LIST;
BEGIN
     v_setlst(dbms_data_mining.ALGO_NAME)  := dbms_data_mining.ALGO_
EXPONENTIAL_SMOOTHING;
     v_setlst(dbms_data_mining.EXSM_INTERVAL) := dbms_data_mining.EXSM_
INTERVAL_MONTH;
     v_setlst(dbms_data_mining.EXSM_PREDICTION_STEP)  := '6';
     v_setlst(dbms_data_mining.EXSM_MODEL) := dbms_data_mining.EXSM_HOLT;
     v_setlst(dbms_data_mining.EXSM_ACCUMULATE) :=  dbms_data_mining.EXSM_
```

```
ACCU_AVG;

    dbms_data_mining.create_model2(
            model_name => 'ocidemo_cpu_forecast', mining_function => 'TIME_
SERIES', data_query => 'select time,cpu from ocidemo_ml', set_list => v_
setlst, case_id_column_name => 'TIME', target_column_name => 'CPU');
END;
/
```

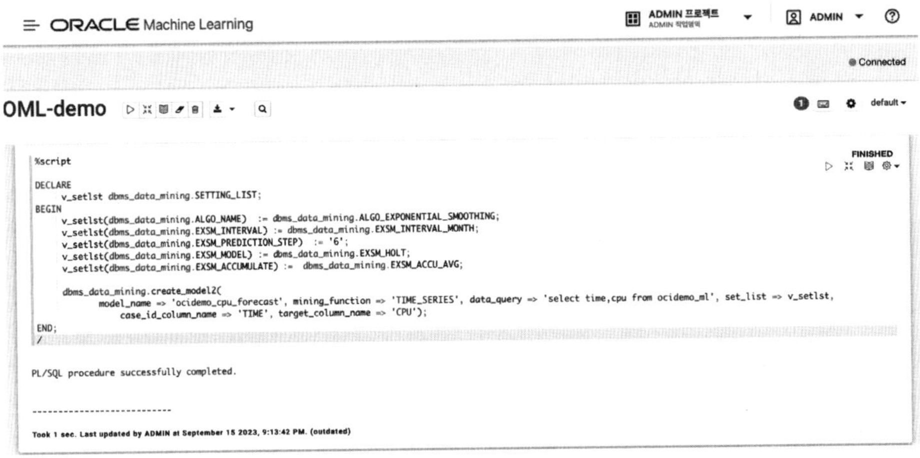

그림 4-43 OML4SQL을 활용한 모델 생성

OML4SQL에서 모델이 생성되면 dm$vp로 시작하는 뷰가 생성되는데 이는 구축한 모델을 나타낸다. 이 모델은 데이터베이스의 테이블 구조를 따르며, SQL을 통해 그림 4-44와 같이 즉시 조회할 수 있다. 이 모델을 기반으로 CPU 사용률에 대한 예측값을 조회해 본다. 다음의 쿼리를 입력한 후 Run this paragraphs를 클릭한다.

```
GitHub Script: https://github.com/ociexplained/how-to-use-OCI/chapter4/
oml4sql_model_query.sql
```

```
%sql

select case_id "date", round(value,2) actual_cpu, round(prediction,2)
forcast_cpu, round(lower,2) lower_bound, round(upper,2) upper_bound
from  dm$vpocidemo_cpu_forecast
order by 1;
```

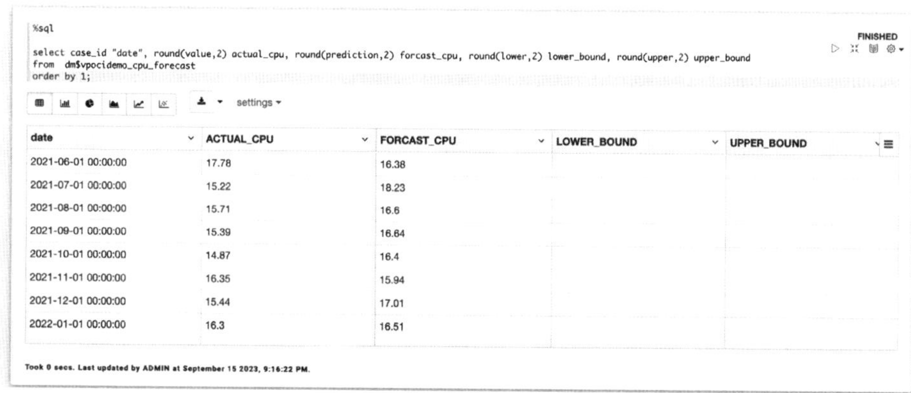

date	ACTUAL_CPU	FORCAST_CPU	LOWER_BOUND	UPPER_BOUND
2021-06-01 00:00:00	17.78	16.38		
2021-07-01 00:00:00	15.22	18.23		
2021-08-01 00:00:00	15.71	16.6		
2021-09-01 00:00:00	15.39	16.64		
2021-10-01 00:00:00	14.87	16.4		
2021-11-01 00:00:00	16.35	15.94		
2021-12-01 00:00:00	15.44	17.01		
2022-01-01 00:00:00	16.3	16.51		

그림 4-44 OML4SQL을 활용한 모델 학습 결과 확인

SQL 결과셋 창 위에 있는 Line Chart를 클릭해서 데이터를 그림 4-45와 같이 시각화한다.

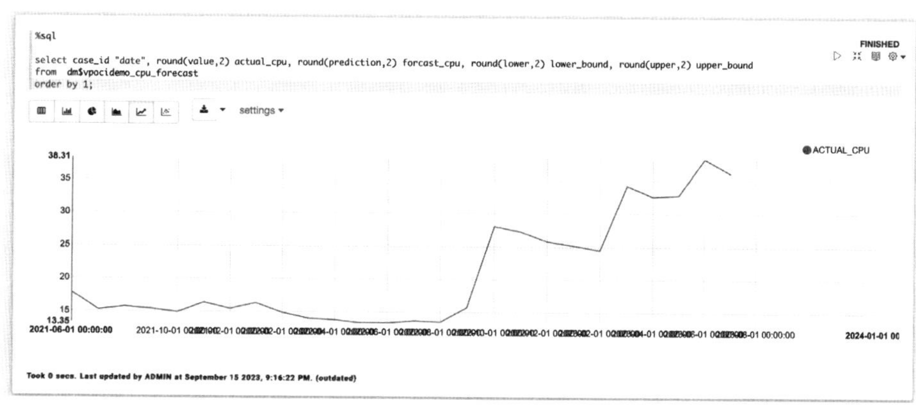

그림 4-45 OML4SQL을 활용한 모델 학습 결과 시각화

데이터 사이언스를 활용한 실습과 유사하게 CPU 자원 사용률을 분석해서 예측 결과를 확인할 수 있다. 향후 CPU 사용률에 대한 예측 상한값, 하한값, 예측값을 확인한다.

선 그래프 화면 상단의 settings를 클릭한다. "Available Fields" 아래서 ACTUAL_CPU, FORECAST_CPU, LOWER_BOUND, UPPER_BOUND 필드를 선택해 가져와서 그림 4-46과 동일한 방식으로 "Values" 영역에 배치한다. 각 필드는 기본적으

로 SUM 방식으로 집계되지만 다음의 예시와 같이 AVG 방식으로 변경할 수도 있다.

필드의 배치를 변경하고 Run this paragraphs를 클릭해서 그래프를 업데이트한다.

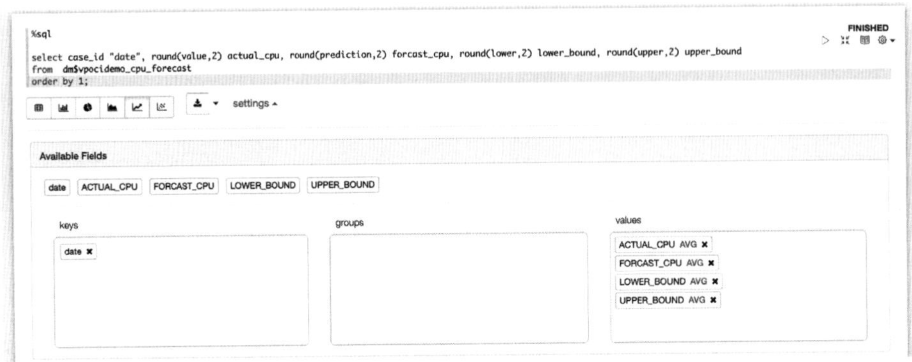

그림 4-46 OML4SQL을 활용한 모델 학습 결과 시각화 - 예측값 설정

이제 학습된 결과를 바탕으로 그림 4-47과 같이 자원 사용률에 대한 예측값을 확인할 수 있다.

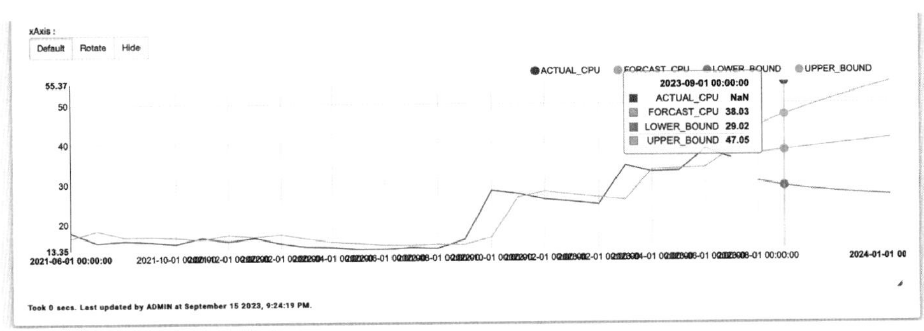

그림 4-47 OML4SQL을 활용한 모델 학습 결과 시각화 - 자원 사용률 예측값 확인

4.2.3 실습 자원 정리

4장 실습에서 사용됐던 오라클 클라우드 자원을 OCI CLI를 이용해서 그림 4-48의 단계와 같이 삭제한다.

그림 4-48 4장 실습 단계 - 실습 자원 정리

4장에서 삭제해야 할 자원은 OCI 데이터 사이언스, 노트북, Autonomous 데이터베이스, 개발 환경 가상 머신, 오브젝트 스토리지 버킷이다. 다음은 특정 컴파트먼트 내 자원의 OCID를 조회하고, 이를 파라미터로 활용해서 자원을 삭제하는 과정을 설명한다.

먼저 OCI CLI 환경이 구성돼 있는 개발 환경에 접속한 후 삭제할 자원이 소속된 컴파트먼트의 OCID를 환경 변수로 설정한다. 컴파트먼트 OCID는 OCI 웹 콘솔의 [Identity & Security → Identity → Compartments] 화면의 사용 중인 컴파트먼트의 상세 화면에서 확인해서 얻을 수 있다.

```
[opc@oci-demo-appdev ~]$ export COMP_ID="ocid1.compartment.oc1..aaaaaaaa6cq
7mawvxnv2be542zwvlukehzsj3qqlx4kx2ee74nyijmgh3yka"
```

노트북 세션을 삭제한다. 삭제할 노트북 세션의 OCID를 조회해서 OCID 값을 얻은 후 이 값을 파라미터로 활용해서 노트북 세션을 삭제한다. 다음과 같이 "--force" 옵션을 사용하면 확인 메시지 없이 삭제를 수행한다.

```
[opc@oci-demo-appdev ~]$ oci data-science notebook-session list -c $COMP_ID
--query 'data[*].{name:"display-name", id:"id"}' --output table --all
... 생략 ...
[opc@oci-demo-appdev ~]$ oci data-science notebook-session delete --force
--notebook-session-id "ocid1.datasciencenotebooksession.oc1.ap-chuncheon-1.
amaaaaaavsea7yiazyyhouhrqwkcuqvjshgtf7fy4jbfsn3vb5mk7c4znclq"
{
  "opc-work-request-id": "ocid1.datascienceworkrequest.oc1.ap-chuncheon-1.
```

```
aaaaaaaa2sfkeorwxa37ev3mkuun2r2mjy3tozv62buaw3cq3fywax7ksb6a"
}
```

데이터 사이언스 프로젝트를 삭제한다. 삭제할 데이터 사이언스 프로젝트의 OCID를 조회해서 OCID 값을 얻은 후 이 값을 파라미터로 활용해서 데이터 사이언스 프로젝트를 삭제한다. 다음과 같이 "--force" 옵션을 사용하면 확인 메시지 없이 삭제를 수행한다.

```
[opc@oci-demo-appdev ~]$ oci data-science project list -c $COMP_ID --query
'data[*].{name:"display-name", id:"id"}' --output table --all
... 생략 ...
[opc@oci-demo-appdev ~]$ oci data-science project delete --force
--project-id "ocid1.datascienceproject.oc1.ap-chuncheon-1.amaaaaaavsea7yias
4igo2yctwjr5wuyq2nnmuhg4lzm22uqtntkc7npmksq"
{
  "opc-work-request-id": "ocid1.datascienceworkrequest.oc1.ap-chuncheon-1.
aaaaaaaakzffbwhgaisf5nx4sjkiqjd4bgtiyzqjfkophdniwvs5ylkympbq"
}
```

Autonomous 데이터베이스를 삭제한다. 삭제할 Autonomous 데이터베이스의 OCID를 조회해서 OCID 값을 얻은 후 이 값을 파라미터로 활용해서 Autonomous 데이터베이스를 삭제한다. 다음과 같이 "--force" 옵션을 사용하면 확인 메시지 없이 삭제를 수행한다.

```
[opc@oci-demo-appdev ~]$ oci db autonomous-database list -c $COMP_ID
--query 'data[*].{name:"display-name", id:"id"}' --output table --all
... 생략 ...
[opc@oci-demo-appdev ~]$ oci db autonomous-database delete --force
--autonomous-database-id "ocid1.autonomousdatabase.oc1.ap-chuncheon-1.an4w4
ljrvsea7yiaegvbk2ckqrdkiw6ep66myzx75a42zc2cspnj2arjyucq"
{
  "opc-work-request-id": "ocid1.coreservicesworkrequest.oc1.ap-chuncheon-1.
ab4w4ljr3nwaj4qo2sw3lja4ouvmh4wrdrwuiuv7lnhryofwuoqknjslrsfq"
}
```

오브젝트 스토리지 버킷을 삭제한다. 오브젝트 스토리지 버킷은 다른 자원들과 달리 버킷 이름을 파라미터로 해서 삭제한다. 삭제할 오브젝트 스토리지 버킷은 3개이다. 다음 예시에서는 그중 하나를 삭제한 것이다. 나머지도 같은 방법으로 삭제한다.

현재 생성된 오브젝트 스토리지 버킷 목록을 조회한 후 버킷 이름으로 자원을 삭제한다. 다음과 같이 "--force" 옵션을 사용하면 확인 메시지 없이 삭제를 수행한다. "--empty" 옵션은 버킷과 연결된 모든 객체, 사전 인증된 요청, 커밋되지 않은 멀티파트 업로드 및 복제 정책까지 삭제한다.

```
[opc@oci-demo-appdev ~]$ oci os bucket list -c $COMP_ID --query 'data[*].
{name:"name", namespace:"namespace"}' --output table --all
... 생략 ...
[opc@oci-demo-appdev ~]$ oci os bucket delete --empty --force --bucket-name
"oci-demo-ml-bucket"

{
  "multipart-upload": {
    "delete-failures": {},
    "deleted-objects": []
  },
  "object": {
    "delete-failures": {},
    "deleted-objects": [
      "ocidemo_ml.csv"
    ]
  },
... 생략 ...
```

다음과 같이 개발 환경 가상 머신을 삭제한다.

```
[opc@oci-demo-appdev ~]$ oci compute instance list -c $COMP_ID --query
'data[*].{name:"display-name", id:"id"}' --output table --all
... 생략 ...
[opc@oci-demo-appdev ~]$ oci compute instance terminate --force
--instance-id "ocid1.instance.oc1.ap-chuncheon-1.an4w4ljrvsea7yick6f2a3pju4
utfohj6hvpswfwi7xyvkh7rs2ab6poexda"
```

4.3 요약

4장에서는 머신러닝을 활용한 데이터 분석의 기본 개념을 소개하고, 오라클 클라우드 자원을 활용해서 실제 수행한 내용을 설명했다. 초기 단계에서는 수집된 데이터를 모델 학습에 적합한 형태로 가공했으며, 이 과정에서 결측치를 처리하고 데이터를 시각화해서 패턴을 파악했다. 그런 다음 데이터의 특성에 맞는 머신러닝 모델을 선택해서 훈련 및 테스트 데이터로 나눠 모델을 훈련시키고 결과를 검증했다. 이 모든 과정은 오라클 클라우드를 활용해서 별도의 인프라 구축 없이 간편하게 수행됐다.

주요 내용은 다음과 같다.

- 오라클 데이터 사이언스를 활용해서 주피터랩 기반 환경에서 파이썬 코드로 머신러닝 모델을 구축해서 시각화하고 실제 업무에서 활용이 가능한 배포 과정을 진행했다.
- 분석 언어에 익숙하지 않은 사용자도 SQL과 PL/SQL 블록만을 사용해서 데이터 모델을 구축해서 학습시키며, 모델이 학습한 결과를 간편하게 시각화하는 오라클 데이터베이스의 In-DB 분석을 살펴봤다.

부록

Oracle Cloud Free Tier 생성

다음은 오라클 클라우드 Free Tier 계정을 신청하는 절차이다. 그림 1과 같이 다음 URL로 접속해서 오라클 클라우드 Free Tier 계정을 신청할 수 있다. 웹 페이지에서 무료로 시작하기를 클릭한다.

- https://www.oracle.com/kr/cloud/free/

그림 1 오라클 클라우드 Free Tier 계정 신청

계정 정보 화면에서 그림 2와 같이 다음 정보를 입력한 후 **내 전자메일 확인**을 클릭한다.

- 국가/지역 입력
- 이름/성과 전자메일 입력

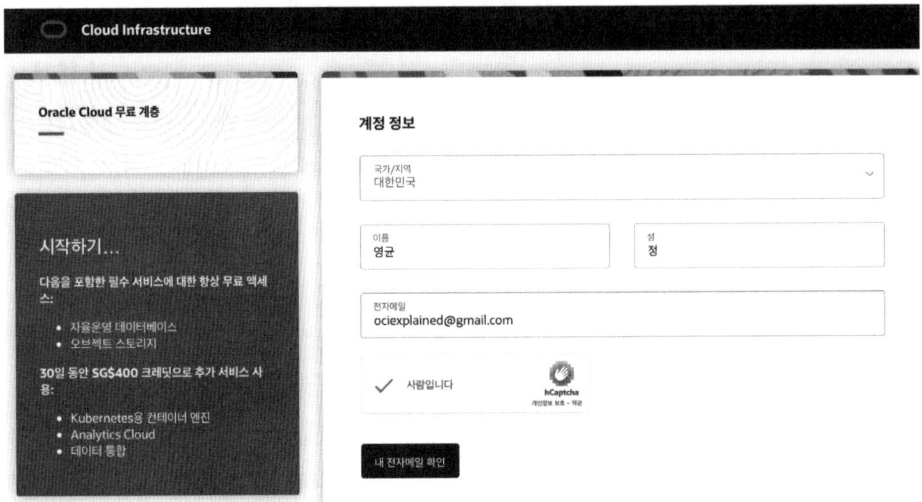

그림 2 오라클 클라우드 Free Tier 계정 신청 - 계정 정보

그림 3과 같이 "Verify your email to create your Oracle Cloud account" 제목의 이메일을 수신하게 되면 본문의 **Verify email**을 클릭한다.

ORACLE

Hello 영규,

Thanks for your interest in creating an Oracle Cloud account. To create your account, please verify your email address by clicking below.

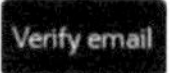

Thanks,

The Oracle Cloud Team

그림 3 오라클 클라우드 Free Tier 계정 신청 - 이메일 주소 확인

Oracle Cloud Free Tier 계정 생성을 위해 다음과 같은 정보를 추가로 입력하고, 하단의 이용 약관에 동의 체크를 한 후 **계속**을 클릭한다. 그림 4를 참조한다.

- 대체 이름: 영문 성명 입력
- 비밀번호
- 회사 이름
- 클라우드 계정 이름: 생성하는 클라우드를 대표하는 이름으로 클라우드에 로그인을 위해 꼭 필요한 정보이다. 추후 변경이 가능하다.
- 홈 영역: 오라클 클라우드에 로그인했을 때 기본적으로 선택되는 리전이다. 처음 등록을 하고 나면 변경할 수 없다.

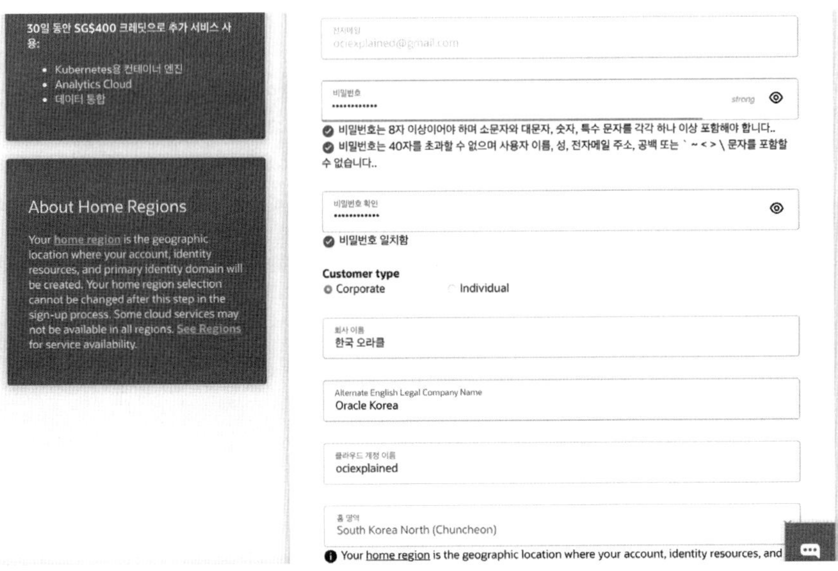

그림 4 오라클 클라우드 Free Tier 계정 신청 - 계정 정보 입력

그림 5와 같이 주소 정보와 휴대폰 번호를 입력한 후 하단의 **다음**을 클릭한다. 휴대폰 번호는 이후 2 Factor 인증에 사용된다.

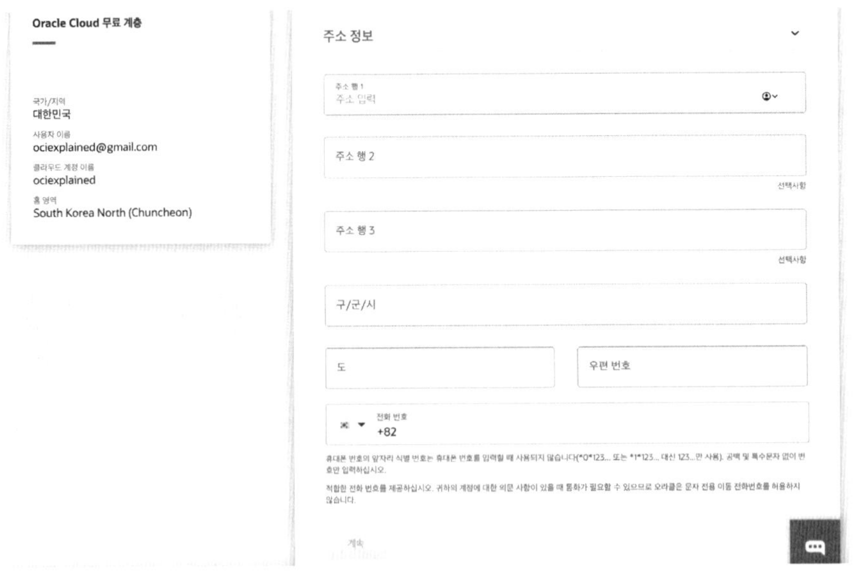

그림 5-5 오라클 클라우드 Free Tier 계정 신청 - 주소 및 휴대폰 번호 입력

다음에 나오는 화면에서 **지급 검증 방법 추가**를 클릭한 후 유효한 지불 정보를 그림 6과 같이 입력한다. 지급 검증을 위해 신용카드 정보가 필요하다. 별도 비용이 최종 청구되지 않는데 검증 시 싱가포르 달러로 $1.38가 결제 승인됐다가 취소된다.

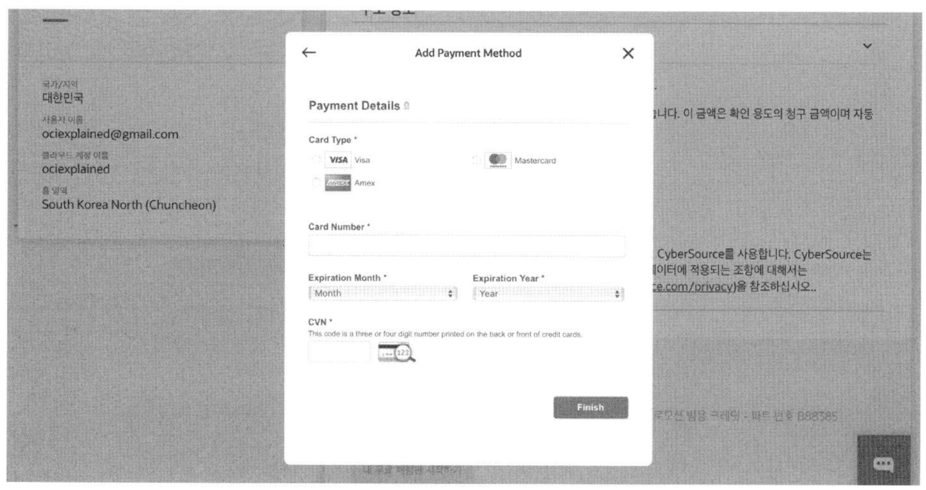

그림 6 오라클 클라우드 Free Tier 계정 신청 - 지불 정보 입력

지불 정보 검증이 완료되면 그림 7과 같은 화면을 볼 수 있다.

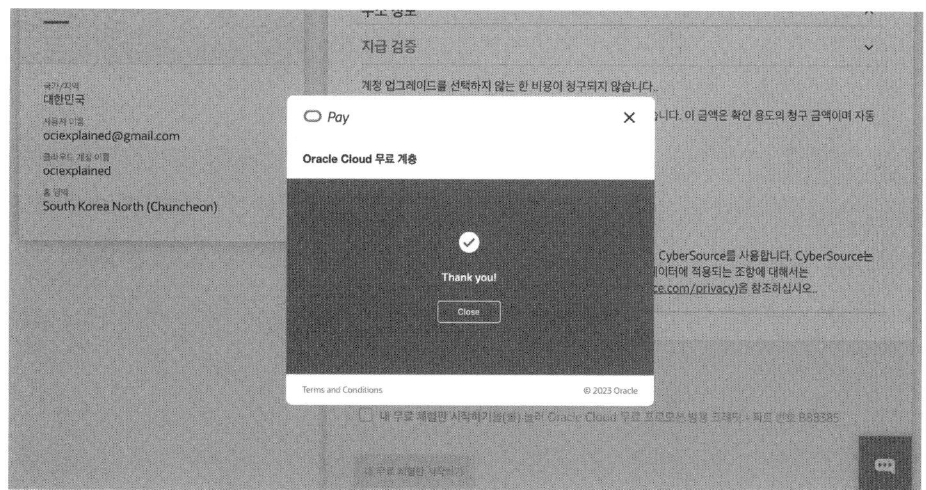

그림 7 오라클 클라우드 Free Tier 계정 신청 - 지불 정보 검증

그림 8과 같이 계약을 검토하고 동의에 체크한 후 **내 무료 체험판 시작하기**를 클릭하면 오라클 클라우드 Free Tier 계정 생성 절차가 완료된다.

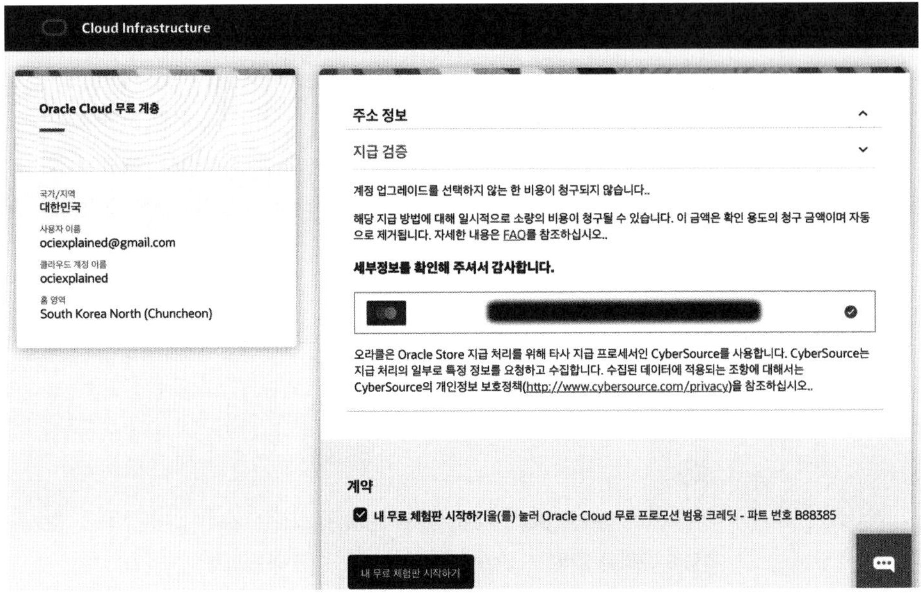

그림 8 오라클 클라우드 Free Tier 계정 신청 - 지불 정보 완료

Free Tier 계정에 대한 배포가 완료되면 "Getting started now with Oracle Cloud"라는 제목의 이메일을 수신하게 된다. 이메일에는 클라우드 계정(테넌시) 이름, 유저 정보 등 앞서 생성한 오라클 클라우드 접속 정보가 담겨 있다.

계정 생성 후 그림 9와 같이 웹 브라우저에 다음 URL로 접속한다. 이메일에 나온 클라우드 계정 이름을 입력하고 **Next**를 클릭한다. 이어서 나오는 도메인 화면에서 **Default**를 선택한다.

- cloud.oracle.com

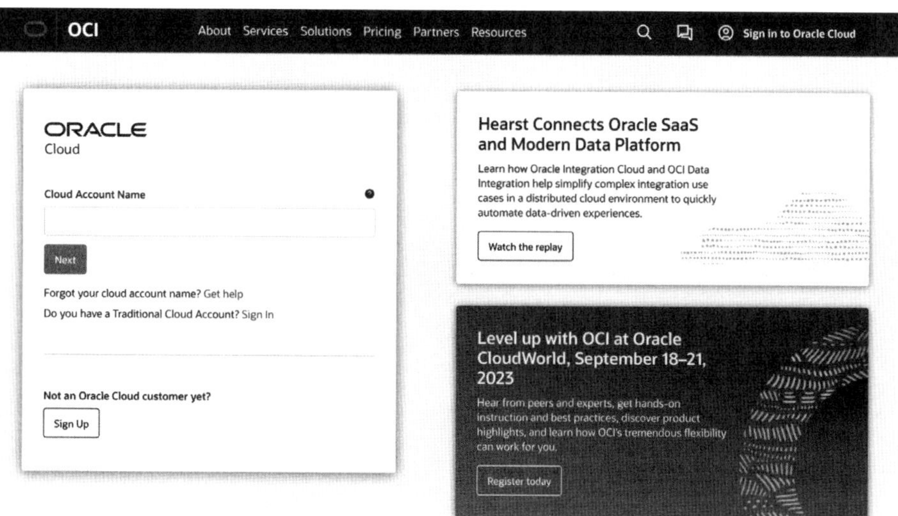

그림 9 오라클 클라우드 접속

클라우드 계정 이름을 입력하고 나면 사용자 이름과 비밀번호를 입력한 후 사인인을 클릭한다.

이제 오라클 클라우드를 사용할 수 있다. 만일 로그인 후 상단에 "Your account is currently being set up, and some features will be unavailable. You will receive an email after setup completes."라는 메시지가 보인다면 아직 환경을 준비하는 상태라는 것을 의미한다. 좀 더 기다리면 모든 준비가 완료되고 최종 메일을 받게 된다.

참고 문헌

참고 도서

- 『15단계로 배우는 도커와 쿠버네티스』, 제이펍, 타카라 마호 지음, 2020
- 『가장 쉬운 네트워크 가상화 입문 책』, 비제이퍼블릭, 와타나베 카즈히코, 노리하시 카즈마사, 사와무라 토시키, 이케가미 타츠유키 지음, 2014
- 『감으로만 일하던 김팀장은 어떻게 데이터 좀 아는 팀장이 됐나』, 한빛 비즈, 황보현우, 김철수 지음, 2021
- 『깔끔한 파이썬 탄탄한 백엔드』, 비제이퍼블릭, 송은우 지음, 2019
- 『나만의 데이터 분석 플랫폼 일래스틱서치』, 비제이퍼블릭, 주정남 지음, 2021
- 『누구나 파이썬』, 디스커버리미디어, 전익진 지음, 2022
- 『데이터 과학을 위한 파이썬 머신러닝』, 한빛아카데미, 최성철 지음, 2022
- 『데이터 중심 애플리케이션 설계』, 위키북스, 마틴 클레프만 지음, 2018
- 『도메인 주도 설계로 시작하는 마이크로서비스 개발』, 위키북스, 한정헌, 유해식, 최은정, 이주영 지음, 2021
- 『도커/쿠버네티스를 활용한 컨테이너 개발 실전 입문』, 위키북스, 야마다 아키노리 지음, 2019
- 『따라하며 배우는 서버 부하 분산 입문』, 제이펍, 미야타 히로시 지음, 2013
- 『마이크로서비스 패턴』, 길벗, 크리스 리처드슨 지음, 2020
- 『머신러닝을 다루는 기술』, 길벗, 마크 페너 지음, 2020
- 『몽고DB 완벽 가이드』, 한빛미디어, 크리스티나 초도로, 섀넌 브래드 쇼, 오언 브라질 지음, 2021
- 『배워서 바로 쓰는 14가지 AWS 구축 패턴』, 한빛미디어, 가와카미 아키히사 지음, 2020
- 『빅데이터』, 정보문화사, 네이선 마츠, 제임스 워렌 지음, 2016

- 『빅데이터의 다음 단계는 예측 분석이다』, 이지스퍼블리싱, 에릭 시겔 지음, 2014
- 『서비스 운영이 쉬워지는 AWS 인프라 구축 가이드』, 위키북스, 김담형 지음, 2019
- 『쉽게 배우는 파이썬 데이터 분석』, 이지스퍼블리싱, 김영우 지음, 2022
- 『실무로 배우는 빅데이터 기술』, 위키북스, 김강원 지음, 2017
- 『아마존 웹 서비스 부하 테스트 입문』, 제이펍, 나카가와 타루하치, 모리시타 켄 지음, 2018
- 『아마존 웹 서비스 클라우드 디자인 패턴 구축 가이드』, 제이펍, 오오사와 후미타카 지음, 2013
- 『어나더레벨 데이터 시각화』, 에이콘, 조나단 슈와비시 지음, 2022
- 『엘라스틱 스택 개발부터 운영까지』, 책만, 김준영, 정상운 지음, 2021
- 『이것이 데이터 분석이다』, 한빛미디어, 윤기태 지음, 2020
- 『이것이 MySQL이다』, 한빛미디어, 우재남 지음, 2020
- 『이스티오 첫걸음』, 에이콘, 리 칼코트, 잭 부처 지음, 2020
- 『인프라/네트워크 엔지니어를 위한 네트워크 이해 및 설계 가이드』, 제이펍, 마야타 히로시 지음, 2014
- 직장인을 위한 데이터 분석 실무 with 파이썬』, 위키북스, 이형석, 장남수, 전상환, 정상욱 지음, 2020
- 『처음 배우는 플라스크 웹 프로그래밍』, 한빛미디어, 윤정현 지음, 2021
- 『쿠버네티스 완벽 가이드』, 길벗, 마사야 아오야마 지음, 2021
- 『쿠버네티스 패턴』, 책만, 빌긴 이브리암, 롤란트 후스 지음, 2020
- 『파이썬 데이터 과학 통계 학습』, 정보문화사, 황보현우, 정지현 지음, 2021
- 『파이썬 데이터 분석 실무 테크닉 100』, 위키북스, 시모야마 테루마사, 마쯔다 유마, 미키 타카유키 지음, 2020
- 『현장에서 바로 써먹는 데이터 분석 With 파이썬』, 심통, 김임용 지음, 2022
- 『AWS 기반 서버리스 아키텍처』, 위키북스, 피터 스바르스키, 2018
- 『AWS 패턴별 구축, 운용 가이드』, 프리렉, 사시키 타쿠로, 하야시 신이치로, 코

니시 히데카즈, 사토 슌 지음, 2016

- 『Fast Web Service Build Up』, Disital Books, 이재근, 김명준, 손열호, 김우중 지음, 2013
- 『Istio로 시작하는 서비스 메시』, 에이콘, 라훌 샤르마, 아비나시 싱 지음, 2020

참고 웹 사이트

- 클라우드 네이티브란?: https://www.ibm.com/kr-ko/topics/cloud-native
- 탐색형 데이터 분석이란?: https://www.ibm.com/kr-ko/topics/exploratory-data-analysis
- AI Prediction vs Forecasting: https://medium.com/@deepaksharma.2713/prediction-vs-forecasting-b78f38d8fed6
- Cx_Oracle: https://oracle.github.io/python-cx_Oracle/
- Docker: https://www.docker.com/
- ELK Stack: https://www.elastic.co/kr/
- Facebook Prophet: https://facebook.github.io/prophet/
- Faker: https://faker.readthedocs.io/en/master/
- Flask: https://flask.palletsprojects.com/en/2.3.x/
- Flask-restx: https://flask-restx.readthedocs.io/en/latest/
- FN Project: https://fnproject.io/
- Forecasting, Principles and Practice: https://otexts.com/fppkr/
- GitHub: https://github.com/
- Grafana: https://grafana.com/
- Istio: https://istio.io/
- Jaeger: https://www.jaegertracing.io/
- Jenkins: https://www.jenkins.io/
- Joblib: https://joblib.readthedocs.io/en/stable/
- Kaggle: https://www.kaggle.com
- Kiali: https://kiali.io

- Kubernetes: https://kubernetes.io/
- Kubernetes NodePort vs. LoadBalancer vs. Ingress? When should I use what?: https://medium.com/google-cloud/kubernetes-nodeport-vs-loadbalancer-vs-ingress-when-should-i-use-what-922f010849e0
- Locust: https://locust.io/
- Microservice Architecture: https://microservices.io
- MySQL: https://www.mysql.com/
- OCI Cloud Native Workshop: https://the-team-oasis.github.io/learning-library/oci-library/intro-cloud-native/livelabs/index.html?lab=intro
- Opensearch: https://opensearch.org/
- Plotly: https://plotly.com/
- Plotly tutorial: https://wikidocs.net/book/8909
- Python: https://www.python.org/
- Scikit-learn: https://scikit-learn.org/stable/
- Sktime: https://www.sktime.net/en/latest/index.html
- Statsmodel: https://www.statsmodels.org/dev/index.html
- Swagger: https://swagger.io/
- The Kubernetes Network Guide: https://www.tkng.io
- Understanding Services in Kubernetes with Examples: https://blog.knoldus.com/understanding-services-in-kubernetes-with-examples/
- What is a data lakehouse?: https://cloud.google.com/discover/what-is-a-data-lakehouse
- What is a data lakehouse?: https://www.ibm.com/topics/data-lakehouse
- Wikipedia: https://en.wikipedia.org/wiki/Main_Page

찾아보기

ㅁ

ㅂ

ㅅ

ㅇ

ㅈ

B

C

G

H

I

J

P

Q

R

U

V

W

Y

Z

기호

바로 쓰는 오라클 클라우드

마이크로서비스, 데이터 분석, 머신러닝 클라우드 네이티브 개발자를 위한 길잡이

발 행 | 2024년 1월 2일

지은이 | 정 영 균 · 유 정 훈

펴낸이 | 권 성 준
편집장 | 황 영 주
편 집 | 김 진 아
임 지 원
디자인 | 윤 서 빈

에이콘출판주식회사
서울특별시 양천구 국회대로 287 (목동)
전화 02-2653-7600, 팩스 02-2653-0433
www.acornpub.co.kr / editor@acornpub.co.kr

ISBN 979-11-6175-801-5
http://www.acornpub.co.kr/book/oracle-cloud

책값은 뒤표지에 있습니다.